강릉문화원 연구총서

강릉의 동족同族마을

강릉문화원 연구총서

강릉의
동족同族마을

발 간 사

　　강릉은 예로부터 문장과 덕행이 뛰어난 인물이 많이 났다고 하여
'문향(文鄕)'의 고장이라 한다. 『동국여지승람』 풍속조에 의하면, "우리 고장
자제들은 다박머리 때부터 책을 끼고 스승을 따르고, 글 읽는 소리가 마을
에 가득히 들리며, 게으름을 부리는 자는 함께 나무라며 꾸짖는다"고 하였
다. 또 1493년(성종 24) 홍귀달(洪貴達)의 〈향교 중수기〉에는 "내가 어렸을 때
들은 바에 의하면, '강릉 풍습이 문학을 숭상하여 그들 자제가 겨우 부모의
품을 벗어나게 되면 곧 향교에 들어가 배우고, 시골 구석구석 마을에까지 선
비들의 몸가짐이 엄숙하고 조용함은 모두 글을 읽는 사람 때문이다'라는 말
을 듣고 아름답게 여겼다."고 하였다. 이런 까닭으로 훌륭한 인물이 많이 배
출되었던 것이다.

　　또한 강릉은 예로부터 효자·효부·열녀가 많이 나온 곳이라 하여
'예향(禮鄕)'의 고장이라 한다. 그 효행의 내용을 살펴보면, 부모가 살아 계실
때 극진히 봉양한 사례, 부모·시부모·남편이 병환이 났을 때 지극 정성으로
간호한 사례, 부모가 위험에 처했을 때 자신의 몸을 돌보지 않고 구한 사례,
부모가 돌아가신 후에 애틋하게 사모하거나 행동을 근신한 사례 등이 있다.
효녀와 열녀가 많다는 사실은 유교적인 실천윤리를 실행하는 분위기가 조성
되어 있었다는 것을 의미한다.

강릉이 문향과 예향의 고장이 된 것은 이곳 선현(先賢)들의 얼이 면면히 이어져 왔기 때문이라 본다. 그것은 같은 선조(先祖)에서 내려온 사람들이 동족마을에 둥지를 틀게 됨으로써 혈연에 대한 유대가 깊고, 아울러 그 선조나 집안의 기품이나 가풍을 고스란히 간직한 경우가 많은 데 기인하는 바라고 하겠다.

그러나 1960년대 이후부터 진행된 도시화·산업화의 여파로 전래의 기반을 지키며 세거(世居)하는 동족마을의 형태는 본래의 역사성이 많이 파괴되어 있는 실정이다. 그렇지만 동족마을의 해체 과정은 한국사회가 농촌사회에서 도시화로 이행되는 단면을 제시해주는 중요한 의미를 지니고 있기도 하다.

이번에 발간한 『강릉의 동족마을』은 2005년부터 2009년까지 5년에 걸쳐서 강릉지역의 24개 성씨를 대상으로 동족마을을 조사·연구한 내용으로, 각 성씨의 입향조와 입향 유래, 입향조 가게 인물의 정치적·사회적 활동, 동족마을의 형성과정 등을 이해하는 데 많은 도움을 주는 연구라 할 수 있다. 바라건대 많은 노력 끝에 이룩된 이 책이 강릉 시민은 물론이고, 인근 대학에도 널리 보급되어 우리 고장의 동족마을을 이해하는 데 좋은 양서(良書)가 되었으면 한다. 이번에 누락된 성씨들은 차후에 추진할 예정이다.

끝으로 이 책이 출간되기까지 열의를 가지고 조사·연구에 임해주신 박도식(朴道植) 교수님에게 감사드리며, 또한 이 책이 출간될 수 있도록 도와주신 각 문중 관계자 분들과 도움을 주신 모든 분들에게 감사드린다.

2012년 12월

강릉문화원장 염 돈 호

서 언

『강릉의 동족마을』은 2005년부터 2009년까지 5년에 걸쳐서 강릉문화원의 지원 아래 강릉지역의 24개 성씨를 대상으로 조사·연구한 것이다. 매년 4~5개 성씨를 선정하여 그 입향조와 입향 유래, 입향조 가계 인물의 정치적·사회적 활동, 동족마을의 형성과정 등을 추적하였다.

동족마을은 대체로 하나의 지배적인 동성동족집단(同姓同族集團)이 마을에서 차지하는 비중이 높고 마을의 주도권을 가지고 영향력을 행사하며, 오랜 기간 동안 거주해 온 마을로 정리할 수 있다. 즉 지연(地緣)과 혈연(血緣)이라는 공동체의식의 연결 고리로 맺어진 기초적 사회단위를 말한다고 할 수 있다.

『세종실록지리지』 성씨조에 의하면, 강릉부의 토성(土姓)은 김(金)·최(崔)·박(朴)·곽(郭)·함(咸)·왕(王)씨가 있고, 속성(續姓)은 정선 전(全)·평창 이(李)·원주 원(元)씨가 있다. 그러나 조선 후기에 이르면 다양한 성씨들이 강릉에 입향(入鄕)하여 거주하였다. 이들 성씨들이 강릉지방으로 이주해 온 것은 지역 내 토성 또는 유력 가문과의 혼인, 친척의 수령 재임시 동행, 임진왜란 때 피난 등이었다.

특정 성씨가 어떤 지역에 입향하여 정착, 발전해가는 과정은 그 지역의 역사와 문화를 이해하는 데 매우 중요한 문제이다. 왜냐하면 역사와 문화의 주체는 사람이고, 지역의 역사와 문화는 그 지역의 사람들이 만들어가기 때문이다. 그리고 동족마을의 형성과 유지를 위해서는 무엇보다도 사회경제적 기반이 마련되어야 가능하였다. 그 경제기반으로는 토지·종가·제전·묘산 등 문중의 재산[族産]이 있었다. 족산은 족보 편찬, 문집 간행, 재실 설치, 신도비 건립 등과 같은 숭조(崇祖)사업을 하는 데 중요한 재원이 되었다. 후손들은 조상의 유업을 잇고 있다는 사실을 숭조 건축물을 통해 대내외적으로 드러내는데 상당한 정성을 기울였다. 이러한 현상은 현재까지 진행되고 있다.

　　동족마을은 17세기 무렵 형성되어 18~19세기를 거치면서 보편화된 것으로 알려져 있다. 그러나 1960년대 이후 경제개발과 산업화·도시화 과정을 거치면서 동족마을은 급격히 변화되어 갔다. 그리하여 현재 대부분의 동족마을은 이미 해체되거나, 설령 존재하더라도 농촌사회의 본질인 공동체적 의식이 쇠락한 채 외형만 유지되는 실정이다. 강릉문화원에서는 만시지탄(晩時之歎)의 감이 없지 않으나 점차 사라져가는 동족마을을 정리하고자 2005년에 정호돈(鄭鎬敦) 전(前) 강릉문화원장님과 조규돈(曺圭燉) 전(前) 사무국장님께서 강릉지방 동족마을 1차 사업을 진행하였다. 2005년 첫 해에는 필자와 최호(崔虎)·임호민(林鎬敏) 선생이 함께 참여하였으나, 2006년부터 필자가 전담하여 2009년에 마침내 마무리하게 되었다.

　　이 책이 간행되기까지는 많은 분들로부터 격려와 도움을 받았다. 무엇보다도 각 문중의 회장님을 비롯한 관계자 여러분들께 지면을 빌어 감사드린다. 또한 이 책이 출간될 수 있도록 격려해 주신 염돈호(廉燉鎬) 원장님과 정호돈(鄭鎬敦) 전(前) 원장님께 진심으로 감사드리며 이 책을 기획한 심오섭(沈午燮) 사무국장님과 진행을 맡은 정운성(鄭云盛) 팀장님의 노고에 감사를 드리는 바이다. 그리고 이 책을 아담하게 꾸며주신 채륜 편집부 여러분께도 감사의 말씀을 드린다.

2012년 12월 20일 솔올 書齋에서

朴道植

1부

강릉의 역사연혁

강릉은 예로부터 문장과 덕행이 뛰어난 인물이 많이 났다고 하여 '문향(文鄕)'의 고장이라 한다. 『동국여지승람』 풍속조에 의하면, "우리 고장 자제들은 다박머리 때부터 책을 끼고 스승을 따르고, 글 읽는 소리가 마을에 가득히 들리며, 게으름을 부리는 자는 함께 나무라며 꾸짖는다."고 하였다.

강릉의 역사연혁

오늘날 영동지방의 중앙에 위치해 있는 강릉시는 동쪽으로 동해, 서쪽으로 평창군, 남쪽으로 동해시, 북쪽으로 양양군과 접해 있다. 강릉시 동·서의 길이는 40㎞, 남·북의 길이는 76㎞, 해안선의 길이는 39.3㎞, 면적은 1,040㎢(서울시 면적의 1.72배)이다.

강릉지방의 지세를 개관하면, 서쪽이 높고 동쪽이 낮으며 남쪽이 높고 북쪽이 낮다. 서쪽이 높고 동쪽이 낮은 이유는 강릉지방이 주로 태백산지의 동해 사면에 위치하기 때문이다. 따라서 서·남·북으로는 고도 300~1,000m의 산지로 둘러싸여 있고, 서쪽의 높은 산지에서 동해바다 쪽으로 고도 100m 미만의 낮은 구릉들이 뻗어 있다. 대표적인 산으로는 서북쪽에 철갑령, 북룡산, 두로봉, 노인봉이 있고, 서남쪽의 경계를 따라 제왕산, 칠성산, 옥녀봉, 노추산, 덕구산이 있으며, 남쪽에 대화실산, 석병산, 응봉산, 망덕봉, 피래산, 괘방산, 기마봉이 있다.

주요 하천으로는 남대천, 경포천, 사천천, 연곡천, 신리천, 시동천, 섬석천 등이 있다. 하천이 바다로 유입되는 하구 일대에는 구릉지와 저평지(低平地)가 넓게 전개되고 있는데, 저평지가 가장 넓게 전개되는 곳은 강릉시내와 그 주변을 포괄하는 지역이다. 남대천과 연곡천 하구 일대에는 가장 넓은 저평지가 전개되고 있으며, 신리천과 사천천 하구 일대에도 비교적 넓은 저평지가 전개되고 있다.

　　강릉은 예로부터 문장과 덕행이 뛰어난 인물이 많이 났다고 하여 '문향(文鄕)'의 고장이라 한다. 『동국여지승람』 풍속조에 의하면, "우리 고장 자제들은 다박머리 때부터 책을 끼고 스승을 따르고, 글 읽는 소리가 마을에 가득히 들리며, 게으름을 부리는 자는 함께 나무라며 꾸짖는다"고 하였다. 또 성종 24년(1493) 홍귀달(洪貴達)의 〈향교 중수기〉에는 "내가 어렸을 때 들은 바에 의하면, '강릉 풍습이 문학을 숭상하여 그들 자제가 겨우 부모의 품을 벗어나게 되면 곧 향교에 들어가 배우고, 시골 구석구석 마을에까지 선비들의 몸가짐이 엄숙하고 조용함은 모두 글을 읽는 사람 때문이다'라는 말을 듣고 아름답게 여겼다"고 하였다. 이런 까닭으로 훌륭한 인물이 많이 배출되었던 것이다. 이러한 사실은 과거 급제자를 통해서도 확인된다.

　　조선시대 관리 진출의 가장 중요한 관문인 문과 급제자수를 살펴보면, 강릉 150인, 삼척 23인, 평해 23인, 양양 22인이다.[1] 문과에 응시하기 전의 관문인 사마시(생원·진사)의 합격자는 강릉 408인, 양양 62인, 울진 36인, 평해 34인으로 군현별 편차가 더욱 심하다. 무과는 강릉 72인, 울진 24인, 평해 21인이고, 음사는 울진 95인, 강릉 75인, 양양과 삼척이 27인이다.

　　강릉은 예로부터 효자·효부·열녀가 많이 나온 곳이라 하여 '예향(禮鄕)'의 고장이라고도 한다. 효자·효부·열녀가 많다는 사실은 유교적인 실천윤리를 실행하는 분위기가 조성되어 있었다는 것을 의미한다. 그 효행의 내용을 살펴보면, 부모가 살아 계실 때 극진히 봉양한 사례, 부모·시부모·남편이 병환이 났을 때 단지수혈(斷指輸血, 손가락을 끊어 피를 내어 먹이는 것)·할고(割股, 자신의 넓적다리의 살을 베어 부모의 병을 치료하는 것)·상분(嘗糞, 병의 차도를 알아보기 위해 대변을 맛보는 것)·연종(吮腫, 입으로 종기를 빠는 것) 등 지극 정성으로 간호한 사례, 부모가 위험에 처했을 때 자신의 몸을 돌보지

1　강릉의 문과급제자 150명 중에는 강릉 출신자도 있지만, 본관지만 강릉으로 되어 있는 자도 상당수에 달한다. 이하 무과, 사마시(생원·진사), 음사의 경우도 마찬가지이다.

않고 구한 사례, 부모가 돌아가신 후에 애틋하게 사모하거나 행동을 근신한 사례 등이 있다.

제1절 삼국시대 전후의 강릉

강릉은 오랫동안 독특한 문화를 간직해 온 유서 깊은 도시이다. 그동안 학계의 역사적 유적·유물에 대한 지표조사와 발굴의 결과를 종합해 볼 때, 강릉지방에는 구석기시대부터 사람이 살기 시작하였고 신석기시대를 거쳐 청동기·철기시대의 단계로 발전되어 왔음을 알 수 있다.

한반도의 각 지역에서는 청동기·철기시대에 접어들어 생산력이 발전하고 계급분화가 이루어지면서 정치적 지배자들이 출현하게 되었고, 이들을 중심으로 초기국가들이 형성되었다. 우리나라에서 최초로 세워진 국가는 고조선이다. 그러나 고조선은 한(漢)나라의 침략으로 멸망당하였고, 그 후 한나라는 동방정책의 수행을 위한 전진기지로서 과거 고조선의 세력권 안에 4군(郡)을 설치하게 된다. 즉 한나라는 기원전 108년에 고조선의 옛 땅에 낙랑군·진번군·임둔군을 설치하였고, 이어 기원전 107년에 현도군을 설치하였다.

한군현이 설치되었을 때, 영동지방은 처음에 임둔군의 통치를 받았으나 기원전 82년에 임둔군이 폐치(廢置)되자 일시적으로 현도군의 관할 하에 놓이게 된다. 그 뒤 현도군이 중국 동북지방으로 이동하게 되자 영동지방은 낙랑동부도위(樂浪東部都尉)가 관할하게 되는 동이(東暆, 현 덕원)·불내(不耐, 현 안변)·잠대(蠶臺)·화려(華麗, 현 영흥)·사두매(邪頭昧)·전막(前莫)·부조(夫租, 현 함흥) 등 영동 7현에 속하게 되지만, 기원전 30년에 한나라는 토착세력에 밀려 영동 7현을 포기하기에 이른다. 그리하여 영동지방은 중국의 통치로부터 벗어나 자치세력을 형성하게 되었던 것이다. 이 무렵 영동지방에는 동예(東濊)와 실직국(悉直國)이 있었다.

동예에 대해서는 3세기 후반 진수(陳壽, 233~297)가 편찬한『삼국지』위지 동이전에 의하면, "예는 남쪽으로는 진한, 북쪽으로는 고구려·옥저와 접하였고, 동쪽으로 대해(大海)에 닿았으니 오늘날 조선(朝鮮)의 동쪽이 모두 그 지역이다"라고 전하고 있다. 우리 국사학계에서는 동예의 위치를 함경남도의 일부 지역에서 강원도의 영동지방에 걸치는 한반도 동해안 일대로 비정하고 있다. 지금의 강릉은 동예에 속해 있었다.

삼국이 형성되면서부터 영동지방은 신라와 고구려의 영향을 받는다. 신라는 일찍부터 동해안 영동지방으로 진출하기 시작하였다. 문헌상으로 신라의 영향력이 영동지방에 최초로 미치는 것은 2세기 무렵이다. 파사왕 23년(102) 8월 기사에 따르면, 실직국과 음즙벌국이 경계 다툼이 일어나 (파사)왕에게 와서 이를 판결하여 달라고 요청하였을 때, 왕은 이를 판결하는 것이 어려운 일이라 하며 "금관국 수로왕은 연로하고 지식이 많으므로 그를 불러서 판결하게 하자"고 하였다. 이에 수로왕은 여러 가지를 논의한 결과 그 분쟁지역을 음즙벌국에 속하게 했다. 그러나 신라 6부 내의 갈등에 음즙벌국이 연관되어 신라군의 공격을 받고 항복하자 이에 실직국도 항복하였다.[2] 이에 대해 음즙벌국과 실직국이 서로 멀리 떨어져 있다는 점에 주목하여 실직국의 위치를 삼척이 아니라 경주 부근의 소국으로 보는 견해도 있지만,[3] 파사왕 23년조 기사에 나오는 음즙벌국과 실직국의 분쟁은 신라가 동해안 해상권을 장악하려는 과정에서 발생한 것으로 이해된다.[4]

---

2 『삼국사기』권1, 신라본기1 파사왕 23년 8월조.

3 파사왕대에 사로국의 동해안 동북부 지역 진출내용에 대해 수로왕의 등장이나 지리적인 점을 들어 대부분 불신하거나 실직국의 위치를 안강 부근으로 보는 견해도 있다(방용안, 1986「悉直國에 대한 고찰」『江原史學』3, p.56).

4 서영일, 2003「斯盧國의 悉直國 併合과 東海 海上權의 掌握」『新羅文化』21.

신라는 실직·음즙벌국 등을 복속한 후에 동해안 북쪽으로의 개척을 계속 진행하였다. 강릉일대가 언제 신라의 영역으로 편입되었는지는 확실치 않지만, 그 시기는 내물왕 42년(397) 이전의 어느 시기로 보인다. 즉 북쪽 변경의 하슬라에 흉년이 들어 백성들이 굶주리자 왕이 죄수들을 놓아주고 1년간의 세금을 면제해 주었다[5]고 한 것으로 보아 강릉이 신라의 영역으로 편입되었음을 알 수 있다.[6]

내물왕대(356~402)에 신라는 고구려와 친선관계를 유지하였다. 신라는 377년과 381년에 고구려의 도움으로 전진(前秦)에 사신을 파견하였고, 고구려와의 우호의 대가로 실성(實聖)을 볼모로 보냈다. 또한 399년에 왜가 신라에 쳐들어왔을 때 고구려에 사신을 보내 구원병을 요청하자 이듬해 광개토왕이 보병과 기병 도합 5만 명을 보내 신라를 구원해주기도 하였다.[7] 그러나 양국 간의 관계는 눌지왕대(417~458)에 들어와 장수왕의 남진정책과 이에 대비한 나제동맹의 체결 이후부터 파열음이 나오기 시작하였다. 눌지왕 34년(450, 장수왕 38) 7월에 하슬라성주(何瑟羅城主) 삼직(三直)이 고구려의 변장을 실직 들에서 살해하는 사건으로 인해 고구려의 침입을 받았으나 신라왕이 사과함으로써 일단락되었다.[8] 그 후 자비왕 7년(464, 장수왕 52)에 신라군이 경주에 주둔하고 있던 고구려 정병(精兵) 100명을 살해한 사건[9]을 계기로

---

5 "四十二年秋 七月 北邊何瑟羅旱蝗 年荒民飢 曲赦囚徒 復一年租調"(『삼국사기』권3, 신라본기3 내물왕조).

6 이러한 상황은 4세기 4/4분기에 들어와 강릉지역 재래의 토기가 신라토기로 대체되는 것에서도 확인할 수 있다(李漢祥, 2003 「동해안지역의 5~6세기대 신라분묘 확산양상」『영남고고학』32; 심현용, 2009 「고고자료로 본 신라의 강릉지역 진출과 루트」『人丘史學』94 참조).

7 「광개토왕릉비」. 광개토왕은 왜병을 격퇴한 후 그 군대의 일부를 신라 영토 내에 계속 주둔시켜서 왕위계승과 같은 신라의 內政에까지 간섭하였다. 「중원고구려비」에는 신라 영토 내에 고구려인 幢主가 주둔하며 군사적 권력을 장악하고 있음이 확인된다(鄭雲龍, 1989 「5世紀 高句麗 勢力圈의 南限」『史叢』35, p.26).

8 『삼국사기』권3, 신라본기3 눌지왕 34년 7월조.

9 『일본서기』권8, 雄略天皇 8년 2월조.

양국 간의 관계는 돌이킬 수 없는 상태에 이르게 되었다.

이에 대한 보복으로 고구려는 장수왕 56년(468)에 말갈 군사와 함께 신라의 실직성을 공격하여 점령하였고, 장수왕 69년(481, 소지왕 3)에 대대적인 공격을 감행하여 동해안 일대를 점령하기에 이른다. 신라와 고구려의 동해안 국경선은 오늘의 흥해지방에 해당되는 미질부성(彌秩夫城)이었다.[10] 이러한 사실은 『삼국사기』 지리지에 통일신라 때 명주를 구성한 간성·고성·영덕·흥해·울진·청하 등 동해안 지역과 임하·영월 등 영서의 일부 지역들이 본래 고구려의 군현이었다고 기술되어 있는 것에서도 확인할 수 있다.[11] 강릉은 하서량(河西良)이라 기술되어 있다.

신라가 고구려에 빼앗긴 동해안 영토를 다시 수복하는 것은 지증왕 때 와서이다. 6세기 초에 즉위한 지증왕은 고구려가 북쪽의 위(魏)와 양(梁)나라에 몰두하고 있는 시기를 이용하여 국력을 신장시켰다. 국호와 왕호를 확정하고, 우경(牛耕) 장려, 순장(殉葬) 금지법, 상복법 시행 등 왕실의 위상과 경제적 기반을 확대하였다.[12] 이와 함께 변방의 중요 지역에 12성(城)을 쌓고, 지증왕 6년(505)에 주군현(州郡縣) 제도를 정비하는 과정에서 제일 먼저 실직주를 설치하고 거기에 신라에서 가장 명망 있는 인물인 이사부를 군주(軍主)로 파견하였다. 7년 후에는 이사부를 실직보다 북쪽에 위치한 하슬라주 군주로 파견하였다.

선덕여왕 8년(639)에는 하슬라주를 폐지하고 정치적, 문화적 중심지로서의 북소경(北小京)을 설치하였다.[13] 그러나 무열왕 5년(658)에 이르러 하슬라 지역이 말갈과 이웃하게 됨에 따라 불안한 상태가 계속되자 소경을 폐지

---

10 李明植, 2002 「5세기 新羅의 對高句麗關係」 『大丘史學』 69, pp.225~229.

11 김정배, 1988 「고구려와 신라의 영역문제-순흥지역의 고고학자료와 관련하여-」 『한국사연구』 61·62 참조.

12 전덕재, 1990 「4~6세기 농업생산력의 발달과 사회변동」 『역사와 현실』 4, 한국역사연구회.

13 『삼국사기』 권5, 신라본기5 선덕여왕 8년 2월조.

하고 군사적인 성격을 지닌 주(州)체제로 환원하였다.[14] 즉 무열왕은 말갈에 대한 군사적인 대비책에서 소경의 사신(仕臣)을 주의 도독(都督)으로 교체하여 군사적인 대비를 하였던 것이다. 당시 하슬라주는 국방상 요충지에 위치하고 있었기 때문에 6정(停) 중의 하나인 하서정(河西停)이 설치되어 있었다.[15]

강릉지방은 화랑도의 순례와 깊은 연관을 맺고 있었다. 이러한 사실은 『삼국유사』 미륵선화 미시랑 진자사조에 최초의 화랑 국선(國仙)인 설원랑(薛原郎)[16]의 기념비가 명주(溟州)에 세워졌다고 한 것에서도 확인된다. 설원랑이 화랑이었을 무렵은 진흥왕대로, 신라의 판도는 경주에서 안변까지 이르렀다. 이 일대의 동해안 명승지는 화랑도의 수련장으로 널리 알려졌을 것이다. 강릉에 첫 화랑기념비가 세워진 것도 화랑도의 순례 코스와 무관하지 않다고 생각된다. 특히 강릉의 한송정과 경포대는 화랑도 순례의 필수 코스였다.

제2절 남북국시대의 강릉

'남북국시대'란 일반적으로 신라의 삼국통일부터 발해 멸망 때까지를 말한다. 이는 지금까지 주로 사용해 온 통일신라시대라는 용어 대신 신라와 발해를 묶어서 '남북국시대'로 파악하자는 것이다. 이러한 주장은 유득공이 『발해고』 서문에서 처음 제기하였다. 김정호도 그의 저서 『대동지지(大東地志)』에서 "발해가 고구려 옛 땅을 이어받아 신라와 더불어 200여 년간 남

---

14 『삼국사기』 권5, 신라본기5 무열왕 5년 3월조.

15 『삼국사기』 권35, 지리지2.

16 혹자는 설원랑을 후대의 사람들이 만든 가공 인물이라 하여 그 실재를 부인하기도 한다. 그러나 『삼국사기』 樂志의 「思內奇物樂」은 原郎徒가 지은 것이라 한다. 여기서 원랑은 설원랑으로 추정된다.

북국을 이루었다"고 하였다. 이는 일제 강점기 때의 역사학자였던 장도빈·권덕규 등에게도 같은 맥락으로 계승되어 '남북국' 또는 '남북조'라는 용어가 사용되었다. 해방 이후 북한학계에서는 발해를 고구려의 계승자라는 입장에서 서술하고 있으나 '남북국'이라는 용어는 쓰지 않고 있다. 한국에서는 1970년대에 들어 이우성 교수가 적극적으로 '남북국시대론'을 제기[17]한 후 많은 개설서에서 이 용어를 사용하고 있다.

무열왕 때부터 시작된 신라의 통일전쟁은 문무왕 때에 이르러 서북경의 대동강이남 지역을 확보하였다. 그 결과 신라는 백제의 영토 모두와 대동강 이남의 고구려 영토를 차지하게 되어 영토와 인구가 이전에 비해 크게 늘어나게 되었다. 이를 효율적으로 지배하기 위해 신라의 중대 왕실은 '일통삼한(一統三韓)' 의식을 표방하면서 신문왕대에 전국을 9주 5소경으로 정비하였다.

통일신라 9주의 편성

구 분	주 이름
원 신 라 지 역	사벌주(尙州)·삽량주(良州)·청 주(康州)
옛 고구려지역	한산주(漢州)·수약주(朔州)·하서주(溟州)
옛 백 제 지역	웅천주(熊州)·완산주(完州)·무진주(武州)

9주의 분포를 보면, 옛 고구려 땅에 3개 주, 옛 백제 땅에 3개 주, 소백산맥 이남 원래의 신라 땅에 3개 주를 두었다. 오늘날 강원도는 삭주(朔州)와 명주(溟州)에 속해 있었는데, 강릉지방은 명주에 속해 있었다. 당시 명주의 관할 군현은 군(郡)이 9곳, 군(縣)이 25곳이었다.

---

17 이우성, 1975 「남북국시대와 최치원」 『창작과 비평』 10-4, 창작과 비평사.

통일신라 당시 명주의 관할 군현

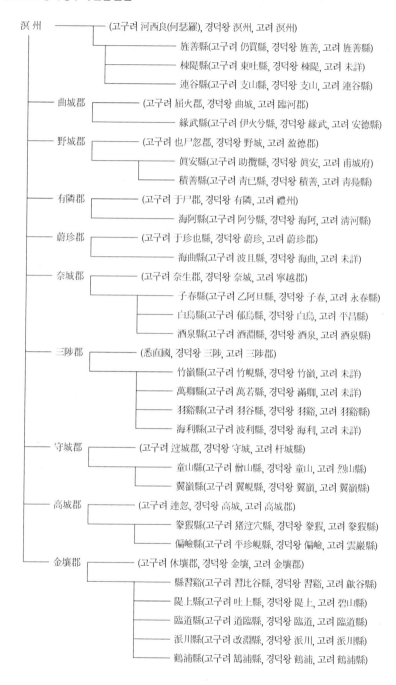

溟州 ─── (고구려 河西良(何瑟羅), 경덕왕 溟州, 고려 溟州)
　　　　　　旌善縣(고구려 仍買縣, 경덕왕 旌善, 고려 旌善縣)
　　　　　　棟隄縣(고구려 東吐縣, 경덕왕 棟隄, 고려 未詳)
　　　　　　連谷縣(고구려 支山縣, 경덕왕 支山, 고려 連谷縣)
曲城郡 ─── (고구려 屈火郡, 경덕왕 曲城, 고려 臨河郡)
　　　　　　緣武縣(고구려 伊火兮縣, 경덕왕 緣武, 고려 安德縣)
野城郡 ─── (고구려 也尸忽郡, 경덕왕 野城, 고려 盈德郡)
　　　　　　眞安縣(고구려 助攬縣, 경덕왕 眞安, 고려 甫城府)
　　　　　　積善縣(고구려 靑已縣, 경덕왕 積善, 고려 靑鳧縣)
有隣郡 ─── (고구려 于尸郡, 경덕왕 有隣, 고려 禮州)
　　　　　　海阿縣(고구려 阿兮縣, 경덕왕 海阿, 고려 淸河縣)
蔚珍郡 ─── (고구려 于珍也縣, 경덕왕 蔚珍, 고려 蔚珍郡)
　　　　　　海曲縣(고구려 波旦縣, 경덕왕 海曲, 고려 未詳)
奈城郡 ─── (고구려 奈生郡, 경덕왕 奈城, 고려 寧越郡)
　　　　　　子春縣(고구려 乙阿旦縣, 경덕왕 子春, 고려 永春縣)
　　　　　　白烏縣(고구려 郁烏縣, 경덕왕 白烏, 고려 平昌縣)
　　　　　　酒泉縣(고구려 酒淵縣, 경덕왕 酒泉, 고려 酒泉縣)
三陟郡 ─── (悉直國, 경덕왕 三陟, 고려 三陟郡)
　　　　　　竹嶺縣(고구려 竹峴縣, 경덕왕 竹嶺, 고려 未詳)
　　　　　　滿卿縣(고구려 萬若縣, 경덕왕 滿卿, 고려 未詳)
　　　　　　羽谿縣(고구려 羽谷縣, 경덕왕 羽谿, 고려 羽谿縣)
　　　　　　海利縣(고구려 波利縣, 경덕왕 海利, 고려 未詳)
守城郡 ─── (고구려 䢘城郡, 경덕왕 守城, 고려 杆城縣)
　　　　　　童山縣(고구려 僧山縣, 경덕왕 童山, 고려 烈山縣)
　　　　　　翼嶺縣(고구려 翼峴縣, 경덕왕 翼嶺, 고려 翼嶺縣)
高城郡 ─── (고구려 達忽, 경덕왕 高城, 고려 高城郡)
　　　　　　豢猳縣(고구려 猪逤穴縣, 경덕왕 豢猳, 고려 豢猳縣)
　　　　　　偏嶮縣(고구려 平珍峴縣, 경덕왕 偏嶮, 고려 雲巖縣)
金壤郡 ─── (고구려 休壤郡, 경덕왕 金壤, 고려 金壤郡)
　　　　　　縣習谿(고구려 習比谷縣, 경덕왕 習谿, 고려 歙谷縣)
　　　　　　隄上縣(고구려 吐上縣, 경덕왕 隄上, 고려 碧山縣)
　　　　　　臨道縣(고구려 道臨縣, 경덕왕 臨道, 고려 臨道縣)
　　　　　　派川縣(고구려 改淵縣, 경덕왕 派川, 고려 派川縣)
　　　　　　鶴浦縣(고구려 鵠浦縣, 경덕왕 鶴浦, 고려 鶴浦縣)

명주는 강릉을 주치(州治)로 한 직할지와 곡성군·야성군·유린군·울진군·내성군·삼척군·수성군·고성군·금양군 등 9개 군으로 이루어져 있었다. 지금의 행정구역에서 보면, 영동지방 대부분과 평창군·영월군·정선군, 경상북도 북부의 해안 쪽 대부분, 함경남도 일부 지역을 관할하였다. 당시 명주의 주치였던 강릉은 명실 공히 영동지방의 중심지로서의 역할을 하였다.

　　신라의 삼국통일에서 서북경은 대동강 선에서 머물렀다. 그러나 이와 같은 사실을 두고도 당나라는 약 70년 가까이 영토권을 인정하지 않다가 성덕왕 34년(735)에 와서 비로소 "패강(浿江, 대동강) 이남의 땅을 사여한다."라고 하였다. 당이 대동강 이남지역에 대한 지배권을 정식으로 인정하는 것은 당과 발해가 싸울 때 신라의 당에 대한 군사적 지원 이후부터이다.

　　신라의 서북경은 분명하게 되어 있지만, 동북경에 대하여는 『신당서』 발해전에 "발해는 남쪽으로 신라와 접해 있는데 니하로 경계를 이루고 있다."[渤海南接新羅 以泥河爲界]는 기록이 보이고 있다. 니하의 위치 비정에 있어서는 몇 개의 학설이 제기되어 있다.

　　이에 대한 현재까지의 학설을 종합해 보면, 크게 원산만부근설과 강릉부근설로 나눌 수 있다. 원산만부근설은 『삼국사기』 지리지에 신라 동북경 최북단의 행정구역이 천정군(泉井郡, 현 덕원)이었다는 점, 동사전조(同祀典條)에서 동북지방 최북단의 소사(小祀)로 상악(霜岳, 고성 금강산)과 설악(雪岳, 속초 설악산)이 설정되어 있는 점, 성덕왕 20년(721) 7월에 "하슬라도(何瑟羅道, 강릉)의 정부(丁夫) 2천명을 징발하여 북변에 장성을 축조하였다"는 것 등이다. 강릉부근설은 정약용이 그의 『강역고』에서, "니하는 강릉 북쪽에 있다"고 한 것에서 비롯되었다. 정약용은 니하를 강릉 북쪽의 니천수로 보고 양양 이북이 발해의 땅이었다가 756년경에 신라 영토가 되었다고 기록한 사실을 근거로 발해 남변은 신라와의 세력관계에 따라 발해와 신라의 대

외교통로인 신라도(新羅道)는 시기별로 변화하였다고 보고 있다.[18] 이와 같이 발해의 남쪽 경계인 니하를 어디로 비정하는가에 따라 발해의 영역범위는 달라질 수 있다. 니하의 위치 즉 신라의 남쪽 경계에 대해서는 이렇다 할 일치된 견해를 찾지 못하고 있지만, 이를 종합해 보면 발해의 남쪽 경계는 강릉에까지 이를 수 있다는 추론이 가능하다.

한편 7세기 후반에 삼국을 통일했던 신라는 신문왕대(681~692)의 체제정비를 거치면서 전제왕권을 수립하게 되었고, 성덕왕대(702~737)에 와서는 안정된 전제왕권을 누리게 되었다. 그러나 하대로 들어오면서 서서히 쇠망의 조짐을 보이기 시작하였다. 그것은 중대의 마지막 왕인 혜공왕 4년(768)에 일어난 대공(大恭)의 난으로부터 비롯되었다. 대공의 반란은 전국의 96각간이 3개월 동안 서로 싸웠다고 전할 정도로 일찍이 보지 못한 대란이었다. 이는 신라 중대 왕실이 무너지는 계기가 되었다.

싸움의 양상은 현 집권자인 혜공왕파와 반(反)혜공왕파로 갈라지게 되었다. 전자의 대표적 인물은 김지정(金志貞)이었고, 후자의 대표적 인물은 김양상(金良相)·김경신(金敬信)이었다. 여기에서 반혜공왕파가 승리하고 김양상이 왕위에 오르니 이가 37대 선덕왕(宣德王, 780~785)이다. 선덕왕은 무열왕계가 아니라 내물왕 10세손이었다. 이러한 방계 출신인 선덕왕이 왕위에 오름으로써 무열왕계가 왕위를 계승하던 중대는 종언을 고하고 하대가 시작되었다.

신라는 하대에 들어 150여 년 사이에 20명의 왕이 교체되는 대혼란을 겪게 되었다. 이 과정에서 지배계급의 분열과 대립이 격화되었고, 이에 따라 중앙의 정치기강은 극도로 문란해지고 지방에 대한 통제력도 약화되었던 것이다. 이러한 와중에 귀족과 사원은 권력·고리대 등 불법적 수단을 동

---

18 서병국, 1981 「신당서 발해전 소재 니하의 재검토」 『동국사학』15·16; 조이옥, 1999 「신라와 발해의 국경문제」 『백산학보』52.

원하여 백성들의 토지를 탈점하였다. 그리하여 그들은 전장(田莊)이라 불리는 대토지를 소유하였다. 그리고『신당서』에는 "재상의 집에는 녹(祿)이 끊이지 않으며, 노비가 3천명이나 된다.… 곡식을 남에게 빌려주어서 늘리는데, 기한 안에 갚지 못하면 노비로 삼았다."라고 전하고 있다.

이에 토지를 잃은 농민들이 유민화되면서 정부에 대한 불만의 목소리가 커지기 시작했고, 결국에는 진성여왕 3년(889)에 조세독촉을 계기로 전국에서 도적이 벌떼처럼 일어났다. 이때 원종(元宗)과 애노(哀奴)가 사벌주(沙伐州, 현 상주)를 근거로 하여 처음으로 반기를 들었다.『삼국사기』에 의하면 당시 농민군의 규모가 얼마나 컸던지 왕명을 받고 출동한 영기(令奇)는 그 위세에 놀라 앞으로 나아가지도 못하였다고 한다.

이와 같은 농민봉기는 삽시간에 전국으로 확산되어 갔다. 이 틈을 타 각처에서 몇몇 지도자들이 세력의 구심점을 형성하였는데, 그 대표적인 예가 북원(北原, 현 원주)의 양길(梁吉), 죽주(竹州, 현 안성)의 기훤(箕萱), 완산(完山, 현 전주)의 견훤(甄萱), 명주의 김순식(金順式) 등이다. 그러다가 종국에는 이른바 후삼국시대가 연출되어 견훤이 세운 후백제와 궁예가 세운 후고구려, 그리고 종래의 신라가 각축전을 벌이게 되었다.

9세기 말 명주는 진성여왕대의 농민봉기를 거치면서 궁예의 세력권 안에 들어가게 된다. 특히 명주는 궁예가 세력을 구축하는데 기반이 된 곳이기도 하다. 궁예는 진성여왕 6년(892) 북원의 양길로부터 군사를 나누어 받아 동정(東征)을 개시하여 주천(현 영월군 주천면)·내성(현 영월읍)·울오(현 평창읍)·어진(현 정선) 등을 거쳐 동왕 8년(894)에 명주에 이른다. 궁예가 명주에 들어올 때의 군사는 600여 명이었으나 명주에 도착한 후에 3,500명으로 불어났다. 그것은 궁예가 명주 땅에서 명주호족과 농민, 승려들로부터 지지를 받았기에 원래 그의 군사보다 5배나 늘어났던 것이다. 궁예는 이를 기반으로 하여 양양을 거쳐 저족(현 인제)·성천(현 화천)·부약(현 김화)·금성(현 김화)·철원 등을 정복하였고, 얼마 후 왕건 부자와 패서(浿西, 평양 이남 예성강 이북) 일대의 호족세력의 귀부(歸附)를 받아 서쪽과 남쪽 방면으로 진출하여 공주에서 영주를 잇는 선의 이북 지역을 거의 차지하는 커다란 세력으로 성장하였다. 이에 궁예는 901년에 스스로 왕이라 칭하고 '고려'를 건국하였다.

왕위에 오른 초기에 궁예는 사졸(士卒)들과 침식을 같이하고 상벌을 공평하게 하는 등 바람직한 지도자상을 보이기도 했다. 그러나 얼마 안 가서 전제적이고 급진적인 면모를 보이기 시작했다. 그는 신라에 대한 극심한 적대의식으로 신라를 '멸도(滅都)'라 부르고, 신라에서 오는 자를 모두 죽이기까지 했다. 그러자 지식인과 호족들이 서서히 그의 곁을 떠나기 시작했다. 이들은 당시 사회의 중간계층이었기 때문에 급진적인 개혁을 원하지 않았던 것이다. 궁예 휘하에서 동궁기실(東宮記室)까지 지냈던 박유(朴儒)는 산속으로 숨어버렸으며, 장주(掌奏)의 직책에 있던 최응(崔凝)은 궁예가 왕건에게 모반 혐의를 뒤집어씌울 때 왕건을 도와주었다. 그리하여 궁예는 결국 왕위를 왕건에게 내주게 되었다.

제3절 고려시대의 강릉

918년에 궁예의 세력기반을 물려받아 새 왕조의 창시자가 된 태조 왕건은 국호를 '고려'라 하고, 연호를 '천수(天授)'라고 정하였다. 그러나 왕건 앞에는 허다한 난관이 가로 놓여 있었다. 왕건이 즉위한 5일째 되던 날 혁명 내부세력 가운데 왕건의 왕위를 넘보고 왕권에 도전한 반(反)혁명 사건이 발생하였고, 얼마 후 궁예의 정치적 기반이었던 청주지역 호족들이 모반을 꾀하여 왕건에 저항하였다. 이와 같이 왕건은 즉위한 후에 궁예를 지지하고 있던 각 지역 호족세력들의 반발과 저항에 직면하게 되었고, 중립적인 입장에서 정세를 관망하고 있던 호족세력들이 후백제로 기울어짐에 따라 정치적 불안이 가중되어 갔다. 이러한 현상은 특히 후백제 영역과 근접한 지역에서 더욱 심하게 나타나고 있었다. 명주장군 김순식도 왕건이 즉위한 후에 불복하고 있었다.

이러한 상황에서 왕건이 해야 할 일은 먼저 궁예정권 하에서 궁예와 결합했던 호족들을 회유 포섭하는 일이었다. 이에 왕건은 제도(諸道)의 호족에게 사절을 보내 자신을 낮추고 상대를 높이는 겸양의 덕을 발휘하여 호족들을 회유·포섭하였다. 그러자 각지의 호족들이 해가 거듭될수록 고려에 많이 귀부해 왔다. 이렇게 해서 귀부해 오는 호족에게는 토지와 저택을 주기도 하고 관계(官階)를 수여해주면서 그 통치권을 인정해 주기도 하였다. 그는 여기에 그치지 않고 각 지역의 유력한 호족들의 딸들과 결혼을 하기도 하였다. 이는 왕건이 호족의 딸들과 정략결혼을 통해 집권은 물론, 왕권을 안정시키는데 활용한 측면이 강하다. 이로 인해 정권의 안정은 이루지만 왕건 사후에 피비린내 나는 왕위쟁탈의 원인을 제공하기도 했다. 또한 중요한 호족들에게는 자신과 같은 왕씨 성을 하사하여 가족과 같은 대우를 하였다. 이러한 정책의 결과 많은 호족들이 귀부해 왔다. 왕건은 김순식을 귀부시키기 위해 집요한 노력을 하였다.

김순식의 귀부는 3차에 걸쳐서 진행된다. 태조 5년(922) 7월에 왕건이 순식의 아버지 허월을 보내어 타이르니, 순식은 그의 장자 수원(守元)을 보내어 1차 귀부하였다. 이때 왕건은 수원에게 왕성(王姓)을 하사하고 전택(田宅)을 주었다. 그러나 순식의 이러한 귀부는 왕건에게는 매우 소극적이고 불만스러운 일임이 분명하다. 그래서 왕건은 순식 자신의 완전한 귀부를 위해 더욱 노력하였을 것이다. 1차 귀부를 한 지 5년이 지난 태조 10년(927) 8월에 순식은 다시 아들 장명(長命)과 군사 600인을 보내서 고려 궁궐을 숙위하게 하였다. 이에 태조는 순식의 소장(小將) 관경(官景)에게 왕성(王姓)과 관계(官階)를 수여하고, 그 아들 장명에게는 염(廉)이란 이름과 원보(元甫)[19]라는 관계를 주었다. 김순식 본인이 몸소 휘하 세력을 이끌고 왕건에게 완전히 귀부하는 것은 태조 11년(928)에 들어와서이다. 이때 왕건은 순식에게 왕성을 하사하고 대광(大匡)[20]이라는 관계를 주었다. 대광은 '크게 나라 일을 바로잡을 만한 위치'라는 뜻으로 풀이할 수 있다. 대광은 살아있는 인물에게 주었던 관계 중 최고위였다. 태조대에 대광의 관계를 수여한 예는 재경세력(在京勢力) 중에는 몇몇 있었으나, 지방세력 중에서는 순식이 최초였다. 이런 점을 통해서 볼 때 당시 김순식의 위치가 얼마나 컸는가를 가히 짐작할 수 있다.

명주호족 김예(金乂)도 왕씨 성을 하사받았다. 김예가 언제 어떻게 해서 왕씨 성을 받는지 알 수 없지만, 앞에서 본 관경이 김순식의 아들 장명과 함께 받은 것으로 보아 그 역시 김순식의 귀부와 밀접하게 관련이 있었던 것으로 추측된다. 명주호족 세력으로서 왕씨 성을 받은 사람은 김순식의 3부자와 관경, 김예 등이었다.

왕건은 명주호족 김순식과 김예로부터 군사적 도움을 받아 태조 12년(929) 12월부터 시작된 고창군(현 안동) 전투에서 크게 승리하였고, 이 전투의 승리로 강릉에서 울산에 이르는 110여 성이 고려에 귀부하여 왕건의 세력은 크게 강화되었다. 김순식과 김예는 태조 19년(936)에 후백제를 공멸(攻滅)할 때도 크게 기여하였다. 그러나 고려의 통일과정에서 큰 공을 세운 순식은 얼마 안 가서 중앙정계에서 제거된 것으로 보인다. 왜냐하면 태조 19년 이후부터 김순식에 관해서는 전혀 자료가 찾아지지 않기 때문이다.

---

19 고려시대 관인과 구별되는 특별 부류에게 수여한 직. 태조 2년(919)에 처음 두었고, 태조 19년(936)에 후삼국을 통일한 뒤 관계를 재정비할 때 16등급 중 제8위에 해당되었으며 품계는 4품이었다.

20 문무관에게 수여된 관계 중 최고의 관계. 936년에 후삼국을 통일한 뒤 관계를 재정비할 때 16등급 중 제3위에 해당되었으며 품계는 종1품이었다.

아마도 그의 가문은 그 후에 중앙정부에 반기를 들었다가 도태되었거나, 아니면 광종의 호족억압책으로 제거되었을 것으로 생각된다. 그러나 김예 계열은 건재하였다. 그는 왕건의 공신이 됨과 동시에 내사령(內史令)을 역임하였고, 그의 딸은 태조 왕건의 14비 대명주원부인(大溟州院夫人)이 되었다. 그의 후손은 그 후에도 중앙정계에서 활약하였다. 이러한 사실은 그의 현손 왕국모(王國髦)가 현종 때 역신(逆臣) 이자의(李資義)를 제거한 공로로 권판병부사(權判兵部事)가 된 것이라든지, 왕백(王伯)이 충렬왕 때 급제 출사한 것에서 확인할 수 있다.[21]

고려 지방제도의 근간을 이루는 군현제는 태조 23년(940)의 읍호 개정 이래 몇 차례의 개편을 거쳐 현종 9년(1018)에 완성되었다. 고려의 군현제는 처음부터 완성된 형태를 갖추고 출발하지는 않았다. 그것은 신라말 이래 강력한 지방세력이 있었기 때문이다. 따라서 고려 초기에는 한동안 지방세력의 자율적 지배를 인정했고, 지방관을 파견하여 중앙정부의 의사를 지방에 직접적으로 관철시키지 못하였던 것이다. 그래서 국초에는 다만 서경(西京, 현 평양)을 비롯한 몇몇 요지에 군사적 필요성 때문에 관리를 파견하였고, 조세수취를 위해 금유(今有)·조장(租藏)과 전운사(轉運使) 등으로 불린 비상주 관원을 파견하였을 뿐이다.

고려전기에 지방제도의 본격적 기반은 성종대에 마련되었다. 성종대 지방제도 개편의 첫 조치는 성종 2년(982) 2월 최승로의 건의를 받아들여 주요 거점지역에 12목(牧)을 설치하여 외관을 파견하면서부터였다.[22] 12목은 양주·광주·충주·청주·공주·해주·진주·상주·전주·나주·승주·황주였다.

12목 설치의 계기가 된 최승로의 상소에서는 "국왕이 백성을 다스

---

21 『고려사』권10, 세가10 현종 원년 9월 을미조. 『고려사』권109, 열전22 조렴 附왕백.

22 『고려사』권3, 세가 성종 2년 2월조.

리는데 집집마다 가서 날마다 살펴볼 수 없습니다. 그러므로 수령을 파견하여 백성들의 이해를 살피게 하는 것입니다. 태조가 통일한 뒤에 지방관을 두려고 하였으나 대개 초창기였으므로 이를 실행할 겨를이 없었습니다. 그런데 이제 보니 지방토호들이 공무를 빙자하여 백성들을 침탈하기 때문에 백성들이 견디지 못하고 있습니다. 바라건대 지방관을 두기를 청합니다. 비록 한꺼번에 다 파견하지는 못하더라도 먼저 10여 주현을 아울러 한 명의 지방관을 설치하고 그 지방관마다 두세 명의 관원을 두어 백성을 다스리는 일을 맡기십시오."라고 하여 당시의 상황을 전하고 있다. 성종대에 12목에 목사를 파견한 것은 민정적(民政的) 지방행정관 파견의 시초였다는 점에서 그 의의가 크며, 이는 지방 호족세력에 대한 본격적인 통제에 나서게 된 것을 의미한다. 당시 강원도 지역은 12목에서 빠져 있는 것으로 보아 여전히 지방호족의 세력하에 있었던 것으로 짐작된다.[23]

성종 14년(995)에는 처음으로 전국을 10도로 편성하였다.[24] 그리고 12목이 설치되었던 큰 주에 절도사(節度使)를 두고, 이보다 작은 주에 도단련사(都團鍊使)·단련사(團鍊使)·자사(刺使)·방어사(防禦使)를 설치하였다. 그러나 목종 8년(1005)에 절도사만 남고 양계지방을 제외한 지역에서 도단련사·단련사·자사는 혁파되었다.

이러한 과도기를 거쳐 현종 9년(1018)에는 전국을 5도와 양계로 크게 나누고, 그 안에 경(京)·도호부(都護府)·목(牧)을 위시하여 군(郡)·현(縣)·진(鎭)에 지방관을 상주시키는 형태로 지방제도를 정비하였다. 특히 현종 9년의 지방제도는 고려시대 지방제도의 기본 구조가 완성되었다는 점에서 매

---

23 변태섭, 1968 「高麗前期의 外官制」 『한국사연구』 2, 한국사연구회 참조.

24 10도는 본래 唐의 10도제를 모방한 것으로, 그 명칭도 대개 唐의 도명을 그대로 채용한 것이었다. 행정구획으로서의 10도 명칭은 關內道·中原道·河南道·江南道·嶺南道·嶺東道·山南道·海陽道·朔方道·浿西道였다.

우 중요한 의미를 지닌다. 이것은 고려 지방제도의 연혁을 기록하고 있는『고려사』지리지가 현종 9년의 지방제도를 기준으로 하여 편성되어 있다는 사실에서도 알 수 있다.

고려의 지방지배는 지역별로 지배방식에 차이가 있었다. 크게 보면 개경을 중심으로 하는 경기와 북방변경지대인 양계, 그리고 나머지 5도의 지배방식이 각기 달랐다. 행정적으로 볼 때 경기는 개성부사가 관할하고, 양계는 병마사 예하의 방어주진으로 편성되었으며, 5도는 안찰사가 관할했다.

5도의 위치와 관할지역 범위는 양광도가 지금의 경기도·충청남북도와 강원도 영서지방의 남부지역 일부를 포함하며, 경상도가 지금의 경상남북도, 전라도가 지금의 전라남북도, 교주도가 지금의 강원도의 영동지방을 제외한 영서지방의 대부분 지역, 서해도가 지금의 황해도 지역이었다. 양계 중 북계(北界)의 관할 범위는 천리장성 이남의 평안남북도 지역이었고, 동계(東界)[25]의 관할 범위는 지금의 영동지방 대부분과 함경남도 정평(定平) 이남 지역이었다. 동계의 해당구역은 다음과 같다.

동계의 해당구역

구 분	소속군현
안변 도호부	瑞谷縣(서곡현), 汶山縣(문산현), 衛山縣(위산현), 翼谷縣(익곡현), 孤山縣(고산현), 鶴浦縣(학포현), 霜陰縣(상음현)
순(純) 동 계 지 역	和州(화주), 高州(고주), 宜州(의주), 文州(문주), 長州(장주), 定州(정주), 豫州(예주), 德州(덕주), 元興鎭(원흥진), 寧仁鎭(녕인진), 耀德鎭(요덕진), 鎭溟縣(진명현), 長平鎭(장평진), 龍津鎭(룡진진), 永興鎭(영흥진), 靜邊鎭(정변진), 雲林鎭(운림진), 永豊鎭(영풍진), 臨守鎭(애수진)
준(準) 남 도 지 역	金壤縣(금양현)(속현3; 臨道(임도)·雲岩(운암)·碧山(벽산)), 歙谷縣(흡곡현), 高城縣(고성현)(속현2; 豢猳(환가)·安昌(안창)), 杆城縣(간성현)(속현1; 烈山(렬산)), 翼嶺縣(익령현)(속현1; 洞山(동산)), 溟州(명주)(속현3; 羽溪(우계)·旌善(정선)·連谷(연곡)), 三陟縣(삼척현), 蔚珍縣(울진현)

---

[25] 동계는 성종 10년(991)에 삭방도, 정종 2년(1036)에 동계, 문종 원년(1047)에 동북면, 명종 8년(1178)에 연해명주도, 원종 4년(1263)에 강릉도, 공민왕 5년(1356)에 강릉삭방도, 공민왕 9년(1360)에 삭방강릉도, 공민왕 15년(1366)에 강릉도로 명칭이 바뀌었다.

동계의 해당구역은 크게 세 부분으로 나뉜다. 첫째는 안변도호부에서 상음현까지로 안변도호부와 그 속현들로 구성되었고, 둘째는 화주에서 애수진까지로 순(純)동계 지역의 군현들로 구성되었으며, 셋째는 금양현에서 울진현까지로 준(準)남도 지역의 주현들로만 구성되어 있다.[26] 동계의 관할 하에는 1도호부·9방어군·10진·25현이 있었는데, 25현은 주현이 8곳이고 속현이 17곳이었다. 이 가운데 조선시대 강원도에 편제된 지역은 금양군, 고성군, 간성군, 익령현(현 양양), 명주, 삼척군, 울진군이다. 명주는 동계의 행정구역 가운데 방어군에 속해 있었다.

강릉은 고려시대 첫 행정개편이 있던 태조 19년(936)에 동원경으로 읍호가 승격되었다. 그 배경에 대해 『강릉김씨족보』에는 "후삼국 통일전쟁 때 명주장군 순식이 가서 도왔더니 명주를 동원경이라 하였다"고 한다. 그러나 태조 23년(940) 군현개편 때에는 어떤 연유에서인지 알 수 없지만 다시 명주로 환원되었다. 성종대에 와서는 명주는 4번에 걸친 빈번한 개명을 거듭하였다. 즉 성종 2년(983)에는 하서부(河西府), 성종 5년(986)에는 명주도독부(溟州都督府), 성종 11년(992)에는 명주목(溟州牧), 성종 14년(995)에는 명주로 개칭되었다. 명주는 원종 원년(1260)에 위사공신(衛社功臣)[27] 김홍취의 고향이라 하여 경흥도호부로 승격되었다가, 충렬왕 34년(1308)에 강릉부로 개칭됨으로써 현재의 이름을 갖게 되었다. 공양왕 원년(1389)에는 강릉대도호부로 승격되었다.

고려시대에는 모든 주·부·군·현에 지방관을 파견한 것이 아니라 중요한 지역에 한하여 배치하였다. 즉 고려의 군현은 지방관이 파견된 영군(領

---

26 순양계 지역에는 속현이 없으나, 준남도 지역에는 남도 지역과 같이 속현이 두어지고 있다.

27 위사공신은 나라를 保衛한다는 뜻으로, 고종 45년(1258)에 김홍취·김인준 등이 崔竩와 그의 일당을 주멸하여 최충헌으로부터 시작된 4대 60년에 걸친 최씨 집권을 종식시키고 국정을 왕에게 돌린 사실을 가리킨다.

郡)·영현(領縣)과 파견되지 아니한 속군(屬郡)·속현(屬縣)이 있었다. 고려시대에 지방관이 파견된 곳은 전체 군현의 1/3 정도에 지나지 않았고, 그 나머지는 이른바 속현으로서 지방관이 파견된 주현(州縣)에서 통치하였다. 이처럼 고려의 군현제는 지방관 파견을 기준으로 구성되어 있다는 점이 하나의 특징을 이루고 있다. 그러므로 여기서는 군현의 크기가 문제된 것이 아니라 지방관이 파견되는 주군·주현이 되느냐, 그렇지 않으면 지방관이 파견되지 않은 속군·속현이 되느냐 하는 것이 더 중요하였다. 『고려사』 지리지에 의하면, 명주는 우계·정선·연곡 등 3개의 속현을 거느리고 있었다.

A-① 우계현은 원래 고구려의 우곡현(羽谷縣)인데 신라 경덕왕이 지금 명칭으로 고쳐서 삼척군의 관할 하에 현으로 만들었다. 현종 9년에 본 주에 소속시켰는바 옥당(玉堂)이라고도 부른다.

A-② 정선현은 원래 고구려의 잉매현(仍買縣)인데 신라 경덕왕이 지금 명칭으로 고쳐서 명주의 관할 하에 현으로 만들었다. 현종 9년에 그대로 본 주에 소속시켰고 후에 군으로 승격시켰는바 삼봉(三鳳)이라고도 부른다.

A-③ 연곡현은 원래 고구려의 지산현(支山縣)인데 신라 경덕왕은 옛 명칭대로 두고 명주의 관할 하에 현으로 만들었으며 현종 9년에 지금 명칭으로 부르고 그대로 본 주에 소속시켰다[이 현 사람들은 전하기를 옛날의 양곡현(陽谷縣)이라고 한다].

정선현과 연곡현은 원래부터 명주의 관할 하에 있었으나, 우계현은 원래 삼척군 관할 하에 있다가 현종 9년(1018) 삼척군이 삼척현으로 강등되면서 명주에 이속되었다.

군·현 아래에는 향·소·부곡과 장(莊)·처(處) 등의 특수행정구역을 두고 있었다. 부곡제 영역은 군현에 묶여 행정적으로 주현의 지배를 받았다. 고려시대에 군현은 500여 개에 달했으나 부곡집단은 총 900여 개에 달하였다. 지역적으로 80~90%가 지금의 경상도, 전라도, 충청도에 있었다.[28] 강릉지방의 부곡집단으로 사동부곡(史冬部曲)·오홀부곡(烏忽部曲)·조대산부곡(助大山部曲)·소점부곡(所漸部曲)과 선곡소(船谷所)·죽원소(竹原所) 등이 있었음이 확인된다.[29]

제4절 조선시대의 강릉

조선왕조의 군현 정비작업은 위화도회군(1388) 이후 이성계 일파가 정권을 장악하면서부터 시작되었다. 조선 초기 군현제의 정비는 둘 이상의 군현을 병합(倂合)하거나, 또는 일부 군현 및 향·부곡·소·장·처 등의 지역을 혁파하여 직촌화(直村化)시키는 작업 등이 주목을 끈다.[30] 군현병합은 피(被)병합군현이 하나의 군현단위로서의 체제를 온전히 유지하고 있었던 상태에서 다른 군현에 합치는 조치를 의미하며, 직촌화는 하나의 군현단위(향·소·부곡 등 포함)로써 존립할 수 없는 상태가 된 군현이 그 독립성을 상실하고 이웃의 주읍(主邑)의 한 행정구획으로 흡수되는 조치를 의미한다고 할 수 있다. 이러한 과정을 거쳐 군현수는 약 330개로 조정되었다.[31]

이전의 전통적인 민중지배 방식이던 다원적·다층적 사회편제방식

---

28 부곡지역의 사람들은 일반 군현의 농민과 같이 농업에 종사하였다. 그중 향·부곡·장·처에 거주하는 사람들은 국가와 왕실 및 사원의 토지를 추가로 경작하는 역을 부담하였고, 소 주민들은 금·은 등의 광산물, 해산물, 종이·먹·자기 등의 각종 수공업제품을 생산하는 역을 부담하였다. 이에 대해서는 朴宗基, 1990 「高麗의 收取體制와 部曲制」 『高麗時代 部曲制硏究』, 서울대출판부 참조.

29 『신증동국여지승람』권44, 강원도 강릉대도호부조.

30 李樹健, 1984 『韓國中世社會史硏究』, 일조각;1989 『朝鮮時代 地方行政史』, 민음사 참조.

31 조선 전·후기를 통해 군현수는 약 330개 전후로 변화가 거의 없었다. 가령 『세종실록지리지』에 336개, 『경국대전』에 329개, 『신증동국여지승람』에 331개이다(李樹健, 1984 위의 책, p.410).

이 크게 달라지게 되었던 동기는 무엇보다도 고려시기 농법의 기본이었던 휴한농법을 극복하면서 상경연작농법이 점차 보편적으로 성취되어 가는 농업생산력의 발전과 인구의 증가 등과도 밀접히 연관된 것이라 이해된다.[32]

조선 초기의 군현개편 작업 중 제일 논의가 분분했던 것은 군현을 병합하는 것이었다. 군현병합은 태조대부터 세조대에 걸쳐 추진되었는데, 그 대상지는 주로 "지협민소(地狹民少)"하거나 혹은 "지착민소(地窄民少)"하여 하나의 독립된 군현으로서 존속하기 어려운 지역이었다.[33]

공양왕 원년(1391)에 대도호부로 승격된 강릉은 강원도내 26개 군현 가운데 가장 넓었다.[34] 『신증동국여지승람』에 의하면, 강릉의 사방 경계는 동쪽으로 바닷가까지 10리, 서쪽으로 평창군 경계까지 159리, 횡성현 경계까지 190리, 서남쪽으로 정선군 경계까지 90리, 남쪽으로 삼척부 경계까지 94리, 북쪽으로 양양부 경계까지 60리라고 하였다. 즉 강릉대도호부는 동서로 200리, 남북으로 154리에 달하는 상당히 넓은 지역을 관할하고 있었다. 강릉대도호부는 영조 35년(1759)에 편찬된 『여지도서』에 의하면 21면 86리를 관할하고 있었다. 이를 표로 나타내면 다음과 같다.

---

32 李泰鎭, 1986 『韓國社會史研究』, 지식산업사; 2002 『의술과 인구 그리고 농업기술—조선 유교국가의 경제발전 모델—』, 태학사 참조.

33 하나의 군현이 존립하기 위해서는 요역·공납 등의 국가적 부세를 부담할 능력을 구비해야만 하였고, 이외에도 관아나 향교의 건물, 노비·향리 등의 인적자원, 그리고 公須田, 衙祿田 및 향교의 廩食田 등의 경제적 조건도 아울러 갖추어야만 하였다. 이러한 제반 조건을 갖추지 못한 군현이 병합의 대상이 되었다(『단종실록』권4, 즉위년 12월 병진조).

34 강릉대도호부의 관할 면적은 춘천도호부의 약 2배, 원주목의 약 3배, 강원도내에서 가장 작은 흡곡현의 약 40배에 해당하는 넓이였다(廬然洙, 2001 「朝鮮前期 江陵大都護府使 業務 研究」 『江原文化史研究』 6, p.64).

18세기 중엽 강릉대도호부의 면리조직

구 분	면 (21)	리 (86)
강릉 영동면	북일리면	초당리·당북리·대창리(3)
	북이리면	홍제리·성곡리·산황리·임당리·교동리(5)
	정 동 면	유천리·사전리·조산리(3)
	가 남 면	경호리·일희정리(2)
	사 화 면	일애일당리·이애일당리·노동리(3)
	연 곡 면	영진리·역리·현내리·마곡리(4)
	신 리 면	사기리·교항리·향호리·주문리(4)
	성 산 면	건금리·구산리·관음리·보광리·제민원리·위촌리·송암리·서원리(8)
	남일리면	남문외리·금아지리·수문리·견소진리·강문진리(5)
	덕 방 면	입암리·청량리·병산리(3)
	남이리면	문암리·모산리·내곡리(3)
	구 정 면	어단리·덕현리·언별리·학산리·제비리·산북리·목계리·증음치리·고단리(9)
	자가곡면	신석리·시동리·모전리·안인진리(4)
	우 계 면	묵진리·북동리·현내리·산계리·천남리·오곡리(6)
	망 상 면	망상리·만우리·대진리(3)
강릉 영서면	임 계 면	일리·이리·삼리(3)
	도 암 면	횡계리·도암리(2)
	진 부 면	동구리·상리·하리·거문리·속사리(5)
	봉 평 면	봉평리·면온리(2)
	대 화 면	신리·대화리·안미리·방림리·계촌리·운교리(6)
	내 면	일리·이리·삼리(3)

　　강릉대도호부는 영동 15면 65리와 영서 6면 21리를 관할하였다. 이 가운데 구정면이 9개 리, 성산면이 8개 리, 우계면과 대화면이 각각 6개 리, 진부면이 5개 리의 규모였으나, 가남면·봉평면·도암면은 각각 2개의 리로 되어 있어 그 규모 면에서 큰 차이를 보이고 있다.

　　강원도의 도명은 태조 4년(1395)에 도내의 거읍(巨邑)인 강릉의 '강'자와 원주의 '원'자를 취하여 명명한 것이다. 강릉과 원주의 읍호 승강(昇降)에 따라 도명이 무려 10여 차례의 변경과 복칭(復稱)이 반복되기도 하였는데, 그

것은 불효(不孝)·패륜(悖倫)·역모(逆謀) 등 강상(綱常)에 위배되는 중죄인이 발생하였을 때 그 죄인만 처벌하는 것이 아니라 그 지방 군현의 등급까지 강등하였기 때문이다. 강릉은 두 번에 걸쳐 현(縣)으로 강등되었다.

현종 8년(1667)에 강릉이 현으로 강등된 것은 옥기[玉只]가 아버지를 살해한 사건 때문이었다. 이 사건의 전말은 다음과 같다.[35] 강릉에 살던 박귀남(朴貴男)은 옥기·연화(連花) 두 딸만 두었는데, 귀남이 탄역(癱疫)을 앓아 온 몸이 썩어 문드러지자 옥기의 남편 말남(末男)이 산골짜기에다 초막(草幕)을 지어 그곳에 데려다 두었다. 그런데 그 병이 집안에 전염될까 두려워 한 귀남의 처 난개(難介)가 옥기·말남 및 옥기의 아들 어둔금(於屯金)과 동모(同謀)하여 귀남을 결박한 다음 단지에 넣어 산골짜기에 묻었다. 연화도 그의 남편 김기(金𥑇)와 함께 갔었다. 그 뒤 향소(鄕所)에서 이 소문을 듣고 말남과 옥기에게 태형(笞刑)을 가한 다음 이를 숨기고 보고하지 않았다. 사헌부에서 뒤늦게 그 소문을 듣고 그때의 관리를 추고할 것을 청하였다. 이에 관찰사를 추관(推官)으로 하여 철저히 신문하게 하였으나, 오래도록 결말이 나지 않았다. 난개·김기·연화 등은 자복하지 않은 채 죽었고 어둔금 등은 오래되어서야 사건의 전말을 자복하였다. 이에 경차관 박증휘(朴增輝)를 보내어 안문(按問)한 뒤 왕옥(王獄)으로 잡아오니, 삼성추국(三省推鞫)[36]한 뒤 옥기·어둔금을 처형하고 강릉대도호부를 강릉현으로 강등시켰던 것이다. 이 사건으로 인해 도명이 원양도(原襄道)로 개칭되었다가 숙종 2년(1676)에 강원도로 복구되었다.

정조 6년(1782)에 강릉이 현으로 강등된 것은 이택징의 반역사건 때문이었다.[37] 이 사건의 발단은 5월 26일 공조참의 이택징이 "전하께서 등극한 처음부터 요망스러운 난역(亂逆)들이 차례로 주륙(誅戮) 당했는데, 이들은 영

---

35 『현종실록』권11, 7년 2월 계축조.

36 綱常 죄인을 임금의 特旨에 따라 의정부·사헌부·의금부의 관원이 합좌하여 심문하는 것을 말함.

37 林道植, 2003 『江陵의 歷史人物資料集』(下), 강릉문화원, pp.1728~1832 참조.

조 때 교목세가(喬木世家, 대대로 문벌이 높은 신하)들의 태반이 무참하게 참절(斬截)당하는 속으로 들어가 세도(世道)가 말할 수 없는 지경에 이르러 그 여파의 걱정이 지금도 그치지 않고 있다.”는 등의 내용으로 올린 3차례의 상소에서 비롯되었다. 이에 대해 조정 대신들이 연명(聯名)으로 차자(箚子)를 올려 “이택징의 상소 내용이 비상한 것이었으므로, 너무도 놀랍고 두려워 처분만을 기다리고 있다.”고 반발하였으며, 6월에 대사헌 이재협이 상소하여 “이택징을 역적을 비호한 죄로 논죄할 것”을 청하였으나, 정조는 “내가 스스로 반성하기에 급급하여 우선 이 일에 대해 흑백을 가릴 겨를이 없다” 하여 더 이상 문제 삼지 말도록 하였다. 그러나 6월 24일 이유백이 이택징을 비호하는 상소를 올리자, 영의정 서명선은 “이는 오로지 국본(國本)을 위태롭게 하려는 계교에서 나온 것으로 지난날 홍국영의 음모와 맥락이 관통되어 있다.” 하면서 이유백을 잡아 가두고 철저히 조사하여 그 근저(根抵)를 타파할 것을 강력히 청하였다. 그 다음날인 6월 25일 이유백의 동생 이유원이 이유백과 이택징이 공모하여 상소를 올린 것이라고 포청(捕廳)에 고발하여 체포되기에 이르렀다. 이에 6월 28일 정조는 김상문에 임어하여 이유백·이택징을 친히 국문하고, 본부(本府)에 명하여 이유백·이유원과 이유백의 사위 최종악, 여관 주인 이몽린을 추국한 결과 김양순·이최중·이명훈·이의익·정성휴 등이 이에 연루되었음이 밝혀지게 되었다. 이택징의 결안(結案)에는 택징이 이유백에게 뇌물을 주어 상소를 올리도록 하였으며, 상소내용에서 “호서(湖西)의 유옥(儒獄)이라고 일컫고 교목(喬木)이 참벌(斬伐)되었다고 한 이야기는 모두가 역심(逆心)에서 나온 것”임을 자백함에 따라 7월 22일 이택징이 물고(物故)를 당하고, 그의 가솔(家率)을 노비로 삼고 가산(家産)을 적몰함으로써 사건은 마무리되었다. 이 사건으로 도명이 원춘도로 개칭되었다가 정조 15년(1791)에 강원도로 복구되었다.

제5절 1895년 이후~현대의 강릉

　　한국을 식민지화하려는 일본은 1894년 6월 경복궁을 불법 점령하여 '민씨정권'을 붕괴시키고 친일적인 개화파정권을 수립시켰다. 김홍집·김윤식·유길준 등을 중심으로 하는 김홍집 내각은 군국기무처를 두고 이후 약 2개월 동안 중요한 개혁법안의 대부분을 통과시켰다.[38]

　　김홍집 내각은 우선 국가의 행정기구와 관료체계를 개편하였다.[39] 중앙관제와 인사제도의 개혁이 일단락되자 지방제도의 개편에 착수하였다. 이 지방제도의 개혁은 갑오개혁을 마무리하는 단계에서 추진된 것으로 볼 수 있다. 내무아문에서는 지방제도의 개혁안을 작성하기 위해 각 도의 도정 실무자들로부터 그 연혁과 현황을 듣고 조사에 착수하였다. 그러나 지방제도의 개혁은 지방행정구역을 근본적으로 개편하는 작업이었으므로 원활하게 추진되지 못하였다. 그런데 당시 내무대신이었던 박영효가 이 개혁을 강력히 추진하여 개혁과정에서 나타나는 여러 가지 문제점을 어느 정도 극복할 수 있었다. 그리하여 1895년 5월 26일 〈칙령 제101호〉로 8도제 폐지와 23부제 실시를 골자로 하는 지방관제 개정이 공포되어 다음 달인 윤5월 1일부터 시행할 수 있게 되었다.

　　당시 지방제도의 개혁은 8도의 각 감영과 안무영(按撫營) 및 개성·강화·광주(廣州)·춘천 등지의 유수부(留守府)를 폐지하는 동시에 각 도의 관찰사와 안무사 및 각 부의 유수 이하의 지방관을 모두 폐지하였다. 그 대신 소지역주의를 채택하여 전국을 23부로 개편하고, 종래의 부·목·군·현 등 대소의 행정구역을 폐합시켜 획일적으로 군으로 통일한 336군을 두고 23개에 분속시

---

38 유영익, 1990 『갑오경장연구』, 일조각, pp.181~183.

39 왕현종, 1996 「甲午改革期 官制改革과 官僚制度의 變化」『國史館論叢』68 참조.

켰다. 당시 신설된 23부와 각부에 소속된 군의 수를 살펴보면 다음과 같다.[40]

한성부(11군), 인천부(12군), 충주부(20군), 홍주부(22군), 공주부(27군), 진주부(20군), 남원부(15군), 나주부(16군), 제주부(3군), 진주부(21군), 동래부(10군), 대구부(23군), 안동부(16군), 강릉부(9군), 춘천부(13군), 개성부(13군), 해주부(16군), 평양부(27군), 의주부(13군), 강계부(6군), 함흥부(11군), 갑산부(2군), 경성부(10군)

강원도에서 강릉부는 강릉군을 비롯하여 울진·평해·삼척·고성·간성·통천·흡곡·양양 등 9개 군을 관할하였고, 춘천부는 춘천군을 비롯하여 양구·홍천·인제 등 영서 13개 군을 관할하였다. 신설 23부제 아래서 원주군, 정선군, 평창군, 영월군은 충주부 관할로 이전되었다.[41]

23부제의 실시는 단순한 행정구역의 재편이라기보다는 지방관의 봉건적 절대권력을 근본적으로 타파하여 지방관의 횡포와 부패를 막고 지방행정체제를 중앙에 예속시키기 위한 것이었다. 이는 외견상으로 획일적이고 간편하여 상당히 합리성을 지니고 있었던 것처럼 보이지만, 소(小)지역주의에 입각한 과대분할로 인해 실제 행정운영상에 어려움이 많았다. 게다가 종래의 8도제를 무시한 인위적인 획정이었기 때문에 오랜 전통과 현실 사이에 마찰이 불가피하였다. 그리하여 23부제 지방행정구역은 1년 2개월의 짧은 기간으로 폐지되고 1896년 8월 4일 〈칙령 제35호〉에 의해 13도제가 실시되었다.

13도제는 종래의 8도를 기반으로 경기·강원·황해도를 제외한 충청·전라·경상·평안·함경도를 남북으로 분할한 것이었다. 그리고 13도 밑에

---

40 『고종실록』권33, 32년(1895) 5월 26일〈병신〉.

41 당시까지 강원도 감영이었던 원주가 충주부로 편입된 것은 남한강 상류의 가흥창·흥원창을 포함하는 생활권이란 점이 작용했다고 본다.

는 하부행정구역으로 부·목·군을 두었는데, 수도인 한성부만 정부 직할하에 두어 도와 격을 같게 하였다. 한성부를 제외한 일반 부(府)는 광주·개성·강화·인천 등 경기도 관할하의 4부와 경상남도의 동래, 함경남도 덕원, 함경북도의 경흥 등 모두 7곳, 목은 제주 1곳, 군은 23부제 실시 당시의 336개 군에서 약간의 통폐합을 거쳐 331개 군으로 확정되었다. 즉 광무개혁의 기본방침인 '구본신참(舊本新參)' 원칙에 따라 구제도인 도제(道制)로 돌아갔던 것이다. 그 결과 강원도의 경우 춘천관찰부가 강원도관찰부로 승격되어 원주·강릉을 비롯한 강원도 26개 군을 관할하게 되었다.[42]

13도제 하에서 부·목·군은 지역의 중요성과 특수성에 근거하여 1~5등급으로 구분하였다. 이러한 구분은 23부제 하에서도 인구·토지 등의 기준에 따라 운용하여 오던 것이었다. 부와 목은 당연히 1등급으로 취급하였지만, 군은 5등급을 대폭 축소하여 86개 군에서 단 2개 군으로 줄인 대신 4등급을 확대하여 109개 군에서 214개 군으로 늘인 점이 이전과 달랐다. 강원도 26개 군은 모두 4등급에 속하였다.

13도제 시행 당시 관제개편에서 정부 직할의 한성부에는 판윤, 도에는 관찰사, 부에는 부사, 목에는 목사, 군에는 군수를 두었다. 판윤과 관찰사

---

42 강원감영의 춘천 이전은 아직까지 확정적이고 구체적인 연구가 이루어지지 않고 있다. 그중 하나가 강원감영의 춘천 이전에는 피난처로서 離宮의 확보 차원이었다는 설이다. 춘천관찰부가 강원도의 관찰부로 승격된 데에는 우선 충주가 충청북도의 관찰부가 됨으로써 충주 인근의 원주가 강원도의 군으로 편입되어야만 했고, 강릉은 서울에서 너무 멀리 떨어져 있어 통치하기에 어려운 점이 고려되었다는 것이다. 이와 함께 춘천이 변란에 대비하여 국왕의 피신처가 될 수 있었으며, 1895년 이전에 새롭게 수리하고 증축한 춘천 이궁이 강원도 관찰부로서 기능을 수행할 수 있었던 점을 들었다. 특히 閔斗鎬가 2대 춘천유수에 임명되어 제반사업을 관장하였는데, 이는 당시 세도가 閔泳駿이 그의 아버지 민두호를 고종에 극력 천거하여 이루어진 것이다. 갑오개혁 및 을미사변 직후에 조선인은 물론 각국 공사관 직원들도 민비가 춘천으로 피신했다고 생각했을 정도로 춘천은 고종과 민비 및 민두호·민영준 부자의 保障地의 역할을 수행했으며 민씨척족세력의 근거지였다고 한다. 따라서 민비시해 이후 감행된 아관파천으로 민씨척족이 일시 세력을 만회하게 되자 춘천은 관찰부의 소재지가 될 수 있었다는 것이다(오영교, 2008 「강원감영의 역사성과 변동에 대한 연구」 『지방사와 지방문화』 11권 2호, pp.57~59).

는 내부대신(內部大臣)의 지휘 감독을 받아 법률 명령을 집행하고 행정사무를 총괄하되, 각 부의 관계 사무는 이를 각 부 대신의 지휘 감독하에 수행하도록 하였다. 그리하여 지방행정은 내부 소관이 되었다. 부사와 목사, 군수는 관찰사의 지휘 감독하에 법률명령과 행정사무를 집행·장리(掌理)하도록 되어 있었으나, 제주목사 만은 대정(大靜)·정의(旌義) 2군을 관할함에 관찰사와 동일한 권한을 갖도록 하는 예외를 두었다.

1895년과 1896년 두 차례에 걸친 지방행정체제의 대개편으로 종래의 모든 관인들이 왕에 대해 직접 책임을 지던 평면적인 행정체제에서 계서제(階序制)에 의한 책임분담 원칙에 입각한 이른바 피라미드형의 현대적 행정체제로의 전환을 보게 되었다. 특히 오늘날의 지방행정체계가 이 13도제에서부터 그 기반이 확립되었다는 점에서 의미하는 바가 크다고 하겠다. 그러나 8도제→23부제→13도제로 바뀌는 과정에서 군현의 통폐합은 거의 없었다.

일제는 을사늑약 이듬해인 1906년에 지방제도의 개혁을 통해 징세와 치안 등 제국주의 침략적 수단의 측면에서 면의 기능을 강화하였다. 이때 강릉에 속해 있던 일부 면이 분리되는데, 진부면·대화면·봉평면이 평창군에, 임계면·도암면이 정선군에, 내면이 인제군에 각각 이속(移屬)되었다. 일제는 조선강점 후 통감부 시기(1906.2~1910.8)부터 추진해 오던 지방행정구역에 대한 전면적인 개편에 착수한다.

일제는 1914년 3월 1일을 기하여 병탄 직후의 12부 317군을 대폭 감축하여 220개 군으로 함으로써 109개 군을 폐합(廢合)하였다. 이때 강원도에서는 안협군이 이천군(伊川郡)에, 평해군이 울진군, 금성군이 김화군에, 고성군이 간성군에 각각 편입되었다.[43] 이어 각도 장관을 시켜 동년 4월 1일을 기

---

43 1914년 지방행정구역의 개편 결과 강원도는 종전의 25개 군이 21개 군으로, 232개 면이 178면으로, 3,087개 동리가 3,122동리로 줄었다(『朝鮮總督府施行年報』, 1914, pp.18~19).

하여 종전까지의 4,322개 면 중 모두 1,801면을 감하여 2,521개 면으로 하고 면의 명칭도 크게 바꾸어 버렸다.

일제는 군·면 통폐합의 기준에 관하여 "군(郡)의 경우는 면적 약 40방리(方里) 인구 약 1만을 정도로 하여 그 이하의 지역은 인접 군에 병합하도록 하였으며, 면(面)의 경우는 대체로 호수 800호 면적 약 4방리를 표준으로 하여 이를 초과하는 곳은 예전대로 존속시키고 표준에 달하지 못하는 곳은 이를 다른 곳과 병합하도록" 하였다.[44] 일제가 군·면을 통폐합한 이유는 통제력의 강화와 경비의 절감에 있었다.

1914년 행정구역 개편 때 강릉에서는 북일리면·북이리면·남일리면이 군내면으로 병합되었다. 그리고 강릉에도 많은 일본인이 거류하면서 본정(本町)·대화정(大和町)·금정(錦町)·욱정(旭町)이니 하는 일본식 리명이 생겨났다.

1914년에 개편된 강릉군의 관할 면·리

면(13)	정·리 (116)
郡內面 (군내면)	大和町(대화정), 大正町(대정정), 木町(본정), 錦町(금정), 龍岡町(용강정), 玉川町(옥천정), 林町(임정), 旭町(욱정), 강문진리, 송정리, 견소진리, 홍제리, 교동리, 포남리, 초당리(15)
德方面 (덕방면)	입암리, 청량리, 두산리, 학동리, 병산리, 남항진리, 월호평리(7)
城南面 (성남면)	회산리, 내곡리, 노암리, 장현리, 담산리, 박월리, 유산리, 신석리(8)
資可谷面 (자가곡면)	심곡리, 정동진리, 산성우리, 임곡리, 안인리, 안인진리, 모전리, 상시동리, 하시동리, 운산리(10)
丁洞面 (정동면)	유천리, 지변리, 죽헌리, 대전리, 난곡리, 운정리, 저동리, 안현리(8)

---

44 『施政二十五年史』, p.164.

면(13)	정·리 (116)
沙川面 (사천면)	사천진리, 판교리, 석교리, 미노리, 덕실리, 노동리, 사기막리, 방동리, 산대월리(9)
上邱井面 (상구정면)	도마리, 왕산리, 목계리, 대기리, 송현리, 고단리, 남곡리, 구절리(8)
下邱井面 (하구정면)	산북리, 제비리, 구정리, 여찬리, 학산리, 어단리, 금광리, 덕현리, 언별리(9)
城山面 (성산면)	송암리, 위촌리, 금산리, 구산리, 오봉리, 관음리, 어흘리, 보광리(8)
連谷面 (연곡면)	삼산리, 퇴곡리, 행정리, 유등리, 신왕리, 송림리, 동덕리, 방내리, 영진리(9)
新里面 (신리면)	주문리, 향호리, 교항리, 장덕리, 삼교리(5)
玉溪面 (옥계면)	도직리, 남양리, 조산리, 주수리, 천남리, 현내리, 산계리, 낙풍리, 북동리, 금진리(10)
望祥面 (망상면)	부곡리, 발한리, 묵호진리, 어달리, 대진리, 망상리, 심곡리, 초구리, 괴란리, 만우리(10)

1917년에는 군내면이 강릉면으로 개칭되었고, 1920년 11월에는 성남면·덕방면·자가곡면(월호평리·신석리) 일부를 병합하여 성덕면으로 개편되었으며, 하남면의 일부가 정동면으로 편입되었다. 1931년에는 강릉면이 강릉읍으로 승격되고, 1938년에는 정동면이 경포면으로 개칭되었다. 1940년에는 주문진면이 읍으로, 망상면이 묵호읍으로 각각 승격되었다. 1955년 강릉읍·성덕면·경포면이 통합되어 강릉시로 승격되면서 강릉군은 명주군으로 개칭되었다. 1980년 묵호읍은 삼척군 북평읍과 통합해 동해시로 승격·분리되었다. 1995년 1월 시군 통합에 따라 명주군이 강릉시에 통합되었다.

강릉의 역사연혁

연 대		내 용
B.C	108년	한무제(漢武帝) 원봉 2년에 임둔군(臨屯郡) 설치.
	82년	현도군(玄兎郡) 관할.
	75년	영동 7현 낙랑 동부도위(樂浪東部都尉) 관할.
	30년	한(漢)의 통치로부터 벗어나 동예(東濊)라는 초기국가 형성.
A.D	397년(내물왕 42)	신라의 영역으로 편입
	481년(장수왕 69)	하서량(河西良)
	512년(지증왕 13)	하슬라주(阿瑟羅州) 설치.
	639년(선덕여왕 8)	하슬라주를 폐지하고 북소경(北小京) 설치.
	658년(무열왕 5)	북소경을 폐지하고 하서주(河西州) 설치.
	756년(경덕왕 15)	하서주를 명주(溟州)로 개칭.
	936년(태조 19)	명주를 동원경(東原京)으로 승격.
	940년(태조 23)	동원경을 명주로 환원.
	983년(성종 2)	명주를 하서부(河西府)로 개칭.
	986년(성종 5)	하서부를 명주도독부(溟州都督府)로 개칭.
	992년(성종 11)	명주도독부를 명주목(溟州牧)으로 개칭.
	995년(성종 13)	명주목을 명주로 개칭.
	1018년(현종 9)	우계현(羽溪縣)을 삼척현에서 명주로 이속.
	1260년(원종 1)	명주를 경흥도호부(慶興都護府)로 승격.
	1308년(충렬왕34)	경흥도호부를 강릉부(江陵府)로 개칭.
	1389년(공양왕1)	강릉부를 강릉대도호부(江陵大都護府)로 승격.
	1457년(세조 3)	강릉대도호부에 진(鎭) 설치, 옥계면과 망상면 설치.
	1895년(고종32)	강릉대도호부를 강릉부로 개칭.
	1896년(고종 33)	13도제 실시로 강릉부를 강릉군(江陵郡)으로 개칭.
	1906년(광무 10)	진부면·대화면·봉평면이 평창군, 임계면·도암면이 정선군, 내면이 인제군으로 각각 이속.
	1914년	군면 폐합으로 북일리면, 북이리면, 남일면이 군내면으로 통합.
	1917년	군내면을 강릉면으로 개칭.
	1931년	강릉면을 강릉읍으로 승격.
	1940년	주문진면을 주문진읍으로 승격.
	1942년	강릉군 망상면이 묵호읍으로 승격.
	1955년	강릉읍을 강릉시로 승격, 강릉군을 명주군으로 개칭
	1980년	명주군 묵호읍이 동해시에 통합.
	1995년	명주군이 강릉시에 통합

2부

우리나라 성관姓貫제도의
형성과 발전

성씨란 일정한 인물을 시조로 하여 대대로 이어 내려온 단계혈연(單系血緣) 집단을 지칭한다. 우리 역사에서 성씨를 사용하기 시작한 시기는 삼국시대로까지 소급된다. 현존하는 자료상 신라인 가운데 처음으로 성씨를 사용한 인물은 진흥왕이다.

우리나라 성관(姓貫)제도의 형성과 발전

　　성씨란 일정한 인물을 시조로 하여 대대로 이어 내려온 단계혈연(單系血緣) 집단을 지칭한다. 우리 역사에서 성씨를 사용하기 시작한 시기는 삼국시대로까지 소급된다.[1] 현존하는 자료상 신라인 가운데 처음으로 성씨를 사용한 인물은 진흥왕이다.[2] 신라 진흥왕대에 세워진 순수비에는 적지 않은 신료들의 이름이 등장하는데, 이들 가운데 성씨를 가진 인물은 찾을 수 없고 이름 앞에 부명(部名)을 관칭(冠稱)하였을 뿐이다. 김유신의 할아버지만 하더라도 무력지(武力智)라고만 하였을 뿐 성씨를 사용한 흔적은 보이지 않는다. 그 후 삼국통일을 전후한 시기에 소수의 귀족층이 성씨를 사용하기 시작한다.[3] 즉 신라 통일전후에는 국왕을 비롯해 소수의 인물들만이 성씨를 사용하였음을 알 수 있다. 성씨가 본격적으로 사용되는 시기는 고려 초기에 들어와서다.[4]

1　李純根, 1981 「新羅時代 姓氏取得과 그 의미」 『韓國史論』 6, 서울대 국사학과.

2　『北齊書』 北齊 河淸 4년(565년, 진흥왕 26)조에는 北齊 武成帝가 진흥왕을 "新羅國王 金眞興"으로 표현하고 있다.

3　「文武王陵碑」에는 찬자 金○○, 書者 韓訥儒라는 성명이 보인다. 이는 당시 김씨와 한씨를 사용하는 귀족들이 존재하였음을 알려준다. 신라의 6部姓(李·崔·孫·鄭·裵·薛氏)이 등장하기 시작하는 것도 이 무렵으로 추정된다. 이에 대해서는 李鍾書, 1997 「羅末麗初 姓氏 사용의 擴大와 그 背景」 『韓國史論』 37 참조.

4　이수건, 1978 「고려전기 토성연구」 『대구사학』 14; 이수건, 2003 『한국의 성씨와 족보』, 서울대출판부; 김수태, 1981 「고려 본관제의 성립」 『진단학보』 52; 김수태, 1999 「고려 초기 본관연구」 『한국중세사연구』 8; 채웅석, 1986 「고려전기 사회구조와 본관제」 『고려사의 제문제』.

본관은 성(姓)이 일반화하는 과정에서 혈족계통을 전혀 달리하는 동성(同姓)이 많이 생겨남으로 인해 성만으로는 동족(同族)을 구별할 수가 없게 되자, 씨족의 출신지 또는 씨족이 대대로 살아온 거주지를 성 앞에 붙여서 사용하게 된 것에서 비롯되었다. 처음에는 본관이 주로 지배층에 사용되었으나, 후대로 내려오면서 성이 널리 보급됨에 따라 신분질서의 유지와 효과적인 징세(徵稅)·조역(調役)의 필요상 일반주민에게까지도 호적에 본관을 기재하게 되었다. 즉 양인이면 누구나 성씨의 사용 여부에 관계없이 본관을 가졌던 것이다. 성의 분화와 아울러 본관도 후대에 내려올수록 분관·분적이 늘어 시조의 발상지 외에 봉군지(封君地)·사관지(賜貫地) 또는 그 후손의 일파가 이주한 곳이 새 본관이 되었다.[5]

고려 초기 이래 각 군현에 어떤 성관(姓貫)이 존재하였는지는 15세기 전후한 시기에 간행된 『경상도지리지』(1425)를 비롯한 『세종실록지리지』(1454)와 『동국여지승람』(1481)에 성씨 관련 자료가 전하고 있다. 이 가운데 『경상도지리지』에는 지역적으로 경상도 일원에 한정되어 있고, 『동국여지승람』에는 인물조와 고적조에 해읍(該邑)을 본관으로 한 인물과 각 성의 본관이 기재되어 있는 정도이다. 하지만 『세종실록지리지』에는 조선전기 전국 각 군현에 토착하고 있던 토성(土姓)을 비롯하여 각종의 이입성(移入姓) 그리고 망성(亡姓)·속성(續姓) 등을 망라하여 수록하고 있다. 이러한 성씨들은 비록 조선 초기에 파악된 것들이지만, 그것은 이미 고려 초기부터 존속해 온 것으로 보인다. 따라서 우리는 『세종실록지리지』에 기재되어 있는 성관체제를 추적하여 고려시대 성관의 유래와 그 존재 양태를 재구성할 수 있다고 본다. 이에 대한 이해를 돕기 위해 『세종실록지리지』의 기록을 토대로 현재 영동지방의 성씨를 들면 다음 표와 같다.

---

5 이수건, 2003 위의 책, pp.80~81.

『세종실록지리지』소재 영동지방 군현별 성종(姓種) 일람표

군현명	土姓	亡姓(亡次姓)	來姓(亡來姓)·入姓(亡入姓)·續姓·賜姓·歸化姓
강릉부	6; 金, 崔, 朴, 郭, 咸, 王		속성3; 全(정선), 李(평창), 元(원주)【皆鄕吏】 사성1; 王(후에 玉)
연곡현	5; 明, 李, 陳, 申, 蔣		속성1; 全(정선)【鄕吏】
우계현	4; 李, 邊, 沈, 盧		속성1; 劉
양양부	2; 金, 李	4; 孫, 朴, 河, 鄭	속성3; 張, 林, 尹
동산현	4; 朴, 金, 崔, 陳	1; 李	내성1; 林
간성군	2; 宋, 李	3; 柳, 張, 文	속성11; 金·李(평창), 咸(양근), 尹(영춘), 南(영양), 金(음죽), 全(정선), 張(단양), 安(제천), 孫(평해), 朴(영덕)【皆鄕吏】
열산현	1; 崔	2; 麻, 皇甫	속성5; 金·全(정선), 孫(평해), 朴(보성), 林(울진)【全·孫·朴·林 4姓 皆鄕吏】
고성군	3; 柳, 朴, 孟	亡次姓2; 兪, 吳(孟)	속성5; 劉·吾·崔(강릉), 鄭(九皇), 金(양양)【崔·鄭·金 3姓 皆鄕吏】
안창현			입성3; 李(加恩·川寧), 高(利安)
환가현	3; 崔, 朴, 皇甫		
통천군	4; 金, 李, 鄭, 兪	1; 張	망래성1; 趙, 來姓2; 林, 尹. 속성5; 孟·崔·李(경주), 朴(영해), 孫(평해)【崔·李·朴·孫 4姓 皆鄕吏】
임도현			망입성2; 崔(慈仁·拔山入), 太(投化入). 속성1; 林
벽산현	1; 崔	2; 林, 孫	
운암현			망입성3; 蔡(金化入), 宋(狼川入), 李(朝宗入) 속성1; 林
흡곡군			망래성3; 孫(碧山來), 劉(金城來), 宋(交州來) 속성3; 申, 金, 羅
삼척군	4; 陳, 金, 沈, 朴		사성1; 秦

영동지방의 각 군현에는 대개 3·4본의 토성이 존재하였다. 즉 강릉 6본, 삼척·통천 4본, 고성 3본, 간성·양양 2본이다. 속현 중에서는 연곡 5본,

우계·동산 4본, 환가 3본, 열산·벽산 1본이다. 이는 조선 초기 행정구역을 기준으로 한 것이다.

토성은 고려 초 이래 전해져 오던 '고적(古籍)'과 『세종실록지리지』 편찬 당시 각 도에서 올린 '관(關)'에 기재되어 있던 성씨를 지칭했다. '고적'은 고려 초 이래 전래해 오던 중앙 소장의 군현 성씨 관계 자료였고, '관'은 지방의 각 읍사(邑司)에 비치되어 있던 성씨 자료를 수합 정리하여 중앙에 보고한 문서였다고 생각된다.[6]

현재 학계에서는 고려시대 향리와 같은 향촌 지배계층의 성씨가 바로 토성이었다고 보는 견해가 우세하다. 그들은 신라말 고려 초에 성주·장군·촌주 등의 직함을 지내면서 지방세력을 대표하던 이른바 호족의 후예였다. 호족은 고려의 개국과 통일에 적극 참여하여 개국관료와 삼한공신이 되면서 각기 성관을 분정 또는 하사받았다.[7] 이렇게 형성된 각 읍 토성들은 혹은 본관을 떠나 상경종사함으로써 재경관인이 되었고, 그대로 토착하던 토성은 읍사를 중심으로 상급 향리층을 구성하여 지역사회를 자율적으로 지배하고 질서유지를 책임지는 위치에 있었다. 이후 많은 변화와 분화 과정을 겪고 15세기 지리지가 편찬될 때 이들 성씨가 각종 토성으로서 파악되었던 것이다.

『세종실록지리지』에 수록된 모든 토성이 같은 시기에 형성되었다고는 볼 수 없다. 왜냐하면 토성의 내부구조에서 같은 토성이라도 토성과 차성(次姓), 인리성(人吏姓)과 차리성(次吏姓)이 있는 것은 양자가 시간적 선후를

---

6 姓에 관한 이하의 서술은 이수건, 2003 『한국의 성씨와 족보』에 의거하였다.

7 토성분정에 대한 시기문제는 연구자에 따라 견해를 달리하고 있다. 이수건은 고려 태조 23년(940)에 이루어졌다고 보았고, 채웅석은 그보다 늦은 성종 14년(995)이었다고 하였다. 이는 본관과 성의 결합을 전제로 한 토성개념이었다. 이에 반해 김수태는 토성이 고려 중기 이후 지방사회 변화와 연관하여 출현하였다고 한다. 본고에서는 일단 태조 때부터 토성이 분정되었다는 전제하에 논고를 정리한다.

두고 형성되었기 때문이다. 차성 또는 차리성이라 했던 것은 토성과 인리성 다음에 각각 형성되었던 것에 기인하는 바이다. 고려시대 동계(東界)의 북부지방에 위치하였던 흡곡에는 토성이 아예 없다. 그것은 고려 초 이래 빈번한 국경 신축으로 인해 주민의 집산이 반복되었기 때문에 토착세력의 유망이 심하여 미처 토성으로 책정되지 않았기 때문이라 본다.[8]

망성은 '고적'에는 기재되어 있으나 '관'에는 없는 성씨를 지칭했다.[9] 망성은 '망토성(亡土姓)'과 같은 뜻으로, 『세종실록지리지』 편찬 당시에는 이미 소멸된 성씨였다. 이는 토성이 확립된 이래 신분이 상승하여 본관지를 옮겼거나 몰락하여 타지방으로 거주지를 이동해 간 경우와 전쟁 등과 같은 비상시에 자신들의 성을 관계 기록에 기재하여 놓지 못한 경우에 해당된다. 망성은 대체로 하삼도지방보다는 근기지방에, 대읍보다는 중·소읍에 많았다. 경상·전라도처럼 수도와 멀리 떨어진 곳은 중앙정계의 변동에 그렇게 민감하지도 않고 또 직접적인 영향을 적게 받기 때문에 각 읍 토성이 '안토중천(安土重遷)'한 결과 망성의 발생이 적었던 것이고, 왜구가 심했던 연해지방과 주민의 집산·국경선의 신축이 반복되었던 동계의 북단에 있는 양양부와 간성군은 망성이 많았다.

입진성(入鎭姓)은 고려 초기부터 북진정책에 따라 영토 확장과 함께 실시되었던 국가의 사민정책에 의해 남부지방에서 양계지방으로 사민해 온 정착민의 성씨를 지칭했고, 입성은 지역적인 이동에서 발생한 성씨를 지칭했다.

내성은 그 자의대로 타지방에서 입래(入來)한 성씨로서 고려 초 이래

---

8 흡곡현은 본래 고구려의 習比谷縣인데, 신라 때 習谿縣으로 고쳐서 金壤郡의 領縣으로 하였고, 고려 때 지금의 이름으로 고쳐서 그대로 通川郡의 임내로 하였다가 고종 35년(1248)에 비로소 縣令을 두었다. 본조에서도 그대로 따랐다(『세종실록지리지』, 강원도 간성군 흡곡현).

9 "凡稱亡姓 謂古籍所有 而今無者 後皆倣此"(『世宗實錄地理志』, 京畿 廣州牧; 5-615).

의 '고적'에도 토성과 함께 기재되었던 성씨를 지칭했다. 토성이 확정된 뒤 그 토성의 유망 또는 소멸에서 망성이 발생하였듯이, 망래성은 입래한 내성이 그 후 다시 유망하거나 소멸함에 따라 발생한 성씨이다.

속성은 '고적'에는 없고 그 대신 '관'에 처음 기재된 성씨를 지칭했다.[10] 즉 속성은 종전에 없던 성을 『세종실록지리지』 편찬 당시에 각 도에서 올린 '관'에 추가 등재된 성이었다. 『세종실록지리지』에는 속성을 각 읍 성씨조의 맨 끝에 놓았고 반드시 내성 다음에 기재하였다. 속성은 고려후기 이래 북로남왜(北虜南倭)와 격심한 사회변동 및 거기에 따른 토성이족의 유망에서 군현과 각종 임내의 향리 자원이 부족하게 되자 이를 보충 내지 열읍간에 향리수를 조정한 결과로 형성되었던 것이다. 당시 읍사(邑司)를 구성하고 있던 향리는 군현의 행정실무를 담당하고 있을 뿐만 아니라 관내의 징세(徵稅)·조역(調役)에 있어서 필수불가결한 존재였다. 영동지방에서는 간성군·고성군·통천군 등에 속성이 집중되어 있었다.

요컨대 고려 초기부터 각 군현마다 읍사를 중심으로 하여 깊이 뿌리박고 있던 토성은 상경종사·유리·소멸 등의 과정을 밟아 지역적 이동과 신분적 분화를 계속했다. 그 결과 기존 토성의 유망에서 '망성'이 발생했고, 지역적인 이동에서 '내성(來姓)'·'입진성(入鎭姓)'·'입성(入姓)' 등이 발생했으며, 고려 말, 조선 초 열읍간의 향리조정책에 의하여 '속성'이 대량 발생했던 것이다.

『세종실록지리지』 성씨조는 한국 성관에 관한 자료 가운데 가장 일찍이 그리고 가장 구체적으로 정리된 것인데도 편찬 이후 한말까지 민간에 공개되지 않았다. 그 대신 이를 축약·혼효한 『동국여지승람』이 조선시대 성관의 기본자료로 인식되었다. 그러나 『동국여지승람』의 성씨조를 보면 『세

---

10 "古籍所無 今據本道開緖錄 後凡言續姓者 放此"(『世宗實錄地理志』, 京畿 楊根郡 送原庄; 5-616).

종실록지리지』 소재 토성·차성·인리성·차리성·백성성·입주후성·입현후성 등의 용어는 없어지고, 단지 본관을 본읍과 임내로 구분하고 토성과 망성을 혼효해서 기재하였다. 그리고 이래(移來)한 성씨에 대해서는 본관을 세자(細字)로 주기하되 본관을 모를 때에는 성자 다음에 '내(來)'·'속(續)'·'속(屬)'자를 부기함으로써 고려 초기 토성분정 이래 성관의 본래 모습이 상실되고 말았다. 다른 한편에서는 인물조와 고적조를 대폭 보강하여 해읍을 본관으로 한 인물과 각 성의 본관을 구체적으로 파악해서 기재함으로써 후대 족보와 『읍지』 및 『대동운부군옥(大東韻府群玉)』 성씨조와 『증보문헌비고』 제계고(帝系攷) 부씨족조(附氏族條)에서 인용할 수 있는 많은 자료를 제공해 주었고, 『세종실록지리지』에 누락된 군현 또는 향·소·부곡성이 기재되어 있어 이를 보완하는 자료로 이용할 수 있다.[11]

　　『세종실록지리지』를 편찬하던 15세기 전반에는 토성(土姓)이라는 용어가 널리 사용되었고, 『세종실록』을 비롯한 공사문헌에도 '토성품관(土姓品官)'·'토성이민(土姓吏民)'·'토성명현(土姓名賢)' 등의 용례가 자주 발견된다. 그러나 『세종실록지리지』보다 약 반세기 후에 편찬된 『동국여지승람』의 성씨조에는 고려 이래 성씨의 대종을 이루었던 토성이란 용어가 일체 보이지 않는다. 그것은 당시 사족의 본관이 거주지와 유리되는 현상이 일반화하면서, 종래 토착적 의미의 토성은 이제 무의미해지고 그 대신 성의 출자지와 지망(地望) 내지 가격(家格)을 추상적으로 의미하는 본관만이 문제되었기 때문이라 생각된다.

　　우리는 옛 문헌을 볼 때 어떤 인물에 대한 내용 중에 '○○인'이라고 기록된 것을 쉽지 않게 대하게 된다. 예컨대 율곡 이이와 이순신의 본관은 '덕수인(德水人)'이라고 기재되어 있다. 여기서 '덕수'는 율곡과 이순신의 출생

---

11 이수건, 앞의 책, pp.282~283.

지나 거주지를 말하는 것이 아니라 이들 선대에 덕수를 기반으로 세거(世居)한 적이 있고 그 혈통이 이들에게까지 이어지고 있음을 말하는 것이다. 본관에 대한 이해가 없다면 율곡과 이순신은 같은 고향이라고 오해할 수 있다. 그러나 두 사람은 본관이 '덕수'라는 공통점이 있을 뿐이고, 태어난 곳과 성장한 곳이 각각 다르다. 오늘날 본관은 대개의 경우 거주지와는 아무 상관이 없고, 다만 성씨의 본향을 통해 씨족을 구분하는 것 이상의 의미를 갖지 못한다.[12]

『세종실록지리지』 성씨조에 의하면, 강릉부의 토성은 김·최·박·곽·함·왕씨가 있으며, 강릉부 속현인 연곡현의 토성은 명(明)·이(李)·진(陳)·신(申)·장(蔣)씨가 있고 우계현 토성은 이(李)·변(邊)·심(沈)·노(盧)씨가 있다. 그리고 강릉부의 속성은 정선 전·평창 이·원주원씨, 연곡현의 속성은 정선전씨, 우계현의 속성은 유(劉)씨가 있다. 강릉지방에 거주하는 성씨는 조선 중기『신증동국여지승람』이 편찬될 당시까지만 해도 크게 변화되지 않았던 것으로 보인다. 요컨대 조선 중기까지 강릉지방의 성씨는 토성과 속성이 주로 거주하였음을 알 수 있다.

그러나 조선 후기에 이르면 다양한 성씨들이 강릉에 입향하여 거주하기 시작한다. 이러한 사실은 영조 35년(1759)에 편찬된 『여지도서』의 신증 조항에 안동권씨, 영월신씨, 초계·영일정씨, 여흥민씨, 평해황씨, 제주고씨, 삼척심씨, 간성·영해이씨, 신천강씨 등이 추가로 기재되어 있는 것[13] 과 19세기 후반에 편찬된 『강릉부지』(1871)에는 가산·영월이씨, 횡성고씨,

---

12 송준호, 1990 「한국의 씨족제에 있어서의 본관 및 시조의 문제」 『조선전기 사회사연구』 참조.

13 『여지도서』보다 앞선 시기 강릉지방 사족들의 모임 기록인 「임영족회첩(臨瀛族會帖)」에는 당시 참여하였던 사족들의 이름과 성관이 기재되어 있어 이거성씨의 현황을 살필 수 있다. 이 회첩에는 『여지도서』 성씨조에 나타나지 않은 화전(花川)·횡성 고씨, 경주·삼척·안동 김씨, 흥양 유씨(柳氏), 창녕 성씨(成氏), 전주 심씨, 안안 어씨(魚氏), 함양 여씨(呂氏), 청송 윤씨, 경주·안성 이씨, 동래 정씨, 창녕·하산(夏山) 조씨, 평강 채씨(蔡氏), 삼척·수원 최씨, 진주 하씨(河氏), 청주 한씨가 수록되어 있다.

연안어씨, 파평·현풍윤씨, 장기배씨, 부안장씨, 진주강씨, 순흥안씨, 장성황씨 등이 추가로 기재되어 있는 것에서 확인할 수 있다. 이들 성씨들이 강릉지방으로 이주해 온 여러 가지 이유가 있으나, 지역 내 토성 또는 유력 가문과의 혼인, 친척의 수령 재임시 동행, 임진왜란 때 피난 등의 이유로 이주하게 된 것이다.

3부

강릉의 세거성씨

조선 중기에 이르면 다양한 성씨들이 강릉에 입향해 거주하게 된다. 그 수를 헤아리자면 스물네 개의 성씨인데, 이들이 강릉지방으로 이주해 온 것은 지역 내 토성 또는 유력 가문과의 혼인, 친척의 수령 재임 시 동행, 임진왜란 때 피난 등의 이유 때문이었다.

현풍곽씨(玄風郭氏)

제1절 현풍곽씨의 세계와 주요 인물

1. 현풍곽씨의 세계

현풍은 대구광역시 달성지역의 옛 지명으로 본래 신라의 추량화현(推良火縣, 또는 三良火縣)이었으나 경덕왕 16년(757)에 현효현(玄驍縣)으로 개창하고 양주(良州) 소관의 화왕군(火王郡: 지금의 昌寧)의 영현으로 하였다. 태조 23년(940)에 현풍현(玄風縣, 또는 玄豊縣)으로 바꾸고 현종 9년(1018)에 밀성군(密城郡: 현 밀양)의 임내(任內)로 하였다가 공양왕 2년(1390)에 처음으로 감무(監務)를 두었다. 이때 밀성군의 구지산부곡(仇知山部曲)을 내속시켰다. 태종 13년(1413)에 감무를 현감으로 개칭하였으며 이칭으로 포산(苞山)이라고 하였다. 그 뒤 고종 32년(1895)에 대구부 소관의 현풍군이 되었다가 다음해 경상북도 소관의 군이 되었다. 1914년 행정구역개편 때 현풍면이 되어 달성군에 통합되었으며, 1995년에 대구광역시에 속하게 되었다.

곽씨의 시조는 곽경(郭鏡)이라 한다. 그는 17세의 젊은 나이로 송나라 문연각(文淵閣) 한림학사(翰林學士)가 되었고, 고려 인종 11년(1133)에 7명의 학사(學士)들과 고려에 귀화한 후 인종 16년(1138)에 등과(登科)하여 여러 관력(官歷)을 거친 뒤 평장사(平章事, 정2품), 문하시중(門下侍中, 종1품)을 지냈고, 금자광록대부(金紫光祿大夫)에 올라 포산군(苞山君)에 봉해짐으로써 본 관을 포산으로 삼았다고 한다. 조선시대에 이르러 포산이 현풍(玄風)으로 개칭됨에 따라 현풍을 본관으로 하게 되었다.

현풍곽씨의 세계도(世系圖)

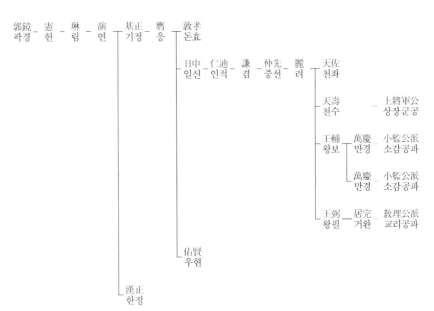

그런데 시조 곽경에 관한 사정을 알 수 없어 구보(舊譜)에서는 생존연대 등의 기록을 빼놓았었다. 그러던 것을 1930년 시조의 묘에서 나온 지석(誌石)이 발견되면서 자세한 내용을 확인하게 되었다. 그 내용에 의하면 곽경은 중국 관서(關西)의 홍농인(弘農人)이라는 것과 고려 명종 9년(1179)에 세상을 떠난 사실 등이 추가로 밝혀졌다. 현풍곽씨 중에는 한때 본관을 강릉(江陵)·선산(善山)·해미(海美)·봉산(鳳山)·여미(餘美)·청주(淸州) 등의 별관(別貫)을 써온 때가 있었으나, 이 가운데 청주곽씨를 제외한 나머지는 모두가 곽경의 후손이라 하여 1976년『병진대동보(丙辰大同譜)』편찬 때 대종회 의결로 현풍으로 본관을 통일하였다.

　　시조 곽경 이래 개성지역을 중심으로 경기 일원에 각각 흩어져서 살았으나 5세에 이르러 기정(基正)의 후손들은 기호지방으로, 한정(漢正)의 후손들은 현풍을 중심으로 하여 영남 일대에 세거지를 확대함으로써 현풍곽씨를 크게 기호계와 영남계로 나누게 되었다.『병진대동보』에 나타난 현풍곽씨의 구성을 보면 기호계 45파, 영남계 33파로 되어있다. 강원도 강릉·정선·홍천 일대에는 7세 일신계(日申系)인 11세 려(麗)의 자손들이 세거하고 있다.

2. 주요 인물

1) 곽재우(1552~1617)

　　조선 중기의 의병장으로 자는 계수(季綏), 호는 망우당(忘憂堂)이다. 경남 의령 출신으로 선조 18년(1585) 34세의 나이로 별시(別試)의 정시문과(庭試文科)에 뽑혔으나, 글의 내용이 왕의 미움을 사서 합격이 취소되었다. 그 뒤 향촌에 거주하고 있던 중 선조 25년(1592) 4월 임진왜란이 일어나자 의령에서 의병을 일으켰다. 같은 해 5월 함안군을 점령하고 솥바위나루[鼎巖津] 도하작전을 전개한 왜병을 맞아 싸워 대승을 거두었다. 그 공으로 7월 유곡찰방(幽谷察訪)에 올랐고, 10월에 절충장군(折衝將軍)에 승진해 조방장(助防將)을 겸했다. 이듬해 12월 성주목사에 임명되어 삼가(三嘉)의 악견산성(岳堅

山城) 등 성지(城池) 수축에 열중하다가 선조 28년(1595) 진주목사로 전근되었으나 벼슬을 버리고 현풍으로 돌아왔다. 선조 30년(1597) 명나라와 일본간에 진행되던 강화 회담이 결렬되고 일본의 재침이 뚜렷해지자, 조정의 부름을 받고 다시 벼슬에 나아가 경상좌도방어사로 현풍의 석문산성(石門山城)을 신축했다. 그러나 그 역(役)을 마치기도 전에 왜군이 침입해 8월 창녕의 화왕산성(火旺山城)으로 옮겨 밀양 등 네 고을의 군사를 이끌고 적을 막았다. 그해 8월 계모 허씨가 죽자 장례를 지내고 울진으로 돌아갔다. 선조 32년(1599) 다시 경상우도방어사에 임명되었으나, 상중(喪中)임을 구실로 나가지 않았다. 그해 10월 경상좌도병마절도사에 올라 경주·울산의 전투경험이 많은 군사 2천명을 수성군(守城軍)으로 삼고, 내륙에 있는 잡병 6천명은 고향으로 돌려보내 농사에 충실하게 해달라고 건의했다. 그러나 조정에서 이를 받아들이지 않자 벼슬을 버리고 집으로 돌아갔다. 이 때문에 사헌부의 탄핵을 받고 영암(靈巖)으로 귀양갔다가 1년만에 풀려났다.

그뒤 현풍 비슬산(琵瑟山)에 살면서 영산의 창암진(滄巖津)에 망우정(忘憂亭)이라는 정자를 짓고 의병을 일으키기 이전의 생활로 되돌아갔다. 선조 37년(1604) 다시 조정의 부름을 받고 찰리사(察理使)·절충장군용양위부호군·가선대부용양위상호군 등에 임명되고, 광해군 즉위 뒤에도 경상좌도병마절도사, 삼도수군통제사, 호분위부호군, 대호군 겸 오위도총부부총관, 한성부좌윤, 전라도병마절도사 등에 제수되었으나 병을 칭탁하고 나가지 않았다. 광해군 5년(1613)에 영창대군(永昌大君)을 신구(伸救)하는 소를 올리고 낙향한 후 광해군 9년(1617)에 세상을 떠났다.

광해군 10년(1618) 현풍에 그를 추모하는 충현사(忠賢祠)라는 사당이 세워졌고, 숙종 3년(1677) 여기에 예연서원(禮淵書院)의 사액(賜額)이 내려졌다. 숙종 35년(1709) 병조판서 겸 지의금부사가 추증되었다. 저서로는『망우당집』이 있다. 시호는 충익(忠翼)이다.

2) 곽위(郭逶)

거완(居完)의 현손으로 젊어서 뜻에 얽매이지 아니하고 자유분방하여 과거에 매달리지 않았다. 퉁소와 거문고를 즐겨 탔으며, 그림도 잘 그렸다. 김정(金淨)과 조광조(趙光祖)가 여러 번 관직에 천거하였으나 결과를 보기 전에 기묘사화(己卯士禍)가 일어났다. 남곤(南袞)이 최수성(崔壽峸) 등을 미워하여 그의 뜻을 시험하고자 하던 중 진천현감(鎭川縣監)이 되었다. 곽위는 이를 눈치 채고 그 틈에 부임하였으나 임지에서 세상을 떠났다.[1]

제2절 동족마을의 형성과 공동체 모임

1. 곽씨의 강릉 입향

곽씨는 강릉의 토성(土姓) 가운데 하나이다. 『세종실록지리지』에는 조선 초기 전국 각 군현에 토착하고 있던 토성(土姓)을 비롯하여 각종의 이입성(移入姓) 그리고 망성(亡姓) 등을 망라하여 수록하고 있다. 종전에 곽거완의 후손들은 본관을 강릉으로 써 왔으나 1976년 『병진대동보(丙辰大同譜)』 편찬 때 대종회 의결로 현풍으로 이관(移貫)하였다.

곽씨의 강릉 입향조는 곽경의 13세손인 곽거완(郭居完)이라 한다. 그는 조선 초기 문신으로 정종 원년(1399) 생원시에 입격하였고, 태종 14년(1414) 문과에 급제하여 좌랑(佐郎)을 거쳐 세종대에 제천현감(堤川縣監), 집현전교리(集賢殿校理)[2]를 역임했다.

---

1 『증수 임영지』, 蔭仕條.

2 『포산곽씨세보(苞山郭氏世譜)』에는 '홍문관교리'라 되어 있으나, 이는 '집현전교리'의 오류라 사료된다. 왜냐하면 홍문관은 성종 9년(1478)에 처음 등장하기 때문이다. 세조 2년(1456) 사육신사건을 기

집현전은 정종 원년(1399)에 고려의 집현전제를 본떠 설치되었다가 그 다음해에 폐지되었다. 그 후 세종 2년(1420)에는 당·송대의 집현전제와 고려 일대의 제관각제(諸館閣制)를 참작하여 유교주의적 의례·제도의 확립과 대명 사대관계를 원만히 수행하기 위한 인재 양성과 문풍 진작을 위해 궁궐 안에 다시 두었다.

집현전은 "문관 가운데서 재주와 행실이 있고 나이 젊은 사람을 택해서 이에 충원하여 오로지 경·사(經史)의 강론을 일삼고 임금의 자문에 대비"하는 기관으로 설치된 것이었고, 세종 자신의 말로도 "집현전은 오로지 경연을 위하여 설치한 것"이라 하였다. 즉 집현전의 기능은 학문활동과 국왕의 자문에 대비하는 것이었다. 이 기능은 집현전이 혁파될 때까지 변동 없이 계승되었다. 특히 집현전에서의 고제(古制)연구와 편찬사업은 세종대는 물론이고 조선 초기 유교문화 융성의 원동력이 되었다.

집현전의 직제는 설립 당시 영전사(領殿事, 정1품)·대제학(大提學, 정2품)·제학(提學, 종2품)·부제학(副提學, 정3품)·직제학(直提學, 종3품)·직전(直殿, 정4품)·응교(應敎, 종4품)·교리(敎理, 정5품)·부교리(副敎理, 종5품)·수찬(修撰, 정6품)·부수찬(종6품)·박사(정7품)·저작(정8품)·정자(정9품)였으며, 그 외에 약간 명의 서리가 배속되어 행정 말단의 실무를 담당했다. 이 가운데 부제학 이하는 학문연구, 편찬사업, 정책논의의 참여, 언론활동 등의 업무에 종사했다.

집현전 관원은 겸관(兼官)과 전임관(專任官)을 막론하고 당대의 일류

화로 집현전이 혁파된 뒤에는 집현전의 업무를 예문관이 담당하였다. 이로써 예문관의 업무는 구(舊) 집현전의 업무까지도 포괄한 이중적인 성격의 관청으로 발전했다. 그러나 이로 인해 예문관 본래의 업무와 관원보다는 집현전계의 그것이 중심이 되는 불합리한 면이 노출되었고, 동시에 그 관원의 자질이 낮아 제(諸)기능을 수행하지 못하는 등의 문제가 제기되었다. 그리하여 성종 9년(1478)에 예문관을 예문관과 홍문관으로 분리·독립시켰다. 이에 홍문관은 유학의 진흥 및 인재의 양성을 담당하는 중요한 기구로 발전했다.

학자가 임명되었다. 특히 부제학 이하의 관원이 결원되었을 경우에는 차하위(次下位) 관원이 차례로 승진하는 차차천전(次次遷轉)에 의하여 충원되고 최하위의 관원만을 신규로 제수했는데, 이 관원에는 집현전당상·이조당상·의정부가 나이 어린 문사로서 재행이 뛰어난 인물을 의논하여 천망(薦望)하는 절차를 거쳐 제수했다.

곽거완은 앞서 태종 11년(1411) 강릉향교가 연소되었을 때 강릉 유림 67인과 함께 강릉향교 중건의 계(啓)를 올린 바 있다. 당시 조정에서는 토목공사를 금지하였기 때문에 향교를 중건하지 못하였다. 이때 강릉대도호부 판관(判官) 이맹상(李孟常), 김승인의 후손인 흡곡현령 김지(金輊), 생원 곽거원을 비롯한 제생(諸生)들은 향교중건을 위해 자신들이 서명한 공장(供狀)을 수령을 통하여 조정에 올려 태종 13년에 향교를 중건하였다. 당시 공장에 서명한 사람은 생원(生員) 9명, 진사(進士) 1명, 유학(幼學) 58명이었다.[3] 이들은 당시 강릉향교에서 수업받던 교생(校生) 내지는 이미 향교에서 수업을 받은 자들이었다.

곽거원 등이 공장을 올려 중건한 강릉향교는 서원이 건립되는 16세기까지 이 지방에서 유일한 교육기관이었다. 강릉향교는 유교적 교양을 갖춘 관리를 선발하는 과업교육(科業敎育)의 측면에서 큰 기여를 하였다. 이러한 사실은 성종 11년(1480) 4월 경연에서 세종이 경연관들과 의논하여 하삼도·경기·강원도의 향교에 학전(學田)을 지급하라고 하였을 때, 일찍이 강원도관찰사로 재임하였던 이극기(李克基)가 "강릉과 원주만은 선비가 많기로

---

3 생원은 郭居完·金務·崔有滋·金順生·崔忠義·朴中實·崔致雲·金子鏗·全遇禎이고, 進士는 金聚遇이며, 유학은 金允明·崔孝文·李興文·李仙種·全宥·朴筌·崔光裕·崔崇·張九成·崔宗慶·崔溫·崔伯凉·崔籠·崔仁庇·崔天溶·金玉音·咸寧·魚從善·金興禮·崔猶水·李陽茂·金璜·李山海·朴中信·崔滂·李云禮·吳愼之·崔卜海·金興智·李之茂·張九敍·崔致雨·崔景壽·金貴壽·金自貞·郭龍壽·沈天恩·崔利涉·金提健·咸漢·崔得雨·崔迎慶·郭茂·咸子文·全有命·郭忠孝·金子繡·金益粹·李瓊·咸敬文·崔得露·魚孟卿·金由義·金益恭·沈天慶·金子鑑·魚仲卿이다(『江陵鄕校誌』, 「鄕校重建跋」).

이름이 났으며, 향학(鄕學)에서 학업을 익혀 과거에 급제한 사람이 서로 잇따랐으나 다른 고을은 없었다."⁴라고 한 것이라든지, 성종 24년(1493)의 홍귀달(洪貴達)의 〈향교중수기〉에 "내가 어렸을 때 들은 바에 의하면, '강릉 풍습이 문학을 숭상하여 그들 자제가 겨우 부모의 품을 벗어나게 되면 곧 향교에 들어가 배우고, 시골 구석구석 마을에까지 선비들의 위의(威儀)가 엄숙하고 조용함은 모두 글을 읽는 사람 때문이다'라는 말을 듣고 아름답게 여겼다."⁵고 한 것에도 확인된다. 나아가 강릉향교는 성리학적 이념에 입각하여 지방민을 교화시키는 교화기관으로서도 기능하였다.

2. 동족마을의 지역개관

곽씨의 집성촌은 강릉시 사천면 사기막리와 노동상리에 형성되어 있었으나, 현재는 대부분 도심으로 떠나 집성촌으로 보기는 어렵다.

사기막리에는 평창군 도암면 횡계리와 연곡면 삼산리 경계에 있는 높이 1,173m의 사천 면에서 제일 높은 매봉산이 있다. 옛날 미데기(쓰나미)가 이곳까지 올라 왔을 때, 매 한 마리가 겨우 앉을 자리만 남기고 이 봉 꼭대기까지 바닷물이 가득 찼다고 한다.⁶ 곤신봉은 사기막리와 성산면 보광리·평창군 도암면 횡계리 경계에 있는 높이 1,153m의 산이다. 운계봉은 사기막리와 연곡면 신왕리 경계에 있는 높이 531m의 산으로 그 모양이 가마솥을 옆으로 놓은 것 같이 생긴데서 유래하였다. 옛날 운계란 호를 가진 학자의 호를 따서 운계봉이라 하였다. 만겹산은 사기막리와 연곡면 신왕리 말암터 사

---

4 『성종실록』권116, 11년 4월 병인조.

5 『신증동국여지승람』권44, 강릉대도호부 학교 향교조.

6 김기설, 2009 『강릉고을 땅이름 유래』, 강릉문화원. 지명에 대한 서술은 이 책을 많이 참고 하였다.

이에 있는 높은 산이다.

사기막리는 태백산이 병풍과 같이 두루고 있는 지역으로, 문헌에는
없으나 현재 '작은무일'을 위시한 주위에서 막사발 사기그릇을 만들던 움막
이 많아 '사그막' 또는 '사기막'이라 했다. 지금도 각종 공사시에 가마터와 사
기그릇 잔흔이 발견되고 있다. 사기막리에는 곽거안 후손들이 1970년대까지
70~80여 호가 거주하였으나 현재는 20여 호가 거주하고 있다.

노동리(盧洞里)는 마을 중앙에 커다란 갈대밭이 있다고 하여 갈골이
라 했다. 지금은 갈대밭이 없어지고 그 자리가 기름진 옥토인 논과 밭으로
변하였으며 노동 상·하리로 있다가 1985년 노동중리로 분리되었다. 깃대봉
은 노동중리에 있는 봉우리이다.

3. 동제(洞祭)

사기막리의 제의는 고청제(告請祭)라고 하며 성황지신(城隍之神)·토
지지신(土地之神)·여역지신(癘疫之神)을 모신다.[7] 제당은 마을 가운데 위치하
며, 당집은 목조건물에 함석지붕을 얹었고 주위로 돌담을 쌓았다. 제의는 음
력 9월 초정일에 지낸다. 도가를 지정하여 제물을 준비하며 각위(各位)마다
따로 진설(陳設)한다. 유교식으로 지내며 제의가 끝나면 소지(燒紙)한다.

노동상리에는 2개의 서낭당이 있다. 노동상리 2반의 서낭당은 노동
상리 2반에, 연변마을 서낭당은 노동상리 4반에 위치해 있다.

노동상리 2반의 제의는 성황제(城隍祭)라고 하며 성황지신(城隍之
神)·토지지신(土地之神)·여역지신(癘疫之神)을 모신다. 제당은 노동상리 야

---

[7] 김경남, 2004 『강릉지역 서낭당 연구』, 보고사. 성황당에 대한 서술은 이 책을 주로 참고하였다.

산 기슭에 있는데, 당집이 없다. 제의는 음력 9월 초정일에 지낸다. 도가를 지정하여 제물을 준비하며 각위(各位)마다 따로 진설(陳設)한다. 유교식으로 지내며 제의가 끝나면 소지(燒紙)한다.

연변마을의 제의도 성황제라고 하며 성황지신·토지지신·여역지신을 모신다. 마을 제방 옆에 위치한 제당은 당집 없이 서낭목 사이에 돌담을 쌓아서 마련하였다. 제의는 음력 9월 초정일(初丁日)에 지낸다. 제물은 유사(有司)가 준비하며, 각위마다 따로 진설한다. 유교식으로 지내며 제의가 끝나면 소지한다.

제3절 문화유적(祠宇, 齋舍)

1. 경덕사(景德祠)

강릉시 사천면 노동상리에 있는 경덕사는 조선 세종 때 집현전 교리를 지낸 곽거완(郭居完)을 모신 재실이다. 이 재실은 선조의 유덕을 추모하기 위해 후손 곽양섭(郭良燮) 등이 발의하여 1972년에 신축한 것이다. 사당은 정면 3칸, 측면 2칸의 맞배지붕 건물이고, 벽돌담이 쌓아져 있다. 태극모양과 연화문으로 단청된 솟을대문에는 '입덕문(入德門)'이란 현액과 봉안문(奉安文)이 걸려 있다. 경덕사에는 경덕사기문(景德祠記文), 임영(臨瀛) 최영대(崔永大)가 위패 봉안 사실을 적은 봉안문(奉安文), 경덕사비 등이 있다. 솟을대문 우측에는 '경덕사기적비'가 있다. 경덕사 내부에는 곽거완의 위패가 봉안되어 있고, 그 좌측에는 1972년 박선실 외 47명이 경덕사 건립의 발기 사실을 적은 통고문(通告文)이, 우측에는 명주(溟州) 김택경(金澤卿)이 쓴 경덕사상량문(景德祠上樑文)이, 그리고 문 위에는 담양(潭陽) 전원식(田元植)이 쓴 경덕사기(景德祠記)가 있다. 신축 당시 강릉지역 사림들에 의해 위패가 봉안됨에 따라 매년 음력 2월 23일에 다례(茶禮)를 거행한다.[8]

홀기(笏記)

●謁者引獻官及諸執事諸生俱就門外位○執禮贊引入就拜位再拜○贊者謁者先就拜位再拜○

●알자인헌관급제집사제생구취문외위○집례찬인입취배위재배○찬자알자선취배위재배○

贊引引諸生入就位○贊引祝及諸執事入就位○祝及諸執事皆再拜○詣盥洗位○盥手○帨手○

찬인인제생입취위○찬인축급제집사입취위○축급제집사개재배○예관세위○관수○세수○

俱復位○贊引引三獻官入就位○獻官及諸生皆再拜○謁者進初獻官之左白有司謹請行事●

구복위○찬인인삼헌관입취위○헌관급제생개재배○알자진초헌관지좌백유사근구청행사●

行奠幣禮○謁者引初獻官詣盥洗位○北向立○搢笏○盥手○帨手○執笏○因詣神位前○北向

행전폐례○알자인초헌관예관세위○북향립○진홀○관수○세수○집홀○인예신위전○북향

立○跪○搢笏○奉香奉爐升○三上香○獻幣奠幣升○獻幣○奠幣○執笏○俯伏○興○平身○

립○궤○진홀○봉향봉로승○삼상향○헌폐전폐승○헌폐○전폐○집홀○부복○흥○평신○

引降復位●行初獻禮○謁者引初獻官詣尊所○西向立○酌酒○引詣神位前○北向立○跪○搢

인강복위●행초헌례○알자인초헌관예준소○서향립○뇌주○인예신위전○북향립○궤○진

笏○奉爵奠爵升○執爵○獻爵○執笏○俯伏○興○少退○北向跪○祝進獻官之左東向跪讀祝

홀○봉작전작승○집작○헌작○집홀○부복○흥○소퇴○북향궤○축진헌관지좌동향궤독축

○俯伏○興○平身○引降復位●行亞獻禮○謁者引亞獻官詣盥洗位○北向立○搢笏○盥手○

○부복○흥○평신○인강복위●행아헌례○알자인아헌관예관세위○북향립○진홀○관수○

帨手○執笏○引詣尊所○西向立○酌酒○引詣神位前○北向立○跪○搢笏○奉爵奠爵升○執

세수○집홀○인예준소○서향립○작주○인예신위전○북향립○궤○진홀○봉작전작승○집

爵○獻爵○執笏○俯伏○興○平身○引降復位●行終獻禮○謁者引終獻官詣盥洗位○北向立

작○헌작○집홀○부복○흥○평신○인강복위●행종헌례○알자인종헌관예관세위○북향립

---

8 임호민, 1998 『江陵祠宇資料集』, 강릉문화원. 祠宇·齋舍에 대한 서술은 이 책을 많이 참고하였다.

작○헌작○집홀○부복○흥○평신○인강복위●행종헌례○알자인종헌관예관세위○북향립○摟筍○盥手○帨手○執筍○引詣尊所○西向立○酌酒○引詣神位前○北向立○跪○摟筍○○진홀○관수○세수○집홀○인예준소○서향립○작주○인예신위전○북향립○궤○진홀○奉爵覓爵升○執爵○獻爵○執筍○俯伏○興○平身○引降復位●行飮福禮○執事者詣尊所○봉작전작승○집작○헌작○집홀○부복○흥○평신○인강복위●행음복례○집사자예준소○酌福酒○祝持俎進減神位前胙肉○贊引引初獻官詣飮福位○西向跪○摟筍○執事者以爵授獻작복주○축지조진감신위전조육○찬인인초헌관예음복위○서향궤○진홀○집사자이작수헌官○獻官受爵○飮啐爵○還授執事者○復於尊所○執筍○俯伏○興○平身○引降復位○獻官관○헌관수작○음채작○환수집사자○복어준소○집홀○부복○흥○평신○인강복위○헌관皆再拜○撤籩豆○祝人撤籩豆各少移於故處○降自束階出○獻官及諸生皆再拜○贊引引初獻개재배○철변두○축입철변두각소이어고처○강자동계출○헌관급제생개재배○찬인인초헌官詣望瘞位○北向立○祝以篚取祝板及幣降自西階置於次○可瘞○獻官及執事者俱復位○謁관예망예위○북향립○축이비취축판급폐강자서계치어차○가예○헌관급집사자구복위○알者進初獻官之左白禮畢○祝及諸執事皆再拜○獻官及諸生以次出○執禮贊引皆再拜○贊者謁자진초헌관지좌백례필○축급제집사개재배○헌관급제생이차출○집례찬인개재배○찬자알者皆再拜而出○執事者撤饌○闔門而退자개재배이출○집사자철찬○합문이퇴

축문(祝文)

名振瀛閣 功在鄕庠 士林致禮 百世不忘

홍문관에서는 이름 떨치셨고 공로는 향상(서원)에 남아 있어 사림들이 제사 올리니 백대에 이르도록 잊을 수 없습니다.

臨瀛 崔永大

임영 최영대

제4절 현풍곽씨 족보

현풍곽씨 최초의 족보는 중종 35년(1540)에 간행된 『가정보』이다. 그 후 선조 2년(1570)에 『유철보』, 선조 20년(1587)에 『정해보』가 간행되었으나 이들 족보는 현재 전해지지 않는다. 그 후 헌종 15년(1849)에 『을유보(乙酉譜)』, 고종 13년(1876)에 『병자보(丙子譜)』, 융희 2년(1908)에 『무신보(戊申譜)』, 1912년에 『임자보(壬子譜)』, 1916년에 『병진보(丙辰譜)』, 1924년에 『갑자보(甲子譜)』, 1957년에 『정유보(丁酉譜)』 등의 보첩(譜牒)이 간행되었다. 현풍곽씨 최초의 대동보(大同譜)는 1976년 포산곽씨 대동보편찬사업회에서 간행한 『병진보(丙辰譜)』(2권)이다. 종전에 곽거완의 후손들은 본관을 강릉으로 써왔으나 『병진보』 편찬 때 대종회 의결로 현풍으로 본관을 통일하였다. 현재까지 강릉에 거주하는 현풍곽씨에 의해 간행된 파보는 없다.

안동권씨(安東權氏)

제1절 안동권씨의 세계와 주요 인물

1. 안동권씨의 세계

안동권씨는 안동의 토성(土姓)이다. 안동은 본래 신라 고타야군(古陀耶郡)으로 경덕왕 16년(757)에 고창군(古昌郡)으로 개칭되면서 직령현(直寧縣)·일계현(日谿縣)·고구현(高邱縣)을 영현으로 관할했다. 후삼국시대에 고려와 후백제의 각축지가 되었던 안동은 후삼국 정립기에 전략상 중요 지점이었다. 태조 13년(930) 이곳에서 있었던 고려와 후백제와의 고창(古昌) 전투는 후삼국의 세력변화에 큰 영향을 준 싸움이었다. 이 전투에서 열세에 놓여 있던 왕건이 승리할 수 있도록 도와준 세력이 안동의 호족이던 김행(金幸)·김선평(金宣平)·장길(張吉)이었다. 이 전투에서의 승리로 강릉에서 울산에 이르는 110여 성이 고려에 귀부하여 왕건의 세력은 크게 강화되어 6년 후에 후삼국을 통일하였던 것이다.

왕건은 안동권씨 시조 김행에게 "기미에 밝고 권도에 통달하다[炳幾達權]"는 평가에 맞추어 권씨 성을 하사하였다. 당시에 국왕으로부터 사성(賜姓)의 혜택을 누리는 것은 커다란 영광이었다. 그리고 권행은 대상(大相)이라는 관계(官階)와 태사(太師)의 관위를 부여받고 삼한공신(三韓功臣)의 공신호를 부여받게 되어 안동의 토호로서 굳은 기반을 구축하였다.[9] 그리고 고창군을 안동부로 승격시키고 그곳을 식읍으로 하사하였다.

안동권씨 세계도

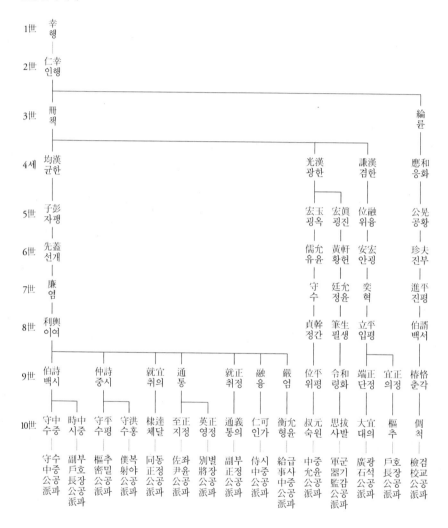

9 이에 대해서는 이정호, 2005「高麗後期 安東權氏 가문의 經濟的 기반」『韓國史學報』19: 박용운, 2005「安東權氏의 사례를 통해 본 高麗社會의 一斷面」『歷史敎育』94: 이진한, 2006「『成化安東權氏世譜』에 기재된 고려후기의 官職」『韓國史學報』22 참조.

2세 권인행(權仁幸)은 낭중(郎中)을 역임한 것으로 되어 있다. 낭중은 지방 호족들의 관반(官班) 가운데 한 직위였는데, 성종 2년(983) 이직(吏職)의 개정시에 호정(戶正)으로 바뀐다.[10] 한데 이 호정은 뒤에 정리된 향리직의 내용에 의하면 9단계 승진규정에서 호장(戶長), 부호장(副戶長), 병정(兵丁)·창정(倉正) 다음의 4단계에 위치하는 직위이다.

3세 권책(權冊)은 족보에 호장으로 정조(正朝)였다고 전하고 있다. 호장은 향리의 최고직이며, 정조는 관계의 7품(品)·12등급이다.

4세 권균한(權均漢)의 경우 족보에는 일품별장(一品別將)이었다고 한데 비해 〈권적묘지명(權適墓誌銘)〉에는 호장(戶長)·배융교위(陪戎校尉)였다고 전하고 있다. 이 가운데 전자인 일품별장(一品別將)의 일품은 지방 주현군(州縣軍) 중 노동부대로 알려진 일품군의 별장(別將)이었다는 의미이다. 한데 이 일품군의 별장은 부호장 이상이 담당하게 되어 있었던 만큼 이를 〈권적묘지명〉과 함께 고려하면 호장으로서 1품군별장을 맡고 있었다고 할 수 있을 것 같다. 그리고 배융교위는 무산계(武散階)의 하나로, 그것은 무산계 9품계, 전체 29등급 중 종9품상(品上)·제28등급이었다. 결국 권균한은 호장으로서 일품군별장(一品軍別將)과 배융교위를 아울러 지니고 있었다고 하겠다.

5세 권자팽(權子彭)의 작위는 호장·정조였고, 6세 권선개(權先蓋)는 호장동정(戶長同正)·익아교위(翼牙校尉)였다고 되어 있다. 그중 호장동정의 동정은 산직(散職)을 나타내는 용어로 그것은 직사(職事)가 없는 허직(虛職)이었다. 즉 관직에는 정원이 있어 거기에 취임할 수 있는 인원이 한정되게 마련이었으므로 그것을 극복하고 보다 많은 사람을 관직세계에 수용할 필요성에서 비록 직사는 없다 하더라도 동정을 덧붙인 직위를 다수 설정하였던 것이다. 이같은 동정직은 중앙의 봉어동정(奉御同正)이나 지방의 호장동정(戶

---

10 『高麗史』卷75, 選擧志3 銓注 鄕職.

長同正)처럼 하위직에 두었다. 권선개는 호장동정이면서 익아교위(翼牙校尉)였다는 것인데, 후자는 명칭으로 보아 무산계의 하나로 생각된다.

7세 권렴(權廉)은 호장동정·행배융교위(行陪戎校尉)였다고 족보에 전하고 있다. 한데 여기에서 새로이 나오는 관직 앞의 '행'자는 품계(品階)와 본품(本品)의 불일치 현상을 해결하기 위해 마련된 행수법(行守法)의 '행'자로 판단된다. 8세 권리여(權利興)는 호장이었던 것으로 전해진다.

이상에서 보듯이 안동권씨는 고려 태조의 후삼국 통일전쟁을 도와 공신이 되고 권씨성을 하사받는가 하면, 관계(官階)를 지녀 안동의 유력한 지방세력으로서 위치를 굳건히 하였다. 권행의 이같은 여건에도 불구하고 그의 후손들은 상당한 기간 동안 상경종사(上京從仕)하지 않은 것 같다. 이러한 사실은 안동권씨 최초의 족보인 『성화보』 서(序)에 "권책(權冊)이 안동의 리(吏)가 된 이후 계속 이직(吏職)에 종사하였다"고 한 것에서 확인할 수 있다. 중앙관인으로 진출하기 시작하는 것은 9세손 중시(仲時) 때에 와서이다. 이 시기는 무신집권기에 해당하거니와, 당시에 그는 부호장으로서 주현군의 보승군별장(保勝軍別將)이 된다. 그러면서도 그가 비록 증직(贈職)이기는 해도 중앙관직인 전중내급사(殿中內給事, 종6품)를 받고 있다는 사실은 주목할 만한데, 그것은 더 말할 나위도 없이 자손의 입신(立身)에 따른 은택이었을 것이다. 뒤에 그는 다시 정헌대부(正獻大夫, 종3품)·호부상서(戶部尙書, 정3품)를 증직받았다.

9세 권중시(權仲時)의 슬하에는 네 아들이 있었는데, 장남 권수평(權守平, ?~1250)은 추밀원부사(樞密院副使, 정3품)를, 차남 권수홍(權守洪)은 추밀원부사·상서좌복야(尙書左僕射)·상장군(上將軍)을 역임하였다. 그리하여 권중시의 자·손들은 상경종사(上京從仕)해 고위직에 오름으로써 문벌가(門閥家)로서의 길을 열었다.

안동권씨는 시조로부터 10세에 이르러 15개 계파로 분파되었다. 종지순에 따라 그 파명은 다음과 같이 부른다. ① 권수중(權守中)의 종파(宗派), ② 권시중(權時中)의 부호장공파, ③ 권수평의 추밀공파, ④ 권수홍의 복야공파, ⑤ 권체달(權棣達)의 동정공파, ⑥ 권지정(權至正)의 좌윤공파, ⑦ 권영정(權英正)의 별장공파, ⑧ 권통의(權通義)의 부정공파, ⑨ 권인가(權仁可)의 시중공파, ⑩ 권형윤(權衡允)의 급사중공파, ⑪ 권숙원(權叔元)의 중윤공파, ⑫ 권사발(權思拔)의 군기감공파, ⑬ 권대의(權大宜)의 정조공파, ⑭ 권추(權樞)의 호장공파, ⑮ 권척(權倜)의 검교공파이다. 이 가운데 특히 추밀공파와 복야공파, 좌윤공파에서 훌륭한 인물들이 많이 배출되어 가문의 중흥을 이루었다.

2. 주요 인물

1) 권부(權溥, 1262~1346)

고려의 문신·학자로 초명은 영(永), 자는 제만(齊滿), 호는 국재(菊齋). 아버지는 찬성사(贊成事) 단(旦)이며 어머니는 좌간의대부(左諫議大夫) 노연(盧演)의 딸이다. 15세에 진사가 되고 충렬왕 5년(1279) 18세에 급제, 이듬해 전시(殿試)를 거쳐 첨사부녹사(詹事府錄事)에 보임되었다. 국자학유(國子學諭)를 거쳐 박사(博士)로 올랐다가 우정언(右正言)에 이르렀으며 여러 번 옮겨 첨의사인(僉議舍人)이 되었다.

1298년 충선왕이 즉위하여 사림원(詞林院)을 설치, 개혁을 시도할 때 시강학사(侍講學士)가 되었는데, 박전지(朴全之)·오한경(吳漢卿)·이진(李瑱)과 함께 4학사의 일원으로 왕의 자문에 응하였다. 이해 8월, 충선왕이 원나라에 소환되고 충렬왕이 복위하자 조간(趙簡)·김태현(金台鉉)·김우(金祐)와 함께 전선(銓選)을 맡기도 했다. 여러 번 옮겨 우부승지 판예빈시사(右副承旨

判禮賓寺事)에 오르고 밀직사사(密直司使)를 거쳐 판밀직사사(判密直司事)에 올랐는데, 밀직사사로 있으면서 성절사(聖節使)의 임무를 띠고 원나라에 다녀왔고 또한 지공거(知貢擧)가 되어 예부시를 주관하기도 하였다. 지도첨의사사(知都僉議司事)를 거쳤으며, 1308년 충선왕이 복위하자 찬성사에 올랐고 이어 정승이 되었으며 판총부사(判摠部事)를 겸하여, 왕명에 따라 무선(武選)을 전주(銓注)하였다. 그뒤 수문전대제학 영도첨의사사사(修文殿大提學領都僉議使司事)가 더해지고 부원군이 진봉되었으며 추성익조동덕보리공신호(推誠翊祚同德輔理功臣號)가 더해졌다. 충숙왕 이후 미묘하였던 대원관계에서 국로(國老)의 자격으로 여러 차례 어려운 정국을 해결하였다.

그는 학술분야에서도 많은 업적을 남겼는데, 역사학에서는 민지(閔漬)를 도와『세대편년절요(世代編年節要)』편찬에 참여하였으며, 태조 이래의 실록을 약찬하였다.『사서집주(四書集註)』의 간행을 건의하여 간행됨으로써 성리학의 전파에 상당한 공헌을 했고,『은대집(銀臺集)』20권을 주석했으며, 아들 준(準), 사위 이제현(李齊賢)과 함께 역대 효자 64명의 행적을 기린『효행록』을 편찬하였다.

충렬·충선·충숙·충혜·충목의 다섯 왕을 섬기면서 벼슬은 8품의 승사랑(承事郎)에서 시작하여 정1품 삼중대광(三重大匡)에 이르렀고, 85세를 누렸으니 당대의 부귀로 견줄 자가 없었다. 아들은 준·종정(宗頂)·고(皐)·후(煦)·겸(謙)이고, 사위는 안유충(安惟忠)·이제현·순정대군(順正大君) 도(璹)·회안대군(淮安大君) 순(珣)인데 아들 다섯, 사위 넷이 모두 봉군되어 일가구봉군(一家九封君)댁으로 유명하다. 그러나 오랫동안 전형(銓衡)을 맡으면서 가산을 늘렸다는 비난도 받았다. 시호는 문정(文正)이다.

2) 권한공(權漢功, ?~1349)

고려 말의 문신으로 호는 일재(一齋)이고, 첨의평리(僉議評理) 책(頙)

의 아들이다. 충렬왕 때 과거에 급제하여 충렬왕 20년(1294) 직사관(直史館)에 임명되고 원나라에 성절사(聖節使)로 다녀왔다. 뒤에 충선왕을 따라 원나라에 있으면서 총애를 받았다. 충선왕이 집권하게 되자 최성지(崔誠之)와 함께 인사권을 장악하였다.

충선왕이 귀국하자 측근에서 수시로 인견하고, 충선왕 원년(1309)에 밀직부사(密直副使), 충선왕 2년(1310)에 동지밀직사사(同知密直司事), 충선왕 3년(1311)에 지밀직사사(知密直司事)·밀직사(密直使), 충선왕 4년(1312)에 첨의평리를 역임하였다. 오랫동안 인사권을 장악하면서 부정을 행하여 이사온(李思溫)·김심(金深) 등의 탄핵을 받아 투옥되었으나, 왕의 비호로 곧 석방되고 오히려 이사온 등이 유배당했다.

충선왕이 왕위를 충숙왕에게 물려주고 남으로 강절(江浙)에 유행(遊行)해서 보타산(寶陀山)에 이르렀는데, 이때 이제현(李齊賢)과 함께 수행하였다. 충숙왕 초에 삼사사를 거쳐 찬성사에 전임, 1314년(충숙왕 1) 권부(權溥)·이진(李瑱) 등과 함께 성균관에 모여 강남에서 새로 구입한 서적들을 고열(考閱)하였다. 당시 퇴위하여 원나라에 머물고 있었던 충선왕이 국내정치에 간섭하였는데, 이광봉(李光逢) 등과 연경(燕京)에 호종(扈從)하면서 권세를 부렸기 때문에 충숙왕과 틈이 생겼다. 충선왕이 백안독고사(伯顏禿古思)의 참소로 토번(吐蕃)으로 귀양 가자, 순군(巡軍)에 갇혔다가 1321년 유배되었다. 그러나 곧 다시 풀려나와 그 보복으로 1322년에 충숙왕을 폐하고 심왕(瀋王) 고(暠)를 세우려고 획책했으나 원나라의 거부로 실패하였다. 1324년 예천군(醴泉君)으로 봉해졌다. 충혜왕이 원나라에 잡혀갔을 때, 재상·국로들이 모여 왕의 죄를 용서해주도록 청할 것을 의론하였는데 이를 반대하였다. 관직이 도첨의정승(都僉議政丞)에 이르렀고, 예천부원군(醴泉府院君)에 봉해졌으며 일찍이 원나라의 명을 받아 태자좌찬선(太子左贊善)이 되었다. 시호는 문탄(文坦)이다. 저서로 『일재집』이 있다.

3) 권중화(權仲和, 1322~1408)

고려 말 조선 초의 문신으로 자는 용부(容夫), 호는 동고(東皐)이다. 아버지는 도첨의정승(都僉議政丞) 한공(漢功)이다. 공민왕 2년(1353) 문과에 을과로 급제하여 우·좌부대언(右左副代言)을 거쳐 지신사(知申事)로 전선(銓選)을 담당하였다. 우왕 3년(1377)에는 정당문학으로 동지공거(同知貢擧)가 되어 과거시험을 주관했는데, 문하에서 이름난 선비가 많이 배출되었다. 그뒤 삼사좌사(三司左使)·문하찬성사 등을 역임하였다. 공양왕 2년(1390) 윤이(尹彝)·이초(李初)의 옥사에 연루되어 먼 곳으로 유배되었으나 곧 풀려나와 삼사좌사로 다시 등용되고, 이어 문하찬성사·상의찬성사(商議贊成事)를 역임하였다. 공양왕 4년(1392) 고려의 사신으로 명나라에 보은사로 갔다가 왕조가 바뀐 직후 돌아왔다.

태조 2년(1393)에 삼사좌복야로서 영서운관사(領書雲觀事)를 겸임하면서, 새 도읍지 한양의 종묘·사직·궁전·조시(朝市)의 형세도(形勢圖)를 올렸다. 그뒤 영삼사사(領三司事)를 거쳐 판문하부사가 되었으며, 태조 5년(1396)에는 사은진표사(謝恩進表使)로 명나라에 다녀왔다. 태조 7년(1398)에는 예천백(醴泉伯)에 봉해졌다. 태종 때 영의정부사가 된 뒤 벼슬을 그만두었는데, 평생 권력에 아부하지 않았다.

한편, 의약에 정통하여 고려 말 경에 편찬된 『삼화자향약방(三和子鄕藥方)』이 너무 간요하다 하여 서찬(徐贊) 등과 함께 다시 『향약간이방(鄕藥簡易方)』을 편집하였으며, 정종 원년(1399)에 조준(趙浚)·김사형(金士衡)의 명령에 따라 한상경(韓尙敬)과 함께 『신편집성마우의방(新編集成馬牛醫方)』을 새로 편집하기도 하였다. 또한 고사(故事)를 비롯하여 의약·지리·복서(卜筮)에 통달하고, 전서(篆書)에도 능하였다. 작품으로는 양주에 있는 회암사나옹화상비(檜巖寺懶翁和尙碑)와 개성에 있는 광통보제선사비(廣通普濟禪師碑)의 전액(篆額)의 글씨를 남겼다. 시호는 문절(文節)이다.

4) 권근(權近, 1352~1409)

고려 말 조선 초의 문신·학자로 초명은 진(晉), 자는 가원(可遠), 호는 양촌(陽村)이다. 보(溥)의 증손이다. 공민왕 17년(1368) 성균시에 입격하고, 이듬해 급제하여 춘추관검열·성균관직강·예문관응교 등을 역임하였다. 공민왕이 죽자 정몽주(鄭夢周)·정도전(鄭道傳) 등과 함께 위험을 무릅쓰고 배원친명(排元親明)을 주장하였으며, 좌사의대부(左司議大夫)·성균관대사성·지신사(知申事) 등을 거쳐 창왕 원년(1388) 동지공거(同知貢擧)가 되어 이은(李垠) 등을 뽑았다. 이듬해 첨서밀직사사(簽書密直司事)로서 문하평리(門下評理) 윤승순(尹承順)과 함께 명나라에 다녀왔을 때, 명나라 예부자문(禮部咨文)을 도당(都堂)에 올리기 전에 중도에 몰래 뜯어 본 죄로 우봉(牛峯)에 유배되었다. 그뒤 영해(寧海)·흥해(興海) 등을 전전하여 유배되던 중, 공양왕 2년(1390) 윤이(尹彝)·이초(李初)의 옥사에 연루되어 한때 청주 옥에 구금되기도 하였다. 뒤에 다시 익주(益州)에 유배되었다가 석방되어 충주에 우거(寓居)하던 중 조선왕조의 개국을 맞았다.

태조 2년(1393) 왕의 특별한 부름을 받고 계룡산 행재소(行在所)에 달려가 새 왕조의 창업을 칭송하는 노래를 지어올리고, 왕명으로 정릉(定陵. 태조의 아버지 桓祖의 능침)의 비문을 지어 바쳤는데, 이 글들은 모두 후세사람들로부터 유문(諛文)·곡필(曲筆)이었다는 평을 면하지 못하였다. 그뒤 새 왕조에 출사(出仕)하여 예문관대학사(藝文館大學士)·중추원사 등을 지냈고, 1396년 이른바 표전문제(表箋問題)로 명나라에 다녀왔다. 이때 그는 외교적 사명을 완수하였을 뿐 아니라, 유삼오(劉三吾)·허관(許觀) 등 명나라 학자들과 교유하면서 경사(經史)를 강론하고, 명나라 태조의 명을 받아 응제시(應製詩) 24편을 지어 중국에까지 문명을 크게 떨쳤다. 귀국한 뒤 개국원종공신(開國原從功臣)으로 화산군(花山君)에 봉군되고, 정종 때는 정당문학(政堂文學)·참찬문하부사(參贊門下府事)·대사헌 등을 역임하면서 사병제도(私兵制度)의 혁파를 건의, 단행하게 하였다. 태종 원년(1401) 좌명공신(佐命功臣) 4등으로 길창군(吉昌君)에 봉군되고 찬성사(贊成事)에 올랐다. 이듬해에는 지공거(知貢擧)가 되어 신효(申曉) 등을 뽑았고, 태종 7년(1407)에는 최초의 문과 중시(重試)에 독권관(讀卷官)이 되어 변계량(卞季良) 등 10인을 뽑았다.

한편, 왕명을 받아 경서의 구결(口訣)을 저정(著定)하고, 하륜(河崙) 등과 『동국사략』을 편찬하였다. 또한 유학제조(儒學提調)를 겸임하여 유생교육에 힘쓰고, 권학사목(勸學事目)을 올려 당시의 여러가지 문교시책을 개정, 보완하는 데 크게 이바지하였다. 그는 성리학자이면서도 사장(詞章)을 중시하여 경학과 문학을 아울러 연마하였고, 이색(李穡)을 스승으로 모시고, 그 문하에서 정몽주·김구용(金九容)·박상충(朴尙衷)·이숭인(李崇仁)·정도전 등 당대 석학들과 교유하면서 성리학연구에 정진하여 고려 말의 학풍을 일신하고, 이를 새 왕조의 유학계에 계승시키는 데 크게 공헌하였다.

그의 학문적 업적은 주로 『입학도설(入學圖說)』과 『오경천견록(五經淺見錄)』으로 대표된다. 『입학도설』은 뒷날 이황(李滉) 등 여러 학자에게 크게 영향을 미쳤고, 『오경천견록』 가운데 『예기천견록(禮記淺見錄)』은 태종이 관비로 편찬을 도와 주자(鑄字)로 간행하게 하고 경연(經筵)에서 이를 진강(進講)하게까지 하였다. 이밖에 정도전의 척불문자(斥佛文字)인 『불씨잡변(佛氏雜辨)』 등에 주석을 더하기도 하였다. 저서에는 시문집으로 『양촌집』 40권을 남겼다. 시호는 문충(文忠)이다.

5) 권제(權踶, 1387~1445)

조선 초기의 문신·학자로 초명은 도(蹈), 자는 중의(仲義)·중안(仲安), 호는 지재(止齋)이다. 아버지는 찬성 근(近)이다. 처음에 음보(蔭補)로 경승부주부(敬承府注簿)에 기용되었으나 감찰 때 대사헌의 비위에 거슬려 파면되었다. 태종 14년(1414) 친시문과에 장원으로 급제하여 우헌납(右獻納)이 된 뒤 병조정랑과 예문관응교(藝文館應敎)를 거쳐 태종 16년(1416)에 사예(司藝), 태종 18년

(1418)에 사인(舍人)을 지냈다. 세종 원년(1419)에 집의(執義)가 되었으며, 사은사 경녕군(敬寧君) 비(裶: 태종의 제1서자)의 서장관으로 명나라에 다녀온 뒤 승정원 동부대언(承政院同副代言)과 좌대언(左代言)을 차례로 지냈다. 세종 5년(1423)에 집현전부제학이 된 뒤 예조판서·대사헌·함길도도관찰사를 지내고, 이듬해에는 평안도도관찰사가 되었다. 세종 12년(1430)에 경창부윤(慶昌府尹), 세종 14년 (1432)에 경기도관찰사, 이듬해 예조참판에 임명되었으며, 세종 17년(1435)에 이조판서, 세종 19년(1437)에 예조판서가 되었다. 계품사(計稟使) 혜령군(惠寧君)의 부사로서 명나라에 다녀온 뒤 예문관대제학이 되었고, 그해 동지중추원사(同 知中樞院事)에 임명되었다. 세종 21년(1439) 지중추원사(知中樞院事)가 되었으며, 세종 23년(1442) 지춘추관사(知春秋館事)를 겸하여 감춘추관사(監春秋館事)인 신개(申槩)와 함께 『고려사』를 찬진(撰進)하였다. 이듬해 좌참찬으로 전라도도관찰사가 되었고, 세종 25년(1444)에 의금부제조(義禁府提調), 이듬해에 우찬성이 되어 정인지(鄭麟趾)·안지(安止) 등과 『용비어천가』를 지어 바쳤다.

6) 권람(權擥, 1416~1465)

조선 초기의 문신으로 자는 정경(正卿), 호는 소한당(所閑堂)이다. 찬성사(贊成事) 근(近)의 손자이며, 우찬성 제(踶)의 아들이다. 어려서부터 독서를 좋아하여 학문이 넓었으며, 뜻이 크고 기책(奇策)이 많았다. 책상자를 말에 싣고 명산고적을 찾아다니면서 한명회(韓明澮)와 함께 책을 읽고 글을 지으면서 회포를 나누었다. 한명회와 서로 약속하기를 "남자로 태어나 변방에서 무공을 세우지 못할 바에는 만권의 책을 읽어 불후의 이름을 남기자."고 하였다. 한명회와의 교우는 관포(管鮑)와 같았다.

35세까지 과거에 급제하지 못하고 있다가, 문종 즉위년(1450)에 향시와 회시(會試)에서 모두 장원으로 급제하였고, 전시(殿試)에서 4등이 되었으나 장원인 김의정(金義精)의 출신이 한미하다는 이유로 장원이 되었다. 그해 사헌부감찰이 되었고, 이듬해 집현전교리로서 수양대군과 함께 『역대병요(歷代兵要)』의 음주(音註)를 편찬하는 데 동참하여 그와 가까워졌다. 문종이 죽고 어린 단종이 즉위하자, 권력은 김종서(金宗瑞)·황보 인(皇甫仁) 등 대신들의 손에 들어가고 안평대군(安平大君)이 대신들과 결탁하여 세력을 키워갔다. 이에 불안을 느낀 수양대군이 동지를 규합하고 있을 때, 한명회의 부탁을 받고 수양대군에게 접근하여 집권을 모의하였다. 그리고 두 사람은 양정(楊汀)·홍달손(洪達孫)·유수(柳洙)·유하(柳河) 등 무사들을 규합하여 단종 원년(1453) 계유정난 때 김종서·황보인 등 대신들을 제거하고, 세조집권의 토대를 마련하였다. 그 공으로 정난공신(靖難功臣) 1등에 책록되었고, 이어 승정원동부승지에 특진되었다. 단종 2년(1454) 2월에 우부승지, 8월에 좌부승지로 승진하였다. 이듬해 세조가 즉위하자 6월에 이조참판에 발탁되고, 이어 9월에는 좌익공신(佐翼功臣) 1등에 책록되었다. 세조 2년(1456) 2월에 이조판서가 되었으며, 3월에 역신(逆臣)들이 가졌던 연안·전주·충주·양주의 토지를 하사받았다. 그해 7월에 집현전대제학·지경연춘추관사(知經筵春秋館事)를 겸하고, 길창군(吉昌君)에 봉하여졌다. 세조 3년(1457) 2월에 난신(亂臣)들의 노비를 하사받았고, 3월에는 김문기(金文起)·장귀남(張貴南)·성승(成勝) 등의 토지를 하사받았으며, 8월에는 판중추원사(判中樞院事)로 승진하였다. 세조 3년(1458) 5월 신숙주(申叔舟) 등과 『국조보감(國朝寶鑑)』을 편찬하고, 그해 12월 의정부 우찬성으로 승진하였다. 세조 4년(1459) 좌찬성과 우의정을 거쳐 세조 8년(1462) 5월 좌의정에 올랐으나, 이듬해 병을 핑계하여 관직에서 물러나 부원군으로 진봉되었다. 세조 9년(1463) 9월 『동국통감』 편찬의 감수책임을 맡았다.

시문집으로 『소한당집(所閑堂集)』이 있고, 할아버지가 지은 응제시에 주석을 붙인 『응제시주(應製詩註)』는 그의 역사의식을 반영해주고 있을 뿐만 아니라, 세조 때 『동국통감』의 편찬방향을 이해하는 데 좋은 자료가 된다. 세조묘(世祖廟)에 배향되었다. 시호는 익평(翼平)이다.

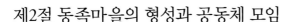

제2절 동족마을의 형성과 공동체 모임

1. 안동권씨의 강릉 입향

안동권씨가 강릉에 입향하는 것은 지금부터 약 500여 년 전이다. 권행의 19세손인 추밀공파 참봉공 권송(權悚)은 한양에서, 복야공파 현령공 권적(權迪)은 안동에서 각각 입향하였다.

1) 추밀공파(樞密公派)

추밀공파의 파조(派祖)는 태사공의 10세손인 권수평이다. 그는 청렴한 관리의 표상으로 『고려사』에 따르면 "순후질직(淳厚質直)하여 고인(古人)의 풍모가 있었다."라고 한다. 그는 경군(京軍) 품외(品外)의 무반직(武班職)인 대정(隊正)으로 벼슬을 시작하게 된다. 그가 대정이었을 때 집안은 가난했다. 낭중(郎中) 복장한(卜章漢)이 유배 간 동안 그의 전시과(田柴科)를 이어 받아 먹었는데 복장한이 사면되어 돌아오자 그에게 전시과는 물론 전조(田租)까지 돌려주어서 당시 사람들이 그의 청렴함에 감탄했다. 당시 임금의 총애를 받는 견총(牽寵) 벼슬이 있어 권귀자제(權貴子弟)들이 서로 하고자 했는데, 권수평은 그 직에 임명되자 가난하다는 이유로 마다했다. 친구가 부가(富家)에 다시 장가들고 이 벼슬에 나아갈 것을 권했으나, 부(富)를 구해서 어찌 20년 조강지처를 버리겠느냐고 반문하면서 거절하였다. 그는 경군(京軍)의 말단 장교인 품외(品外)의 대정(隊正)으로 무반직에 나아갔다가 추밀원부사(樞密院副使, 정3품)라는 고위직에 올랐다.

11세 권위(權韙)는 고종 27년(1240) 12월에 어사(御史, 종6품)로서 몽골에 사신으로 파견되고 있으며, 다시 고종 34년 6월에는 시랑(侍郎, 정4품)으로서 장차 최씨무신정권의 제3대 집정(執政)이 될 최항(崔沆)에게 예법(禮法)을

가르치는 일을 맡고 있다. 그는 이어서 고종 42년 8월에 최씨정권의 제4대 집
정이 될 최의(崔竩)에게 예법을 가르치는 일을 맡고 있다. 그는 과거에도 급제
한 인물로서 최씨무신정권의 후계자들에게 예법을 가르칠 정도로 신임이 두
터웠던 것이다. 그는 한림학사에까지 올랐다. 권위는 슬하에 모두 5남 1녀가
있었는데, 아들 중 크게 입신한 사람은 맏이인 권단(權旦)이다.

추밀공파 계통도

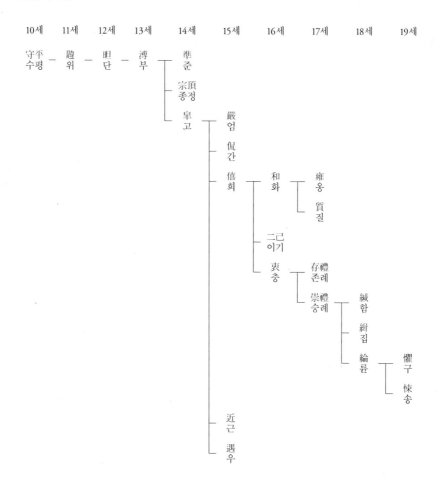

12세 권단(權㫜, 1228~1311)은 당초 둔세(遯世)의 뜻을 지녔으나 부친의 권유로 문음(門蔭)으로 관도(官途)에 진출하였다. 그 후 그의 학문을 높이 평가한 유경(柳璥)의 권유로 27세 되던 고종 41년(1254)에 과거에 응시하여 합격하였다. 그 후 한림학사(翰林學士), 좨주(祭酒), 대사성(大司成), 판도판서(版圖判書) 및 전라도·경상도·충청도 감사를 역임하여 찬성사치사(贊成事致仕, 종2품)에까지 이른다. 그는 중외(中外)의 관직을 역임하면서 염근정명(廉勤精明)하다는 평을 들었다. 동경유수(東京留守)로 재직하면서 향리가 백성의 토지세를 포탈하는 것을 엄히 다스렸고, 부고(賦庫)의 경비를 전혀 사용(私用)하지 않아 1년 경비로 3년 동안 썼다고 한다. 그의 정치를 두고 당시의 재상이 "단이 백성을 위해 폐단을 혁파하니, 이보다 더 백성을 위하는 자가 있는가!"라고 하였다.

13세 부(溥, 1262~1346)는 권단의 외아들로 학식과 역량이 뛰어난 사람이었다. 권부는 40여년의 관직생활 가운데 22년간 재상의 자리에 있었으며, 13년간 전주(銓注)를 장악했다고 한다. 그는 18세가 되던 충렬왕 15년(1279)에 문과에 급제하였고, 이어서 이듬해에는 충렬왕이 특별히 시행한 전시(殿試)에도 합격하였다. 이후 두루 요직을 거쳐 크게 현달하였는데, 한번도 외직(外職)에 나간 적이 없고 탄핵을 받은 일도 없다고 한다. 그는 사림학사(詞林學士)로서 충선왕의 개혁정치에도 참여하거니와, 40세 전후해서는 이미 추밀직(樞密職)에 올라 있었다. 44세가 되는 충렬왕 3년(1305)에 추밀의 최고직인 판밀직사사(判密直司事, 종2품)를 거쳐 지도첨의사사(知都僉議司事, 종2품)로 재신(宰臣)이 된다. 그리고 49세가 되던 충선왕 2년(1310)에 찬성사(贊成事)·판선부사(判選部事, 정2품)로 수상이 되었다. 그는 뒤에 또 영도첨의사사(領都僉議司事, 종1품)를 제수받고, 영가부원군(永嘉府院君)의 작위를 받았다. 충렬왕대 말엽에 이르면 권부의 현달로 안동권씨 가문은 크게 흥기하였다. 충선왕·충숙왕대에 이르러 권부의 정치적 영향력은 더욱 증대되고, 그의 자손들의 진출이 두드러져서 이 가문은 매우 유력한 권문세족으로 부상된다. 권부는 5남 4녀의 자녀를 두었는데, 그의 아들과 사위 모두가 크게 현달하였고 그들의 자손들도 매우 번창하였다. 권부는 자신을 포함해 그의 아들 5명과 그의 사위 3명이 군(君)에 봉해져 세상 사람들이 '일가구봉군(一家九封君)'의 집안이라고 칭할 정도로 명성을 떨쳤다.

14세 고(皐, 1294~1379)는 부(溥)의 셋째 아들로 벼슬이 지도첨의(知都僉議)를 거쳐 검교문하시중(檢校門下侍中)에 올랐으나 그의 관련이나 정치적 활동은 자세히 알 수 없다. 그러나 그도 봉군(封君)되어 영가부원군(永嘉府院君)에 봉해졌다. 그의 슬하에는 아들 셋이 있었다.

15세 희(僖, 1319~1398)는 고(皐)의 셋째 아들로 고려 말·조선 초의 문신이다. 음보(蔭補)로 관직에 기용되어 홍주도병마사(洪州都兵馬使) 등 여러 벼슬을 거쳐 문하찬성사(門下贊成事)에 이르러 영가부원군(永嘉府院君)에 봉해졌다. 조선조에 들어와 태조 2년(1393)에 검교문하시중(檢校門下侍中)으로 개국원종공신(開國原從功臣)이 되었다. 그 후 태종이 즉위하자 검교좌정승(檢校左政丞)에 올랐다. 조선 초의 대표적인 문인이요 정치가였던 권근(權近)은 희(僖)의 셋째 아들이다.

16세 충(衷)은 희(僖)의 3자로 고려 공민왕 21년(1372)에 군기녹사(軍器錄事)를 거쳐 군기시윤(軍器寺尹)·전의부령(典儀副令)을 역임하였다. 그 후 이성계의 역성혁명에 반대해 은둔하였다. 목은 이색의 문하였던 공은 이성계와 부친 정간공 희(僖)와의 관계 등으로 고심 끝에 새 왕조에 출사하여 공조판서를 발탁되었다. 그 후 병조전서·이조전서를 거쳐 한성판윤을 역임하고, 세종대에 이르러 의정부찬성사(議政府贊成事)로 치사(致仕)하였다.

17세 숭례(崇禮)는 충(衷)의 2자이다. 관직은 고려 말 판전교사사(判典校寺事, 정3품)를 지냈고, 조선 개국 후에는 두문(杜門)했던 것으로 추측된다. 뒤에 자손이 연이어 등과(登科)함에 따라 사후에 예조참판(禮曹參判)으로 추증되었다.

18세 윤(綸)은 숭례의 3자이다. 세종 29년(1447)에 녹사(錄事)로서 친시문과(親試文科)에서 정과(丁科)로 급제하여 대교(待敎)가 되고 춘추관 기사관(春秋館記事官)을 겸하여 『세종실록』 편찬에 참여하였다. 단종 2년 (1454)에 주서(注書)가 되고 세조 즉위에 협조하여 좌익원종공신(佐翼原從功臣) 3등에 책록되었다. 세조 3년(1457)에 호조좌랑이 되고 낭청(郞廳)·사인 (舍人)에 올랐으며 세조 7년(1461) 문신월과(文臣月課)에서 시부(詩賦)로 장원 하였다. 세조 9년(1463)에 세자익위사좌익위(世子翊衛司左翊衛)로서 제주경 차관(濟州敬差官)에 임명되어 왜인들의 노략질을 막고 회유하여 돌려보냈 다. 예조참의·이조참의를 거쳐 성균관 대사성 재임시에는 존경각(尊經閣) 을 창건하여 오래도록 그 장주를 역임하였다. 그 뒤 가선대부(嘉善大夫)로 승차하여서는 이조참판과 강원도 관찰사를 역임하였다. 그러나 곧 사임하 고 덕원부(德源府) 소라리에 은거하면서 '소요정'이란 정자를 짓고 자연과 벗하며 지냈다.

강릉지방에 안동권씨 추밀공파가 터를 잡은 것은 준원전 참봉(濬源 殿 參奉, 정7품)을 지낸 19세 송(悚) 때이다. 공은 누이가 연산군의 후궁인 숙 의(淑儀)로 들어가자 외척이라는 혐의가 싫다하여 벼슬을 버리고 그의 형이 부사로 있던 강릉으로 내려와 아름다운 산수에 매료되어 그대로 눌러앉게 되면서 그의 후손들이 강릉의 안동권씨 일가를 이루게 되었다.

권송의 입향시기는 그의 형 권구의 강릉부사 재임시기를 고려할 때 1490년대 후반으로 추정된다. 배(配)는 평해군수를 지낸 삼척심씨 산보(山甫) 의 딸이고, 슬하에 진(璡)·수(璲)·련(璉) 3남을 두었다.

추밀공파 강릉분파도

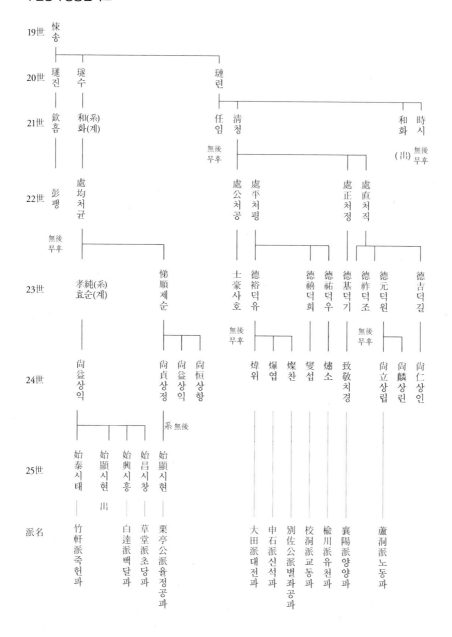

20세손 세마공(洗馬公) 련(璉)의 호는 명암(鳴岩)이고 자는 언기(彦器)이다. 그는 중종 14년(1519)에 사마 양시(司馬兩試)에 장원으로 입격하여 진사(進士)가 되자, 강원도관찰사 김침의 천거로 강릉대도호부 교수(敎授)에 택차되었다. 그 후 전교로 왕자 사부·세마·참봉을 전후 세 차례나 하명받았으나 당시 간계가 많은 좌의정 김안로(金安老)를 싫어하여 벼슬길에 나가지 않으니, 당시 사람들이 공을 징군(徵君)이라 칭하였다. 후손들이 대전동 태장봉 아래 우럭바위에 누정(樓亭)을 세우고 공의 아호를 붙여 '명암정(鳴岩亭)'이라 하였다. 이곳은 경호(鏡湖)의 상류로서 명천반석(鳴泉盤石)이 있고 경관이 아름다운 곳으로, 권련이 일찍이 청유하던 곳이다. 배(配)는 안성이씨 진사 석진(碩眞)의 딸이며, 슬하에 임(任), 청(淸), 화(和), 시(時) 4남을 두었다. 3남 화(和)는 수(璲)의 계자(季子)로 출계하였는데, 죽헌·대전 양파의 자손들은 모두 세마공의 직계 후손이다. 명암공은 세상이 어지러움을 크게 한탄하여 후손들에게 다음과 같은 유훈(遺訓)을 남겼다.

내가 지금 이 세상의 인심의 청탁(淸濁)과 세속의 소위(所爲)를 보건대 실로 탄식하여 마지 않노라. 위로는 조정에서부터 아래로는 향곡(鄕曲)에 이르기까지 소인(小人)들이 득세하고 있으니, 어찌 그 어질고 우매한 것과 맑고 흐리며 충성스러움과 불충함을 분별할 수 있으리오. 말이 교묘하고 안색이 거짓된 자를 일컬어 어질다 하고, 백성의 고혈(膏血)을 훑어 빼앗아 좌우를 섬기는 자를 일컬어 맑다고 하며, 세조(稅租)를 많이 거두지 않고 형벌을 가하기를 꺼리는 자를 일컬어 어질지 않다고 하고, 법도에 따라 직간(直諫)하는 자를 불충하다고 하며, 법령을 밝게 살펴 거기에 준하여 국사를 다스리는 자를 어리석다고 하고, 법령을 간결하게 사용하여 백성에게 청렴한 자를 흐리다고 일컫는다.

그러한 세간에 어진 이가 있어 조정에 나아가 지위가 소인들보다 위에 올라가 소신대로 행한다면 매일같이 음해를 일삼는데 휩쓸려 그 어진 것에는 공이 하나도 돌아가지 않고, 반면에 "멸문망신지환(滅門亡身之患)"을 만날 것이요, 흐리고 어리석은 자라면 소인배에게 아첨하여 장차 임금을 속이고 나라를 망치는 일을 하게 될 것이니, 이를 어찌 탄식치 않을 수 있으랴. 오호라, 후세의 자손들이 어진 것을 중히 여겨 청운(靑雲)의 길에 들어서 그 지위가 제군(諸君)의 오른쪽에 이른즉 날마다 모해를 일삼는다면, 비록 나라의 주석(柱石)으로 삼공(三公)의 지위에 있다 하더라도 임금께 그가 살인했다는 말을 세 번 잇달아 전하는 자가 있기에 이르러서는 어찌 임금인들 투저지의(投杼之疑)가 일어나지 않으리오. 만약 이를 그만두지 않는다면 멸문과 망산의 환난을 면치 못할 것이다.

또 어리석어서 청운의 길에 들어선다면, 반드시 소인에게 아부하여 잠시 동안 그 몸이 영화롭고자 백성의 고혈을 긁어 짜서 좌우를 섬기느라 도적 신하가 됨을 면치 못할 것이니, 도적 신하의 자손이 있는 것보다는 차라리 없는 것만 같지 못하다. 이런고로 후세 자손들에게 말을 기탁하노니, 추호도 청운의 세간에 뜻을 두지 말고 계련(桂蓮)에 출입하는 길에 발걸음을 끊어 스스로 그 뜻을 기르면서 몸을 바르게 닦고 실가(室家)를 마땅하게 거느린다면, 그 누가 감히 모멸할 것이며, 누가 감히 헐뜯고 해칠 것이랴. 나의 후손들에게 경계하여 가르치노라."

21세손 화(和)의 호는 무진정(無盡亭), 자는 희혜(希惠)이다. 양부(養父)는 통훈대부 수(璲)이고, 생부는 련(璉)이다. 그는 시독관(侍讀官)·습독관(習讀官)을 거쳐 통정대부 공조참의를 지냈다. 부인은 진사 신명화의 딸이며, 신사임당의 동생이다. 공은 율곡 선생의 이모부가 되며, 그의 아들 처균(處均)은 율곡보다 5년 연하였다.

---

11 "吾今觀此世 人心之淸濁 世俗之所爲 尙可歎也. 上自朝廷 下至鄕俗 小人得勢 何以辨 其賢愚淸濁 忠與不忠乎. 言巧色佞者 謂之賢 浚民膏澤 以事左右 謂之淸 薄稅賦省刑者 謂之不賢 以法直諫者 謂之不忠. 明法審令 華決國事者 謂之愚 簡其法令 廉於民者 謂之濁. 其間如有賢者 而立於朝廷 位加於小人之上 居然厭其勝己 日事陰害 一無歸功於其賢 而反遭其滅門之患. 以此觀之 如有賢者 則必遭滅門亡身之患 如有愚濁者 則媚於小人 將事欺國亡上 豈不病歎哉. 嗚呼 後世子孫 重賢而立於靑雲之路 位在諸君之右 則日事謀害 三壽是如柱石 三傳殺人 豈無投杼之疑乎. 若此不已 不免於滅門亡身之患. 愚而立於靑雲之路 則必媚小人 欲暫榮其身 浚民膏澤 以事左右 不免於欺國之盜臣 如有盜臣之子孫 寧不如無. 是故寄語於後世子孫 毫不有意 於靑雲之間 絶跡於桂蓮 出入之路 自尙其志 以修其身 宜其室家 則孰敢毁之, 敎戒我孫,"(『永嘉言行錄』).

원래 오죽헌은 강릉 12향현의 한 사람인 최치운(崔致雲)의 집이었으나 그의 아들 최응현(崔應賢)이 둘째딸 최씨(이사온의 처)에게 물려주었고, 이사온은 다시 그의 딸 이씨부인(신명화의 처)에게 물려주었다. 무남독녀였던 이씨 부인이 재산을 분급할 때 둘째 딸(신사임당)의 아들 율곡에게는 봉사조(奉祀條)로 서울 수진방 와가(瓦家) 1채와 전답·노비를, 넷째 딸의 아들 권처균(權處均)에게는 배묘조(拜墓條)로 오죽헌과 전답·노비를 주었다. 처균은 중종 36년(1541) 외가에서 태어나 80세인 광해군 12년(1620)에 세상을 떠날 때까지 이곳에서 살았는데, 오죽헌이란 이름은 처균공의 아호를 따서 붙여진 당호(堂號)이다.

권덕유(權德裕)는 련(碇)의 후손으로 호는 옥천재(玉泉齋)라 하였다. 효렴(孝廉)으로 감찰(監察)을 지냈다. 임진왜란 때에 어머니 최씨가 적을 만나 정절을 지키다 끝내 적의 칼에 죽자 덕유는 적의 칼을 무릅쓰고 어머니를 끌어안고 통곡을 하니 적 또한 그의 효성에 감동하여 말에서 내려 절을 하고 돌아갔다. 시신을 거두어 상을 치르고 3년 동안 죽을 먹으며, 시묘살이를 하였다. 이때 나이 열세 살이었다. 임금께서 이 사실을 듣고 정려(旌閭)를 내렸으며, 강릉부 북쪽 대전(大田)을 지금 효자가리(孝子街里)라고 하는 것은 실은 이 때문이었다. 판서(判書) 홍대순(洪戴淳)이 그의 묘표(墓表)를 짓기를 "어머니는 정절했고, 아들은 효렴을 하였으니 정절의 어머니가 있었기에 효렴의 아들이 있었다"고 하였다.

2) 복야공파(僕射公派)

복야공파의 파조(派祖)는 태사공의 10세손이고, 추밀공파의 파조인 수평(守平)의 동생인 수홍(守洪)이다. 공은 안동에서 출생하여 장성해서도 상당 기간 그곳에 거주하며 향직을 받아 부호장(副戶長)에 이르렀던 것으로 보인다. 왜냐하면 『성화보(成化譜)』에 공의 관직이 부호장으로서 증군기

감(贈軍器監)으로 나오기 때문이다. 그러나 현금의 모든 권씨 족보에는 공의
관직이 '은청광록대부 추밀원부사 상서좌복야 상장군(銀青光祿大夫樞密院
副使尚書左僕射上將軍)'으로 되어 있다. 추밀원 부사는 정3품직이고 상서좌
복야는 정2품에 해당하는 직이다. 추밀원부사가 상서좌복야를 겸임하였으
므로 이와 같이 표현하였다. 공이 처음에 관향 안동에서 입신(立身)하여 있
다가 백씨(伯氏) 추밀공(樞密公) 수평(守平)이 경사에 진출한 연고로 뒤이어
개경으로 이거하여 문호(門戶)를 이룬 것으로 보인다. 그리하여 공 또한 기
득(既得)의 기반이 만무할 경사에서 백씨와 함께 군직(軍職) 등에 들어가 종
사(從仕)하며 간고한 가운데 근면으로 집안을 중흥시켰을 것으로 본다. 슬
하에 1남 3녀를 두었다.

복야공파 계통도

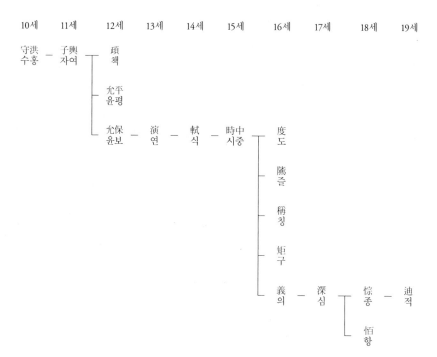

11세 상서공(尙書公) 자여(子輿)는 금자광록대부(金紫光祿大夫)로서 지문하성사 겸 병부상서(知門下省事兼兵部尙書)를 지냈다. 슬하에 5남 2녀를 두었다.

12세 지후공(祗侯公) 윤보(允保)는 자여의 3남이다. 초명은 윤인(允仁)이고 관직은 중문지후(中門祗侯)를 지냈다. 중문은 대궐편전을 이르는 말로 조회의 의례를 맡아보던 관아였다. 슬하에 5남 1녀를 두었다.

13세 연(演)은 윤보의 차남이다. 족보에는 판관(判官)을 지냈다고 하나 일체의 기록이 전해지지 않는다. 슬하에 3남 1녀를 두었는데, 장남 식(軾)만이 후계를 이었으나 차남과 3남은 무후(無後)되었다. 14세 자덕공 식(軾)은 관작이 종2품 자덕대부에 이르렀다.

15세 서주공(瑞州公) 시중(時中)은 식(軾)의 장남으로 초명은 개(槩)이다. 문과에 장원급제하여 지서주사(知瑞州事)를 지내고 전서(典書)에 이르렀다. 전서는 여말선초에 6조의 으뜸벼슬로서 판서(判書)의 전신인데, 고려조에서는 정3품에 해당된다. 시중은 복야공파 11개 지파 중 서주공파의 파조이다. 슬하에 5남 1녀를 두었다.

16세 직장공(直長公) 의(義)는 시중(時中)의 5남이다. 공양왕 원년(1389) 문과에 급제하였고, 조선조에 들어와 종6품 문관직인 선교랑(宣敎郞)으로 출사하여 선공감(繕工監)과 상의원직장(尙衣院直長)을 지냈다. 의(義)의 선대가 안동 성문 밖 포항(위치 미상)이라는 곳에 세거(世居)하였는데, 그 문 앞에 몇 아름 되는 큰 괴목(槐木)이 있어 집안에 과거에 급제하는 경사가 있으면 그 나무에 북을 매달고 치면서 즐거운 연회를 베풀었다고 한다. 세월이 흐른 뒤 그곳은 개천이 되고 나중에 토사에 밀려 모래사장이 되었는데, 그 가운데 웅덩이를 이룬 곳이 바로 공의 옛 우물터였다는 전설이 족보에 전해진다. 슬하에는 아들 심(深)이 있다.

17세 판관공(判官公) 심(深)은 문과에 급제하여 강릉판관(江陵判官)

을 지냈으며, 사후에 통례원 좌통례(通禮院左通禮)로 추증되었다. 배(配)는 평해손씨 중랑장 숙오의 딸이다. 족보에 따르면, 공이 강릉판관을 지낼 때 산천이 아름답고 풍속이 순후함을 보고 강릉으로 이거(移居)하려는 뜻을 품고 오던 중 처향(妻鄕)이 있던 평해에서 졸(卒)한 것으로 되어 있다. 묘소는 울진 평해 온정면 광품리 수곡에 있다. 슬하에 2남 1녀를 두었다.

18세 대사성공(大司成公) 종(悰)은 심(深)의 맏이로 문종 원년(1451) 사마시(司馬試)에 급제하여 진사(進士)로서 성균관 태학생이 되었다. 음직으로 수의부위를 받아 의흥위(義興衛) 섭사정(攝司正)을 거쳐 충의교위에 올라 사직(司直, 정5품)에 이르렀다. 『평해읍지』에 의하면, "공은 대대로 과거의 갑방에 급제한 나라의 명족(名族)으로서 일찍이 과거에서 장원급제하여 관직이 대사성(大司成)에 이르렀다."라고 한다. 묘소는 울진 평해 온정면 광품리 수곡에 있는 부친 묘소 뒤에 있다. 슬하에 2남 2녀를 두었다.

안동권씨 복야공파의 강릉 입향조는 시조 태사공의 19세손인 현령공 적(迪)이다. 그는 성종 8년(1477) 사마시에 입격하여 진사(進士)가 되었으며, 그 후 음직(蔭職)으로 출사하여 현령(縣令)에 이르렀고, 사후에 예빈시정(禮賓寺正)으로 추증되었다. 그는 평해 땅에서 태어나 그곳에서 강릉부 동남쪽의 옥가(玉街, 지금의 옥천동 은행나무 공원)로 이주하여 옥가파(玉街派)의 입향조가 되었다. 그는 조부 권심(權深)이 강릉으로 이거(移居)하려던 뜻을 받들어 강릉 옥가에다 터를 잡고 일가를 이루어 세거하였는데, 지금에는 그곳에 보진당(葆眞堂)만 남아 있다. 그가 강릉에 언제 이주하였는지는 기록이 없어 정확히 알 수 없지만, 정유년(성종 8년, 1477)에 사마시에 입격한 기록이 『임영지』에 나와 있고, 보진당 묘지에 "공이 강릉으로 장가들어 사균(土鈞)을 낳은 것이 성종 15년(1484) 10월 10일이다."라고 기록되어 있는 것으로 보아 성종조 초기인 1470년대 중반 이전일 것으로 짐작된다.

복야공파 대사성공계 강릉파계도

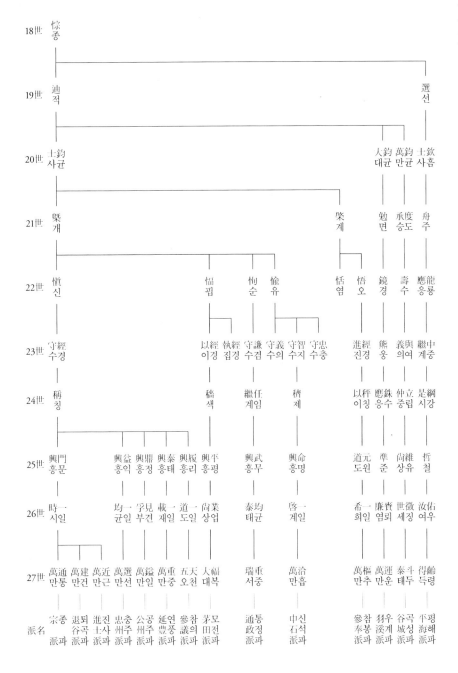

世												
18世	惊 종											
19世	迪 적										選 선	
20世	士鈞 사균						人鈞 대균	萬鈞 만균	士欽 사흠			
21世	槩 개				榮 계	勉 면	承度 승도	舟 주				
22世	愼 신	愊 픱	恂 순	愉 유	恬 염	悟 오	鏡 경	壽 수	應龍 응룡			
23世	守經 수경	以經 이경	執經 집경	守謙 수겸	守義 수의	守智 수지	守忠 수충	進經 진경	熊 웅	義與 의여	繼中 계중	
24世	稱 칭	穡 색	繼任 계임	稱 제			以秤 이칭	應銖 응수	仲立 중립	是綱 시강		
25世	興門 흥문	興益 흥익	興鼎 흥정	興泰 흥태	興履 흥리	興平 흥평	興武 흥무	興命 흥명	道元 도원	準 준	尙維 상유	哲 철
26世	時一 시일	均一 균일	孚見 부견	載一 재일	道一 도일	尙業 상업	泰均 태균	啓一 계일	希一 희일	廉賫 염뢰	世徵 세징	汝佑 여우
27世	萬通 만통	萬建 만건	萬近 만근	萬選 만선	萬鎰 만일	萬重 만중	五天 오천	人福 대복	瑞重 서중	萬洽 만흡	萬樞 만추	萬運 만운	泰斗 태두	得齡 득령
派名	宗종谷곡派파	退퇴土사派파	進진州주派파	忠충州주派파	公공州주派파	延연豊풍派파	參참議의派파	茅모田전派파	通통政정派파	中신石석派파	參참奉봉派파	羽우溪계派파	谷곡城성派파	平평海해派파

현령공 적(迪)은 어려서부터 글씨를 잘 쓰고[12] 문장이 뛰어나 일세를 풍미할 문장가였는데, 안타깝게도 많은 문적이 화재에 모두 소실되어 전해지지 않는다. 다만 과거 답안지인 과권(科卷) 2장과 천복유수부(天復孺讐賦)[13]라는 명문 1편만 전해진다고 한다. 『동국여지승람』에는 김극기(金克己)가 권적(權迪)의 시를 차운(次韻)한 시에, "대관산(大關山)이 푸른 바다 동쪽에 높은데, 만 골짜기 물이 흘러나와 물이 천 봉우리를 둘렀네. 험한 길 한 가닥이 높은 나무에 걸렸는데, 긴 뱀처럼 구불구불 모두 몇 겹인지. 가을 서리는 기러기 가기 전에 내리고, 새벽 해는 닭이 처음 우는 곳에 돋는도다. 높은 절벽에 붉은 노을은 낮부터 밤까지 잇닿고, 깊숙한 벼랑엔 검은 안개가 음천(陰天)에서 갠 날까지 잇닿았네. 손을 들면 북두칠성 자루를 부여잡을 듯, 발을 드리우면 은하수(銀河水)에 씻을 듯하다. 어떤 사람이 촉도난(蜀道難)을 지을 줄 아는고, 이태백(李太白)이 죽은 뒤에는 권부자(權夫子)로세." 하였다. 또 『임영지』에는 "권적(權迪)은 2왕(王)[14]의 서법(書法)을 배워 글씨를 잘 썼으며, 서획이 매우 굳세고 힘찼다. 비석에 쓴 글씨가 매우 많다."고 하였다. 슬하에 3남 2녀를 두었는데, 딸은 참봉 최만령과 판관 최승명에게 각각 출가하였다.

20세 보진당(葆眞堂) 사균(士鈞)은 현령공 적(迪)의 맏이로 중종반정(中宗反正)이 일어난 이듬해(1507) 사마양시(司馬兩試)에 입격하여 성균관에 입학하여 문장과 덕행이 출중하였다. 성균관에서 공부할 때 문장과 덕행으로 사림(士林)들 사이에서 명성을 얻었으나, 당시 조정이 어수선해 강릉으로 낙향하여 강릉향교 교수직을 맡아 후진양성에 힘썼다. 중년에 보

---

12 성종 19년(1488)에 세워진 김윤신(金潤身)의 부친인 김여명(金汝明) 묘비를 성균진사(成均進士) 권 적(權迪)이 글씨를 썼다.

13 분서갱유를 일삼는 진시황제의 원수를 갚아준다는 내용.

14 중국 진(晉)나라의 서예가인 왕희지(王羲之)와 그의 아들 왕헌지(王獻之)를 말함.

진당을 세워 당대의 명유(名儒)들과 교유하면서 서로 시(詩)로 화답하며 정의를 나누었다고 한다. 그때에 남긴 시문들이 현판으로 다수 남아 있다. 그의 동생 대균(大鈞)과 만균(萬鈞)도 사마시(司馬試)에 입격하였다. 3형제 모두 성품이 돈후하고 율신검행(律身檢行)하므로 향인들이 모두 그 의리에 따랐다고 한다. 특히 보진당에게는 평생의 덕행이 추모되어 선조 때 통정대부(通政大夫) 호조참의(戶曹參議)로 추증되었다. 슬하에 개(㮣)와 계(啓) 2남을 두었다.

21세 개(㮣)는 칠봉 함헌(咸軒)과 도경 최운우(崔雲遇)와 함께 오봉서원을 창건하였다. 그의 아들 신(愼)·협(協)·핍(愊)은 임진왜란 때 계속된 전쟁으로 군사들이 굶주리자 우국충정으로 양곡을 수송하여 군량미로 쓰게 하였다. 조정에서 이 사실을 듣고 공의 의거를 가상히 여겨 전쟁이 끝난 뒤에 동지중추부사(同知中樞府事)의 벼슬을 내렸다.

23세 수경(守經)은 진사(進士)로 주부(主簿)를 지냈고, 그의 아들 퇴곡공 칭(稱)과 손자 사물재공(四勿齋公) 흥익(興益)은 부자가 대과(大科)에 급제하는 등 연이어 많은 과거 합격자를 배출하였다.

25세 흥문(興門)은 어려서부터 재주가 뛰어났다. 시문(詩文)에 능하였으며, 13세에 서법(書法)을 열심히 익혀 액자(額字)를 잘 썼다. 서법의 독특한 체를 얻자 사람들이 모두 칭송하였다.

29세 영교(永敎)는 정조 7년(1783) 흉년에 선비의 집안인 최씨의 딸이 횡성에서 떠돌아다니며 돈을 받고 남의 집 종이 되자 공이 이를 불쌍히 여기고 혼자서 돈을 되갚아주고 집으로 돌아오게 하여 양반의 집안에 출가시켰다. 그녀가 그 고마움에 감격하여 어버이처럼 섬겼으며, 공이 죽자 3년상을 치렀다. 판서(判書) 이집두(李集斗)가 말하기를 "공은 너그럽고 착한 마음이 인(仁)에 가까워 자손이 반드시 크게 번창하리라"고 하였다.

2. 동족마을의 지역개관

1935년 조선총독부에서 조사 보고한 『조선의 취락』에 의하면, 안동 권씨는 정동면 죽헌리에 40가구 200명, 강릉면 옥천정에 50가구 200명, 연곡면 70가구 300명이 살았다.

마을명	호수(호)	인구(명)	비고
정동면 죽헌리	40	200	추밀공파
강릉면 옥천정	50	200	복야공파
연곡면 퇴곡리	70	300	복야공파

1) 강릉시 죽헌동

죽헌동에는 지금부터 약 500년 전에 권송(權悚)이 살았다. 원래 강릉군 하남면(河南面)에 속하였으나 1914년 정동면(丁洞面)으로 개칭되면서 백교리(白橋里)를 합쳐 죽헌리(竹軒里)라 하였다. 정동면은 못올에서 죽일쪽으로 가면서 오른쪽에 있는 정자골에 정자가 있어서 정골이라 했는데 '정(亭)'자를 쉽게 쓰기 위해 '정'자의 윗부분을 없애고 '정(丁)'자를 썼다. 강릉시로 편입되기 전에 경포면은 7번 국도를 중심으로 서쪽은 노상(路上), 동쪽은 노하(路下)라 하고 노상에 4개리(유천, 지변, 죽헌, 대전리)와 노하에 4개리(난곡, 운정, 저동, 안현리) 등 8개리였다. 죽헌동의 동쪽은 난곡동·운정동, 서쪽은 성산면 송암리, 남쪽은 유천동·지변동, 북쪽은 대전동과 접해 있다. 죽헌동은 6개의 자연촌락이 있으며, 오죽헌이 있는 마을이라 하여 죽헌이라 했다. 마을 앞에는 성산면 위촌리 골아우에서 발원한 앞내(前川)가 흐르고, 마을 뒤로는 성산면 송암리 미리재에서 발원한 뒷내(後川)가 흐른다.

2) 강릉시 옥천동

옥천정은 지금의 옥천동이다. 옥천(玉川)이라는 이름은 옥천동 앞 남쪽에 있는 남대천이 수문리 쪽으로 흐르는데 이 물이 구슬처럼 깨끗하고 맑아서 생긴 이름이다. 옥천동의 속명인 옥거리란 이름은 금과 구슬이 서로 다툰다는 금옥상쟁(金玉相爭)이란 말에서 금옥가라 하다가 '금'자를 빼고 '옥가'라 하다가 후에 순수한 우리말인 '옥거리'로 바뀐 것이다. 1914년 행정구역 개편 때 대창리와 옥가리, 그리고 남일리면의 수문리의 각 일부 지역을 병합하여 일본식으로 옥천정(玉川町)이라고 하여 군내면에 편입되었다. 해방 이후 1946년에 일제 잔재 청산의 일환으로 옥천리로 변경하였다가 1955년 강릉시로 승격되면서 옥천동으로 변경되었다.

3) 연곡면 퇴곡리

연곡은 백두대간 준령인 동대산과 노인봉 사이로 뻗어내린 줄기와 신배령에서 뻗어내린 줄기에 있는 마을이다. 연곡은 크게 두 줄기 산맥이 내려와 마을이 형성되었는데, 신배령에서 내려온 줄기는 부연동(가마소 마을)을 이루고 철갑령에 막혀 독립된 고을을 만들었고, 동대산에서 내려온 줄기와 노인봉에서 내려온 줄기 사이에 펼쳐 있는 마을이 연곡의 주마을이다. 조선전기에는 연곡현이었으나 조선후기에 연곡면이 되어 동덕·현내·마곡 3개리를 관할하다가 1914년 행정구역 개편 때 동덕리·방내리·삼산리·송림리·신왕리·영진리·유등리·퇴곡리·행정리 등 9개리로 개편하였다.

퇴곡이라는 마을 이름은 임진왜란 때 군량을 헌납한 공으로 동지중추의 벼슬을 한 권신(權愼)이 이곳에 퇴곡장을 짓고 살았고, 그의 후손 퇴곡공 권칭(權稱)이 강릉 옥가(옥천동)의 노남(路南, 옥천초등학교 일대)에서 벼슬을 하다가 그만두고 이곳에 정자를 짓고 살았다고 하여 그의 호를 따서 지었다는 설이 있다. 또 하나는 마을에 안동권씨가 들어오기 전에는 정씨들이

행세하며 살았다고 하여 '정토일'이라 하다가 권씨들이 들어와 세가 늘어나면서 정씨들이 떠나서 퇴곡이라 했다고 한다. 퇴곡리의 동쪽은 유등리와 신왕리, 서쪽은 삼산리, 남쪽은 신왕리, 북쪽은 주문진읍 삼교리와 접해 있다. 퇴곡리는 퇴곡1리와 퇴곡2리로 구성되어 있다.

4) 성산면 관음리 안곡

안곡(安谷)은 예전에 마을에 안국사(安國寺)란 절이 있어 그 이름을 따서 안국(安國)이라 하다가, 나중에 마을 이름에 '국(國)'자가 들어가면 안 된다고 하여 '국'자를 '곡'(谷)자로 바꾸었다고 한다. 안곡 입구에는 망월봉에서 내려온 조강재가 있고, 이 재를 지나면 유명한 안곡약수가 있다. 약수터 조금 위 길옆 숲 속에는 마을을 지켜주는 수호신이 있는 성황이 있고, 이 마을은 산줄기가 사방에서 병풍을 친 듯 둘러싸여 있다.

안곡에서 안으로 계속 들어가면 절골·탑골·승지골이 되고, 동쪽으로 가면 바람불이가 되고, 서쪽으로 들어가면 안고개가 나오고, 남쪽으로 가면 괴일이 된다. 마을 가운데에는 '안동권씨 세장동'이란 글씨가 새겨져 있는 바위가 있고, 마을 뒷산에는 안동권씨 누대의 묘소가 있다. 이 마을에서 안동권씨의 복야공파가 약 200년 동안 집성촌을 이루고 살았다.

3. 동제(洞祭)

1) 강릉시 죽헌동

죽헌동 핸다리[白橋] 마을이 저수지 공사로 수몰되었으나 죽헌동 서낭당은 지금도 죽헌동에 살고 있는 가구의 서낭제로 전승되고 있다. 죽헌동 서낭당은 서낭목 아래에 벽돌담을 쌓고 제단을 만들었다. 죽헌동의 제의는 성황제(城隍祭)라고 하며 성황지신(城隍之神)·토지지신(土地之神)·여역지신(癘疫之神)을 모신다. 제당은 죽헌저수지 밑 햇다리교 아래에 위치한다. 제의는 음력 정월 초정일에 지낸다. 제물은 유사(有司)가 준비하며 각위(各位)마다 따로 진설(陳設)한다. 유교식으로 지내며 제의가 끝나면 소지(燒紙)한다.

2) 연곡면 퇴곡리

연곡면 퇴곡리에는 퇴곡1리 1반과 퇴곡2리 2반에 각 한 곳씩 2개의 서낭당이 있다. 퇴곡1리 1반 서낭당은 쇠로 만든 말서낭을 모시고 있다. 퇴곡1리 서낭당은 연곡면 퇴곡1리 1반에, 퇴곡2리 서낭당은 연곡면 퇴곡2리 2반에 각각 위치해 있다. 퇴곡1리 서낭당의 당집은 주위에 벽돌담을 쌓았으며 목조건물에 함석지붕을 얹었다. 퇴곡2리 서낭당의 당집은 벽돌건물에 함석지붕을 얹었다.

퇴곡1리의 제의는 성황제(城隍祭)라고 하며 산신지신(山神之神)·토지지신(土地之神)·여역지신(癘疫之神)을 모신다. 제당은 퇴곡1리 1반의 권길명 씨 댁 바로 옆에 위치한다. 서낭목으로 전나무가 있으며 당집 안에는 쇠로 만든 말서낭이 있다. 제의는 봄, 가을 연2회 택일하며 제물은 유사(有司)가 준비한다. 유교식으로 지내며 제의가 끝나면 소지(燒紙)한다.

퇴곡2리의 제의도 성황제라고 하며 성황지신(城隍之神)을 모신다. 제당은 진고개 농원식당 옆에 위치한다. 수명이 오래된 서낭목 아래에 당집이 있다. 제의는 봄, 가을 연2회 택일하며 제물은 유사가 준비한다. 유교식으로 지내며 제의가 끝나면 소지한다.

3) 성산면 관음리 안곡

안곡마을 서낭당은 관음2리 산46번지에 위치해 있다. 안곡마을 서낭당은 당집이 없으며 큰 소나무 밑에 돌담을 쌓고 제단을 만들었다. 안곡

마을의 제의는 성황제(城隍祭)라고 하며 성황지신(城隍之神)·토지지신(土地之神)·여역지신(癘疫之神)을 모신다. 제당은 안곡마을 도로변 산기슭에 위치한다. 제의는 음력 4월 초정일에 지낸다. 제물은 일반 제례 음식과 동일하며 제차는 삼헌례가 끝나면 소지를 올린다.

제3절 문화유적(祠宇, 齋舍)

1. 참봉공 권송재사(參奉公權悚齋舍)

강릉시 경포대 서쪽 아래에 있는 이 재사는 안동권씨 19세손 권송을 모신 곳이다. 건물은 1917년 윤 2월 29일에 완공하였고, 건물구조는 정면 3칸, 측면 2칸의 기와지붕이다. 제향일자는 매년 음력 9월 15일이다.

홀기(笏記)

●獻官及諸執事各就位○盥手帨手○執事者陳饌●行降神禮○初獻官詣神位前○跪○焚香○
●헌관급제집사각취위○관수세수○집사자진찬●행강신례○초헌관예신위전○궤○분향○
再拜○少退立○跪○酹酒○再拜○降復位●行參神禮○初獻官以皆再拜●行初獻禮○初獻官
재배○소퇴립○궤○뇌주○재배○강복위●행삼신례○초헌관이개재배●행초헌례○초헌관
詣神位前○執事者酌酒跪○獻官北向立奠爵○跪○三祭○俯伏○興○少退立○執事者進炙○
예신위전○집사자작주궤○헌관북향립전작○궤○삼제○부복○흥○소퇴립○집사자진자○
正筯啓蓋○獻官以下在位者皆俯伏○祝進獻官之左東向跪讀祝○興○獻官再拜○降復位○執
정저계개○헌관이하재위자개부복○축진헌관지좌동향궤독축○흥○헌관재배○강복위○집
事者徹酒及炙●行亞獻禮○亞獻官詣神位前○獻官東向立奉爵○執事者酌酒○獻官北向立奠
사자철주급적●행아헌례○아헌관예신위전○헌관동향립봉작○집사자작주○헌관북향립전

爵○跪○三祭○俯伏○興○少退立○執事者進炙○獻官再拜○降復位○執事者徹酒及炙●行
작○궤○삼제○부복○흥○소퇴립○집사자진적○헌관재배○강복위○집사자철주급적●행

終獻禮○終獻官詣神位前○獻官東向立奉爵○執事者酌酒○獻官北向立奠爵○跪○三祭○俯
종헌례○종헌관예신위전○헌관동향립봉작○집사자작주○헌관북향립전작○궤○삼제○부

伏○興○少退立○執事者進炙○獻官再拜○降復位○獻官以下皆俯伏○興○徹筋盍蓋●行辭
복○흥○소퇴립○집사자진적○헌관재배○강복위○헌관이하개부복○흥○철저합개●행사

神禮○獻官以下皆再拜○焚祝○徹饌而退
신례○헌관이하개재배○분축○철찬이퇴

축문(祝文)

維歲次干支 某月干支朔 某日干支 ○代孫 某某 敢昭告于

유세차간지 모월 간지 삭모일 간지 ○대손 모모가

顯○代祖考 務功郎 溶源殿參奉 府君

몇 대조 할아버지 무공랑 준원전참봉 부군과

顯○代祖妣 宜人 三陟沈氏

몇 대조 할머니 의인 삼척심씨에게 고하나이다.

氣序流易 霜露旣降 瞻掃封塋 不勝感慕 謹以淸酌 庶羞敬伸 歲一之薦 尙 饗

세월은 절기가 바뀌어서 어느덧 찬 서리와 이슬이 내렸습니다. 묘역을 쓸고 봉분을 우러러보니 조상님을 사모하는 정을 이기지 못하겠습니다. 삼가 맑은 술과 여러 가지 음식으로 공경히 세사를 올리니 흠향하소서.

2. 대전재사(大田齋舍)

안동권씨 20세손 권련(權璉)의 묘는 강릉시 대전동 120번지에 있고,

재사는 묘 아래에 있다. 재사에는 대전재기(大田齋記)와 대전재사영설(大田齋舍營設) 임원록(任員錄) 및 파별(派別) 성금(誠金) 내역을 기록한 현판이 걸려 있다. 건물구조는 정면 3칸, 측면 2칸의 기와지붕으로 2006년에 개축하였다. 제향일자는 매년 음력 3월 15일이다.

홀기(笏記)

●獻官及諸執事各就位○盥手帨手○執事者陳饌●行降神禮○初獻官詣神位前○跪○焚香○
●헌관급제집사각취위○관수세수○집사자진찬●행강신례○초헌관예신위전○궤○분향○
再拜○少退立○跪○酹酒○再拜○降復位●行參神禮○初獻官以皆再拜●行初獻禮○初獻官
재배○소퇴립○궤○뇌주○재배○강복위●행삼신례○초헌관이개재배●행초헌례○초헌관
詣神位前○執事者酌酒跪○獻官北向立奠爵○跪○三祭○俯伏○興○少退立○執事者進炙○
예신위전○집사자작주궤○헌관북향립전작○궤○삼제○부복○흥○소퇴립○집사자진자○
正筯啓蓋○獻官以下在位者皆俯伏○祝進獻官之左東向跪讀祝○興○獻官再拜○降復位○執
정저계개○헌관이하재위자개부복○축진헌관지좌동향궤독축○흥○헌관재배○강복위○집
事者徹酒及炙●行亞獻禮○亞獻官詣神位前○獻官東向立奉爵○執事者酌酒○獻官北向立奠
사자철주급적●행아헌례○아헌관예신위전○헌관동향립봉작○집사자작주○헌관북향립전
爵○跪○三祭○俯伏○興○少退立○執事者進炙○獻官再拜○降復位○執事者徹酒及炙●行
작○궤○삼제○부복○흥○소퇴립○집사자진적○헌관재배○강복위○집사자철주급적●행
終獻禮○終獻官詣神位前○獻官東向立奉爵○執事者酌酒○獻官北向立奠爵○跪○三祭○俯
종헌례○종헌관예신위전○헌관동향립봉작○집사자작주○헌관북향립전작○궤○삼제○부
伏○興○少退立○執事者進炙○獻官再拜○降復位○獻官以下皆俯伏○興○徹筯盍蓋●行辭
복○흥○소퇴립○집사자진적○헌관재배○강복위○헌관이하개부복○흥○철저합개●행사
神禮○獻官以下皆再拜○焚祝○徹饌而退
신례○헌관이하개재배○분축○철찬이퇴

축문(祝文)

維歲次云云 敢昭告于

유세차 운운

顯某代祖考通善郞翊衛司洗馬府君

몇 대조 할아버지 통선랑 익위사 세마 부군과

顯某代祖妣恭人安城李氏

몇 대조 할머니 공인 안성이씨에게 고하나이다.

氣序流易 雨露既濡 瞻掃封塋 不勝感慕 謹以淸酌 庶羞敬伸 歲一之薦 尙 饗

세월은 절기가 바뀌어서 어느덧 봄이 되어 비와 이슬이 내렸습니다. 묘역을 쓸고 봉분을 우러러보니 조상님을 사모하는 정을 이기지 못하겠습니다. 삼가 맑은 술과 여러 가지 음식으로 공경히 세사를 올리니 흠향하소서.

3. 권화재사(權和齋舍)

안동권씨 21세손 권화(權和)의 묘는 강릉시 대전동 어도왕동(於道旺洞)에 있고, 재사는 묘 아래에 있다. 묘지문(墓誌文)은 율곡 선생이 지었고, 무진정기(無盡亭記)가 전해진다. 제향일자는 매년 음력 9월 20일이다.

홀기(笏記)

●獻官及諸執事各就位○盥手帨手○執事者陳饌○行降神禮○初獻官詣神位前○跪○焚香○

●헌관급제집사각취위○관수세수○집사자진찬○행강신례○초헌관예신위전○궤○분향○

再拜○少退立○跪○酹酒○再拜○降復位●行參神禮○初獻官以皆再拜○行初獻禮○初獻官

재배○소퇴립○궤○뇌주○재배○강복위●행삼신례○초헌관이개재배●행초헌례○초헌관

詣神位前○執事者酌酒跪○獻官北向立奠爵○跪○三祭○俯伏○興○少退立○執事者進炙○

예신위전〇집사자작주궤〇헌관북향립전작〇궤〇삼제〇부복〇흥〇소퇴립〇집사자진자〇

正節啓蓋〇獻官以下在位者皆俯伏〇祝進獻官之左東向跪讀祝〇興〇獻官再拜〇降復位〇執

정저계개〇헌관이하재위자개부복〇축진헌관지좌동향궤독축〇흥〇헌관재배〇강복위〇집

事者徹酒及炙●行亞獻禮〇亞獻官詣神位前〇獻官東向立奉爵〇執事者酌酒〇獻官北向立奠

사자철주급적●행아헌례〇아헌관예신위전〇헌관동향립봉작〇집사자작주〇헌관북향립전

爵〇跪〇三祭〇俯伏〇興〇少退立〇執事者進炙〇獻官再拜〇降復位〇執事者徹酒及炙●行

작〇궤〇삼제〇부복〇흥〇소퇴립〇집사자진적〇헌관재배〇강복위〇집사자철주급적●행

終獻禮〇終獻官詣神位前〇獻官東向立奉爵〇執事者酌酒〇獻官北向立奠爵〇跪〇三祭〇俯

종헌례〇종헌관예신위전〇헌관동향립봉작〇집사자작주〇헌관북향립전작〇궤〇삼제〇부

伏〇興〇少退立〇執事者進炙〇獻官再拜〇降復位〇獻官以下皆俯伏〇興〇徹筋盍蓋●行辭

복〇흥〇소퇴립〇집사자진적〇헌관재배〇강복위〇헌관이하개부복〇흥〇철저합개●행사

神禮〇獻官以下皆再拜〇焚祝〇徹饌而退

신례〇헌관이하개재배〇분축〇철찬이퇴

축문(祝文)

維歲次云云 敢昭告于

유세차 운운

顯某代祖考贈通政大夫工曹參議府君

몇 대조 할아버지 증통정대부 공조참의 부군과

顯某代祖妣淑夫人平山申氏

몇 대조 할머니 숙부인 평산신씨에게 고하나이다.

氣序流易 霜露旣降 瞻掃封塋 不勝感慕 謹以淸酌 庶羞敬伸 歲一之薦 尙 饗

세월은 절기가 바뀌어서 어느덧 찬 서리와 이슬이 내렸습니다. 묘역을 쓸고 봉분을 우러러보

니 조상님을 사모하는 정을 이기지 못하겠습니다. 삼가 맑은 술과 여러 가지 음식으로 공경히

세사를 올리니 흠향하소서.

4. 경모재(敬慕齋)

강릉시 경포동(옛 저동 산 80번지) 경포대 뒤편에 있는 이 재사는 안동권씨 19세손 현령공(縣令公) 권적(權迪)의 묘소를 관리하고 시제(時祭)를 올리는 곳이다. 원 건물은 1920년 봄에 완공되었으나 퇴락(頹落)하여 이를 철거하고 1993년에 문의(門議)를 모아 옛 터에 23평 규모로 벽돌 콘크리트 슬라브 기와로 새로 건축하였다. 제향일자는 매년 음력 9월 20일이다.

홀기(笏記)

●獻官以下俱就位○諸執事詣盥帨位○盥手○帨手○陳饌○設香爐香盒○設降神盞盤○祝進
●헌관이하구취위○제집사예관세위○관수○세수○진찬○설향로향합○설강신잔반○축진
獻官之左請行事●行降神禮○初獻詣盥帨位○盥手○帨手○進詣香案前○跪○焚香○再拜○
헌관지좌청행사●행강신례○초헌예관세위○관수○세수○진예향안전○궤○분향○재배○
跪○酹酒○再拜○因降復位○在位者俱再拜參神●行初獻禮○初獻進詣香案前○跪○奉盞○
궤○뇌주○재배○인강복위○재위자구재배참신●행초헌례○초헌진예향안전○궤○봉잔○
執事者斟酒○初獻祭酒○授執事者奠盞○俛伏興○少退立○執事者啓盖○正筯○在位者俱俯
집사자침주○초헌제주○수집사자전잔○면복흥○소퇴립○집사자계개○정저○재위자구부
伏○祝進獻官之左○跪讀祝○在位者俱興○初獻再拜○因降復位○執事者撤盞●行亞獻禮○
복○축진헌관지좌○궤독축○재위자구흥○초헌재배○인강복위○집사자철잔●행아헌례○
亞獻詣盥帨位○盥手○帨手○進詣香案前○跪○奉盞○執事者斟酒○亞獻祭酒○授執事者奠
아헌예관세위○관수○세수○진예향안전○궤○봉잔○집사자침주○아헌제주○수집사자전
盞○俛伏興○少退再拜○因降復位○執事者撤盞●行終獻禮○終獻詣盥帨位○盥手○帨手○
잔○면복흥○소퇴재배○인강복위○집사자철잔●행종헌례○종헌예관세위○관수○세수○
進詣香案前○跪○奉盞○執事者斟酒○終獻祭酒○授執事者奠盞○俛伏興○少退再拜○因降
진예향안전○궤○봉잔○집사자침주○종헌제주○수집사자전잔○면복흥○소퇴재배○인강

復位○在位者俱俯伏(肅俟食頃)○興○執事者下箸○合盖○祝進獻官之左東向告利成○在位

복위○재위자구부복(숙사식경)○흥○집사자하저○합개○축진헌관지좌동향고리성○재위

者俱再拜辭神○祝焚祝○執事者撤饌○獻官以下以次而退

자구재배사신○축분축○집사자철찬○헌관이하이차이퇴

축문(祝文)

維歲次云云某代孫某 敢昭告于

유세차 운운 몇 대손 ○○가

先祖考成均進士贈通訓大夫禮賓寺正府君

선조고 성균진사 증통훈대부 예빈시정 부군과

先祖妣宜人贈淑人醴泉權氏

선조비 의인 증숙인 예천권씨에게 고하나이다.

氣序流易 霜露旣降 瞻掃封塋 不勝感慕 謹以淸酌庶羞 祇薦歲事 尙 饗

세월은 절기가 바뀌어서 어느덧 찬 서리와 이슬이 내렸습니다. 묘역을 쓸고 봉분을 우러러보
니 조상님을 사모하는 정을 이기지 못하겠습니다. 삼가 맑은 술과 여러 가지 음식으로 공경히
세사를 올리니 흠향하소서.

5. 보진당(葆眞堂)

　　강릉시 옥천동 66번지에 있는 이 건물은 복야공파 대사성공계 사균
(士鈞)이 건립한 별당이다. 보진이란 "본성을 보존하고 진리를 탐구한다"는
뜻이다. 언제 건립되었는지는 알 수 없으나, 권사균이 성균관에서 수학을 마
치고 귀향한 후인 1520년경에 세운 것으로 전해진다. 오랜 세월과 여러 차례
의 재난으로 보진당의 원래 모습은 알 수 없지만, 보진당이 세워진 지 150여

년이 지난 숙종 15년(1689)에 외손인 채팽윤(蔡彭胤)이 외가를 방문하여 지은 '보진당도(保眞堂圖)'에 잘 묘사되어 있다. 당시 입구에는 오래된 은행나무 두 그루가 있었고, 높은 담장은 일부 퇴락해 있었다고 한다. 계단을 내려가 쌍협문을 들어가면 8칸의 대청에 서적이 2칸에 걸쳐 쌓여있고, 좌우로 정사룡 등 수십 인의 시문이 걸려 있었으며, 동서로는 작은 난간을 둘렀다고 하였다. 이것이 보진당의 원래 모습이라 짐작된다. 채팽윤은 보진당으로 가기 위해 사당과 행랑, 넓은 정원, 여러 번 크고 작은 문을 지났다고 하였다. 또한 9대손 철교공(哲敎公)이 지은 축장기(築墻記)에 의하면 "조부의 4형제(퇴곡공의 종손들)가 보진당 주변에 각자 집을 짓고 거처할 때에는 노복이 수백인이 되었고, 담장의 둘레가 몇 십리"라 하였다. 이를 통해서 볼 때 보진당의 규모는 대단히 컸음을 알 수 있다. 보진당은 오랜 세월에 걸쳐 후손들의 노력에 의해 보수를 거듭하여 그 본 모습을 잃지 않고 보존되어 왔으나, 안타깝게도 고종 4년(1867)에 강릉부의 큰 화재로 소실되었다. 이때 보진당의 은행나무도 한 그루가 소실되었다. 그 후 종인들이 1876년에 중건작업을 시작하여 1878년에 중건을 보게 되었다. 그 후에도 여러 차례에 걸쳐 보수 작업을 하여 현재는 정면 4칸, 측면 3칸에 팔작기와 지붕이 남아 있다. 1984년 6월에는 강원도 문화재 자료로 지정되었다.

　　한편 당시 공이 어떠한 인물과 교유하였는지는 자세히 알 수 없지만, 그때에 서로 주고받은 시문이 현판으로 남아 있어 대략 추정해 볼 수 있다. 채팽윤이 지은 '보진당도(保眞堂圖)'에는 보진당에 수십 개의 시문현판이 걸려있다고 하였으나, 근세에 지어진 것을 제외하면 현재 남아 있는 것은 20여 편에 불과하다. 이 가운데 보진당과 동시대에 교유한 명사들이 남긴 시는 대략 10여 편에 달한다. 이귀령(李龜齡)·주세붕(周世鵬)·박우(朴祐)·김섬(金銛) 등의 시는 누대에 올라 서로 잔을 나누면서 지은 시이며, 심언광(沈彦光)·구수담(具壽聃) 등의 시는 보진당이 베푼 작은 연회에서 시로 서로 화답하여 남긴 것이다. 이 시를 남긴 사람들의 상당수는 인근의 수령 혹은 관찰사였다. 즉 이들이 임기나 여정을 마치고 돌아가면서 남긴 석별의 아쉬움을 표현하고 있는 시가 상당수를 차지하고 있다. 이 가운데 심언광·민수천(閔壽千) 등은 사마시(司馬試)에 함께 급제한 인물들이고, 정사룡(鄭士龍) 등은 성균관에서 동문수학한 사이이다.

보진당보다 아래 세대의 후현들이 남긴 시는 모두 8편이다. 이 시들은 보진당의 후손들과 교유했던 사람들 및 외손들이 보진당에 찾아와 남긴 시이다. 이 시의 작자들은 정약(鄭爚)·배대유(裵大維)·목대흠(睦大欽)·정호선(鄭好善)·채팽윤(蔡彭胤)·채제공(蔡濟恭)·홍의호(洪義浩)이다. 이 가운데 정약은 보진당의 손자 학동공 권협과 교유한 사이이다. 병조참의를 역임한 배대유, 강릉부사를 지낸 목대흠, 관찰사가 되어 보진당에 와서 머물던 정호선 등은 보진당의 현손되는 권칭과 교유하며 남긴 인물들이다. 이들 시의 내용 역시 함께 술자리를 하면서 서로 화답하며 읊은 것이 대부분을 차지한다.

나머지 시는 보진당공의 5세손 사물재 권홍익의 외손인 채팽윤과 팽윤의 손자 채제공이 남긴 것이다. 채팽윤의 시는 숙종 15년(1689)에 관동지방을 유람할 때 외가인 강릉에 들렀을 때 지었는데, 그 내용은 외가에 대한 그리움과 감회를 읊은 것이다. 채제공 역시 오랜만에 외가를 찾아 그 감회와 외가에 대한 축원을 읊은 것이다. 그 밖에 공의 9세손인 권영교와 판서를 지낸 홍의호가 남긴 시가 있는데, 그 내용은 보진당과 가문을 찬양한 것이다.

6. 수성각(樹聲閣)

강릉시 대전동 산 27번지에 있는 안동권씨의 효자비와 열녀비가 보존된 비각이다. 여기에는 열녀비 2기, 효자비 1기, 열녀 명정판(命旌版) 1개가 보존되어 있다. 열녀비 2기는 임진왜란을 겪는 동안 정절을 지킨 권처평(權處平)의 처 강릉최씨와 권처직(權處直)의 처 강릉김씨의 열녀비이다. 효자비 1 기는 권처평의 아들로서 자결한 어머니의 시신을 거두어 장사지내고 죽으로 연명하면서 3년 동안 시묘살이를 한 권덕유(權德裕)의 효행을 기리는 효자비 이다. 정면 1칸, 측면 1칸의 맞배지붕이며, 사방을 벽면 대신에 홍살문을 설 치하였다. 전면의 양 기둥에는 주련(柱聯)을 게시하였다.

제4절 안동권씨 족보

현전하는 우리나라 족보 중 가장 먼저 편찬된 것은 성종 7년(1476)에 간행된 안동권씨의 족보이다. 성화연간에 만들어진 것이라 하여 『성화보(成化譜)』라 부른다. 이는 조선 초기에 의정부 좌찬성과 예조판서를 지낸 바 있는 권제(權踶)가 중국의 『소씨보(蘇氏譜)』를 모방하여 편찬한 것을 그의 아들 권람(權擥)이 자료를 수집하여 보완하였으나 일을 마치지 못하고 죽자, 권제의 생질인 대제학 서거정(徐居正)이 상주판관 박원창(朴元昌)과 대구부사 최호원(崔灝元)의 도움을 받아 다시 편집, 교열한 뒤 1476년 경상감사 윤호(尹壕)가 안동부에서 간행하였다.

서거정은 서문에서 조상을 찾아 조상으로 섬기고 친척과의 친목을 이루는 보첩의 중요성을 밝히고 있다. 이 책에는 모두 약 9,000명의 인물이 등재되어 있는데, 본손(本孫)뿐만 아니라 외손(外孫)까지도 가계를 자세히 기록하고 인적사항을 명기하였다. 이러한 점에서 이 족보는 만성보(萬姓譜)와 같은 성격을 지니고 있다고 볼 수 있다. 또 이 책은 후기 족보체제와 다른 몇 가지 중요한 특성을 가지고 있다.

첫째, 자녀를 기재하는 데 있어서 선남후녀(先男後女)로 하지 않고 그 출생순위에 따라 기재하고 있다. 조선 초기에는 유학사상이 지배적이지 못하였기 때문에 남존여비의 관념이 적었던 데에서 비롯되는 것이다.

둘째, 딸을 기재할 때 오늘날과 같이 '여(女)'자 밑에 바로 서(壻)라 쓰지 않고 여부(女夫)라 쓴 다음에 사위의 성명을 썼다. 오늘날의 족보 기재상의 문제점으로서 여 밑에 바로 사위의 이름을 써서 딸의 이름으로 오인하기 쉬울 뿐만 아니라 딸을 천시하는 경향이라 볼 수 있는 점과 대조적이다.

셋째, 딸이 재혼하였을 경우 후부(後夫)라 하여 재혼한 남편의 성명도 기재하고 있음을 볼 수 있다. 이 책에는 전부(前夫)·후부(後夫)로 구분하여 기록한 사실이 14개소에 나타나 있다.

넷째, 외손도 본손과 같이 편찬 당시까지 대를 이어서 전부 기재되어 있다. 그 밖의 특징으로 볼 수 있는 것은 가족관계에 있어서 지금처럼 사속(嗣續)을 중요시하지 않았다는 점이다. 자녀가 없는 사람은 이름란 밑에 '무후(無後)'라고 기재하였고, 양자(養子)한 사실은 단 한 건도 찾아볼 수 없다. 경우에 따라서 '무후(無後)'라는 표시도 하지 않고 자녀란을 공란으로 비워둔 곳도 있는데, 이는 아마 자녀가 있어도 소재와 내력이 불분명하였거나 그렇지 않으면 자녀를 둘 가능성이 있었기 때문이라고 추측된다. 또한, 특이한 것은 자녀를 모두 적자녀로 인정한 것인지는 확실하지 않으나 서자녀의 표시가 한 곳도 없다. 또, 안동권씨의 본손과 인척관계의 결연으로 이루어진 외손을 상세히 기재하고 있어 태조로부터 성종 12년(1481)까지 91년간에 치른 과거 74회에 걸쳐 급제한 사람의 수가 1,794명이었는데, 이 중 『성화보』에 등재된 인물이 901명으로 전체의 51%를 차지하고, 그중 고위관원으로 등용된 사람이 거의 70%에 이른다. 그리고 관직의 명칭도 조선 초기에는 고려의 관명을 답습한 것이 많았으나, 국가가 안정되고 제도가 정비됨에 따라 명칭을 변경하였는데, 각 인물마다 당시의 관명으로 기재하고 있어 관명의 변천

사항을 연구하는 데 참고자료가 된다. 안동권씨 가문에서 그간 편집되거나 간행한 대동보(大同譜)를 살펴보면 다음과 같다.

족보명	권수	발간 연대	비고
成化譜 (성화보)	2	성종 7년(1476)	權近(권근)이 아들 蹄(제)와 함께 편수, 徐居正(서거정)이 간행.
乙巳譜 (을사보)	16	선조 38년(1605)	23세손 龍麟(용만) 紀(기)가 편수하였으나 未刊行(미간행).
甲午譜 (갑오보)	1	효종 5년(1654)	乙巳譜(을사보)를 보완.
辛巳譜 (신사보)	13	숙종 27년(1701)	25세손 泰時(태시) 등이 公山譜(공산보), 盤松譜(반송보), 京譜(경보), 注洞譜(주동보), 淸風譜(청풍보)를 합해 편찬.
甲寅譜 (갑인보)	17	영조10년(1734)	26세손 權德秀(권덕수)가 편집 간행. 10년후 갑자년에 改刊(개간)
後甲寅譜 (후갑인보)	34	정조 18년(1794)	28세손 國恦(국포) 裕(유)와 鶴林(학림) 訪(방)이 舊譜(구보)를 참고하여 간행.
丙辰譜 (병진보)	20	철종 7년(1856)	군수 永圭(영규)가 그의 아들 鍾健(종건)과 함께 舊譜(구보)를 참고해 간행.
庚午譜 (경오보)	20	고종 7년(1870)	군수 衡圭(형규), 幼學(유학) 鍾純(종순)·鍾人(종대)·夏圭(하규) 등이 舊譜(구보)를 참고해 간행.
丁未譜 (정미보)	49	순종 1년(1907)	參贊(참찬) 重奭(중석), 參領(참령) 重樂(중락) 등이 간행. 현존하는 大譜(대보) 중 가장 방대.
丁卯譜 (정묘보)	6	1927년	參贊(참찬) 重奭(중석), 참령 重樂(중락), 주사 丙準(병준), 유학 丙軾(병식)이 간행.
辛丑譜 (신축보)	9	1961년	34세손 寧璣(영기) 외 각파 대표가 안동에 모여 편찬 간행.
甲申譜 (갑신보)	80	2004년	중앙종친회 간행, CD-ROM 족보 간행.

이 외에도 철종 7년(1856)에 간행된『병진 추밀공파보(丙辰 樞密公派 譜)』(17권)가 있고, 가장 최근의 것으로는 1983년에 간행된『계해 추밀공파보 (癸亥 樞密公派譜)』(28권)가 있다. 그리고 각 집안별로 자기 일가(一家)의 직계 에 한해 가첩(家牒)과 가승(家乘)을 만들어 사용하기도 하였다.

    추밀공파 강릉 입향조 송(悚)을 중심으로 그 후손 모두를 망라하여 편찬된 안동권씨 강릉종중의 파보는 1931년에 간행된 『신미보(辛未譜)』(5권)와 1978년 간행된 『무오보(戊午譜)』(2권), 그리고 2003년에 간행된 『계미보(癸未譜)』가 있다. 계미보에는 입향조 송(悚) 이래 40세손에 이르기까지 22대에 걸쳐 총 11,281명의 남녀 종인(宗人)이 수록되어 있다. 복야공파 강릉 입향조 적(迪)을 중심으로 한 대사성공 파보는 1992년에 간행된 『임신보(壬申譜)』가 있다.

강릉김씨(江陵金氏)

제1절 강릉김씨의 세계와 주요 인물

1. 강릉김씨의 세계

강릉김씨 시조는 김주원(金周元)이다. 김주원의 가계는 신라통일의 대업을 이룬 태종 무열왕계이다. 무열계를 대표하는 김춘추는 선덕여왕, 진덕여왕 재위년간에 가야 왕실 후손인 김유신과 결탁하여 새로운 정치세력을 형성하고, 마침내 비담(毗曇)·알천(閼川) 등의 기존의 상대등 세력을 누르고 왕위에 등극하였다. 무열왕은 법민(문무왕)을 비롯하여 10남 2녀를 두었는데, 김주원의 가계는 무열왕-문왕(文汪)-대충(大忠)-사인(思仁)-유정(惟靖)-주원(周元)으로 이어진다.

무열계의 왕통은 효성왕·경덕왕을 지나 혜공왕에서 단절된다. 신라 왕위계승의 변화는 김주원 가계에도 큰 영향을 미친다. 그것은 사인과 유정대에서 나타난다. 유정은 경덕왕 3년(744) 시중(侍中)[15]에 임명되었고, 사인은 그 이듬해 상대등(上大等)[16]에 임명되었다. 그런데 사인이 상대등에

---

[15] 신라시대 행정적인 일을 총괄하던 집사부(執事部)의 장관. 진골 출신만이 취임할 수 있었으며, 때때로 국왕의 근친이 임명되기도 하였다.

[16] 신라시대의 최고 관직. 법흥왕 18년(531)에 설치하였으며, 상신(上臣)이라고도 한다. 귀족의 대변자

임명되던 해에 유정은 천재지변에 대한 책임을 지고 시중에서 물러났고, 사인은 경덕왕 15년(756) 한화정책(漢化政策)에 대해 비판했다가 상대등에서 밀려났다. 김주원 가계는 이들 부자가 관직에서 물러나면서부터 정치적으로 약화되어 갔다. 김주원이 명주로 퇴거(退居)하게 되는 것도 이와 무관하지 않다고 본다.

김주원은 혜공왕 13년(777)에 이찬(伊湌), 시중(侍中)이 되었으며, 선덕왕 6년(785)에 선덕왕이 죽은 후 왕위계승경쟁에서 가장 유리한 입장에 있었다. 『삼국유사』에 "이찬 김주원이 상재(上宰)이고, 각간 김경신은 이재(二宰)로 있었다."고 한 것은 당시 김주원이 세력 서열의 제1인자였음을 나타낸 것이다. 그리하여 왕의 선출이나 국가의 중대사를 결정하는 권한을 갖고 있던 화백회의에서도 김주원을 지지하는 세력이 우세하여 그를 추대하려고 하였던 것이다. 그런데 당시 상대등이었던 김경신은 화백회의의 의장이라는 직책을 이용하여 다수 귀족들의 의견을 무시하고 먼저 왕실에 들어가 즉위식을 올렸던 것이다. 김경신이 알천신(閼川神)의 도움으로 즉위하게 되었다고 한 것이라든지 하늘의 뜻으로 비를 내려 재선출한 결과 왕이 되었다고 한 표현은 그의 즉위를 합리화하기 위한 의도에서 나온 것이라 이해된다.

그러면 김주원은 왜 명주(강릉)를 퇴거지로 택하였을까. 여기에는 어떤 배경이 있었던 것으로 보인다. 가령 「명주군왕 고도기적비문(溟州郡王古都紀積碑文)」에는 강릉을 "김주원의 어머니 고향[王之母鄉也]"이라 하였고, 『강릉김씨세보(江陵金氏世譜)』에는 "김주원의 어머니는 연화부인(蓮花夫人) 박씨(朴氏)인데, 집이 명주(溟州)의 대천(大川) 남쪽 연화봉(蓮花峰) 밑에 있었고, 무월랑(惟靖)이 벼슬로 명주에 왔을 때 인연이 되었다"라고 하였다.

로 정사를 다스리는 한편 화백(和白)과 같은 귀족회의를 주재하기도 하였다.

강릉김씨 세계도

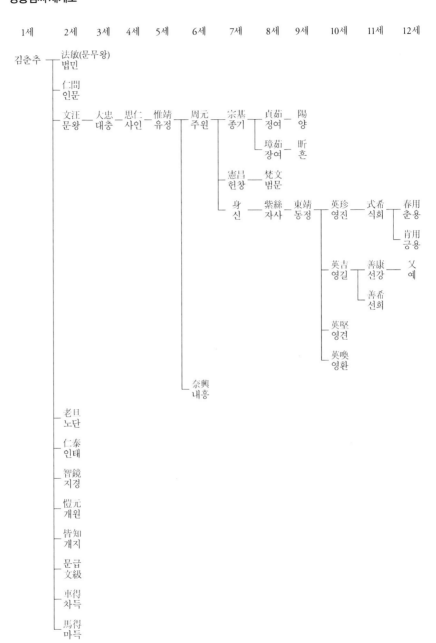

이 기록에 따르면 명주는 김주원의 외가이고, 그의 부모는 무월랑과 연화부인임을 알 수 있다.[17] 즉 김주원이 명주로 퇴거한 것은 선대부터 연고가 있었던 것에서 연유한다.

김주원은 명주로 퇴거한 지 2년 후에 원성왕으로부터 '명주군왕(溟州郡王)'[18]이라는 봉작(封爵)을 받았다. 이후 강릉김씨는 강릉의 토성이 되어 사족(士族)으로 성장하였다.

그러면 원성왕은 왜 김주원을 '명주군왕'에 봉하였을까? 명주는 일찍부터 지리적인 특수성 때문에 변경의 요새지로서 중요시되었다. 8세기 후반에 들어 신라에서는 동해안 북방지역에 대한 수비가 중요한 문제로 대두되었다. 이 무렵 신라는 지방의 공적(公的) 군사력이 기능을 상실해 가는 실정이었고, 더욱이 경덕왕 16년(757) 무렵에는 동북변경에 대한 말갈 및 발해의 위협에 대처하기 위해 지금의 삼척에 있던 북진(北鎭)을 천정군(泉井郡)으로 옮기었다. 이때 일본은 경덕왕 18년(759)부터 경덕왕 21년(762)까지 추진된 신라침공계획에 신라와 발해의 대립관계를 이용하려 했으며, 원성왕 2년(786) 10월에는 일왕(日王) 문경(文慶)이 신라를 공격하려다 '만파식적(萬波息笛)'이 있다는 소문을 듣고 군대를 철수한 바 있다. 당시 이러한 상황을 인식하고 있던 신라 조정에서는 동북방 연안의 방비를 맡을 군사력이 필요하였을 것이다. 원성왕이 김주원을 '명주군왕'에 봉하였던 것도 이와 밀접한 관계가 있다고 생각된다.

그리고 김주원은 그와 연고가 있는 명주 관할의 치소(州所, 강릉)와

---

17 연화부인의 설화는 『고려사』·『동국여지승람』·『임영지』 등에도 수록되어 있으나, 허균의 『성소부부고(惺所覆瓿藁)』권7, 별연사 고적기(鼈淵寺古迹記)에 수록된 내용이 가장 자세하다.

18 신라 때에는 명주군이 없었으므로 여기서 명주군왕이란 '명주(溟州)의 군왕(郡王)'을 말한다. 즉 명주는 지명이고, 군왕은 관작(官爵)이다. 명주는 오늘날 강릉을 주치(州治)로 한 직할지와 곡성군 야성군 유린군 울진군 내성군 삼척군 수성군 고성군 금양군 등 9개 군으로 이루어져 있었다. 지금의 행정구역에서 보면, 영동지방 대부분과 평창군 영월군 정선군, 경상북도 북부의 해안쪽 대부분, 함경남도 일부 지역을 관할하였다. 군왕은 중국의 후위(後魏) 때 처음 봉해진 뒤, 수(隋)의 개황(開皇, 581~600) 연간에 9등제로 완비되었는데, 여러 봉작 중에서 왕의 형제나 왕자 다음 가는 작위이다. 우리나라에서는 신라 중고기(中古期) 때 처음 시행되었는데, 그 실례가 바로 명주군왕의 책봉이다.

익령현(翼嶺縣, 양양)·삼척군·근을어군(斤乙於郡, 평해)·울진군을 식읍(食邑)으로 하사받았다. 식읍이란 왕족, 공신, 봉작자 등에게 지급하였던 영지(領地)를 말한다. 우리나라에서는 삼국시대부터 조선 초기까지 식읍이 존속했는데, 식읍은 시대에 따라 성격이 달랐다. 삼국시대에서 고려 초까지는 대체로 어느 일정한 지역을 식읍으로 주었는데, 신라에서 식읍은 그 지역의 토지뿐만 아니라 주민에 대한 지배도 인정되어서 조세와 공물·역역의 수취까지도 가능했다. 따라서 당시 양양에서 울진·평해에 이르는 동해안 일대는 김주원계의 관할하에 있었다고 하겠다.

김주원이 강릉으로 퇴거한 뒤에 그 자손 중의 일부는 원성왕의 직계손이 집권하고 있던 중앙에 남아 왕위에 도전하기도 하였다. 그 대표적인 사람이 김헌창(金憲昌)과 김범문(金梵文)이었다. 김헌창은 그의 아버지 김주원이 왕이 되지 못한 것을 한스럽게 여기다가, 시중(侍中)을 거쳐 웅천주 도독으로 있던 헌덕왕 14년(822)에 반란을 일으켜 웅천을 본거지로 '장안국(長安國)'을 세우고 연호를 '경운(慶雲)'이라 하였다. 한때 충청도·전라도·경상도 일대의 넓은 지역을 차지하여 위세를 떨치기도 했지만, 관군에게 패하여 자결했다. 반란이 진압된 뒤에 그 종족(宗族)과 당여(黨與) 가운데 처형당한 자가 239명에 달했다. 그의 아들 김범문은 헌덕왕 17년(825)에 그의 조부와 아버지가 왕이 되지 못한 것을 한탄하여, 고달산(高達山)의 산적 수신(壽神) 등과 100여 명을 이끌고 다시 반란을 일으켰으나 실패했다. 김헌창과 김범문의 난으로 인해 헌창·범문 계열은 커다란 타격을 입었다.

반면에 김종기(金宗基)의 후손들은 김헌창의 난이 진압된 후에도 정치적으로 건재하였다. 이는 김종기와 그의 아들 정여(貞茹)·장여(璋如), 정여의 아들 김양(金陽)과 장여의 아들 김흔(金昕)이 시중을 역임한 데서도 알 수 있다. 그런데 시중을 역임하였던 김종기의 자손들이 상대등에 임명된 예는 없었다. 김양 같은 경우는 김우징(金祐徵)을 도와 신무왕(神武王)으로 즉위케 한 뒤에 삼국통일 시의 김유신과 같은 파격적인 대우를 받았음에도 불구하고 상대등이 되지 못하였다. 그 이유는 원성왕의 직계손이 왕위는 물론이고 왕위계승에서 우위권을 확보케 하는 상대등직을 독점하고 있었는데 반해 김주원의 직계손은 김씨왕족 가운데 방계(傍系)에 불과하였기 때문이라 이해된다.

김주원이 받은 '명주군왕'의 지위는 그의 후손에게 세습되었다. 즉 김주원의 지위는 그의 아들 종기와 손자 정여에게 세습되었고, 그의 증손 김양은 죽은 후에 '명원군왕(溟原郡王)'에 추봉되었다. 결국 김주원계는 3대에 걸쳐 '명주군왕'의 지위를 세습하였던 것이다.[19] 이로써 김주원계는 선대 때부터 연고권이 있던 명주 일대를 지반으로 세력을 구축할 수 있었던 것이다.

김주원의 장자 종기 계열과 차자 헌창 계열은 중앙에서 활약하였지만, 신(身)계열은 강릉에서 활약한 것으로 이해된다. 이는 뒷날 신(身)의 후손인 김예(金乂)가 강릉지방의 호족세력으로 성장한 데서 찾아진다.

강릉김씨는 고려왕조에 들어와서도 상경종사(上京從仕)하는 많은 관인을 배출함으로써 그들의 족적기반을 강화시켜 나갔다. 특히 고려 왕건에게 왕씨 성을 사성(賜姓)받은 왕예(王乂) 계열과 김인존(金仁存) 계열의 후손은 문벌귀족으로 발전하였다. 그리고 조선왕조에 들어와서도 98명의 문과급제자를 배출하는 등 가문의 성세를 유지 발전시켜 나갔다.

강릉김씨의 파(派)가 처음으로 성립되는 것은 18세기이다. 강릉김씨는 시조 김주원의 5세손 김동정(金東靖)의 아들이 김영진(金英珍), 김영길(金英吉), 김영견(金英堅), 김영환(金英喚) 등 4인으로 나타나는데, 이들을 기준으로 하여 이후 자손 가운데 현달한 인물을 파조(派祖)로 하여 분파하였다. 즉 김영진 계열은 판서공 청풍파(判書公淸風派)·영사공 영월파(令史公寧越派)·낭장공 안동파(郎將公安東派)·부정공파(副正公派)·옥가파(玉

---

19 『임영지』에 의하면, 강릉시 성산면 보광리에 있는 '삼왕동(三王洞)'이란 지명은 김주원과 그의 지위를 세습한 종기, 정여의 묘가 있는 곳이라는 데서 유래되었다고 한다.

街派)를, 김영길 계열은 군사공 옥계파(郡事公玉溪派)·평의공파(評議公派)·효자공파(孝子公派)를, 김영견 계열은 한림공파(翰林公派)를 형성하였다. 그리고 김영환 계열은 영환이 후손이 없음으로 인해 가계가 단절되었다.

강릉김씨 파계도

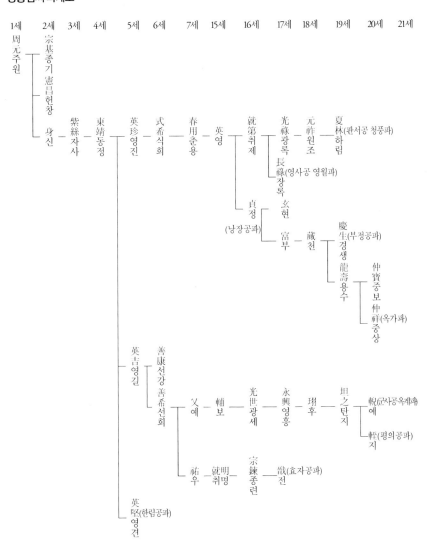

18세기에 성립된 강릉김씨의 각 파는 후대로 오면서 지속적으로 분파(分派)를 거듭하였다. 강릉김씨의 각 파는 19세기초에 다시 수십개의 파로 분파되었다. 평의공파는 평의공 김지(金輊)의 아들 자갱(子鏗, 刑曹參議), 자장(子鏘, 兵馬節度使), 자흠(子欽, 戶曹參議), 자종(子鏦, 僉使公), 자현(子鉉, 監察) 등을 파조로 하여 참의공파(參議公派), 절도공파(節度公派), 회정공파(檜亭公派), 첨사공파(僉使公派), 감찰공파(監察公派) 등으로 분파되었다. 19세기말에는 이들 파가 다시 거주지를 중심으로 거주지명을 파명(派名)으로 하여 더욱 세분된 파를 형성하였다. 그러나 거주지를 파명으로 하는 경우에는 파의 개념이라기보다는 파보다 한 단위가 낮은 문중 또는 가문의 성격을 띠고 있는 것이 특징이다.

2. 주요 인물

1) 김순식(金順式)

김순식은 신라 말기에 명주에 내려와 '지명주군주사(知溟州軍州事)'로서 명주의 군사력을 장악하고 있는 것으로 나타난다. 이때 김순식이 지니고 있던 '지명주군주사'는 공식적인 지방제도라기보다는 국가 공권력이 완전히 무너지는 지방사회의 위기 상황에서 지방관이나 호족이 자구책의 일환으로 내세웠거나, 권위를 강조하기 위해 스스로 사용했던 직함이었을 것이라고 본다.

그의 가계에 대해서는 『고려사』 왕순식전에 '허월→순식→수원·장명'의 3대가 나타날 뿐이다. 현재 전하는 강릉김씨 족보 중 어느 것에도 그의 가계가 전혀 발견되지 않기에, 김주원의 직계가 아니라는 견해도 있다. 그렇지만 신라하대에 영동지방의 어떤 세력도 김주원의 후손과 연고 없이는 별개로 존재할 수는 없었다. 이와 관련하여 『평창군고기(平昌郡古記)』[20]에 김순식이 김주원의 후손이라고 기록되어 있는 것은 그 의미하는 바가 크다고 하겠다. 따라서 김순식은 김주원의 직계후손이거나 그와 관계가 깊은 호족세력이었다고 짐작된다.

김주원계는 강릉을 중심으로 한 동해안 일대에서 강력한 세력기반을 가지고 있다가 후삼국시대를 맞이했다. 앞에서 언급하였듯이 김주원은 김경신과의 왕위계승전에서 패배한 후 명주땅으로 물러나 살았다. 김주원이 비록 국왕은 되지 못했으나 '명주군왕'에 임명되어 이곳을 석권하고 있었다. 그러나 그의 후손들 가운데 김헌창·범문은 반란을 일으켰다가 토멸(討滅)되었다. 그러니 김주원의 후손들은 정치적으로 신라 왕실에 짙은 반감을 품었을 것임은 자명하다고 하겠다. 반(反)신라 왕실적인 정서가 강한 명주세력이 궁예와 연합할 수 있는 배경은 이와 밀접한 관계가 있다고 하겠다. 궁예는 명주 땅에서 하층 농민들로부터도 환영을 받았고, 승려 허월(許越)과 개청(開淸)과도 연고를 맺게 된다.

궁예가 처음 강릉에 들어올 때의 군사가 600명이었으나 이곳에 도착한 후 3,500명으로 불어난 것은 명주 땅에서 명주호족과 농민, 승려들로부터 지지를 받았기에 가능하였던 것이다. 궁예는 이를 기반으로 하여 저족(猪足, 인제)·성천(狌川, 화천)·부약(夫若, 김화)·금성(金城, 김화)·철원(鐵圓, 철원) 등을 정복하였고, 얼마 후 왕건 부자와 패서(浿西, 평양 이남 예성강 이북) 일대의 호족세력의 귀부(歸附)를 받아 서쪽과 남쪽 방면으로 진출하여 공주에서 영주를 잇는 선의 이북 지역을 거의 차지하는 커다란 세력으로 성장하였다. 이에 궁예는 901년에 스스로 왕이라 칭하고 '고려'를 건국하였다.

왕위에 오른 초기에 궁예는 사졸(士卒)들과 침식을 같이하고 상벌을

20 『임영지』에 의하면, 이 책은 선조 29년(1596)에 강원도관찰사 정구(鄭逑)가 지금의 평창에 이르러 마을 사람에게서 얻은 것이라 한다.

공평하게 하는 등 바람직한 지도자상을 보이기도 했으나, 얼마 안 가서 전제적이고 급진적인 면모를 보이기 시작했다. 그는 신라에 대한 극심한 적대의식으로 신라를 '멸도(滅都)'라 부르고, 신라에서 오는 자를 모두 죽이기까지 했다. 그러자 지식인과 호족들이 서서히 그의 곁을 떠나기 시작했다. 그리하여 궁예는 결국 왕위를 왕건에게 내주게 되었다.

918년에 궁예의 세력기반을 물려받아 새 왕조의 창시자가 된 태조 왕건은 국호를 '고려'라 하고, 연호를 '천수(天授)'라고 정하였다. 그러나 왕건 앞에는 허다한 난관이 가로 놓여 있었다. 왕건이 즉위한 5일째 되던 날 혁명 내부세력 가운데 왕건의 왕위를 넘보고 왕권에 도전한 반(反)혁명 사건이 발생하였고, 얼마 후 궁예의 정치적 기반이었던 청주지역 호족들이 모반을 꾀하여 왕건에 저항하였다. 이와 같이 왕건은 즉위한 후에 궁예를 지지하고 있던 각 지역 호족세력들의 반발과 저항에 직면하게 되었고, 중립적인 입장에서 정세를 관망하고 있던 호족세력들이 후백제로 기울어짐에 따라 정치적 불안이 가중되어 갔다. 이러한 현상은 특히 후백제 영역과 근접한 지역에서 더욱 심하게 나타나고 있었다. 명주장군 김순식도 왕건이 즉위한 후에 불복하고 있었다.

이러한 상황에서 왕건이 해야 할 일은 먼저 궁예정권 하에서 궁예와 결합했던 호족들을 회유 포섭하는 일이었다. 이에 왕건은 제도(諸道)의 호족에게 사절을 보내 자신을 낮추고 상대를 높이는 겸양의 덕을 발휘하여 호족들을 회유·포섭하였다. 그러자 각지의 호족들이 해가 거듭될수록 고려에 많이 귀부(歸附)해 왔다. 이렇게 해서 귀부해 오는 호족에게는 토지와 저택을 주기도 하고 관계(官階)[21]를 수여해주면서 그 통치권을 인정해 주기도 하였

---

21 관인(官人)들의 지위와 신분을 나타내는 공적(公的)인 질서체계를 말함. 이는 중앙의 관인은 말할 것 없고 지방의 호족, 그리고 여진의 추장 등에게도 수여되면서 고려왕조를 중심으로 하는 하나의 세계질서를 이루는데 기여하였다.

다. 왕건은 여기에 그치지 않고 각 지역의 유력한 호족들의 딸들과 결혼을 하기도 하였다. 이는 왕건이 호족의 딸들과 정략결혼을 통해 집권은 물론, 왕권을 안정시키는데 활용한 측면이 강하다. 또한 중요한 호족들에게는 자신과 같은 왕씨 성을 하사하여 가족과 같은 대우를 하였다. 이러한 정책의 결과 많은 호족들이 귀부해 왔다. 왕건은 김순식을 귀부시키기 위해 집요한 노력을 하였다.

김순식의 귀부는 3차에 걸쳐서 진행되었다. 1차는 태조 5년(922) 7월에 왕건이 순식의 아버지 허월을 보내어 타이르니, 순식은 그의 장자 수원(守元)을 보내어 귀부하였다. 이때 왕건은 수원에게 왕씨 성을 하사하고 전택(田宅)을 주었다. 그러나 순식의 이러한 귀부는 왕건에게는 매우 소극적이고 불만스러운 일임이 분명하다. 그래서 왕건은 순식 자신의 완전한 귀부를 위해 더욱 노력하였을 것이다. 1차 귀부를 한 지 5년이 지난 태조 10년(927) 8월에 순식은 다시 아들 장명(長命)과 군사 600인을 보내서 고려 궁궐을 숙위하게 하였다. 이에 태조는 순식의 소장(小將) 관경(官景)에게 왕씨 성과 관계(官階)를 수여하고, 그 아들 장명에게는 염(廉)이란 이름과 원보(元甫)[22]라는 관계를 주었다. 김순식 본인이 몸소 휘하 세력을 이끌고 왕건에게 완전히 귀부하는 것은 태조 11년(928)에 들어와서이다. 이때 왕건은 순식에게 왕씨 성을 하사하고 대광(大匡)[23]이라는 관계를 주었다. 대광은 '크게 나라 일을 바로잡을 만한 위치'라는 뜻으로 풀이할 수 있다. 대광은 살아있는 인물에게 주었던 관계 중 최고위였다. 태조대에 대광의 관계를 수여한 예는 재경세력(在京勢力) 중에는 몇몇 있었으나, 지방세력 중에서는 순식이 최초였다.

---

22 고려시대 관인과 구별되는 특별 부류에게 수여한 직. 태조 2년(919)에 처음 두었고, 태조 19년(936)에 후삼국을 통일한 뒤 관계를 재정비할 때 16등급 중 제8위에 해당되었으며 품계는 4품이었다.

23 문무관에게 수여된 관계 중 최고의 관계. 936년에 후삼국을 통일한 뒤 관계를 재정비할 때 16등급 중 제3위에 해당되었으며 품계는 종1품이었다.

왕건은 명주호족 김순식으로부터 군사적 도움을 받아 이듬해 12월부터 시작된 고창군(안동) 전투에서 크게 승리하였고, 이 전투에서의 승리로 강릉에서 울산에 이르는 110여 성이 고려에 귀부하여 그의 세력은 크게 강화되었다. 순식은 태조 19년(936)에 왕예(王乂)와 부하장병을 이끌고 신검을 토벌하기 위해 강릉을 출발하여 대현(大峴, 대관령)에 이르러 이상한 승사[異僧祠][24]에 제사를 지내고 후백제와의 마지막 격전지로 가서 큰 공을 세운다. 그러나 순식은 얼마 안 가서 중앙정계에서 제거된 것으로 보인다. 그것은 태조 19년(936) 이후부터 순식에 관해 전혀 자료가 찾아지지 않기 때문이다. 아마도 그의 가문이 그 후 중앙정부에 반기를 들었다가 도태되었거나, 아니면 광종의 호족억압책으로 제거되었을 것으로 생각된다.

2) 김예(金乂)

김예는 김주원의 7세손으로 김선희(金善希)의 아들이다. 명주군왕 김주원이 강릉으로 퇴거한 이래, 그의 후손들은 강릉을 중심으로 한 동해안 일대에 강력한 세력기반을 가지고 있었다. 특히 동정(東靖)-영길(英吉)-선희(善希)-예(乂)로 이어지는 계열은 강릉의 토착세력으로 위세를 떨쳤다. 김예는 명주지방에서 독자적 군사권을 장악하고 있던 지방호족이었으며, 태조 23년(940)경 명주의 도령(都領)으로서 주진군(州鎭軍) 지휘관의 위치에 있었다. 김예가 언제 어떻게 해서 왕씨 성을 받았는지 알 수 없지만, 앞에서 본 관경이 김순식의 아들 장명과 함께 받은 것으로 보아 그 역시 김순식의 귀부와 밀접하게 관련이 있었던 것으로 추측된다. 김예는 왕건의 공신이 됨과 동시에 내사령(內史令)을 역임하였고, 그의 딸은 태조 왕건의 14비 대명주원부

---

24 이곳이 현재 범일국사를 모신 '대관령 국사성황사'라 한다. 현재 행정구획상 평창군 도암면 횡계리에 위치해 있지만, 관리는 강릉시에서 한다. 이곳에 모셔진 분이 바로 강릉 단오제 때 모시는 '범일국사'이기 때문이다.

인(大溟州院夫人)이 되었다.

3) 김상기(金上琦, 1031~?)

고려 중기의 문신으로 김주원의 후손이다. 문종 24년(1070)에 좌우보궐(左右補闕)을 거쳐 선종 원년(1084)에는 동지공거(同知貢擧)로서 과거를 주관하였다. 이듬해에는 호부상서로서 예부시랑 최사문(崔思文)과 함께 송나라에 가서 신종의 상을 조문하고 돌아왔다. 그 뒤 간의(諫議)를 거쳐 선종 6년(1089)에 우산기상시(右散騎常侍), 선종 8년(1091)에 호부상서정당문학(戶部尙書政堂文學), 이듬해에 호부상서로서 권판동북면병마사 겸 행영병마사(權判東北面兵馬事兼行營兵馬使)를 맡았다. 선종 10년(1093)에는 이부상서 참지정사 판상서호부사 수국사(吏部尙書參知政事判尙書戶部事修國事)에 올랐다. 1095년에 숙종이 즉위하자 수사도 문하시랑 동중서문하평장사 감수국사(守司徒門下侍郎同中書門下平章事監修國事)로 승진하고 1098년 태부(太傅), 이듬해에 수태부(守太傅)에 올랐다. 선종 묘정(廟庭)에 배향되었다. 시호는 문정(文貞)이다.

4) 김인존(金仁存, ?~1127)

고려 중기의 문신·학자로 초명은 연(緣), 자는 처후(處厚)이고, 아버지는 상기(上琦)이다. 과거에 급제해 선종·헌종·숙종 3대에 걸쳐 내시직(內侍職)에 종사하였다. 그러나 밖으로 보직되기를 간청해 상서예부 원외랑(尙書禮部員外郎)을 거쳐 개성부사가 되었으며, 다시 기거사인 지제고(起居舍人知制誥)에 올랐다. 이어 기거랑(起居郎)이 되었으나, 왕의 뜻에 거슬려 병부원외랑으로 좌천되었다. 시를 잘 지어 숙종 7년(1102)에 요나라 사신 맹초(孟初)의 접대를 맡아 시로써 응접해 그를 놀라게 하였다. 그 뒤 이부낭중 겸 동궁시강학사(吏部郎中兼東宮侍講學士)를 거쳐 중서사인(中書舍人)에 올랐다. 1105

년에 숙종이 죽자 고부사(告訃使)로 요나라에 갔다 와서 예부시랑·간의대부(諫議大夫)가 되었다.

예종 2년(1107)에 윤관(尹瓘)을 원수로 삼아 여진을 정벌할 때, 이를 극력 반대하였다. 또 예종 4년(1109)에 여진이 9성의 환부를 요구하자 방위상의 어려움과 북방 백성들의 희생을 들어 돌려줄 것을 주장해 이를 실시하게 하였다. 예종 6년(1111) 비서감(秘書監)에 올라 송나라에 사신으로 다녀왔고, 좌산기상시(左散騎常侍)·한림원학사승지(翰林院學士承旨), 병부·예부·호부의 상서, 정당문학(政堂文學)·참지정사(參知政事)를 거쳐 수사도 중서시랑평장사 상주국(守司徒 中書侍郎平章事上柱國)에 올랐다. 예종 12년(1117) 판서북면병마사(判西北面兵馬事)가 되었을 때, 요나라가 금나라와 싸우다가 내원성(來遠城)·포주성(抱州城)을 돌려주자, 그 곳을 수복하고 의주(義州)를 두었다.

1122년 인종이 어려서 즉위하자 이자겸(李資謙)이 권세를 잡고 횡포를 부리므로, 화가 미칠까 두려워 물러나기를 간청하였다. 그러나 허락되지 않으므로 스스로 말에서 떨어져 다시 간청해 재상은 해직되고 그 대신 판비서성사 감수국사(判秘書省事 監修國史)에 임명되었다. 이자겸의 난이 평정된 뒤, 인종 4년(1126)에 익성동덕공신(翊聖同德功臣)이 되고, 삼중대광 개부의동삼사 검교태사 문하시중 감수국사 상주국 판예부사(三重大匡 開府儀同三司 檢校太師 門下侍中監修國史上柱國 判禮部事)가 되었다. 인종 5년(1127)에 수태부 문하시중 판이부사(守太傅 門下侍中 判吏部事)에 기용되었다. 아들 영석(永錫)·영윤(永胤)·영관(永寬) 등이 모두 과거에 급제하였다.

학문을 좋아해 늙어서도 책을 놓지 않았고, 그 당시의 조고(詔誥: 詔書와 誥示文)를 많이 작성하였다. 또한, 최선(崔璿)·이재(李載)·이덕우(李德羽)·박승중(朴昇中) 등과 더불어 음양지리서인 『해동비록(海東秘錄)』을 지었고, 박승중과 더불어 『시정책요(時政策要)』를 지었으며, 『정관정요(貞觀政要)』에 주석을 붙였다. 예종의 묘정에 배향되었다. 시호는 문성(文成)이다.

5) 김고(金沽, ?~1123)

고려 중기의 문신으로 아버지는 문하시랑평장사(門下侍郎平章事)를 지낸 상기(上琦)이고, 형은 문하시중을 지낸 인존(仁存)이다. 풍채가 아름다웠으며 문학으로 이름이 났다. 숙종 9년(1104) 11월에 밀진사(密進使)로서 요나라에 다녀왔으며, 예종 4년(1109)에 좌승선 지이부사(左承宣知吏部事), 예종 6년(1111)에 예부상서 우간의대부(禮部尚書右諫議大夫)가 되었다. 예종 7년에 지어사대사(知御史臺事), 예종 8년 7월에 좌간의대부(左諫議大夫)가 되고, 다음해 3월에 다시 지어사대사가 되었다. 같은 해 12월에 지상서이부사 연영전학사(知尚書吏部事延英殿學士)를 지냈으며, 예종 12년 3월에 문덕전학사(文德殿學士)로서 국자감시 시관이 되어 왕존(王存) 등 103명을 선발하였다. 같은 해 6월에는 대사성 보문각학사(大司成寶文閣學士)가 되어 국자감의 최고실력자가 되었고, 예종 13년에 예빈경(禮賓卿)으로 동지공거(同知貢擧)가 되어 과거를 관장하였으며, 다음해 6월에 어사대부(御史大夫)로서 정치의 득실을 논하였다. 1122년 인종이 즉위하자 지추밀원사에 오르고, 다음해 7월 중서시랑평장사(中書侍郎平章事)로 별세하였다.

6) 김천(金遷)

고려 고종 때 강릉의 향리(鄕吏) 출신으로 효자로 널리 알려진 인물이다. 15세 때 몽골군이 고려를 침입하여 그의 어머니와 아우를 잡아갔다. 김천은 포로로 잡혀간 사람들이 도중에 많이 죽었다는 소문에 듣고 3년상을 지냈다. 그런데 14년이 지난 어느 날 백호(百戶) 습성(習成)이라는 사람을 통해 어머니가 원(元)나라 동경(東京, 지금의 심양)에 사는 군졸 요좌(要左)의 종으로 있다는 사실을 알게 된다. 김천은 백금(白金)을 꾸어 개경으로 올라와서 어머니를 찾아가고자 여러 차례 청했으나 허락을 얻지 못했다. 그러던 중 천호(千戶) 효지(孝志)를 따라 원나라에 갈 기회가 생겨, 동경으로 건너가 요좌에게 백금 55냥을 주고 19년 동안 종노릇을 하던 어머니를 구해냈다. 귀국한 지 6년 뒤에는 백호(百戶) 천로(天老)의 종으로 있던 아우 덕린도 백금 88냥의 몸값을 치르고 데리고 왔다. 이 두 형제는 종신토록 효도를 다하며 우애 있게 지냈다. 이에 고을 사람들이 비석을 세우고 '효자리(孝子里)'라고 새겼으며, 이는 『삼강행실도(三綱行實圖)』에 기록되어 있다. 강릉시 옥계면 현내리에 있는 효자비(孝子碑)는 김천(金遷)의 것이다.

7) 왕백(王伯, 1280~1350)

김주원의 후손으로 왕씨는 사성(賜姓)이다. 충렬왕 때 문과에 급제하고, 충숙왕 초에 규정(糾正)을 거쳐 충숙왕 8년(1321) 좌사보(左司補)가 되었다. 이때 서경낭장(西京郎將)으로 있던 폐인(嬖人: 간신) 이인길(李仁吉)의 첩부(妾父) 최득화(崔得和)가 수주(隨州)의 수령에 임명되었는데, 우사보 이청(李菁)과 함께 그의 고신(告身)에 서명하지 않았기 때문에 해도(海島)에 유배되었다. 뒤에 우사의(右司議)·밀직부사·집의(執義)를 지냈고, 충혜왕 복위년(1339)에 조렴(趙廉) 등과 함께 조적(曺頔)의 난에 가담하였다가 난이 진압되자 이듬해 파직당하였다. 공민왕 12년(1363) 홍건적을 물리친 공으로 1등공신이 되었다. 우왕 6년(1380) 경복흥(慶復興)이 이인임(李仁任)의 모함을 받아 청주에 유배될 때 함께 유배되었다. 뒤에 풀려나왔으나 간신 김흥경(金興慶)과 가까이 지내다가 우왕 때 김흥경이 유배될 때 파직당하였다.

8) 김지(金輊, 1363~1437)

가훈을 승계하여 학업에 정진하다가 우왕 13년(1387)에 비서성 교서랑(秘書省校書郎)으로 출사하였고, 공양왕 2년(1390) 도평의사사의 선차산원(宣差散員)으로 보임(補任)되었다. 공은 정치적 식견이 높아 국내외 정세에 통찰력이 높고 숭조(崇祖)와 애친(愛親)사상이 남달라 멸문(滅門)보다는 가문의 번영을 택하여 아집을 버리고 시대적 변화에 적응하면서 장형 헌(軒)과 중형 예(輗)를 설득하여 김예(金乂)가 왕씨로 사성(賜姓)된 이후 1392년에 이르러 김씨로 복성(復姓)하고 국가정책에 순응하여 가문의 멸문지화(滅門之禍)를 면하였다. 공이 태조 3년(1394)에 제용사승(濟用司丞)이 되었는데, 이때 강화도에 수영되어 있던 왕씨 일가를 해중(海中)에 침몰시키고 그외 왕씨 여족(餘族)을 색출하니 공의 선견지명에 감복하였다 한다. 태조 4년(1395)에 한양 천도 후 신궁궐 조성도감(新宮闕造成都監) 내 공조서(工造署)의 승(丞, 정7품)으로 배명(拜命)되어 경복궁과 도성축조(都城築造) 등의 준공에 공훈을 세워 정종 원년(1399)에 흡곡현령이 되었다. 13년간 선정(善政)을 베풀고 노령으로 퇴임코자 하니 현민(縣民) 백여 명이 연서(連署)하여 공의 공덕을 왕에게 공장(供狀)으로 천거하매 이를 가납(嘉納)하였다. 태종 13년(1413)에 홍원현감 겸 권농병마단련판관(洪原縣監兼勸農兵馬團鍊判官)으로 제수하므로 그 곳에 부임하였다. 얼마 후 사임하고 고향인 강릉으로 돌아와 경호지빈(鏡湖之濱)에 거주하였다. 태종 11년(1411)에 강릉향교가 화재로 전부 타버렸을 때, 유생 68명의 연명(連名)을 받아 강릉대도호부 판관 이맹상(李孟常)을 경유하여 조정에 상소하고 창건하기에 이른다. 세종 19년(1437) 6월에 향년 75세로 졸하였다.

9) 김자갱(金子鏗, 1390~1472)

조선 초기의 문신으로 아버지는 현감을 지낸 김지(金輊)이고 어머니는 전공총랑을 역임한 고첨(高瞻)의 딸이다. 태종 11년(1411) 생원시에 급제하였고 태종 14년 문과에 올라 예문관·춘추관에 기용되었다. 세종 3년(1421) 전농시주부(典農寺主簿)로 있다가 춘추관의 관직을 겸대(兼帶)하고 이듬해 사헌부감찰이 되어 겨울에 내간(內艱)을 당하였다. 세종 7년에 다시 감찰에 제수되었다가 예조좌랑으로 전임되어 함경도도사를 겸하였다. 세종 8

년에 이조좌랑이 되었고 이듬해에 교서관교리(校書館校理)를 겸하고 이어 헌납·지제교를 거쳐 겨울에 하정서장관으로 연경에 다녀왔다. 세종 11년에 성균관직강·사헌부지평과 호조·병조의 정랑을 지내고 부모의 노환을 이유로 외직을 청하여 정선군수로 나갔다. 세종 18년 다시 병조정랑이 되었다가 이듬해에 외간(外艱)을 만나 복제(服制)를 마치고 병조정랑에 제수되었다. 세종 22년에 사재감부정(司宰監副正)으로 승진하고 이어 직보문각, 평안도경력, 한성부와 봉상시의 소윤, 성균관사예(成均館司藝)·직예문관(直藝文館)을 두루 거쳐 세종 27년에 선산부사로 나가 학교를 수리하였다. 문종 2년(1452)에 판예빈시사(判禮賓寺事)·직수문전(直修文殿)을 역임하고 사간원좌사간에 전직하여 지제교 겸 춘추관편수관으로 재직하다가 좌천되어 판전농시사(判典農寺事)로 옮기었다. 단종 원년(1453) 10월에 계유정난 후 형조참의에 제수되더니 12월에 첨지중추원사로 옮기었다. 세조 6년(1460)에 연로함을 이유로 사직하고 양주 풍양으로 물러났다.

10) 김시습(金時習, 1435~1493)

조선 초기의 문인으로 자는 열경(悅卿), 호는 매월당(梅月堂)·동봉(東峰)·벽산청은(碧山淸隱)·췌세옹(贅世翁) 등이며, 법호는 설잠(雪岑)이다. 생후 8개월에 글 뜻을 알았고 3세에 능히 글을 지을 정도로 천재적인 재질을 타고 났다. 5세에는 세종의 총애를 받았으며, 후일 중용하리란 약속과 함께 비단을 하사받기도 했다. 나아가 당시의 석학인 이계전(李季甸)·김반(金泮)·윤상(尹祥)에게서 수학하여 유교적 소양을 쌓기도 했다. 그의 이름인 시습(時習)은 『논어(論語)』 학이편(學而篇) 중 "때로 익히면 즐겁지 아니한가"라는 구절에서 따온 것이라고 한다. 과거준비로 삼각산 중흥사(中興寺)에서 수학하던 21세 때 수양대군이 단종을 몰아내고 대권을 잡은 소식을 듣자 그 길로 삭발하고 중이 되어 방랑의 길을 떠났다. 그는 관서·관동·삼남지방을 두루 돌아다니면서 백성들의 삶을 직접 체험했는데, 『매월당시사유록(每月堂詩四遊錄)』에 그때의 시편들이 수록되어 있다. 31세 되던 세조 11년(1465) 봄에 경주 남산(南山) 금오산(金鰲山)에서 성리학(性理學)과 불교에 대해서 연구하는 한편, 최초의 한문소설 『금오신화』를 지었던 것으로 보인다. 37세에 서울 성동(城東)에서 농사를 직접 짓고 환속하는 한편 결혼도 했다. 벼슬길로 나아갈 의도를 갖기도 했으나 현실의 모순에 불만을 품고 다시 관동지방으로 은둔, 방랑을 하다가 충청도 홍산(鴻山) 무량사(無量寺)에서 59세를 일기로 일생을 마쳤다.

그는 현실과 이상 사이의 갈등 속에서 어느 곳에도 안주하지 못한 채 기구한 일생을 보냈는데, 그의 사상과 문학은 이러한 고민에서 비롯한 것이다. 전국을 두루 돌아다니면서 얻은 생활체험은 현실을 직시하는 비판력을 갖출 수 있도록 시야를 넓게 했다. 그의 현실의 모순에 대한 비판은 불의한 위정자들에 대한 비판과 맞닿으면서 중민(重民)에 기초한 왕도정치(王道政治)의 이상을 구가하는 사상으로 확립된다. 한편 당시의 사상적 혼란을 올곧게 하기 위한 노력은 유·불·도 삼교(三敎)를 원융적(圓融的) 입장에서 일치시키는 것으로 나타난다. 불교적 미신은 배척하면서도 조동종(漕洞宗)의 인식론에 입각하여, 불교의 종지(宗旨)는 자비로 만물을 이롭게 하고 마음을 밝혀 탐욕을 없애는 것이라고 파악한다. 또 비합리적인 도교의 신선술(神仙術)을 부정하면서도 기(氣)를 다스림으로써 천명(天命)을 따르게 하는 데 가치가 있다고 한다. 즉 음양(陰陽)의 운동성을 중시하는 주기론적(主氣論的) 성리학의 입장에서 불교와 도교를 비판, 흡수하여 그의 철학을 완성시키고 있는데, 이런 철학적 깨달음은 궁극적으로는 현실생활로 나타나야 한다고 강조했다. 유저(遺著)로는 『금오신화』·『매월당집(梅月堂集)』·『매월당시사유록』 등이 있다.

11) 김윤신(金潤身, 1444~1521)

자는 덕수(德叟), 호는 괴당(槐堂)이다. 부친은 사정(司正) 여명(汝明)이고, 모친은 평의(評議) 김지(金輊)의 딸이다. 그는 덕성(德性)이 두텁고 학문을 좋아하여 사서삼경(四書三經)을 붓으로 베껴 항상 손에서 떼지 않았다고 한다. 또한 효성이 지극하여 어버이를 즐겁게 하는데 힘썼다.

세조 14년(1468) 생원시에 입격하였고, 그 이듬해인 예종 원년(1469) 2월 강릉인 선략장군 남윤문과 함께 글을 지어 강릉부 사람 전윤(全崙)에게 주어 올렸다. 김윤신의 상소 내용은 상원사주지 학열의 비행을 비판한 것이다. 당시 학열은 연화(緣化)[25]를 칭탁하여 재화(財貨)를 늘리기를 일삼아 민간에 많은 폐단을 일으켰다. 세조는 그의 즉위 13년(1467)에 상원사에 거주하고 있던 신미에게 진황된 지 오래된 산산제언(蒜山堤堰)을 사급(賜給)하였는데, 그 후 신미는 이 제언을 그의 제자 학열에게 주었다. 그런데 학열은 제언 주변에 있던 민전(民田)을 황무지라 빙자하여 탈점하였다. 이에 김윤신은 학열의 이같은 비행을 시정해 줄 것을 강력히 건의하였다.

성종 7년(1476) 별시문과에서 병과로 급제한 후, 사록(司祿), 전적(典籍), 주부(主簿), 경상도사(慶尙都事)를 거쳐 전중감찰(殿中監察)이 되었다. 이때 그는 늙은 부모를 봉양하기 위해 귀향을 요청하였는데, 임금은 "내가 듣기로 경은 부친의 5년 장병(長病)에 한번도 옷을 벗지 아니하고 간호하였으니 어찌 대효(大孝)가 아니며, 경이 나를 위해 성심을 다하였으니, 어찌 충성이 아니겠느냐" 하면서 금성현령(金城縣令)에 임명하여 노친을 봉양하게 하였다. 그 후 내직(內職)으로 사헌부 장령, 집의, 의정부사인을 거쳤으며, 외직으로는 파주와 원주목사(종3품)를 지냈다.

그는 성품이 공명정대(公明正大)하여 가는 고을마다 선정(善政)을 베

---

25 시주(施主)를 권하여 불사(佛事)를 경영하는 것을 말함.

풀어 백성의 칭송을 받았다. 여러 번 큰 고을의 벼슬을 지냈으나 집에는 가재도구 하나 없어 세상 사람들은 그의 청백(淸白)을 칭찬하였다. 그가 강원도 어사로 왔을 때 당시 강릉부사 한급(韓汲)이 갖은 방법으로 백성의 재물을 수탈했다. 그는 장계(狀啓)를 올려 그를 파직시켰다. 그러자 한급은 그의 노모를 가마에 태워 연 3일밤에 걸쳐 그가 머무는 담밖에 와서 죄를 애걸하게 하였으나, 그는 이 모두가 한급이 시켜서 한 것을 알고 끝내 들어주지 않았다. 그가 벼슬을 그만두고 향리로 돌아올 때 강릉부사는 향사례(鄕射禮)와 향음주례(鄕飮酒禮)로 그를 영접하였다. 만년에는 향좌수로서 향령(鄕令)을 지어 문풍교화에 힘썼다. 순조 8년(1808)에 강릉향현사에 배향되었다.

12) 김광철(金光轍, 1493~1550)

조선 중기의 문신으로 할아버지는 대(臺)이고, 아버지는 세훈(世勳)이며, 어머니는 권송(權悚)의 딸이다. 중종 8년(1513) 생원으로 별시 문과에 병과로 급제하였다. 중종 24년(1529) 밀양현감으로 있을 때 형벌을 남용해 탄핵을 받았다. 중종 25년에 군자감첨정이 되고 이듬해 장령이 되었다. 중종 27년에 사송(詞訟)이 바르지 못하고 지체되는 일이 많자 바르게 고칠 것을 주장하고, 곧 집의가 되었다. 중종 28년에 판교·동부승지·좌부승지를 거쳐 이듬해 우승지·형조참의를 역임하였다. 중종 30년에 장례원판결사로 동지사가되어 명나라에 다녀온 뒤, 중종 32년에 병조참지가 되었다. 곧, 찰리사에 천거되었으나 이 직책이 호조에 해당하는 관직이어서 임명되지 못하고 예조참판이 되었다. 중종 37년에 안동부사로서 흉년을 힘써 구제하고 검소함을 강조해 백성들을 잘 살게 했으므로, 이 공으로 포상을 받고 자급(資給)을 올려받아 가의대부가 되었다. 중종 38년에 한성부우윤이 되고 인종 원년(1545)에 종부시제조가 되었다. 예조참판으로『중종실록』과『인종실록』의 편찬에 참여하였다. 명종 2년(1547) 첨지중추부사를 거쳐 동지중추부사가 되었다. 전라도관찰사에 임명되었으나 곧 사양하니, 왕이 불러 흉년과 백성들의 기근 구제에 힘써줄 것을 특별히 요구하였다. 명종 2년에 전라도관찰사로 나갔을 때, 고부군수 김응두(金應斗)와 태인현감 신잠(申潛)이 요역과 부세(賦稅)를 감면하는 등 지방 백성들에게 선정을 행하자 왕에게 보고해 상을 받도록 하였다.

13) 김열(金說, 1506~?)

자는 열지(說之)이고, 호는 임경당(臨鏡堂)이다. 부친은 진사 광헌(光軒)이고, 모친은 강릉최씨 현감 세번(世蕃)의 딸이다. 광헌은 중종 14년(1519) 진사시에 입격했으나 기묘사화를 겪고 난 후에 과거의 뜻을 버렸다. 김열이 과거에 나아가지 않은 것도 이와 밀접한 관계가 있을 것이다. 그는 과거에 나아가지 않고 형제들과 더불어 오직 글읽기에만 힘썼다. 또한 아무리 춥고 더워도 의관(衣冠)을 흐트러지게 하는 일이 없었다. 김열의 어머니는 백세를 살았는데, 뜻이 곧고 마음은 온화하였다. 어머니는 자손들에게 훈계하기를 "법도를 지키고 종족끼리 화목하게 지내라" 하였다. 그는 세 아우와 더불어 어머니의 뜻을 받들기 위해 성심을 다하였다.

그는 아우들이 열심히 학문을 하지 않으면 이를 타일러 모두가 자기의 지위를 확고하게 세워 사회에 나가 출세하도록 하였다. 성장해서는 손수 혼사를 도맡아 처리하였고, 모두 1리 안팎에 모여 살도록 하여 아침저녁으로 만나볼 수 있도록 하였다. 술이나 음식이 생기면 반드시 함께 모여 나누어 먹었고, 아우가 궁핍하면 형제들이 서로 보태어 도와주었다.

그는 『시경』·『서경』·『주역』·『춘추』 등 고전의 해석문을 지어 자손에게 물려주었는데, 그 해석이 손가락으로 손바닥을 가리키는 듯이 명료하였다. 중종 때 효렴과(孝廉科)로 평강훈도(平康訓導)에 제수되었으나 사양하고 부임하지 아니했다. 그 후에도 누차 불렀으나 나아가지 않았다. 만년에 경포호수 북쪽에 임경당(臨鏡堂)을 짓고 "모든 선현(先賢)의 글들을 책상과 궤에 가득히 채워 때로는 성리(性理)의 깊은 뜻을 탐구하고 때로는 강호(江湖)의 정취(情趣)에도 젖어본다"라는 제자(題字)를 써 걸었다. 그가 강호(江湖)에 머물며 벼슬에 뜻을 두지 않아 그때 사람들이 김처사(金處士)라 불렀다.

김열의 집 앞에는 선친께서 손수 심은 소나무 수백 그루가 있었는데, 그는 아우와 함께 아버지의 뜻을 받들어 이 소나무를 보호하고 기르는 데 온갖 정성을 다하였다. 이에 그는 '도의지교(道義之交)'로 사귀던 율곡 선생에게 소나무를 가리키면서 말하기를 "나의 선친께서 손수 심으신 것인데 우리 형제 모두가 이 집에서 저 소나무를 울타리로 삼고 지내고 있네. 그래서 이 소나무들을 볼 때마다 선친을 생각하곤 한다네. 이러한 소나무를 내 스스로의 능력으로는 지키기 어려울 것 같아 도끼나 낫으로 베고 잘라 후손들에게까지 온전하게 전하지 못하고 없어질까 늘 두려운 마음뿐이라네. 그대가 이를 보호할 수 있는 교훈될 만한 말을 몇 마디 써주면 집안 사당벽에 걸어 놓고 자손들로 하여금 늘 이를 보게 하여 가슴 깊이 새기게 끔 하겠네." 하니, 율곡 선생이 「호송설(護松說)」을 지어 주었다. 순조 8년(1808)에 강릉향현사에 배향되었다.

14) 김담(金譚, 1522~1605)

자는 담지(譚之)이고, 호는 보진재(葆眞齋)이다. 부친은 부장(部將) 광복(光輻)이고, 모친은 삼척심씨 군수(郡守) 희전(希佺)의 딸이다. 중종 34년(1539) 초시(初試)에 뽑혔으나 중국의 골상가(骨相家)가 공의 관상을 보고 "골상은 귀하게 되겠으나 오래 살기 힘들겠다" 라고 말하자, 이 말을 들은 공은 "내가 일찍 죽으면 부모는 누가 봉양하겠느냐" 하면서 관직에 나아가지 않았다.

그 후 공은 오직 부모 봉양에만 힘썼다. 부친이 병이 났을 때는 변을 맛보기도 하였고, 아침저녁으로 북두칠성에게 자신의 목숨을 부친의 것과 대신해 달라고 기도하였다. 부친상을 당하여서는 슬퍼함이 이를 데 없었고 제상(祭床)에 술잔을 드리면 산 사람이 마시는 것처럼 술잔이 저절로 말랐다고 한다. 3년 동안 여묘살이를 하면서 죽만 먹었고, 너무나 울어서 눈병이 심하여 눈이 안보이게 되자 아들 경황(景滉)과 경시(景時)는 성심을 다하여 아버지 약을 구하러 다녔다. 그러던 중 갑자기 공중에서 3년 묵은 간장을 세 말만 먹으면 낫는다는 소리가 들려왔다. 이 소문을 들은 마을 사람들은 며칠이 안 되어 간장 1석을 모아 보내와 복용하니 눈병이 씻은 듯이 나았다고 한다.

인종·명종의 국상 때에는 상복을 입고 3년 동안 고기류를 먹지 않았고, 친척이나 친구의 상 때에도 이와 마찬가지로 하였다. 부사가 충효로서 관찰사에게 추천하여 조정에 알려 복호(復戶)[26]하고, 여러 번 상직(賞職)을 내렸으나 어머니를 봉양할 수 없다는 이유를 들어 사양하고 나아가지 않았다. 그때에 양사언(楊士彦)이 강릉부사로 와서 조정에 또 천거하였으나 끝내 나아가지 않았다. 때마침 진부면과 대화면에 가뭄과 황충이 매우 심하였다. 양부사가 다시 간청하자 그는 진부면에서 2년, 대화현에서 3년간 판관(判官)의 일을 대행(代行)하였는데, 그 후 황충이 날아들지 않고 창고의 곡물이 넘쳐 흘렀다. 이에 대해 양부사는 "하늘이 효자를 먼저 알고 이 효자를 도왔다" 고 하였다.

그의 나이 70세 때 어머니를 여의었는데 그 애통해함이 이전의 부친상과 같았다. 그 후 그는 동지중추부사의 벼슬을 받았다. 선조 임금이 그에게 정려를 내렸으며, 그의 아들 경황과 경시, 손자 한(垾)이 모두 효도로서 정려하니 사람들이 '3세 4효(三世四孝)의 가문'이라 칭하였다. 이 효자각은 강

---

26 조선시대 호(戶)에 부과한 요역(徭役)을 국가에서 특별히 면제해 주는 것을 말함. 그 대상은 충·효·열로 정표(旌表)된 사람, 80세 이상의 노인, 70세 이상의 2품직을 지내고 고향에 물러가 있는 사람, 공무로 죽은 사람, 향화인(向化人) 등이었다.

릉시 노암동에 있다. 영조 35년(1759)에 강릉향현사에 배향되었다.

15) 김몽호(金夢虎, 1557~1637)

조선 중기의 문신으로 자는 숙무(叔武), 호는 옥봉(玉峰)이다. 할아버지는 광언(光彦)이고, 아버지는 수(鐩)이며, 어머니는 최현석(崔賢錫)의 딸이다. 선조 15년(1582) 진사시(進士試)에 입격하였고, 광해군 원년(1609) 증광문과에 병과로 급제하였다. 광해군 5년(1613) 정언 등을 역임하고, 이듬해 장령에 승진하였다. 광해군 7년(1615)에 심경(沈憬)이 "밖에서 떠도는 애기로는 장차 모후(母后)를 폐한다고 합니다"라고 하자, 광해군이 노여워하며 "너는 어디에서 그 말을 들었느냐?"고 하니, 심경이 "이 말은 몽호가 정경세에게 준 글에서 보았다"고 무고하여 정경세와 함께 심문을 받았으나 근거가 없어 석방되었다. 인조 원년(1623) 공조참의에 이어 판결사(判決事) 등을 역임하였다.

16) 김세행(金世行, 1620~?)

조선 중기의 문신으로 자는 건보(健甫)이다. 아버지는 제용감봉사 홍적(弘績)이며, 어머니는 최경진(崔慶振)의 딸이다. 효종 9년(1658)에 경릉참봉이 되고, 현종 원년(1660) 식년문과에 병과로 급제하였다. 곧 김천찰방에 제수되고, 감찰·예조좌랑·병조좌랑·병조정랑 등을 거쳐 현종 8년(1667)에 정언(正言), 현종 11년(1670)에 지평(持平) 등을 차례로 역임하였다. 그 후 경성판관(鏡城判官)·거창현감 등을 거쳐 대동찰방(大同察訪)에 제수되었으나 부임하지 못하고 죽었다.

17) 김격(金格)·김니(金柅)

조선 후기의 선비로 김몽호(金夢虎)의 후손이다. 사람됨이 준엄하고 기풍과 도량이 뛰어 났으며, 기강을 바로잡아 세우며 엄숙단정 하였다. 강릉 부사 소두산(蘇斗山)이 벼슬이 갈려 돌아갈 때 대관령을 넘으면서 "내가 비록 너희 고을을 떠나지만 김격(金格), 김니(金柅) 형제는 정말로 두려워하였다."라고 했다는 말이 전해진다.

제2절 강릉김씨의 동족마을

　　1930년에 간행된 『생활상태조사』(강릉)에 의하면 강릉김씨 동족마을은 강릉시 성산면 금산리, 강동면 모전리, 강동면 상시동리, 하시동리, 노암동, 사천면 판교리 등의 지역에 분포하는 것으로 확인된다.[27] 금산리, 노암동, 사천면 판교리는 강릉김씨 부정공파가 중심이 되어 거주하였고, 모전리, 상시동리, 하시동리는 평의공파 후손들이 주로 거주하였던 것으로 보인다.

촌락명	호구수		인구	
	전체호구	동성호구	전체인구	동성인구
성산면 금산리	140	93	713	465
강동면 모전리		60		300
강동면 상시동리		90		450
강동면 하시동리		30		150
노암동		40		200
사천면 판교리		30		150

---

27 『生活狀態調査』(강릉편), 민속원 영인본, pp.191~192.

　　평의공파는 김주원의 5세손 김동정(金東靖)의 4명의 아들 가운데 김영길(金英吉) 계열이다. 그런데 평의공파는 김영길의 손자인 김예(金乂)가 고려 태조로부터 왕씨 성을 하사받아 왕성(王姓)을 사용하였다. 그 후 조선이 건국되자 김예의 13세손인 김지(金輊)가 김씨로 복성(復姓)되고 평의공파의 파조가 되었다. 처음에 왕씨로 있다가 김씨로 복성하였다 하여 왕김파(王金派)로 칭하기도 하고, 홍원현감(洪原縣監)으로 배명(拜命)되었다 하여 홍원공(洪原公) 대전중종(大田中宗)이라고도 하였다. 평의공파라는 명칭은 도평의사사(都評議使司)에 도평의 산원(都評議散員)으로 있었다고 하여 붙여진 이름이다.

　　2005년 7월 26일 강릉김씨 대종회를 방문 조사한 내용과『강릉김씨 천이백년사』에 의하면, 강릉시 청량동과 죽헌동 일대에는 평의공파 후손들이 모여사는 동족마을이 존재하는 것으로 나타난다. 그리고 성산면 금산리, 노암동, 사천면 판교리 일대는 주로 강릉김씨 부정공파 후손들이, 초당동과 강동면 모전리·상시동리·하시동리는 평의공파 후손들이, 그리고 성산면 위촌리는 청간공 김시습의 후손들이 세거하고 있다. 지변동 인근 백교(핸다리), 언별리, 상운산(上雲山) 지역은 괴당공옥가파(槐堂公玉街派) 중에서 참판 응호(應虎)의 후손들이, 박월동, 담산동, 회산동 지역은 괴당공 후손인 참의 몽호(夢虎)의 후손들이 세거하고 있다. 옥가파 중 김윤신의 후손들은 주로 옥가리(지금의 옥천동) 지역과 학산지역에서 세거하였던 것으로 전해진다. 그런데 옥천동은 도시 중심에 위치한 관계로 동족마을로서의 의미를 상실한 지 이미 오래되었다.

1. 동족마을의 지역개관

1) 성산면 금산리

　　금산리의 김씨 동족마을은 성산면 동쪽에 있다. 금산 지역은 현재까지도 논농사에 유리한 넓은 농경지가 형성되어 있어 이들이 세거하였던 이유를 알 수 있다. 금산평 앞에는 강릉의 젖줄인 남대천이 지나고 있어 논 농사를 함에 있어서 충분한 수자원을 쉽게 확보할 수 있는 자연 조건을 갖추고 있다. 한편 마을 뒤편으로는 대관령 줄기에서 뻗어 내린 야트막한 산들이 동쪽으로 뻗어 홍제동 그리고 강릉의 읍치 지역이라고 할 수 있는 강릉읍성 지역과 이어져 있다. 따라서 이들이 세거하였던 지역은 읍치지역과는 불과 4~5리 정도 밖에 떨어지지 않은 지역이면서 경제적 토대를 또한 쉽게 확보할 수 있는 조건을 충분히 갖추고 있다.

1920년말 조사에 의하면, 촌락 전체 호수는 140호이고 구수는 713명이다. 이 가운데 동성(同姓) 호수는 93호이고 구수는 465명이며, 타성(他姓) 호수는 47호이고 구수는 248명이다.

이 마을에 거주하는 김씨를 일명 임경당공(臨鏡堂公) 금산파(琴山派)라고 지칭한다. 이 파는 강릉김씨 부정공파(副正公派)에 해당되는데, 경생(慶生)의 5세손 반석(盤石)의 차자인 광헌(光軒)이 이 마을에 들어와 세거하기 시작하였다. 김광헌의 호는 정봉(鼎峯)인데 중종조에 진사시에 입격한 후 출사하지 않고 금산리 정봉산 아래 하금산평(下琴山坪)에 분가하여 시서(詩書)를 즐겼으며, 금산 일대 토지를 소유하면서 식수(植樹)를 생활 토대로 삼고 세거하였다. 진사 김광헌(金光軒)의 처는 나이가 100세여서 집안에서 백세 할머니라고 불렀다.

김광헌(金光軒) 가계도

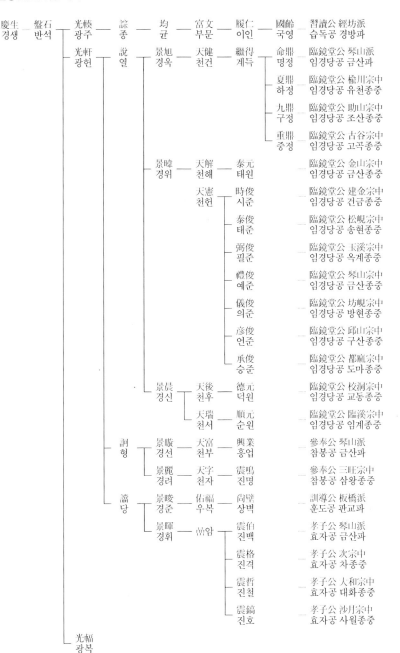

慶生 경생	盤石 반석	光輳 광주	諒 종	均 균	富文 부문	履仁 이인	國齡 국영	智讀公 經坊派 습독공 경방파
		光軒 광헌	說 열	景旭 경욱	天健 천건	繼得 계득	命鼎 명정	臨鏡堂公 琴山派 임경당공 금산파
							夏鼎 하정	臨鏡堂公 楡川宗中 임경당공 유천종중
							九鼎 구정	臨鏡堂公 助山宗中 임경당공 조산종중
							重鼎 중정	臨鏡堂公 古谷宗中 임경당공 고곡종중
				景瞱 경위	天解 천해	泰元 태원		臨鏡堂公 金山宗中 임경당공 금산종중
					天憲 천헌	時俊 시준		臨鏡堂公 建金宗中 임경당공 건금종중
						泰俊 태준		臨鏡堂公 松峴宗中 임경당공 송현종중
						弼俊 필준		臨鏡堂公 玉溪宗中 임경당공 옥계종중
						禮俊 예준		臨鏡堂公 琴山宗中 임경당공 금산종중
						儀俊 의준		臨鏡堂公 坊峴宗中 임경당공 방현종중
						彦俊 언준		臨鏡堂公 邱山宗中 임경당공 구산종중
						承俊 승준		臨鏡堂公 都瓶宗中 임경당공 도마종중
				景晨 경신	天後 천후	德元 덕원		臨鏡堂公 校洞宗中 임경당공 교동종중
					天瑞 천서	順元 순원		臨鏡堂公 臨溪宗中 임경당공 임계종중
			詞 형	景曠 경선	天富 천부	興業 흥업		參奉公 琴山派 참봉공 금산파
				景麗 경려	天字 천자	震鳴 진명		參奉公 三旺宗中 참봉공 삼왕종중
			崙 당	景晙 경준	佑福 우복	尙壁 상벽		訓導公 板橋派 훈도공 판교파
				景暉 경휘	岊嵒 벼암	震伯 진백		孝子公 琴山派 효자공 금산파
						震格 진격		孝子公 次宗中 효자공 차종중
						震哲 진철		孝子公 人和宗中 효자공 대화종중
						震鎬 진호		孝子公 沙月宗中 효자공 사월종중
		光幅 광복						

앞의 가계도를 보면, 김광헌은 슬하에 열(說), 형(詷), 당(譡) 3형제를 두었는데, 이 가운데 장자인 열의 호가 임경당(臨鏡堂)이다. 열은 슬하에 경욱(景旭), 경위(景暐), 경신(景晨) 세 아들을 두었다. 이들 세 아들의 장자들은 대부분 금산 지역에 거주하였으며, 차자들은 유천, 조산, 송현, 옥계, 방현, 교동, 구산 등의 지역으로 분가하였다. 그리고 형·당의 후손들 중에서도 주로 장자들은 금산지역에 거주한 반면에 차자들은 주로 사천, 대화 등 다른 지역으로 분가하였던 것으로 보인다.

2) 강릉시 노암동, 여찬리, 박월동

이 지역은 대체로 배산임수형 지형 조건을 갖추고 있는 곳이다. 노암동 지역은 강릉의 젖줄인 남대천을 끼고 있는 지역으로 현재는 하천의 직선화로 인해 노암동 지역이 주택밀집 지역으로 변모되었지만, 이전에는 이 주택지들이 대부분 논농사를 지을 수 있는 지형 조건을 갖춘 곳이었다. 구정면 여찬리 지역은 구정천이라는 소하천이 흐른 지역으로 역시 넓은 농경지가 형성되어 있는 지역이다. 박월동 지역 또한 전형적인 농촌 지역으로서 하천과 넓은 농경지가 형성된 곳이다. 이처럼 강릉김씨 김광복의 후손들이 중심이 되어 형성된 노암동, 여찬리, 박월동 지역은 읍치 지역과 거리가 그리 멀지 않은 지역으로서 그들의 경제적 기반이라고 할 수 있는 전답을 확보하기 좋은 지역에 주로 터전을 잡았던 것으로 보인다. 이러한 경제적 토대를 기반으로 누대에 걸쳐 세거하게 시작하였던 것으로 보인다.

김광복(金光輻) 가계도

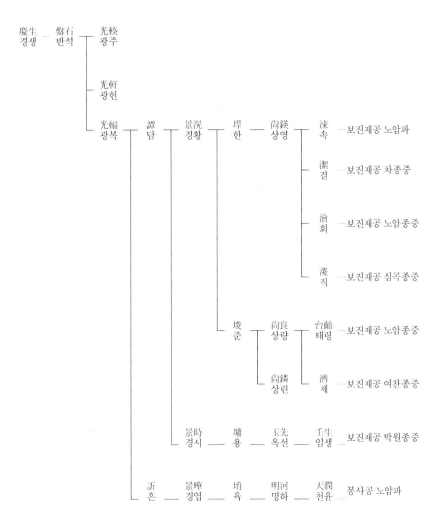

慶生　　盤石　　光輚
경생　　반석　　광주

　　　　　　　光軒
　　　　　　　광헌

　　　　　　　光輻　　譚　　景滉　　埠　　尙鎮　　涑　　　보진재공 노암파
　　　　　　　광복　　담　　경황　　한　　상영　　속

　　　　　　　　　　　　　　　　　　　　　　潔　　　보진재공 차종중
　　　　　　　　　　　　　　　　　　　　　　결

　　　　　　　　　　　　　　　　　　　　　　澮　　　보진재공 노암종중
　　　　　　　　　　　　　　　　　　　　　　회

　　　　　　　　　　　　　　　　　　　　　　溟　　　보진재공 심곡종중
　　　　　　　　　　　　　　　　　　　　　　직

　　　　　　　　　　　　　　　埈　　尙良　　台齡　　보진재공 노암종중
　　　　　　　　　　　　　　　준　　상량　　태령

　　　　　　　　　　　　　　　　　尙鑄　　濟　　　보진재공 여찬종중
　　　　　　　　　　　　　　　　　상린　　제

　　　　　　　　　　　景時　　埔　　玉先　　壬生　　보진재공 박월종중
　　　　　　　　　　　경시　　용　　옥선　　임생

　　　　　訢　　景曄　　垍　　明河　　天潤　　봉사공 노암파
　　　　　흔　　경엽　　육　　명하　　천윤

　　노암동에 세거한 강릉김씨는 주로 반석의 셋째아들 광복(光輻)의 후손들이다. 광복의 장자인 김담은 경황, 경시 두 아들을 두었고, 광복의 둘째인 흔(訢)은 경엽(景曄)을 두었다. 김담의 첫째 경황의 후손들은 노암동,

구정면 여찬리, 심곡동에 주로 거주하였고, 둘째 경시의 후손들은 박월동 지역에 주로 세거하였다. 김흔의 아들 경엽의 후손들 역시 노암동 지역에 거주하였다.

3) 강릉시 모전리, 상·하시동리

모전 지역은 군선강의 중류지역에 해당되며, 풍부한 물을 확보할 수 있는 지역을 세거지역으로 선정하였던 것으로 보인다. 군선강의 북측은 넓은 평야가 펼쳐져 있고 뒤로는 야트막한 산들이 동쪽을 향해 뻗어 있으며, 마을 앞 역시 동쪽을 향해 야산이 길게 뻗어 있다. 상시동과 하시동은 서쪽 덕현리 쪽에서 작은 하천이 흘러 마을 앞을 지나 풍호쪽으로 향한다. 작은 하천 주변 역시 논농사를 하기에는 적합한 지역이다. 따라서 자연조건의 측면에서 이들이 이곳을 세거지역으로 선택한 이유는 농토 확보가 수월할 뿐만 아니라 하천을 끼고 있는 지역으로 물의 확보가 원활하기 때문이라고 여겨진다. 그리고 더 나아가서는 시전(柴田) 확보에 있어서도 매우 유리한 자연조건을 갖추고 있는 지역이라 할 수 있다.

평의공(評議公) 김지(金輊)의 슬하에는 자갱(子鏗), 자장(子鏘), 자흠(子欽), 자종(子鐩), 자현(子鉉) 등 5명의 아들을 두었다. 이들 중 강릉지역에서 주로 세거하였던 사람들은 대체로 자장과 자흠의 후손들이다.

김자흠(金子欽) 가계도

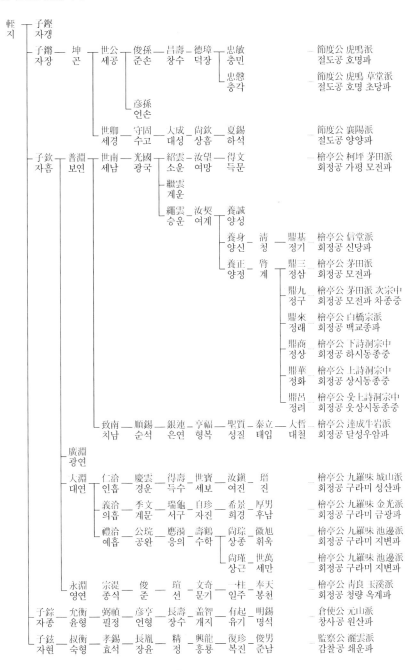

- 輊 지
  - 子鏗 자갱
  - 子鏘 자장 — 坤 곤
    - 世公 세공
      - 俊孫 준손 — 昌壽 창수 — 德璋 덕장
        - 忠敏 충민 …… 節度公 虎鳴派 절도공 호명파
        - 忠慤 충각 …… 節度公 虎鳴 草堂派 절도공 호명 초당파
      - 彦孫 언손
    - 世卿 세경 — 守固 수고 — 大成 대성 — 尙欽 상흠 — 夏錫 하석 …… 節度公 襄陽派 절도공 양양파
  - 子欽 자흠
    - 普淵 보연
      - 世南 세남 — 光國 광국
        - 紹雲 소운 — 汝望 여망 — 得文 득문 …… 檜亭公 柯坪 茅田派 회정공 가평 모전파
        - 繼雲 계운
        - 繩雲 승운 — 汝契 여계
          - 養誠 양성
          - 養身 양신 — 淸 청 — 鼎基 정기 …… 檜亭公 信堂派 회정공 신당파
          - 養正 양정 — 胥 계
            - 鼎三 정삼 …… 檜亭公 茅田派 회정공 모전파
            - 鼎九 정구 …… 檜亭公 茅田派 次宗中 회정공 모전파 차종중
            - 鼎來 정래 …… 檜亭公 白橋宗派 회정공 백교종파
            - 鼎商 정상 …… 檜亭公 下詩洞宗中 회정공 하시동종중
            - 鼎華 정화 …… 檜亭公 上詩洞宗中 회정공 상시동종중
            - 鼎呂 정려 …… 檜亭公 웃上詩洞宗中 회정공 웃상시동종중
      - 致南 치남 — 順錫 순석 — 銀連 은연 — 亨福 형복 — 聖質 성질 — 泰立 태입 — 大哲 대철 …… 檜亭公 達成牛岩派 회정공 달성우암파
    - 廣淵 광연
    - 大淵 대연
      - 仁洽 인흡 — 慶雲 경운 — 得壽 득수 — 世寶 세보 — 汝鎭 여진 — 瑨 진 …… 檜亭公 九羅味 城山派 회정공 구라미 성산파
      - 義洽 의흡 — 季文 계문 — 瑞龜 서구 — 自珍 자진 — 希景 희경 — 厚男 후남 …… 檜亭公 九羅味 金光派 회정공 구라미 금광파
      - 禮洽 예흡 — 公琓 공완 — 應漪 응의 — 壽鶴 수학
        - 尙琮 상종 — 徽旭 휘욱 …… 檜亭公 九羅味 池邊派 회정공 구라미 지변파
        - 尙瑾 상근 — 世萬 세만 …… 檜亭公 九羅味 池邊派 회정공 구라미 지변파
    - 永淵 영연 — 宗湜 종식 — 俊 준 — 瑄 선 — 文奇 문기 — 一柱 일주 — 奉天 봉천 …… 檜亭公 靑良 玉溪派 회정공 청량 옥계파
  - 子錝 자종 — 允衡 윤형 — 弼禎 필정 — 彦亨 언형 — 長壽 장수 — 盖智 개지 — 有起 유기 — 明錫 명석 …… 倉使公 元山派 창사공 원산파
  - 子鉉 자현 — 叔衡 숙형 — 孝錫 효석 — 長胤 장윤 — 精 정 — 興龍 흥룡 — 復珍 복진 — 俊男 준남 …… 監察公 灑雲派 감찰공 쇄운파

자장의 후손들은 중 일부는 초당동과 사천면 노동지역에 세거하였고, 자흠의 후손들은 모전, 백교, 하시동, 상시동, 지변동, 교동, 구라미, 금광리, 청량동, 옥계 낙풍리·산계리 등에 거주하였으며 특히 백교, 하시동, 상시동, 모전리에 많이 세거하였다.

자흠의 후손 중에서 여계(汝契)와 양성(養誠)은 모두 문신으로 중앙 관직을 역임했던 인물이다. 여계는 제용감봉사(濟用監奉事)와 참판(參判)을 지냈고, 양성은 인조 5년(1627) 문과에 급제하여 첨정(僉正)·동부승지(同副承旨)를 지냈다. 자흠의 후손들 중에서 현재까지 동족마을로서 그 명맥을 유지하고 있는 지역은 주로 상·하시동 지역이다. 상시동에 입거한 인물은 정화(鼎華), 하시동에 입거한 인물은 정상(鼎商), 웃상시동에 입거한 인물은 정려(鼎呂)이다. 양정(養正)의 손자이며, 계(胥)의 아들인 정상, 정화, 정려 등 3명이 상하시동에 각각 입거하면서 이들 후손들이 세거하기 시작하였다. 이들이 이 지역으로 입거한 시기는 18세기 초반으로 추정된다.

4) 강릉시 성산면 위촌리

위촌리(渭村里)는 본래 우출(牛出)이라 하다가 300여 년 전에 강릉김씨 김시습의 5세손인 풍기군수를 지낸 상적(尙績)의 호(號)를 따서 위촌(渭村)이라 하였다고 한다. 위촌리에는 강릉김씨 매월당 계자(系子)인 덕량(德良)의 후손들이 이곳에 집성촌을 이루었다고 한다. 마을 서쪽 뒤 사실재와 멍에재가 높이 솟아 있고, 마을 한가운데는 골아우에서 발원(發源)한 물이 죽헌동으로 흘러 경포호로 흐른다. 이 마을은 강릉김씨를 위시해 강릉김씨, 강릉함씨가 들어와 살면서부터 큰 마을로 열렸다.

김덕량(金德良) 가계도

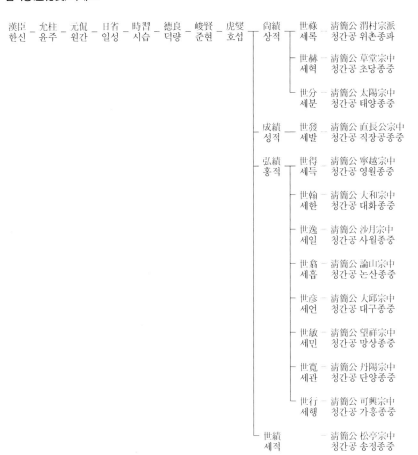

漢臣 _ 允柱 _ 元侃 _ 日省 _ 時習 _ 德良 _ 峻賢 _ 虎燮 _ 尙績 _ 世祿 ⋯ 淸簡公 渭村宗派
한신 　 윤주 　 원간 　 일성 　 시습 　 덕량 　 준현 　 호섭 　 상적 　 세록 　 청간공 위촌종파

世赫 ⋯ 淸簡公 草堂宗中
세혁 　 청간공 초당종중

世分 ⋯ 淸簡公 太陽宗中
세분 　 청간공 태양종중

成績 _ 世發 _ 淸簡公 直長公宗中
성적 　 세발 　 청간공 직장공종중

弘績 _ 世得 _ 淸簡公 寧越宗中
홍적 　 세득 　 청간공 영월종중

世翰 _ 淸簡公 人和宗中
세한 　 청간공 대화종중

世逸 _ 淸簡公 沙月宗中
세일 　 청간공 사월종중

世翕 _ 淸簡公 論山宗中
세흡 　 청간공 논산종중

世彦 _ 淸簡公 大邱宗中
세언 　 청간공 대구종중

世敏 _ 淸簡公 望祥宗中
세민 　 청간공 망상종중

世寬 _ 淸簡公 丹陽宗中
세관 　 청간공 단양종중

世行 _ 淸簡公 可興宗中
세행 　 청간공 가흥종중

世績 _ 淸簡公 松亭宗中
세적 　 청간공 송정종중

2. 동제(洞祭)

1) 여찬리, 박월동

　구정면 여찬리 본동에 한 곳의 서낭당이 있다. 마을 전래의 문서에 의하면 1843년부터 마을 제의가 행하여졌음을 알 수 있다. 여찬리 서낭당은 여찬리 266-2(본동)에 위치해 있다. 여찬리 서낭당의 당집은 없으며 서낭목

주위로 돌담을 쌓았다. 제의는 고청제(告請祭)라고 하며 성황지신(城隍之神)·토지지신(土地之神)·여역지신(癘疫之神)을 모신다. 제당은 구정면사무소에서 구정리 방향으로 200m 지점에 위치한다. 제의는 음력 정월 초정일에 지내며 위패는 제의 당일 나무로 깎아 세운다. 제물은 여찬리 6개 반 주민 모두가 참여하며 유사와 도가를 지정한다. 전래하는 문서에 의하면 제차는 1843년부터 헌관과 집사 12명을 선정하여 유교식으로 지낸다.

박월동 서낭당은 박월동 46통 2반에 위치한다. 박월동 서낭당의 당집은 없으며 서낭목 주위에 벽돌담으로 경계를 만들었다. 제의는 성황제라고 하며 성황지신(城隍之神)·토지지신(土地之神)·여역지신(癘疫之神)을 모신다. 소나무 세 그루가 서낭목이며 제의는 음력 정월 대보름에 지낸다. 제물은 유사(有司)가 모두 생으로 준비하며 각위(各位)마다 따로 진설(陳設)한다. 유교식으로 지내며 제의가 끝나면 소지(燒紙)한다.

2) 강동면 모전리, 상·하시동리

① 강동면 모전리

강동면 모전리에는 둔지마을, 돌평마을, 관마을, 산두골에 각 한 곳씩 4개의 서낭당이 있다. 둔지마을 서낭당은 모전1리 3반 511-2, 돌평마을 서낭당은 모전1리 3반 산 396-1의 3, 관마을 서낭당은 모전1리 8반 임 837, 산두골 서낭당은 모전리 산 28에 각각 위치해 있다.

둔지마을 서낭당과 돌평마을 서낭당의 당집은 목조건물에 슬레이트로 지붕을 얹었고, 관마을 서낭당과 산두골 서낭당의 당집은 벽돌건물에 함석지붕을 얹었다.

각 서낭당에서는 매년 한 차례씩 제의를 행하고 있다. 둔지마을의 제의는 고청제(告請祭)라고 하며, 성황지신(城隍之神)·토지지신(土地之神)·여역지신(癘疫之神)을 모신다. 강동초등학교를 지나 둔지마을 밭 한가운데 서낭목 소나무 7그루가 서 있는데 그곳에서 매년 가을에 택일하여 제사를 지내고 있다. 제물은 유사(有司)가 준비하며, 각위(各位)마다 따로 진설(陳設)하고, 육고기는 생으로 올린다. 제차는 유교식 제의이고, 제의가 끝나면 소지(燒紙)한다.

돌평마을도 고청제라고 하며 성황지신·토지지신·여역지신을 모신다. 제당(祭堂)은 3반에서 언별리로 가는 도로변에 위치하고 있다. 매년 가을에 택일하여 제사를 지내는데 제물은 유사가 준비한다. 각위마다 따로 진설하고 유교식으로 지낸다. 제의가 끝나면 소지한다.

관마을의 제의도 역시 고청제라 하며, 성황지신·토지지신·여역지신을 모신다. 제당은 강동초등학교에서 관마을로 들어가는 입구에 위치하고 있다. 매년 가을 택일하여 제의를 지내는데, 제물은 유사가 준비한다. 각위마다 따로 진설하고, 육고기는 생으로 올린다. 유교식으로 지내며 제의가 끝난 뒤 소지한다.

산두골의 제의 명칭은 성황제라 하며, 산신지신(山神之神)·토지지신·여역지신을 모시고 있다. 제당은 동해고속도로변 산기슭에 위치한다. 매년 봄에 택일하여 유교식 제의를 지낸다. 제물은 유사가 준비하며 각위마다 따로 진설한다. 제의가 끝난 뒤에는 소지한다.

② 상시동리

강동면 상시동리에는 서당골과 골말에 2개의 서낭당이 있다. 서당골 서낭당은 상시동1리 산60번지에, 골말 서낭당은 상시동2리 4반 산277-2번지에 각각 위치해 있다.

서당골 서낭당은 당집이 없으며 돌을 쌓아 제단을 마련했다. 골말 서낭당은 소나무 숲에 담장을 쌓아 당집을 만들었다. 각 서낭당은 음력 정월 초에 제의를 행하고 있다. 서당골 서낭당은 성황제라고 하며 산신지신

(山神之神)·토지지신(土地之神)·여역지신(癘疫之神)을 모신다. 제당(祭堂)은 마을을 지나는 7번국도 좌측 논 가운데 위치한다. 서낭목이 작은 숲을 이루고 있다. 제물은 유사(有司)가 준비하며, 각위(各位)마다 따로 진설(陳設)하고, 육고기는 생으로 올린다. 제차는 유교식 제의이고, 제의가 끝나면 소지(燒紙)한다.

골말 서낭당도 성황제라고 하며 성황지신(城隍之神)·토지지신(土地之神)·여역지신(癘疫之神)을 모신다. 제당(祭堂)은 상시동2리 고속도로 가까운 산기슭에 위치한다. 지붕은 없으며 콘크리트로 제단을 만들고 비석 형태의 화강석으로 만든 3신위의 위패가 있다. 제물은 유사(有司)가 준비하며, 각위(各位)마다 따로 진설(陳設)하고, 육고기는 생으로 올린다. 제차는 유교식 제의이고, 제의가 끝나면 소지(燒紙)한다.

제3절 문화유적(祠宇, 齋舍)

1. 명주군왕릉(溟州郡王陵)

강릉시 성산면 보광리에 있는 강릉김씨의 시조 김주원(金周元)의 능(陵)으로 지방기념물 제12호이다. 조선 명종 때 김주원의 후손인 김첨경(金添慶)이 강릉부사 재임 시, 주원의 현몽(現夢)으로 선대(先代)부터 실전(失傳)된 시조묘소를 찾기로 결심하고, 여러 방면으로 수소문한 끝에 지금의 자리를 찾았다고 한다. 그때 능묘(陵墓) 앞과 사면은 돌로 만든 층계가 있었고, 그것의 네 모퉁이에는 1척 남짓한 돌 동자상(童子像)이 있었다고 전한다. 또 무덤 속에서 유해를 담은 백사(白沙) 항아리가 나왔는데, 그 뚜껑에는 북두칠성의 형상이 그려져 있었다고 한다. 현재 묘역에는 봉분 아랫부분에 긴 사각형의 둘레돌을 두른 묘 2기가 앞뒤로 배치되어 있으며, 묘 앞에는 묘비가 있다. 좌우에는 망주석, 문인석, 동물석상이 한 쌍씩 세워져 있고, 동네 입구에는 신도비(神道碑)가 있다.

2. 숭의재(崇義齋)

강릉시 성산면 보광리 삼왕동에 있는 이 재실은 강릉김씨의 시조 김주원(金周元)의 추모와 제향을 위해 건립한 것이다. 여말선초에는 흥복암(興福庵)이라 하였으나 17세기에 숭의재(崇義齋)라 하였다. 숭의재 경내에는 김주원의 5대조인 태종무열왕의 위패를 봉안한 숭열전(崇烈殿)이 있다. 오래 전부터 종묘를 세워 태종 무열왕에 대한 향화(香火)를 올렸다고 전해진다. 훼철된 후 강릉김씨 자손들의 숭조정신에 입각하여 김진만(金振晩)의 주도하에 1978년 12월에 숭렬전청(崇烈殿廳)을 준공하였고, 이듬해 5월 15일에 김진덕(金振悳)이 경주 태종무열왕릉에서 신주를 연혼(延魂)하여 본전(本殿)에 봉안하고 2008년에 참봉 김순경이 신라 통일전에서 영정을 탁본하여 봉안하였다. 이로부터 강릉김씨 대종회에서 매년 춘분에 제향을 올리고 있다. 숭의재 인근에는 강릉김씨 시조 김주원 공의 능묘인 명주군왕릉(강원도 지방기념물 제12호)이 있다.

홀기(笏記)

●行參神禮○祝官及諸執事俱就配位○皆四拜○鞠躬○拜○興○拜○興○拜○興○拜○興○

●행참신례○축관급제집사구취배위○개사배○국궁○배○흥○배○흥○배○흥○배○흥○

不身○詣盥洗位○盥手○帨手○各就位○贊引引獻官及諸生各就位○判陳設設祭需○設香爐

평신○예관세위○관수○세수○각취위○찬인인헌관급제생각취위○판진설설제수○설향로

香盒○設降神盞盤○謁者引進獻官之左白謹具請行事○奏樂○謁者引初獻官○詣神位前○北

향합○설강신잔반○알자인진헌관지좌백근구청행사○주악○알자인초헌관○예신위전○북

向立○點視祭需陳設○鞠躬○平身○引降復位○獻官及諸生皆四拜○拜○興○拜○興○拜

향립○점시제수진설○국궁○평신○인강복위○헌관급제생개사배○배○흥○배○흥○배

興○拜○興○平身○樂止●行降神禮○謁者引初獻官詣盥洗位○北向立○搢笏○盥手○帨手

흥○배○흥○평신○악지●행강신례○알자인초헌관예관세위○북향립○진홀○관수○세수

○執笏○奏樂○因詣神位前○跪○搢笏○奉香奉爐陞○三上香○執笏○俯伏○興○平身○少

○집홀○주악○인예신위전○궤○진홀○봉향봉로승○삼상향○집홀○부복○흥○평신○소

退立●行奠幣禮○初獻官跪○搢笏○祝官進初獻官之右○以幣獻于獻官○獻官執幣以授祝官

퇴립●행전폐례○초헌관궤○진홀○축관진초헌관지우○이폐헌우헌관○헌관집폐이수축관

○祝官進獻官之左受幣奠于神位前○執笏○興○平身○引降復位○樂止●行初獻禮○謁者引

○축관진헌관지좌수폐전우신위전○집홀○흥○평신○인강복위○악지●행초헌례○알자인

初獻官詣尊所○西向立○司尊擧冪酌酒○奏樂○因詣神位前○北向立○跪○搢笏○奉爵奠爵

초헌관예준소○서향립○사준거멱작주○주악○인예신위전○북향립○궤○진홀○봉작전작

陞○獻爵○獻官執爵○奠爵○俯伏○興○少退立○正箸○啓盒○獻官以下在位者皆俯伏○樂

승○헌작○헌관집작○전작○부복○흥○소퇴립○정저○계합○헌관이하재위자개부복○악

止○祝官進獻官之左東向跪讀祝文○在位者皆興○獻官俯伏○興○平身○引降復位●行亞獻

지○축관진헌관지좌동향궤독축문○재위자개흥○헌관부복○흥○평신○인강복위●행아헌

禮○謁者引亞獻官詣盥洗位○北向立○搢笏○盥手○帨手○執笏○因詣尊所○西向立○司尊

례○알자인아헌관예관세위○북향립○진홀○관수○세수○집홀○인예준소○서향립○사준

擧冪酌酒○奏樂○因詣神位前○北向立○跪○搢笏○奉爵奠爵陞○獻爵○獻官執爵○奠爵

거멱작주○주악○인예신위전○북향립○궤○진홀○봉작전작승○헌작○헌관집작○전작

執笏○俯伏○興○平身○引降復位○樂止●行終獻禮○謁者引終獻官詣盥洗位○北向立○搢

집홀○부복○흥○평신○인강복위○악지●행종헌례○알자인종헌관예관세위○북향립○진

笏○盥手○帨手○執笏○因詣尊所○西向立○司尊擧冪酌酒○奏樂○因詣神位前○北向立○

홀○관수○세수○집홀○인예준소○서향립○사준거멱작주○주악○인예신위전○북향립○

홀○관수○세수○집홀○인예준소○서향립○사준거멱작주○주악○인예신위 진○북향립○跪○搢笏○奉爵覓爵隮○獻爵○獻官執爵○覓爵○揷匙○執笏○俯伏○興○平身○引降復位

궤○진홀○봉작전작승○헌작○헌관집작○전작○삽시○집홀○부복○흥○평신○인강복위

○樂止●獻官皆四拜○鞠躬○拜○興○拜○興○拜○興○拜○興○平身○奏樂○撤羹○進茶○악지●헌관개사배○국궁○배○흥○배○흥○배○흥○배○흥○평신○주악○철갱○진다

○點茶○樂止○下匙箸○盒蓋●行飮福禮○謁者引初獻官詣飮福位○西向立○跪○搢笏○執○접다○악지○하시저○합개●행음복례○알자인초헌관예음복위○서향립○궤○진홀○집

事者酌福酒○祝官進減神位前胙肉○進獻官之右以胙授獻官○獻官受爵○飮啐爵○執事者受사자작복주○축관진감신위 전조육○진헌관지우이조수헌관○헌관수작○음쵀작○집사자수

虛爵○祝官胙肉授獻官○獻官授胙○還授祝官○祝官受胙于坫○執笏○俯伏○興○平身○引허작○축관조육수헌관○헌관수조○환수축관○축관수조우점○집홀○부복○흥○평신○인

降復位○奏樂●行望燎禮○謁者引初獻官詣望燎位○祝官以篚取祝及幣置於坎○可燎○獻官강복위○주악●행망료례○알자인초헌관예망료위○축관이비취축급폐치어감○가료○헌관

鞠躬○平身○因降復位○樂止●行辭神禮○謁者進獻官之左向告禮成○獻官及詣生皆四拜○국궁○평신○인강복위○악지●행사신례○알자진헌관지좌향고예성○헌관급예 생개사배

鞠躬○拜○興○拜○興○拜○興○拜○興○平身○祝官及諸執事皆四拜○鞠躬○拜○興○拜국궁○배○흥○배○흥○배○흥○배○흥○평신○축관급 제집사개사배○국궁○배○흥○배

○興○拜○興○拜○興○平身○謁者贊引皆四拜○鞠躬○拜○興○拜○興○拜○興○흥○배○흥○배○흥○평신○알자찬인개사배○국궁○배○흥○배○흥○배○흥○배○흥

○平身○撤祭需○獻官以下在位 者禮畢以次退

○평신○철제수○헌관이하재위자예필이차퇴

축문(祝文)

郡守初獻時

군수가 초헌관일 때

維歲次干支幾月干支朔幾日干支溟州郡守○○○ 敢昭告于 新羅溟州郡王 伏以

유세차 간지 몇 월 간지 삭몇 일 간지 명주군수 ○○○가 신라 명주군왕에게 고하나이다.

德同泰伯 寵封溟源 則篤其慶 惟我遺民 有斐不諼 瞻掃塋域 敢其蘋繁 謹以淸酌庶羞 祗薦歲事 尙饗

덕은 태백[28]과 같아 명주군왕에 봉해졌고 그 경사가 도타워 우리 후손은 군자의 아름다운 덕을 잊을 수 없습니다. 묘역을 깨끗이 쓸고 조촐한 제물을 갖추었습니다. 삼가 맑은 술과 여러 가지 음식으로 공경히 세사를 올리니 흠향하소서.

後孫初獻時

후손이 초헌관일 때

維歲次干支幾月干支朔幾日干支 ○○ 等敢昭告于 始祖溟州郡王

유세차 간지 몇 월 간지 삭몇 일 간지 ○○ 등이 시조 명주군왕에게 고하나이다.

伏以 德同泰伯 寵封溟源 則篤其慶 垂裕後昆 惟我苗裔 皆叅王孫 瞻掃塋域 敢其蘋繁 謹以淸酌庶羞 祗薦歲事 尙饗

삼가 덕은 태백과 같아 명주군왕에 봉해져 그 경사가 도타워서 후손에게 넉넉한 복을 남기었습니다. 우리 후손 모두 참여하여 묘역을 깨끗이 쓸고 조촐한 제물을 갖추었습니다. 삼가 맑은 술과 여러 가지 음식으로 공경히 세사를 올리니 흠향하소서.

3. 영모재(永慕齋)

강릉시 성산면 오봉리 137번지에 있는 이 재실은 강릉김씨 부정공파 생원공(生員公) 반석(盤石), 진사공(進士公) 광헌(光軒), 임경당공(臨鏡堂公)

---

28 주(周)나라 문왕의 형. 문왕이 왕위(王位)에 서게 되자, 태백은 그의 아우 중용(仲雍)과 함께 형만(荊蠻)으로 도피했다 한다.

열(說)을 모셨다. 반석(盤石)은 김주원의 23세손으로 성종조에 사마에 입격하고 군자감정(軍資監正)에 증직(贈職)되었으며 시문(詩文)으로 이름을 떨쳤다. 그의 아들 광헌(光軒)은 중종 14년(1519) 진사시에 입격하였으나 기묘사화를 겪은 후 벼슬을 단념하였다. 금산리 정봉(鼎峰) 아래에 집을 짓고 100여 수의 소나무를 조성하고 시를 지으며 화초도서(花草圖書)로서 집을 가지런히 다스렸다.

건립년대는 미상이나 1833년에 중수하고 그 후 여러 번 중수하였다. 시제를 받들면서 강우시(降雨時)에 연혼제행사(延魂祭行事)와 종인(宗人)들의 재실(齋室)로 사용키 위해 건립하였으며, 3대 종중의 위토(位土)와 저축재(貯蓄財)로 운영하고 있다. 재실에는 현판(懸板), 추모시판(追慕詩板) 등이 걸려 있고, 건물구조는 단식와즙목조(單式瓦葺木造)이고 직실(直室)이 부속되어 있다. 신위는 배향치 않으나 매년 음력 9월 15일과 9월 25일 2차에 걸쳐 전사를 봉행한다.

홀기(笏記)

●行祭神禮○祝及諸執事俱就拜位○皆再拜○詣盥洗位○盥手○帨手○各復位○贊引引獻官

● 행참신례○축급제집사구취배위○개재배○예관세위○관수○세수○각복위○찬인인헌관

及在位者各就位○判陳設設祭需○設香爐香盒○設降神盞盤○贊引進獻官之左白謹其請行事

급재위자각취위○판진설설제수○설향로향합○설강신잔반○찬인진헌관지좌백근구청행사

○贊引引初獻官詣神位前○各位祭需陳設點示○詣香案前○北向立○鞠躬○平身○引降復位

○찬인인초헌관예신위전○각위제수진설점시○예향안전○북향립○국궁○평신○인강복위

○獻官及在位者皆再拜○判陳設進饌●行降神禮○贊引引初獻官詣盥洗位○盥手○洗手○因

○헌관급재위자개재배○판진설진찬●행강신례○찬인인초헌관예관세위○관수○세수○인

詣香案前○跪○奉香奉爐陞○三上香○再拜○興○平身○少退跪○司尊擧冪酌酒○獻爵○奉

예향안전○케○봉향봉로승○삼상향○재배○흥○평신○소퇴케○사준거멱작주○헌작○봉

酌尊酌陞○酌酒○再拜○興○平身○引降復位●行初獻禮○贊引引初獻官詣尊所○西向立○
작존작승○뇌주○재배○흥○평신○인강복위●행초헌례○찬인인초헌관예준소○서향립○
司尊擧冪酌酒○引降向案前○跪○奉爵奠爵陞○獻爵○各位奠爵○俯伏○興○小退立○正箸
사준거멱작주○인강향안전○궤○봉작전작승○헌작○각위전작○부복○흥○소퇴립○정저
○啓蓋○獻官以下在位者皆俯伏○祝而進初獻官之左東向跪讀祝○在位者皆興○初獻官再拜
○계개○헌관이하재위자개부복○축이진초헌관지좌동향궤두축○재위자개흥○초헌관재배
○興○平身○引降復位○各位撤爵退酒●行亞獻禮○贊引引亞獻官詣盥洗位○盥手○帨手○
○흥○평신○인강복위○각위철작퇴주●행아헌례○찬인인아헌관예관세위○관수○세수○
詣尊所○西向立○司尊擧冪酌酒○因詣香案前○跪○奉爵奠爵陞○獻爵○各位奠爵○亞獻官
예준소○서향립○사준거멱작주○인예향안전○궤○봉작전작승○헌작○각위전작○아헌관
再拜○興○平身○引降復位●行終獻禮侑食禮○贊引引侑食詣盥洗位○盥手○帨手○詣尊所
재배○흥○평신○인강복위●행종헌례유식례○찬인인유식예관세위○관수○세수○예전소
○西向立○司尊擧冪酌酒○因詣香案前○跪○奉爵奠爵陞○獻爵○各位添酌○挿匙○侑食再
○서향립○사준거멱작주○인예향안전○궤○봉작전작승○헌작○각위첨작○삽시○유식재
拜○興○平身○引降復位○獻官以下皆俯伏○皆興○撤囊○進茶○點茶○肅俟少頃○興○下
배○흥○평신○인강복위○헌관이하개부복○개흥○철갱○진다○점다○숙사소경○흥○하
匙箸○合盒●行辭神禮○贊引進獻官之左告禮成○獻官以下在位者皆再拜○祝而焚祝文○撤
시저○합합●행사신례○찬인진헌관지좌고예성○헌관이하재위자개재배○축이분축문○철
祭需○獻官二下在位者禮畢而次退出
제수○헌관이하재위자예필이차퇴출

4. 보진재(葆眞齋)

강릉시 노암동 240번지에 있는 이 재실은 강릉김씨 노암파 종손 김

재인(金載仁) 소유로 효자 김담을 제향하고 있다. 김담의 아들 경황(景況)과 경시(景時)도 효자이며, 손자인 한(垾)도 효자여서 3세4효지정려(三世四孝之旌閭)가 강릉시 노암동 남현(南峴)에 있다. 이 정려각은 선조 5년(1571)에 강릉부사 양사언이 공의 사후에 천거하여 건립한 것이다. 정려각에서 200여 년간 제사를 지내왔으나 순조 10년(1807)에 화재로 소실되어 67년간 제사가 중지되자, 고종 11년(1873)에 10세손 명구(命九)와 13세손 익성(益成)이 협의하여 가문의 명예와 은덕(隱德)을 선양하고 후손의 충효사상을 교훈하고 추모하는 뜻에서 재건하고 편액(扁額)을 '보진재(葆眞齋)'라고 하였다. 제향시기는 매년 음력 9월 10일이다. 장현동 334번지 내에 숭모재가 따로 있다.

홀기(笏記)

●獻官以下俱就位○設蔬果○獻官及諸執事詣盥帨位○盥手○帨手○初獻官詣香案前○跪○
●헌관이하구취위○설소과○헌관급제집사예관세위○관수○세수○초헌관예향안전○궤○

本香○奉爐○三上香○興○少退再拜○興○跪●行降神禮○擧冪爵酹○奉爵○灌酒○興○少
봉향○봉로○삼상향○흥○소퇴재배○흥○궤●행강신례○거멱작주○봉작○관주○흥○소

退在拜○興○平身○少退立○參神○獻官及在位者皆再拜○進饌●行初獻禮○初獻官詣香案
퇴재배○흥○평신○소퇴립○참신○헌관급재위자개재배○진찬●행초헌례○초헌관예향안

前○跪○擧冪酌酒○奉爵○覓爵○正箸○啓盖○獻官及在位者皆俯伏○祝進初獻官之跪讀祝
전○궤○거멱작주○봉작○전작○정저○계개○헌관급재위자개부복○축진초헌관지궤독축

○獻官及在位者皆興○初獻官少退再拜○興○平身○因降復位○撤爵●行亞獻禮○亞獻官詣
○헌관급재위자개흥○초헌관소퇴재배○흥○평신○인강복위○철작●행아헌례○아헌관예

香案前○跪○擧冪酌酒○奉爵○覓爵○興○少退再拜○興○平身○因降復位○撤爵●行終獻
향안전○궤○거멱작주○봉작○전작○흥○소퇴재배○흥○평신○인강복위○철작●행종헌

禮○終獻官詣香案前○跪○擧冪酌酒○奉爵○覓爵○興○少退再拜○興○平身○因降復位●
례○종헌관예향안전○궤○거멱작주○봉작○전작○흥○소퇴재배○흥○평신○인강복위●

侑食香案前○跪○擧冪酌酒○奉爵○添爵○揷匙○興○少退再拜○興○下身○因降復位○獻

유식향안전○궤○거멱작주○봉작○첨작○삽시○흥○소퇴재배○흥○평신○인강복위○헌

官及在位者皆少退俯伏○興○撤羹○進茶○點茶○肅俟小傾○下匙箸○盒盖○祝進獻官之左

관급재위자개소퇴부복○흥○철갱○진다○점다○숙사소경○하시저○합개○축진헌관지좌

東向告禮成●辭禮○獻官及在位者皆再拜○祝焚祝○撤饌

동향고예성●사례○헌관급재위자개재배○축분축○철찬

축문(祝文)

維歲次 某年某月某日干支 幾代孫某官某 敢昭告于

유세차 모년 모월 모일 간지에 몇 대손 모관 ○○가

顯幾代祖考通政大夫僉知中樞府事府君

몇 대조 할아버지 통정대부 첨지중추부사 부군과

顯考代祖妣淑夫人全州崔氏之墓 伏以

몇 대조 할머니 숙부인 전주최씨 묘소에 고하나이다. 삼가

忠孝幷著 朓食鄕祠 瞻掃封塋 歲薦一祭 履玆霜露 彌增感慕 謹以淸酌庶羞 祗奉

常事 尙饗

충과 효를 함께 드러내어 향사에 제사지내기 위해 묘역을 쓸고 봉분을 우러러보며 세사를 올립니다. 서리와 이슬을 밟고 묘소를 찾아보니 조상님을 사모하는 정을 이기지 못하겠습니다. 삼가 맑은 술과 음식으로 연례행사를 받드니 흠향하소서.

5. 명덕재(明德齋)

강릉시 강동면 상시동 2리 605번지에 있는 이 재실은 강릉김씨 평의공파 재궁동(齋宮洞) 종중 소유로 강릉김씨 평의공 파조 지(輊)의 손자 보연

(普淵), 증손 세남(世南)과 치남(致南), 현손 광국(光國)을 제향(祭享)하는 곳이다. 호조참의를 지낸 보연은 김자흠(金子欽)의 장남으로 생원시에 입격하여 승의교위(承義校尉)를 지냈다. 세남은 보연의 장남으로 은덕불사(隱德不仕)하였다. 세남의 아들 광국은 성종 20년(1489)에 천거로 교관(敎官)을 지냈으며, 제천현감으로 부임하여서는 그 공적으로 인정받아 유애비(遺愛碑)가 세워졌다.

　　순조 4년(1804)에 건립되었으며, 1865년 건물이 훼손됨에 따라 종중 결의를 거쳐 이듬해에 목조와가 3칸 건물을 중건하였다. 1997년 9월에 기와가 훼손되고 주연(柱椽)이 부패함에 따라 재차 중건한 후 현재에 이르고 있다. 제향시기는 매년 음력 9월 9일이다.

홀기(笏記)

獻官諸執事俱就拜位○祝進獻官之左謹具諸行事○贊引引獻官及諸執事詣盥洗位○盥手○帨
현관제집사구취배위○축진현관지좌근구제행사○찬인인현관급제집사예관세위○관수○세
手各就位○設蔬果●行降神禮○贊引引初獻官詣墳墓前(雨天覓廳行祀時神位前)○跪○三
수각취위○설소과●행강신례○찬인인초헌관예분묘전(우천전청행사시신위전)○궤○삼
上香○俯伏○興○再拜○平身○跪○酹酒○獻爵○酹酒○俯伏○興○再拜○平身○引降復位
상향○부복○흥○재배○평신○궤○뇌주○헌작○뇌주○부복○흥○재배○평신○인강복위
●行參神禮○獻官及在位者皆再拜○進饌●行初獻禮○贊引引初獻官詣墳墓前○跪○酌酒○
●행참신례○헌관급재위자개재배○진찬●행초헌례○찬인인초헌관예분묘전○궤○작주○
獻爵○覓爵○正箸○啓盖○少退俯伏○興○獻官以下皆少退俯伏○祝進獻官之左跪讀祝○俯
헌작○전작○정저○계개○소퇴부복○흥○헌관이하개소퇴부복○축진헌관지좌궤독축○부
伏○皆興○初獻官再拜○平身○引降復位○撤爵●行亞獻禮○贊引引亞獻官詣墳墓前○跪○
복○개흥○초헌관재배○평신○인강복위○철작●행아헌례○찬인인아헌관예분묘전○궤○
酌酒○獻爵○覓爵○俯伏○興○再拜○平身○引降復位○撤爵●行終獻禮○贊引引終獻官詣

작주○헌작○전작○부복○흥○재배○평신○인강복위○철작●행종헌례○찬인인종헌관예

墳墓前○跪○酌酒○獻爵○奠爵○俯伏○興○再拜○平身○引降復位●行侑食禮○贊引引侑

분묘전○궤○작주○헌작○전작○부복○흥○재배○평신○인강복위●행유식례○찬인인유

食詣墳墓前○跪○酌酒○獻爵○添酌○揷匙○俯伏○興○再拜○平身○引降復位○獻官及在

식예분묘전○궤○작주○헌작○첨작○삽시○부복○흥○재배○평신○인강복위○헌관급재

位者俱少退俯伏○肅俟少傾○皆興○撤羹○進茶○點茶○肅俟○撤匙箸○祝焚祝○合蓋○祝

위자구소퇴부복○숙사소경○개흥○철갱○진다○점다○숙사○철시저○축분축○합개○축

進獻官之左西向告禮成●行辭神禮○獻官及在位者皆再拜○撤饌○獻官及在位者禮畢而次出

진헌관지좌서향고예성●행사신례○헌관급재위자개재배○철찬○헌관급재위자예필이차출

축문(祝文)

維歲次干支某月干支朔某日干支某代孫 敢昭告于

유세차 간지 모월 간지 삭모일 간지에 몇 대손 ○○가

顯某代祖考承義衛校尉府君

몇 대조 할아버지 승의위 교위 부군과

顯某代祖妣宜人江陵崔氏

몇 대조 할머니 의인 강릉최씨에게 고하나이다.

氣序流易 霜露旣降 瞻掃封塋 不勝感慕 謹以淸酌庶羞 祇薦歲事 尙 饗

세월은 절기가 바뀌어서 어느덧 찬 서리와 이슬이 내렸습니다. 묘역을 쓸고 봉분을 우러러보

니 조상님을 사모하는 정을 이기지 못하겠습니다. 삼가 맑은 술과 여러 가지 음식으로 공경히

세사를 올리니 흠향하소서.

6. 창덕사(彰德祠)

강릉시 운정동 292번지에 위치하고 있는 이 재실은 강릉김씨 한림 공파 종중 소유로 김주원의 5세손인 김영견(金英堅)과 김견웅(金堅雄), 김징 우(金徵祐), 김양(金陽), 김원걸(金元傑), 김상기(金上琦), 김인존(金仁存), 김영석 (金永錫), 김시습(金時習) 등 9위의 위패를 봉안하고 있다. 과거에는 묘정(廟庭) 혹은 부조묘원사(不祧廟院祠)에 배향하였으나 후손들이 유덕(遺德)을 추모 하기 위하여 향중사림(鄕中士林)과 협의하여 1965년에 강릉시 용강동에 창 건하여 봉향(奉享)하다가 도시계획에 의해 1994년 봄 현 위치에 신축 이건하 였다. 건평은 196평이고 위패를 모신 사당 외에 덕원서원(德源書院)을 위시한 7동의 부속 건물이 있다. 제향시기는 매년 음력 4월 19일이며, 매월 삭망(朔 望)에 분향(焚香)을 거행한다.

홀기(笏記)

●獻官以下諸執事及諸員俱就門外位○贊引引祝及諸執事入就階間拜位○皆再拜○因詣盥洗 ●헌관이하제집사급제원구취문외위○찬인인축급제집사입취계간배위○개재배○인예관세 位○盥手○帨手○各就位○贊引引獻官及諸員入就位○謁者進獻官之左白有司謹具請行事○ 위○관수○세수○각취위○찬인인헌관급제원입취위○알자진헌관지좌백유사근구청행사○ 獻官及諸員皆再拜○謁者引初獻官詣盥洗位○搢笏○盥手○帨手○執笏○引詣香案前○北向 헌관급제원개재배○알자인초헌관예관세위○진홀○관수○세수○집홀○인예향안전○북향 立○跪○搢笏○奉香○奉爐○三上香○行奠幣禮○執事者奉幣授獻官○獻官受幣○還授執事 립○궤○진홀○봉향○봉로○삼상향●행준폐례○집사자봉폐수헌관○헌관수폐○환수집사 者奠幣○執笏○俯伏○興○平身○引詣諸公位奠幣●行初獻禮○謁者引初獻官詣尊所○西向 者전폐○집홀○부복○흥○평신○인예제공위준폐●행초헌례○알자인초헌관예준소○서향 立○酌酒○引詣香案前○北向立○跪○搢笏○獻爵○奠爵○執笏○俯伏○興○平身○引詣諸

립○작주○인예향안전○북향립○궤○진홀○헌작○전작○집홀○부복○흥○평신○인예제

公位尊爵○引詣香案前○跪○祝進獻官之左東向跪讀祝○俯伏○興○平身○因降復位 ●行亞

공위준작○인예향안전○궤○축진헌관지좌동향궤독축○부복○흥○평신○인강복위 ●행아

獻禮○謁者引亞獻官詣盥帨位○搢笏○盥手○帨手○執笏○引詣尊所○西向立○酌酒○引詣

헌례○알자인아헌관예관세위○진홀○관수○세수○집홀○인예준소○서향립○작주○인예

香案前○北向立○跪○搢笏○獻爵○奠爵○執笏○俯伏○興○平身○引詣諸公位奠爵○因降

향안전○북향립○궤○진홀○헌작○전작○집홀○부복○흥○평신○인예제공위전작○인강

復位 ●行終獻禮○謁者引終獻官詣盥帨位○搢笏○盥手○帨手○執笏○引詣尊所○西向立○

복위 ●행종헌례○알자인종헌관예관세위○진홀○관수○세수○집홀○인예준소○서향립○

酌酒○引禮香案前○北向立○跪○搢笏○獻爵○奠爵○執笏○俯伏○興○平身○引詣諸公位

작주○인예향안전○북향립○궤○진홀○헌작○전작○집홀○부복○흥○평신○인예제공위

奠爵○因降復位 ●行飮福禮○謁者引初獻官詣飮福位○西向跪○搢笏○執事者酌福酒○祝持

전작○인강복위 ●행음복례○알자인초헌관예음복위○서향궤○진홀○집사자작복주○축지

俎進減神位前胙肉○降自東階出○執事者以爵授獻官○獻官受爵○啐爵○還授執事者○執事

조진감신위전조육○강자동계출○집사자이작수헌관○헌관수작○쵀작○환수집사자○집사

者受爵置於床○祝以胙授獻官○獻官受胙○還授執事者○執事者受胙○復於尊所○執笏○俯

자수작치어상○축이조수헌관○헌관수조○환수집사자○집사자수조○복어준소○집홀○부

伏○興○平身○因降復位○獻官皆再拜○祝入撤邊豆者○各少移於故處○獻官及諸員皆再拜

복○흥○평신○인강복위○헌관개재배○축입철변두자○각소이어고처○헌관급제원개재배

○贊引引初獻官詣望燎位○北向立○祝以籩取祝版及幣降自西階置於坎○可燎○獻官及祝因

○찬인인초헌관예망료위○북향립○축이비취축판급폐강자서계치어감○가료○헌관급축인

還復位○謁者進獻官之左白禮畢○贊引引祝及諸執事俱就階間拜位○皆再拜○贊引引獻官以

환복위○알자진헌관지좌백예필○찬인인축급제집사구취계간배위○개재배○찬인인헌관이

下諸執事及在位者以次出○掌饌者率其屬撤其饌闔門而退.

하제집사급재위자이차출○장찬자솔기속철기찬합문이퇴.

축문(祝文)

維歲次干支四月干支朔十九日干支後孫幼學某

유세차 간지 4월 간지 삭19일 간지에 후손 유학 ○○가

敢昭告于 新羅人奈麻翰林郞金公 伏以

신라 대나마 한림랑 김공에게 고하나이다. 삼가

羅朝舊臣 罔僕自靖 突世德義 則篤其慶 後人崇報 妥侑舊鄕 永保天休 扶植綱常 謹以牲幣醴齊 式陳明薦 以

신라왕조 옛 신하로 망복자정하고 누대에 걸친 덕의는 그 경사가 도타웠습니다. 후손들이 성대하게 보답하기 위해 옛 고장에서 제향을 올립니다. 하늘이 준 아름다움을 길이 보존하고 강상을 부식하였습니다. 삼가 생폐와 예주(醴酒)로 경건히 밝은 제사를 올리니 흠향하소서.

高麗戶部尙書公·高麗諫議兵部尙書公·高麗禮部尙書左僕射公·高麗兵部尙書公·高麗平章事太傅謚文貞公·高麗平章事上柱國謚文成公·高麗平章事修文殿太尉公·朝鮮梅月堂謚淸簡公 配食 尙饗

고려 호부상서공, 고려 간의병부상서공, 고려 예부상서 좌복야공, 고려 병부상서공, 고려 평장사 태부 시호 문정공, 고려 평장사 상주국 시호 문성공, 고려 평장사 수문전 태위공, 조선 매월당 시호 청간공께 배식하오니 흠향하소서.

7. 청간사(淸簡祠)

강릉시 성산면 보광리 837번지에 있는 강릉김씨 대종회 소유의 이 재실은 매월당 김시습을 배향한 곳이다. 1769년 4월에 종중에서 목조 3칸 건물을 지었다. 그 후 한국전쟁 때 병화로 소실되었다가 1954년에 다시 지었다. 건물은 목조와즙(木造瓦葺)이다. 매년 춘분에 다례(茶禮)를 행한다. 헌관의 복식은 도포(道袍)로 하고, 집사자(執事者)는 재복(齋服)으로 하며, 일반 참례

원은 도포(道袍) 또는 두루마기 차림으로 하고, 관(冠)은 사모(紗帽) 또는 유건(儒巾)으로 하되 행전(行纏)을 신는다. 재실내부에는 청간사 현액, 위패(位牌), 기문(記文), 상량문, 영정(影幀) 등이 있다.

홀기(笏記)

●謁者引獻官及諸執事俱就位○執禮贊引入就拜位○再拜○贊引引諸生入就位○贊引引祝及

●알자인헌관급제집사구취위○집례찬인입취배위○재배○찬인인제생입취위○찬인인축급

諸執事入就拜位○皆再拜○詣盥洗位○盥手○帨手○俱復位○贊引引獻官入就位○謁者進獻

제집사입취배위○개재배○예관세위○관수○세수○구복위○찬인인헌관입취위○알자진헌

官之左白有司謹其請行事○獻官及諸生皆再拜●行奠幣禮○謁者引初獻官詣盥洗位○搢笏○

관지좌백유사근구청행사○헌관급제생개재배●행전폐례○알자인초헌관예관세위○진홀○

盥手○帨手○執笏○引詣香案前○北向立○跪○搢笏○奉香奉爐陞○三上香○獻幣奠幣陞○

관수○세수○집홀○인예향안전○북향립○궤○진홀○봉향봉로승○삼상향○헌폐전폐승○

執事者奉幣授獻官○獻官受幣○還授執事者○執事者受奠幣○執笏○俯伏○興○平身○因降

집사자봉폐수헌관○헌관수폐○환수집사자○집사자수전폐○집홀○부복○흥○평신○인강

復位●行初獻禮○謁者引初獻官詣尊所○西向立○司尊擧冪酌酒○引詣香案前○北向立○跪

복위●행초헌례○알자인초헌관예준소○서향립○사준거멱작주○인예향안전○북향립○궤

○搢笏○奉爵奠爵陞○執爵○奠爵○執笏○俯伏○興○少退○北向立○跪○祝進獻官之左東

○진홀○봉작전작승○집작○전작○집홀○부복○흥○소퇴○북향립○궤○축진헌관지좌동

向跪讀祝○俯伏○興○平身○因降復位●行亞獻禮○謁者引亞獻官詣盥洗位○搢笏○盥手○

향궤독축○부복○흥○평신○인강복위●행아헌례○알자인아헌관예관세위○진홀○관수○

帨手○執笏○引詣尊所○西向立○司尊擧冪酌酒○引詣香案前○北向立○跪○搢笏○奉爵奠

세수○집홀○인예준소○서향립○사준거멱작주○인예향안전○북향립○궤○진홀○봉작전

爵陞○執爵○尊爵○執笏○俯伏○興○平身○因降復位●行終獻禮○謁者引亞獻官詣盥洗位

작승○집작○존작○집홀○부복○흥○평신○인강복위●행종헌례○알자인아헌관예관세위

○搢笏○盥水○洗水○執笏○引詣尊所○西向立○司尊擧羃酌酒○引詣香案前○北向立○跪

○진홀○관수○세수○집홀○인예준소○서향립○사준거멱작주○인예향안전○북향립○궤

○搢笏○奉爵奠爵陛○執爵○執笏○俯伏○興○平身○因降復位○●行飮福禮○謁者引初獻官

○진홀○봉작전작승○집작○집홀○부복○흥○평신○인강복위○●행음복례○알자인초헌관

詣飮福位○西向跪○搢笏○執事者酌福酒○祝持俎進減神位前胙肉降自西階出○執事者以爵

예음복위○서향궤○진홀○집사자작복주○축지조진감신위전조육강자서계출○집사자이작

授獻官○獻官受爵○飮啐爵○還授執事者○執事者受爵○祝以胙授獻官○獻官受胙○還授執

수헌관○헌관수작○음쵀작○환수집사자○집사자수작○축이조수헌관○헌관수조○환수집

事者○執事者受胙○復於尊所○執笏○俯伏○興○平身○因降復位○獻官皆再拜○祝入撤籩

사자○집사자수조○복어준소○집홀○부복○흥○평신○인강복위○헌관개재배○축입철변

豆各少移於故處○降自西階出○獻官及諸生皆再拜○●行望燎禮○贊引引初獻官詣望燎位○北

두각소이어고처○강자서계출○헌관급제생개재배○●행망요례○찬인인초헌관예망요위○북

向立○祝以篚取祝板及幣降自西階出○置於坎○可燎○獻官及祝各復位○謁者進獻官之左白

향립○축이비취축판급폐강자서계출○치어감○가료○헌관급축각복위○알자진헌관지좌백

禮畢○祝及諸執事皆再拜○獻官及諸生以次出○執禮贊引皆再拜○撤饌○以次出○掌饌者率

예필○축급제집사개재배○헌관급제생이차출○집례찬인개재배○철찬○이차출○장찬자솔

其屬撤其饌闔門而退

기속철기찬합문이퇴

축문(祝文)

維歲次 某干支幾月某干支朔幾日某干支 後學某官姓名 敢昭告于

유세차 모간지 몇 월 모간지 삭몇 일 모간지 후학 모관 ○○가

淸簡公梅月堂金先生

청간공 매월당 김선생에게 고하나이다.

伏以 博文英邁 遯世堅確節高 生六淸簡師百 爰及舊鄕永式 後學庸寓景仰 祗薦洞爵 尙 饗

삼가 지식이 많고 영매한데 속세를 떠나 은둔하면서도 절개가 견고하고 높았습니다. 생육신 청간은 백세의 스승이어서 이에 옛 고향에서 영원히 모범이 됩니다. 보잘것없는 후학들이 우러러 공경히 제사를 올리니 흠향하소서.

8. 숭덕재(崇德齋)

강릉시 저동 425번지에 있는 강릉김씨 옥가파(玉街派) 소유의 이 재실은 사정공(司正公) 여명(汝明)과 그의 아들 괴당공(槐堂公) 윤신(潤身)을 모신 곳이다. 이 재실은 매년 제향시 사용하기 위해 1972년 건립되었으며, 종중 재정 및 토지수입으로 운영하고 있다. 제향시기는 매년 음력 3월 10일이고, 건물은 목조와즙(木造瓦葺)이다.

홀기(笏記)

●獻官以下各就位○諸執事詣盥洗位○盥手○帨手○進饌○設香爐香盒○設降神盞盤●行降
●헌관이하각취위○제집사예관세위○관수○세수○진찬○설향로향합○설강신잔반●행강
神禮○初獻官詣盥洗位○盥手○帨手○因詣墓前○跪○奉香奉爐陞○三上香○再拜○司尊擧
신례○초헌관예관세위○관수○세수○인예묘전○궤○봉향봉로승○삼상향○재배○사준거
冪爵酌○獻官跪○奉爵奠爵陞○獻爵○酹酒○再拜○因降復位○獻官以下在位者皆再拜參神
멱작주○헌관궤○봉작전작승○헌작○뇌주○재배○인강복위○헌관이하재위자개재배참신
○進飯羹●行初獻禮○初獻官詣墓前○跪○司尊擧冪酌酒○奉爵奠爵陞○獻爵○奠爵○俯伏
○진반갱●행초헌례○초헌관예묘전○궤○사준거멱작주○봉작전작승○헌작○전작○부복
○小退立○啓蓋○正箸○獻官以下在位者皆俯伏○祝進初獻官之左跪讀祝○獻官以下皆興○
○소퇴립○계개○정저○헌관이하재위자개부복○축진초헌관지좌궤두축○헌관이하개흥○
初獻官再拜○因降復位○撤爵●行亞獻禮○亞獻官詣盥洗位○盥手○帨手○因詣墓前○跪○

초헌관재배○인강복위○철작●행아헌례○아헌관예관세위○관수○세수○인예묘전○궤○

司尊擧羃酌酒○奉爵奠爵陛○獻官○奠爵○俯伏○興○小退○再拜○因降復位○撤爵●行終

사준거멱작주○봉작전작승○헌관○전작○부복○흥○소퇴○재배○인강복위○철작●행종

獻禮○終獻官詣盥洗位○盥手○帨手○因詣墓前○跪○司尊擧羃酌酒○奉爵奠爵陛○獻爵○

헌례○종헌관예관세위○관수○세수○인예묘전○궤○사준거멱작주○봉작전작승○헌작○

奠爵○俯伏○興○小退○再拜○因降復位●行侑食禮○侑食詣盥洗位○盥手○帨手○因詣墓

전작○부복○흥○소퇴○재배○인강복위●행유식례○유식예관세위○관수○세수○인예묘

前○司尊擧羃酌酒○奉爵奠爵陛○獻爵○受爵○興○添爵○揷匙○小退○再拜○因降復位●

전○사준거멱작주○봉작전작승○헌작○수작○흥○첨작○삽시○소퇴○재배○인강복위●

行辭神禮○獻官以下在位者皆俯伏○肅俟小頃○興○撤羹○進茶○點茶○下匙箸○合飯蓋○

행사신례○헌관이하재위자개부복○숙사소경○흥○철갱○진다○점다○하시저○합반개○

盞盤小移於故處○獻官以下在位者皆再拜辭神○祝焚祝○撤饌○以次而退

잔반소이어고처○헌관이하재위자개재배사신○축분축○철찬○이차이퇴

축문(祝文)

司正公 汝明

사정공 여명

維歲次 干支某月干支朔某日干支某代孫某某 敢昭告于

유세차 간지 모월간지 삭모일 간지에 몇 대손 ○○가

顯某代祖考修義校尉義興衛司正府君

몇 대조 할아버지 수의교위 의흥위 사정 부군과

顯某代祖妣宜人江陵王氏

몇 대조 할머니 의인 강릉왕씨에게 고하나이다.

氣序流易 雨露旣濡 瞻掃封塋 不勝感慕 謹以淸酌庶羞 祗薦歲事 尙 饗

세월은 절기가 바뀌어서 어느덧 봄이 되어 비와 이슬이 내렸습니다. 묘역을 쓸고 봉분을 우러

러보니 조상님을 사모하는 정을 이기지 못하겠습니다. 삼가 맑은 술과 여러 가지 음식으로 공경히 세사를 올리니 흠향하소서.

槐堂公 潤身

괴당공 윤신

維歲次 干支某月干支朔某日干支 某代孫某某 敢昭告于

유세차 간지 모월간지 삭모일 간지에 몇 대손 ○○가

顯某代祖考通政大夫行江原道御使坡州原州牧使府君

몇 대조 할아버지 통정대부 행강원도어사 파주·원주목사 부군과

顯某代祖妣淑夫人江陵崔氏

몇 대조 할머니 숙부인 강릉최씨에게 고하나이다.

氣序流易 雨露旣濡 瞻掃封塋 不勝感慕 謹以淸酌庶羞 祗薦歲事 尙 饗

세월은 절기가 바뀌어서 어느덧 봄이 되어 비와 이슬이 내렸습니다. 묘역을 쓸고 봉분을 우러러보니 조상님을 사모하는 정을 이기지 못하겠습니다. 삼가 맑은 술과 여러 가지 음식으로 공경히 세사를 올리니 흠향하소서.

9. 경모재(敬慕齋)

강릉시 내곡동 432번지에 있는 이 재실은 강릉김씨 부정공파 굴산공(崛山公) 종중 소유이다. 김주원의 22세손인 굴산은 예빈시 부정공(禮賓寺副正公) 경생(慶生)의 증손으로 지(墀)의 호이며 자는 자승(子升)이다. 공은 홍천훈도(洪川訓導)를 지냈으며 성화(成化) 연간에 문인걸사(文人傑士) 15인과 함께 금란반월회(金蘭半月會)를 조직하고 맹약(盟約) 5장으로서 수신제세(修身濟世)한 학자이다.

이 재실은 강우 시 연혼봉향(延魂奉享)과 종인들의 공관(公館)으로 사용하기 위해 세웠다. 최초 건립은 자세하지 않으며, 1913년에 중수를 하고 기문(記文)과 추모시(追慕詩) 등의 현판이 게시되어 있다. 건물은 단식와즙목조(單式瓦葺木造)로 부속 직실(直室)이 있다. 운영은 위토(位土)와 저축액으로 충당한다. 경모재는 굴산공의 묘 소재지로서 신위를 배향치 않으나 묘소 시제를 매년 음력 3월 29일에 행한다.

홀기(笏記)

獻官以下俱就拜○設蔬果○獻官及諸執事詣盥洗位○盥手○帨手○初獻官詣香案前○跪○奉
헌관이하구취배○설소과○헌관급제집사예관세위○관수○세수○초헌관예향안전○궤○봉
香○奉爐○三上香○興○少退再拜○興○跪●行降神禮○擧冪酌酒○奉爵○灌酒○興○少退
향○봉로○삼상향○흥○소퇴재배○흥○궤●행강신례○거멱작주○봉작○관주○흥○소퇴
再拜○興○平身○少退立○參神○獻官及在位者皆再拜○進饌●行初獻禮○初獻官詣香案前
재배○흥○평신○소퇴립○참신○헌관급재위자개재배○진찬●행초헌례○초헌관예향안전
○跪○擧冪酌酒○奉爵○奠爵○正箸○啓盖○獻官及在位者皆俯伏○祝進初獻官之跪讀祝○
○궤○거멱작주○봉작○전작○정저○계개○헌관급재위자개부복○축진초헌관지궤독축○
獻官及在位者皆興○初獻官少退再拜○興○平身○因降復位○撤爵●行亞獻禮○亞獻官詣香
헌관급재위자개흥○초헌관소퇴재배○흥○평신○인강복위○철작●행아헌례○아헌관예향
案前○跪○擧冪酌酒○奉爵○奠爵○興○少退再拜○興○平身○因降復位○撤爵●行終獻禮
안전○궤○거멱작주○봉작○전작○흥○소퇴재배○흥○평신○인강복위○철작●행종헌례
○終獻官詣香案前○跪○擧冪酌酒○奉爵○奠爵○興○少退再拜○興○平身○因降復位●侑
○종헌관예향안전○궤○거멱작주○봉작○전작○흥○소퇴재배○흥○평신○인강복위●유
食詣香案前○跪○擧冪酌酒○奉爵○添爵○揷匙○興○少退再拜○興○平身○因降復位○獻
식예향안전○궤○거멱작주○봉작○첨작○삽시○흥○소퇴재배○흥○평신○인강복위○헌
官及在位者皆少退俯伏○興○撤羹○進茶○點茶○肅俟少頃○下匙箸○盒盖○祝進獻官之左

관급재위자개소퇴부복○흥○철갱○진다○점다○숙사소경○하시저○합개○축진헌관지좌

東向告禮成○辭神○獻官及在位者皆再拜○祝焚祝○撤饌

동향고예성○사신○헌관급재위자개재배○축분축○철찬

축문(祝文)

維歲次某年某月某日己未 代孫 敢昭告于

유세차 모년 모월 모일 기미에 몇 대손 ○○가

顯代祖考將仕郞洪川訓導府君

몇 대조 할아버지 장사랑 홍천훈도 부군과

顯代祖妣端人江陵崔氏之墓 伏以

몇 대조 할머니 단인 강릉최씨의 묘소에 고하나이다.

氣序流易 雨露旣濡 瞻掃封塋 不勝感慕 謹以淸酌庶羞 祇薦歲事 尙 饗

세월은 절기가 바뀌어서 어느덧 봄이 되어 비와 이슬이 내렸습니다. 묘역을 쓸고 봉분을 우러러보니 조상님을 사모하는 정을 이기지 못하겠습니다. 삼가 맑은 술과 여러 가지 음식으로 공경히 세사를 올리니 흠향하소서.

10. 백달재(白達齋)

강릉시 죽헌동 512번지에 있는 강릉김씨 참판공파 종중 소유의 이 재실은 대(臺), 세훈(世勳), 광철(光轍) 등을 모신 곳이다. 김대는 성종대에 문과에 급제한 후 사간원 헌납(司諫院獻納)을 지냈으며, 이조참판에 추증되었다. 김세훈은 연산군 원년(1495) 문과에 합격하여 종부시첨정(宗簿寺僉正)을 지냈으며, 예조판서에 추증되었다.

이 재실은 1893년 죽헌동 505번지에 건립되었으나 1968년 저수지 축

조로 죽헌동 512번지인 현 위치로 이축하였다. 재실은 정면 3칸, 측면 1칸의 맞배지붕 형식으로 지어졌고, 우측 2칸은 방이고 좌측 1칸은 마루로 지어 제향시 종중회관으로 사용하고 있다. 재실에는 현액과 주련 등이 걸려 있다. 제향시기는 대(臺)의 경우 매년 음력 10월 1일이고, 세훈·광철·광진은 매년 음력 10월 2일이다.

홀기(笏記)

●獻官及諸執事俱就位○獻官及諸執事詣盥帨位○盥手○帨手○陳饌○贊引引初獻官詣香案
●헌관급제집사구취위○헌관급제집사예관세위○관수○세수○진찬○찬인인초헌관예향안

前○跪○三上香○再拜○跪●行降神禮○酌酒○再拜○引降復位●行參神禮○獻官及在位皆
전○궤○삼상향○재배○궤●행강신례○작주○재배○인강복위●행참신례○헌관급재위개

再拜●行初獻禮○贊引引初獻官詣香案前○跪○奉爵○奠爵○俯伏○興○小退立○啓盖○正
재배●행초헌례○찬인인초헌관예향안전○궤○봉작○전작○부복○흥○소퇴립○계개○정

筯○獻官及在位者皆俯伏○贊引引祝官詣初獻官之左○跪○讀祝○獻官及在位者皆興○初獻
저○헌관급재위자개부복○찬인인축관예초헌관지좌○궤○독축○헌관급재위자개흥○초헌

官再拜○引降復位○撤爵●行亞獻禮○贊引引亞獻官詣香案前○跪○奉爵○奠爵○獻官再拜
관재배○인강복위○철작●행아헌례○찬인인아헌관예향안전○궤○봉작○전작○헌관재배

○引降復位○撤爵●行終獻禮○贊引引終獻官詣香案前○跪○奉爵○奠爵○獻官再拜○引降
○인강복위○철작●행종헌례○찬인인종헌관예향안전○궤○봉작○전작○헌관재배○인강

復位●行侑食禮○贊引引侑食官詣香案前○跪○奉爵○添酌○奠爵○揷匙○侑食官再拜○引
復位●행유식례○찬인인유식관예향안전○궤○봉작○첨작○전작○삽시○유식관재배○인

降復位○獻官及在位者皆小退○俯伏○肅俟小項○撤羹○進茶○點茶○獻官及在位者皆興○
강복위○헌관급재위자개소퇴○부복○숙사소항○철갱○진다○점다○헌관급재위자개흥○

下匙筯○合盒●行辭禮○獻官及在位者皆再拜○祝焚祝○撤饌○執事者就墓位前爐盤以授
하시저○합합●행사예례○헌관급재위자개재배○축분축○철찬○집사자취묘위전노반이수

獻官○獻官跪授爵○飮卒爵○禮畢皆以次退

헌관○헌관궤수작○음졸작○예필개이차퇴

축문(祝文)

愛日堂祝文

애일당 축문

維歲次 干支某月某日干支某代孫某某 敢昭告于

유세차 간지 모월 모일간지 몇 대손 ○○가

顯某代祖考嘉善大夫禮曹參判兼同經筵弘文館直提學同知義禁府事五衛都總府副總官府君

몇 대조 할아버지 가선대부 예조참판 겸 동경연 홍문관직제학 동지의금부사 오위도총부 부총관 부군과

顯某代祖妣貞夫人安城李氏

몇 대조 할머니 정부인 안성이씨

顯某代祖妣貞夫人淸州楊氏

몇 대조 할머니 정부인 청주양씨에게 고하나이다.

11. 숭덕재(崇德齋)

　　강릉시 대전동에 있는 이 재실은 강릉김씨 평의공파 종중 소유로 평의공파조 김지(金輊)를 모신 곳이다. 1564년 건립되었으며, 종토(宗土)에서 생산되는 도조(賭租)와 기타 수입으로 묘소수호 및 제향을 봉공(奉供)한다. 제향일자는 매년 음력 9월 15일이다.

홀기(笏記)

●獻官及諸執事俱就位○祝進獻官之左謹具請行事○贊引引獻官及諸執事詣盥洗位○盥手○
●헌관급제집사구취위○축진헌관지좌근구청행사○찬인인헌관급제집사예관세위○관수○

帨手○各就位○設蔬果●行降神禮○贊引引初獻官詣墳墓前(雨天覓廳行祀時神位前)○跪○
세수○각취위○설소과●행강신례○찬인인초헌관예분묘전(우천전청행사시신위전)○궤○

三上香○俯伏○興○再拜○平身○跪○酹酒○獻爵○酌酒○俯伏○興○再拜○平身○引降復
삼상향○부복○흥○재배○평신○궤○뇌주○헌작○작주○부복○흥○재배○평신○인강복

位●行衆神禮○獻官及諸位者皆再拜○進饌●行初獻禮○贊引引初獻官詣墳墓前○跪○酌酒
위●행참신례○헌관급제위자개재배○진찬●행초헌례○찬인인초헌관예분묘전○궤○작주

○獻爵○奠爵○正箸○啓盖○少退俯伏○興○獻官以下皆少退俯伏○祝進獻官之左跪讀祝○
○헌작○전작○정저○계개○소퇴부복○흥○헌관이하개소퇴부복○축진헌관지좌궤두축○

俯伏○皆興○初獻官再拜○平身○引降復位○撤爵●行亞獻禮○贊引引亞獻官詣墳墓前○跪
부복○개흥○초헌관재배○평신○인강복위○철작●행아헌례○찬인인아헌관예분묘전○궤

○酌酒○獻爵○俯伏○興○再拜○平身○因降復位●行終獻禮○贊引引終獻官詣墳墓前○跪
○작주○헌작○부복○흥○재배○평신○인강복위●행종헌례○찬인인종헌관예분묘전○궤

○酌酒○獻爵○俯伏○興○再拜○平身○因降復位●行侑食禮○贊引引侑食詣墳墓前○跪
○작주○헌작○부복○흥○재배○평신○인강복위●행유식례○찬인인유식예분묘전○궤○

酌酒○獻爵○添酌○挿匙○俯伏○興○再拜○平身○引降復位○獻官及在位者俱少退俯伏○
작주○헌작○첨작○삽시○부복○흥○재배○평신○인강복위○헌관급재위자구소퇴부복○

肅俟少頃○皆興○撤羹○點茶○肅俟○撤匙箸○祝焚祝○合盖○祝進獻官之左西向告禮成●
숙사소경○개흥○철갱○점다○숙사○철시저○축분축○합개○축진헌관지좌서향고예성●

行辭神禮○獻官及在位者皆再拜○撤饌○獻官及在位者禮畢而次出
행사신례○헌관급재위자개재배○철찬○헌관급재위자례필이차출

축문(祝文)

維歲次 干支九月干支朔十月日干支 某代孫某 敢昭告于

유세차 간지 9월 간지 삭10일 간지에 몇 대손 ○○가

顯某代祖考宣務郎洪原縣監兼勸農兵馬團鍊判官府君

몇 대조 할아버지 선무랑 홍원현감 겸 권농 병마단련판관 부군과

顯某代祖妣宜人橫城高氏 伏以

몇 대조 할머니 의인 횡성고씨에게 고하나이다.

惟我苗裔 每歲季秋 瞻掃封塋 追遠感時 不勝感慕 謹以淸酌庶羞 祇薦歲事 尙 饗

우리 후손이 매년 가을에 묘역을 쓸고 봉분을 우러러보며 조상님을 추모하고 계절에 감개하니 사모하는 정을 이기지 못하겠습니다. 삼가 맑은 술과 여러 가지 음식으로 공경히 세사를 올리니 흠향하소서.

12. 명덕재(明德齋)

강릉시 성산면 보광리에 있는 이 재실은 강릉김씨 옥가파 참판공 종중 소유로 조산대부(朝散大夫) 군자감주부(軍資監主簿)를 지낸 증이조참판(贈吏曹參判) 김수와 첨지중추부사인 응호를 모신 재실이다. 건립시기는 1979년이며 제향시기는 매년 음력 3월 15일이다.

홀기(笏記)

●行參神禮○祝官及諸執事俱就配位○皆再拜○鞠躬○拜○興○拜○興○拜○興○拜○興○

●행참신례○축관급제집사구취배위○개재배○국궁○배○흥○배○흥○배○흥○배○흥○

平身○詣盥洗位○盥手○帨手○各就位○贊引引獻官及諸生各就位○判陳設設祭需○設香爐

평신○예관세위○관수○세수○각취위○찬인인헌관급제생각취위○판진설설제수○설향로

香盒○設降神盞盤○謁者引進獻官之左白謹其請行事○奏樂○謁者引初獻官○詣神位前○北
향합○설강신잔반○알자인진헌관지좌백근구청행사○주악○알자인초헌관○예신위전○북

向立○點視祭需陳設○鞠躬○平身○引降復位○獻官及諸生皆再拜○拜○興○拜○興○拜○
향립○점시제수진설○국궁○평신○인강복위○헌관급제생개재배○배○흥○배○흥○배○

興○拜○興○平身○樂止○●行降神禮○謁者引初獻官詣盥洗位○北向立○搢笏○盥手○帨手
흥○배○흥○평신○악지●행강신례○알자인초헌관예관세위○북향립○진홀○관수○세수

○執笏○奏樂○因詣神位前○跪○搢笏○奉香奉爐陞○三上香○執笏○俯伏○興○平身○少
○집홀○주악○인예신위전○궤○진홀○봉향봉로승○삼상향○집홀○부복○흥○평신○소

退立○●行奠幣禮○初獻官跪○搢笏○祝官進初獻官之右○以幣獻于獻官○獻官執幣以授祝官
퇴립●행전폐례○초헌관궤○진홀○축관진초헌관지우○이폐헌우헌관○헌관집폐이수축관

○祝官進獻官之左受幣奠于神位前○執笏○興○平身○引降復位○樂止○●行初獻禮○謁者引
○축관진헌관지좌수폐전우신위전○집홀○흥○평신○인강복위○악지●행초헌례○알자인

初獻官詣尊所○西向立○司尊擧冪酌酒○奏樂○因詣神位前○北向立○跪○搢笏○奉爵奠爵
초헌관예준소○서향립○사준거멱작주○주악○인예신위전○북향립○궤○진홀○봉작전작

陞○獻爵○獻官執爵○奠爵○俯伏○興○少退立○正箸○啓盒○獻官以下在位者皆俯伏○樂
승○헌작○헌관집작○전작○부복○흥○소퇴립○정저○계합○헌관이하재위자개부복○악

止○祝官進獻官之左東向跪讀祝文○在位者皆興○獻官俯伏○興○平身○引降復位●行亞獻
지○축관진헌관지좌동향궤독축문○재위자개흥○헌관부복○흥○평신○인강복위●행아헌

禮○謁者引亞獻官詣盥洗位○北向立○搢笏○盥手○帨手○執笏○因詣尊所○西向立○司尊
례○알자인아헌관예관세위○북향립○진홀○관수○세수○집홀○인예준소○서향립○사준

擧冪酌酒○奏樂○因詣神位前○北向立○跪○搢笏○奉爵奠爵陞○獻爵○獻官執爵○奠爵○
거멱작주○주악○인예신위전○북향립○궤○진홀○봉작전작승○헌작○헌관집작○전작○

執笏○俯伏○興○平身○引降復位○樂止○●行終獻禮○謁者引終獻官詣盥洗位○北向立○搢
집홀○부복○흥○평신○인강복위○악지●행종헌례○알자인종헌관예관세위○북향립○진

笏○盥手○帨手○執笏○因詣尊所○西向立○司尊擧冪酌酒○奏樂○因詣神位前○北向立○
笏○관수○세수○집홀○인예준소○서향립○사준거멱작주○주악○인예신위전○북향립○

홀○관수○세수○집홀○인예준소○서향립○사준거멱 작주○주악○인예신위전○북향립○
跪○搢笏○奉爵奠爵陞○獻爵○獻官執爵○奠爵○揷匙○執笏○俯伏○興○平身○引降復位
궤○진홀○봉작전작승○헌작○헌관집작○전작○삽시○집홀○부복○흥○평신○인강복위
○樂止○●獻官皆再拜○鞠躬○拜○興○拜○興○拜○興○拜○興○平身○奏樂○撤羹○進茶
○악지○●헌관개재배○국궁○배○흥○배○흥○배○흥○배○흥○평신○주악○철갱○진다
○點茶○樂止○下匙箸○盒蓋○●行飮福禮○謁者引初獻官詣飮福位○西向立○跪○搢笏○執
○점다○악지○하시저○합개○●행음복례○알자인초헌관예음복위○서향립○궤○진홀○집
事者酌福酒○祝官進減神位前胙肉○進獻官之右以胙授獻官○獻官受爵○飮啐爵○執事者受
사자작복주○축관진감신위전조육○진헌관지우이조수헌관○헌관수작○음쵀작○집사자수
虛爵○祝官胙肉授獻官○獻官授胙○還授祝官○祝官受胙于坫○執笏○俯伏○興○平身○引
허작○축관조육수헌관○헌관수조○환수축관○축관수조우점○집홀○부복○흥○평신○인
降復位○奏樂○●行望燎禮○謁者引初獻官詣望燎位○祝官以篚取祝及幣置於坎○可燎○獻官
강복위○주악○●행망료례○알자인초헌관예망료위○축관이비취축급폐치어감○가료○헌관
鞠躬○平身○因降復位○樂止○●行辭神禮○謁者進獻官之左向告禮成○獻官及詣生皆再拜○
국궁○평신○인강복위○악지○●행사신례○알자진헌관지좌향고예성○헌관급예생개재배○
鞠躬○拜○興○拜○興○拜○興○拜○興○平身○祝官及諸執事皆再拜○鞠躬○拜○興○拜
국궁○배○흥○배○흥○배○흥○배○흥○평신○축관급제집사개재배○국궁○배○흥○배
○興○拜○興○拜○興○平身○謁者贊引皆再拜○鞠躬○拜○興○拜○興○拜○興○拜○興
○흥○배○흥○배○흥○평신○알자찬인개재배○국궁○배○흥○배○흥○배○흥○배○흥
○平身○撤祭需○獻官以下在位者禮畢以次退
○평신○철제수○헌관이하재위자예필이차퇴

축문(祝文)

維歲次 干支某月干支朔某日干支某代孫 敢昭告于

유세차 간지 모월 간지 삭모일 간지 몇 대손 ○○가

顯某代祖考贈吏曹參判府君

몇 대조 할아버지 증이조참판 부군과

顯某代祖妣贈貞夫人江陵崔氏

몇 대조 할머니 정부인 강릉최씨에게 고하나이다.

氣序流易 霜露旣降 瞻掃封塋 不勝感慕 謹以淸酌庶羞 祗薦歲事 尙 饗

세월은 절기가 바뀌어서 어느덧 찬 서리와 이슬이 내렸습니다. 묘역을 쓸고 봉분을 우러러보니 조상님을 사모하는 정을 이기지 못하겠습니다. 삼가 맑은 술과 여러 가지 음식으로 공경히 세사를 올리니 흠향하소서.

13. 경인재(敬寅齋)

강릉시 강동면 안인리 산 15번지에 있는 이 재실은 강릉김씨 옥가파 참의공 종중 소유로 김몽호(金夢虎)를 모신 곳이다. 처음 건립은 1745년인데, 이후 1991년 3월 중건하였다. 재사는 목조와가(木造瓦家)로 정면 3칸과 측면 2칸이며, 툇마루가 설치되어 있다. 재실 주위는 돌로 담을 쳤으며 정문은 삼문(三門)으로 좌우에 제수 준비를 위한 방이 각각 1칸씩 있다. 또 재사 앞 좌측으로 비석이 있다.

김몽호는 관직을 그만두고 강릉으로 돌아와 강릉시 저동에 있는 호해정(湖海亭)에서 노년을 보냈다. 호해정은 원래 장호의 태허정으로 그의 질서(姪壻) 김몽호에게 증여하였던 것을 그 후 김몽호의 넷째 아들 득헌(得憲)에게 증여되었다가, 득헌이 그의 사위 신만(辛晩)에게 또 증여하였다. 1834년에 김몽호의 자손이 다시 소유했다. 옥산 이우와 삼연 김창흡의 시가 있고 첨재 민우수의 기문과 퇴어당 김상진의 제액이 있으며 경산 정원용과 훈곡 홍의준의 기문도 있다. 현액은 자하 신위가 썼다.

호해정은 당초 여가를 즐길 수 있던 별장 형식으로 창건되었으나 1688년에 김삼연이 호해정에서 제자와 함께 학문을 강론할 때에 호해정의 주인 신성하가 그를 위하여 집 한채를 새로 지었다가 그가 떠난 후 이를 영당으로 하였다. 1868년 고종 때 훼철되었으며 다음해 영정은 양주 석보서원으로 옮겨졌다. 이후 1913년 강릉시 옥천동에 있던 참의 몽호의 지봉영당(芝峯影堂)을 후손들이 없애고 영정은 호해정에 옮겨 봉안하였다. 제향일은 매년 음력 9월 중정일이다.

홀기(笏記)

●行參神禮○祝官及諸執事俱就配位○皆再拜○鞠躬○拜○興○拜○興○拜○興○拜○興○

●행참신례○축관급제집사구취배위○개재배○국궁○배○흥○배○흥○배○흥○배○흥○

平身○詣盥洗位○盥手○帨手○各就位○贊引引獻官及諸生各就位○判陳設設祭需○設香爐

평신○예관세위○관수○세수○각취위○찬인인헌관급제생각취위○판진설설제수○설향로

香盒○設降神盞盤○謁者引進獻官之左白謹具請行事○奏樂○謁者引初獻官○詣神位前○北

향합○설강신잔반○알자인진헌관지좌백근구청행사○주악○알자인초헌관○예신위전○북

向立○點視祭需陳設○鞠躬○平身○引降復位○獻官及諸生皆再拜○拜○興○拜○興○拜○

향립○점시제수진설○국궁○평신○인강복위○헌관급제생개재배○배○흥○배○흥○배○

興○拜○興○平身○樂止●行降神禮○謁者引初獻官詣盥洗位○北向立○搢笏○盥手○帨手

흥○배○흥○평신○악지●행강신례○알자인초헌관예관세위○북향립○진홀○관수○세수

○執笏○奏樂○因詣神位前○跪○搢笏○奉香奉爐陞○三上香○執笏○俯伏○興○平身○少

○집홀○주악○인예신위전○궤○진홀○봉향봉로승○삼상향○집홀○부복○흥○평신○소

退立●行奠幣禮○初獻官跪○搢笏○祝官進初獻官之右○以幣獻于獻官○獻官執幣以授祝官

퇴립●행전폐례○초헌관궤○진홀○축관진초헌관지우○이폐헌우헌관○헌관집폐이수축관

○祝官進獻官之左受幣奠于神位前○執笏○興○平身○引降復位○樂止●行初獻禮○謁者引

○축관진헌관지좌수폐전우신위전○집홀○흥○평신○인강복위○악지●행초헌례○알자인

初獻官詣尊所○西向立○司尊擧冪酌酒○奏樂○因詣神位前○北向立○跪○搢笏○奉爵覓爵
초헌관예준소○서향립○사준거멱 작주○주악○인예신위전○북향립○궤○진홀○봉작전작
陞○獻爵○獻官執爵○覓爵○俯伏○興○少退立○正箸○啓盒○獻官以下在位者皆俯伏○樂
승○헌작○헌관집작○전작○부복○흥○소퇴립○정저○계합○헌관이하재위자개부복○악
止○祝官進獻官之左東向跪讀祝文○在位者皆興○獻官俯伏○興○半身○引降復位●行亞獻
지○축관진헌관지좌동향궤독축문○재위자개흥○헌관부복○흥○평신○인강복위●행아헌
禮○謁者引亞獻官詣盥洗位○北向立○搢笏○盥手○帨手○執笏○因詣尊所○西向立○司尊
례○알자인아헌관예관세위○북향립○진홀○관수○세수○집홀○인예준소○서향립○사준
擧冪酌酒○奏樂○因詣神位前○北向立○跪○搢笏○奉爵覓爵陞○獻爵○獻官執爵○覓爵○
거멱 작주○주악○인예신위전○북향립○궤○진홀○봉작전작승○헌작○헌관집작○전작○
執笏○俯伏○興○平身○引降復位○樂止●行終獻禮○謁者引終獻官詣盥洗位○北向立○搢
집홀○부복○흥○평신○인강복위○악지●행종헌례○알자인종헌관예관세위○북향립○진
笏○盥手○帨手○執笏○因詣尊所○西向立○司尊擧冪酌酒○奏樂○因詣神位前○北向立○
홀○관수○세수○집홀○인예준소○서향립○사준거멱 작주○주악○인예신위전○북향립○
跪○搢笏○奉爵覓爵陞○獻爵○獻官執爵○覓爵○挿匙○執笏○俯伏○興○平身○引降復位
궤○진홀○봉작전작승○헌작○헌관집작○전작○삽시○집홀○부복○흥○평신○인강복위
○樂止●獻官皆再拜○鞠躬○拜○興○拜○興○拜○興○拜○興○平身○奏樂○撤羹○進茶
○악지●헌관개재배○국궁○배○흥○배○흥○배○흥○배○흥○평신○주악○철갱○진다
○點茶○樂止○下匙箸○盒蓋●行飮福禮○謁者引初獻官詣飮福位○西向立○跪○搢笏○執
○점다○악지○하시저○합개●행음복례○알자인초헌관예음복위○서향립○궤○진홀○집
事者酌福酒○祝官進減神位前胙肉○進獻官之右以胙授獻官○獻官受爵○飮啐爵○執事者受
사자작복주○축관진감신위전조육○진헌관지우이조수헌관○헌관수작○음쵀작○집사자수
虛爵○祝官胙肉授獻官○獻官受胙○還授祝官○祝官受胙于坫○執笏○俯伏○興○平身○引
허작○축관조육수헌관○헌관수조○환수축관○축관수조우점○집홀○부복○흥○평신○인
降復位○奏樂●行望燎禮○謁者引初獻官詣望燎位○祝官以篚取祝及幣置於坎○可燎○獻官
강복위○주악●행망료례○알자인초헌관예망료위○축관이비취축급폐치어감○가료○헌관

강복위○주악●행망료례○알자인초헌관예망료위○축관이비취축급폐치어감○가료○헌관

鞠躬○不身○因降復位○樂止●行辭神禮○謁者進獻官之左向告禮成○獻官及詣生皆再拜○

국궁○평신○인강복위○악지●행사신례○알자진헌관지좌향고예성○헌관급예생개재배○

鞠躬○拜○興○拜○興○拜○興○拜○興○平身○祝官及諸執事皆再拜○鞠躬○拜○興○拜

국궁○배○흥○배○흥○배○흥○배○흥○평신○축관급제집사개재배○국궁○배○흥○배

○興○拜○興○拜○興○平身○謁者贊引皆再拜○鞠躬○拜○興○拜○興○拜○興○拜○興

○흥○배○흥○배○흥○평신○알자찬인개재배○국궁○배○흥○배○흥○배○흥○배○흥

○平身○撤祭需○獻官以下在位者禮畢以次退

○평신○철제수○헌관이하재위자예필이차퇴

축문(祝文)

維歲次 干支某月干支朔某日干支某代孫 敢昭告于

유세차 간지 모월 간지 삭모일 간지 몇 대손 ○○가

顯某代祖考嘉善大夫行同知中樞府事府君

몇 대조 할아버지 가선대부 행동지중추부사 부군과

顯某代祖妣貞夫人仁同張氏

몇 대조 할머니 정부인 인동장씨

顯某代祖妣淑人淸風金氏

몇 대조 할머니 숙인 청풍김씨에게 고하나이다.

氣序流易 霜露旣降 瞻掃封塋 不勝感慕 謹以淸酌庶羞 祇薦歲事 尙 饗

세월은 절기가 바뀌어서 어느덧 찬 서리와 이슬이 내렸습니다. 묘역을 쓸고 봉분을 우러러보
니 조상님을 사모하는 정을 이기지 못하겠습니다. 삼가 맑은 술과 여러 가지 음식으로 공경히
세사를 올리니 흠향하소서.

14. 모정재(慕正齋)

　　강릉시 성산면 어흘리에 위치한 이 재실은 강릉김씨 옥가파 기장공 종중 소유로 몽헌의 아들 득헌(得憲)을 제향한 곳이다. 득헌은 선전관 주부와 기장현감을 역임했는데, 관직에 있을 때 청백하였다. 귀향해서는 산수 절경과 더불어 소요하였다. 그는 모산에 세거하였는데 후손들이 지금도 거주하고 있다.

　　이 건물은 묘소수호와 우천시 전사봉행을 위해 고종 13년(1876)에 건립되었으며, 건물은 목조와가 3칸이다. 제향일은 매년 음력 3월 8일이다.

홀기(笏記)

●行參神禮○祝官及諸執事俱就配位○皆再拜○鞠躬○拜○興○拜○興○拜○興○拜○興○
●행참신례○축관급제집사구취배위○개재배○국궁○배○흥○배○흥○배○흥○배○흥○

不身○詣盥洗位○盥手○帨手○各就位○贊引引獻官及諸生各就位○判陳設設祭需○設香爐
평신○예관세위○관수○세수○각취위○찬인인헌관급제생각취위○판진설설제수○설향로

香盒○設降神盞盤○謁者引進獻官之左白謹具請行事○奏樂○謁者引初獻官○詣神位前○北
향합○설강신잔반○알자인진헌관지좌백근구청행사○주악○알자인초헌관○예신위전○북

向立○點視祭需陳設○鞠躬○不身○引降復位○獻官及諸生皆再拜○拜○興○拜○興○拜○
향립○점시제수진설○국궁○평신○인강복위○헌관급제생개재배○배○흥○배○흥○배○

興○拜○興○不身○樂止●行降神禮○謁者引初獻官詣盥洗位○北向立○搢笏○盥手○帨手
흥○배○흥○평신○악지●행강신례○알자인초헌관예관세위○북향립○진홀○관수○세수

○執笏○奏樂○因詣神位前○跪○搢笏○奉香奉爐陞○三上香○執笏○俯伏○興○平身○少
○집홀○주악○인예신위전○궤○진홀○봉향봉로승○삼상향○집홀○부복○흥○평신○소

退立●行奠幣禮○初獻官跪○搢笏○祝官進初獻官之右○以幣獻于獻官○獻官執幣以授祝官
퇴립●행전폐례○초헌관궤○진홀○축관진초헌관지우○이폐헌우헌관○헌관집폐이수축관

○祝官進獻官之左受幣奠于神位前○執笏○興○平身○引降復位○樂止●行初獻禮○謁者引

○축관진헌관지좌수폐전우신위전○집홀○흥○평신○인강복위○악지●행초헌례○알자인

初獻官詣尊所○西向立○司尊擧羃酌酒○奏樂○因詣神位前○北向立○跪○搢笏○奉爵奠爵

초헌관예준소○서향립○사준거멱작주○주악○인예신위전○북향립○궤○진홀○봉작전작

陞○獻爵○獻官執爵○奠爵○俯伏○興○少退立○正筯○啓盒○獻官以下在位者皆俯伏○樂

승○헌작○헌관집작○전작○부복○흥○소퇴립○정저○계합○헌관이하재위자개부복○악

止○祝官進獻官之左東向跪讀祝文○在位者皆興○獻官俯伏○興○平身○引降復位●行亞獻

지○축관진헌관지좌동향궤독축문○재위자개흥○헌관부복○흥○평신○인강복위●행아헌

禮○謁者引亞獻官詣盥洗位○北向立○搢笏○盥手○帨手○執笏○因詣尊所○西向立○司尊

례○알자인아헌관예관세위○북향립○진홀○관수○세수○집홀○인예준소○서향립○사준

擧羃酌酒○奏樂○因詣神位前○北向立○跪○搢笏○奉爵奠爵陞○獻爵○獻官執爵○奠爵○

거멱작주○주악○인예신위전○북향립○궤○진홀○봉작전작승○헌작○헌관집작○전작○

執笏○俯伏○興○平身○引降復位○樂止●行終獻禮○謁者引終獻官詣盥洗位○北向立○搢

집홀○부복○흥○평신○인강복위○악지●행종헌례○알자인종헌관예관세위○북향립○진

笏○盥手○帨手○執笏○因詣尊所○西向立○司尊擧羃酌酒○奏樂○因詣神位前○北向立○

홀○관수○세수○집홀○인예준소○서향립○사준거멱작주○주악○인예신위전○북향립○

跪○搢笏○奉爵奠爵陞○獻爵○獻官執爵○奠爵○插匙○執笏○俯伏○興○平身○引降復位

궤○진홀○봉작전작승○헌작○헌관집작○전작○삽시○집홀○부복○흥○평신○인강복위

○樂止●獻官皆再拜○鞠躬○拜○興○拜○興○拜○興○拜○興○平身○奏樂○撤羹○進茶

○악지●헌관개재배○국궁○배○흥○배○흥○배○흥○배○흥○평신○주악○철갱○진다

○點茶○樂止○下匙筯○盒蓋●行飮福禮○謁者引初獻官詣飮福位○西向立○跪○搢笏○執

○점다○악지○하시저○합개●행음복례○알자인초헌관예음복위○서향립○궤○진홀○집

事者酌福酒○祝官進減神位前胙肉○進獻官之右以胙授獻官○獻官受爵○飮啐爵○執事者受

사자작복주○축관진감신위전조육○진헌관지우이조수헌관○헌관수작○음쵀작○집사자수

虛爵○祝官胙肉授獻官○獻官授胙○還授祝官○祝官受胙于坫○執笏○俯伏○興○平身○引

허작○축관조육수헌관○헌관수조○환수축관○축관수조우점○집홀○부복○흥○평신○인

허작○축관조육수헌관○헌관수조○환수축관○축관수조우점○집홀○부복○흥○평신○인

降復位○奏樂●行望燎禮○謁者引初獻官詣望燎位○祝官以篚取祝及幣置於坎○可燎○獻官

강복위○주악●행망료례○알자인초헌관예망료위○축관이비취축급폐치어감○가료○헌관

鞠躬○平身○因降復位○樂止●行辭神禮○謁者進獻官之左向告禮成○獻官及諸生皆再拜○

국궁○평신○인강복위○악지●행사신례○알자진헌관지좌향고예성○헌관급예생개재배○

鞠躬○拜○興○拜○興○拜○興○拜○興○平身○祝官及諸執事皆再拜○鞠躬○拜○興○拜

국궁○배○흥○배○흥○배○흥○배○흥○평신○축관급제집사개재배○국궁○배○흥○배

○興○拜○興○拜○興○平身○謁者贊引皆再拜○鞠躬○拜○興○拜○興○拜○興○興

○흥○배○흥○배○흥○평신○알자찬인개재배○국궁○배○흥○배○흥○배○흥○배○흥

○平身○撤祭需○獻官以下在位者禮畢以次退

○평신○철제수○헌관이하재위자예필이차퇴

축문(祝文)

維歲次 干支某月干支朔某日干支某代孫 敢昭告于

유세차 간지 모월 간지 삭모일 간지 몇 대손 ○○가

顯某代祖考通訓大夫機張縣監府君

몇 대조 할아버지 통훈대부 기장현감 부군과

顯某代祖妣淑夫人江陵崔氏

몇 대조 할머니 숙부인 강릉최씨

顯某代祖妣淑人淸風金氏

몇 대조 할머니 숙인 청풍김씨에게 고하나이다.

氣序流易 霜露旣降 瞻掃封塋 不勝感慕 謹以淸酌庶羞 祇薦歲事 尙 饗

세월은 절기가 바뀌어서 어느덧 찬 서리와 이슬이 내렸습니다. 묘역을 쓸고 봉분을 우러러보

니 조상님을 사모하는 정을 이기지 못하겠습니다. 삼가 맑은 술과 여러 가지 음식으로 공경히

세사를 올리니 흠향하소서.

15. 회운재(檜雲齋)

강릉시 사천면 사기막리 30번지에 있는 이 재실은 강릉김씨 청량파 종중 소유로 김주원의 22세손인 영연(永淵), 26세손 동지중추부사(同知中樞府事) 문기(文奇), 29세손 군기시판관(軍器寺判官) 무만(武萬), 31세손 중훈대부 행선전관(中訓大夫行宣傳官) 성리(聲理), 34세손 사헌부장령(司憲府掌令) 낙두(洛斗) 등을 모시고 있다. 1975년에 건립하고, 운영은 종중 재정으로 충당한다. 제향일은 매년 음력 3월 15일이다.

홀기(笏記)

●贊引引獻官及諸執事○俱就墓位所○俱伏拜位○贊引引獻官及諸執事詣盥洗位○盥手○帨
●찬인인헌관급제집사○구취묘위소○구복배위○찬인인헌관급제집사예관세위○관수○세
手○祝進獻官之左○謹具請行事○設蔬果○贊引引初獻官詣墳墓前○跪○三上香○再拜○因
수○축진헌관지좌○근구청행사○설소과○찬인인초헌관예분묘전○궤○삼상향○재배○인
降復位○參神○獻官及在位者○皆再拜○參神○贊引引初獻官詣墳墓前○跪○降神○酹酒○
강복위○참신○헌관급재위자○개재배○참신○찬인인초헌관예분묘전○궤○강신○뇌주○
獻爵○酌酒○再拜○因降復位○進饌●行初獻禮○贊引引初獻官詣墳墓前○跪○酌酒○獻爵○
헌작○작주○재배○인강복위○진찬●행초헌례○찬인인초헌관예분묘전○궤○작주○헌작
○奠爵○正箸○啓盖○少退○俯伏○祝進獻官之左跪○讀祝○興○再拜○因降復位○撤爵●
○전작○정저○계개○소퇴○부복○축진헌관지좌궤○독축○흥○재배○인강복위○철작●
行亞獻禮○贊引引亞獻官詣墳墓前○跪○酌酒○獻爵○奠爵○俯伏○興○再拜○因降復位○
행아헌례○찬인인아헌관예분묘전○궤○작주○헌작○전작○부복○흥○재배○인강복위○
撤爵●行終獻禮○贊引引終獻官詣墳墓前○跪○酌酒○獻爵○奠爵○俯伏○興○再拜○因降
철작●행종헌례○찬인인종헌관예분묘전○궤○작주○헌작○전작○부복○흥○재배○인강
復位●行侑食禮○贊引引侑食官詣墳墓前○跪○酌酒○獻爵○添爵○揷匙○俯伏○興○再拜

복위●행유식례○찬인인유식관예분묘전○궤○작주○헌작○첨작○삽시○부복○흥○재배

○因降復位○獻官及在位者皆少退俯伏○興○撤羹○進茶○點茶○祝焚祝○撤匙箸○闔盖○

○인강복위○헌관급재위자개소퇴부복○흥○철갱○진다○점다○축분축○철시저○합개○

祝進獻官之左○西向告禮成○辭神○獻官及在位者皆再拜○辭神以退○撤饌

축진헌관지좌○서향고예성○사신○헌관급재위자개재배○사신이퇴○철찬

축문(祝文)

維歲次 某年某月干支朔某日干支 後孫 敢昭告于

유세차 모년 모월 간지 삭모일 간지 후손 ○○가

顯代祖考將仕郞府君

몇 대조 할아버지 장사랑 부군과

顯代祖妣宜人江陵崔氏

몇 대조 할머니 의인 강릉최씨에게 고하나이다.

氣序流易 雨露旣濡 每歲季春 惟我苗裔 瞻掃封塋 不勝感慕 謹以淸酌庶羞 祇薦歲事 尙 饗

세월은 절기가 바뀌어서 어느덧 봄이 되어 비와 이슬이 내렸습니다. 매년 3월에 우리 후손들이 묘역을 쓸고 봉분을 우러러보니 조상님을 사모하는 정을 이기지 못하겠습니다. 삼가 맑은 술과 여러 가지 음식으로 공경히 세사를 올리니 흠향하소서.

16. 임경당(臨鏡堂)

강릉시 성산면 금산리 445번지에 있는 이 가옥은 김열의 아호에서 유래하였다. 이 가옥은 조선 중종 때인 1530년대에 건축된 것으로 추측되나 현재의 건물은 몇 차례의 증수를 거듭한 것으로써 1825년에 증수하였고, 최근 기둥과 도리를 교체·수리하였다.

본채는 ㅁ자형 평면으로 안채와 사랑채가 1동으로 연속되어 있으며 안채의 서쪽에 사당이 있고 이 사당에 연속되어 제월루가 있다. 본체 방들의 평면과 배치 및 외관은 많은 부분이 원래의 형태에서 변형되게 수리되어 있으며 솟을대문의 위치도 이동하여져 있다. 임경당은 정면 3칸, 측면 2칸의 팔작 익공계 건물이다.

본채에서 떨어진 별당으로써 대청 우물마루와 굴뚝이 없는 방으로 구성되어 있다. 기단은 다듬은 돌 판석 세워쌓기를 2단으로 하였고 초석은 자연석으로 하였으며, 전면 4개는 두리기둥(30cm)을 그 외는 각 기둥(21cm)을 세워 1고주 5량집으로 결구하였다.

대청마루 바닥은 우물마루로 하였고 전면 기둥 사이는 사분합 빗살문으로 바깥 창호를 하고 안쪽으로는 빗살창호를 두어 2중문으로 하였다. 그 외 마루의 안쪽 창호는 세살문, 바깥 창호는 골판창이며 천정은 우물천정으로 되어있다. 퇴량은 원호로 아름답게 처리하였으며, 천정은 연등천정이다. 방바닥은 온돌, 천정은 우물반자 마감이며 벽은 흙벽으로 되어있다.

창호는 들어열개에 의해 여름의 시원한 공간을 만들며 대청과 방사이의 창호도 같은 방법으로 하여 큰 공간을 만들 수 있게 되어있고, 방 천정 윗부분의 환기를 위하여 대청 위 도리 밑에 개폐가 가능한 환기창이 있다.

전체적으로 전면 7.5m, 측면 4.2m의 방형 평면 위에 다듬은 돌기단과 전면 두리기둥, 팔작 기와지붕이 어울려 소박한 미적 감각을 보여주고 있다. 1973년 7월 31일에 강원도 유형문화재 제46호로 지정되었다.

17. 상임경당(上臨鏡堂)

강릉시 성산면 금산리 620번지에 있는 이 가옥은 금산 벌판을 내려다 볼 수 있는 마을에서 제일 높은 위치에 자리 잡고 있다. 상임경당은 안채의 별당 건축으로 정면 3칸, 측면 2칸의 팔작기와지붕이다. 대지의 고저가 심한 위치에 있으므로 기단은 자연석계단을 5단(높이 125cm, 폭 150cm) 쌓고 그 위에 자연석 석축을 두벌대 쌓아 형성하였다. 중앙 기둥 2개는 두리기둥, 양측(우주)기둥은 각기둥(7촌각)으로 자연석 초석 위에 세웠다.

평면은 대청과 방으로 되어있고 대청바닥은 우물마루이며 방바닥은 온돌로 되어 있다. 천정은 우물천정이며 유당의 임경당 현판이 정면에 걸려있다. 측면 벽체는 판벽이며 머름대를 둘렀고 창호는 골판창으로 되어있다. 방과 대청사이는 굽널세살문이며 방의 정면 창호는 세살문과 용자 미닫이로 되어있고 머름대가 있다. 안채에서 별당 출입이 용이하게 오른쪽측면에 외짝세살문을 가지고 있다. 임경당의 좌측 대각선 방향으로 5m정도 거리에는 정면 3칸, 고주 5량가로써 측면의 구조미가 뚜렷이 나타나는 맞배지붕 형식의 사당이 있다.

본채는 안채와 사랑채로 구성되며 안채는 자연석 2단 석축을 기단으로 하여 사랑채보다 높혀서 공간의 위계성을 주었다. 기둥의 굵기는 7촌각으로 자연석 초석 위에 세웠으며 전면 4칸, 측면 2칸의 홑도리의 5량집이다. 상방과 안방, 부엌으로 구성되며 뒷방은 원래 도장방으로 나누어져 있었으나 지금은 확장하여 같이 사용하고 있다.

대문은 평대문이며 출입구의 좌우측 보를 원호 모양으로 처리하였다. 본채의 지붕은 팔작지붕으로 지붕의 선이 모두 연결되게 처리되어 임경당에서 보았을 때 선적인 아름다움을 주고 있다. 영동지방에 나타나는 ㅁ자형 배치 형태의 가옥이다.

사랑채는 사랑방과 행랑방으로 나뉘며 네 짝 미닫이로 통과할 수 있게 되어있다. 전면과 측면에 툇마루가 있고 사랑방은 세살문과 미닫이문으로 창호를 짜고 있다. 기단은 자연석 석축을 2단으로 쌓고 자연석 주초에 정면 2칸의 기둥을 세웠다.

제4절 강릉김씨 족보

　　강릉김씨 족보는 족보(族圖)와 대동보(大同譜), 파보(派譜)로 구분된
다.[29] 족도는 족보의 초기형태로 장지(壯紙)에 가계(家系)를 기록한 것이다. 강
릉김씨의 족도는 고려 말과 조선 초에 걸쳐 2차례 작성되었다. 고려 지정연
간(1381~1367)에 작성된 족도는 김주원의 17세손인 계초(繼貂)의 외손 이거인
(李居仁)에 의해 작성되어 강릉부에 보관되었다. 즉 고려 공민왕 때 이부상서
(吏部尙書) 이거인은 강릉부사에 부임하여 만세사(萬歲祠)에 봉안되어 있는
명주군왕 김주원의 세계를 '강릉김씨 왕족도'라 칭하고 김알지에서부터 신
라 고려에 이르는 세계도를 편제(編製)하여 부사(府司)에 보관하였다. 그리고
조선 초기에 작성된 족도는 강릉김씨 외손인 이신효(李愼孝)에 의해 작성되
었다. 강릉김씨 19세손 보손(寶孫)의 외손 서(婿) 이의흡(李宜洽)의 둘째 아들
인 이신효는 성종 7년(1476)에 강릉부사로 부임하여 부사(府司)에 전해져 오
던 왕족도가 훼손되었으므로 새로 전사(傳寫)하여 계속 부사에 보관하였다.

　　이 2종류의 족도는 선조 30년(1597) 임진왜란 때 소실되어 그 형식과
내용에 대해 정확히 알 수 없다. 다만 김첨경이 1565년『을축보』를 작성하면
서 이 족도의 편찬과정을 서문에 기록하고, 내용을 범례에 일부 기록하여 그
형식과 내용을 어느 정도 알 수 있다. 이 족도는 신라의 태종 무열왕부터 기
록하고 있으며, 친손과 외손을 구분하지 않고 모두 기록하였다. 그리고 족보
에서처럼 정간(井間)을 지어서 기록하지 않고 단지 계보만을 알 수 있도록 붉

---

29 강릉김씨 족보에 대해서는 차장섭, 1997「朝鮮時代 族譜의 編纂과 意義─江陵金氏 族譜를 중심
　　으로─」『朝鮮時代史學報』2에 의거하여 서술하였다.

은 선으로 연결시켜 지파(支派)를 구분하여 기록하였다. 그런데 이 족도는 명실상부한 족보의 편찬과정에 해당 가계(家系)나 족파(族派)를 계보화하는데 중요한 전거가 되었다. 현재까지 간행된 강릉김씨의 대동보는 다음과 같다.

파보명	권수	발간 연대	발행인	발간 장소	비고
乙丑譜 (을축보)	1	명종 20년(1565)	金添慶 (김첨경)	전주 風月堂印書(풍월당인서)	
甲午譜 (갑오보)	4	숙종 40년(1714)	金澮 (김회)	강릉 普賢寺(보현사)	
癸亥譜 (계해보)	6	영조 19년(1743)	金尙星 (김상성)	서울	
癸酉譜 (계유보)	18	고종 10년(1873)	金學初 (김학초)	서울	
辛丑譜 (신축보)	22	고종 38년(1901)	金秉燮 (김병섭)	서울	
庚申譜 (경신보)	12	1920년	金秉熹 (김병희)	서울	
丁酉譜 (정유보)	9	1957년	金鏘卿 (김장경)	서울	대종회
乙酉譜 (을유보)	15	2005년	金泰來 (김태래)	서울	대종회

강릉김씨의 대동보 가운데 최초의 것은 명종 20년(1565) 김첨경에 의해 간행된 『을축보』이다. 김첨경은 김주원의 25세손으로 예조판서에 이른 인물인데, 강릉부사로 부임하면서 부사(府司)에 보존되어 있던 왕족도가 훼손되고, 고증조의 항렬(行列)이 되는 대(代)까지만 수록되어 있어 이후 사람은 아무도 기록이 되어 있지 않으므로 전국에 산재되어 있는 각 가문의 가첩(家牒)과 가승(家乘)을 수집하여 왕족도를 기준으로 구보(舊譜)를 보철(輔綴)하고 체계화된 신보(新譜)를 제작하였다. 『을축보』는 총 99장의 1권으로

이루어져 있으며, 목판본이다.

『을축보』는 우리나라에 현존하는 족보 가운데 『안동권씨성화보(安東權氏成化譜)』, 『문화유씨가정보(文化柳氏嘉靖譜)』에 이어 세 번째로 오래된 것이다.[30] 그러나 이들 족보와는 기록 내용과 형식이 다르다. 『안동권씨성화보』와 『문화유씨가정보』에서는 친손과 외손을 구분하지 않고 동등한 자격으로 기록한 반면 강릉김씨 『을축보』에서는 친손만을 기록하고 외손을 기록하지 않았다. 그리고 자녀를 기록하는 순서도 『안동권씨성화보』와 『문화유씨가정보』에서는 출생순으로 기록한 반면 강릉김씨 『을축보』에서는 선남후녀(先男後女)의 순으로 기록하였다.

강릉김씨 대동보 가운데 두 번째로 발간된 것은 숙종 40년(1714)의 『갑오보』이다. 『갑오보』가 간행되기 이전인 1685년 을축년을 맞이하여 족보 간행을 도모하였으나 간행에 이르지는 못하였다. 즉 김속(金涑)이 서울에서 벼슬하면서 승지(承旨) 김일기(金一夔)와 상사(上舍) 김홍상(金弘相)과 함께 족보 간행을 결의하였다. 그리하여 강릉에 있는 본종중(本宗中)에 연락하여 각 임원과 부서를 정하는 한편 각 지파별로 수단을 작성하여 수집하였으나, 경비와 수단의 수집 문제와 김속의 좌천으로 간행되지는 못하였다. 그리고 수단의 초본도 실전되고 말았다. 이후 처음 족보간행을 추진하였던 김속의 아우 김회(金澮)가 중심이 되어 강릉에서 숙종 40년(1714)에 『갑오보』를 간행하였다. 『갑오보』는 서울에서 고관(高官)을 지내는 종인(宗人)의 도움을 받기가 어려워 강릉에서 주도하여 발간하였다.

영조 19년(1743)에 발간된 『계해보』는 김상성(金尙星)에 의해 간행되었다. 상성은 『을축보』를 간행한 김첨경의 5세손으로 판서 김시환(金始煥)의 아들이다. 상성은 강릉에서 간행된 『갑오보』가 오탈(誤脫)이 너무 심하여 6

---

30 『안동권씨성화보』는 1476년에 간행되었고, 『문화유씨가정보』는 1562년에 간행되었다.

촌형인 김상원(金尙遠)과 함께 족보 간행을 추진하였다. 그러나 도중에 상원이 죽자, 상성은 경상도관찰사로 있으면서 개인이 경비를 마련하여 단독으로 『계미보』를 간행하게 되었다.

고종 10년(1873)에 발간된 『계유보』는 김학초(金學初)에 의해 간행되었다. 김학초는 헌종 14년(1848) 증광시에 급제하여 이조참의와 성균관 대사성을 거쳐 고종 3년(1866)에 이조참의에 이르렀다. 그 후 대원군이 실각하고 노론 벽파인 여흥민씨의 세도정치가 시작되면서 소론 시파였던 김학초는 관직에서 물러났다. 관직에서 물러난 김학초는 족보 편찬에 몰두하여 『계유보』를 완성하였다. 김학초는 『계유보』를 발간하면서 모든 종친들에게 통일된 대동항렬자(大同行列字)를 사용하도록 하였다.

고종 38년(1901)에 발간된 『신축보』는 김병섭(金秉燮)에 의해 간행되었다. 병섭은 『계해보』를 발간한 김상성의 고손이며, 『계유보』를 발간한 김학초의 집안 조카이다. 『신축보』는 전체 22권 가운데 21권과 22권이 추보(追譜)로 구성되어 있는 점이 특징이다. 1920년에 발간된 『경신보』는 김병희(金秉熹)에 의해 간행되었다. 김병희는 김첨경의 9세이다.

파보는 동성동본(同姓同本) 가운데 분파된 같은 파에 속한 동족의 가계를 기록한 것이다. 강릉김씨 파보는 『평의공파보(評議公派譜)』와 이보다 더 세분화된 『평의공감찰공파보(評議公監察公派譜)』로 구분된다. 평의공파는 김주원의 5세손 김동정(金東靖)의 4명의 아들 가운데 김영길(金英吉) 계열이다. 그런데 평의공파는 김영길의 손자인 김예(金乂)가 고려 태조로부터 왕씨 성을 하사받아 왕성(王姓)을 사용하였다. 그 후 조선이 건국되자 김예의 13세손인 김지(金輊)가 김씨로 복성(復姓)되고 평의공파의 파조가 되었다. 처음에 왕씨로 있다가 김씨로 복성하였다 하여 왕김파(王金派)로 칭하기도 하고, 홍원현감(洪原縣監)으로 배명(拜命)되었다 하여 홍원공(洪原公) 대전중종(大田中宗)이라고도 한다. 평의공파라는 명칭은 도평의사사(都評議使司)에 도평의 산원(都評議散員)으로 있었다고 하여 붙여진 이름이다. 평의공파 파보는 정조 21년(1797)에 처음으로 간행된 이래로 5차례에 걸쳐 간행되었고, 평의공 감찰공파보는 3번 간행되었다. 이 외에도 각 파별로 파보를 간행하였다.

강릉박씨(江陵朴氏)

제1절 강릉박씨의 세계와 주요 인물

1. 강릉박씨의 세계

박씨는 신라 시조왕 박혁거세를 원조로 한다. 이 가운데 강릉박씨는 신라 제5대 파사왕의 35세손인 박순(朴純)을 시조로 한다.『강릉박씨세보(江陵朴氏世譜)에 의하면, 박순은 고려 명종 4년(1174) 문과(文科)에 급제하여 보문각 시어(寶文閣侍御, 종5품)를 거쳐 남경유수(南京留守)를 지냈으며, 병부상서 겸 대장군으로 있을 때 석린(石隣)의 모반을 평정한 공로로 보정정국공신(保定靖國功臣)에 책록되었다. 신종 때는 6부(府)를 감독하던 내사문하성의 정당문학 좌복야(左僕射, 정2품)를 역임하고 중서시랑 평장사를 제수받고 계림군(鷄林君)에 봉해졌지만 치사(致仕)하고 강릉으로 와 자연과 벗하며 여생을 보냈다. 사후에 후손들이 그를 시조로 받들고 본관을 강릉으로 삼으면서 강릉박씨의 세계가 이어지게 되었다.

강릉박씨 세계도

1세	2세	3세	4세	5세	6세	7세	8세	9세	10세	11세	분파

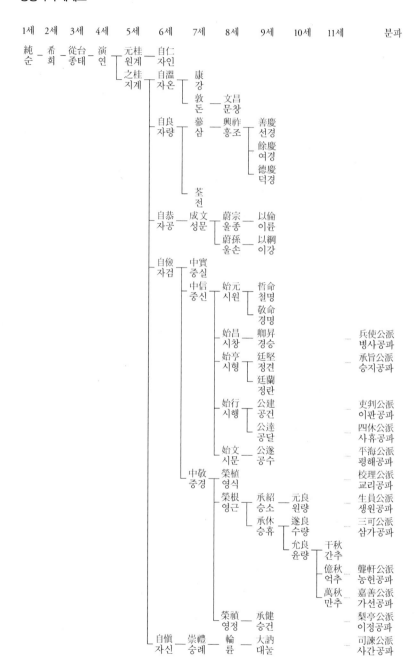

純순 ─ 希희 ─ 從台종태 ─ 演연 ─ 元桂원계 ─ 自仁자인

之桂지계 ─ 自溫자온 ─ 康강

敦돈 ─ 文昌문창

自良자량 ─ 蔘삼 ─ 興祚흥조 ─ 善慶선경 / 餘慶여경 / 德慶덕경

荃전

自恭자공 ─ 成文성문 ─ 蔚宗울종 ─ 以倫이륜 / 蔚孫울손 ─ 以綱이강

自儉자검 ─ 中實중실

中信중신 ─ 始元시원 ─ 哲命철명 / 敬命경명

始昌시창 ─ 卿昇경승 ── 兵使公派 병사공파

始亨시형 ─ 廷堅정견 / 廷蘭정란 ── 承旨公派 승지공파

始行시행 ─ 公建공건 ── 吏判公派 이판공파 / 公達공달 ── 四休公派 사휴공파

始文시문 ─ 公遂공수 ── 平海公派 평해공파

中敬중경 ─ 榮植영식 ── 校理公派 교리공파

榮根영근 ─ 承紹승소 ─ 元良원량 ── 生員公派 생원공파 / 承休승휴 ─ 遂良수량 ── 三可公派 삼가공파

允良윤량 ─ 干秋간추 / 億秋억추 ── 聾軒公派 농헌공파 / 萬秋만추 ── 嘉善公派 가선공파

榮禎영정 ─ 承健승건 ── 梨亭公派 이정공파

自愼자신 ─ 崇禮숭례 ─ 輪륜 ─ 大訥대눌 ── 司諫公派 사간공파

2세 희(希)는 고종 때 감찰어사(監察御史)를 지내고 원종조(元宗朝)에 종성부사(鍾城府使)와 남경유수(南京留守)를 지내며 선정(善政)을 베풀어 그가 죽은 후 장사지낼 때 고을 백성들이 소복을 입고 함께 슬퍼했다고 한다.

3세 종태(從台)는 고종 때 장사감무(長沙監務)와 남경판관(南京判官)을 거쳐 충렬왕 때 민부전서(民部典書)에 올라 크게 명성을 떨쳤다.

5세 지계(之桂)는 공민왕 때 한림학사(翰林學士)로 포은 정몽주·박상충 등과 함께 정사(政事)를 의논했다. 지계는 충숙왕 때 문과에 급제하여 예부좌랑(정5품)을 거쳐 서운관 부정(종3품), 예문관 제학과 참지정사(參知政事, 종2품)에 올랐다. 공민왕이 최만생·홍륜 등에게 살해당하고 정몽주·김구용 등이 유배되었을 때 박지계도 9년 동안 귀양살이를 했다. 복권된 뒤 정몽주의 천거로 조정에서 여러 차례 불렀으나 응하지 않고 학문에만 전념했다. 조선 정조 때 우의정에 추증되고 충경공(忠敬公)이란 시호를 받았다. 묘소는 개성에 있다.

강릉박씨의 중시조는 박지계(朴之桂)의 넷째 아들로 태어난 단천공 박자검(朴自儉)이다. 그는 세종 6년(1424)에 단천도사 겸 안렴사로 재직하며 선정을 베풀어 그 고을 백성들이 공덕비를 세우고 그를 칭송했다. 그의 위로 자온(自溫), 자량(自良), 자공(自恭) 세 형과 아우 자신(自愼)은 고려가 패망하자 모두 만수산 두문동에 들어가 은거했다고 전해진다. 자검의 묘소는 경양사(鏡陽祠) 옆에 있다.

강릉박씨는 여말에 기가(起家)하여 조선시대에 족세가 번창하였다. 고려 말 박징(朴澄)은 이곡(李穀, 1298~1351)과 같은 시기에 출사하였다. 그가 어머니 분묘를 강릉에 모시고 폐찰 염양사(艶陽寺)를 중건하고 토지와 노비를 희사하여 원찰(願刹)로 삼았다고 한 것으로 보아 강릉박씨의 재지적 기반을 짐작할 수 있다. 강릉박씨는 조선조에 들어와서 문과 급제자 7명을 배출했다. 자검의 둘째 아들인 박중신(朴中信)은 세종 20년(1438) 문과에 급제하여 영흥판관을 지냈으며, 부모를 봉양하기 위해서 벼슬을 버리고 고향에 돌아왔다. 그는 강릉에서 향교를 중건하는 등 선행이 뛰어났으며, 중종 2년 (1452) 향년 63세로 별세하니 조정에서는 이조참판(吏曹參判)을 증직하였다. 자겸의 셋째 아들 박중경(朴中敬)은 세종 때 군위현감을 거쳐 성종 때 영월 군수를 지냈고 연산군 때 승문원 참교(종3품)에 올랐다.

  강릉박씨를 대표할 만한 인물은 중신의 아들 박시형(朴始亨)이다. 그가 공부에 뜻을 두고 과거에 급제하게 된 것과 관련하여 다음과 같은 이야기가 전해진다. 시형이 어릴 때 글공부는 하지 않고 활을 메고 사냥을 일삼자 고을에서 천한 사람이라고 버려두었다. 그런데 하루는 길에서 사냥하는 무리들을 만났는데, 그들이 이유 없이 박시형을 꾸짖고 욕을 하였다. 그는 어린 탓에 대항하지 못하고 그 자리에서 활을 꺾어 버리고 집으로 돌아왔다. 그 후 뜻을 굳게 가지고 글을 읽어 세조 2년(1456)에 생원·진사시에 동시에 입격하였고, 세조 5년(1459)에 발영시(拔英試)에 급제하여 사헌부 장령, 호조좌랑, 홍문관 박사·교리·동부승지(同副承旨), 안동부사, 예문관 직제학을 역임했다. 『신증동국여지승람』에는 그가 지은 「운금루기문(雲錦樓記文)」이 전해진다.

(임영은) 이름난 구역의 훌륭한 경치가 사방에 알려져서, 고관으로 풍류를 좋아하는 사대부 누구나 그 지역에 한번 가서 평소의 소원을 이루고자 하였다. 인걸(人傑)은 지령(地靈)으로 말미암고, 물화(物華)는 하늘이 내린 보배인 것으로서 그 절묘하고 장함이 대관령 동쪽에서는 집대성되어 유독 으뜸이 되게 한 것이로다. 그 호수와 산의 훌륭함이 유람하기에 좋은 것은 이곳의 어디를 가든 그러나, 그중에서도 한두 가지를 든다면, 관도에 있는 누각은 의운(倚雲)이라 현판하였고, 연당(蓮塘)에 있는 누각은 이름이 운금(雲錦)이다. 동쪽으로 바닷가에 있는 정자는 한송(寒松)이며, 북쪽으로 호수에 가까운 누대는 경포(鏡浦)이다. 이것이 모두 명승의 으뜸이다. 손님을 접대하는 자리에서 술 마시며 시가를 읊고, 강산에 취미를 붙이고 우주에

눈을 들어 회포를 헤치고 기상을 펴는 곳이다.

앞의 기문에 의하면 강릉의 수려한 경치가 널리 알려져서 풍류를 좋아하는 사대부라면 누구나 한번 이곳에 와서 평소의 소원을 이루고자 하였다고 한다.

시형의 동생 시행(始行)은 예종 즉위년(1468) 생원시에 입격하고, 이듬해에 추장시(秋場試) 병과에 급제하였다. 박시원(朴始元)은 세조 때 승지를 지냈고, 박시창(朴始昌)은 예종 때 병마절도사(종2품)를 지냈다.

2. 주요 인물

1) 박공달(朴公達, 1470~1552)

자는 대관(大觀), 호는 강호(江湖)·사지(四止)·사휴당(四休堂)이다. 부친은 시행(始行)이고, 모친은 영양남씨(英陽南氏) 진사 과(薖)의 딸이다. 성품은 강직하고 자세가 단정하였으며, 아무리 춥고 더운 날이라도 의관을 정제하여 위엄을 잃는 일이 없어 모두들 선사(善士)라고 칭찬했다.

연산군 원년(1495)에 26세의 나이로 생원이 되었으나 수신(修身)과 독서에만 힘쓸 뿐 벼슬에는 뜻이 없었다. 중종 11년(1516) 가을에 김정(金淨)이 금강산을 유람할 때 공에 대한 소문을 듣고 찾아와서 만나보고 그 사람됨에 탄복하였다. 김정이 서울에 돌아가 중종에게 그를 적극 추천하여 3년 후인 중종 14년(1519) 현량과에 천거되어 홍문관저작과 병조좌랑을 역임하였다. 그러나 공은 기묘사화가 일어나자 파직되어 강릉으로 돌아와 박수량과 더불어 서로 왕래하며 경학(經學)을 논하면서 세상을 잊고 지냈다.

박공달은 박수량과 함께 강릉부 북쪽 사천 해안 위쪽에 위치한 쌍한정(雙閒亭)에 날마다 산책을 하였다. 그는 명종 즉위년(1545) 8월에 승문원 교검(承文院校檢)에 임명되었으나 나아가지 않았다. 선조 원년(1568)에는 영의정 이준경(李浚慶) 등의 주창(主唱)으로 천거과에 추천되었으나 벼슬에 나아가지 않았다. 이전에 준경이 관동지방을 순안(巡按)할 때 공을 만났는데, 이때 공을 가리켜 "구슬 항아리에 담긴 가을 물 같다" 하여 그의 고고(孤高)한 인품을 높이 평가하였다. 재상 박민헌(朴民獻)은 강원도 관찰사로 관동지방을 순시할 때 평소 공을 사모하여 몸소 이곳에 찾아와 그 고적(古蹟)의 모습을 화폭에 담아가지고 돌아갔다. 공의 행적은 『동국명현록(東國名賢錄)』, 『기묘당적(己卯黨籍)』, 『기묘명현록(己卯名賢錄)』 등에 수록되어 있다.

2) 박수량(朴遂良, 1475~1546)

자는 군거(君擧), 호는 삼가정(三可亭)이다. 부친은 교수(敎授) 승휴(承休)이고, 모친은 영해이씨 감찰(監察) 중원(仲元)의 딸이다. 성품은 호탕한 데다 거리낌이 없어 격식을 갖추거나 꾸미는 것에는 신경을 쓰지 않았다. 비록 잡인들이 스스럼없이 굴어도 싫어하는 기색이 없었고, 충효의 큰 절조에는 해와 별같이 빛나고 반짝거렸다고 한다. 이런 면에서 후세 사람들은 그를 일컬어 선사(善士)라 하였다.

어려서부터 효성(孝誠)과 우애(友愛)가 지극하였으며, 학문도 일취월장(日就月將)하여 장성함에 따라 지조 또한 고매하여 벼슬에 나갈 생각은 않고 오직 산수(山水)를 벗 삼았다. 하루는 과거에 급제한 향인(鄕人)이 방문하였는데, 모부인(母夫人)이 만나보고 그를 칭찬하며 부러워하였다. 공은 "무릇 사람의 자식된 자는 어버이를 기쁘게 해드리는 것이 제일"이라 하여 마침내 연산군 10년(1540) 생원시에 입격하였으나, 모친상을 당해 대과에는 응시하지 못하였다. 이때가 마침 연산군이 단상제(短喪制)를 매우 엄하게 시행할 때였다.

　　여묘살이는 분묘 옆에 작은 집을 짓고 탈상(脫喪)할 때까지 분묘를 보살피며 산다는 의미이며, 분묘[亡者]를 모시고 산다는 뜻으로 시묘(侍墓) 살이라고도 하였다. 여묘살이의 유래는 중국의 공자 이전시기까지 거슬러 올라간다. 『논어』 양화장(陽貨章)에서 재아(宰我)가 3년상은 너무 길다면서 1 년상으로 하면 어떻겠냐고 문의하였다. 이에 대하여 공자는 "자식이 태어나 서 3년이 지나야 부모의 품에서 벗어날 수 있기 때문에 최소한 부모를 위하 여 3년상은 지켜야 한다"고 하였다. 공자가 세상을 떠났을 때, 그의 제자들 이 3년상을 마치고 돌아갔는데, 자공(子貢)은 그 뒤로도 3년 동안 공자의 묘 옆에 여막을 짓고 추모하였다는 기록이 전한다.

　　우리나라에서는 고려 말 주자 성리학의 도입과 함께 유교식 상제례 로서 여묘살이가 간혹 거행되었다. 조선 건국 이후에는 국가적 차원에서 사 대부들에게 유교식 상장례(喪葬禮)를 보급해 나갔다. 그 결과 3년상과 여묘 살이는 사대부가를 중심으로 점차 확산되어 갔고, 연산군대에 이르면 사대 부가에서 일반적으로 행하는 상장례로 자리잡게 되었다. 그러나 연산군은 즉위 11년(1505)에 신료들의 완강한 반대를 무릅쓰고 국상(國喪)과 사대부의 친상(親喪)은 달을 날로 계산하여 27일 만에 탈상하도록 하였다. 연산군은 이후에도 "왕명은 중한 것이니, 사(私)를 따르고 공(公)을 폐하여서는 안 된 다"면서, 왕명을 엄중히 준수할 것을 전교하였다. 그러나 수량은 "차라리 쇠 망치로 맞아서 죽을지언정 선왕(先王) 때부터 지켜온 법은 어길 수 없다" 하 여 여막(廬幕)에 거처하며 3년상을 치렀다. 이 일로 인해 중종 3년(1508) 생시 (生時)에 효자정려(孝子旌閭)[31]를 받았다.

　　박수량은 당시 가장 큰 문제였던 토지소유의 불균등을 개혁할 것을 주장하였다. 조선전기의 사회·경제운용의 제도적 토대가 된 것은 과전법(科

---

31 국가에서 忠臣·孝子·烈女 등의 행실을 널리 알리고 표창하는 일을 말함. 旌表라고도 한다.

田法)이었다. 과전법의 핵심은 국가와 왕실 및 양반관인층을 비롯한 지배기구 및 지배층에 대한 수조지 분급제도이다. 이에 따라 지배계층은 농민으로부터 전조(田租)를 수취할 수 있는 권리, 곧 수조권을 부여받아 농민경영에 기생하여 지배계층의 지위를 계속해갈 수 있었다. 그러나 16세기에 들어 과전법이 붕괴되고 신분제도에 기초한 수조권적 토지지배가 무너지면서 양반관료들의 사적 토지소유에의 욕구는 더욱 증대하였다. 이들은 개간(開墾)·매득(買得) 등의 합법적인 방법 이외에도 권력에 의한 불법적인 방법으로 사적 소유지를 집적해 갔다. 이 과정에서 일반민의 토지까지 강제로 빼앗기도 하는 상황이 벌어졌다.

박수량은 중종 13년(1518) 5월에 중종이 천거인들을 인견하는 자리에서 "우리나라는 백성의 빈부 차이가 너무도 심합니다. 부자는 그 땅이 한량없이 연해 있고 가난한 자는 송곳을 세울 곳도 없습니다. 비록 정전법(井田法)이 훌륭하다 하더라도 지금은 시행할 수가 없으니, 균전법을 시행하면 백성이 실질적인 혜택을 입을 것입니다." 하였고, 또 "어진 정사는 반드시 경계(經界)를 바로잡는 일부터 시작해야 합니다. 1읍(邑) 안에 수백 결(結)씩 땅을 가지고 있는 자가 있으니, 이대로 5~6년만 지나면 한 읍의 땅은 모두 5~6인의 수중으로 들어갈 것입니다. 이것이 어찌 옳은 일이겠습니까? 지금 이 땅들을 고르게 분배하면 이야말로 선왕(先王)이 남긴 정전법의 뜻이 될 것입니다."[32]라고 하며 균전법을 시행할 것을 주장하였다.

이 자리에는 중종 10년(1515) 2월에 이미 토지개혁론을 주장했던 신용개(申用漑)도 참석했는데, 그는 "균전법은 과연 훌륭한 것이므로 전에도 의논이 있었지마는, 지금 부자의 땅을 떼어서 가난한 자에게 준다 해도 그 부자의 자손이 가난하게 되었을 때 이것을 도로 뺏을 수도 없으니 이 점이 큰

---

32 『중종실록』권33, 13년 5월 을축조.

페이다." 하면서 "박수량의 말은 지금 비록 시행할 수는 없어도 이 또한 지극히 옳은 말입니다." 하며 박수량의 의견에 동조하였다. 유성춘도 전라도 순천지역의 폐해를 들어 박수량의 주장에 적극 지지하고 나섰다.[33] 박수량의 주장에 대해 중종은 "균전은 지금 시행할 수 없는 형편이다. 자기의 소유를 갈라서 남에게 주는 것은 원망스러울 뿐만 아니라, 가난한 백성은 씨를 뿌릴 수가 없어서 부호들에게 도로 팔아넘기게 될 것이니 이익이 없다."고 하였다.

같은 해 7월 공은 별과피천(別科被薦)으로 충청도사(忠淸都事)와 용궁현감(龍宮縣監)을 지냈다. 공이 중종에게 사은숙배(謝恩肅拜)를 올리던 날, 중종이 그에게 "요순시대의 정치를 지금도 다시 할 수 있느냐?"라고 묻자, 공은 "신이 시골에 살았으므로 풀의 본성을 잘 알고 있습니다. 풀이라는 것은 옛날부터 그 맛이 썼으면 지금도 그 풀은 쓰고, 옛날에 단 풀은 지금도 그 맛이 단 것입니다. 풀의 성질이 예나 지금이나 변함이 없는데 우리 인간의 본성이 또한 어찌 고금(古今)이 다를 수 있겠습니까? 그러니 요순의 정치를 지금이라 못할 리 없습니다."라고 하였다. 이에 중종은 탄복하여 수량을 가상히 여겼다고 한다.

공이 용궁현감으로 있을 때 두 형제가 토지문제로 오래도록 다투어 왔으나 해결하지 못한 사건이 있었다. 공은 그들을 불러 술을 권하면서 타이르기를 "토지는 얻기 쉬우나 형제는 얻기 어렵다. 내가 덕이 없어 너희들이 이렇게 싸우니 내가 무슨 면목으로 너희들을 다스리는 주인 노릇을 하겠느

냐"하고 눈물을 흘리니, 두 형제는 그 자리에서 크게 깨닫고 마침내 그 소송문서를 불살라 버렸다고 한다.

공은 용궁현감을 지내다 기묘사화가 일어나자 파직되어 고향으로 돌아왔다. 이때 그의 당숙인 박공달도 파직되어 고향으로 돌아왔다. 두 분은 냇물을 사이에 두고 살면서 언제나 함께 지냈으며, 바닷가에 작은 정자를 짓고 유유자적하며 그곳에서 노니니 세상 사람들이 쌍한정(雙閒亭)라 했다. 박공달은 공이 죽자 "남북을 가로지르는 한 시냇가에 있는 초가삼간, 쌍한정에 뜬 달은 만고(萬古)에 길이길이 비치리라" 하며 외로워하였다. 『삼가집(三可集)』이 후손에 의해 엮어져 전해온다.

3) 박억추(朴億秋, 1523~1590)

부친은 박수량의 동생인 선무랑(宣務郞) 윤량(允良)이고, 모친은 강릉최씨 신로(信老)의 딸이다. 박수량의 문하에서 학문과 도의를 익혀 유림(儒林)의 사표(師表)가 되었다. 효행 또한 지극하여 효자로서 그 이름이 높았다. 부친이 중병으로 누운 지 7년 동안 백방으로 간호를 다했으나 효험이 없었다. 그러던 어느 날 과객이 점심을 대접받고 떠나면서 부친병에는 들오리가 제일이라는 말을 일러주었다. 이를 들은 공은 들오리를 잡으려 하였으나, 때는 모든 하천이 꽁꽁 얼어붙은 추운 겨울이라 오리 그림자조차 볼 수 없었다. 공은 혹시나 하고 들판에 그물을 치고 사흘을 지새웠으나 역시 마찬가지였다. 그런데 나흘째 되던 날 아침에 들판으로 나가려고 하는데 갑자기 들오리 두 마리가 대문 밖 우물가에 내려앉았다. 공은 오리를 향해 돌을 힘껏 던졌다. 어찌된 일인지 한 쌍의 들오리가 돌에 모두 맞아 푸드득거렸다. 공이 이를 아버지께 드렸더니 병이 씻은 듯이 나았다. 공이 오리를 잡았다는 우물[打鴨井]이 지금도 강릉시 노암동에 남아 있다. 그 후 부친이 또 병환이 났을 때에는 손가락을 베어 피를 내어 잠시 소생케 하였다. 부친이 세상을 떠났을 때는 예를 다하여 상제(喪祭)를 치렀다. 그의 효성이 마침내 나라에 알려져 복호(復戶)되고 정려(旌閭)를 받았다.

명종 18년(1563)에 효렴과(孝廉科)에 천거되어 사옹원 참봉이 되었다. 그때 만든 계회첩도(契會帖圖)가 그 후손의 가보(家寶)로 전해진다. 명종 21년(1566)에 청하현감(淸河縣監)으로 옮겼다가 영평군수(永平郡守)와 청풍부사(淸風府使)를 지내다 선조 13년(1580)에 관직을 버리고 귀향했다. 3개 군현을 역임하면서 청검(淸儉)과 효제(孝悌)로서 민속을 순화(醇化)하는데 힘썼다.

그 외 갑산부사(甲山府使)를 지낸 공수(公邃, 시문의 아들)와 군자감정(軍資監正)을 지낸 시룡(時龍, 공수의 6세손)이 유명했고, 인순(仁淳, 수량의 증손)은 판결사(判決事)를 역임하여 부호군(副護軍)을 지낸 당(棠)·종리(宗利, 억추의 증손)와 함께 가문을 대표했다.

제2절 동족마을의 형성과 공동체 모임

1. 동족마을의 형성

1930년에 간행된 『생활상태조사』(강릉)에 의하면 강릉박씨는 하시동리에 30여 호 100여 명, 운산리에 30여 호 150여 명, 사천면 미노리에 40여 호 200여 명, 판교리에 30여 호 150여 명이 살았다. 운산리에는 강릉박씨 교리공파가 주로 거주하였고, 하시동리·미노리·판교리·덕실리에는 삼가공파 후손들이 주로 거주하였던 것으로 보인다.

2. 동족마을의 지역개관

1) 강동면 하시동리, 사천면 미노리·판교리

강동면 하시동리, 사천면 미노리·판교리에는 강릉박씨 삼가공파가 주로 세거하였다. 시동(詩洞)은 강릉시 강동면에 위치한 마을 이름으로서 현재행정구역으로는 상시동과 하시동으로 구분되어 있다. 시동은 원래 사동(寺洞)이라 칭하였으나 인조 17년(1639) 진사에 오른 박수량의 현손 박진해가 강동면 안인동에 살다가 이곳으로 이사오면서, 그 지명이 절을 상상케 한다고 하여 절 사(寺)에 말씀 언(言)을 붙여 시동(詩洞)으로 부르게 되었다고 한다.

강릉박씨 삼가공파 가계도

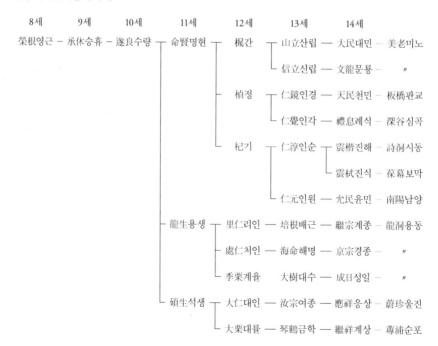

미노리(美老里)의 '미노'란 "흙이 진 마을, 진흙이 있는 마을"이라고 한다. 혹은 삼가 박수량(朴遂良)이 관직을 그만두고 고향에 내려와 노모를 모시고 살면서 곱게 늙었다고 하여 생긴 말이라고도 한다. 미노리는 본래 강릉군 사천면 지역으로 1916년 주막거리·망골·보맥이·부동을 합쳐 미노리라 하였다.

미노리 한가운데에는 삼가봉(三可峰)이 솟아 있고, 이곳에서 줄기가 사방으로 뻗어 있으며, 미노리 앞으로는 사천천이 흐른다. 미노리 앞의 너른 들을 지나면 후리둔지가 되고, 서쪽 냇가 쪽으로 내려가면 보맥이가 되고, 보맥이에서 내를 따라 올라가면 주막거리가 된다.

판교리는 양짓말 앞으로 농수로에 넓은 널빤지로 만든 다리가 있어서 이 마을을 판교라 했는데 현재는 경지정리로 없어졌다. 마을 앞에는 넓은 들판이 있다.

2) 강동면 운산동

운산동에는 강릉박씨 교리공파가 주로 세거하였다. 운산동(雲山洞)은 구름 속에 신선의 자리가 있는 운중선좌형(雲中仙座形)의 형상이라 하여 붙여진 이름이다. 운산동은 원래 강릉군 자가곡면 지역으로 1916년에 내신석을 합쳐 운산리(雲山里)라 하다가 1989년에 명주군 강동면 운산리에서 강릉시 운산동이 되었다. 운산동은 9개의 산줄기가 마을 가운데로 향하고 그 끝에 구룡소가 있으며, 마을 앞으로는 넓은 들이 펼쳐져 있다. 구룡소 아래에 있는 방축다리를 중심으로 동쪽은 하운산, 서쪽은 상운산이라 한다. 하운산 앞으로는 7번 국도가 지나가고, 상운산 서쪽은 어댈이 되고, 북쪽은 납돌이 된다.

강릉박씨 교리공파 가계도

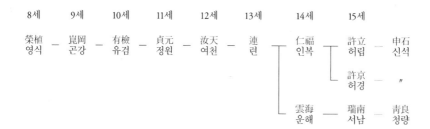

8세	9세	10세	11세	12세	13세	14세	15세	
榮植 영식	崑岡 곤강	有檢 유검	貞元 정원	汝天 여천	連 련	仁福 인복	許立 허립	申石 신석
							許京 허경	〃
						雲海 운해	瑞南 서남	靑良 청량

3) 사천면 덕실리

덕실리에는 강릉박씨 농헌공파가 주로 세거하였다. 옛 선비들이 글을 짓고 놀았던 덕장봉이 있는 마을이란 뜻에서 생긴 이름이다. 1916년 버덩말, 새이말, 앞결, 잿말을 합쳐 덕실리라고 하였다. 마을의 북쪽으로는 사천천이 흐른다. 사천천 부근에는 경지가 정리된 넓은 들이 있다.

강릉박씨 농헌공파 가계도

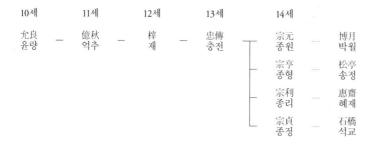

10세	11세	12세	13세	14세	
允良 윤량	億秋 억추	榟 재	忠傳 충전	宗元 종원	博月 박월
				宗亨 종형	松亭 송정
				宗利 종리	惠齋 혜재
				宗貞 종정	石橋 석교

3. 동제(洞祭)

1) 강동면 하시동리

하시동리에는 바랑골, 독골, 호장골에 각 한 곳씩 3개의 서낭당이 있다. 바랑골 서낭당은 하시동1리 5반 산244번지, 독골 서낭당은 하시동2리 3반 산75번지, 호장골 서낭당은 하시동3리 3반 636-3번지에 각각 위치해 있다.

바랑골 서낭당의 당집은 서낭목 밑에 담을 쳐서 만들었으며, 독골 서낭당의 당집은 벽돌담을 3면만 쌓아 제당을 만들었다. 호장골 서낭당은 서낭목 아래에 제단을 닦아 제를 올리다가 1998년 2월 25일에 3면에 블록담을 설치하고 위패 3위와 제단 3위를 깎아 마련하였다.

바랑골의 제의는 고청제(告請祭)라고 하며 성황지신(城隍之神)·토지지신(土地之神)·여역지신(癘疫之神)을 모신다. 제당은 하시동1리 효자각 앞산에 위치한다. 당집 안에는 위패를 모시고 있다. 제의는 음력 8월 15일 전후에 지낸다. 제물은 유사(有司)가 준비하며, 각위(各位)마다 따로 진설(陳設)하고, 육고기는 생으로 올린다. 유교식으로 지내며 제의가 끝나면 소지(燒紙)한다.

독골의 제의는 성황제(城隍祭)라고 하며 산신지신(山神之神)을 모신다. 제당은 하시동2리 소금 공장 옆에 위치한다. 제당 안에는 서낭목으로 향나무 한 그루가 있다. 제의는 음력 8월 15일 전후에 지낸다. 제물은 유사가 준비하며, 각위마다 따로 진설하고, 유사 가운데 가장 깨끗한 사람으로 지정한다. 유교식으로 지내며 제의가 끝나면 소지한다.

호장골의 제의도 성황제라고 하며 성황지신·토지지신·여역지신을 모신다. 제당은 3반 야산 기슭에 위치한다. 제의는 봄과 가을 2번에 걸쳐 택일하여 지낸다. 제물은 유사가 준비하며, 각위마다 따로 진설하고, 육고기는 생으로 올린다. 유교식으로 지내며 제의가 끝나면 소지한다.

2) 사천면 미노리

미노리에는 본동과 길동에 각 한 곳씩 2개의 서낭당이 있다. 본동 서낭당은 미노리 산142번지, 길동 서낭당은 미노리 산54번지에 위치해 있다. 본동 서낭당의 당집은 서낭목을 중심으로 토담을 얕게 쌓았으며 서낭목 아래에 제단을 마련하였다. 길동 서낭당의 당집은 서낭목 한 그루를 중심으로 벽돌담을 쌓았으며 서낭목 아래에 제단을 마련하였다.

본동의 제의는 성황제(城隍祭)라고 하며 성황지신(城隍之神)·토지지신(土地之神)·여역지신(癘疫之神)을 모신다. 제당은 마을 앞 소나무 숲 속에 위치한다. 제의는 음력 1월 9일에 지내며 노동리 1반과 노동리 2반, 방동상리 5반의 가구가 참여한다. 제물은 유사(有司)가 준비하며 각위(各位)마다 따로 진설(陳設)한다. 유교식으로 지내며 제의가 끝나면 소지(燒紙)한다.

길동의 제의는 고청제(告請祭)라고 하며 성황지신·토지지신·여역지신을 모신다. 제당은 미노리 1반 솔 숲에 위치한다. 제의는 음력 1월 9일에 지내며 노동리 3반~노동리 6반이 참여한다. 제물은 유사(有司)가 준비하며 각위(各位)마다 따로 진설(陳設)한다. 유교식으로 지내며 제의가 끝나면 소지(燒紙)한다.

3) 강동면 운산동

운산동 서낭당은 강릉시 운산동 50통 4반에 위치한다. 운산동 서낭당에서 지내는 제의 명칭은 성황제이며, 신위는 산신지신, 토지지신, 여역지신을 모시고 있다. 제당의 형태는 당집은 없으며, 서낭목 밑에 제단을 설치하고 제사를 지낸다. 음력 정월 대보름에 제의를 지내며, 제물은 유사제로 도가를 지정하여 제물을 준비하고 생음식을 각위마다 진설한다. 제의는 유교식제의, 소지 순으로 진행된다.

제3절 문화유적(祠宇, 齋舍)

1. 경양사(鏡陽祠)

이 사당은 1939년 6월에 경포대 뒤 중봉 아래에 건립된 박제상의 위패를 모신 곳이다. 박제상은 신라의 충신으로 내물왕 때부터 눌지왕 때까지 활동한 인물이다. 신라는 백제를 견제하기 위하여 실성왕 원년(402) 일본에 내물왕의 셋째아들 미사흔(未斯欣)을, 동왕 11년(412) 둘째아들 복호(卜好)를 고구려에 파견하여 군사원조를 요청하였으나 두 왕자는 인질이 되었다. 내물왕의 큰아들 눌지왕은 즉위한 뒤 두 동생을 구출하기 위해 당시 양산(梁山)지방의 토호세력으로서 삽량주간의 직책을 맡고 있던 박제상을 고구려와 일본에 보냈다. 두 왕자를 구출시킨 박제상은 일본에서 잡혀 충절을 지키다 참형을 당하여 죽었다. 이를 안 눌지왕은 그를 대아찬으로 추증하고, 부인을 국대부인(國大夫人)으로 책봉하였다.

입구는 내삼문 외삼문으로 좌우에 각각 방 1칸이 있고, 둘레를 돌담을 쌓아 둘렀다. 사당 건물은 겹처마 맞배지붕에 정면 3칸, 측면 2칸의 익공양식이며, 기단은 화강석 세겹대 쌓기를 하였다. 전면 기둥은 둥근 화강석 주초석 위에 두리기둥이며, 측면과 뒤쪽은 네모난 주초석에 각기둥을 세웠다. 제향일자는 매년 음력 3월 5일이다.

홀기(笏記)

●獻官以下諸執事及儒生俱就門外位○執禮廟司先就階間拜位○再拜○詣盥洗位○盥手○帨

●헌관이하제집사급유생구취문외위○집례묘사선취계간배위○재배○예관세위○관수○세

手○各復位○謁者贊引俱就階間拜位○再拜○各復位○贊引引人祝及諸執事人就位○再拜○

수○각복위○알자찬인구취계간배위○재배○각복위○찬인인대축급제집사입취위○재배○

鞠躬○拜○興○拜○興○平身○人祝及諸執事盥洗位○盥手○帨手○各復位○謁者贊引各引

국궁○배○흥○배○흥○평신○대축급제집사관세위○관수○세수○각복위○알자찬인각인

獻官及儒生入就位○謁者進初獻官之白有司謹具請行事○再拜○獻官以下在位皆再拜○鞠躬

헌관급유생입취위○알자진초헌관지백유사근구청행사○재배○헌관이하재위개재배○국궁

○拜○興○拜○興○平身●行奠幣禮○謁者引初獻官詣盥洗位○搢笏○盥手○帨手○執笏

○배○흥○배○흥○평신●행전폐례○알자인초헌관예관세위○진홀○관수○세수○집홀○

因詣神位前○北向立○跪○搢笏○奉香奉爐升○三上香○獻幣奠幣升○執幣○獻幣○執笏○

인예신위전○북향립○궤○진홀○봉향봉로승○삼상향○헌폐전폐승○집폐○헌폐○집홀○

俯伏○興○平身○謁者引初獻官及執事降復位●行初獻禮○謁者引初獻官詣正位奠所○西向

부복○흥○평신○알자인초헌관급집사강복위●행초헌례○알자인초헌관예정위전소○서향

位○奉爵奠爵升○司尊擧冪酌酒○奉爵以爵受酒○謁者引初獻官詣神位前○跪○搢笏○奉爵

위○봉작전작승○사준거멱작주○봉작이작수주○알자인초헌관예신위전○궤○진홀○봉작

以爵授初獻官○初獻官執爵○以爵授奠爵○奠爵奠于神位前○執笏○俯伏○興○平身○少退

이작수초헌관○초헌관집작○이작수전작○전작전우신위전○집홀○부복○흥○평신○소퇴

○跪○搢笏○大祝升○大祝進初獻官之左東向跪讀祝○執笏○俯伏○興○平身○謁者引初獻

○궤○진홀○대축승○대축진초헌관지좌동향궤독축○집홀○부복○흥○평신○알자인초헌

官及執事降復位●行亞獻禮○謁者引亞獻官詣盥洗位○搢笏○盥手○帨手○執笏○引詣正位

관급집사강복위●행아헌례○알자인아헌관예관세위○진홀○관수○세수○집홀○인예정위

尊所○西向位○奉爵奠爵升○司尊擧冪酌酒○奉爵以爵受酒○謁者引亞獻官詣神位前○跪○

준소○서향위○봉작전작승○사준거멱작주○봉작이작수주○알자인아헌관예신위전○궤○

搢笏○奉爵以爵授亞獻官○亞獻官執爵○以爵授奠爵○奠爵奠于神位前○執笏○俯伏○興○

진홀○봉작이작수아헌관○아헌관집작○이작수전작○전작전우신위전○집홀○부복○흥○

平身○謁者引亞獻官及執事降復位●行終獻禮○謁者引終獻官詣盥洗位○搢笏○盥手○帨手

평신○알자인아헌관급집사강복위●행종헌례○알자인종헌관예관세위○진홀○관수○세수

○執笏○引詣正位尊所○西向位○奉爵奠爵升○司尊擧冪酌酒○奉爵以爵受酒○謁者引終獻

○집홀○인예정위준소○서향위○봉작전작승○사준거멱 작주○봉작이 작수주○알자인종헌官詣神位前○跪○搢笏○奉爵以爵授終獻官○終獻官執爵○以爵授奠爵○奠爵奠于神位前○관예신위전○跪○진홀○봉작이 작수종헌관○종헌관집작○이작수전작○전작전우신위전○執笏○俯伏○興○平身○謁者引終獻官及執事降復位●行飮福位○大祝詣尊所○爵酌福酒置집홀○부복○흥○평신○알자인종헌관급집사강복위●행음복위○대축예준소○작작복주치于坫上○大祝持俎及刀進減神位前胙肉○盛俎上出置尊所○謁者引初獻官詣飮福位○西向上우점상○대축지조급도진감신위전조육○성조상출치준소○알자인초헌관예음복위○서향상○跪○搢笏○大祝進初獻官之左北向跪○以爵授初獻官○初獻官受爵○飮啐爵○大祝受虛爵○跪○진홀○대축진초헌관지좌북향궤○이작수초헌관○초헌관수작○음쵀작○대축수허작復於坫○大祝以胙授初獻官○初獻官受胙○還授大祝○大祝受胙降自東階出○執笏○俯伏○복어점○대축이조수초헌관○초헌관수조○환수대축○대축수조강자동계출○집홀○부복○興○平身○謁者引初獻官降復位○再拜○獻官皆再拜○鞠躬○拜○興○拜○興○平身○撤籩흥○평신○알자인초헌관강복위○재배○헌관개재배○국궁○배○흥○배○흥○평신○철변豆○大祝入撤籩豆○再拜○獻官以下在位者皆再拜○鞠躬○拜○興○拜○興○平身○行望燎두○대축입철변두○재배○헌관이하재위자개재배○국궁○배○흥○배○흥○평신○행망료禮○謁者引初獻官詣望燎位○北向位○大祝以篚取祝及幣降自西階詣於坎○可燎○謁者引初례○알자인초헌관예망료위○북향위○대축이비취축급폐강자서계치어감○가료○알자인초獻官降復位○謁者進初獻官之左白禮畢○謁者贊引各引獻官及儒生以次出○大祝以下諸執事헌관강복위○알자진초헌관지좌백례필○알자찬인각인헌관급유생이차출○대축이하제집사俱就階間拜位○再拜○鞠躬○拜○興○拜○興○平身○以次出○執禮○廟司皆再拜而出○謁관관강복위○알자찬인각인헌관급유생이차출○대축이하제집사구취계간배위○재배○국궁○배○흥○배○흥○평신○이차출○집례○묘사개재배이출○알者贊引俱就拜位皆再拜出○撤饌闔門而退●朔望焚香○俱就門外位○引詣拜位○引詣盥洗位자찬인구취배위개재배출○철찬합문이퇴●삭망분향○구취문외위○인예배위○인예관세위○搢笏○盥手○帨手○執笏○引詣香案所○北向立○跪○搢笏○奉香奉爐加○三上香○執笏○진홀○관수○세수○집홀○인예향안소○북향립○궤○진홀○봉향봉로승○삼상향○집홀

○俯伏○興○平身○引降復位○再拜○皆再拜○鞠躬○拜○興○拜○興○平身○禮畢以次出

○부복○흥○평신○인강복위○재배○개재배○국궁○배○흥○배○흥○평신○예필이차출

축문(祝文)

維歲次云云 后學 某官 姓名 敢昭告于

유세차 운운 후학 모관 ○○가

忠烈公朴先生

충열공 박선생에게 고하나이다.

月城忠臣 日城義士 其與日月 萬古爭光 謹以鷄腥粢盛 淸酌庶吊 式陳明薦 尙 饗

신라의 충신이고 일성의 의사는 해와 달과 만고토록 광명을 겨루었습니다. 삼가 생닭과 자성, 맑은 술과 여러 가지 음식으로 경건히 밝은 제사를 올리니 흠향하소서.

2. 모선재(慕先齋)

강릉시 경포동(옛 운정동)에 있는 이 재사는 강릉박씨 박중신(朴中信), 박시원(朴始元), 박시창(朴始昌), 박시형(朴始亨), 박시행(朴始行), 박시문(朴始文), 박공건(朴公建), 박공달(朴公達), 박태수(朴台壽) 등을 모신 곳이다. 건물 구조는 전면 3칸, 측면 2칸 규모를 갖추고 있다. 재사 내에는 후손 박선실이 짓고 박시균이 쓴 「생원공재사중수기(生員公齋舍重修記)」가 걸려 있으며, 상량문이 기록되어 있으나 퇴색되어 확인할 수 없다. 제향일자는 매년 음력 3월 5일이다.

홀기(笏記)

●獻官及諸執事者各就位○設膳○設降神盞盤●行降神禮○初獻詣盥洗位○盥手○帨手○囚

●헌관급제집사자각취위○설선○설강신잔반●행강신례○초헌예관세위○관수○세수○인
詣墓前跪○三上香○再拜○跪○酹酒○因降復位○獻官以下皆再拜參神●行初獻禮○初獻詣
예묘전궤○삼상향○재배○궤○뇌주○인강복위○헌관이하개재배참신●행초헌례○초헌례
墓前跪○酌酒○獻爵○奠爵○俯伏○興○少退立○啓飯盖○揷匙○正筋○獻官以下皆俯伏○
묘전궤○작주○헌작○전작○부복○흥○소퇴립○계반개○삽시○정저○헌관이하개부복○
祝進初獻之左跪○讀祝○獻官以下皆興○初獻再拜○因降復位○撤爵●行亞獻禮○亞獻詣盥
축진초헌지좌궤○독축○헌관이하개흥○초헌재배○인강복위○철작●행아헌례○아헌예관
洗位○盥手○帨手○因詣墓前跪○酌酒○獻爵○奠爵○俯伏○興○少退○再拜○因降復位○
세위○관수○세수○인예묘전궤○작주○헌작○전작○부복○흥○소퇴○재배○인강복위○
撤爵●行終獻禮○終獻詣墓前跪○酌酒○獻爵○奠爵○俯伏○興○少退○再拜○因降復位●
철작●행종헌례○종헌예묘전궤○작주○헌작○전작○부복○흥○소퇴○재배○인강복위●
撤羹○進茶○黙茶○獻官以下皆俯伏○肅俟小傾○興○下匙筋○合飯盖○獻官以下皆再拜○
철갱○진다○묵다○헌관이하개부복○숙사소경○흥○하시저○합반개○헌관이하개재배○
辭神○祝焚祝○以此而退
사신○축분축○이차이퇴

축문(祝文)

維歲次云云

유세차 운운

顯代祖考行永興判官贈嘉善大夫吏曹參判府君

몇 대조 할아버지 행영흥판관 증가선대부 이조참판 부군과

顯代祖妣貞夫人江陵金氏

몇 대조 할머니 정부인 강릉김씨

顯代祖妣貞夫人廣州李氏之墓

몇 대조 할머니 정부인 광주이씨 묘소에 고하나이다.

氣序流易 霜露旣降 瞻掃封塋 不勝感慕 謹以淸酌庶羞 祇薦歲事 尙 饗

세월은 절기가 바뀌어서 어느덧 찬 서리와 이슬이 내렸습니다. 묘역을 쓸고 봉분을 우러러보니 조상님을 사모하는 정을 이기지 못하겠습니다. 삼가 맑은 술과 여러 가지 음식으로 공경히 세사를 올리니 흠향하소서.

3. 모선재(慕先齋)

강릉시 경포동(옛 저동)에 있는 이 재사는 강릉박씨 6세손 박자검(朴自儉)을 모신 곳이다. 1938년에 건립하였고, 제향일자는 매년 음력 3월 5일이다.

홀기(笏記)

●獻官及諸執事詣墓所再拜○奉行塋域內外環繞省掃三周○復位再拜●獻官以下各就位○諸執
●헌관급제집사예묘소재배○봉행영역내외환요성소삼주○복위재배●헌관이하각취위○제집
事詣盥洗位○盥手○帨手○陳饌○設香爐香盒○設降神盞盤●行降神禮○初獻詣盥洗位○盥手
사예관세위○관수○세수○진찬○설향로향합○설강신잔반●행강신례○초헌예관세위○관수
○帨手○因詣墓前跪○焚香三上○再拜○酹酒三傾至盡○再拜○因降復位○獻官以下皆再拜參
○세수○인예묘전궤○분향삼상○재배○뇌주삼경지진○재배○인강복위○헌관이하개재배참
神●行初獻禮○初獻詣墓前跪○擧冪酌酒○奠爵○俯伏○興○少退○啓飯盖○扱匙○正筯○獻
신●행초헌례○초헌예묘전궤○거멱작주○진작○부복○흥○소퇴○계반개○급시○정저○헌
官以下皆俯伏○祝跪初獻官左讀祝○獻官以下皆興○初獻再拜○因降復位○撤爵●行亞獻禮○
관이하개부복○축궤초헌관좌독축○헌관이하개흥○초헌재배○인강복위○철작●행아헌례○
亞獻詣盥洗位○盥手○帨手○因詣墓前跪○擧冪酌酒○奠爵○俯伏○興○少退○再拜○因降復
아헌예관세위○관수○세수○인예묘전궤○거멱작주○전작○부복○흥○소퇴○재배○인강복
位○撤爵●行終獻禮○終獻詣盥洗位○盥手○帨手○因詣墓前跪○擧冪爵酒○奠爵○俯伏○興

위○철작●행종헌례○종헌예관세위○관수○세수○인예묘전궤○거멱작주○전작○부복○흥○少退○再拜○因降復位○撤羹○進茶○肅俟少頃●行飮福禮○初獻詣飮福位設席于香案前○○소퇴○재배○인강복위○철갱○진다○숙사소경●행음복례○초헌예음복위설석우향안전○北向立○祝撤爵詣初獻之右○初獻跪○受爵○啐酒少飮○祝撤脯詣初獻之左○致告假辭云云○북향립○축철작예초헌지우○초헌궤○수작○쵀주소음○축철포예초헌지좌○치고가사운운○初獻受脯○因降復位○下匙筯○合飯盖○獻官以下皆再拜辭神○焚祝○撤饌先撤盖盤○以次退초헌수포○인강복위○하시저○합반개○헌관이하개재배사신○분축○철찬선철잔반○이차퇴

축문(祝文)

維歲次云云

유세차 운운

顯代祖考 通政大夫知端川郡事府君

몇 대조 할아버지 통정대부 지단천군사 부군과

顯代祖妣淑夫人密城金氏之墓

몇 대조 할머니 숙부인 밀성김씨 묘소에 고하나이다.

以下 略

이하 생략.

4. 모선재(慕先齋)

강릉시 경포동(옛 난곡동 51번지)에 있는 이 재사는 강릉박씨 중경(中敬), 영근(榮根), 승휴(承休) 등을 모신 곳이다. 이 건물은 선조(先祖)의 전사시 봉사청으로 사용하기 위해 건립하였다. 재사에는 '모선재'라는 현판과 상량문(上樑文) 등이 걸려 있다. 제향일자는 원래 음력 10월 15일이었으나 현재는

3월 10일로 변경되었다.

홀기(笏記)

●獻官及諸執事詣墓所再拜○奉行塋域內外環繞省掃三周○復位再拜●獻官以下各就位○諸
●헌관급제집사예묘소재배○봉행영역내외환요성소삼주○복위재배●헌관이하각취위○제

執事詣盥洗位○盥手○帨手○陳饌○設香爐香盒○設降神盞盤●行降神禮○初獻詣盥洗位○
집사예관세위○관수○세수○진찬○설향로향합○설강신잔반●행강신례○초헌예관세위○

盥手○帨手○因詣墓前跪○焚香三上○再拜○酹酒三傾至盡○再拜○因降復位○獻官以下皆
관수○세수○인예묘전궤○분향삼상○재배○뇌주삼경지진○재배○인강복위○헌관이하개

再拜參神●行初獻禮○初獻詣墓前跪○擧羃酌酒○奠爵○俯伏○興○少退○啓飯蓋○扱匙○
재배참신●행초헌례○초헌예묘전궤○거멱작주○전작○부복○흥○소퇴○계반개○급시○

正筯○獻官以下皆俯伏○祝跪初獻官左讀祝○獻官以下皆興○初獻再拜○因降復位○撤爵●
정저○헌관이하개부복○축궤초헌관좌독축○헌관이하개흥○초헌재배○인강복위○철작●

行亞獻禮○亞獻詣盥洗位○盥手○帨手○因詣墓前跪○擧羃酌酒○奠爵○俯伏○興○少退○
행아헌례○아헌예관세위○관수○세수○인예묘전궤○거멱작주○전작○부복○흥○소퇴○

再拜○因降復位○撤爵●行終獻禮○終獻詣盥洗位○盥手○帨手○因詣墓前跪○擧羃爵酒○
재배○인강복위○철작●행종헌례○종헌예관세위○관수○세수○인예묘전궤○거멱작주○

奠爵○俯伏○興○少退○再拜○因降復位○撤羹○進茶○肅俟少頃●行飮福禮○初獻詣飮福
전작○부복○흥○소퇴○재배○인강복위○철갱○진다○숙사소경●행음복례○초헌예음복

位設席于香案前○北向立○祝撤爵詣初獻之右○初獻跪○受爵○啐酒少飮○祝撤脯詣初獻之
위설석우향안전○북향립○축철작예초헌지우○초헌궤○수작○쵀주소음○축철포예초헌지

左○致告假辭云云○初獻受脯○因降復位○下匙筯○合飯蓋○獻官以下皆再拜辭神○焚祝
좌○치고가사운운○초헌수포○인강복위○하시저○합반개○헌관이하개재배사신○분축

撤饌先撤盞盤○以次退
철찬선철잔반○이차퇴

축문(祝文)

榮根

維歲次云云

유세차 운운

顯○代祖考通善郎淮陽敎授府君과

몇 대조 할아버지 통선랑 회양교수 부군과

顯○代祖妣恭人江陵崔氏之墓

몇 대조 할머니 공인 강릉최씨 묘소에 고하나이다.

氣序流易 雨露既濡 瞻掃封塋 不勝感慕 謹以淸酌庶羞 祗薦歲事 尙 饗

세월은 절기가 바뀌어서 어느덧 이슬이 내렸습니다. 묘역을 쓸고 봉분을 우러러보니 조상님을 사모하는 정을 이기지 못하겠습니다. 삼가 맑은 술과 여러 가지 음식으로 공경히 세사를 올리니 흠향하소서.

5. 영모재(永慕齋)

강릉시 운산동 634번지에 있는 이 재사는 강릉박씨 정원(貞元)을 모신 곳이다. 이 건물은 강릉박씨 신석파 후손들이 고종 2년(1865)에 선조(先祖) 송곡(松谷)과 전사(奠祀)시 우천에 대비하기 위해 건립하였다. 건물은 정면 3칸, 측면 2칸의 맞배지붕 형식이다. 현재 재사 내에는 현판(懸板), 중수기(重修記), 상량문(上樑文), 계련판(柱聯板) 등이 걸려 있다. 제향일자는 매년 음력 10월 10일이다.

홀기(笏記)

●獻官及諸執事詣墓所再拜○奉行塋域內外環繞省掃三周○復位再拜●獻官以下各就位○諸

●헌관급제집사예묘소재배○봉행영역내외환요성소삼주○복위재배●헌관이하각취위○제

執事詣盥洗位○盥手○帨手○陳饌○設香爐香盒○設降神盞盤●行降神禮○初獻詣盥洗位○

집사예관세위○관수○세수○진찬○설향로향합○설강신잔반●행강신례○초헌예관세위○

盥手○帨手○因詣墓前跪○焚香三上○再拜○酹酒三傾至盡○再拜○因降復位○獻官以下皆

관수○세수○인예묘전궤○분향삼상○재배○뇌주삼경지진○재배○인강복위○헌관이하개

再拜參神●行初獻禮○初獻詣墓前跪○擧冪酌酒○奠爵○俯伏○興○少退○啓飯盖○扱匙○

재배참신●행초헌례○초헌예묘전궤○거멱작주○전작○부복○흥○소퇴○계반개○급시○

止筯○獻官以下皆俯伏○祝跪初獻官左讀祝○獻官以下皆興○初獻再拜○因降復位○撤爵●

정저○헌관이하개부복○축궤초헌관좌독축○헌관이하개흥○초헌재배○인강복위○철작●

行亞獻禮○亞獻詣盥洗位○盥手○帨手○因詣墓前跪○擧冪酌酒○奠爵○俯伏○興○少退○

행아헌례○아헌예관세위○관수○세수○인예묘전궤○거멱작주○전작○부복○흥○소퇴○

再拜○因降復位○撤爵●行終獻禮○終獻詣盥洗位○盥手○帨手○因詣墓前跪○擧冪爵酒○

재배○인강복위○철작●행종헌례○종헌예관세위○관수○세수○인예묘전궤○거멱작주○

奠爵○俯伏○興○少退○再拜○因降復位○撤羹○進茶○肅俟少頃●行飮福禮○初獻詣飮福

전작○부복○흥○소퇴○재배○인강복위○철갱○진다○숙사소경●행음복례○초헌예음복

位設席于香案前○北向立○祝撤爵詣初獻之右○初獻跪○受爵○晬酒少飮○祝撤脯詣初獻之

위설석우향안전○북향립○축철작예초헌지우○초헌궤○수작○쵀주소음○축철포예초헌지

左○致告假辭云云○初獻受脯○因降復位○下匙筯○合飯盖○獻官以下皆再拜辭神○焚祝

좌○치고가사운운○초헌수포○인강복위○하시저○합반개○헌관이하개재배사신○분축○

撤饌先撤盞盤○以次退

철찬선철잔반○이차퇴

축문(祝文)

維歲次云云

유세차 운운

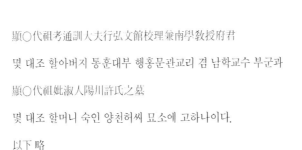

顯○代祖考通訓大夫行弘文館校理兼南學敎授府君

몇 대조 할아버지 통훈대부 행홍문관교리 겸 남학교수 부군과

顯○代祖妣淑人陽川許氏之墓

몇 대조 할머니 숙인 양천허씨 묘소에 고하나이다.

以下 略

이하 생략.

6. 오사재(五思齋)

강릉시 사천면 방동리에 있는 이 재사는 강릉박씨 수량(遂良)과 그
의 아우 윤량(允良), 아들 명현(命賢), 손자 간·정(楨)·기(杞) 등을 모신 곳이
다. 건립 시기는 자세하지 않으나, 1931년 족인(族人)들에 중수되어 누대 세사
전청(歲祀奠廳)으로 사용되고 있다. 건물은 정면 3칸, 측면 2칸의 맞배지붕
형식이다. 재사 내부에는 현판, 상량문 등이 보관되어 있다. 제향일자는 매년
음력 3월 13일이다.

홀기(笏記)

●獻官及諸執事詣墓所再拜○奉行塋域內外環繞省掃三周○復位再拜●獻官以下各就位○諸

●헌관급제집사예묘소재배○봉행영역내외환요성소삼주○복위재배●헌관이하각취위○제

執事詣盥洗位○盥手○帨手○陳饌○設香爐香盒○設降神盞盤●行降神禮○初獻詣盥洗位○

집사예관세위○관수○세수○진찬○설향로향합○설강신잔반●행강신례○초헌예관세위○

盥手○帨手○因詣墓前跪○焚香三上○再拜○酹酒 三傾至盡○再拜○因降復位○獻官以下皆

관수○세수○인예묘전궤○분향삼상○재배○뇌주삼경지진○재배○인강복위○헌관이하개

再拜參神●行初獻禮○初獻詣墓前跪○擧冪酌酒○覓爵○俯伏○興○少退○啓飯盖○扱匙○

재배참신●행초헌례○초헌예묘전궤○거멱작주○전작○부복○흥○소퇴○계반개○급시○

正筋○獻官以下皆俯伏○祝跪初獻官左讀祝○獻官以下皆興○初獻再拜○因降復位○撤爵●

정저○헌관이하개부복○축궤초헌관좌독축○헌관이하개흥○초헌재배○인강복위○철작●

行亞獻禮○亞獻詣盥洗位○盥手○帨手○因詣墓前跪○擧冪酌酒○奠爵○俯伏○興○少退○

행아헌례○아헌예관세위○관수○세수○인예묘전궤○거멱작주○전작○부복○흥○소퇴○

再拜○因降復位○撤爵●行終獻禮○終獻詣盥洗位○盥手○帨手○因詣墓前跪○擧冪爵酒○

재배○인강복위○철작●행종헌례○종헌예관세위○관수○세수○인예묘전궤○거멱작주○

奠爵○俯伏○興○少退○再拜○因降復位○撤羹○進茶○肅俟少頃●行飮福禮○初獻詣飮福

전작○부복○흥○소퇴○재배○인강복위○철갱○진다○숙사소경●행음복례○초헌예음복

位設席于香案前○北向立○祝撤爵詣初獻之右○初獻跪○受爵○啐酒少飮○祝撤胏詣初獻之

위설석우향안전○북향립○축철작예초헌지우○초헌궤○수작○쵀주소음○축철포예초헌지

左○致告假辭云云○初獻受胏○因降復位○下匙筋○合飯盖○獻官以下皆再拜辭神○焚祝○

좌○치고가사운운○초헌수포○인강복위○하시저○합반개○헌관이하개재배사신○분축○

撤饌先撤盞盤○以次退

철찬선철잔반○이차퇴

축문(祝文)

維歲次云云

유세차 운운

顯幾代祖考三可先生臨瀛處士府君之墓

몇 대조 할아버지 삼가선생 임영처사 부군 묘소에 고하나이다.

氣序流易 雨露旣濡 瞻掃封堂 不勝感慕 謹以淸酌庶羞 祗薦歲事 尙 饗

세월은 절기가 바뀌어서 어느덧 이슬이 내렸습니다. 묘역을 쓸고 봉분을 우러러보니 조상님
을 사모하는 정을 이기지 못하겠습니다. 삼가 맑은 술과 여러 가지 음식으로 공경히 세사를
올리니 흠향하소서.

7. 오사재(五思齋)

강릉시 주문진읍 장덕리에 있는 이 재사는 강릉박씨 13세손 인순(仁淳)과 그의 손자 진해(震楷), 진식(震栻)을 모신 곳이다. 이 재실은 한국전쟁 때 소실되었다가 재건축하여 현재에 이르고 있다. 건물은 정면 4칸, 측면 2칸의 팔작기와지붕 형식이다. 재사 내부에는 현판, 상량문 등이 보관되어 있다.

홀기(笏記)

●獻官及諸執事詣墓所再拜○奉行塋域內外環繞省掃三周○復位再拜●獻官以下各就位○諸
●헌관급제집사예묘소재배○봉행영역내외환요성소삼주○복위재배●헌관이하각취위○제

執事詣盥洗位○盥手○帨手○陳饌○設香爐香盒○設降神盞盤●行降神禮○初獻詣盥洗位○
집사예관세위○관수○세수○진찬○설향로향합○설강신잔반●행강신례○초헌예관세위○

盥手○帨手○因詣墓前跪○焚香三上○再拜○酹酒三傾至盡○再拜○因降復位○獻官以下皆
관수○세수○인예묘전궤○분향삼상○재배○뇌주삼경지진○재배○인강복위○헌관이하개

再拜參神●行初獻禮○初獻詣墓前跪○擧冪酌酒○覓爵○俯伏○興○少退○啓飯盖○扱匙○
재배참신●행초헌례○초헌예묘전궤○거멱작주○전작○부복○흥○소퇴○계반개○급시○

正筯○獻官以下皆俯伏○祝跪初獻官左讀祝○獻官以下皆興○初獻再拜○因降復位○撤爵●
정저○헌관이하개부복○축궤초헌관좌독축○헌관이하개흥○초헌재배○인강복위○철작●

行亞獻禮○亞獻詣盥洗位○盥手○帨手○因詣墓前跪○擧冪酌酒○覓爵○俯伏○興○少退○
행아헌례○아헌예관세위○관수○세수○인예묘전궤○거멱작주○전작○부복○흥○소퇴○

再拜○因降復位○撤爵●行終獻禮○終獻詣盥洗位○盥手○帨手○因詣墓前跪○擧冪酌酒○
재배○인강복위○철작●행종헌례○종헌예관세위○관수○세수○인예묘전궤○거멱작주○

覓爵○俯伏○興○少退○再拜○因降復位○撤羹○進茶○肅俟少頃●行飮福禮○初獻詣飮福
전작○부복○흥○소퇴○재배○인강복위○철갱○진다○숙사소경●행음복례○초헌예음복

位設席于香案前○北向立○祝撤爵詣初獻之右○初獻跪○受爵○啐酒少飮○祝撤脯詣初獻之

위설석우향안전○북향립○축철작예초헌지우○초헌궤○수작○좨주소음○축철포예초헌지

左○致告假辭云云○初獻受脯○因降復位○下匙筋○合飯盖○獻官以下皆再拜辭神○焚祝○

좌○치고가사운운○초헌수포○인강복위○하시저○합반개○헌관이하개재배사신○분축○

撤饌先撤盞盤○以次退

철찬선철잔반○이차퇴

축문(祝文)

仁淳

維歲次云云

유세차 운운

顯代祖考通政大夫掌隸院判決事府君

몇 대조 할아버지 통정대부 장례원판결사 부군과

顯代祖妣淑夫人江陵咸氏之墓

몇 대조 할머니 숙부인 강릉함씨 묘소에 고하나이다.

氣序流易 雨露旣濡 瞻掃封堂 不勝感慕 謹以淸酌庶羞 祗薦歲事 尙 饗

세월은 절기가 바뀌어서 어느덧 이슬이 내렸습니다. 묘역을 쓸고 봉분을 우러러보니 조상님

을 사모하는 정을 이기지 못하겠습니다. 삼가 맑은 술과 여러 가지 음식으로 공경히 세사를

올리니 흠향하소서.

제4절 고서 및 고문서

1. 박중신 문과급제 교지

교지는 조선시대 임금이 신하에게 내려주던 사령문서(辭令文書)이

다. 교지는 신하에 대한 국왕의 권위를 상징하는 것으로, 그 용도에 따라 명칭이 달랐다. 관료에게 관작·관직을 내리는 교지는 고신(告身, 사령장), 문과 급제자에게 내리는 것은 홍패(紅牌), 생원·진사시에 합격한 자에게는 백패(白牌), 죽은 사람에게 관작을 높여 주는 추증교지(追贈敎旨), 토지와 노비를 내려 주는 노비토전사패(奴婢土田賜牌), 향리에게 면역(免役)을 인정하는 향리면역 사패 외에 죽은 신하에게 시호를 내려줄 때도 교지를 썼다. 교지에는 '시명지보(施命之寶)'라고 찍어주었으나, 홍패·백패에는 '과거지보(科擧之寶)'를 찍었다. 한 개인에게 내려진 일련의 교지는 그 시대의 관료정치 및 양반사회의 성격을 연구하는 데 중요한 자료가 되고 있으며, 고문서 가운데 비교적 많이 전해지는 이유도 자기 가문의 명예를 나타내 주는 것으로 여겨 소중하게 보관해 온 때문이다.

　　'박중신 문과급제교지'는 선교랑(宣敎郞) 양양유학교도(襄陽儒學敎導) 박중신(朴中信)이 세종 20년(1438) 문과 정과(丁科)에 급제하였음을 증명하는 홍패교지이다. 종전까지 왕지(王旨)라 칭해왔으나, 세종 7년(1425) 7월부터 중앙과 지방의 각 관아에서 임금의 뜻을 받들어 아뢸 문서는 교지(敎旨)라고 칭하였고, 동왕 17년(1435) 9월에 와서는 관교작첩(官敎爵牒)과 외리(外史)의 정조(正朝)·안일차첩(安逸差貼)도 모두 교지(敎旨)라고 칭하였다. 고문서에서 교지는 세종 16년 4월 23일에 발급된 〈이정고신(李禎告身)〉부터 문서의 첫머리에 사용되었음이 확인된다. 박중신 문과급제교지는 하위지, 성삼문과 같은 해에 발급 받은 것이다. 지방유형문화재 제116호이다.

제5절 강릉박씨 족보

　　강릉박씨 최초의 족보는 숙종 14년(1688)에 작성되었다. 분량은 불분권 1책이며, 필사본이다. 족보 간행을 위해 작성한 초보(草譜)로 편자는 미상이다. 체제는 매우 단순하여 다른 족보에서 부록으로 처리되는 관향(貫鄕)의 연혁과 득성(得姓)의 내력이 맨 앞에 수록되어 있고, 그 아래로 보도(譜圖)가 실려 있다. 초보라 그런지 서문·발문, 부록, 범례 등은 실려 있지 않다.

맨 첫 면에는 1세 시조 박제상(朴堤上)부터 7세 자온(自溫)·자량(自良)·자공(自恭)·자검(自儉)·자신(自信) 형제까지 수록하였고, 면을 달리하여 차서(次序)에 따라 이들 5형제의 7세손까지 수록하였다. 그 다음부터는 자검(自儉)의 후손들만 사첩(四疊)되고 있는 것으로 보아 이 족보가 강릉박씨 중에서도 박자검 계열을 중심으로 구성되어 있음을 알 수 있고, 그중에서도 자검의 차자 중신(仲信)과 3자 중경(仲敬)이 중심을 이루고 있다.

자녀는 선남후녀(先男後女)의 방식으로 수록되어 있고, 서자녀도 수록되어 있으며, 외파(外派)는 대략 2대까지 수록하였다. 각 인물의 주기(註記)는 매우 간단하여 관직만 기록한 것이 대부분이며, 특징적인 것은 당사자의 주기는 약술된 반면 처계(妻系)에 대해서는 매우 자세하여 부, 조, 증조, 외조 4조의 관직과 성명을 적고 있다. 그 후 발간된 강릉박씨 족보는 다음과 같다.

족보명	권수	발간 연대	비 고
丙申譜 (병신보)	2	숙종 42년(1716)	朴恒承(박항승) 跋(발)
己丑譜 (기축보)	2	영조 45년(1769)	朴民天(박민천) 編(편)
壬戌譜 (임술보)		순조 2년(1802)	삼가공 9세손 天希(천희)가 구보 증수
丙午譜 (병오보)		헌종 12년(1846)	
己卯譜 (기묘보)	7	고종 16년(1879)	朴英秀(박영수) 외 編(편)

족보명	권수	발간 연대	비 고
丁未譜 (정미보)	1	융희 1년(1907)	朴元柬(박원동) 編(편)
丙子譜 (병자보)	7	1936년	朴起柬(박기동) 編(편)
癸卯譜 (계묘보)	4	1963년	朴世煥(박세환) 編(편)
甲子譜 (갑자보)	4	1984년	강릉박씨 대동보편찬위원회
丁亥譜 (정해보)	3	2007년	강릉박씨 대동보편찬위원회

영산·영월신씨(靈山·寧越辛氏)

제1절 영산·영월신씨의 세계와 주요 인물

1. 영산·영월신씨의 세계

영산신씨는 영산의 토성(土姓)이다. 영산은 신라 때 서화현(西火縣)이라 하다가 경덕왕 16년(757) 상약현(尙藥縣)으로 고쳤다. 고려시대에 들어 이곳을 흐르는 영산천(靈山川, 또는 郡泉川)을 따서 영산현으로 고쳐 감무(監務)를 두었으며, 조선 태종 13년(1413)에 현감을 두었다. 인조 9년(1631) 창녕현을 병합하였다가 다시 분리하고 1895년 영산군으로 승격하였으나, 1913년 창녕군에 병합되어 그 일부 지역은 영산면으로 남아 있다.

신씨는 원래 중국의 성씨로 당(唐)나라 사람 신시랑(辛侍郎)과 엄시랑(嚴侍郎, 영월 엄씨의 시조)이 신라 35대 경덕왕(682~704) 때 우리나라에 파락사(波樂使)라는 사신으로 와서 그대로 머물러 살았다고 하나 이름과 후대를 알 수가 없어서 고려 인종 때 문하시중 평장사를 지낸 신경(辛鏡)을 도시조(都始祖)로 하고 있다.

신경은 중국 농서성 출신으로 고려 중엽에 동래하여 인종 16년(1138) 문과에 급제하고 벼슬이 금자광록대부(金紫光錄大夫) 문하시랑평장사(門下侍郎平章事)에 이르렀다. 그는 자신이 살던 중국 감숙성(甘肅省)에 있는 천축

산(天竺山)과 산세가 비슷한 지금의 창녕 영취산(靈鷲山) 아래에 뿌리를 내렸다. 이후 그의 후손들은 시조 신경이 처음 정착한 영산(靈山)을 본관으로 삼아 세계를 잇기 시작했다.

2세 운민(雲敏)은 고려 의종 6년(1152)에 급제하여 관(官)이 보문각 대제학 수문전학사 좌찬상(寶文閣大提學修文殿學士左贊相)에 올랐다. 3세 영계(永繼)는 명종 4년(1174)에 급제하여 관이 수문전 대제학(修文殿大提學)에 올랐다.

4세 몽삼(夢森)은 명종 19년(1189)에 급제하여 관이 보문각 대제학 검교 태사 영원부원군(寶文閣大提學檢校太師靈元府院君)에 올랐다. 묘(墓)는 경북 영일군 기계면 화봉리에 있으며, 1918년에 지석(誌石)이 발견되었는데, 지석 전면에는 태사영주신공몽삼지묘(太師 寧州辛公夢森之墓), 배위 정부인 문주유씨(貞夫人文州柳氏)라 기록되어 있다. 몽삼은 슬하에 네 아들을 두었는데, 둘째와 셋째는 요절하고 장남과 4남이 계대(繼代)하여 오늘에 이르고 있다.

8세 지화(至和)는 원종 7년(1266) 원(元)에 들어가 등제(登第)하여 전교령(典敎令) 한림학사(翰林學士) 예부 원외랑(禮部員外郞)을 제수받고 자금어대(紫金魚袋)를 받았다. 뒤에 원(元)나라 조정에서 추인하여 추밀원사(樞密院事) 보문각 대제학(寶文閣大提學)을 추봉하였다.

신씨가 영산과 영월로 분관된 것은 신경의 9세손 대이다. 추밀원사를 지낸 시조의 8세손 신지화(辛至和)는 슬하에 네 아들을 두었는데, 장남 천(蕆), 차남 혁(革), 3남 온(蘊), 4남 한(韓)이다. 판밀직사사를 역임했던 첫째 아들 신천은 덕재공파(德齋公派), 좌찬성을 지내고 영산부원군에 봉해진 둘째 신혁은 초당공파(草堂公派), 영월부원군에 봉해진 셋째 신온은 부원군파(府院君派), 이부판서를 지낸 넷째 신한은 판서공파(判書公派), 5세에서 이미 분파(分派)되어 대를 이어 내려온 신주는 상장군파(上將軍派)의 파조가 되었다.

이 가운데 덕재공·초당공·상장군 계는 본관을 영산으로 하였고, 부원군·판서공 계는 본관을 영월로 하였다.

영산·영월신씨 세계도

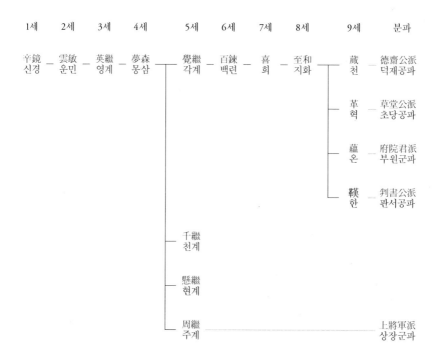

1세	2세	3세	4세	5세	6세	7세	8세	9세	분파
辛鏡 신경	雲敏 운민	英繼 영계	夢森 몽삼	覺繼 각계	百鍊 백련	喜 희	至和 지화	蒇 천	德齋公派 덕재공파
								革 혁	草堂公派 초당공파
								蘊 온	府院君派 부원군파
								鞰 한	判書公派 판서공파
				千繼 천계					
				懸繼 현계					
				周繼 주계					上將軍派 상장군파

지화의 장남 신천(辛蒇, 1264~1339)의 호는 덕재(德齋)이다. 공은 부친이 송에 체류하고 있는 동안 학문을 부지런히 닦아 문과(文科)에 급제하였고, 충숙왕 원년(1314) 3월에 선부직랑(選部直郞)이 되었다. 공의 스승은 안향(安珦)이다. 안향은 주자학을 도입하여 여말의 사상계에 새 바람을 일으킨 장본인이다. 그는 안향 밑에서 수학하여 스승의 유지를 받들어 주자학을 연구하고 이를 국가정책에 반영하는 큰 일을 담당하였다. 충숙왕 6년(1319) 6월에 총랑(摠郞)으로 복무하면서 스승을 문묘(文廟)에 종사하게 하였다. 주지

하듯이 문묘는 공자를 모시는 사당이다. 당시의 상황을 기록한 『고려사』를 보면, 안향의 문묘 종사를 반대하는 의견도 만만치 않았다. 그러나 신천의 상소와 주청은 너무 극진하여 왕을 감동케 하였고, 반대 의견을 잠재웠다. "가상하다. 스승에 대한 의리여!" 라고 적고 있다. 충숙왕 13년(1326)에는 지공거(知貢擧)가 되었다.

　지공거는 고려시대에 과거를 주관하던 시험관으로 당대 최고의 학자가 임명되었다. 시험관인 지공거와 급제자 사이에는 평생 동안 좌주·문생이라는 공고한 유대관계를 형성하였다. 좌주가 영달하면 그의 문생 또한 출세하게 마련이어서 급제자들이 관계에 진출하는데 시험관의 영향력이 크게 작용하였다. 그래서 문생은 지공거를 부모처럼 섬겼던 것이다. 지공거를 배출한 집안은 가문의 영광이었다. 신천이 지공거가 되어 주관한 과거시험에서 이달중(李達中) 등의 재사(才士)를 취하였는데, 이들 모두는 고려후기의 관계(官界)를 주도한 인물들이었다. 공은 경상·교주 양도 안렴사로 부임하여 선정을 베풀었고, 충숙왕 복위 8년(1339) 12월 재상직에 해당되는 판밀직사사(判密直司事)로 재직하다가 별세하였다. 시호는 응청(凝淸)이다. 작품으로 안동의 영호루(暎湖樓), 청주의 공북루(拱北樓), 통천의 총석정(叢石亭)을 읊은 시가 있으며, 삼척팔경의 하나인 「와수목교(臥水木橋)」와 평해의 경치를 읊은 「요곽장천여고리(繞郭長川如故里)」 등의 시가 전하고 있다.

　신혁(辛革)은 고려 충렬왕 13년(1287) 문과에 장원 급제하여 관이 좌찬성사(左贊成事)가 되었고, 영산 부원군(靈山府院君)에 올랐다. 영산신씨 초당공파의 파조이다.

　신온(辛蘊)은 충렬왕 19년(1293) 문과에 급제하였으며, 영월부원군(寧越府院君)에 봉해졌다. 부원군파(府院君派)의 파조로 본관을 영월로 하였다.

2. 주요 인물

1) 신돈(辛旽, ?~1371)

승명은 편조(遍照), 자는 요공(耀空)이며 왕이 내린 법호로 청한거사 (淸閑居士)가 있다. 돈은 집권 후에 정한 속명이다. 아버지에 대해서는 구체적으로 알려진 바가 없고 영산에 무덤이 있었다는 것만이 확인될 뿐이며, 어머니는 계성현(桂城縣) 옥천사(玉川寺)의 비(婢)였다. 어려서 승려가 되었지만 모계 때문에 신분적으로 천한 위치에 있어 주위의 용납을 받지 못하고 늘 산방(山房)에 거처하였다.

공민왕 7년(1358)에 왕의 측근인 김원명(金元命)의 소개로 공민왕을 처음 만나게 되어 궁중에 드나들기 시작하였다. 공민왕 자신이 독실하게 불교를 신봉하였고, 신돈 또한 총명하여 왕의 중망(重望)을 받았다고 한다. 그러나 한편으로는 "나라를 어지럽힐 자는 반드시 이 중놈일 것이다."라는 비난도 있었고, 심지어 정세운(鄭世雲)은 요승이라 하여 죽이려고까지 하므로 왕이 피신시키기도 하였다. 따라서 그를 배척하던 인물들이 사라진 다음에야 정치의 표면에 나설 수 있게 되었다. 공민왕 13년(1364) 두타승(頭陀僧)이 되어 공민왕을 내알(來謁)하고 비로소 궁안에 들어와 용사(用事)하게 되었다. 이때 왕으로부터 청한거사(淸閑居士)라는 호를 받고 사부가 되어 국정을 자문하였는데 왕이 따르지 않는 바가 없었으며, 그로 인하여 많은 추종자가 생기게 되었다. 마침내 공민왕 14년(1365) 5월에 최영(崔瑩)을 비롯하여 이인복(李仁復)·이구수(李龜壽) 등을 거세하면서 세력을 쌓았으며, 같은 해 7월에는 진평후(眞平侯)에 봉해진 뒤 수정이순논도섭리보세공신 벽상삼한삼중대광 영도첨의사사사 판중방감찰사사 취산부원군 제조승록사사 겸판서운관사 (守正履順論道燮理保世功臣壁上三韓三重大匡領都僉議使司事判重房監察司事鷲山府院君提調僧錄司事兼判書雲觀事)에 이르렀다.

영도첨의사사사가 된 뒤 강력한 권력을 장악하게 되자 중국에는 권왕(權王)으로 알려졌고 백관들에게는 영공(令公)으로 불렸다. 인사권을 포함한 광범위한 내외의 권력을 총관하였을 뿐만 아니라 왕을 대신하여 백관들의 조하(朝賀)를 받고 출입할 때는 의위(儀威)가 왕의 승여(乘輿)와 비슷할 정도의 권위를 가졌다. 그러나 이러한 권력과 지위는 왕권의 의탁을 바탕으로 하는 것이었을 뿐 그의 독자적 세력기반을 구축했던 것 같지는 않다.

신돈의 집권기간 동안 이루어진 시책으로는 전민변정도감(田民辨整都監)의 설치와 활동을 통한 개혁적인 정책을 들 수 있다. 공민왕 15년(1366) 5월 전민변정도감을 설치하게 하고 스스로 판사(判事)가 되어 권문세가들이 겸병한 토지와 강압에 의하여 노비가 된 백성들을 원래의 상태로 되돌리는 과감한 개혁을 단행하였다. 그 결과 권문세가들이 탈점했던 전민(田民)을 원래의 주인에게 돌려준 경우가 많아 "성인이 나타났다."라는 찬양을 받기까지 하였다.

공민왕 16년(1367) 숭문관(崇文館) 옛터에 성균관을 중영(重營)할 때 직접 그 터를 살피고 "문선왕(文宣王, 공자)은 천하 만세(萬世)의 스승이다."라고 하면서 문신들이 품질에 따라 포(布)를 내어 추진하는 이 사업에 적극성을 보여 마침내 완성을 보아 유술(儒術)을 중흥시키려는 공민왕의 의욕에 부응하였다. 그리고 그해 『도선비기(道詵秘記)』를 근거로 하여 왕에게 천도할 것을 건의하고 스스로 평양에 가서 상지(相地)까지 하였지만 실현되지는 않았다.

한편, 기거하던 기현(奇顯)의 집에서 독립한 공민왕 17년(1367)부터는 처첩을 거느리고 아이를 낳고 주색에 빠져 비난이 높아졌다. 이러한 가운데 공민왕 19년(1369) 스스로 5도(道)의 도사심관(都事審官)이 되려고 사심관을 부활시키려다가 좌절되었다. 이는 그가 자신의 세력기반을 확립시키려고 시도하였던 일로 보여진다.

공민왕 19년(1370) 10월, 그동안 정치일선에서 물러나 있던 공민왕이 친정(親政)할 뜻을 밝혔고, 공민왕 20년(1371) 7월 마침내 역모를 꾀한다는 혐의로 붙잡혀 수원에 유배되었다가 일당 기현·이춘부(李春富)·이운목(李云牧) 등과 함께 복주(伏誅)되었다.

신돈의 집권은 공민왕 때의 복잡한 정치상황 아래에서 나타났던 특이한 현상이다. 집권기간은 6년 정도에 불과하였으나 집권기간 중에 권문세가의 유력자들을 거세시키면서 전민변정도감을 통하여 개혁적인 시책을 전개하였으며, 특히 성균관을 중영하여 신진사대부 세력이 성장할 수 있는 배경을 마련하였다고 하는 점은 중요한 의미를 지닌다고 하겠다.

정몽주(鄭夢周)·정도전(鄭道傳)·윤소종(尹紹宗) 등 조선의 건국과 밀접한 관계를 지니는 신진문신세력이 이러한 분위기 속에서 정치세력으로 성장할 수 있었다는 사실은 공민왕의 개혁정치 전반과 관련하여 각별히 유의할 점이다. 또한, 공민왕을 계승한 우왕과 그의 아들 창왕이 신돈의 자손이라 하여 뒷날 우창비왕설(禑昌非王說)을 내세워 폐가입진(廢假立眞)의 명분 아래 창왕을 내쫓고 공양왕을 추대한 정변과도 간접적인 관련을 가지게 됨으로써 조선의 건국과정을 통하여 그의 집권은 부정적인 측면에서 많은 논란의 대상이 되기도 하였다.

2) 신영숙(辛永叔)

조선 개국 때 태조 이성계를 도운 공으로 통훈대부 한성서윤(漢城庶尹: 종4품) 자리에 있었다. 모친께서 병환이 위독하다는 기별을 듣자 관직을 사임하고 고향 영월로 낙향하여 침식을 잊고 노모를 간병하였으나 끝내 돌아가셨다. 묘소 옆에 초막을 짓고 탈상까지 3년 동안 하루도 빠짐없이 불효자로서 속죄하기 위해 죽만 들었다. 부친상을 당했을 때도 3년 시묘살이를 해내자 영숙의 효행이 임금의 귀에까지 들어갔다. 그의 효행을 널리 알려 귀감을 삼고자 조정에서는 수천 평의 토지와 함께 효자정문(孝子旌門)을 내리게 되었다. 사후에 '효염공(孝廉公)'이란 시호를 받기도 했다. 영산신씨의 영월 입향조이다.

3) 신유정(辛有定, 1347~1426)

고려 말 조선 초의 무신으로 음보(蔭補)로 산원(散員)이 되었고 용맹이 뛰어났다. 우왕 12년(1386)에 정용호군(精勇護軍)이 되어 족형인 충청도도원수 이승원(李承源)의 휘하에서 남해에 출현하여 노략질하는 왜구를 무찔러 크게 용맹을 떨쳤다. 그뒤 이성계(李成桂)의 휘하에서 무공을 세워 그의 이름이 널리 알려졌다. 조선 태조가 즉위하자, 그는 곧 태조를 시종한 공으로 원종공신(原從功臣)이 되어 크게 총애를 받았다. 태조 6년(1397)에 이산진 첨절제사(伊山鎭僉節制使)가 되었고, 정종 2년(1400)에 왕세제가 된 방원(芳遠: 후의 태종)의 추천으로 봉상시판관(奉常寺判官)이 되었고, 이어서 공조·예조·형조의 전서(典書)를 거쳐 태종 3년(1403) 강원도에 침입하여 약탈을 자행하는 왜구를 크게 무찌른 공으로 판강릉대도호부사(判江陵大都護府事) 겸 좌군동지총제(左軍同知摠制)가 되었다. 태종 7년(1407)에 의주도병마사가 되었고, 태종 10년(1410)에 야인 우디거(兀狄哈)가 경원에 침입하자 좌군도총제(左軍都摠制)로 부원수가 되어 도원수 조연(趙涓)과 함께 출정하여 이를 토벌하였다. 그뒤 충청도병마도절제사·평안도도안무사가 되었다. 태종 15년(1415)에 병으로 사임하였다. 성품이 강직하여 불의를 보면 참지 못하였으며, 가난할 때나 부유할 때나 하루 두 끼만 먹었다고 한다. 시호는 무절(武節)이다.

4) 신석조(辛碩祖, 1407~1459)

조선의 문신으로 초명(初名)은 석견(石堅), 자는 찬지(贊之), 호는 연빙

당(淵氷堂)·영산(靈山)이다. 부(父)는 세종 때 경상도 관찰사·병조참판·형조판서·예문관 대제학 등을 역임한 인손(引孫)이다.

어려서부터 글을 잘 지었으며, 세종 8년(1426) 생원시에 장원 급제한 후 문과에 합격하여 집현전 저작랑(著作郎, 정8품)에 선발 보직되었다. 집현전은 "문관 가운데서 재주와 행실이 뛰어나고 나이 젊은 사람을 뽑아 오로지 경·사(經史)의 강론을 일삼고 임금의 자문(諮問)에 대비"하는 기관이었다. 세종 자신의 말로도 "집현전은 오로지 경연(經筵)을 위하여 설치한 것"이라 할 정도였다. 따라서 집현전 관원은 당대의 최고 석학(碩學)이 임명되었다. 세종은 집현전 학사들을 뽑아 아침저녁 강학(講學)하게 하였지만, 그래도 문학이 부진한 것을 염려하여 문학적 재능을 갖춘 젊은 문과 출신자에게 휴가를 주어 독서하도록 하는 사가독서제(賜暇讀書制)를 실시하였다. 사가독서는 학문만을 위한 것이 아니라 국가에서 필요로 하는 인재를 양성하는 목적도 있었다. 이 제도가 처음 실시된 것은 세종 8년(1426)인데, 당시 집현전 저작랑이었던 신석조는 부교리(副教理, 종5품) 권채(權採)와 정자(正字, 정9품) 남수문(南秀文)과 함께 최초로 선발되었다. 그때 석조의 나이는 19세였고, 권채는 27세, 남수문은 18세였다. 석조는 그 후 승진을 거듭하여 집현전 직제학(直提學, 종3품)·부제학(副提學, 정3품)에 이르렀다. 세조 2년(1456)에는 공조참판으로 정조사(正朝使, 음력 元旦에 파견)가 되어 명나라에 다녀왔다. 사신의 선임은 의정부·육조·대간에서 당대 최고의 외교 능력을 겸비한 학자를 복수 천거하면 왕이 간택하여 임명하였다. 대개 청렴(清廉)하고 외모가 출중하며 언변(言辯)이 뛰어난 자로서, 품계가 가선대부(종2품) 이상의 문관이 선발되었다. 신석조는 개성부 유수(종2품)로 재직하던 중 53세에 졸하였다. 시호(諡號)를 문희(文僖)라 하였는데, 학문을 널리 닦아 견문이 많은 것이 문(文)이고, 조심하여 두려워하고 겸손한 것이 희(僖)이다. 학문이 뛰어나고 문장이 능해 『세종실록』, 『의방유취』, 『경국대전』 편찬에도 참여하였다. 저서로는 『연빙 당집(淵水堂集)』이 있다.

5) 신윤무(辛允武, ?~1513)

조선 중기의 무신으로 연산군 때 여러 관직을 역임하고 군자시부정(軍資寺副正)에 올라 왕의 총애를 받던 중, 연산군 12년(1506) 연산군의 학정에 불만을 품은 성희안(成希顔)·박원종(朴元宗) 등에게 내외정세를 세밀히 알려주어 중종반정을 결심하게 하고, 거사일에는 그가 군사를 모아 임사홍(任士洪)·신수근(愼守勤)·신수영(愼守英) 등을 격살하고 일을 성사시켰다. 그 공으로 정국공신(靖國功臣) 1등에 책록되고, 영천군(寧川君)에 봉해졌다. 그뒤 함경북도 병마절도사가 되었는데, 탐오하고 군무에 소홀하다는 대간의 탄핵을 받아 파직되었으나 박원종 등의 구원으로 4개월 만에 다시 서용되었다.

그뒤 공조판서를 거쳐 좌우참찬을 지내고 병조판서가 되었으나 대간들의 탄핵으로 다시 파직되었다. 이때 역시 대간의 탄핵으로 파직된 박영문(朴永文)이 울분에 못 이겨 자주 그의 집을 찾아와 조정을 비방하고 난언을 많이 하였다. 그는 늘 박영문에게 시기가 아니라며 타일러서 말렸으나, 이와같은 사실을 엿들은 의정부의 노비 정막개(鄭莫介)의 고변으로 주살되고 두 아들 공(恭)·검(儉)은 모두 교살당하였다. 그가 일찍이 박원종 등에게 중종반정을 재촉한 것은, 자신이 연산군의 총애를 받고 있었기에 변란이 나면 자신에게 화가 미칠까 두려웠기 때문이었다고 한다.

6) 신응시(辛應時, 1532~1585)

조선 중기의 문신으로 자는 군망(君望), 호는 백록(白麓). 아버지는 부사 보상(輔商)이다. 백인걸(白仁傑)의 문인으로 명종 7년(1552) 진사가 되고, 명종 14년(1559) 정시문과에 병과로 급제하여 정언을 지낸 뒤 호당(湖堂)에 뽑혀 사가독서(賜暇讀書)를 했다. 명종 21년(1566) 문과 중시(重試)에 병과로 급제,

예조·병조좌랑을 거쳐 선조 즉위 초에 경연관(經筵官)이 되었다. 그 뒤에 모친상을 입고 있을 때『주자대전』중에서 예(禮) 부분만 발췌하여『주문문례(朱門問禮)』를 간행했다. 그 후 전라도관찰사·연안부사·예조참의·병조참지를 거쳐 대사간·홍문관부제학에 이르렀다. 그가 경연에 임할 때면 고금의 사례들을 적절히 인용하여 막힘이 없었고, 지방수령으로 재직시에는 풍속을 바로잡고 교육을 진흥시켰으며 사사로운 일에는 청렴하여 집안에 가재도구가 거의 없었다. 성혼(成渾)·이이(李珥)와 특히 교분이 두터웠다. 저서로는『백록유고(白麓遺稿)』가 있다. 배천의 문회서원(文會書院)에 제향되었다. 시호는 문장(文莊)이다.

7) 신초(辛礎, 1568~1637)

조선 중기의 무신·의병장으로 자는 우수(友叟), 호는 문암(聞巖)이다. 선조 16년(1583) 이탕개(尼湯介)의 반란을 평정할 때 공을 세우고, 무과에 급제하여 선조 24년(1591) 천성만호(天城萬戶)가 되었다. 이듬해 임진왜란이 일어나자 천성도(天城島)가 고도(孤島)이므로 김해성(金海城)으로 들어갔다가 성이 함락되자 적의 포위망을 돌파, 합천군수 이숙(李潚), 박진영(朴震英) 등과 더불어 의병을 모집, 곽재우군(郭再祐軍)과 합류하여 활약하기도 하였다. 공위겸(孔撝謙)이 적에게 항복하여 영산에 웅거, 경상도관찰사를 자처하며 위세를 떨치자 단신으로 그의 진영에 잠입, 계략을 써서 사로잡았다. 선조 25년(1592) 7월의 영산전투에서도 공을 세워 곽재우의 천거로 현풍현감이 되어 선정을 베풀고 백성을 안집하여 목민관으로도 영남에 명성을 떨쳤다. 정유재란 때는 창녕의 화왕산성(火旺山城)에 주둔하고 있던 곽재우군에 합류하여 화왕산성전투에서 조전장(助戰將)으로 활약하였다. 난이 끝난 후 보성군수를 역임하였다.

말년에 창녕군 영산면 옥천 골짜기에다 정자를 짓고 보냈는데, 호를 따 문암정(聞巖停)이라 했다. 문암정 뒤편에는 신초의 영정과 위패를 봉안하고 있는 영정각(影幀閣)이 있으며, 그 곁에 신초의 사적비(事蹟碑)가 있다. 영정은 견본(絹本) 채색화로 조선후기에 그려진 것으로 추정되며, 사적비는 헌종 4년(1838)에 세워진 것이다. 신초영정(辛楚影幀)과 비각(碑閣)은 문화재자료 제25호로 지정되었으며, 그때 심은 배롱나무 군락과 소나무들이 둘러서서 정자를 포근히 감싸고 있다. 융희 4년(1910) 8월에 병조판서로 추증되었고 충장(忠壯)이라는 시호(諡號)가 내려졌다. 창녕의 문암정(聞巖亭), 영산의 도천서원(道泉書院)에 제향되었다. 저서로는 『문암집』이 있다.

8) 신회(辛晦, 1761~1841)

경철(慶鐵)의 손자로 숙종 원년(1675) 생원시에 올라 문한(文翰)으로 바르게 행동하여 마을에서 소중히 여겼다. 형제 4인과 당종(堂從) 4인이 함께 문한으로 이름이 났다. 그의 증조부 박사공(博士公) 응명 형제 8인 모두 문한으로 활약하여 '팔신(八辛)'의 영예'라 하였으며, 또 고을에서는 신씨 가문을 '팔신(八辛)'이라 불렀다.

9) 신석로(辛錫魯)

조선 후기의 선비로 홍문관 박사 신응명(辛應命)의 후손이다. 재주와 인품이 뛰어나고 효우(孝友)를 함께 갖추었다. 또한 총명하여 나이 13세에 시문(詩文)을 지었고 서체가 뛰어났다. 순조 4년(1804)에 강릉의 송담서원(松潭書院)에서 공부할 때 화재가 일어나자 여러 유생들이 어쩔 줄 몰라 하며 흩어졌으나, 신석로 홀로 동요하지 않고 먼저 묘우(廟宇)에 들어가 위판을 받들고 나와 서원 앞의 안인동(安仁洞) 물속에 세워 놓아 다행히 다 타버리는 것을 면했다. 그 당시 동백(東伯) 신공(申公)이 이를 듣고 가상히 여겨 포창하여 말하기를 "만약 독서하는 선비이자 도리를 아는 사람이 아니었으면 어찌 창졸간의 어지러운 틈에 그 직분을 다할 수 있었겠는가? 이러한 마음을 미루어 본다면 부모와 윗사람을 섬기는 것도 가할 것이요, 절개를 지켜 의에 죽는 것도 가할 것이니 이 어찌 뛰어나고 탁월하지 않겠는가?" 하며 소와 술을 상으로 하사하였다.

제2절 동족마을의 형성과 공동체 모임

1. 영산·영월신씨의 강릉 입향

신씨가 강릉지방에 입향한 갈래는 영월신씨 부원군파의 15세손 신주(辛柱)와 17세손 신경원(辛慶遠)·신경철(辛慶鐵), 그리고 영산신씨 덕재공파 16세손 신붕(辛鵬)으로 나눌 수 있다.

영산·영월신씨 강릉입향조 가계도

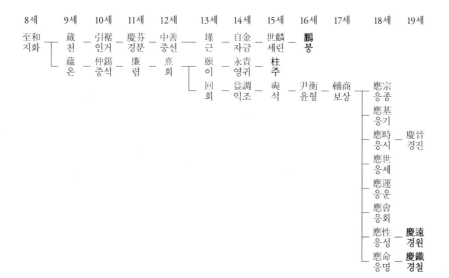

영월신씨 부원군파의 15세손 신주(辛柱)는 중종 8년(1513)에 종질(從姪)인 영천군(寧川君) 신윤무(辛允武)와 영성군(寧城君) 신윤문(辛允文) 형제가 박영문(朴永文) 원옥사건(寃獄事件)으로 화를 입게 되자 화가 미칠까 두려워 강릉으로 들어와 성산면 어흘리에 정착하였다.

영월신씨 부원군파의 17세손 신경원(辛慶遠)과 신경철(辛慶鐵)은 임진왜란의 화를 피하기 위해 종형(從兄)인 아호공(丫湖公) 경진(慶晉)이 강릉부사로 부임할 때 따라와 정착하였다. 신경진은 조선 중기의 문신으로 자는 용석(用錫), 호는 아호(丫湖)이다. 아버지는 부제학 신응시(辛應時)이고, 어머니는 정기(丁琦)의 딸이다. 율곡 이이(李珥)의 문인으로 선조 6년(1573) 진사시에 입격하고 선조 17년(1584) 별시 문과에서 병과로 급제하였다. 승문원·예문관 등에서 관직 생활을 한 뒤 선조 24년(1591) 병조 좌랑으로 진주사(陳奏使) 한응인(韓應寅)의 서장관(書狀官)이 되어 명나라에 다녀왔다. 임진왜란 때에는 지평으로 왕을 평양에 호종하였고, 그곳에서 체찰사(體察使) 유성룡(柳成龍)의 종사관(從事官)으로 활약하기도 하였다. 왜란이 끝난 뒤 강릉부사·사간·이조참의·성주목사·충주목사를 거쳐 광해군 원년(1609)에 경상도관찰사가 되었고, 예조참판을 거쳐 대사헌이 되었다. 광해군 4년(1612) 황혁(黃赫)이 대북파(大北派)의 모함으로 역모죄에 몰려 처형당할 때 그의 사돈인 관계로 파직되었다. 강릉부사로 있을 때 향교(鄕校) 동·서무(東·西廡)와 명륜당(明倫堂)을 중수하였고, 그 앞에 연못을 만들고 하마비(下馬碑)를 세웠다. 그리고 선정을 베풀어 통정대부로 승진되어 돌아갔다. 청백리(淸白吏)에 선정되었다. 신응시·신경진 부자의 시문집인『백록유고(白麓遺稿)』가 전한다.

신경원은 홍문관 부제학을 지닌 신응시(辛應時)의 조카이고, 평사(評事) 신경연(辛慶衍)의 동생이다. 문장에 능하여 세 차례에 걸쳐 과거에 올랐으나 벼슬에 뜻이 없어 명산대천(名山大川)을 노닐며 시(詩)와 술을 즐겼다. 산천을 즐기던 신경원이 하루는 영남에 갔을 때, 그 곳 방백이 낙동강에다 배를 띄우고 풍악을 울리며 잔치를 벌이고 있었다. 신경원이 강가에서 말에 걸 터앉아 그 광경을 바라보는 것이 마치 가의(賈誼)가 경윤(京尹)을 침범하는 것과 같은 인상을 주었다. 이에 방백(方伯)이 매우 언짢아 하인을 시켜 신경 원을 급히 부르니 그는 시 한 수를 써서 하인에게 되돌려 보냈다. "신선이 낙 동강에 배를 띄우니, 풍악소리 바람타고 들려오누나. 나그네 말 멈추고 즐겁 게 여기지 않는 것은, 창오산(蒼梧山; 순임금이 죽은 곳) 빛이 구름 속에 잠겼기 때문일세."라고 하였다. 신경원이 이러한 시를 쓴 이유는 그 날은 바로 나라 의 기일(忌日)이었기 때문이다. 방백이 놀라 묻기를 "그대가 바로 신경원이 아 닌가?" 하며 반기자 영문(營門)에 머물며 시를 주고받았다고 한다. 신경철은 홍문관 박사 응명(應命)의 아들로 선조 39년(1606) 진사시에 올랐으나 벼슬길 에 나가지 않고 산수를 찾아 유람하며 시와 술로 세월을 보냈다.

신붕(辛鵬)은 그의 아버지 신세린(辛世麟)이 사망한 후 어머니와 함 께 임진왜란의 화를 피하기 위해 외가가 있는 강릉에 와서 정착하게 되었다. 신씨의 세거지는 강릉시 대전동과 강동면 돗골[道洞] 일대이다.

2. 동족마을의 지역개관

1) 강릉시 대전동

대전동은 원래 강릉군 정동면에 속한 지역으로 1914년 행정구역 개 편 때 조산리(助山里)를 합하여 대전리(大田里)라 했는데 1955년에 강릉시에 편입되었다. 마을에 큰밭이 있어 '한밭'이라고 한다.

조산은 태장봉 안쪽에 있는 마을 전체를 말한다. 마을 한가운데 있 는 이 산은 인위적으로 만든 것처럼 밋밋하게 생긴 조그마한 봉으로 봉 주위 에 큰 소나무가 여러 그루가 있다. 날밀에서 보면 이곳으로 해가 지는 마을

이 되는데 "해가 지는 마을"이란 말이 줄어서 "저무는 마을→저무말→즈므"로 되었다는 설과 이곳 출신의 인사가 쓴『점상일기(店上日記)』에 "점상→점위→저뮈→저무→즈므"로 되었다는 설이 있다.

태장봉은 즈므 입구 왼쪽에 있는 높은 봉우리로, 옛날 이 봉우리 꼭대기에 왕자의 태(胎)를 묻었다고 전해진다. 강릉 사주산(四柱山)의 하나로 봉 남쪽 낙맥 냇가에 명암정(鳴岩亭), 울바위가 있다. 성산면 송암리 미리재에서 발원한 물이 마을 앞을 지나 난곡동과 운정동을 거쳐 바다로 흐른다.

울바우(우럭바위, 鳴岩)는 태장봉 남쪽 낙맥에 있는 바위로 현 즈므 채석장 부근의 지명이다. 옛날 이 바위에서 사림의 울음소리가 났다고 하여 생긴 이름이기도 하고, 또 계곡으로 흐르는 물이 바위에 부딪치면서 요란한 소리를 내 마치 바우가 우는 것처럼 들린다. 옛날 바닷물이 성산면 송암리 미리재까지 올라갔을 때 우러기(뱅어)가 이곳까지 올라 왔다고 한다. 뒷내의 깨끗한 물이 흘러 놀기가 좋고 이곳에 안동권씨들이 세운 오암정(鳴岩亭)이 있다.

2) 강동면 돗골

돗골은 강동면 하시동리 원장봉(院長峰) 아래에 있는 마을이다. 돗골에는 조선 선조 때 예조참의와 대사간을 지낸 백록 신응시(辛應時)의 아우 신응령의 후손인 탁이 살고 있었는데, 그의 선영이 서울 도봉산(당시 경기도 양주군)이어서 선조를 추모하고 고향을 잊지 않겠다는 생각에서 고향인 도봉산(道峰山)의 '도' 자를 따서 '도동(道洞)'이라고 마을 이름을 지었다고 한다.

돗골에서 북쪽으로 가면 풍호가 되고, 남쪽으로 가면 안인리가 된다. 오봉서원(성산면 오봉리)과 송담서원(강동면 언별리)의 원장을 지낸 신석규, 신석거, 신석로, 신석이 등 네 형제들이 이곳에 기거할 때, 글벗들이 찾아오면 그들을 데리고 경치가 좋은 뒷산(원장봉)에 올라가 담소를 했다고 한다. 즉, 오봉서원과 송담서원의 원장을 지낸 네 형제들이 이곳에서 글벗들과 자주 담소를 했던 봉이란 뜻이다.

봉우리 꼭대기에는 소나무 숲에 돌담이 처져 있고, 이곳엔 마을을 수호해 주는 서낭이 있다. 또 서낭 조금 아래쪽엔 사선정(四仙亭)이 있는데, 신씨 집안의 네 형제들이 이곳에 올라 글을 읽고 소일했다고 한다. 돗골은 풍호 8경과 강동 8경의 하나인 '도동취연(道洞炊煙)'에 해당된다.

3. 동제(洞祭)

1) 강릉시 대전동

대전동에는 즈므마을과 안고개에 각 한 곳씩 2개의 서낭당이 있다. 즈므마을 서낭당은 대전동 9통 1반 산31번지, 안고개 서낭당은 대전동 9통 4반 산168번지에 위치한다. 즈므마을 서낭당의 당집은 없으며 수령이 오래된 노송 2그루가 서낭목이다. 안고개 서낭당도 당집은 없으며 서낭목 주위로 돌담을 쌓았다.

즈므마을의 제의는 성황제(城隍祭)라고 하며 성황지신(城隍之神)·토지지신(土地之神)·여역지신(癘疫之神)을 모신다. 제당은 즈므 마을회관 옆에 위치한다. 제의는 음력 10월 초정일에 지낸다. 제물은 유사(有司)가 준비하며, 각위(各位)마다 따로 진설(陳設)한다. 유교식으로 지내며 제의가 끝나면 소지(燒紙)한다.

안고개의 제의도 성황제라고 하며 성황지신·토지지신·여역지신을 모신다. 제당은 즈므마을 안고개 사이 숲에 위치한다. 서낭목 아래에 성황지신신위라는 위패를 세웠으며 제단은 3개이다. 제의는 음력 10월 초정일에 지낸다. 제물은 유사가 준비하며, 각위마다 따로 진설한다. 유교식으로 지내며 제의가 끝나면 소지한다.

2) 강동면 돗골

하시동리에는 바랑골, 독골, 호장골에 각 한 곳씩 3개의 서낭당이 있다. 돗골 서낭당은 하시동2리 3반 산75번지에 있다. 돗골의 제의는 성황제(城隍祭)라고 하며 산신지신(山神之神)을 모신다. 제당은 하시동2리 소금 공장 옆에 위치한다. 제당 안에는 서낭목으로 향나무 한 그루가 있다. 제의는 음력 8월 15일 전후에 지낸다. 제물은 유사가 준비하며, 각위마다 따로 진설하고, 유사 가운데 가장 깨끗한 사람으로 지정한다. 유교식으로 지내며 제의가 끝나면 소지한다.

제3절 문화유적(祠宇, 齋舍)

1. 영산신씨 이효일렬지려(靈山辛氏 二孝一烈之閭)

신세린(辛世麟)과 그의 처 강릉김씨, 신세린의 아들 신붕(辛鵬)의 효행(孝行)과 열행(烈行)을 기리기 위해 세운 효열각이다. 강릉시 대전동 177번지로 강릉에서 사천 방향으로 가는 7번국도변 우측에 있다.

신세린의 처 김씨는 지극한 효성으로 시부모님을 섬겼는데, 남편이 죽자 다락에서 떨어져 같이 죽으려고 하였으나 집안사람들이 구해주어 뜻을 이루지 못했다. 김씨는 늘 애통하게 울면서 간장을 먹지 않았다. 소상(小祥)을 맞아 또 죽으려고 하였으나 구조되어 죽지 못했다. 평생 동안 세수를 하거나 머리를 빗지 않았으며, 날마다 피죽을 조금씩 먹을 뿐이었다. 봄가을로 남편의 새 옷을 지어 놓고 불살랐다. 이러한 열행이 관에 알려져 정려를 받았다.

신세린의 아들인 신붕은 평생 어버이 섬기기를 게을리 하지 않았으며, 초상(初喪)을 당하여 어머니가 더운 방에서 자지 아니하자 자신은 거적을 깔고 밖에서 잤다. 임진왜란 때 신붕이 어머니를 업고 난을 피해 가다 적에게 붙잡혔는데, 적들이 죽이려고 하자 어머니를 안고 애걸하였더니 내버려 두고 그냥 가버렸다. 어머니가 천수를 다하고 돌아가시자 간장을 입에 대지 않았으며, 3년 동안 묘막(墓幕)에서 살면서 동문(洞門) 밖을 나가지 않았다. 그때 신붕의 나이가 60세였는데 3년 동안 죽만 먹고 지냈으나 아무런 병이 없었으므로 사람들이 말하길 하늘이 도왔다고 하였다.

효열각은 단층와가 맞배지붕으로 정면은 홍살문이고 나머지 3면은 나무판으로 둘려져 있고 지붕은 맞배지붕에 기와를 얹었다. 2기의 비석이 있는데, 하나는 신세린과 처 강릉김씨의 효열비이고 다른 하나는 아들 신붕의 효자비이다. 영산신씨 종친회에서 소유와 관리를 하고 있다.

2. 사선정(四仙亭)

신석규·신석구 형제와 종형제인 신석로·신석리 형제의 학덕과 의행을 추앙하기 위해 후손들이 건립한 정자이다. 이들은 홍문박사 신금연의 후손으로 강릉의 양대 서원인 오봉서원과 송담서원의 원장을 역임하였다. 모두 학덕이 높고 우애가 돈독하여 매일같이 함께 도봉(道峰)에서 시와 술로 소요동락(逍遙同樂)하였다. 4명을 가리켜 도봉사선(道峰四仙)이라 하였는데, 여기에서 사선정(四仙亭)이란 명칭이 유래하였다. 이 정자는 강릉시 강동면 하시동리 도봉(道峰), 즉 원장봉(院長峰) 위에 있다. 형태는 팔작 기와지붕으로 정면이 3탄, 측면이 2칸이다. 지붕은 중수하면서 함석지붕으로 바뀌었고, 사방이 확 트여 있다.

제4절 고서 및 고문서

1. 『백록유고(白麓遺稿)』

신응시(辛應時)와 신경진(辛慶晋) 부자의 시문집이다. 저자의 시문은 임진왜란을 겪는 와중에 대부분 유실되었고, 남은 유고(遺稿)를 아들 신경진이 수습하였으나 간행은 하지 못하였다. 그 후 효종 10년(1659) 9월 신경진의 아들 신희계(辛喜季)가 영암군수(靈巖郡守)로 나간 뒤 선친의 유지를 받들어 유고를 편찬(編次)하고 다음 해 8월경 불분권 1책의 목판(木板)으로 간행하였다.『초간본』이 본은 현재 국립중앙도서관(한45-가175)에 소장되어 있다. 같은 해 10월에는 신희계가 다시 저자의 시문 권미에 있는 습유(拾遺) 일부를 더 추각하고, 부친 아호(丫湖) 신경진(辛慶晉)의 시문을 수습하여『아호습고(丫湖拾稿)』라 이름하고 저자의 문집 뒤에 부집(附集)하였다. 그리고 송시열에게 초간본을 보여 주고 부탁한 서문(序文)과 자신이 지은 후지(後識)를 붙여 추각하였다. 이 추각본은 연세대학교 중앙도서관(811. 97-신응시-백-판), 국립중앙도서관(古3644-5) 등에 소장되어 있다.

앞에는 송시열의 서(序)가 있다. 권1에는 신응시의 시 237수, 시제(試題) 3수, 신경진(아호십고)의 시 82수, 백록선생유문(白麓先生遺文) 4수, 행실(行實) 4수(行狀, 諡狀, 神道碑銘, 墓誌銘)가 수록되어 있다. 권2에는 백록선생제문(白麓先生祭文) 6수, 만사(輓詞) 1수, 유사(遺事) 14수, 부록 5수가 있다. 권3·4는 아호선생의 글들이다. 권3에는 유문(遺文) 7수가 수록되어 있고, 권4에는

행실(行實) 5수와 유사(遺事) 11수가 수록되어 있다. 신희계·김종직의 발(跋)
이 있고, 속집(續集) 권수(卷首)에는 이경석(李景奭)·정두경(鄭斗卿)의 서(序)
가 있다.

제5절 영산·영월신씨 족보

영산·영월신씨 최초의 족보는 공민왕 13년(1364)에 김사형(金士衡)
이 서문한 족보와 선조 40년(1607)에 영광에 거주하는 응순(應純)이 서문한
족보가 만들어졌다고 하나 현재 전해지지 않는다. 그 후 광해군 5년(1613)에
경우(慶祐)가 영산 읍내에 종장(宗丈)들을 모아 족보의 초고(草稿)를 기록해
두었던 것을 그 50여년 후에 시망(時望)이 견문보완(聞見補完)하면서 편집한
것이 『무신보(戊申譜)』이다. 현재까지 간행된 영산·영월신씨 족보는 다음과
같다.

족보명	발간 연대	비 고
戊申譜 무신보	현종 9년(1668)	始修譜(시수보)
戊子譜 무자보	숙종 34년(1708)	영산거주 洗馬(세마) 辛夢參(신몽참) 序(서), 영산·영월신씨 합보
丙申譜 병신보	숙종 42년(1716)	李畲(이여) 序(서), 龍仁(용인)서 간행
戊子譜 무자보	영조 44년(1768)	상장군공파 辛夢參(신몽삼) 序(서)
壬寅譜 임인보	정조 8년(1784)	영산 단일본, 모든 본이 영산, 한 파가 영월로 분관
丙午譜 병오보	헌종 12년(1846)	權用萬(권용만) 序(서)

족보명	발간 연대	비 고
丙子譜 병자보	철종 12년(1861)	朴孝正(박효정) 序(서)
己卯譜 기묘보	1939년	상장군공파 辛廷植(신정식) 序(서), 辛夢森(신몽삼) 太師公(태사공) 지석 발견 후 辛鏡(신경)을 始祖(시조)로 한 영산·영월합보
辛酉譜 신유보	1981년	초당공파 辛鎬烈(신호열) 序(서)
己卯譜 기묘보	2002년	색인부 편제

삼척심씨(三陟沈氏)

제1절 삼척심씨의 세계와 주요 인물

1. 삼척심씨의 세계

　　삼척심씨는 삼척의 토성(土姓)이다. 삼척은 삼한시대에 진한의 실직국(悉直國)이었다가 파사왕 23년(102) 신라에 병합되었다. 신라는 지증왕 6년(505)에 실직주를 설치한 후 몇 차례의 변화를 거쳐 경덕왕 16년(757) 삼척군으로 개칭하고 명주 관하에 두었다. 이때 영현(領縣)으로 죽령현(竹嶺縣)·만향현(滿鄕縣: 또는 滿卿縣)·해리현(海利縣)·우계현(羽溪縣)을 거느렸다. 고려 태조 23년(940)에는 척주(陟州)로 이름을 바꿨으며, 현종 9년(1018)에는 삼척현으로 강등되어 동계(東界)에 속했다가 우왕 3년(1377) 군으로 승격되었다. 조선시대에는 태조 이성계의 5대조인 목조(穆祖)의 외향이라 하여 태조 원년(1393) 부로 승격되고 태종 13년(1413) 도호부가 되었다. 별호는 척주(陟州)·진주(眞珠) 등이었다. 1895년 지방제도 개정으로 강릉부 삼척군이 되었다가 1896년 강원도에 소속되었다. 1914년 군면폐합 때 부내면·말곡면이 부내면으로 통합되었다. 부내면은 1917년에 삼척면으로 개칭되고, 1938년에 삼척읍으로, 1986년에 시로 승격·분리되었다. 1995년 지방자치선거를 앞두고 실시된 대대적인 행정구역개편으로 삼척군과 삼척시가 하나의 도농통합시를 이루었다.

삼척심씨 세계도

1세	2세	3세	4세	5세	6세	7세	8세	9세	10세	11세	12세	13세	분파
東老 동로	公懋 공무	原福 원복 (縣監公派 현감공파)	維 유	泳 영	仲連 중연	湖 호	應麗 응려	溟珍 명진	東傑 동걸	成祥 계상	善英 선영	貴敏 귀민	葛川派 갈천파
							賢 현	應河 응하	澤慶 택경	人立 대립	武憲 무헌	瑞澄 서징	之淵 지연 → 城內派 성내파
				奉山 봉산	河宗 하종	必石 필석	仁甫 인보	允孫 윤손	承男 승남	淳立 순립	業尙 업상	宗弼 종필	活耆派 활기파
		原達 원달 (節制公派 절제공파)	孟恩 맹은	梁甫 양보	居謹 거근	恭崇 공숭	龍鱗 용린	宗瀚 종한	光壽 광수	順慶 순경	希天 희천	純奉 순봉	安衣派 안의파
						德崇 덕숭	業 업	胤黃 윤황	海寬 해관	沄 운	萬世 만세	宗溟 종명	明湖派 명호파
								胤祖 윤조	海人 해대	耆善 기선	世鳳 세봉	宗澳 종오	江亭派 강정파
				家甫 가보	希伶 희전	潏 의	元混 원혼	成慶 성경	億 억	挺豪 정호	漢 익	長華 장화	門岩派 문암파
						淹 엄	元潤 원윤	後慶 후경	達 달	宗濂 종렴	世河 세하	徵文 징문	剡石派 섬석파
						泓 홍	元湜 원식	善慶 선경	大河 대하	正源 정원	必朝 필조	光世 광세	淮山派 회산파
						涵 함	元淸 원청	餘慶 여경	潤國 윤국	之江 지강	楮之 저지	廷鵬 정붕	南峴派 남현파
						演 연	元漑 원개	禮瀚 예한	澄源 징원	之澤 지택	宗沂 종기	命胤 명윤	博月派 박월파
						淳 순	元洋 원반	昌慶 창경	咸壽 함수	鵬南 붕남	人遠 대원	貴孫 귀손	堂北派 당북파
		原連 원연 (檢校公派 검교공파)	明德 명덕	忠甫 충보	文桂 문계	灌 관	彦誠 언성	連渭 연위	曄 엽	寬海 관해	宗吉 종길	壽興 도흥	汭川派 면천파
												淙興 종흥	城山派 성산파
									晛 현	明益 명익	人浩 대호	濟 제	浦南派 포남파
						溶 준	彦慶 언경	屾	添壽 첨수	莫名 명	游海 유해	澍 주	龍池派 용지파
							彦光 언광	雲 운	粹源 수원	説 열	三達 삼달	澄 징	京派 경파
											三近 삼근	淡 담	忠州派 충주파
												潔 결	西亭派 서정파
												渭 위	白川派 배천파
										武壽 무수	啓立 계립	孝延 효연	雲谷派 운곡파
		原麟 원린 (戶長公派 호장공파)	孟宗 맹종	有孫 유손	得中 득중	元油 원산	銀相 은상	雲星 운성	壽 수	旭 욱	起良 기양	泰海 태해	竹前派 죽전파
											好良 호양	順直 순직	綿田派 면전파

삼척심씨의 시조는 고려조의 심동노(沈東老)로 하고 있다. 심동노의 본명은 한(漢), 호는 신재(信齋)로 고려 충선왕조에서 공민왕조에 걸쳐 활동한 인물이다. 충혜왕 2년(1342) 생진(生進) 2등에 입격하고 같은 해 가을에 문과에 급제한 후, 직한원사(直翰院事)·판예문검열(判藝文檢閱)·판수찬춘추관(判修撰春秋館)·판예문수찬(判藝文修撰)·판밀당직당후관(判密直堂後官)·봉선대부 중서사인 지제고(奉善大夫中書舍人知制誥)·예의판서(禮儀判書) 등을 역임하였다. 그는 권신(權臣)들의 전횡을 보다 못해 이윽고 벼슬을 버리고 삼척부(三陟府)로 물러나게 되었다. '동노'는 은퇴하는 이 원로 대신을 진주군(眞珠君)으로 봉하면서 공민왕이 직접 지어내려준 사명(賜名)이다.

삼척에 은퇴한 동노공은 '해암정(海岩亭)'을 지어 후학을 양성하면서 노년을 보냈다. 그리고 그의 유훈에 따라 삼척으로 창본(創本)하여 후손들이 관향으로 삼게 되면서 삼척심씨가 시작되었다.

동노공의 아들인 심공무(沈公懋)는 서운관부정(書雲觀副正)을 지냈는데, 슬하에 일곱 아들을 두었다. 첫째 아들은 현감(縣監) 심원복(沈原福), 둘째 아들은 학사(學士) 심원충(沈原忠), 셋째 아들은 첨절제사 심원달(沈原達), 넷째 아들은 검교 한성윤(檢校漢城尹) 심원연(沈原連), 다섯째 아들은 호장(戶長) 심원린(沈原麟), 여섯째 아들은 별장(別將) 심원룡(沈原龍), 일곱째 아들은 사인(士人) 심원립(沈原立)이다.

이들 가운데 심원복은 현감공파(縣監公派)의 파조(派祖)가 되었고, 심원달은 절제공파(節制公派), 심원연은 검교공파(檢校公派), 심원린은 호장공파(戶長公派)의 파조가 되었다. 현감공파는 다시 갈천파(葛川派), 성내파(城內派), 활기파(活耆派) 등 3개의 소파(小派)로 나뉘지며, 절제공파는 안의파(安衣派), 명호파(明湖派), 강정파(江亭派), 문암파(門岩派), 섬석파(剡石派), 회산파(淮山派), 남현파(南峴派), 박월파(博月派), 당북파(堂北派) 등 9개 소파로 나뉘진다. 검교공파는 면천파(沔川派), 성산파(城山派), 포남파(浦南派), 용지파(龍池派), 경파(京派), 충주파(忠州派), 서정파(西亭派), 배천파(白川派), 운곡파(雲谷派) 등 9개 소파, 호장공파는 죽전파(竹前派), 면전파(綿田派) 등 2개 소파로 각각 나눠진다.

2. 주요 인물

1) 심원달(沈原達)

삼척심씨의 시조인 심동노(沈東老)의 손자이며, 서운관 부정(書雲觀 副正) 심공무(沈公懋)의 셋째 아들이다. 강원도 수군첨절제사를 지냈다. 아우 심원연(沈原連)과 함께 강릉으로 들어와 삼척심씨의 입강조(入江祖)가 되었으며, 절제공파의 파조(派祖)가 되었다.

2) 심원연(沈原連, 1365~1406)

심동노의 손자이며, 서운관 부정 심공무의 넷째 아들이다. 검교(檢校)를 지냈다. 형 심원달과 함께 강릉으로 들어와 검교공파의 파조가 되었다.

3) 심가보(沈家甫)

교수 심맹은(沈孟恩)의 아들로 자는 세신(世臣), 호는 문암(門岩)이다. 단종 원년(1453) 진사시에 입격하여 음사(蔭仕)로 훈도(訓導)에 재직하던 중, 세조 14년(1468) 문과에 급제하여 박사를 지냈다. 양구와 흡곡 현령으로 재임하던 중 치적이 출중하여 직강의 벼슬에 올랐다. 세조 12년(1466) 강릉에서 최옥연(崔玉淵)·최수(崔洙)·김윤신(金潤身) 등과 함께 금란반월회(金蘭半月會)를 조직하여 향촌사회에 기여하였다. 회원은 모두 16명으로 구성되어 있는

데, 그 결성은 당시 호불군주(好佛君主)였던 세조의 비호를 받아 득세하고 있었던 상원사 및 불교와 정면으로 배치되는 움직임이었다는 점에서 큰 의미가 있다. 금란반월회는 단종 원년(1453)에서 성종 8년(1477) 사이에 12명의 생원과 진사시 입격자를 내었다. 이것으로 보아 금란반월회가 당시 강릉에 수기치인(修己治人)이라고 하는 유학의 정신을 보급하는 데 중심적 역할을 수행하였음을 알 수 있다.

4) 심희전(沈希佺, 1460~1526)

심가보(沈家甫)의 아들로 자는 운경(雲卿), 호는 취옹(醉翁) 또는 수암(睡巖)이다. 중종 11년(1516) 문과에 장원급제하여 병조정랑을 제수받았고, 중종 14년 홍원군수(洪原郡守)를 거쳐 중종 21년 평해군수를 지내다 같은 해 임지에서 죽었다. 그는 문장으로 널리 이름을 떨쳤는데, 조광조(趙光祖)가 당시 수찬(修撰)으로서 공의 글을 본 뒤 여사(旅舍)로 그를 방문하고 그의 동료들에게 말하기를 "뒷날 문형(文衡)은 금번 과거에 장원한 희전이 될 것이다."라고 하였다.

5) 심준(沈濬, 1453~1495)

자는 지원(智遠), 진주군 심동노의 7세손으로 아버지는 심문계(沈文桂)이다. 성종 20년(1489) 문과에 급제한 후 예조정랑과 예문관 제학 등을 지냈다. 후에 찬성(贊成)에 증직되었다. 슬하에 언경(彦慶), 언량(彦良), 언광(彦光) 등 세 아들을 두었다.

6) 심언경(沈彦慶, 1479~1556)

자는 사길(士吉), 호는 적연(磧淵) 또는 동해낭옹(東海浪翁)이다. 찬성 심준(沈濬)의 아들이며, 심언광의 형이다. 중종 11년(1516) 문과에 급제하여 이조판서, 홍문관 제학을 거쳐 좌찬성(左贊成)에 이르렀다. 중종대에 김안로(金安老)를 천거한 일로 인종 즉위 후에 윤임(尹任)의 대윤(大尹) 일파에 의해 삭탈관작되기도 하였다. 중종 33년(1538)에 벼슬을 사임하고 강릉으로 내려와 시와 술로써 즐기며 지냈다.

7) 심언광(沈彦光, 1487~1540)

자는 사형(士炯), 호는 어촌(漁村), 시호는 문공(文恭)이다. 찬성 심준의 아들로 강릉부 대창(大昌) 용지촌(龍池村)에서 태어났다.[34] 어촌은 4세 때 말을 배우고 글을 읽을 줄 알았고, 말을 할 때에는 조금 더듬었으나 글을 읽을 때에는 조금도 더듬지 않았다고 한다. 어촌의 나이 9세 때 아버지가 세상을 떠나자 3년간 여묘살이를 마치고 오대산 산사에서 글공부를 하였다. 연산군 7년(1501)에 강원감사 남궁찬(南宮燦)이 강릉에 와 유생들을 모아 놓고 「승로반기(承露盤記)」라는 주제로 향시(鄕試)를 치렀는데, 어촌은 15세의 나이로 삼장(三場)에서 수석을 차지하였다. 이때부터 어촌은 문장으로써 지방과 중앙에 널리 알려졌다.

어촌은 21세 때인 중종 2년(1507) 진사시에 입격하였다. 그때 대제학이었던 신용개(申用漑)는 시관으로 강원도에 왔다 돌아온 이행(李荇)에게 강원도의 인재를 물었는데, 이행은 "강릉의 심언광과 김광철이 문장이 출중한 사람으로 모두 입격하여 이번 회시에 반드시 합격할 것이다."라고 하였다. 그때 어촌은 진사시 1등으로, 김광철은 생원시 차석으로 입격하였다.

어촌은 23세 때인 중종 4년(1509)에 강릉출신의 기묘명현인 박수량(朴遂良)·최수성(崔壽峸)과 함께 경호재(鏡湖齋)에서 강회(講會)를 열기도 하였다. 훗날 강릉 향현사에 배향된 이들은 조선왕조의 통치이념인 성리학이

---

34 어촌의 생애에 대한 서술은 『漁村集』 卷首에 수록되어 있는 「年譜」와 「行狀」의 내용을 주로 참조하였다.

뿌리를 내리는 과정에서 강릉지역의 문풍 진작에 앞장서 온 인물들이었다. 또 중종 6년(1511)에는 도봉(道峯)에 살던 조광조를 방문하여 경의(經義)를 강론하며 여러 날 머물다가 돌아왔고, 중종 7년(1512)에는 영남출신의 유학자 주세붕(周世鵬)과 의동(義洞) 여관에서 『심경(心經)』을 강론하였다. 어촌은 중종 15년(1520)에 조광조가 세상을 떠났을 때 그의 죽음을 애도하는 만시(輓詩)를 지었고, 이자(李耔, 1480~1533)가 세상을 떠났을 때에도 만시를 지어 애도하였다. 이를 통해 볼 때 어촌은 기묘사림과도 일정한 관계를 유지한 것으로 보인다.

어촌은 꾸준히 과거를 준비하여 중종 8년(1513) 식년문과에 을과 5등으로 급제하여 중요관직을 두루 거쳤다. 그의 관력은 『어촌집』에 수록되어 있는 행장(行狀)과 『중종실록』에 나오는 기사를 정리하면 다음과 같다.

예문관 검열─예문관 봉교─경성교수─예조좌랑─병조좌랑─홍문관 수찬─이조정랑─사간원 정언─강원도사─사헌부 지평─충청도사─공조정랑─병조정랑─이조정랑─사복시 첨정─경성판관─사헌부 장령─홍문관 교리─사헌부 집의─예문관 응교─홍문관 전한─홍문관 직제학─이조참의─강원도 관찰사─성균관 대사성─홍문관 부제학─사간원 대사간─승정원 승지─사헌부 대사헌─이조참판─병조참판─예조참판─공조판서 겸 예문관제학─평안도 경변사─이조판서─함경도관찰사─공조판서─의정부 우참찬

어촌은 중종 11년(1516) 예문관 검열을 거쳐 동왕 13년(1518) 예문관 봉교에 임명되었다. 그때 대제학 신용개의 진언으로 호당(湖堂)에 선발되었으나 사가독서(賜暇讀書)하지 않고 있다가 이듬해 경성교수(鏡城敎授)에 임명되었다. 그러나 그해 11월 기묘사화에 연루되어 출척되었다가 3년 후에 예조좌랑으로 관직에 복귀했다. 그 후 홍문관 수찬을 거쳐 이조좌랑과 사간원 정언에 제수되었다가 강원도사(江原都事)로 나갔다. 돌아와서는 사헌부 지평에

제수되었고, 이어 충청도사(忠淸都事)를 거쳐 공조·병조·이조의 정랑, 그리고 사복시 첨정을 지낸 후 경성판관(鏡城判官)에 제수되었다.

외직에서 돌아온 어촌은 사헌부 장령에서 홍문관 교리로 다시 부름을 받았고, 중종 21년(1526)에 모친상을 당하였다가 상복을 벗자 다시 홍문관 교리에 제수되었다. 이어 사헌부 집의로 옮겼다가 예문관 응교·홍문관 전한·직제학 등을 역임하였다. 중종 25년(1530)에 이조참의에 특배(特拜)되었다가 외직으로 강원도관찰사에 제수되었다. 돌아와서는 성균관 대사성에 제수되었고, 이어 홍문관 부제학·사간원 대사간·승정원 승지를 지냈으며, 문신의 정시(庭試)에서 장원을 차지하여 사헌부 대사헌에 발탁되었다. 그 후 이조·병조·예조·공조참판으로 옮겼다가, 중종 30년(1535)에 공조판서 겸 예문관 대제학에 제수되었으나 당시 호당의 사가독서를 거친 사람에게 문병(文柄)을 주관하도록 하는 것이 관례였으므로 어촌은 끝내 사양하였다. 그 후 공조판서, 이조판서, 의정부 우참찬 등을 두루 역임했다.

어촌의 관력을 살펴보면 30세 후반부터 40세 전반까지는 주로 예조·병조·이조정랑을 위시한 육조의 낭관직과 홍문관·사헌부·사간원 등 언론 삼사에 종사하였다. 말하자면 청요직을 두루 역임한 셈이었다. 어촌은 주로 홍문관직을 수행하였는데, 이는 그의 학문적 능력이 높이 평가되었기 때문이다. 그의 학문적 능력은 중시(重試)에서 장원을 차지한 것과 사가독서에 선발된 것에서도 드러난다. 40세 후반에는 이조·병조·예조·공조참판을 비롯하여 공조·이조판서, 함경도관찰사, 우참찬 등을 역임하였다.

그러나 어촌은 김안로를 인진(引進)한 것이 화근이 되어 중종 32년(1537)에 관직을 삭탈 당하게 된다. 앞서 김안로는 그의 아들 김희(金禧)가 장경왕후 소생인 효혜공주의 부마(駙馬)가 된 것을 계기로 중종 19년(1524)

7월 이조판서에 보임된 후 무소불위의 권력을 행사하다가 남곤·심정 등에 의해 축출되어 경기도 풍덕(豊德)에 부처(付處)되었다. 그때 안로는 다시 입조(入朝)할 계책을 도모하고 있었는데, 마침 경기관찰사 민수천(閔壽千)이 안로에게 가서 "(그대는) 어찌하여 사류(士類)를 조정하고 동궁의 우익(羽翼)이 되겠다는 뜻으로 두 심씨[언경·언광을 말함]를 기쁘게 하지 않습니까?"라고 하니, 김안로는 그의 처족인 정언 채무택(蔡無擇)을 사주하여 조정에 말을 퍼뜨리기를 "고단(孤單)한 동궁의 우익이 되고 사류를 조정하는 일은 안로의 기용에 달려 있다."고 하였다.

당시에 문정왕후(文定王后)는 중전으로서 궐내를 주관하고 인종은 동궁(東宮)으로 있었는데, 양궁(兩宮) 사이에 무근한 말이 있어 정신(廷臣)들이 많이 근심하던 차였다. 그리고 그때 정광필이 다시 재상이 되었는데, 당시의 의논이 모두 이 시기에 진실로 금고(禁錮)된 기묘사림을 관직에 나갈 수 있도록 실마리를 여는 사람이 있다면 금고가 풀릴 수 있을 것이라고 하였다.

어촌 형제는 동궁을 보호한다는 말과 기묘사림을 조정한다는 안로의 말을 믿고 그를 적극 인진(引進)했으나, 안로가 재서용된 후 '기묘명현'을 전혀 복권, 등용하지 않았다. 어촌은 안로에게 속임을 당했음을 후회하면서 "당시 여러 사람의 의논을 돕지 않았더라면 오늘의 후회에 이르지는 않았을 것이다. 내가 죽은 후에는 의당 멱모(幎冒)[35]를 두텁게 하여 지하에서 여러 사람을 보지 못하도록 하라"고 하였다. 이 말을 들은 안로는 어촌에 대한 유감이 특히 더 심했다고 한다.

공조판서로 있던 어촌은 안로의 무함(誣陷)을 받아 중종 31년(1536)에 평안도 경변사로 나갔다. 당시 서북방의 오랑캐들이 매년 도발하여 변방

---

35 죽음에 임하여 천으로 얼굴을 가리는 일을 말함. 부끄러워 얼굴을 들 수 없다는 뜻이다.

의 장수들이 여러 명 살해되었는데, 안로는 어촌을 사지(死地)로 보내려고 하였다. 경변사는 전례에 따라 품계가 높은 관원으로 차출하는 것이 원칙이었으나, 안로는 어촌을 그곳에 보내고자 단망(單望)으로 추천하였다. 안로가 고의로 사지에 빠뜨리고자 하는 것을 잘 알고 있던 어촌은 친지에게 "망탁(莽卓)같은 간신"이라고 하였는데, 그 말이 누설되어 안로가 듣고는 은밀히 어촌을 외관으로 내보내려고 꾀하였다.

한편 진사 진우(陳宇)는 검상(檢詳) 장옥(張玉)의 아들 장임중(張任重)과 함께 성균관에 유학하면서 여러 차례에 걸쳐 김안로와 허항의 죄악을 말한 바가 있었는데, 이들이 이 말을 듣고는 진우가 조정을 비방하였다고 논하고 아울러 장공(張公)의 부자도 잡아들이게 하였다. 그밖에 이름 있는 선비들도 조정을 비방했다 하여 모두 사형에 해당되는 죄로 얽었다. 어촌이 진우와 장공 부자를 심리하면서 김안로와 논쟁하기를 "이들 모두가 사류인데 무슨 죽을죄를 지었습니까? 그중 장옥은 시주(詩酒)에 능한 선비라서 더더욱 죽을 만한 죄를 짓지 않았다"고 하여 장옥 부자는 구제하였으나 진우는 끝내 처형되었다. 어촌은 장옥 부자를 힘써 구하는 과정에서 안로의 뜻을 거슬러 함경감사로 좌천되었다.

이에 대해 사신(史臣)은 "안로가 그를 내치고자 해서 몰래 대내(大內)와 통하였는데 형적이 없게 하였다. 함경감사가 결원이 되자 중종이 특별히 변방 일을 아는 중신을 의망하라고 하교하였는데, 정청(政廳)이 언광으로 의망하자 중종이 즉시 언광을 제수하여 감사로 삼았다. 중종이 안로의 술수에 빠져서 이미 아랫사람들이 알고 있다는 것을 깨닫지 못하니 간인(奸人)이 술수 쓰는 것은 이와 같다"고 하였다.

얼마 후 김안로는 멀리 절도(絶島)로 귀양갔다가 사사(賜死)되었다. 중종은 김안로가 사사된 그 날에 어촌을 소환하여 다시 공조판서에 임명하였고, 곧이어 의정부 우참찬에 임명하였다. 그러나 어촌은 앞서 김안로를 인진한 것이 화근이 되어 대간의 탄핵을 받아 본직에서 체직되었다. 당시 영의정 윤은보·좌의정 홍언필·우의정 김극성·좌찬성 소세양·우참찬 성세창은 심언광·심언경·권예가 당초에 물론이 있었으나 조정에 있어도 무방할 것이라 생각했고, 중종도 민심을 진정시키라고 하교했으므로 현직(顯職)을 체직시켰을 뿐 다시 논계하지 않았다. 그러나 대사헌 양연과 대사간 황헌 등이 "일을 처리함에 마땅함을 잃었고 조정에서 악을 징계하는 법으로 하여금 공정성을 잃게 하여 중론(衆論)이 불쾌해 하고 공론이 분발하여 갈수록 더욱 격해진다."고 하자, 중종은 "어촌은 파직시키고 고신(告身)을 회수케 하였으며, 언경은 파직만 시키라"고 하였다.

이에 대해 사신(史臣)은 "어촌이 안로의 간계를 일찍 분변하지 못했고 이미 안로와 더불어 일을 하였으므로 공론이 용서를 해주지 않아 그의 고향으로 폐치되었다"고 평하고 있다. 훗날 우암 송시열은 "당초에 일을 그르친 책임을 공[어촌]이 회피하기 어려운 데다가, 또 틈을 꾸민 사람들이 이 기회를 틈타 공을 배척하였다. 그러므로 공의 충성하려는 마음이 끝내는 일을 실패한 허물이 되고 말았다"고 하였다. 어촌은 고향으로 돌아온 지 2년만인 중종 35년(1540)에 54세의 나이로 경호별업(鏡湖別業)에서 세상을 떠났다.

어촌이 세상을 떠난 후 자손들이 미약해져 어촌의 억울함을 세상에 해명하지 못하다가 어촌의 5세손 심징(沈澄)이 오랫동안 정성을 들여 어촌의 결백을 밝히는 자료를 빠짐없이 수집하여 이지렴(李之濂)에게 서술해 줄 것을 부탁하였다. 이지렴은 어촌의 이력을 먼저 서술하고, 다시 그 본말을 갖추어 논하고, 당세(當世)에 알려지지 않은 이치를 밝혀 후세에 말을 전할 군자가 이를 재료로 삼기를 기대하면서 현종 14년(1673) 8월에 어촌의 행장을 지었다.

그로부터 7년 후인 숙종 6년(1680)에 이르러 심징이 임금의 가마 앞에서 신원(伸寃)을 주청했으나 허납(許納)되지 않았다. 숙종 10년(1684)에 다시 상소했으나 역시 허납되지 않았다. 그해 8월 세 번째 상소를 하니, 숙종은 "심징이 번독(煩瀆)함을 피하지 않고 누누이 호소하여 구하기를 두 번 세 번에 이르렀으니 그 정(情)이 몹시 절박할 뿐 아니라, 지난해에도 이미 한두 대신이 신원하지 않으면 안 된다는 헌의(獻議)가 있었다. 봉조하 송시열 또한 안로를 인진한 것은 심언광의 마음에서 나온 죄가 아니라 하였다. 그러므로 아직 관작을 회복해주지 않은 것은 잘못된 일 같으니 특별히 직첩을 환급하라."는 판하(判下)를 내렸다. 어촌이 세상을 떠난 지 실로 145년 만에 관작이 회복되었던 것이다. 이때 어촌에게 환급된 관작은 공조판서였는데, 이는 어촌의 고신을 거둘 때의 관작이었다. 그리고 영조 37년(1761) 4월에 '문공(文恭)'이라는 시호가 내려졌다. "명민하고 학문을 좋아함을 '문'이라 하고, 과실을 지었다가 능히 고침을 '공'이라 한다[敏而好學曰文 旣過能改曰恭]"

　　허균은 조선조에 들어 강릉이 배출한 명인석사(名人碩士) 가운데 "국가에 공이 많아 현신(賢臣)이 된 이는 최치운 부자요, 학문과 조행(操行)으로 사림에서 칭송된 이는 박공달·박수량이요, 문장으로 세상에 이름을 날린 이는 심언광·최연(崔演) 등이다."고 하였는데, 이들 모두는 사가(史家)의 저술에 기재되어 허균 당시까지도 사람들이 그들의 이야기를 하였다고 한다.[36]

　　문장으로 이름을 드높인 어촌은 특히 시문(詩文)에 뛰어났다. 그의 시는 고상하고 기운차면서도 맑고 고와서 스스로 일가를 이루었다. 이러한 사실은 어촌이 중종 32년(1537) 이조판서 재임시에 명나라 사신 공용경(龔用卿)과 오희맹(吳希孟)이 황자(皇子)의 탄생을 알리려 왔을 때, 사신

---

36 『惺所覆瓿藁』卷17, 文部14 承政院右承旨 朴公墓表.

을 맞이해 안내하는 관반사(館伴使)에 임명되어 이들과 교유하며 시를 수창(酬唱)한 것에서도 확인된다. 이때 어촌은 '장급사태평루(張給事太平樓)'라는 칠언배율의 운(韻)을 따라 60운을 지었는데 글에 덧붙일 것이 없었고, 경회루에서 오희맹의 '10운배율'을 차운(次韻)하여 지으니 사신이 그 민첩한 솜씨에 극구 감탄하였다고 한다. 또한 중종 25년(1530) 8월 정현왕후가 죽었을 때 애도의 글과 만사를 지었고, 중종 27년(1532) 정현왕후부태묘가요(貞顯王后祔太廟歌謠)를 지어 올렸다. 문집으로『어촌집(漁村集)』이 전해지고 있다.

8) 심징(沈澄, 1621~1702)

어촌 심언광의 5세손으로 일찍이 과거를 단념하고 예서(禮書)를 연구하였다. 그의 선조 어촌공이 삭탈관작된 지 백여 년이 지나도록 벼슬을 되찾지 못하였으나, 숙종 10년(1684)에 임금께 신원(伸寃)을 주청하자 특별히 어촌공의 복관을 명하였다.

9) 심보영(沈普永, 1742~1815)

공령과(功令科)에 전후 여섯 차례에 응시하여 다섯 차례 장원하였다. 벼슬은 장령(掌令)에 이르렀다. 효성과 우애가 남달리 지극하여 조세 감면을 받기까지 하였다. 금계(衿溪) 이봉수(李鳳秀) 문하에서 종요(從遊)하였으며, 정조 때 정도에 어그러진 학문을 배척하자는 상소를 올렸다. 또한 영·호남의 사적인 서원을 철폐해야 한다는 상소를 올리고, 충청·전라 양도의 조세에 대한 폐단을 논핵(論劾)하다 미움을 받아 교체되었다.

제2절 동족마을의 형성과 공동체 모임

1. 삼척심씨의 강릉 입향

삼척심씨의 강릉 입향조는 심공무(沈公懋)의 셋째 아들인 원달(原達)과 넷째 아들인 원연(原連)이다. 이들 후손들은 현재 강릉시의 회산동과 운정동, 삼척시의 미로면과 울진군 울진읍에 주로 집성촌을 형성하여 거주하고 있다. 1930년에 간행된 『생활실태조사』(강릉편)에 의하면, 운정동에 40여 호 170여 명, 회산동에 50여 호 200여 명, 강동면 모전리에 30여 호 130여 명이 거주하였던 것으로 조사 보고되었다.

2. 분파별 동족마을

1) 현감공파

심원복(沈原福)을 파조(派祖)로 하는 현감공파에는 갈천파, 성내파, 활기파 등 3개의 소파(小派)가 있다. 먼저 갈천파는 심원복의 아들 심유(沈維)를 파조로 하며, 주로 삼척시, 도계읍, 태백시 일원에 주로 거주하고 있다. 1985년 『을축보』에 의하면 갈천파의 세대수는 155세대, 인구수는 758명이었다.

성내파의 파조는 심현(沈賢)이며, 주로 삼척시 일원에 거주하고 있다. 1985년 『을축보』 조사 당시 세대수는 171세대, 인구수는 791명으로 조사되었다.

활기파의 파조는 심봉산(沈奉山)이며, 주로 삼척시, 도계읍, 태백시 일원에 거주하고 있다. 1985년 『을축보』 조사 당시 세대수는 61세대, 인구수는 331명이었다.

각 파별 인구 현황(1985년 『을축보』 기준)

大派	구분	소파별									계
현감 공파	소파	갈천	성내	활기							3
	세대	155	171	61							387
	인구	758	791	331							1,880
절제 공파	소파	안의	명호	강정	문암	섬석	회산	남현	박월	당북	9
	세대	275	34	31	22	35	157	32	175	434	1,195
	인구	1,561	146	161	112	178	777	175	882	2,221	6,213
검교 공파	소파	면천	성산	포남	용지	경(京)	충주	서정	배천	운곡	9
	세대	113	89	22	15	67	105	119	323	176	1,029
	인구	570	455	102	83	345	562	614	1,828	917	5,476
호장 공파	소파	죽전	면전								2
	세대	76	50								126
	인구	416	291								707
합계	소파										23
	세대										2,737
	인구										14,276

2) 절제공파

심원달(沈原達)을 파조로 하는 절제공파는 다시 안의파, 명호파, 강정파, 문암파, 섬석파, 회산파, 남현파, 박월파, 당북파 등 9개 소파로 나뉘어 있다.

안의파의 파조는 심공숭(沈恭崇)이며, 주로 삼척시와 신기, 도계 등지

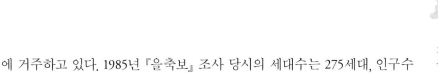

에 거주하고 있다. 1985년『을축보』조사 당시의 세대수는 275세대, 인구수는 1,561명이었다.

명호파의 파조는 심덕숭(沈德崇)이며, 주로 속초와 고성에 많이 거주하고 있다. 1985년『을축보』조사 당시의 세대수는 34세대, 인구수는 146명이었다.

강정파의 파조는 심윤조(沈胤祖)이며, 명호파와 함께 주로 속초와 고성에 많이 거주하고 있다. 1985년『을축보』조사 당시의 세대수는 31세대, 인구수는 161명이었다.

문암파의 파조는 심의(沈漪)이며, 강릉시 경포동과 내곡동 일원에 주로 거주하고 있다. 1985년『을축보』조사 당시의 세대수는 22세대, 인구수는 112명이었다.

섬석파의 파조는 심엄(沈淹)이며, 강릉시 일원에 주로 거주하고 있다. 1985년『을축보』조사 당시의 세대수는 35세대, 인구수는 178명이었다.

회산파의 파조는 심홍(沈泓)이며, 강릉시 회산 일원에 약 70여 세대가 거주하고 있는 것으로 파악되었다. 1985년『을축보』조사 당시의 세대수는 157세대, 인구수는 777명이었다.

남현파의 파조는 심함(沈涵)이며, 강릉시 일원에 주로 거주하고 있다. 1985년『을축보』조사 당시의 세대수는 32세대, 인구수는 175명이었다.

박월파의 파조는 심연(沈演)이며, 강릉시 박월동과 모전 등지에 주로 거주하고 있다. 1985년『을축보』조사 당시의 세대수는 175세대, 인구수는 882명이었다.

당북파의 파조는 심순(沈淳)이며, 동해시 북평, 삼척시 미로와 신기 등지에 주로 거주하고 있다. 1985년『을축보』조사 당시의 세대수는 434세대, 인구수는 2,221명이었다.

3) 검교공파

심원연(沈原連)을 파조로 하는 검교공파에는 면천파, 성산파, 포남파, 용지파, 경파, 충주파, 서정파, 배천파, 운곡파 등 9개의 소파로 나눠진다.

면천파의 파조는 심도흥(沈燾興)이며, 강릉시 일원에 주로 거주하고 있다. 1985년『을축보』조사 당시의 세대수는 113세대, 인구수는 570명이었다.

성산파의 파조는 심종흥(沈淙興)이며, 주로 강릉시 성산과 왕산 일대에 거주하고 있다. 1985년『을축보』조사 당시의 세대수는 89세대, 인구수는 455명이었다.

포남파의 파조는 심현(沈睍)이며, 강릉시 포남동 일대에 주로 거주하고 있다. 1985년『을축보』조사 당시의 세대수는 22세대, 인구수는 102명이었다.

용지파의 파조는 심언경(沈彦慶)이며, 강릉시 포남동과 경포 일대에 주로 거주하고 있다. 1985년『을축보』조사 당시의 세대수는 15세대, 인구수는 83명이었다.

경파의 파조는 심징(沈澄)이며, 강릉시 일원과 경포동에 주로 거주하고 있다. 1985년『을축보』조사 당시의 세대수는 67세대, 인구수는 345명이었다.

충주파의 파조는 심담(沈淡)이며, 강릉시 경포동 일대에 주로 거주하고 있다. 1985년『을축보』조사 당시의 세대수는 105세대, 인구수는 562명이었다.

서정파의 파조는 심결(沈潔)이며, 강릉시 경포동 일대에 주로 거주하고 있다. 1985년『을축보』조사 당시의 세대수는 119세대, 인구수는 614명이었다.

배천파의 파조는 심위(沈渭)이며, 강릉시 일원과 평창군, 태백시에 일

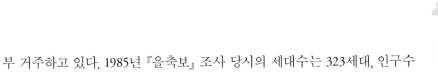

부 거주하고 있다. 1985년『을축보』조사 당시의 세대수는 323세대, 인구수는 1,828명이었다.

운곡파의 파조는 심무수(沈武壽)이며, 강릉시 포남동, 주문진, 경포 등지에 주로 거주하고 있다. 1985년『을축보』조사 당시의 세대수는 176세대, 인구수는 917명이었다.

4) 호장공파

심원린(沈原麟)을 파조로 하는 호장공파는 죽전파와 면전파의 두 개 소파로 나눠진다. 죽전파의 파조는 심수(沈壽)이며, 주로 울진군 일원에 거주하고 있다. 1985년『을축보』조사 당시의 세대수는 76세대, 인구수는 416명이었다.

면전파의 파조는 심호양(沈好良)이며, 역시 울진군 일원에 주로 거주하고 있다. 1985년『을축보』조사 당시의 세대수는 50세대, 인구수는 291명이었다.

1985년 삼척심씨『을축보』를 간행할 때 파악된 각 파별 인구현황을 살펴보면, 절제공파가 세대수 1,195세대, 인구수 6,213명으로 가장 많으며, 검교공파가 세대수 1,029세대, 인구수 5,476명으로 그 다음을 차지하였다. 이어서 현감공파가 세대수 387세대, 인구수 1,880명이며, 호장공파가 가장 적어 세대수 126세대, 인구수 707명으로 파악되었다.

한편 2005년 12월에 간행된 삼척심씨 전자족보의 각 파별 인구 현황을 보면, 절제공파 11,917명, 검교공파 9,720명, 현감공파 3,602명, 호장공파 1,312명, 미상 13명, 합계 26,564명으로 1985년과 비교해 볼 때 대략 12,000여 명이 증가하였다.

제3절 문화유적(祠宇, 齋舍)

1. 직강공 재실(直講公齋室)

강릉시 저동 산 12번지에 있는 이 재실은 성균관 직강 심가보(沈家甫)를 제향한 곳이다. 1631년에 지어진 이 재실은 정면 3칸, 측면 2칸의 맞배지붕 형식이다. 제향일은 매년 음력 3월 20일이다.

홀기(笏記)

●獻官以下俱就位○執事者盥手○帨手○設饌○祝詣獻官之左請行事○獻官皆盥手○帨手○
●헌관이하구취위○집사자관수○세수○설찬○축예헌관지좌청행사○헌관개관수○세수○
行降神禮○初獻詣墓前跪○奉香奉爐陞再拜○酹酒○再拜○因降復位○參神○在位者皆再拜
행강신례○초헌예묘전궤○봉향봉로승재배○뇌주○재배○인강복위○참신○재위자개재배
●行初獻禮○詣墓前跪○奠爵○俯伏○興○小退○啓盖○正筯○獻官以下皆俯伏○讀祝○祝
●행초헌례○예묘전궤○전작○부복○흥○소퇴○계개○정저○헌관이하개부복○독축○축
詣獻官之左跪讀○興○初獻再拜○因降復位●行亞獻禮○詣墓前跪○奠爵○俯伏○興○再拜
예헌관지좌궤독○흥○초헌재배○인강복위●행아헌례○예묘전궤○전작○부복○흥○재배
○因降復位●行終獻禮○詣墓前跪○奠爵○俯伏○興○再拜○因降復位○侑食○有司詣墓前
○인강복위●행종헌례○예묘전궤○전작○부복○흥○재배○인강복위○유식○유사예묘전
跪○奠爵添酒○俯伏○扱匙○興○再拜○因降復位○俱退伏肅俟○執事者噫歆三乃起○進茶
궤○전작첨주○부복○급시○흥○재배○인강복위○구퇴복숙사○집사자희흠삼내기○진다
○點茶○祝詣獻官之左告禮成○合盖○下匕筯○辭神○在位者皆再拜○撤饌○祝焚祝○獻官
○점다○축예헌관지좌고예성○합개○하시저○사신○재위자개재배○철찬○축분축○헌관
以下以次退
이하이차퇴

2. 절제공 재실(節制公齋室)

강릉시 저동 산 168번지에 있는 이 재실은 수군첨절제사 심원달(沈原達)을 제향한 곳이다. 이 재실은 1631년 5월에 지어졌으며, 제향일은 매년 음력 9월 9일이다.

홀기(笏記)

●獻官以下俱就位○執事者盥手○帨手○設饌○祝詣獻官之左請行事○獻官皆盥手○帨手○
●헌관이하구취위○집사자관수○세수○설찬○축예헌관지좌청행사○헌관개관수○세수○
行降神禮○初獻詣墓前跪○奉香奉爐升再拜○酹酒○再拜○因降復位○參神○在位者皆再拜
행강신례○초헌예묘전궤○봉향봉로승재배○뇌주○재배○인강복위○참신○재위자개재배
●行初獻禮○詣墓前跪○奠爵○俯伏○興○小退○啓盖○正筯○獻官以下皆俯伏○讀祝○祝
●행초헌례○예묘전궤○전작○부복○흥○소퇴○계개○정저○헌관이하개부복○독축○축
詣獻官之左跪讀○興○初獻再拜○因降復位●行亞獻禮○詣墓前跪○奠爵○俯伏○興○再拜
예헌관지좌궤독○흥○초헌재배○인강복위●행아헌례○예묘전궤○전작○부복○흥○재배
○因降復位●行終獻禮○詣墓前跪○奠爵○俯伏○興○再拜○因降復位○侑食○有司詣墓前
○인강복위●행종헌례○예묘전궤○전작○부복○흥○재배○인강복위○유식○유사예묘전
跪○奠爵添酒○俯伏○扱匙○興○再拜○因降復位○俱退伏肅俟○執事者噫歆三乃起○進茶
궤○전작첨주○부복○급시○흥○재배○인강복위○구퇴복숙사○집사자희흠삼내기○진다
○點茶○祝詣獻官之左告禮成○合盖○下匙筯○辭神○在位者皆再拜○撤饌○祝焚祝○獻官
○점다○축예헌관지좌고예성○합개○하시저○사신○재위자개재배○철찬○축분축○헌관
以下以次退
이하이차퇴

3. 증양재(甑陽齋)

강릉시 난곡동 36번지에 위치한 이 재실은 어촌(漁村) 심언광(沈彦光)을 제향한 곳이다. 제향일은 매년 음력 9월 20일이다.

강릉시 북쪽 어촌 심언광의 묘소 옆에는 정부자영당(程夫子影堂)이 있었다. 이 영당은 숙종 10년(1684) 어촌의 후손 심세강(沈世綱) 등이 양부자(兩夫子)의 영정을 봉안하고 '하남정부자영당(河南程夫子影堂)'이라 하였고, 숙종 24년(1698)에 우암 송시열과 어촌 심언광의 위판을 추향하였다. 정조 원년(1777)에 심상현(沈尚顯)이 영당을 중건하고 서원을 창건하려 하였으나 뜻을 이루지 못하고, 결국 조정의 명령에 의해 영당은 훼철되고 주자의 영정은 오봉서원에 이봉하였다. 2005년 8월 11일 어촌 심언광의 후손들에 의해 심언광의 영당이 준공되었다.

홀기(笏記)

●獻官以下俱就位○執事者盥手○帨手○設饌○祝詣獻官之左請行事○獻官皆盥手○帨手○
●헌관이하구취위○집사자관수○세수○설찬○축예헌관지좌청행사○헌관개관수○세수○
行降神禮○初獻詣墓前○跪○奉香奉爐升○三上香○再拜○跪○酹酒○再拜○因降復位○參
행강신례○초헌예묘전○궤○봉향봉로승○삼상향○재배○궤○뇌주○재배○인강복위○참
神○在位者皆再拜●行初獻禮○詣墓前○跪○覓爵○俯伏○興○小退○啓盖○正筯○獻官以
신○재위자개재배●행초헌례○예묘전○궤○전작○부복○흥○소퇴○계개○정저○헌관이
下皆俯伏○讀祝○祝詣獻官之左跪讀祝○興○初獻再拜○因降復位○撤爵●行亞獻禮○詣墓
하개부복○독축○축예헌관지좌궤독축○흥○초헌재배○인강복위○철작●행아헌례○예묘
前○跪○覓爵○俯伏○興○再拜○因降復位○撤爵●行終獻禮○詣墓前○跪○覓爵○俯伏○
전○궤○전작○부복○흥○재배○인강복위○철작●행종헌례○예묘전○궤○전작○부복○
興○再拜○因降復位○侑食○有司詣墓前○跪○覓爵○添酒○扱匙○俯伏○興○再拜○因降

흥○재배○인강복위○유식○유사예묘전○케○전작○첨주○급시○부복○흥○재배○인강
復位○俱退伏肅俟○執事者噫歆三乃起○退羹○進茶○點茶○祝詣獻官之左告禮成○合盖○
복위○구퇴복숙사○집사자희흠삼내기○퇴갱○진다○점다○축예헌관지좌고예성○합개○
下匙筋○辭神○在位者皆再拜○撤饌○祝焚祝○獻官以下以次退
하시저○사신○재위자개재배○철찬○축분축○헌관이하이차퇴

제4절 삼척심씨 족보

삼척심씨 최초의 족보는 숙종 41년(1716)에 편찬한 『병신보』이다. 그
러나 『병신보』는 필사(筆寫)만 해 놓고 인쇄하지 못하다가 81년이 지난 정조
21년(1797)에 판각하여 간행한 것이 『정사보(丁巳譜)』이다. 현재까지 간행된
삼척심씨 대동보는 다음과 같다.

족보명	권수	발간 연대	비고
丙申譜 (병신보)	1	숙종 41년(1716)	沈世緯(심세위) 序(서)
丁巳譜 (정사보)	3	정조 21년(1797)	沈尙顯(심상현)·沈魯永(심노영) 序(서), 沈煿(심박) 跋(발)
己酉譜 (기유보)	5	헌종 15년(1849)	沈志簡(심지간)·沈昰(심하) 序(서), 沈能圭(심능규) 跋(발)
丁亥譜 (정해보)	7	고종 24년(1887)	沈承櫓(심승로) 序(서), 沈秉鐸(심병탁) 跋(발)
丙寅譜 (병인보)	7	1926년	沈達潢(심달황)·沈相斗(심상두) 序(서)
丁酉譜 (정유보)	2	1957년	沈相範(심상범)·沈相敦(심상돈) 序(서)
乙丑譜 (을축보)	5	1985년	삼척심씨 세보편찬위원회
乙酉譜 (을유보)	5	2005년	삼척심씨대종회, 전자족보 발간

안성이씨(安城李氏)

제1절 안성이씨의 세계와 주요 인물

1. 안성이씨의 세계

안성이씨는 안성의 토성(土姓)이다. 안성은 본래 고구려 내혜홀(奈兮忽)이었으나 6세기에 신라가 한강유역까지 진출하면서 신라의 영토에 편입되었다. 경덕왕 때 백성군(白城郡)이라 하였으나 고려 초에 안성현으로 되었다. 현종 9년(1018) 수주(水州, 현 수원)에 속하였으며, 명종 때에는 감무(監務)를 두었다. 태종 13년(1413)에 지방제도를 개혁하여 전국을 8도로 나눌 때 충청도에서 경기도로 이속되었다. 1914년 행정구역 개편 때 안성·죽산·양성 3개군을 통합하여 안성군이 되었으며, 1937년 7월 1일 안성읍으로 승격되었다. 1998년 4월 1일 안성시로 승격되었다.

안성이씨의 시조는 이중선(李仲宣)이다. 그는 헌종 때 왕국모와 더불어 이자의(李資義)의 역모를 평정한 공으로 삼한벽상공신(三韓壁上功臣)에 책봉됨과 아울러 삼중대광태사(三重大匡太師)가 되었으며, 백하군(白夏君)에 봉해졌다. 백하는 안성의 옛 이름이다. 이런 연유로 자손들이 안성을 본관으로 삼게 되었다.

안성이씨의 세계도

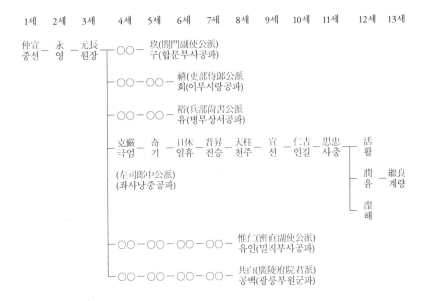

2세 이영(李永)은 고려 중기의 문신으로 자는 대년(大年)이다. 중선(仲宣)의 아들로 부친이 죽은 뒤 영업전(永業田)을 물려받아 서리(胥史)가 되고자 했으나 정조주사(政曹主事)가 허락하지 않자 숙종 때 과거에 응시, 급제하였다. 이어 직사관(直史館)이 되었는데, 숙종 9년(1104)에 내시 임언(林彦)이 동여진(東女眞)에 대한 공격을 주장하니, "병기는 흉한 물건이고 전쟁은 위태로운 짓이다[兵凶器戰危事]"라고 하여 반대했으나 받아들여지지 않았다. 평장사(平章事) 임간(林幹)을 따라 종군했으나 여진에게 패하여 면직되었다. 이어 지경산부(知京山府)가 되어 청렴하고 부지런하였다고 한다. 예종이 잠저(潛邸)에 있을 때 한안인(韓安仁)·이여림(李汝霖)과 더불어 시학(侍學)하였다. 예종 8년(1113)에 예부시랑으로 요나라에 가서 천흥절(天興節)을 축하하였고, 예종 11년(1116)에 이자겸(李資謙)과 함께 송나라에 가서 대성악(大晟樂)을 보내준 데에 사례하였다. 타고난 성품이 바르고 곧아 권력자에게 아부하지 않았다. 예종 17년(1122)에 이자겸(李資謙)이 한안인(韓安仁)을 죽일 때, 이영을 한안인의 처남이라 하여 공모자로 몰아 진도(珍島)로 유배보냈는데 어머니와 자식들이 노비가 되었다는 소식을 듣고 분사(憤死)했다. 이자겸이 쫓겨난 뒤 첨서추밀원사(簽書樞密院事)에 추증(追贈)되었다. 3세 원장(元長)은 안렴사(按廉使)를 지냈다.

4세 극엄(克儼)은 좌사랑중(左司郞中)으로 정국(靖國)의 공이 지대하여 안성부원군(安城府院君)으로 습봉되었다. 공은 안성이씨 6파 가운데 좌사랑중공파(左司郞中公派)의 파조이다. 나머지 5파는 합문부사공파(閤門副使公派), 이부시랑공파(吏部侍郞公派), 병부상서공파(兵部尙書公派), 밀직부사공파(密直副使公派), 광릉부원군파(廣陵府院君派)이다.

안성이씨의 평해 입향조는 9세 이선(李瑄)이다. 이선은 고려 말에 봉익대부(奉翊大夫) 전리판서(典理判書)를 역임하였는데, 충렬왕 25년(1299)에 벼슬을 그만두고 경관이 좋은 처가가 있는 평해에 정착하였다. 공은 성질이 곧고 두뇌가 밝으며 전리판서 때 왕명을 받아 만국회에 참석하는 등 역사적 사실이 『청백록(淸白錄)』에 실려 있다. 부인은 평해황씨 문임랑비(文林郞庇)의 딸이다. 묘소는 위치를 잃어버렸고 기성면 옥락동(玉洛洞)에 단(壇)을 설치하여 옥산단(玉山壇)이라는 액자를 달았다. 동해안 지역의 안성이씨 집성촌은 울진, 영해, 강릉, 양양 등지이다.

11세 사충(思忠)은 삼척부사를 지냈는데, 슬하에 2남을 두었다. 첫째 아들 활(活)은 성균생원(成均生員)을 지냈고, 둘째 아들 윤(潤)은 평해교수(平海敎授)를 지냈다. 윤(潤)은 어머니의 병이 위급하여 자기의 다리를 베어 피를 내고 그 피를 어머니의 입에 넣어 위기를 면하고 수개월 연명케 하였다. 또 아버지가 병이 들자 신(神)에게 빌고 하늘에 빌면서 자기의 몸을 대신할 것을 원하였으며 자기의 열손가락을 끊어 그 피를 아버님의 입에 넣어 수개월 더 살게 하였다 한다. 부모님이 돌아가신 후에 3년 동안 여막을 짓고 묘를 지키며 참신 한 켤레로 상(喪)을 마쳤다. 태종 5년(1405) 나라에서 정려(旌閭)를 명(命)하였고, 살고 있던 동리를 효자마을[孝子坊]이라 하였다. 이 정려각은 지금도 울진군 평해읍 월송리에 남아 있다. 활은 퇴은공파(退隱公派)의 파조이고, 윤은 해은공파(海隱公派)의 파조이다.

13세 계량(繼良)은 조산보 상만호(造山堡上萬戶)를 역임하였고, 14세 득원(得源)은 무과에 급제하여 습독대호군(習讀大護軍)을 역임하였다. 득원의 슬하에는 기진(頎珍)·석진(碩珍)·석량(碩樑) 세 아들을 두었다.

2. 주요 인물

1) 이희(李禧)

호는 양성재(養性齋), 공민왕 23년(1374) 명경과(明經科)에 급제하고 중랑장(中郞將)이 되어 수군(水軍)을 개편했으며, 이어 양광도 안무사(楊廣道按撫使)로 나가 왜구방어(倭寇防禦)에 공을 세웠다. 그 후 사신으로 중국에 건너가 금은(金銀)과 비단을 천자에게 바치고 성현서적(聖賢書籍)과 예악문전(禮樂文典) 등을 가져와 귀국 후 문인들에게 교수보급(敎授普及)시켜 동국(東國)을 예의방(禮儀邦)으로 이끄는데 공을 세워 이부시랑(吏部侍郞)에 올랐다.

2) 이유(李裕)

우왕 때 벼슬이 병부상서(兵部尙書)에 이르렀으나 이성계(李成桂)의 권위가 날로 높아지자 정몽주(鄭夢周) 등과 함께 이성계를 제거하려 했으나 뜻을 이루지 못하고 안성(安城)에 은퇴, 일생을 마쳤다.

3) 이유인(李惟仁)

고려 말에 벼슬이 밀직부사(密直副使)에 이르렀으나 고려가 망하고 조선이 건국되자 배록동(排祿洞)에 은거, 두문동(杜門洞) 72현에 참여했다. 두문동 72현이란 고려의 사직(社稷)이 종말을 고할 때 이성계를 비롯한 조선의 개국 혁명세력에 대해 반대한 고려의 유신(遺臣)으로서 두문동에 들어가 '불사이군(不事二君)'의 절의를 지킨 충신열사를 지칭하는 말이다. 이들은 고려가 망하자 조정의 관원이 쓰는 조천관(朝天冠)을 벗어 나무에 걸어놓고 폐양립(蔽陽笠)을 쓰고 두문동으로 들어갔다고 한다. 패랭이는 여기에서 비롯되었다고 한다. 이들이 관을 벗어 걸고 넘어간 고개를 괘관현(掛冠峴)이라 하였고, 조선의 국록(國祿)을 받지 않고 은거한 동리를 배록동(排祿洞)이라 하였다.

두문동 72현의 72인이라는 말은 공자의 제자 중에서 72인의 승당제자(升堂弟子)를 지칭하던 수와 관련을 지어 우리나라에서 형성된 독특한 용어로서, 성리학의 수용과 더불어 유교적인 '불사이군(不事二君)'의 절의정신을 나타내는 용어로 사용되어지게 되었다. 이유인을 비롯한 고려의 절신(節臣)이 숨은 곳을 두문동이라 하고, 그들을 두문동 72현이라고 부른 것은 고려의 멸망과 함께 일찍이 지칭되었던 것으로 보인다. 그러나 이러한 호칭이 조선이 건국한 후 혁명세력에 의해 끊임없이 회유와 강압을 받았으므로 자연히 그들에 대해 언급하는 것을 엄격히 금지하고 있었던 것으로 보인다. 따라서 그들의 행적을 기록한 문헌은 온전히 보존되지 못하고 구전으로 민간에서 통용되었던 것으로 여겨진다.

두문동이란 명칭은 『고려사』지리지, 『세종실록』지리지 등에는 보이지 않다가 『영조실록』에 처음으로 나타난다. 영조는 즉위 16년(1740) 9월 1일 개경에 도착하여 부조현(不朝峴)을 지나면서 시신(侍臣)에게 그렇게 명명한 연유를 물으니, 주서(注書) 이회원(李會元)은 태종이 과거를 설행(設行)하였는데, 고려의 유신(遺臣)이 과거에 응하려고 하지 않았기 때문에 생겨난 이름이라고 하였다. '부조현'이란 새 왕조인 조선의 왕에게 조회를 하지 아니 하고 넘어간 고개로, 즉 조선의 신하가 되기를 거부한다는 의미이다. 그리고 고려의 유생들이 문을 닫고 나오지 아니하였으므로[杜門不出] 그 동리를 두문동(杜門洞)이라고 하였다는 것이다. '두문불출'이라는 말이 여기에서 비롯되었다.

영조는 부조현 앞에 이르러 교자(轎子)를 정지하도록 명하고, 근신(近臣)에게 말하기를 "말세에는 군신의 의리가 땅을 쓴 듯이 없어지는데 이제 부조현이라고 명명한 뜻을 듣고 나니, 비록 수백 년 후이지만 오히려 사람으로 하여금 그들을 보는 것과 같이 오싹함을 느끼게 한다"고 말하고, 이어서 승지에 명하여 "고려의 충신들처럼 대대로 계승되기를 힘쓰라[勝國忠臣勉繼世]"고 하는 7언시 한 구를 쓰게 하였다. 그리고 영조는 친히 '부조현(不朝峴)' 세 글자를 써서 그 유허지(遺墟地)에 비석을 세우도록 하였다. 이듬해에 영조는 두문동 72현의 충신에게 제사를 지내도록 명하고, 또 어필(御筆)로 "고려의 충신이여 지금 어디에 있는가? 특별히 그 동리에 비석을 세워 그 절의를 표하노라[勝國忠臣今焉在, 特竪其洞表其節]"는 14자를 써서 내리고 비석을 세우도록 명하였다. 영조는 부조현과 두문동에 비석을 세우고 두문동 72현에 치제(致祭)를 하는 등 그들의 절의정신을 높이 평가하고 후인의 귀감이 되게 하였다. 정조는 영조의 뜻을 이어 받아 표절사(表節祠)를 건립하여 두문동 제현(諸賢)을 봉안하고 향사(享祀)를 지내게 하였다. 표절사는 고종 8년(1871)에 서원 철폐령에 의해 훼철(毁撤)되었는데, 1935년에 유림에 의해 개성에 두문동서원(杜門洞書院)으로 재건되었다.

4) 이경(李坰)

자는 대년(大年), 호는 죽헌(竹軒)이다. 우왕 2년(1376) 문과에 급제하고, 우왕 4년(1378)에 인천·안산·부평·해풍 등지에서 왜구와 싸워 많은 전공을 세워 삼중대광 문하시중(三重大匡門下侍中)으로 평왜대장군(平倭大將軍)이 되었다. 우왕 14년(1388)에 남원을 위시한 삼남지방의 왜병을 크게 격파한 공으로 추충정난 보조공신(推忠靖亂補祚功臣)에 오르고, 안성부원군(安城府院君)에 봉해졌다. 시호는 문정(文靖)이다.

5) 이숙번(李叔蕃, 1373~1440)

이경(李坰)의 아들로 태조 2년(1393) 문과에 급제한 뒤 태조 7년(1398)에 지안산군사(知安山郡事)로 있으면서 방원(芳遠: 후일 태종)을 도와 사병을 출동시켜 세자 방석(芳碩)과 정도전(鄭道傳)·남은(南誾)·심효생(沈孝生) 등을 제거하는 데 공을 세워 정사공신(定社功臣) 2등에 책록되고 안성군(安城君)에 봉해졌으며, 우부승지에 임명되었다. 그뒤 방원의 측근이 되어 정종이 왕위에 오르자 방원에게 "공을 왕으로 추대하고 싶을 뿐이다."라고까지 말하였다.

정종 원년(1399)에 좌부승지가 되고, 이듬해 초에 박포(朴苞)가 방원과 반목하던 방간(芳幹)을 충동해 거병하자 군사를 동원해 이들을 제거하였다. 이어 좌군총제(左軍摠制)가 되고, 태종이 즉위하자 좌명공신(佐命功臣) 1등이 되었다. 태종 2년(1402)에 새로 설치한 내갑사(內甲士)의 좌번(左番) 책임자가 되고 지승추부사(知承樞府事)가 되었다. 같은 해 말에 안변부사 조사의(趙思義)가 반란을 일으키자 도진무(都鎮撫)가 되어 좌도도통사와 함께 출정하여 진압하였다. 이어 지의정부사(知議政府事)·참찬의정부사(參贊議政府事)가 되고, 태종 5년(1405)에 지공거(知貢擧)에 선임되었다. 태종 6년(1406)에 겸중군총제(兼中軍摠制)·겸판의용순금사사(兼判義勇巡禁司事)가 되고, 이듬해에 겸충좌시위사상호군(兼忠佐侍衛司上護軍)·겸의흥시위사상호군(兼義興侍衛司上護軍) 등 여러 군사요직을 두루 거친 뒤 태종 13년(1413)에 병조판서가 되고, 태종 15년(1415) 안성부원군(安城府院君)에 봉해졌다. 그러나 자신의 공과 태종의 총애를 믿고 이에 자만하여 여러 차례 대간의 탄핵을 받아, 결국은 관작을 삭탈당하고 태종 17년(1417) 경상도 함양에 유배되었다. 세종 때 『용비어천가』를 짓게 되자 선왕 때의 일을 상세히 알고 있었기에 편찬에 참여했으나, 편찬이 끝난 뒤 다시 유배지에 보내져 그곳에서 생을 마감하였다.

6) 이무(李茂)

이숙번의 동생인 이중번(李仲蕃)의 아들로 세종 15년(1433) 진사에 급제하고, 이듬해 북청(北靑)에 들어가 백호아대(百戶阿代)로 치민(治民)에 큰 업적을 남겨 입북파조(入北派祖)가 되었다. 시호는 충정(忠貞)이다.

7) 이죽림(李竹林)

안성이씨의 역대 인물 중에는 국난을 맞아 순절한 인물도 많다. 그 대표적인 인물로는 이죽림을 들 수 있다. 그는 광해군10년(1618) 무과에 급제하고, 훈련원 봉사(訓鍊院奉事)가 되었다. 인조 15년(1637) 병자호란 때 왕명으로 함경도 근왕병(勤王兵)을 총지휘하는 남영장(南營將)이 되어 철령(鐵嶺) 방면에 후퇴하는 청군(淸軍)을 만나 고군분투하며 싸웠으나 아우 송림(松林)과 함께 전사했다.

제2절 동족마을의 형성과 공동체 모임

1. 안성이씨의 강릉 입향

안성이씨 강릉 입향조는 석진(碩珍)이다. 공의 호는 영재(瀛齋)이고,

자는 세보(世寶)이다. 공은 세조 11년(1465) 평해에서 출생하였으나 성종 12년(1481) 16세 때 현 경포 죽헌동 백교촌(白橋村)[37]에 정착하였다. 성종 20년(1489) 24세 때 생원·진사 양시에 입격하였고, 지역 유림인 춘헌(春軒) 최수(崔洙), 보진당(葆眞堂) 권사균(權士均), 어촌(漁村) 심언광(沈彦光), 삼가(三可) 박수량(朴遂良)과 더불어 도의(道義)를 나누었다. 공의 품성은 청민(淸敏)하였으며 문장이 뛰어났다. 특히 효성이 지극하여 지역 유림들로부터 추천을 받아 부제학에 제수되었으나 병을 이유로 부임하지 않고 평생을 성리학의 공부인 궁리격치(窮理格致)에 전념하였다. 석진은 강릉 망족(望族)인 강릉김씨 주부(注簿) 곤(坤)의 딸과 혼인하였고, 그의 후손들 또한 지역 명문과 통혼 관계를 지속적으로 맺음으로써 향촌사회에서 위치를 확고히 하였다.

강릉 입향조 이석진 자녀의 통혼관계

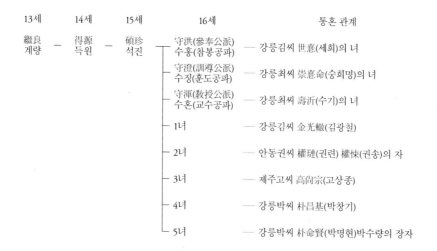

13세	14세	15세	16세	통혼 관계
繼良 계량	得源 득원	碩珍 석진	守洪(參奉公派) 수홍(참봉공파)	강릉김씨 世熹(세회)의 녀
			守澄(訓導公派) 수징(훈도공파)	강릉최씨 崇熹命(숭희명)의 녀
			守渾(敎授公派) 수혼(교수공파)	강릉최씨 壽沂(수기)의 녀
			1녀	강릉김씨 金光轍(김광철)
			2녀	안동권씨 權璉(권련) 權悚(권송)의 자
			3녀	제주고씨 高尙宗(고상종)
			4녀	강릉박씨 朴昌基(박창기)
			5녀	강릉박씨 朴命賢(박명현) 박수량의 장자

---

37 오죽헌 뒤 죽헌저수지 아랫마을을 말함. 원통이에서 흐르는 물(죽헌천)이 못올과 죽헌 사이로 흘러 경포호로 들어갔는데, 이 내를 중심으로 죽헌과 못올로 나뉘어졌다. 죽헌에서 못올로 가기 위해서는 이 내를 건너 못올 서낭당 옆을 지나갔다. 죽헌과 못올로 다니는 곳에 자작나무로 다리를 놓았는데, 나무다리가 희게 보여 '흰다리'라 한 것이 음이 변해 '핸달'로 되었다.

석진의 슬하에 3남 5녀를 두었는데, 장자는 기자전참봉(箕子殿參奉)을 지낸 수홍(守洪), 차자는 영천훈도(榮川訓導)를 지낸 수징(守澄), 셋째는 종성교수(鍾城敎授)를 지낸 수혼(守渾)이다. 사위는 첫째가 예조참판을 지낸 김광철(金光轍), 둘째가 세마(洗馬)를 지낸 권련(權璉, 權悚의 子), 셋째가 내금위를 지낸 고상종(高尙宗), 넷째가 훈도(訓導)를 지낸 박창기(朴昌基), 다섯째가 참봉을 지낸 박명현(朴命賢, 박수량의 장자)이다. 안성이씨가 혼인한 가문들은 조선전기 강릉지방의 재지사족들이다.

2004년 간행한 족보자료에 의하면 참봉공파의 후손들은 38가구 72명, 훈도공파의 후손들은 310가구 514명, 교수공파의 후손들은 389가구 856명, 총 737가구 1,442명으로 파악되었다. 안성이씨의 집성촌은 사천면 산대월리와 옥계면 남양리·현내리이다.

2. 동족마을의 지역개관

1) 사천면 산대월리

사천면 동남단에 위치하고 있는 산대월리(山帶月里)는 달이 뜬 저녁에 산에 올라가 보면 산이 높지 않고 밋밋하여 달이 산을 허리띠로 둘러맨 것처럼 보인다고 하여 붙여진 이름이다. 본래 강릉군 하남면 지역이었으나 1914년 사천면에 편입되고, 1916년 새바우, 수우동, 순포, 지재가 합쳐져 산대월리가 되었다. 산대월리는 해안선을 끼고 있으며, 송림과 잘 어우러져 있다. 주요지명으로는 순포동·수끝·지재 등이 있다.

2) 옥계면 남양리·현내리

남양리는 '현내 남쪽, 양지쪽'이라는 뜻으로 본래 강릉군 옥계면 지역이었으나, 1916년 올밑, 진목정, 응달말, 옹구점, 흑싯골, 범울이, 영내터, 정상골, 피밑을 합하여 남양리(南陽里)라 했다. 옥계면 소재지에서 남쪽에 위치해 있으며, 마을의 동쪽으로는 동해시 망상동, 서쪽으로는 산계리, 정선군 임계면, 남쪽으로는 동해시 삼흥동, 북쪽으로는 천남리, 현내리, 산계리와 접해 있다. 주요지명으로는 양짓말, 음짓말, 흑싯골, 권촌, 영내터, 정상골, 범울이, 옻밑 등이 있다.

현내리는 '현(縣) 내(內)에 있는 마을'이라는 뜻으로 원래 강릉군 우계현(羽溪縣)의 소재지였으나, 1916년에 향교말, 드릉담, 잿말, 장거리를 합쳐 현내리(縣內里)라 하였다. 옥계의 옛 지명이 옥천현(玉泉縣)이었을 때 고을 현감이 살던 곳이었다고 한다. 현내리에는 조선시대에 조곡(租穀)을 징세하여 국가 또는 지방재정수요에 충당하거나 환곡을 위하여 보관했던 창고인 우계창(羽溪倉)이 있었던 것으로 전해지며, 주요 유적으로는 우계산성의 흔적이 일부 남아있다.

3. 동제(洞祭)

1) 사천면 산대월리

산대월리에는 지현, 산대월리 5반, 수우동에 각 한 곳씩 3개의 서낭당이 있다. 지현 서낭당은 산대월리 2반, 산대월리 5반의 서낭당은 산대월리 5반, 수우동 서낭당은 산대월리 7반에 각각 위치해 있다.

지현 서낭당의 당집은 목조건물에 함석지붕을 얹었다. 산대월리 5반 서낭당의 당집은 벽돌건물에 함석지붕을 얹었다. 수우동 서낭당의 당집은 1998년 3월 29일 산불 화재로 소실되었다.

지현의 제의는 고청제(告請祭)라고 하며 성황지신(城隍之神)·토지지신(土地之神)·여역지신(癘疫之神)을 모신다. 제당은 산대월리 2반 야산 기슭에 서낭목과 함께 있다. 제의는 음력 정월 초정일에 지내며 제물은 유사(有

司)가 준비한다. 각위(各位)마다 따로 진설(陳設)하며 육고기는 생으로 올린다. 유교식으로 지내며 제의가 끝나면 소지(燒紙)한다.

산대월리 5반의 제의도 고청제라고 하며 성황지신·토지지신·여역지신을 모신다. 제당은 산대월리 5반 마을 뒷산 기슭에 있다. 기존의 당집과 서낭 숲은 1998년 3월 29일 산불 화재로 소실되었다. 제의는 음력 정월 초정일과 음력 9월 초정일에 지낸다. 제물은 유사(有司)가 준비하며 각위마다 따로 진설한다. 유교식으로 지내며 제의가 끝나면 소지한다.

수우동의 제의도 고청제라고 하며 성황지신·토지지신·여역지신을 모신다. 제의는 음력 9월 정일에 지내며 제물은 유사가 준비한다. 각위마다 따로 진설하며 육고기는 생으로 올린다. 유교식으로 지내며 제의가 끝나면 소지한다.

2) 옥계면 남양리·현내리

남양리에는 음지마을, 흑싯골, 남양1리 6반, 진목정, 영노동, 증산골, 아랫마을, 윗마을에 각 한 곳씩 8개의 서낭당이 있다. 음지마을 서낭당은 남양1리 2반, 흑싯골 서낭당은 남양1리 5반, 남양1리 6반 서낭당은 남양1리 6반, 진목정 서낭당은 남양2리 1반, 영노동 서낭당은 남양2리 2반, 증산골 서낭당은 남양2리 4반, 아랫마을 서낭당은 남양3리 1반, 윗마을 서낭당은 남양3리 3반에 각각 위치해 있다.

음지마을 서낭당의 당집은 목조건물에 기와지붕을 얹었다. 흑싯골 서낭당의 당집은 목조건물에 슬레이트지붕을 얹었다. 남양1리 6반 서낭당은 당집이 없으며 제당은 서낭목을 중심으로 돌담을 쌓아 만들었다. 진목정 서낭당의 당집은 목조건물에 함석지붕을 얹었다. 영노동 서낭당의 당집은 목조건물에 기와지붕을 얹었으며 당집 주위에 돌담을 쌓았다. 증산골 서낭당의 당집은 목조건물에 함석지붕을 얹었다. 아랫마을과 윗마을 서낭당의 당집은 목조건물에 슬레이트지붕을 얹었다.

음지마을의 제의는 당제라고 하며 성황지신(城隍之神)·토지지신(土地之神)·여역지신(癘疫之神)을 모신다. 제당은 남양리 군도로에서 남양초등학교를 지나 석남정 근처에 있다. 제의는 음력 정월 대보름에 지낸다. 도가를 지정하여 제물을 준비하며 합위(合位)로 진설(陳設)한다. 유교식으로 지내며 제의가 끝나면 소지한다.

흑싯골의 제의도 당제라고 하며 성황지신·토지지신·여역지신을 모신다. 제당은 흑싯골 마을에 위치하며 당집 주위로 돌담을 쌓았다. 제의는 음력 정월 대보름에 지낸다. 제물은 유사(有司)가 준비하며 합위로 진설한다. 유교식으로 지내며 제의가 끝나면 소지한다.

남양1리 6반의 제의는 성황제(城隍祭)라고 하며 성황지신·토지지신·여역지신을 모신다. 제의는 음력 정월 대보름에 지낸다. 제물은 유사가 준비하며 합위로 진설한다. 유교식으로 지내며 제의가 끝나면 소지한다.

진목정의 제의도 성황제라고 하며 성황지신·토지지신·여역지신을 모신다. 제당은 남양1리에서 남양2리로 오면서 남양교 건너 첫 번째 마을 입구, 오른쪽 산기슭에 있다. 서낭 숲에 돌담을 쌓고 당집을 지었다. 건물 기둥과 문에 단청을 하였으며 여닫이문에 '卍'자 반대형의 글씨를 써 놓았다. 제의는 음력 정월 대보름에 지낸다. 제물은 유사가 준비하며 각위마다 따로 진설한다. 육고기는 생으로 올린다. 유교식으로 지내며 제의가 끝나면 소지한다.

영노동의 제의도 성황제라고 하며 성황지신·토지지신·여역지신을 모신다. 제당은 남양2리 시내버스 종점 근처에 있다. 제의는 음력 정월 대보름에 지낸다. 제물은 유사가 준비하며 각위마다 따로 진설한다. 육고기는 생으로 올린다. 유교식으로 지내며 제의가 끝나면 소지한다.

증산골의 제의도 성황제라고 하며 성황지신·토지지신·여역지신을 모신다. 제당은 남양2리 시내버스 종점에서 10여 리 들어가서 증산골 마을 평지에 있다. 10여 그루의 서낭목과 함께 당집이 있다. 제의는 음력 정월 대보름에 지내며 제물은 유사가 준비한다. 유교식으로 지내며 제의가 끝나면 소지한다.

아랫마을의 제의도 성황제라고 하며 성황지신·토지지신·여역지신을 모신다. 마을 가운데 평지에 돌담을 쌓았으며 그 안에 당집이 있다. 당집 정면은 문 없이 트이게 하였다. 제의는 음력 정월 대보름에 지내며 제물은 유사가 준비한다. 유교식으로 지내며 제의가 끝나면 소지한다. 남양3리 1반의 성황은 수서낭이며, 남양3리 3반의 성황은 암서낭이라 한다.

윗마을의 제의도 성황제라고 하며 성황지신·토지지신·여역지신을 모신다. 마을 가운데 돌담을 쌓았으며 그 안에 당집이 있다. 당집 정면은 문이 없이 트이게 하여 내부가 보인다. 제의는 음력 정월 대보름에 지내며 제물은 2가구씩 유사가 준비한다. 유교식으로 지내며 제의가 끝나면 소지한다.

현내리에는 현내1리, 현내2리, 현내3리에 각 한 곳씩 3개의 서낭당이 있다. 현내1리 서낭당은 현내1리 7반, 현내2리 서낭당은 현내2리 5반 1번지, 현내3리 서낭당은 현내3리 1반 산119-1번지에 각각 위치해 있다.

현내1리 서낭당의 당집은 벽돌집으로 맞배 기와지붕을 얹었다. 현내2리 서낭당의 당집은 목조건물에 함석지붕을 얹었다. 현내3리 서낭당의 당집은 목조건물에 슬레이트지붕을 얹었다. 현내1리의 제의는 성황제(城隍祭)라고 하며 성황지신(城隍之神)·토지지신(土地之神)·여역지신(癘疫之神)을 모신다. 제당은 현내1리 혜진아파트 근처 밭 가운데 있다. 당집은 1985년에 세웠으며 주위에는 서낭목 7~8그루가 있다. 제의는 음력 정월 대보름과 음력 동지에 지낸다. 제물은 유사(有司)가 준비하며 합위(合位)로 진설(陳設)한다. 유교식으로 지내며 제의가 끝나면 소지한다.

현내2리의 제의도 성황제라고 하며 성황지신·토지지신·여역지신을 모신다. 제당은 7번국도에서 옥계면소재지로 진입하기 전 우측 논 가운데 있다. 서낭숲 속에 벽돌로 쌓아 담을 만들었으며 당집 처마에는 '옥천신사(玉泉神祠)'라는 현판이 있다. 제의는 음력 정월 대보름과 5월 단오에 지낸다. 도가를 지정하여 제물을 준비하며 합위로 진설한다. 유교식으로 지내며 제의가 끝나면 소지한다. 특히 현내2리 서낭당은 규모도 크며 홀기와 축문이 있다. 축문 가운데 단오 축문이 있어서 서낭제의 규모를 짐작할 수 있다.

현내3리의 제의도 성황제라고 하며 성황지신·토지지신·여역지신을 모신다. 제당은 현내3리 1반 마을 가운데 서낭숲 속에 있다. 제의는 음력 정월 대보름에 지낸다. 제물은 유사(有司)가 준비하며 각위(各位)마다 따로 진설한다. 유교식으로 지내며 제의가 끝나면 소지한다.

제3절 문화유적(祠宇, 齋舍)

1. 영모재(永慕齋)

영모재는 안성이씨 영재(瀛齋) 이석진(李碩珍, 1465~1542)의 묘제를 지내기 위해 건립한 재실이다. 강릉시 대전동 587번지에 위치한 영모재에는 이석진과 그의 후손인 참봉을 지낸 수홍(守洪), 훈도를 역임한 수징(守澄), 교수를 지낸 수혼(守渾) 등 4명의 묘제시 제물 준비와 우천시 제를 치루기 위한 전사청으로 건립되었으며 건립 시기는 미상이다.

재실은 원래 강릉시 대전동 강릉과학산업단지 입구에서 송암으로 가는 서쪽의 작은 고개를 넘어 우측에 있었다. 단층팔작 기와지붕에 정면 4칸, 측면 2칸이었다. 좌우측은 온돌방이었으며, 중앙 2칸은 마루였다. 재실 정면 중앙에 '영모재'라는 현액이 있었고, 재실 근처에는 이석진과 그 후손들의 묘와 '영재이석진비문(瀛齋李碩珍碑文)'이 있었다. 그러나 1999년 대전동 즈므마을 일대가 강릉과학단지로 개발되면서 종중소유 토지 대부분이 이 단지에 편입되어 현재는 주문진읍 장덕리 379-1번지로 이장하였다. 제향일은 매년 음력 9월 20일이다.

홀기(笏記)

●獻官以下諸執事俱就位○祝進獻官之左請行事○陳設○引初獻官詣盥洗位○盥手○帨手○
●헌관이하제집사구취위○축진헌관지좌청행사○진설○인초헌관예관세위○관수○세수○

因詣墳墓前○跪○三上香○俯伏○興○再拜○少退○跪○降神○酹酒○俯伏○興○再拜○因
인예분묘전○궤○삼상향○부복○흥○재배○소퇴○궤○강신○뇌주○부복○흥○재배○인

降復位○獻官及在位者皆再拜●行初獻禮○因詣墳墓前○跪○酌酒○獻爵○奠爵○啓盖○正
강복위○헌관급재위자개재배●행초헌례○인예분묘전○궤○작주○헌작○전작○계개○정

箸○獻官及在位者俯伏○祝進獻官之左讀祝○興○再拜○因降復位●行亞獻禮○詣盥洗位○
저○헌관급재위자부복○축진헌관지좌독축○흥○재배○인강복위●행아헌례○예관세위○

盥手○帨手○因詣墳墓前○跪○酌酒○獻爵○奠爵○俯伏○興○再拜○因降復位●行終獻禮
관수○세수○인예분묘전○궤○작주○헌작○전작○부복○흥○재배○인강복위●행종헌례

○詣盥洗位○盥手○帨手○因詣墳墓前○跪○酌酒○獻酌○奠爵○俯伏○興○再拜○因降復
○예관세위○관수○세수○인예분묘전○궤○작주○헌작○전작○부복○흥○재배○인강복

位○獻官及在位者皆少退○俯伏○興○闔盖○撤箸○獻官及在位者皆再拜○祝進獻官之左請
위○헌관급재위자개소퇴○부복○흥○합개○철저○헌관급재위자개재배○축진헌관지좌청

禮畢○祝焚祝○以次退
예필○축분축○이차퇴

축문(祝文)

維歲次某年某月某朔某日干支某代孫某 敢昭告于
유세차 모년 모월 모삭 모일 간지에 몇 대손○○가

顯某代祖考成均生員進士府君
몇 대조 할아버지 성균 생원·진사 부군과

顯某代祖妣宜人江陵金氏某之墓
몇 대조 할머니 의인 강릉김씨 묘소에 고하나이다.

氣序流易 霜露旣降 瞻掃封塋 不勝感慕 謹以淸酌庶羞 祗薦歲事 尙 饗

세월은 절기가 바뀌어서 어느덧 찬 서리와 이슬이 내렸습니다. 묘역을 쓸고 봉분을 우러러보니 조상님을 사모하는 정을 이기지 못하겠습니다. 삼가 맑은 술과 여러 가지 음식으로 공경히 세사를 올리니 흠향하소서.

2. 이수징묘지명(李守澄墓誌銘)[38]

해석

유명조선국훈도이공묘

통사랑 영천훈도 이공묘지

공의 휘는 수징(守澄), 자는 정보(靜甫), 안성인(安城人)이다. 선고[碩珍] 때부터 강릉에서 대대로 살았다. 부의 휘는 석진(碩珍)이고 성균생원(成均生員)이다. 조의 휘는 득원(得源)이며 훈련판관(訓鍊判官)이다. 증조의 휘는 계량(繼良)이고 녹둔포만호(鹿屯浦萬戶)이다. 생원 (석진)은 강릉 망족(望族)인 주부(注簿) 김곤(金坤)의 딸과 혼인하여 천순 무오년(1498) 9월 경신일에 공을 낳았다. 공이 강릉부 북평리 집에 있을 때 젊은 시절에 책읽기를 좋아해서 서사(書史)를 섭렵하였다. 가정 12년(1533) 계사에 처음 부임하여 양구훈도를 지냈으며, 정유년(1537)에 울진훈도로 종임(樅任)하고 영천에서 학문을 넓혔다. 그 후 한거(閒居)하면서 선대부터 살던 곳에서 가정 무오년(1558) 윤7월 19일 갑오에 산북리(山北里)에서 사망하니 향년 61세였다. 그해 10월 임신일에 옮겨서 장례를 치루었으며, 강릉부 북쪽 조산(助山) 선영 아래에 장례지내고 예를 올렸다. 공은 가정 신사년(1521)에 세족(世族)인 참봉 최숭명(崔崇命)의 딸과 혼인하여 3남 1녀를 낳았다. 장남 저(箸)는 충순위(忠順衛) 박귀수(朴龜壽)의 딸과 혼인하여 슬하에 1남으로 희학(希鶴)을 낳았다. 차남은 즙(葺)이고, 3남은 전(箮)이며 어리고,

---

38 이 묘지명은 강릉과학단지 조성사업 계획에 의해 대전동 즈므마을 선산에 안치되어 있던 묘소를 1999년 3월 주문진읍 장덕리 371-1번지로 이장할 때 출토되었다. 수징(守澄)의 비(妣) 강릉최씨 묘소에서는 자기염주(磁器念珠) 71개가 함께 출토되었는데, 이 유물은 현재 강릉시오죽헌·시립박물관에서 소장 관리하고 있다.

딸도 어리다. 아! 공의 성품은 순박하고 술을 즐겼으며, 불의를 향하지 않기로 세상에 알려졌다. 향년에 아들이 미혼이고 딸도 출가시키지 못하였다. 아! 지극히 애석하고 슬프도다.

가정 37년(1558) 10월 지석을 쓰다.

원문

有明朝鮮國訓導李公墓

通仕郞 榮川訓導 李公墓誌

公諱守澄字靜甫安城人 自先考世居江陵 考諱碩珍成均生員 祖諱得源訓鍊判官 曾祖諱繼良 鹿屯浦萬戶 生員娶江陵望族注簿金坤之女 天順戊午九月庚申生公 于江陵府北坪里邸 少好書 史勤涉獵 嘉靖十二年癸巳 始任楊口訓導 丁酉年自蔚珍訓導梜任 榮川廣文 厥後閑居桑梓 嘉 靖戊午閏七月十九日甲午 終于山北里 第亨年六十一 是年十月壬申 祔葬于江陵府北助山先塋 之後禮也 公嘉靖辛巳娶世族叅奉崔崇命女 生三男一女 長箸娶忠順衛朴龜壽女 生一男希鶴 次茸次筌幼女幼 嗚呼公性朴淳 無僞爲嗜飮酒好 行義不爲世表襮 亨年不永男未畢婚 女幼未 嫁 奄至此極 嗚呼痛哉 嘉靖三十七年 十月 日 誌

3. 이수혼묘지명(李守渾墓誌銘)[39]

해석

이공묘지

선무랑 종성교수 이공묘지

공의 휘(諱)는 수혼(守渾)이고 자(字)은 언충(彦冲) 본관(本貫)은 안성(安城)이다. 증조 계량(繼良)은 만호(萬戶)이고 조(祖) 득원(得源)은 훈련참군(訓練參軍)이다. 고(考) 휘(諱) 석진(碩珍)은 성균

---

39 이 묘지명은 1988년 7월경에 도굴당했으나 현재 관동대학교 박물관에서 소장 관리하고 있다.

생원(成均生員)이다. 비(妣)는 김씨(金氏)로 강원의 명망 있는 집안으로 전생서 주부(典牲署主簿) 휘(諱) 곤(坤)의 딸이다. 성화(成化)[40] 임술에 공을 낳았다. 공은 충순위(忠順衛) 최수기(崔壽沂)의 딸에게 장가를 들어 2남을 낳았는데, 장남은 예(芮), 차남은 포(苞)로 모두 부장(部長)이 되었다. 예(芮)는 권관(權管) 박응량(朴應良)의 딸에게 장가를 가서 4남 2녀를 낳았는데, 장남 윤박(胤朴)은 이예(李藝)의 딸에게 장가를 갔고, 차남 찬박(纘朴)은 김영(金詠)의 딸에게 장가를 갔으며, 3남 계박(繼朴)과 4남 윤박(嗣朴)은 모두 어리다. 장녀는 진사(進士) 최운해(崔雲海)에게 시집을 갔다. 포(苞)는 훈도(訓導) 장수억(張壽億)의 딸에게 장가를 들어 4남 2녀를 낳았는데, 장녀는 김인복(金仁福)에게 시집갔고, 장남은 인(獜), 차남은 봉(鳳), 3남은 귀(龜) 4남은 용(龍)으로 모두 어리다. 최씨는 가정(嘉靖) 기미 2월 11일 공보다 먼저 죽어 부(府)의 북쪽 조산(助山)의 감좌(坎坐) 언덕에 장사를 지냈다. 공은 만력(萬曆) 정축 8월 17일 병으로 죽으니 향년 76세였다. 이해 10월 19일 임인 최씨의 봉분(封墳)에 합장을 하였으니 선영(先塋)의 곁이다. 황명(皇明) 만력(萬曆) 5년(선조10, 1577) 정축 10월 19일 지(誌)하노라.

원문

李公墓誌

宣務郎鍾城敎授李公墓誌

公諱守渾字彦沖安城人 曾祖繼良萬戶 祖得源訓練參軍 考諱碩珍成均生員 妣金氏江陵望族 典牲署主簿諱坤之女 成化壬戌生公 公娶忠順衛崔壽沂之女生二男 長曰芮次曰苞 皆爲部長 芮娶權管朴應良之女生四男二女 長曰胤朴娶李藝之女 次纘朴娶金詠之女 次繼朴次嗣朴皆幼 女長適進士崔雲海 苞娶訓導張壽億之女生四男二女 女長適金仁福 男長曰獜次鳳次龜次龍皆幼 崔氏嘉靖己未二月十一日先逝 葬于府北助山坎坐之原 公萬曆丁丑八月十七日以疾終焉 享年七十六 是年十月十九日壬寅 合墓于崔氏之封寅 先塋之側也 皇明萬曆五年丁丑十月十九日誌

---

40 홍치(弘治)의 오자. 성화는 중국 명(明)나라 헌종 때의 연호(1465~1487)이고, 홍치는 명나라 효종(孝宗) 때의 연호(1488~1505)이다. 따라서 임술년(1502)은 홍치 15년이다.

4. 교수공 이수혼의 부인 강릉최씨 묘지명[41]

해석

유인(孺人) 강릉최씨의 고조는 가선대부 이조참판 휘 치운(崔雲)이고, 증조는 성균생원 휘 진현(進賢)이며, 조는 통훈대부 지평현감 휘 세번(世蕃)이고, 고는 충순위 휘 수기(壽沂)이다. 대체로 충효(忠孝)가 세상에 알려진 가문으로 원성(原城)의 망족(望族) 충의위 김기동(金俱仝)의 딸과 혼인하여 홍치 을축년(1505) 8월 13일 병인에 유인을 낳았다. 유인은 성균생원 이석진(李碩珍)의 아들 수혼(守渾)과 혼인하여 2남 1녀를 낳았다. 장남 예(芮)는 양양 명가의 사복(司僕) 박응량(朴應良)의 딸과 혼인하여 4남 1녀를 낳았다. 첫째가 윤박(胤朴), 둘째가 찬박(纘朴), 셋째가 계박(繼朴), 넷째가 소박(紹朴)으로 모두 어리다. 차남 포(苞)는 훈도 장수억(張壽億)의 딸과 혼인하여 1남 1녀를 낳았다. 원손은 모두 어리다. 딸은 원괄(元适)과 결혼하였다.

원문

孺人江陵崔氏高祖嘉善大夫吏曹參判諱崔雲 曾祖成均生員諱進賢 祖通訓大夫砥平縣監諱世蕃 考忠順衛諱壽沂 代躋忠孝世稱德門 娶原城望族忠義衛金俱仝之女 弘治乙丑八月十三日丙寅生孺人 孺人適成均生員 李碩珍之子守渾 生二男一女 長曰芮娶襄陽名家司僕朴應良之女 生四男一女 曰胤朴曰纘朴曰繼朴曰紹朴皆幼 次曰苞娶訓導張壽億之女 生一男一女 曰元孫皆幼 女適元适.

제4절 안성이씨 족보

안성이씨 최초의 족보는 영조 22년(1746)년에 간행된 『병인보(丙寅

譜)』이다. 그 후 안성이씨 가문에서 그간 편집되거나 간행한 족보를 살펴보면 다음과 같다.

족보명	권수	발간 연대	비고
丙寅譜 (병인보)		영조 22년(1746)	합문 1파
乙酉譜 (을유보)		영조 41년(1765)	합문·이부·병부·좌사 4파
辛酉譜 (신유보)		순조 원년(1801)	합문·이부·병부·좌사·밀직 5파
庚寅譜 (경인보)		순조 30년(1830)	합문·이부·병부·좌사·밀직 5파
己酉譜 (기유보)		헌종 15년(1849)	합문·이부·병부 3파
甲戌譜 (갑술보)	9	고종 11년(1874)	이부·병부·좌사·밀직 4파
癸亥譜 (계해보)		1923년	합문·이부·병부·좌사·밀직·광릉 6파[42]
戊戌譜 (무술보)	7	1958년	합문·이부·병부·좌사 4파
甲子譜 (갑자보)	3	1984년	합문·이부·병부·좌사·밀직·광릉 6파

이 가운데 안성이씨 대동보는 1923년에 간행한 『계해보』와 1984년에 간행한 『갑자보』뿐이다. 그리고 강릉에 거주하는 안성이씨의 파보로는 2004년에 간행한 『안성이씨영재공파세보(安城李氏瀛齋公派世譜)』가 있다.

---

[42] 합문은 합문부사공파(閤門副使公派), 이부는 이부시랑공파(吏部侍郎公派), 병부는 병부상서공파(兵部尙書公派), 좌사는 좌사낭중공파(左司郎中公派), 밀직은 밀직부사공파(密直副使公派), 광릉은 광릉부원군파(廣陵府院君派)를 말함.

영해이씨(寧海李氏)

제1절 영해이씨의 세계와 주요 인물

1. 영해이씨의 세계

영해이씨는 영해(寧海)의 토성(土姓)이다. 영해는 본래 삼한시대에 우시산국(于尸山國)이었으나 탈해왕 29년(79)에 신라가 멸망시키고 우시군(于尸郡)을 두었다. 신라의 삼국통일 후 경덕왕 16년(757)에 유린군(有隣郡)으로 개칭했다. 고려 태조 23년(940)에 예주군(禮州郡)이 되었으며, 현종 때에는 방어사를 두었다. 고종 46년(1259)에 위사공신(衛社功臣) 박송비(朴松庇)의 내향이라 하여 덕원소도호부(德原小都護府)로 승격된 뒤 다시 예주목(禮州牧)으로 승격되었다가 충선왕 2년(1310)에 전국의 목(牧)을 없앰에 따라 영해부(寧海府)로 강등되었다. 조선 태조 6년(1397)에 이곳에 진영(鎭營)을 설치하여 병마사가 부사를 겸하게 하였고, 태종 13년(1413)에 진을 없애고 영해도호부로 바꾸어 조선시대 동안 유지되었다. 고종 32년(1895)에 안동부 소관의 영해군이 되었다가 이듬해에 경상북도의 관할이 되었다. 1914년 행정구역 개편 때 영덕군에 통합되어 영해면이 되었다가 1979년에 읍으로 승격되었다.

영해이씨의 시조 이연동(李延東)은 신라 때 사도(司徒)를 지낸 전주이씨(全州李氏) 이입전(李立全)의 후손이라고 한다. 이연동이 나라에 공을 세워 영해군(寧海君)에 봉해지자 그 시조의 군호(君號)를 본관으로 삼아서 지금에 이르고 있다.

영해이씨 세계도

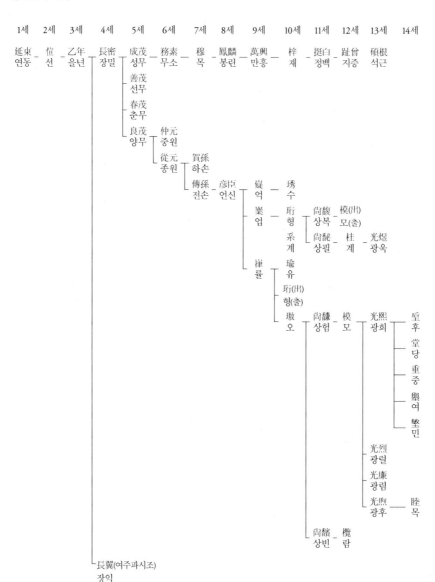

1세	2세	3세	4세	5세	6세	7세	8세	9세	10세	11세	12세	13세	14세
延東 연동	侸 선	乙年 을년	長密 장밀	成茂 성무	務素 무소	穆 목	鳳麟 봉린	萬興 만흥	梓 재	挺白 정백	趾曾 지증	碩根 석근	

善茂
선무

春茂
춘무

良茂 — 仲元
양무 　중원

従元 — 賀係
종원 　하손

傳係 — 彦臣 — 嶷 — 琇
전손 　언신 　억 　수

業 — 珩 — 尚馥 — 模(出)
업 　형 　상복 　모(출)

系 — 尚馝 — 桂 — 光煜
계 　상필 　계 　광욱

崔 — 瑜
률 　유

珩(出)
형(출)

墩 — 尚馦 — 模 — 光熙
오 　상험 　모 　광희

　　　　　　　　　　　堂 후
　　　　　　　　　　　堂 당
　　　　　　　　　　　重 중
　　　　　　　　　　　擧 여
　　　　　　　　　　　摯 민

光烈
광렬

光廉
광렴

光煦 — 睦
광후 　목

尚馪 — 欖
상빈 　람

長翼(여주파시조)
장익

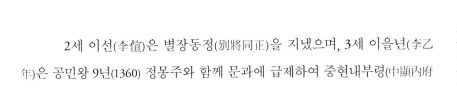
2세 이선(李儅)은 별장동정(別將同正)을 지냈으며, 3세 이을년(李乙年)은 공민왕 9년(1360) 정몽주와 함께 문과에 급제하여 중현내부령(中顯內府令)을 지냈다.

2. 주요 인물

1) 이성무(李成茂, 1370~1436)

자는 성시(聖始)이고, 호는 눌재(訥齋)이다. 부는 장밀(長密)이고, 모는 강릉최씨 호장(戶長) 최하(崔河)의 딸이다. 장밀은 네 아들을 두었는데, 그들이 바로 성무·선무(善茂)·춘무(春茂)·양무(良茂)이다. 성무는 강릉 호가리(虎街里, 지금의 옥천동)에서 태어났다. 공은 학문이 높고 효성이 지극하여 고을 사람들이 백원당(百原堂)이라 불렀다. 공의 4형제 우애는 남달리 두터웠다. 공은 항상 아우들에게 이르기를 "부모를 섬기는 데는 아무리 몸과 마음을 다한다 하더라도 넉넉하다 할 수 없는 것이니, 우리 형제는 힘을 다하여 부모를 즐겁게 하고 마음을 편안하게 모셔야 한다"고 하였다.

공은 일찍이 경사(經史)를 널리 섭렵하여 학문이 깊었고 문장도 뛰어났으나 가훈(家訓)을 이어받아 과거에 응시하지 않고 오로지 독서로 세월을 보냈다. 그러나 송어나 연어 같은 것도 임금에게 진상(進上)하기 전에는 감히 먼저 먹지 않았고, 국상(國喪)을 당했을 때는 부모상과 같이하였다.

부친상을 당하여 3년 동안 여묘살이하며 의대(衣帶)를 벗지 않고 지성으로 예를 다하였다. 그 후 어머니를 모시는데 효성을 다하여 봉양하였다. 어머니가 79세에 이르렀을 때 병상에 눕게 되자, 공은 아우들과 함께 향을 피우고 하늘에 빌기를 "자식으로서 어머니의 목숨을 대신하게 해 달라"고 기원하였더니, 잠시 후에 어머니가 갑자기 깨어나더니 "꿈에 어떤 사람이 나에게 말하기를 부인(夫人)의 네 아들의 효성이 이와 같으니, 하늘이 장차 좋은 벼슬을 줄 것이고, 또 부인의 수명을 길게 할 것이다"고 하였다. 조금 있다가 어머니가 잉어회가 먹고 싶다고 하였다. 그러나 때는 매우 추운 겨울이라 잉어를 구할 길이 없었다. 공은 세 아우와 함께 행여나 잉어를 얻을까 하여 냇가에 나갔다. 그러나 얼음이 돌과 같이 굳은지라, 얼음을 두드리며 하늘에 외치기를 "하느님 제발 잉어를 얻게 하여 어머님 병환을 고치게 하여 주십시오" 하니, 갑자기 얼음이 저절로 풀려서 두 마리 잉어가 뛰어나왔다. 그것을 가져다 어머니에게 드렸더니 병이 씻은 듯이 나았다. 이웃 사람들이 감탄해 말하기를, "이 사람의 효는 하늘이 낸 것"라 하였다. 그 소문이 조정에까지 알려지게 되었다.

태종은 공의 효행을 가상히 여겨 태종 17년(1417) 4형제에게 효자정려(孝子旌閭)와 사정(司正)의 벼슬을 내리고, 공에게는 사헌부 감찰 벼슬을 특별히 하사하였다. 그러나 공께서는 잉어를 얻게 된 것은 실로 우연한 일이며, 자신은 아직도 효성과 우애의 정이 모자라는데 왕께서 주는 포상(褒賞)이 너무나 과분하여 부끄럽다고 하였다. 이 영예를 받는 것은 하늘을 우러러 부끄러운 일이고 천은(天恩)을 가볍게 여기는 것이 된다고 하여 끝내 벼슬길에 나가지 아니했다. 태종은 이 소식을 듣고 더욱 감복(感服)하여 "옛날 왕상(王祥)이 어머니 병에 얼음을 두드려 잉어를 얻었다 하거니와 오늘에 성무 형제가 또한 그러하니 참으로 본받을 일이다" 하면서 눈물을 흘렸다고 한다.

또한 태종은 다음과 같은 효행찬시 두 절구(絶句)를 하사하였는데, 이는 세종의 명으로 펴낸 『삼강행실도』에 실려 있다. "팔순의 어머니가 병석에 누웠는데, 몇 달이 지나도록 먹을 음식을 찾지 못했네. 어여쁘다 네 아들 얼음 치며 울부짖으니 펄펄뛰는 금 비늘이 서릿발 하나의 정성이라. 하늘과 사람의 감응(感應) 그 이치 분명한데 만고에 동일한 건 하나의 정성이라. 근일에 명주(강릉)에서 좋은 소식 들려오니 왕상(王祥)이 어찌 홀로 그 명성을 독차지하랴."

강릉 향현사에는 조선시대 때 강릉지방에서 배출된 인물 가운데 이 지방민들로부터 추앙을 받는 12인의 위패(位牌)가 모셔져 있는데, 이성무는 영조 35년(1759)에 배향되었다.

2) 이전손(李傳孫, 1462~1529)

성무의 종손(從孫)으로 자는 조윤(祚胤), 호는 신은(莘隱)이다. 심동노(沈東老)의 후손인 심희전(沈希佺)과 동년배로 머리가 희어질 때까지 함께 학문을 하기로 다짐하고는 혹한혹서(酷寒酷暑)에도 아랑곳 하지 않고 열심히 경학(經學)을 공부하였다. 전손은 성종 17년(1486) 진사시에 입격하였고, 중종 11년(1516) 문과에 올라 벼슬이 예조정랑에 이르렀다.

3) 이오(李瑢, 1559~1626)

자는 중화(仲和)이고, 호는 동명(東溟)이다. 공은 자라면서 재덕(才德)이 남달라 예경(禮敬)에 밝고 문장이 뛰어났다. 어렸을 때 양양 개흥사(開興寺)에서 공부할 때 요괴를 부리는 큰 뱀을 없앴다. 그날 밤 꿈에 한 노인이 나타나서 공에게 감사하다고 하면서 "나는 본래 이 산의 신령인데 요사스러운 뱀에게 쫓겨 자리를 잃은 지 오래 되었다오. 공이 오늘 그 뱀을 죽였으니 장차 크게 될 것으로 믿소" 하였다.[43] 공은 나이 50이 되어도 과거에 한 번도 오르지 못했는데, 선조 33년(1600)에 마침내 문과별시에 급제하여 동왕 36년(1603)에 사헌부 감찰을 거쳐 이듬해 형조 좌랑을 역임하였으며, 그 후 강원도사, 성균관 전적(典籍), 옹진현령(甕津縣令), 광양현감, 홍문관 교리를 역임

---

43 『임영지』, 志怪條.

하였다. 광해군 9년(1617)에 평창군수로 있을 때 선치(善治)로써 통정대부에 승직하고, 인조 원년(1623)에 태안군수로 있다가 벼슬을 그만두고 귀향하였다. 인조 2년(1624)에 석천서원을 창건하여 율곡선생을 봉안하고 후진을 양성함에 경비 부담을 내 일같이 하였다. 68세로 세상을 떠났으며, 묘소는 주문진 용소 임좌원에 있다. 이오와 그의 아들 상험(尙驗)과 상빈(尙馪)은 모두 문장으로 세상을 울렸다. 사람들이 소노천(蘇老泉)[44] 삼부자에 비교하여 그 산 이름을 미산(眉山)이라 하고 그 계곡을 소리곡[蘇李谷]이라 하니 후일 마을 이름이 '소리곡[聲谷]'이 되었다. 오늘날 교1동 솔올마을의 명칭은 '소리곡'에서 유래하였다고 한다.

4) 이상복(李尙復, 1577~1657)

자는 공원(公遠), 호는 위옹(渭翁)이다. 공은 용모가 단정하고 성품이 타에 모범을 보였을 뿐 아니라 조상을 위해 사당집 3칸과 제기고를 별도로 지어 금속으로 다듬고 분장하여 조상숭배의 도(道)를 높였다. 그리하여 지금까지도 "이주부집 사당치장"이란 말이 전해오고 있다. 인조 때 선무랑(宣務郎) 군자감 주부(軍資監主簿)를 거쳐 조봉대부(朝奉大夫) 사재감 첨정(司宰監僉正)을 지냈다.

5) 이상필(李尙馝, 1581~1641)

자는 문보(文甫), 호는 일희정(日希亭)이다. 선조 39년(1606) 생원시에 입격하였고, 인조 5년(1627)에 김지안(金志顔)과 함께 쌀 100여 석을 모집하여 경강(京江)으로 운송하여 납속하니 6품 실직을 받았다. 병자호란(인조 14, 1636) 때 강릉에서 의병을 조직하여 스스로 주장(主將)을 맡아 경기도 양근

---

44 중국 송나라 때 문장가 소순(蘇洵)의 호이다. 소식, 소철과 함께 삼부자가 당송팔대가(唐宋八人家)에 들었다.

땅에 도착하니, 임금은 이미 청나라에 항복한 후였다. 나중에 이 사실이 조정에 알려져 사헌부 감찰에 제수되었고, 후에 인제현감으로 자리를 옮겨 봉직하였다. 인조 2년(1624)에 전 공조참의 김몽호(金夢虎) 등과 함께 율곡 선생을 배향한 석천묘(石川廟) 창건을 추진하여 강원감사 윤안성(尹安性)과 강릉부사 강주(姜紬)의 협조를 얻어 6년간의 공정으로 인조 8년(1630)에 완공하였다. 석천묘 건립 당시의 위치는 구정면 학산리 왕현(王峴)이었다. 석천묘는 효종 3년(1652)에 강원감사 김익희(金益熙)와 강릉부사 이만영(李晩榮)의 협조를 얻어 현재의 위치인 구정면 언별리로 이건되면서 그 명칭이 '송담서원'으로 개칭되었다. 노년에 고향으로 돌아와 경포호 서쪽에 정자 일희정(日希亭)을 짓고 후진양성에 힘쓰다 여생을 마감하였다.

6) 이상험(李尙馦, 1581~1659)

조선 중기의 문신으로 선조 39년(1606) 진사시에 입격하였고, 광해군 7년(1615) 식년시 병과 1위에 급제하여 벼슬이 병조참의에 이르렀다. 인조 23년(1645) 8월에 강백년(姜栢年)이 강릉부사로 있을 때 전 직장(直長) 김충각(金忠慤)과 함께 건의하여 향현사를 세워 처음으로 제사를 올렸다. 말년에는 향호 남쪽에 강정(江亭)이라는 정자를 지어놓고 주위를 산책하였다.

7) 이상빈(李尙馪, 1584~?)

자는 문숙(聞叔), 호는 미로(帽老)이다. 선조 38년(1605) 진사시에 입격하고 광해군 7년(1615) 식년시에서 장원 급제하였다. 대동찰방(大同察訪)으로 있을 때 서도별시(西道別試) 고시관(考試官)으로 참여하였는데, 이때 같이 참여한 고시관이 시제(詩題)를 여러 번 고치면서 결정을 내리지 못하자 공이 말하기를 "지금 눈에 보이는 것은 모두 시제를 내 놓을 수 있다"고 하면서 잠시 눈을 가리며 생각하다 곧 들고 있던 부채를 제시하니 좌중이 모두 칭찬하였으며, 뒤에 더욱 문명(文名)이 높았다. 또 도사(都事)가 되었을 때 마침 연경(燕京)으로 떠나는 사신 일행을 만났는데 감사와 수령이 선사포(宣沙浦)에서 송별연을 베풀고 있었다. 이 자리에서는 운자를 부르며 시를 짓는데 조건은 첫 구는 반드시 고인의 싯구를 인용하되 결구(結句) 또한 마찬가지라 하였다. 공이 먼저 짓기를 "천하에 마음 아파하는 곳은, 선사포 나루에서 그대를 보냄일세. 연경까지 바닷길 몇 만리더뇨, 계절은 어느덧 가을인 것을. 한 무리 기러기떼 삼포로 날고, 새벽녘 시냇물 소리 누각을 울리네. 이 같은 때 서로가 작별을 하니, 어이해 수심에 잠기지 않으리"라고 하니 좌중에 있던 사람들이 모두 붓을 놓았다.

8) 이당(李堂)·이민(李鰵) 형제

이양무의 후손이며 상겸의 증손으로 어려서부터 효성이 지극하였다. 천성이 지극히 효성스러워 어린아이 때부터 지성으로 부모를 섬겼다. 어머니의 병이 위독하자 형 당(堂)은 하늘에 호소하며 손가락을 끊었고, 아우 민(鰵)은 겨우 15세였으나 몰래 자신의 넓적다리를 베어 피를 내어 입에 흘려 넣어서 어머니의 병을 갑자기 소생하게 하였다. 다시 위독하여 끝내 구할 수 없는 지경에 이르자 형 당은 피눈물을 흘리며 음식을 끊고 어머니를 따라 죽었다.

아우 민은 아버지의 병이 위독하자 한겨울에 언 얼음을 깨고 목욕재계 후 밤낮으로 7일 동안 울면서 하늘에 기도하였다. 손가락을 깨물어 뼈가 드러나도록 피를 내어 아버지의 입에 흘려 넣어드렸더니 아버지의 병이 또한 소생하였다. 그러나 다시 병이 심해져 아버지가 세상을 떠나자 공은 상(喪)을 당한지 열흘 남짓 만에 끝내 숨지고 말았다.

부모를 극진히 섬기는 효심에서 나온 이들 형제의 이같은 행위에 대해 모두들 슬퍼하였다고 한다. 숙종 32년(1706) 조정에서 정려(旌閭)를 내렸다.

9) 이목(李睦)

이양무의 후손이며 상험의 증손으로 성품이 효성스러워 어머니가 병이 나자 자신의 손가락을 끊어 그 피를 흘려 넣어 어머니를 소생시켰다. 아버지가 중풍으로 오래 고생하자 의관을 풀지 않고 밤낮으로 간호하기를 조금도 게을리 하지 않았다.

10) 이진석(李震錫)

일희정(日希亭) 상필(尙毖)의 8세손으로 고종 29년(1892) 무과에 올라 3년 동안 궐내를 지켰다. 부호군 겸오위장(副護軍兼五衛將)을 지냈다.

제2절 동족마을의 형성과 공동체 모임

1. 영해이씨의 강릉 입향

영해이씨의 강릉 입향조는 이연동의 증손인 이장밀(李長密)이다. 고려 말 봉익대부(奉翊大夫) 호부전서(戶部典書)를 지냈는데, 고려의 국운이 다하자 불사이군(不事二君)의 대의(大義)를 지켜야 한다는 신념으로 처가가 있는 강릉으로 퇴거(退居)하였다. 부인은 강릉최씨 호장(戶長) 하(河)의 딸이다. 영해이씨의 주요 세거지는 강릉시 사천면 산대월리, 초당동, 강동면 상시동리, 주문진읍 용소골이다.

2. 동족마을의 지역개관

1) 사천면 산대월리

사천면 동남단에 위치하고 있는 산대월리(山帶月里)는 달이 뜬 저녁에 산에 올라가 보면 산이 높지 않고 밋밋하여 달이 산을 허리띠로 둘러맨 것처럼 보인다고 하여 붙여진 이름이다. 본래 강릉군 하남면 지역이었으나 1914년 사천면에 편입되고, 1916년 새바우, 수우동, 순포, 지재가 합쳐져 산대월리가 되었다. 산대월리는 해안선을 끼고 있으며, 송림과 잘 어우러져 있다. 주요지명으로는 순포동·수끝·지재 등이 있다.

2) 강동면 상시동리

시동은 강릉시 강동면에 위치한 마을 이름으로서 현재 행정구역으로는 상시동, 하시동으로 구분되어 있다. 시동은 원래 사동(寺洞)이라 칭하였으나 인조 17년(1639) 진사에 오른 박수량의 현손 박진해가 강동면 안인동에 살다가 이곳으로 이사오면서, 그 지명이 절을 상상케 한다고 하여 절 사(寺)에 말씀 언(言)을 붙여 시동(詩洞)으로 부르게 되었다고 한다.

3) 주문진읍 용소골

용소(龍沼)골은 거물이[巨文洞] 앞 동쪽에 있는 주문진읍 주문11리 마을이다. 용소는 옛날에 뱀이 용이 되어 하늘로 승천하는 순간 그것을 본 사람이 "용을 보았다"고 하지 않고 "뱀이 하늘로 올라간다"고 외치는 바람에 용이 하늘로 올라가지 못하고 소(沼)에 떨어졌다고 하여 이름 붙여진 것이라 전한다. 또 제주솔은 영해이씨의 조상이 용소를 메우고 제주도에서 가져온 솔씨를 심어 소나무를 키웠다는 뜻이 담겨 있다. '제주솔과 용소골'은 영해이씨와 관련하여 전승되는 이야기이다.

이 일대는 영해이씨 문중의 토지로서 선대의 묘소가 많은 지역이다. 지금의 노승사가 있는 부근이 소였으며, 철길이 있던 곳까지 배가 들어왔었다. 360년 전쯤 선산 앞이 허함을 막기 위해 배로 바닷가 모래를 실어 날라 용소를 메웠고, 영해이씨 11세손 상험(尙馦)이 진주목사로 부임하였다가 임기를 마치고 고향으로 돌아오는 길에 제주도에 들려 솔 세그루를 가지고 와서 조산(造山) 위에 심었다. 그때 심은 나무는 모두 노송이 되어 말라죽고 다시 새 솔이 나고 자라서 지금까지 방축 가운데 자생하고 있다. 용소 가운데 있는 소나무를 '제주솔'이라 부르며, 이것을 기념하기 위하여 영해이씨 후손이 1933년에 비석을 세웠다.

3. 동제(洞祭)

1) 사천면 산대월리

산대월리에는 지현, 산대월리 5반, 수우동에 각 한 곳씩 3개의 서낭당이 있다. 지현 서낭당은 산대월리 2반, 산대월리 5반의 서낭당은 산대월리 5반, 수우동 서낭당은 산대월리 7반에 각각 위치해 있다.

지현 서낭당의 당집은 목조건물에 함석지붕을 얹었다. 산대월리 5반 서낭당의 당집은 벽돌건물에 함석지붕을 얹었다. 수우동 서낭당의 당집은 1998년 3월 29일 산불 화재로 소실되었다.

지현의 제의는 고청제(告請祭)라고 하며 성황지신(城隍之神)·토지지신(土地之神)·여역지신(癘疫之神)을 모신다. 제당은 산대월리 2반 야산 기슭에 서낭목과 함께 있다. 제의는 음력 정월 초정일에 지내며 제물은 유사(有司)가 준비한다. 각위(各位)마다 따로 진설(陳設)하며 육고기는 생으로 올린다. 유교식으로 지내며 제의가 끝나면 소지(燒紙)한다.

산대월리 5반의 제의도 고청제라고 하며 성황지신·토지지신·여역지신을 모신다. 제당은 산대월리 5반 마을 뒷산 기슭에 있다. 기존의 당집과 서낭 숲은 1998년 3월 29일 산불 화재로 소실되었다. 제의는 음력 정월 초정일과 음력 9월 초정일에 지낸다. 제물은 유사(有司)가 준비하며 각위마다 따로 진설한다. 유교식으로 지내며 제의가 끝나면 소지한다.

수우동의 제의도 고청제라고 하며 성황지신·토지지신·여역지신을 모신다. 제의는 음력 9월 정일에 지내며 제물은 유사가 준비한다. 각위마다 따로 진설하며 육고기는 생으로 올린다. 유교식으로 지내며 제의가 끝나면 소지한다.

2) 강동면 상시동리

강동면 상시동리에는 서당골과 골말에 2개의 서낭당이 있다. 서당골 서낭당은 상시동1리 산60번지, 골말 서낭당은 상시동2리 4반 산277-2번지에 각각 위치해 있다.

서당골 서낭당은 당집이 없으며 돌을 쌓아 제단을 마련했다. 골말 서낭당은 소나무 숲에 담장을 쌓아 당집을 만들었다. 각 서낭당은 음력 정월 초에 제의를 행하고 있다.

서당골 서낭당은 성황제라고 하며 산신지신(山神之神)·토지지신(土地之神)·여역지신(癘疫之神)을 모신다. 제당(祭堂)은 마을을 지나는 7번국도 좌측 논 가운데 위치한다. 서낭목이 작은 숲을 이루고 있다. 제물은 유사(有司)가 준비하며, 각위(各位)마다 따로 진설(陳設)하고, 육고기는 생으로 올린다. 제차는 유교식 제의이고, 제의가 끝나면 소지(燒紙)한다.

골말 서낭당도 성황제라고 하며 성황지신(城隍之神)·토지지신(土地之神)·여역지신(癘疫之神)을 모신다. 제당(祭堂)은 상시동2리 고속도로 가까운 산기슭에 위치한다. 지붕은 없으며 콘크리트로 제단을 만들고 비석 형태의 화강석으로 만든 3신위의 위패가 있다. 제물은 유사(有司)가 준비하며, 각위(各位)마다 따로 진설(陳設)하고, 육고기는 생으로 올린다. 제차는 유교식

제의이고, 제의가 끝나면 소지한다.

3) 주문진읍 용소골

주문진읍에는 주문1리, 서낭당마을, 거문동마을에 각 한 곳씩 3개의 서낭당이 있다. 이 가운데 용소골과 관계있는 서낭당은 거문동마을 서낭당이다.

거문동마을의 제의는 고청제(告請祭)라고 하며 산신지신(山神之神)·토지지신·여역지신을 모신다. 제당은 주문진 10리 4반, 거문다리에서 우측에 위치한 최선두 씨 댁 뒤쪽에 있다. 소나무 10여 그루가 서낭목이다. 당집 정면은 벽이 없으며 내부에 제단을 설치하였다. 천정 상량문에 성황당(城隍堂)이라고 쓰여 있다. 또한 이 당집은 1966년 3월에 건립하였다고 적혀 있다. 제의는 음력 정월 초정일(初丁日)에 지내며 제물로는 주·과·포·혜 등의 일반적 제례음식을 준비한다. 제례는 마을 남자 어른들 중심이며 부녀자는 참석하지 못한다. 제물은 유사(有司)가 준비한다. 이 마을의 제의는 대동제의 성격이 강하다.

4. 결사체

1) 거문동의 금송계

금송계(禁松契)는 마을이나 친족의 공유산림을 보호하거나 선산(先山)을 지키기 위하여 조직된 계이다. '송계(松契)'·'산계(山契)'·'산리계(山里契)'라고도 한다. 전통사회의 연료는 거의 전적으로 나무에 의존했으므로 자연히 마을 주위의 산림은 연료채취대상이 될 수밖에 없었다. 따라서 마을 주위의 산림은 공동이용의 대상이었고, 공동이용자들이 산림의 훼손을 막고 스스로를 상호규제하기 위하여 금송계가 필요하였다. 이 계가 언제 만들어졌는지 알 수는 없지만, 도지를 준 기록이 1930년대에 있는 것으로 보아 그 이전에 만들어졌을 것으로 추정한다.

재원 마련은 마을 공동 소유의 전답을 통하여 충당한다. 마을 공동 소유의 임야가 5필지(2필지는 묘지), 전(田)이 1필지, 답(畓)이 2필지가 있다. 임야 2필지는 마을 공동묘지로 사용하고 있다. 이 묘지를 이용하려면 사용대금으로 마을에 쌀 3가마[石]를 내면 된다. 추후 쌍분으로 조성할 시는 추가로 1가마를 더 낸다. 그 외 전답 등을 통하여 도지를 주어 재원을 확보한다. 오늘날 금송계라는 명칭 대신에 산림계라는 명칭을 쓰고 있다. 그 명칭이 변경된 것은 20년 전 설증범 회장이 취임하면서부터였다.

제3절 문화유적(祠宇, 齋舍)

1. 영해이씨 2세6효지려(寧海李氏 二世六孝之閭)

영해이씨 후손들은 이성무·이선무·이춘무·이양무 4형제와 이당·이민 형제의 효행을 기리기 위해 효자각을 세웠는데, 그 안에는 이성무 4형제와 이당 2형제의 비문 6기가 나란히 세워져 있다. 그리고 이성무 4형제의 행적을 적은 「사효행적(四孝行蹟)」과 효자각 중수 사실을 적은 「사효행적중수기(四孝行蹟重修記)」, 이당·이민 형제의 효행을 기록한 「이효행적(二孝行蹟)」이 있다. 1926년에 게판한 「사효행적」은 가로 98.5cm×세로 36.5cm이고, 「사효행적중수기」는 가로 59cm×세로 37cm이다. 「이효행적」은 1926년에 후손 이석규(李錫圭)가 썼는데, 가로 41cm×세로 36cm이다.

2. 일희정(日希亭)

이 정자는 병자호란 때 의병장으로 활약한 이상필이 지었다. 공은 인제현감으로 봉직하다가 노년에 고향으로 돌아와 인조 18년(1640) 경포호 서쪽(현 사천면 순포)에 정자를 짓고 후진양성에 힘쓰다 여생을 마감하였다. 1919년 5월 3일에 영해이씨 후손들이 현 위치인 사천면 산대월리로 옮겨지었다. 팔작 기와지붕이며 전면 2칸, 측면 1칸으로 사방이 탁 트였다.

제4절 고서 및 고문서

1. 둔산유고(遯山遺稿)

강릉 출신의 유학자 이석하(李錫夏, 1845~1922)의 시문집이다. 석하의 자는 내범(乃範), 호는 둔산(遯山)이다. 『둔산유고』는 이석하의 손자인 이헌빈(李憲彬) 등이 중심이 되어 1938년에 석판인쇄로 출판하였는데, 전체 2권으로 되어 있다.

서문은 1925년 둔산의 친우인 최영훈(崔永勳)이 썼다. 권1에는 시 114편, 권2에는 서(書)·잡저·서(序)·기(記)·발(跋)·상량문·고축(告祝)·제문·행장·묘표·부록으로 되어 있다.

시는 경포대·보현사·오봉서원·일희정에 대한 것이 있다. 잡저는 「송담서재 중건전말」, 「오원서원 유지설단전말」, 「용연 호송문」, 「유천회암영당향사의」, 「선조 눌재선생 단향의」, 「우복선생 권학비각 중수통문」 등이 있고, 기는 「일희정기」가 있으며, 발문은 「가장(家藏) 사임당 필적발」 등이 있다. 그 외에 「송담재 상량문」, 「강릉 향현사 중건상량문」, 「오봉서원 단향축문」, 「회암영당 상향축문」, 「오봉서원 신단개수고유문」, 「칠봉 함선생위 고유문」 등과 부록으로 시·서·만사·제문·행장 등이 실려 있다.

강릉 향현사 중건과 관련하여 김윤경·박원동(1873~1949)의 「상둔산 이장(上遯山李丈)」이 있고, 만사는 박증석·최영훈·조성환·정채화 등이 썼다. 이석하의 행장은 송와(松窩) 배진환(裵縉煥)이, 「충효재기」는 항와(恒窩) 유중악(柳重岳)이 썼고, 발문은 이석명이 썼다. 이석하가 금계(錦溪) 이근원(李根元), 항와 유중악, 경헌(敬軒) 최영훈(崔永勳) 등과 교류하였음을 엿볼 수 있다.

둔산 이석하의 문집에는 강릉의 오봉서원, 송담서원, 향현사 중건, 회암영당 등과 관련된 저자의 활동내용이 실려 있어 강릉 유림의 면모를 엿볼 수 있다.

2. 동명집(東溟集)

동명 이오(李璈, 1559~1626)의 시문집이다. 모두 2권인데, 제1권은 한시와 부록으로 구성되어 있다. 한시는 5언절구 11수, 5언율시 25수, 7언절구 63수, 7언율시 64수 등 모두 163수가 전해진다. 부록은 석주 권필이 써 보낸 글 1편, 김몽호가 지은 만사 2편, 관찰사 정광성이 써준 글 1편, 이지완이 써준 증별시 1편, 작자 미상 1편, 유몽인이 쓴 기문 1편 등 7편이 수록되어 있다. 제2권은 전(箋) 10편, 책(策) 1편, 장문(狀文) 1편, 제문(祭文) 3편, 비명(碑銘) 2편, 통문(通文) 2편 등으로 구성되어 있다.

제5절 영해이씨 족보

영해이씨 최초의 족보는 영조 27년(1751)에 간행한 『신미보(辛未譜)』이다. 그간 간행한 족보를 살펴보면 다음과 같다.

족보명	권수	발간 연대	비고
신미보 (辛未譜)		영조 27년(1751)	이난석(李鸞錫) 편찬
갑오보 (甲午譜)		순조 34년(1834)	이면주(李冕周)·이훈채(李薰采) 편찬
을사보 (乙巳譜)		1905년	
정축보 (丁丑譜)	3	1937년	이석명(李錫明) 편찬
병오보 (丙午譜)	2	1966년	이석량(李錫亮) 편찬
임술보 (壬戌譜)	1	1982년	이석명(李錫明) 편찬

우계이씨(羽溪李氏)

제1절 우계이씨의 세계와 주요 인물

1. 우계이씨의 세계

우계이씨는 우계의 토성(土姓) 가운데 하나이다. 우계는 삼국시대에 우곡현(羽谷縣) 또는 옥당현(玉堂縣)이었는데, 신라 경덕왕 때 우계로 고쳐 삼척군의 속현(屬縣)으로 하였다. 현종 9년(1018) 강릉에 이속되었고, 조선 세조 때 강릉대도호부에 진관(鎭管)이 설치되면서 우계면으로 직촌(直村)이 되었다. 1914년 행정구역 개편 때 옥천(玉泉)과 합쳐져 옥계면(玉溪面)으로 되었으며, 1995년에 강릉시와 명주군이 통합되어 강릉시가 되었다.

우계이씨는 경주이씨에서 분적(分籍)한 성씨이다. 경주이씨의 시조는 박혁거세 탄생설화에 나오는 신라의 6촌 가운데 알천 양산촌(閼川 楊山村)의 촌장이었던 표암공(瓢岩公) 알평(謁平)이다. 『삼국사기』에 의하면 유리왕 9년(서기 32)에 왕이 다른 다섯 촌장과 함께 사성(賜姓)할 때 그에게 이씨 성을 하사하였다고 한다. 그러나 그 후의 세계(世系)가 전해지지 않아 후손들은 경주이씨 36세손인 소판공(蘇判公) 거명(居明)의 13세손인 양식(陽植)을 우계이씨의 시조로 한다.

우계이씨 세계도

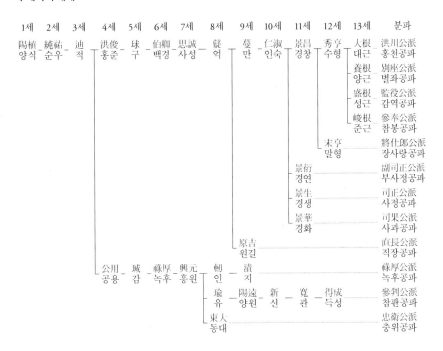

1세	2세	3세	4세	5세	6세	7세	8세	9세	10세	11세	12세	13세	분파
陽植 양식	純祐 순우	迪 적	洪俊 홍준	球 구	伯卿 백경	思誠 사성	嶷 억	蔓 만	仁淑 인숙	景昌 경창	秀亨 수형	人根 대근	洪川公派 홍천공파
												養根 양근	別座公派 별좌공파
												盛根 성근	監役公派 감역공파
												峻根 준근	參奉公派 참봉공파
											末亨 말형		將仕郎公派 장사랑공파
										景衍 경연			副司正公派 부사정공파
										景生 경생			司正公派 사정공파
										景華 경화			司果公派 사과공파
								原吉 원길					直長公派 직장공파
			公用 공용	城 감	祿厚 녹후	興元 흥원	軔 인	漬 지					祿厚公派 녹후공파
							瑜 유	陽遠 양원	新 신	寬 관	得成 득성		參判公派 참판공파
							東大 동대						忠衛公派 충위공파

시조 양식은 고려 인종 17년(1139) 문과에 급제하여 중서사인(中書舍人)을 거쳐 좌복야(左僕射)에 올랐다. 『고려명신록(高麗名臣錄)』에 의하면, 그의 고매하고 강직한 기상은 강상(綱常)의 도(道)를 다하여 조야(朝野)에 칭송(稱頌)이 자자하였다고 한다. 공은 만년에 동해를 굽어보는 송악산(松嶽山) 아래 우계에 입향하여 이곳을 관향으로 삼아 분적(分籍)하였다. 그러나 사전(史傳)에는 2세 금성군(錦城君) 순우(純祐) 혹은 5세 예빈경 구(球)가 시조로 기록되어 있는 경우도 있는데, 옛부터 대를 이에 내려오는 계보로 보나 정착지를 본관으로 삼은 연대로 미루어 보건대 시조는 양식이 분명하다고 하겠다.

2세 순우(純祐, ?~1196)는 고려 명종 때의 문관으로 초명은 청(請)이며 자(字)는 발지(拔之)이다. 어려서부터 문장에 능하였으며, 의종 17년(1163)

문과에 장원으로 급제, 충주사록(忠州司錄)을 거쳐 명종 16년(1186)에 공역승(供驛丞) 겸 직한림원(直翰林院)으로 있을 때, 왕명을 받아 유창(乳瘡)으로 고생하는 왕태후(恭睿太后任氏)를 위해 기도문을 지었다. 그중 "종기는 어머니의 젖에 났으나, 아픔은 짐의 마음에 있다[瘡生母乳 痛在朕心]"라는 글귀에 왕이 감격하였다. 그로부터 총애를 받아 중서사인(中書舍人), 지제고(知制誥), 국자좨주(國子祭酒), 한림학사(翰林學士)를 역임한 뒤 태자빈객(太子賓客), 보문각 대제학(寶文閣大提學)을 거쳐 국자대사성(國子大司成)에 올라 금성군(錦城君)에 봉해졌다. 명종 26년(1196) 최충헌 형제가 이의민을 죽이고 그의 남은 무리를 제거할 때 이순우는 상장군 강제(康濟)·문득려(文得呂), 승선(承宣) 문적(文迪)·최광유(崔光裕) 등 35인과 함께 인은관(仁恩館)에 갇혔다가 곧 살해되었다.

3세 적(迪)은 부친 순우의 화로 인해 옥계호장(玉溪戶長) 벼슬을 버리고 우계현 북쪽 20리에 있는 해령산(海靈山)의 등명사에서 10년간 은거하였다는 기록이 『대동보』에 실려 있다. 공의 선영지(先塋地)에는 공을 비롯한 선조(先朝)의 묘가 있었으나, 고려 무신집권기 때 노비의 반란으로 인해 비석과 석물이 수장(水葬) 훼손되고 종가(宗家)가 우계를 떠나 지금의 영주시 도촌리(桃村里) 사제(沙堤)로 이거(移居)하였다.

5세 구(球, 1265~?)는 충렬왕 8년(1283) 원(元)나라에 들어가 18세에 진사시에 급제하여 환국(還國)한 후 고려 조정에 중용(重用)되어 예빈경(禮賓卿)에 이르렀다. 그는 특히 시문(詩文)에 능하였는데, 지금도 삼척 죽서루(竹西樓) 게판(揭板)에 세칭(世稱) 관동이군자시(關東二君子詩)의 소요시(逍遙詩)가 전해진다. 당시 동료인 심동노(沈東老)·최복하(崔卜河)와 더불어 소요시(逍遙詩)가 있다. 「증심사인동로(贈沈舍人東老)」라는 시에 이르기를 "삼척의 관루는 바로 죽서루인데, 그 다락 가운데의 아름다운 손님은 심중서(沈中書)이네. 지금과 같이 백발(白髮)인데도 시주(詩酒)에 능해서 한가한 날 나를 위해 이

풍류의 자리를 베풀었노라[三陟官樓是竹西 樓中佳客沈中書 而今白首能詩 酒 暇日相遊爲設余]"라고 하였다. 또 「증최사간복하(贈崔司諫卜河)」라는 시 에 이르기를 "봉지(鳳池)에서 일보는 사간(司諫) 그대는 한가로이 신선이 노 는 뗏목 배에 누어있는데 일찍이 창랑(滄浪)에서 들려오는 어부가(漁夫歌)의 뜻을 알겠노라[鳳池司諫臥仙槎 早和滄浪漁父歌 爲說鹽梅時所急 天廚鼎味 待君和]"라 하였다.

6세 녹후(祿厚)는 충숙왕 10년(1323) 문과에 장원 급제하여 벼슬이 판전리사사(判典理司事) 대사헌(大司憲) 문하시중(門下侍中) 평장사(平章事) 를 지냈으며, 품질(品秩)이 정1품인 삼중대광(三重大匡)에 올라 옥천부원군 (玉泉府院君)에 봉해졌다. 공은 옥천부원군파의 파조이다. 묘소는 강릉시 우 계 송악산 동쪽 기슭에 연봉(連封)으로 있었다는 기록이 전하나 실전(失傳) 되었다.

8세 억(嶷)은 중추원서(中樞院使) 사성(思誠)의 아들로 호는 퇴은(退 隱)이고 자는 신지(信之)이다. 종파(宗派)의 중시조로 고려 공민왕 때 문과(文 科)에 급제하여 여러 관직을 거친 다음 유장(儒將)으로서 강계원수(江界元帥) 에 재임 중 우왕 14년(1388) 5월에 요동정벌 때 홍인계(洪仁桂)와 더불어 선봉 으로 요동을 정벌하여 적군을 격멸하여 큰 공을 세웠다. 그 후 재차 요동정 벌에 나섰을 때 이성계가 위화도에서 회군한 후 조선왕조를 개국하고 공에 게 도평의사사(都評議使事)의 높은 벼슬을 제수(除授)하였으나 불사이군(不 事二君)의 굳은 절의(節義)로 소백산 아래 순흥(順興, 현 영주시)으로 거처를 옮기고 은거(隱居)하였다. 태조 이성계가 여러 차례 소명(召命)하였으나 불응 하자 교지를 내려 전토(田土)와 노비를 하사하였다. 공은 종파의 파조이다. 묘소는 경북 영주시 단산면 병산리(젖돌마을)에 있다.

12세 득성(得成)은 문종 원년(1451) 문과에 급제하여 벼슬이 정언(正 言)에 이르렀으나 단종 폐위(廢位)에 분개하여 벼슬을 버리고 삼척군 근덕면

교가(交柯)에 은거하였다. 묘소는 근덕면 부남리 건치산 남쪽 기슭에 있다.

12세 수형(秀亨)은 17세 때 음보(蔭補)로서 평시서령(平市署令)으로 출사(出仕)하여 벼슬이 통훈대부(通訓大夫)에 이르렀으나 단종임금이 수양에게 양위를 하자 벼슬을 버리고 낙향하였는데, 그때 그의 나이는 21세였다. 동료와 더불어 원주 치악산 바위에 충절을 맹세하고 관직을 버리고 영주 도촌(桃村)에 은거하였다. 세조는 왕위에 오르기 전에 공과 교분이 두터웠던 사이라 여러 번 음식을 하사(下賜)하고 힘껏 기용(起用)하려 하였으나 벼슬길에 나아가지 않았다 한다. 공은 은거하면서 공북헌(拱北軒)을 세우고 공수북향(拱手北向, 영월을 향하여 팔장을 끼고 엎드림) 충거애국(忠居愛國)하다가 단종이 승하함에 따라 성복애모(成服哀慕)하였다. 사후(死後)에 사림(士林)에서 도계서원(道溪書院)에 금성대군(錦城大君)을 주벽(主壁)으로 순흥부사 이보흠(李甫欽), 수형(秀亨), 여빈(汝馪)을 배향하여 왔으나 대원군의 서원철폐정책에 의해 지금은 도계서원 건물만 남아 있다. 철종 9년(1858)에 승정원 좌승지(承政院左承旨)와 고종 때 가선대부(嘉善大夫) 이조참판(吏曹參判) 겸 오위도총부 부총관(五衛都摠府副摠官)에 추서(追敍)되었다.

16세 여빈(汝馪)은 선조 24년(1591) 진사시에 입격했고 선조 39년(1606) 문과에 급제하였으나 광해군의 어지러운 조정에서 벼슬하는데 뜻이 없었다. 전은소(全恩疏)를 지어올리고 관문외(關門外)에서 복합(伏閤)한 지 3일이 되었으나 임금의 뜻을 돌리지 못하자 감곡(鑑谷)으로 퇴거(退去)하여 인수정(因樹亭)을 짓고 시문(詩文)으로 소일하니 학덕(學德)이 높고 유집(遺集)이 많았다.

우계이씨는 종파(宗派)와 계파인 녹후파(祿厚派)로 분류된다. 종파의 파조는 8세 원수공(元帥公) 억(嶷)이다. 중파로는 종파(홍천공파), 별좌공파, 감역공파, 참봉공파, 장사랑공파, 부사과공파, 사정공파, 사과공파, 직장공파로 분류되고, 그 아래 소파(小派)가 있다.

우계이씨 종파 가계도

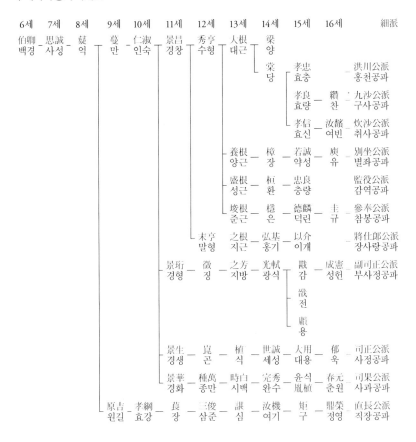

6세	7세	8세	9세	10세	11세	12세	13세	14세	15세	16세	細派
伯卿 백경	思誠 사성	嶷 억	蔓 만	仁淑 인숙	景昌 경창	秀亨 수형	人根 대근	梁 양			
								棠 당	孝忠 효충		洪川公派 홍천공파
									孝良 효량	鑽 찬	九沙公派 구사공파
									孝信 효신	汝馪 여빈	炊沙公派 취사공파
							養根 양근	樟 장	若誠 약성	庾 유	別坐公派 별좌공파
							盛根 성근	桓 환	忠良 충량		監役公派 감역공파
							埈根 준근	檼 은	德麟 덕린	圭 규	參奉公派 참봉공파
						末亨 말형	之根 지근	弘基 홍기	以介 이개		將仕郎公派 장사랑공파
					景珩 경형	徵 징	之方 지방	光軾 광식	戡 감	成憲 성헌	副司正公派 부사정공파
									戩 전		
									胤 용		
					景生 경생	崑 곤	植 식	世誠 세성	人用 대용	郁 욱	司正公派 사정공파
					景華 경화	種萬 종만	時白 시백	完秀 완수	胤植 윤식	春元 춘원	司果公派 사과공파
			原吉 원길	孝綱 효강	葭 장	三俊 삼준	諶 심	汝機 여기	矩 구	鼎榮 정영	直長公派 직장공파

    계파의 파조는 6세 녹후(祿厚)이다. 중파로는 찬성공파(贊成公派), 참
판공파(參判公派), 충의공파(忠衛公派)로 분류되고, 각 중파 아래에 소파(小派)
가 있다.

    우계이씨는 고려후기에 사족(士族)과 이족(李族)을 구비하였는데,
의종(毅宗)조에 장원급제하여 대사성(大司成)을 역임하다가 최충헌에게 피
살된 이순우(李純佑)는 전자에 해당되고「장인숙호구단자(張仁淑戶口單子)」
에 나오는 장인숙의 처가는 후자에 해당된다. 우계이씨는 조선 중기 이후 많은 명장(名將)을 배출했으며, 을묘왜변·임진왜란 때 국가에 많은 무공(武功)을 세웠다.

2. 주요 인물

1) 이수형(李秀亨, 1435~1528)

조선 중기의 충신으로 자는 영보(英甫)이고, 호는 도촌(桃村)이다. 이억(李嶷)의 현손으로, 아버지는 군자감주부(軍資監主簿) 이경창(李景昌)이다. 21세 때 단종이 세조에게 양위를 하자, 평시서령(平市署令) 관직에서 물러나 경상북도 영천에 있는 도촌(桃村)으로 내려갔는데, 낙향한 지 2년도 되기 전에 성삼문·박팽년 등 여섯 명이 죽음을 당하였다. 그러자 원호(元昊)·조려(趙旅)와 함께 치악산에 올라 단종에 대한 충성을 맹세한 글을 썼다. 게다가 세조는 예전의 친분이 있음을 내세우며 관찰사를 통해 음식물을 자주 내려 주었으나 뜻을 굽히지 않고 보내온 음식을 모두 거절하였다. 은거한 후에도 평생 단종을 경모하려는 마음가짐으로 공북헌(拱北軒)을 짓고 단종이 유배된 강원도 영월(寧越)을 향해 인사를 드렸으며, 단종이 죽은 후에는 상복을 입고 애도하였다. 철종 9년(1858) 승정원좌승지(承鄭院左承旨)에 추증되었으며, 고종 때는 가선대부(嘉善大夫) 이조참판(吏曹參判) 겸 오위도총부부총관(兼五衛都摠府副摠官)에 추서되었다. 묘는 경상북도 순흥(順興)에 있다.

2) 이득성(李得成, 1429~1519)

녹후(錄厚)의 5세손 관(寬)의 아들로 호는 동은(東隱)이다. 문종 원년(1451) 문과에 급제하여 정언(正言)을 역임하였다. 수양대군이 단종을 폐위하자 이에 분개하여 벼슬을 버리고 척주(陟州) 남쪽 교가(交柯; 지금의 삼척군 근덕면 교가리)에 우거(寓居)하였다. 중종 14년(1519)에 91세로 세상을 떠나니, 가선대부(嘉善大夫) 이조참판(吏曹參判)에 증직되었다. 묘는 삼척시 부남리에 있다.

3) 이지방(李之芳, 1466~1537)

조선 중기의 무신으로 경연(景衍)의 손자이다. 연산군 2년(1496)에 무사 장정(張珽)·이원종(李元宗) 등과 함께 서정장수(西征將帥)에 임명된 뒤, 종성·회령의 부사, 의주목사 등을 지내고, 중종 11년(1516)에 경상좌도수군절도사가 되었다. 이듬해 왕비 윤씨(尹氏)의 책봉에 대한 주청사가 명나라에 파견될 때, 동지중추부사(同知中樞府事)로서 정조사가 되어 명나라에 다녀왔다. 중종 19년(1524)에 평안도병마절도사로 재직할 때에 삼둔(三屯)의 야인을 구축할 것을 건의하였으나, 오히려 대간과 의금부에서 탄핵되어 파직당하였다. 이듬해 병으로 돌아온 것이 밝혀지자 풀려나온 뒤 중종 26년(1531)에 충청도병마절도사로 임명되었으나 병으로 부임하지 못하였다.

4) 이광식(李光軾, 1493~1563)

조선 중기의 무신으로 지방(之芳)의 아들이다. 일찍이 무재에 능하여 중종 11년(1516) 무과에 급제하고 이듬해 권관, 중종 17년(1522)에 병조좌랑을 거쳐 중종 18년(1523)에 사어(射御)로 승진하였다. 중종 20년(1525)에 군기시 첨정이 되고, 이듬해 변방수비가 급하다는 보고로 종성부사에 보임되었다. 이해에 부친 지방이 명나라 황후의 붕(崩)으로 진향사가 되어 가던 도중, 발병하여 되돌아왔다가 유배되자 부인 이씨가 시부(媤父)의 병이 위중함과 병구완을 할 사람이 가까이 없음을 들어 이배(移配)를 청하는 상언(上言)을 올렸다. 중종 23년(1527)에 군기시 부정에 보임되었다가 30삭을 채우지 못하고 승진했다는 논박을 듣고 사직하였다. 그해 김해부사로 나갔다가 변방수비가 급하다는 대간의 청으로 갑산부사, 중종 24년(1528)에 다시 종성부사로 근무하며 변방의 야인들을 격퇴하였다.

　　중종 26년(1530)에 함경도 변장들이 변방의 야인들을 함부로 죽였다가 이에 불만을 품은 야인들이 삼둔을 노략하여 변장들을 추고한 후 친히 야인소굴로 들어가 야인들을 위문하여 다시는 노략질을 못하도록 하였다. 중종 28년(1532)에 가선대부로 가자(加資)되었다가 여주목사로 보임하였으나 변방이 급하다는 간원의 청으로 다시 종성부사로 보임되었다. 중종 31년에 동지 송숙근과 함께 좌우위대장에 각각 보임되어 행군을 하였으나 농번기 행군 미숙으로 추고받고 풀려났다. 중종 33년에 성주목사가 되었으나 공을 시기하던 사헌부관리에게 용렬하다는 탄핵을 받았으나 왕이 듣지 않았다. 동년 동지중추부사를 거쳐 중종 38년에 평안도병마절도사로 출보되었다. 명년 변방의 달적이 군영에 쳐들어와 변장들을 살해하자 왕에게 장계(狀啓)를 올려 변방수비를 강화시킬 것을 청하였으나 받아들여지지 않으니, 그해 말 무기개수의 상소를 올리고 직접 달적을 토벌하고 돌아왔다.

　　명종 원년(1546)에 병조참판이 되었으며, 명종 2년에 동지중추부사, 상호군과 비변사당상이 되었다. 비변사당상으로 논의에 참석하여 세조의 신주(神主) 철거 및 인종묘를 문소전으로 옮기는 것을 논하였다. 명종 3년에 다시 평안도 병마절도사가 되고, 동지중추부사, 한성부좌윤을 거쳐 명종 4년에 특진관으로 보임되었다. 명종 5년에 행장례원판결사, 비변사당상이 되었고, 이듬해에 병조참판, 호군이 되었으며, 명종 8년에 한성부우윤, 동지중추부사, 병조참판이 되었다. 명종 9년에 동지중추부사를 거쳐 명종 10년에 왕명으로 전라도병마절도사에 임명되어 사은숙배하고 부임하였다.

　　전라도병마절도사로 있을 때 해안을 침략한 왜적이 변방을 지키는 장수를 살해하고 이어 10여 진(鎭)을 함락시켜 군무(軍務)가 위급했으나, 일을 잘 처리하여 병란을 평정하였다. 명종 12년에 경상도관찰사를 거쳐 다시 병조참판이 되었다. 『명종실록』에는 "공은 지략이 뛰어나며 집안이 엄숙하고 몸가짐이 맑고 검소하게 생활하였다" 한다. 명종 18년(1555)에 71세의 나아로 별세하였다. 사후(死後)에 자헌대부 병조판서 겸 지의금부사에 추증되었다.

5) 이감(李戡, 1516~1583)

조선 중기의 문신으로 광식(光軾)의 아들이다. 중종 38년(1543) 생원시에 입격하였고 그해 식년문과에 을과로 급제하였다. 명종 즉위년(1545) 예문관봉교로 있으면서 중국에 보내는 자문(咨文)의 글씨를 잘 써서 칭찬을 들었으며, 이어 정언이 되어 윤원형(尹元衡)·윤춘년(尹春年)과 결탁, 사류를 공격하는 데 가담하였다. 이어 사헌부·홍문관의 요직을 두루 거쳤으며, 특히 무재를 인정받아 명종 7년(1552) 함경도순변사 이준경(李浚慶)의 종사관(從事官)에 임명되기도 하였고, 종성부사로 변경수비를 맡기도 하였다. 명종 13년에는 성절사로 중국에 다녀오기도 하였으며 승지·경상도관찰사 등을 역임하였다. 그뒤 윤원형을 견제하기 위한 목적으로 이량(李樑)이 중용되어 국정을 전단하자 시세에 좇아 그의 심복이 되었다. 이량의 후원하에 병조참판·도승지·형조참판 등 요직을 두루 거쳐 명종 18년 대사헌에 기용되었다. 이때 이량의 사주로 이문형(李文馨)·허엽(許曄)·기대승(奇大升)·윤근수(尹根秀) 등 당시 명망 있던 사림을 탄핵하여 밖으로 내쫓으면서 다시한번 사림에게 대대적인 타격을 가하려 하였다. 그러나 이를 막으려는 심의겸(沈義謙)의 노력으로 도리어 홍문관부제학 기대항(奇大恒)에 의하여 탄핵받아 함경도 경원으로 유배되었다. 명종 말엽 윤원형세력이 몰락하고 사림들이 득세하자 양사 및 홍문관에서 여러 차례 죄를 주자고 주장하였으나 왕의 중재로 무마되었다. 그뒤 선조 14년(1581) 천재가 심하여 대사면이 단행되자 방면되었다.

6) 이전(李戩, 1517~?)

　　조선 중기의 무신으로 이감의 아우이다. 이전은 중종 34년(1539) 무과에 급제하여 호조정랑, 경흥부사, 사도시첨정, 동부승지, 좌부승지 겸 경연관, 공조참판, 북병사, 회령부사, 전라병사, 경상우병사, 경상좌병사, 평안도병마사, 훈련원도정 겸 오위도총부 부총관, 포도대장, 수성대장, 경연특진관, 비변사당상, 군기시제조 등을 지냈으며, 임란 중에는 수성좌위장, 수성대장, 검찰부사, 유도대장 등을 역임하였다. 명종조에 오랫동안 승지로 있었으며, 사람을 대하는 태도가 매우 자상하여 사람들이 무사(武士)로 보지 않았다. 젊어서 북문 호위를 세 번하였고, 서쪽 변방에 두 번 있을 때 북방도적들이 모두 두려워하였다. 나이 80세에 임진왜란을 만나 선조임금을 서북으로 호종(扈從)한 공으로 중추부사(中樞府事)에 이르렀으며, 숭정대부 의정부좌찬성이 증직되었다.

7) 이용(李戫, 1533~1591)

　　조선 중기의 무신으로 이감의 아우이다. 명종 5년(1550) 무과에 급제하였고, 선조 때 함경도 방어사와 병마절도사를 역임하고 동지중추부사에 이르렀다. 청백·엄정하여 아전과 주민들이 모두 두려워하면서도 따랐다. 조·부·손 3세에 걸쳐 네 사람이 모두 북문진(北門鎭)으로 위엄과 덕이 있었기 때문에 오랑캐들이 그의 이름을 알고 있었다.

8) 이성헌(李成憲, 1534~1601)

　　감(戡)의 장남으로 명종 15년(1506) 별시 문과에 병과로 급제, 교리(敎理)와 주서찰방전적(主書察訪典籍)을 지냈다.

9) 이복남(李福男, 1555~1597)

조선 중기 무신으로 이전의 손자이다. 선조 21년(1588) 무과에 급제하여 선조 25년(1592)에 나주판관(羅州判官)이 되고, 선조 26년(1593)에 전라방어사·충청조방장(忠淸助防將), 선조 27년(1594)에 남원부사·전라도병마절도사, 선조 28년(1594)에 나주목사 등을 역임하였다. 그 후 선조 임금이 이복남(李福男)에 대해 어떤 사람인가를 도원수(都元帥) 권율(權慄)에게 물으니 "공은 장수의 후예로 연소(年少)하고 용력(勇力)이 있는데다 문필(文筆)도 갖추었으며 일찍이 나주판관(羅州判官)이 되어 청백(淸白)함으로 이름이 났습니다"라고 아뢰자, 비변사에서 이복남이 나주판관이 되어 극히 청렴하여 백성이 애모(愛慕)하는 치적(治績)을 들어 천거하니 왕이 전라병마절도사(全羅兵馬節度使)에 임명하였다. 선조 30년(1597) 정유재란 때 병사 500명을 인솔하여 명나라 총병(總兵) 양원(楊元)이 지키던 남원성 전투에 참전하였다. 당시 적병의 기세가 워낙 강해 성은 함락되고 군마 3천을 거느렸던 양원은 겨우 몸만 달아나고 복남과 군사는 전사하였다. 싸움이 끝나자 왜군은 우리 군사의 시체를 몰아 길가에 묻고 표목(標木)에 '조조선국충간의담(弔朝鮮國忠肝義膽)'이라 써놓고 금산으로 퇴각하였다. 후에 숭정대부(崇政大府) 의정부 좌찬성(議政府左贊成) 겸 판의금부사(判義禁府使)에 추증되었으며 남원 충렬사에 제향되었다. 시호는 충장(忠壯)이다. 정유재란 때 공의 셋째아들 경보(慶甫)는 7세의 어린나이로 왜군에게 일본으로 잡혀갔다. 일본에 거주하는 장주이가(長州李家)는 경보의 후손들이다. 장주이씨의 세보(世譜)에는 경보가 일본 이름인 리노이에 모또히로(李家元宥)가 1세로 되어있다. 일본에 사는 경보의 후손들이 뿌리를 찾아와 대동보에 해외 편으로 합보하였다.

10) 이서우(李瑞雨, 1633~1709)

조선 후기의 문신으로 자는 윤보(潤甫), 호는 송곡(松谷)이다. 효종 2

년(1651) 생원시에 입격하고 현종 원년(1660) 성균관유생으로 증광문과에 갑과로 급제하였다. 숙종 원년(1675) 문장(文章)에 재주가 있다 하여 허목(許穆)의 추천을 받았다. 같은 해에 정언이 되어 인조반정 이후 대북가문 출신으로는 처음으로 청직(淸職)에 올랐다. 서인 송시열(宋時烈)의 예론과 그것을 따르는 김수항(金壽恒)을 공격하였으며, 7월에 대신을 공격하는 이수경(李壽慶)을 두호하다 파직당하였다. 숙종 2년(1676)에 서장관으로 청나라에 다녀왔다. 남인으로 생활하다 숙종 6년(1680) 경신환국 때 서인의 공격을 받아 유배당하였으나 숙종 15년(1689)에 기사환국으로 남인이 정권을 잡자 병조참의로 등용되었다. 그뒤 김수항 등 서인을 공격하였으며, 인현왕후(仁顯王后) 축출 때 승지로 있으면서 숙종의 뜻을 받들었다. 숙종 17년(1691)에 함경도관찰사로 나갔다가 인삼에 대한 행정처리 잘못으로 삭직당하였다. 이듬해 목내선(睦來善)에 의하여 문장으로 천거받아 예문관제학이 되었으며, 그 이듬해 황해도관찰사로 나아갔다. 숙종 20년(1694)에 갑술환국이 일어나자 삭출당하였다가 숙종 23년(1697)에 풀려났다. 그해 남인을 등용하는 정책을 펴던 최석정(崔錫鼎)에 의하여 청백함을 인정받아 서용하라는 명령이 임금으로부터 내려졌으나 현직에 나아가지는 못하였다. 시문(詩文)과 글씨에 뛰어났으며, 『송파유집(松坡遺集)』20권과 문수사(文殊寺) 풍담대사비(楓潭大師碑)의 전액(篆額)이 유필(遺筆)로 남아 있다.

제2절 동족마을의 형성과 공동체 모임

1. 동족마을의 지역개관

우계이씨의 집성촌은 시조공의 발상지인 옥계면 낙풍리(樂豊里)에 형성되어 있었으나, 현재는 대부분 도심지로 떠나 집성촌으로 보기 어렵다. 영동지방에는 녹훈공의 중파인 참판공파와 충위공파가 살고 있다. 참판공파의 파조는 12세 득성(得成)이다. 후손들의 세거지를 따라 소파(小派)로 지산공파, 계산공파로 구분된다. 지산공파는 경북 울진과 강원도 원덕·삼척지방에 집성촌을 이루고 있고, 계산공파는 삼척시 근덕면 교가리와 동해시에 집성촌을 이루고 있다.

충위공파의 파조는 8세 동대(東大)이다. 후손들의 세거지를 따라 소파(小派)로 통덕랑공파, 신동공파, 만산공파, 가산공파, 이로파로 구분된다. 통덕랑공파는 삼척시 원덕면에 집성촌을 이루고 있다. 신동공파는 정선군 신동읍과 영월군 하동면, 강릉시, 경북 울진, 서울 등지에 산거(散居)하고 있다. 만산공파는 삼척시 근덕면과 울진·태백 등지에 산거하고 있다. 가산공파는 삼척시 도계읍 고무릉에 집성촌을 이루고, 동해시 만우, 삼척시 근덕면 교가리, 정선군 임계 등지에 산거하고 있다. 이로파는 동해시 신흥리를 세거지로 살았으나 현재는 제천시 화산동, 정선군 임계면, 강릉시 등지에 산거하고 있다.

1) 옥계면 낙풍리

강릉의 남부에 위치한 옥계면은 전 지역이 동해사면에 해당되면서도 산지가 대부분의 면적을 차지하고 있다. 낙풍리는 대창역에 딸린 낙풍역이 있어 생긴 이름이다. 낙풍을 역촌 또는 낙풍이라 하다가 1914년 양지쪽에 있는 양짓말, 음지쪽에 있는 응달말을 합해 낙풍리라 했다.

낙풍리는 앞쪽으로 낙풍천이 흐르고 그 주위로 넓은 들이 펼쳐져 있으며, 뒤로는 산줄기가 길게 이어진 남향 마을이다. 마을 앞으로 흐르는 낙풍천은 덕우리재와 검정밭골에서 흘러오는데 덕우리재와 검정밭은 마을 서쪽에 높이 솟은 만덕봉 밑에 있다. 만덕봉에서 두 줄기의 물이 내려오면서 한 줄기는 강동면 임곡리와 경계를 이루며 덕우리재 되고, 또 다른 줄기는 검정밭골로 이어졌다.

2. 동제(洞祭)

1) 옥계면 낙풍리

옥계면 낙풍리에는 1리와 2리에 각 한 곳씩 2개의 서낭당이 있다. 낙풍1리에는 솟대를 세워 서낭제와 함께 제를 올린다. 낙풍1리 서낭당은 낙풍1리 2반, 낙풍2리 서낭당은 낙풍2리 3반에 각각 위치해 있다.

낙풍1리 서낭당의 당집은 목조건물에 팔작 기와지붕을 얹었으며 낙풍2리 서낭당의 당집은 목조건물에 기와지붕을 얹었다.

낙풍1리의 제의는 성황제(城隍祭)라고 하며 성황지신(城隍之神)·토지지신(土地之神)·여역지신(癘疫之神)을 모신다. 제당은 7번국도에서 낙풍리 쪽으로 진입하다 보면 좌측 길가에 서낭목들과 함께 있는데, 1992년에 신축하였다. 제의는 음력 정월 대보름에 지낸다. 낙풍1리 5개 반 주민이 참여하며 제물은 유사(有司)가 준비하며 합위(合位)로 진설(陳設)한다. 유교식으로 지내며 제의가 끝나면 소지(燒紙)한다. 서낭제가 끝나면 낙풍리 입구에 세워진 철로 만든 솟대에서도 제를 올린다.

낙풍2리의 제의도 성황제라고 하며 성황지신·토지지신·여역지신을 모신다. 제당은 낙풍2리 좌측 논 가운데 위치하며 담장을 쳤다. 제의는 음력 정월 대보름에 지낸다. 도가를 지정하여 제물을 준비하며 합위로 진설한다. 유교식으로 지내며 제의가 끝나면 소지한다.

제3절 문화유적(祠宇, 齋舍)

1. 추모재(追慕齋)

강릉시 옥계면 현내리 1158-1번지에 있는 이 재실은 우계이씨 중앙 화수회 소유로 1982년 9월 1일 건립하였다. 이 재실은 우계이씨 시조인 양식(陽植)을 모신 곳이다. 양식은 강릉의 속현인 우계현(지금의 옥계)을 본관으로 삼고 분적(分籍)하였으나 그 후 조상들의 묘가 멸실되었다. 이에 최근 후손들이 뜻을 모아 시조의 발상지인 옥계 선영지(先靈地)에 사당(祠堂)과 경모비(敬慕碑)를 세우고 위패(位牌)를 모셔 제향을 올리고 있다.

제향인물은 우계이씨 시조 양식(陽植), 2세 순우(純祐), 3세 적(迪), 4세 홍준(洪俊)·공용(公用), 5세 구(球)·감(瑊), 6세 백경(伯卿)·녹후(祿厚), 7세 사성(思誠)·흥원(興元), 8세 인(軔)·유(瑜)·동대(東大) 등을 모시고 있다.

현재 이 재실의 운영은 위토에서 나오는 수입과 자손들의 성금으로 충당하고 있다. 제향일은 매년 양력 5월 1일이다. 건물은 15평 규모의 목조와즙 사당 1채와 30평 규모의 목조와즙 재사 1채가 있다.

홀기(笏記)

●獻官以下參祀者門外序立○諸執事先詣外位○謁者引初獻官點視陳設○執事開櫝○謁者及
●현관이하참사자문외서립○제집사선예외위○알자인초헌관점시진설○집사개독○알자급
贊引各引獻官就外位○贊引引祝官及諸執事人先就拜位○再拜○鞠躬拜○興○拜○興平身○贊
찬인각인헌관취외위○찬인인관축급제집사입선취배위○재배○국궁배○흥○배○흥평신○찬
引引祝官及諸執事詣盥洗位○盥手○各就位○謁者及贊引各引獻官人就拜位○鞠躬拜○興○
인인축관급제집사예관세위○관수○각취위○알자급찬인각인헌관입취배위○국궁배○흥○
拜○興平身●行降神禮○謁者引初獻官詣盥洗位○盥手○引詣神位前○跪○三上香○執事跪

배○홍평신●행강신례○알자인초헌관예관세위○관수○인예신위전○궤○삼상향○집사궤

獻官之右○取降神盞盤以授獻官○執事斟酒○獻官左右執盤右手執盞○三除于茅沙上之盡○

헌관지우○취강신잔반이수헌관○집사짐주○헌관좌우집반우수집잔○삼제우모사상지진○

以盞盤授○執事受以案于故處○獻官俛伏興○再拜○鞠躬拜○興○拜○興平身○引降復位●

이잔반수○집사수이안우고처○헌관면복흥○재배○국궁배○흥○배○홍평신○인강복위●

行參神禮○獻官及諸參祀者皆神再拜○婦女子四拜○鞠躬拜○興○拜○興平身●行初獻禮○

행참신례○헌관급제참사자개신재배○부녀자사배○국궁배○흥○배○홍평신●행초헌례○

謁者引初獻官引詣神位前○跪○左右執事亦跪○獻官之左右○左右執事取盞盤○取執酒各盞

알자인초헌관인예신위전○궤○좌우집사역궤○헌관지좌우○좌우집사취잔반○취집주각잔

○斟酒于盞○執事以授獻官○獻官受之以授左右執事○執事受而奠于神位前○左右執事詣神

○짐주우잔○집사이수헌관○헌관수지이수좌우집사○집사수이전우신위전○좌우집사예신

位前○啓飯盖置于其南○讀祝○祝官跪于獻官之左東向○參祀者皆跪○讀祝讀訖○獻官俛伏

위전○계반개치우기남○독축○축관궤우헌관지좌동향○참사자개궤○독축독흘○헌관면복

興○少退再拜○參祀皆平身○獻官及祝官引降復位○左右執事撤退酌●行亞獻禮○贊引引亞

흥○소퇴재배○참사개평신○헌관급축관인강복위○좌우집사철퇴작●행아헌례○찬인인아

獻官○引詣盥洗位○盥手○引詣神位前○跪○左右執事○執注各盞斟酒○執事以授獻官○獻

헌관○인예관세위○관수○인예신위전○궤○좌우집사○집주각잔짐주○집사이수헌관○헌

官以受之以授執事○奠于神位前○獻官俛伏興○少退再拜○平身○左右執事撤退酌●行終獻

관이수지이수집사○전우신위전○헌관면복흥○소퇴재배○평신○좌우집사철퇴작●행종헌

禮○贊引引終獻官○引詣盥洗位○盥手○引詣神位前○跪○左右執事○執注各盞斟酒○執事

례○찬인인종헌관○인예관세위○관수○인예신위전○궤○좌우집사○집주각잔짐주○집사

以授獻官○獻官受之執盞○三除于茅沙上少傾○以授左右執事○執事受而奠于神位前○獻官

이수헌관○헌관수지집잔○삼제우모사상소경○이수좌우집사○집사수이전우신위전○헌관

俛伏興○少退再拜○平身○引降復位●行侑食禮○贊引引初獻官○引詣神位前○跪○左右執事

면복흥○소퇴재배○평신○인강복위●행유식례○찬인인초헌관○인예신위전○궤○좌우집사

取酒注○進于神位前○三斟酒各位.盞盤俱滿○訖酒注返于故處○左右執事挿匙飯中○西柄正

취주주○진우신위전○삼짐주각위잔반구만○흘주주반우고처○좌우집사삽시반중○서병정

筋○獻官俛伏興○少退再拜○引降復位●行闔門○獻官以行闔門○獻官及參祀者皆俯伏肅俟

근○헌관면복흥○소퇴재배○인강복위●행합문○헌관이행합문○헌관급참사자개부복숙사

○九食頃(約三分間)●行啓門○祝官詣門前○三聲噫歆○啓門○左右執事撤羹○奠于熟水分

○구식경(약 3분 간)●행계문○축관예문전○삼성희흠○계문○좌우집사철갱○전우숙수분

進于各位前撤羹處○撤匙置于熟水楪中○獻官及諸參祀者鞠躬少頃肅俟○祝官三聲噫歆○在

진우각위전철갱처○철시치우숙수접중○헌관급제참사자국궁소경숙사○축관삼성희흠○재

位者皆興○平身●行辭神禮○左右執事詣神位前○先下匙筋次合飯蓋○獻官及參祀者皆辭神

위자개흥○평신●행사신례○좌우집사예신위전○선하시저차합반개○헌관급참사자개사신

再拜○婦女子四拜○興平身○祝官取祝版○降西階○焚祝○執禮謁者贊者贊引諸執事就拜位

재배○부녀자사배○흥평신○축관취축판○강서계○분축○집례알자찬자찬인제집사취배위

○皆再拜○平身○諸執事詣神位前○闔櫝○撤退酌○撤饌○禮畢

○개재배○평신○제집사예신위전○합독○철퇴작○철찬○예필

축문(祝文)

維歲次干支 三月己卯朔 二十五日癸卯 二十九世孫 洪善 敢昭告于

유세차정축 3월기묘삭 25일 계묘 29세손 홍선이

顯始祖考 興祿大夫 中書舍人 左僕射府君

현시조고 홍록대부 중서사인 좌복야부군

顯始祖妣 貞夫人 朴氏

현시조비 정부인 박씨에게 고하나이다.

伏以爲 冠列祖萬世之崇節 屆孟夏 精禋是奉 宗支有序 東西攸同 飯餠脯果庶品 式陳敬薦以

생각하건대 뛰어난 열조만세의 숭절을 초여름에 이르러 정결한 제사를 이곳에서 받들고자

종중들이 동서에서 다모여 반병포과(飯餠脯果)와 여러 제물을 경건히 제사를 올립니다.

以下省略

이하 생략

제4절 관련 자료

1. 고(故) 전라도 병마절도사(全羅道兵馬節度使) 증 병조판서(贈兵曹判書) 이공(李公)의 뇌사(誄辭) 병인(并引)[45]

만력(萬曆)[46] 25년(1597) 8월 16일에 왜적(倭賊)이 남원(南原)을 함락하자 명(明)나라 부총병(副總兵) 양원(楊元)은 포위망을 뚫고 본국(本國)으로 달아났는데, 전라도 병마절도사 이공 복남(李公福男)은 순사하였다. 조정에서 그의 충절(忠節)을 가상하게 여겨 병조 판서에 추증하여 포상하니 이는 예(禮)이다.

공은 우계인(羽溪人)으로 전조(前朝)의 명장 이억(李嶷)의 후손이다. 고조(高祖) 이지방(李之芳), 증조 이광식(李光植), 조부 이전(李戩)은 모두 나라의 간성(干城)이었다. 공은 어려서부터 비분 강개하는 큰 뜻이 있었다. 처음에는 글을 배웠는데 마음에 내키지 않아 그만두고 손오(孫吳)의 병법(兵法)을 배워 그 대의를 통하였고, 평생 나라를 위해 몸바칠 것을 다짐하였었다. 그리고 장순(張巡)·악비(岳飛)·문천상(文天祥)[47]의 전기를 읽을 적마다 반드시 책을 덮고 눈물을 흘리곤 하였다.

---

45 『성소부부고』제15권, 文部12 誄.

46 명(明)나라 신종(神宗)의 연호. 1573년부터 1620년까지이다.

47 장순은 당(唐)나라 때의 충신(忠臣). 현종(玄宗) 때 안녹산(安祿山)이 반란을 일으키자, 그는 진원 현령(眞源縣令)으로 상관의 항복 명령을 거부하고 의병(義兵)을 일으켜 전공(戰功)을 세웠고, 덕종(德宗) 2년에는 허원(許遠)과 함께 수양성(睢陽城)을 지키다가 진사하였다. 악비(岳飛)는 남송(南宋)의 충신으로 일찍이 금군(金軍)을 격파하여 공을 세웠고, 뒤에 금(金)나라와의 화의(和義)가 일어나 이에 반대하다가 진회(秦檜)의 참소로 인하여 옥중(獄中)에서 살해당하였다. 문천상은 역시 남송 말기의 충신으로 원병(元兵)이 쳐들어 왔을 때 포로가 되었으나 굴하지 않고, 정기가(正氣歌)를 지어서 자신의 충절(忠節)을 보이고 살해당하였다.

시문(詩文)을 지으면 나는 듯한 기략(氣略)이 있었지만 그런 것 짓기를 탐탁찮게 여겼다. 남을 대해서 고금(古今)의 흥망 성패를 담론하는 대목은 시원스러워서 들을 만하였으므로 남들이 다 기이하게 여겼다.

무과(武科)에 급제하여 선전관(宣傳官)을 거쳐 금성 통판(錦城通判)이 되었는데, 관리 노릇을 하면서 매우 꼿꼿하여 남에게 아첨하지 않았으므로, 사람들이 몹시 좋게 여겼다. 임진란(壬辰亂)을 당하여 날마다 군마[戎翰]를 훈련시키어 죽을 힘을 다하여 여러 번 적을 베고 기를 베어 바치니, 그 공으로 붉은 비단옷을 하사받았다. 그리고 인하여 목사(牧使)로 승진하였는데, 그 다스림이 엄정하고 밝고 인자하고 관대하여 교화(敎化)가 크게 이루어졌었다.

공은 전쟁이 그치지 않은 때문에 완력 있고 용감한 사람으로, 투석(投石)[48] 잘하고, 발거(拔距)[49] 잘하고, 활 잘 쏘는 자들을 특별히 모아 5백 인을 얻었다. 그리하여 이들을 막하(幕下)에 예속시켜 번갈아 숙직시켰다. 그리고 밤낮으로 같이 기거하면서 맛있는 음식을 안 먹고, 적은 것도 나누어 먹으면서 충의(忠義)로 격동시키니, 사람들이 다 감격 분발하여 나라 위해 죽을 뜻이 있었다. 마침내 무기를 잡고 호남의 방패가 되어 적을 막으니, 국가에서는 장성같이 의지하게 되었다.

양원(楊元)이 남원(南原)에 있을 때, 대적(大賊) 가등청정(加藤淸正)이 수만의 군대로 호남·영남을 집어 삼키려 함에 미쳐, 그 세력은 마치 우레가 진동하듯 바다를 휘말듯 하였다. 그런데 양원은 두렵고 겁나는 외로운 성에 의지하여 있었다. 이때 진우충(陳愚衷)·장유성(張維城)은 다 함께 군대(軍隊)를 억누르고 있는 채 감히 구원하지를 못했었다. 그러자 양원이 공에게 격문(檄文)을 보내어 구원해 주기를 청하였다. 이때 공은 해상(海上)에서 섬진(蟾津)을 방어하여 석만(石蠻)·행장(行長) 두 적을 막으려 하던 차였다. 이에 격문을 받고는 곧 떠나려면서 군리(軍吏)를 불러 군사들을 모아 놓고 이르기를, "적은 많고 응원은 끊어졌으니, 성의 함락은 기정사실이다. 나는 나라의 중은(重恩)을 입었으니, 가만히 앉아서 보기만 하고 안 갈 수는 없다. 이제

---

48 돌을 멀리 던져서 사람을 맞히는 것. 즉 전장(戰場)에서 쓸 수 있는 하나의 무예(武藝)이다.

49 여러 사람이 연좌(連坐)하여 땅에 꼭 붙어 있는 것을 완력으로 빼내는 유희(遊戲). 일설(一說)에는 물건을 뛰어 넘는 것을 말하기도 하는데, 이 역시 무예의 일종이다.

수천 명의 군사로 그 많은 적을 당해내기란 마치 큰 용광로에 기러기 털[鴻毛]을 사르기와 같아, 형편상 요행이 없을 것은 뻔한 일이다. 그러나 장부가 위급한 때를 당하여 신명을 바치는데 있어 죽음을 사양할 수 없다. 오늘은 내가 죽는 날이다. 그러나 제군(諸君)은 부질없이 함께 죽을 것은 없다. 가고 싶은 자는 가도 되나, 남고 싶은 자는 머물러 있거라." 하자, 장사(將士)들이 모두 울면서, "공을 따라 죽고 싶습니다." 하였다. 이에 정예한 군졸 5백 명을 가려서 남원으로 달려가니, 적이 이미 포위하였다. 공이 영을 내려 '군졸들은 조금도 동요하지 말라. 후퇴하는 자는 반드시 베리라.' 하고는 어관진(魚貫陣)을 만들어 죽 늘어서서 징을 치고 함성을 지르면서 북을 치고 진격하니, 적이 보고 놀래어 말하기를, "조선에도 인물이 있구나." 하고는 빨리 길을 열어 주었다. 그러자 공이 고삐를 잡고 천천히 포위망 안으로 들어가니, 성 안의 사람들은 그 두려움 없는 늠름한 표정을 믿음직하게 여겨 환성이 우레 같았다.

양원(楊元)이 공의 손을 잡고 절하며 말하기를, "이제 모두 강병(彊兵)을 거느리고도 둘러앉아 있을 뿐 구원하지 않는 형편인데, 절도사는 고군(孤軍)으로 달려왔으니, 어찌 남조(南朝)의 유일한 이 시랑(李侍郎)[50]이 아니겠소." 하고, 등을 쓰다듬으며 울었다.

공이 이에 군사들을 독려, 바윗돌과 통나무, 그리고 무기 등을 운반하게 하여 남성(南城)을 지키면서 온종일 혈전(血戰)을 하였는데, 적이 육박하여 올라오려고 하면 이내 물리치곤 하여 적을 수없이 죽이니, 마침내 적이 가까이 오지 못하였다. 이튿날 성동(城東)이 무너지자, 공은 남원부(南原府) 청사(廳舍)의 대청으로 달려들어가 의자에 앉아서 꼼짝도 하지 않았다. 양원(楊元)이 부하를 시켜 함께 도망치자고 권유하자, 공이 칼을 만지면서 꾸짖기를, "나는 맹세코 이 성과 생사를 같이 할 것이다. 어찌 한갓 삶을 탐내겠는가." 하니, 곁에서 모두 감히 권하지 못했다. 조금 있다가 군졸을 시켜 섶을 가져다가 둘러싸고 불을 지르게 하니, 바람을 타고 불길

---

50 남제(南齊) 때의 장군(將軍) 이안민(李安民)을 가리킨다. 일찍이 진안왕(晉安王) 자훈(子勛)이 배반하자, 명제(明帝)가 이안민에게 무위장군(武衛將軍)을 제수하여 그를 토벌하도록 하니, 그는 여러 곳에서 승첩을 거두었다. 또 장군 장흥세(張興世)가 전계(錢溪)에 웅거해 있으면서 군량은 다 떨어지고 적(賊)은 곧 뒤쫓아 와서 매우 위험하게 되었는데, 이때 이안민이 배[舟]에다 군량 수백 석을 싣고 적경(賊境) 5성(城)을 넘어서 장흥세에게 군량을 보내 주었으며, 이어 진군(進軍)하여 적을 크게 격파하는 등 많은 공을 세웠다.

이 매섭게 퍼지는데, 공은 그 불길 속에 우뚝히 앉아 있으므로, 적이 보고는 무릎을 치면서 탄복 칭찬하였다. 공이 마침내 의(義)로 죽었으므로, 호남(湖南) 사람들이 지금도 그 일을 말하면 눈물을 흘린다.

군자(君子)는 듣고 말하였다. 변함없이 지키는 것은 충(忠)이요, 죽을 줄 알고도 과감하게 가는 것은 지(智)요, 조용히 의(義)로 나아가는 것은 용(勇)이다. 오직 충과 지와 용 가운데 그중 하나만을 달성하는 것도 혹 어렵게 여기는데, 더구나 세 가지를 겸하여 행한 사람이겠는가. …(생략)…

제5절 우계이씨 족보간행

우계이씨 최초의 족보는 인조 15년(1637)에 간행한 『숭정보(崇禎譜)』이다. 이를 효시로 하여 영조 16년(1740)에 『경신보(庚申譜)』, 영조 46년(1770)에 『경인보(庚寅譜)』, 순조 2년(1802)에 『임술보(壬戌譜)』, 헌종 9년(1843)에 『계묘보(癸卯譜)』, 고종 4년(1867)에 『정묘보(丁卯譜)』, 광무 4년(1900)에 『경자보(庚子譜)』, 1919년에 『기미보(己未譜)』 등의 보첩(譜牒)이 간행되었다. 그러나 이들 족보는 거개(擧皆)가 파보(派譜)에 지나지 않아 겨우 근친간 혈연의 명맥만을 유지하고 있을 뿐이어서 파보의 집대성이 요구되는 시점에서 1980년에 이르러 동족화합의 터전인 대종화수회의 발족을 보게 되었고, 이를 계기로 하여 각 파를 초월한 동족(同族)이 총규합하여 1984년에 마침내 대동보(大同譜)인 『갑자보(甲子譜)』를 간행하기에 이르렀고, 1998년에 『무인보(戊寅譜)』(3권)을 간행하였다.

우계이씨 강릉파보는 1915년에 간행된 『을묘보』, 1964년에 간행된 『갑진보』, 2005년에 간행된 『을유보』가 있다.

평창이씨(平昌李氏)

제1절 평창이씨의 세계와 주요 인물

1. 평창이씨의 세계

평창이씨는 평창의 토성(土姓) 가운데 하나이다. 평창은 본래 고구려의 욱오현(郁烏縣: 일명 于烏縣)이었는데 신라 영역이 되어 경순왕 때 백오현(白烏縣)이라 개칭하여 내성군(奈城郡: 영월군)의 영현(領縣)으로 삼았다. 고려 초에 지금의 이름인 평창현으로 이름을 개칭되었으며, 현종 9년(1018)에 원주의 속현으로 병합되었다가 충렬왕 25년(1299)에 현령(縣令)을 두었다. 그 후 우왕 13년(1387)에 왕이 신임하는 내시 이신(李信)의 내향(內鄕)이므로 지군사(知郡事)로 승격시켰다가 후에 다시 현으로 환원되었다. 별호는 노산(魯山)이다. 태조 원년(1392)에 태조 이성계의 고조부인 목조(穆祖)의 비 효경왕후 이씨의 고향이라 하여 평창군으로 승격되어 조선시대 동안 유지되었다.

평창이씨의 시조는 두 가지 설이 있다. 하나는 고려 명종 때 태사(太師)를 역임하고 광록대부(光祿大夫)로 추밀원부사(樞密院副使)에 올라 백오군(白烏君)에 봉해졌던 이광(李匡)을 시조로 여기는 설과 이광의 8대조이며 고려 개국공신이자 경주이씨의 시조인 알평의 40세손인 이윤장(李潤長)을 시조로 여기는 설이 있다.

평창이씨 족보는 영조 16년(1740)에 창보(創譜)된 이후 1919년『기미보(己未譜)』에 이르기까지 7차에 걸쳐 한결같이 이광(1125~1182)을 시조로 하였다. 그런데 1900년『경자보(庚子譜)』를 간행하면서 선계록(先系錄)을 작성하여 시조 이광이 경주이씨의 1세조 거명(居明)의 증손인 윤장(潤張)의 8세손이라 하고 경주이씨에서 분적(分籍)했다고 하였다. 그러나 이를 단지 참고 자료로 삼게 했을 뿐 시조는 이광으로 했는데, 후일 일부에서 시조를 윤장으로 바꾸어 족보를 간행하였다. 이로 인해 종론(宗論)이 귀일(歸一)되지 않고 의견이 분분하자, 1983년 양파 대표가 여러 차례의 회의를 거쳐『기미보』와 같이 선계록은 그대로 두고 이광을 시조로 통일하였다.

이광은 의종 때 추밀원부사(樞密院副使) 동북면도순문사(東北面都巡問使) 평장사(平章事)를 거쳐 명종 때 광록대부(光祿大夫) 태사(太師)에 이르렀고 백오군(白烏君)에 봉해졌다. 백오는 평창의 옛 이름이다.

이광의 8세손 천기(天驥)는 고려 공민왕 때 문과(文科)에 급제하여 벼슬이 산기상시(散騎常侍)에 이르렀으나 고려가 망하고 조선이 개국되자 불사이군(不事二君)의 충절로 벼슬을 버리고 아들 륙(稑)·갈(秸)·과(科)와 함께 장단(長湍)에 내려가 절의를 지켰다. 이에 태조 이성계가 그의 충절을 가상히 여겨 평창군(平昌君)에 봉했다. 그리하여 후손들이 이광을 시조로 하고 천기를 중시조로 하여 평창을 본관으로 삼아 세계(世系)를 이어왔다.

이후 평창이씨는 사직공파, 사용공파, 수사공파, 첨정공파, 정숙공파, 진사공파, 주부공파, 부사공파, 감정공파, 익평공파, 평천공파, 헌무공파, 문렬공파, 문절공파, 계인군파, 사직공파, 평장사공파, 문경공파, 부원공파 등 19개 파로 분파되었다.

평창이씨 세계도

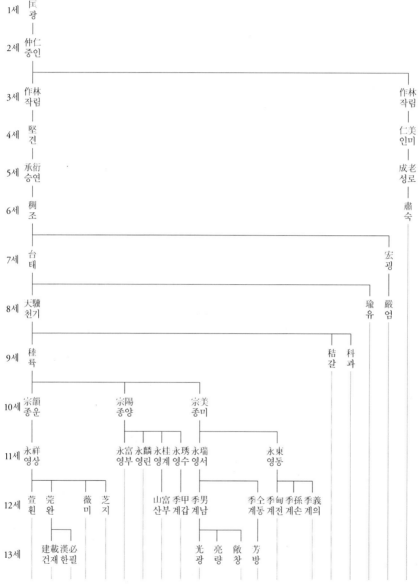

2. 주요 인물

1) 이영서(李永瑞, 1410~1450)

조선 초기의 문신으로 자는 석류(錫類), 호는 노산(魯山)·희현당(希賢堂)이다. 세종 16년(1434) 알성문과에 을과 3등으로 급제하고 내직으로 집현전 정자(正字)·박사(博士)·수찬(修撰)를 거쳐 병조·이조정랑을 지냈으며, 외직으로 광주목사(廣州牧使)를 지냈다. 공께서는 동국(東國) 8문장의 1인으로 최항(崔恒)·서거정(徐居正) 등과 함께 호당(湖堂)에 뽑혀 사가독서(賜暇讀書)[51]를 하였으며, 세종의 명에 의해 강희안(姜希顔)과 함께 금은(金銀)으로 불경을 썼으며, 불경의 겉옷[經衣]에는 금으로 용(龍)을 그리는 등 그 정교함이 극에 달하였다. 사후에 증직(贈職)으로 보국숭록대부 순충적덕 보조공신 영의정 평원부원군(輔國崇祿大夫純忠積德補祚功臣領議政平原府院君)에 봉군(封君)되었다.

공은 세종 24년(1442) 8월에 「비해당소상팔경시첩(匪懈堂瀟湘八景詩帖)」의 서문을 썼다. 세종의 셋째 아들인 안평대군(安平大君)은 1416년 명나라에서 간행된 「동서당고첩(東西堂古帖)」에서 송나라 영종(寧宗)의 「소상팔

---

51 조선시대 젊고 유능한 문신에게 휴가를 주어 학문에 힘쓰도록 한 제도. 세종 2년(1420) 3월에 세종이 집현전 학사 중에서 재행(才行)이 뛰어난 자를 선발하여 유급휴가를 주고 연구에 전념하게 한 것에서 비롯되었다. 최초 선발은 세종 8년(1426)에 있었다. 처음에는 자택에서 독서했으나 집에서는 독서에 전념하기 어렵다고 하여 세종 24년(1442)부터 진관사(津寬寺)에서 독서하게 했다. 때문에 이를 상사독서(上寺讀書)라고도 불렀다. 사육신 사건으로 집현전이 폐지되어 한때 중단되었으나 성종이 부활시켜 홍문관의 젊은 학사 중에서 선발하여 독서하게 했다. 동시에 용산에 있던 폐사를 수리하여 독서당으로 삼았다. 중종 12년(1517)에는 두모포(豆毛浦)에 동호독서당(東湖讀書堂)을 설치했다. 이곳을 중심으로 16세기까지는 사가독서제가 활발히 운영되었다. 그러나 인조 이후에는 침체하여 명맥만 유지하다가 정조 때 규장각을 설립하면서 폐지되었다. 사가독서 기간은 1~3개월이었으나 개월을 한정하지 않고 '장가(長暇)'를 주기도 했다. 선발인원이나 시기는 특별히 정해놓지 않았다. 최고 12명을 2번으로 나누어 독서당에 상근시킨 적도 있었으나 보통 3~6명이었다. 역대의 사가문신에는 남수문(南秀文)·신숙주(申叔舟)·김안국(金安國)·이이(李珥)·이민구(李敏求) 등 학문이 뛰어난 문신이 많다.

경시(瀟湘八景詩)」를 보고 그 글씨를 보물처럼 여겼다. 그리하여 그 시를 모사(模寫)하라고 명을 내리고 그 경치를 안견(安堅)에게 그리게 하였다. 그리고 고려에서 시로 뛰어난 이인로(李仁老)·진화(陳華)의 시를 붙이고, 세종 당시의 하연(河演)·김종서(金宗瑞)·정인지(鄭麟趾)·조서강(趙瑞康)·강석덕(姜碩德)·안지(安止)·안숭선(安崇善)·이보흠(李甫欽)·남수문(南秀文)·신석조(辛碩祖)·유의손(柳義孫)·최항(崔恒)·박팽년(朴彭年)·성삼문(成三問)·신숙주(申叔舟)·윤계동(尹季童)·김맹(金孟)·승려 만우(卍雨)에게 시를 받은 다음 집현전 부수찬이었던 이영서에게 서문을 쓰게 하였다. 이영서는 "소상팔경(瀟湘八景)의 아름다운 경치에 대해서는 이미 옛사람 지금사람의 작품에서 표현하였다. 내가 다시 무어 쓸데없는 말을 하겠는가? 다만 소상팔경시권(瀟湘八景詩卷)의 끝에다 내 이름이나 걸어두고 영원히 전해진다면 다행이라 하겠으니 기쁘게 이 글을 쓴다"고 하였다. 시첩의 구성은 본래 송나라 영종의 팔경시와 팔경도, 그리고 고려의 이인로와 진화의 팔경시를 위시한 세종 당시의 시인들의 시와 이영서의 서문으로 되어 있었으나, 현재는 영종의 팔경시와 팔경도는 남아있지 않다. 이 시첩은 2004년 5월 7일 보물 1405호로 지정되었는데, 현재 국립중앙박물관에 소장되어 있다.

2) 이계남(李季男, 1448~1512)

조선 중기의 문신으로 자는 자걸(子傑)이다. 음직으로 예종 즉위년(1468) 감찰에 임명되었다. 성종 10년(1479) 지평을 거쳐 성종 17년(1486) 사헌부집의로 근무하다가 그해에 우부승지·우승지를 역임하였다. 성종 20년(1489) 좌승지로 있다가 같은 해 이조참의가 되었으며, 이듬해 호조참의가 되었다. 성종 24년(1493) 경상도관찰사가 되었다가 같은 해 한성부우윤으로 임명되었고, 이듬해 함경도관찰사로 자리를 옮겼다. 연산군 2년(1496)에 호조참판이 되었고 2개월 후에 대사헌이 되었다. 그가 의정부 당상으로 있을 때에 연산군이 무죄한 사람에게 벌을 내리도록 요구하였으나 명령을 어기고 무죄로 방면하여 연산군의 진노를 사기도 하였으며, 이듬해에 형조참판, 연산군 10년(1504)에 호조판서가 되었다. 연산군 12년(1506) 중종반정이 있던 날 새벽에 박원종 등이 군대를 이끌고 대궐로 향하여 진군할 때에 유자광과 합류하여 반정에 협력하였으므로 반정공신 2등에 녹훈되고 평원군(平原君)에 봉해졌다. 공은 국가의 재정에 대해 대단한 능력을 발휘하였다. 당시 중국과의 사신 내왕이 잦고 국가에 대상마저 있어 그전의 두 배에 가까운 재정 지출이 요구되었으나, 예산을 적절히 사용해 국가 재정을 건실하게 운용하였다. 당시 사람들은 호조판서로서의 그의 능력과 아우 계동(季소)이 문무를 겸해 고위 관직을 나란히 차지하고 있음을 부러워하였다. 중종 6년(1511)에는 이조판서가 되었다. 시호는 익평(翼平)이다.

3) 이계동(李季仝, 1450~1506)

조선 전기의 무신으로 자는 자준(子俊)이다. 성종 원년(1470) 무과에 장원으로 급제하여 훈련원판관을 제수받았다. 성종 7년(1476) 무과중시에 급제하여 종친부전첨(宗親府典籤)이 되었다가 창성부사로 나갔다. 이해 10월 일본에 파견된 통신사의 부사로 대마도에 갔다가 정사인 이형원(李亨元)이 병으로 죽자 모든 일을 잘 처리하고 돌아왔다. 같은해 황해도관찰사로 나가게 되었으나 경력이 없다 하여 동부승지로 임명되었다가, 도원수 윤필상(尹弼商)의 종사관으로 건주위(建州衛)를 정벌하고 돌아와 형조참판에 승진하였다.

성종 11년(1480)에 주문부사(奏聞副使)로 중국으로 떠나기 전의 사연(賜宴)에서 불경한 행동으로 전라도 해남현에 유배당하였으나 이듬해 신하들의 반대를 무릅쓴 성종의 뜻에 의하여 동지중추부사로 임명되었다. 성종 13년(1482)에 여진어에 능통하고 그들의 사정을 잘 알고 있다는 점이 인정되어 함경도절도사로 임명되었다. 이때 여진을 성심으로 대하여 재임 중 그 지역이 안정되었으며, 뒷날 중국에 사신으로 갈 때에는 모련위(毛憐衛)의 여진인들이 늘어서서 인사를 할 정도로 신망을 받았다.

성종 17년(1486)에 좌윤이 되어 정조사(正朝使)의 부사로 명나라에 다녀왔으며, 『도상중원교사지법(圖上中原敎射之法)』을 필사하여 왕에게 바쳤다. 성종 18년(1487)에 형조참판을 거쳐 전라도병마절도사로 나갔다. 성종 20년(1489)에 황해도에 김경의(金京儀)·김막동(金莫同)의 도적이 일어났을 때 금제사(擒制使)로 파견되어 구질포지산(仇叱浦只山)을 공격하여 우두머리를 체포하는 등 적을 소탕하고 돌아와 포백(布帛)과 무기를 하사받았다. 성종 21년(1490)에 무과출신이라 자격이 어울리지 않는다고 사양하였음에도 불구하고 대사헌에 임명되었다. 이듬해 야인(野人) 이마거(尼麻車)가 조산(造山)에 침입하였을 때 윤필상의 추천을 받아 부원수가 되어 도원수 허종(許琮)을 보좌하면서 토벌에 나섰다. 이때에는 큰 성과를 거두지 못하였으나 돌아와 형조판서에 올랐다.

성종 23년(1492)에 경기도관찰사로 나갔을 때, 계속된 흉년으로 도둑이 들끓자 연로수직법(沿路守直法)을 만들어 검색을 강화하였으나 별다른 효과를 거두지 못하였다. 성종 25년(1494)에 지중추부사로 있을 때 성종이 죽자 고부사(告訃使)로 명나라에 다녀온 뒤 중국의 무기통제나 조선에 대한 태도 등에 대하여 보고하였다. 연산군 4년(1498)에 병조판서에 임명되었으며, 그 이듬해 왕명에 의하여 이극균(李克均)과 함께 『서북제번기(西北諸藩記)와 『서북지도(西北地圖)』를 찬진하였다. 병조판서 재임시에는 특히 북방에 관한 여러 시책에 관심을 기울였고 용의주도한 대비를 하였다. 연산군 6년(1500)에 병으로 병조판서에서 물러났으나, 연산군 10년(1504)에 우찬성이 되었다가 이듬해 좌찬성과 영중추부사에 이르렀다. 무신으로 크게 활약하였을 뿐만 아니라 독서에 힘써서, 당시 문무를 겸하였다는 칭찬을 들었다. 시호는 헌무

(憲武)이다.

4) 이광(李光, 1474~1496)

조선 전기의 문신으로 계남(季男)의 아들이다. 성종 22년(1491) 사마시에 입격하였고, 연산군 즉위년(1494)에 연산군이 죽은 성종을 위하여 불재(佛齋)를 올리자 성균관의 유생으로서 이목(李穆) 등과 함께 불사로 명복을 비는 것은 선왕의 뜻이 아니라는 상소를 하여 정거처분(停擧處分)을 받았다. 그 후 죄가 풀려 연산군 원년(1495) 증광문과에 병과로 급제하여 승문원 부정자에 이르렀으나 23세로 요절하였다. 시문과 글씨가 뛰어났고, 말타기·활쏘기를 잘하였다.

5) 이광익(李光瀷, 1703~1780)

조선 후기의 문신으로 계남(季男)의 9세손이다. 영조 9년(1733) 식년문과에 병과로 급제하고, 그뒤 여러 벼슬을 거쳐 영조 19년(1743)에 지평이 되고, 이어 영조 23년(1747)에 장령을 역임하였다. 그뒤 헌납을 역임하고 한성부좌윤이 되었다. 영조 35년(1759) 종성부사로 재직시 치적이 뛰어나다는 북도어사의 보고로 왕으로부터 숙마(熟馬)를 하사받았다. 특히 초산부사로 재임중에는 공미(公米) 재고량을 일정량만 남기고 주린 백성들에게 분급하여 구휼에 진력하였다. 또한, 외직에서 임기를 마치고 돌아갈 때 읍고개에서 10여거마가 구관(舊官)이 되는 그의 이삿짐을 실어나르러 오자 보낼 물건이 없다고 할 정도로 청렴한 목민관이었다. 관찰사 이이(李彝)가 임금에게 올린 보고에 의하면, 그는 백성의 소(訴)가 있을 때마다 공평하게 시비를 가렸고, 부정한 수뢰행위는 일절 삼갔으며, 스스로 자기를 규율하여 백성을 위한 선정에 전력하였다고 한다.

6) 이동욱(李東郁, 1739~?)

조선 후기의 문신으로 자는 유문(幼文), 호는 소암(蘇巖)이다. 영조 42년(1766) 정시문과에 병과로 급제하였고, 정조 2년(1778) 사은사의 서장관이 되어 심양(瀋陽)에 다녀왔으며, 정조 7년(1783) 사은 겸 동지사(謝恩兼冬至使)의 서장관으로 다시 청나라에 갈 때 아들 승훈(承薰)을 동반하였다. 이때 승훈이 북경(北京)에 들어가 천주교회 남당(南堂)에서 최초로 영세를 받았고, 돌아올 때에는 『천주실의(天主實義)』 등 천주교서적과 서양학술서적을 사가지고 귀국하여 우리나라에 처음 천주교를 퍼뜨렸다. 정조 15년(1791) 의주부윤이 되었고, 이해 진산사건(珍山事件)이 일어났을 때 아들 승훈이 이벽(李蘗)·정약전(丁若銓) 등과 함께 교회의 지도급인물이 되어 활동하였는데, 정부의 박해가 시작되자 그는 천주교서적을 불사르고 동시에 벽이문(闢異文)을 지어 서학을 배척하는 의지를 보여주기도 하였다.

7) 이승훈(李承薰, 1756~1801)

한국천주교회 창설자의 한 사람으로 한국인 최초의 영세자이다. 정조 4년(1780) 진사시에 합격하였으나 벼슬을 단념하고 학문에만 전념하였다. 이때 북경으로부터 들어온 서학이 남인 소장학자들 사이에 활발히 연구되고 있었기 때문에 그도 역시 서학에 접하게 되었다. 또한 서학 모임의 중심 인물인 이벽(李蘗)과도 자연 친교를 맺어 천주교를 알게 되었다. 정조 7년(1783)에 동지사의 서장관으로 떠나는 아버지를 따라 북경에 들어가 약 40일간 그 곳에 머물면서 선교사들로부터 필담으로 교리를 배운 뒤, 그라몽(Gramont) 신부에게 영세를 받아 한국인 최초의 영세자가 되었다. 정조 8년(1784)에 수십 종의 교리서적과 십자고상(十字苦像)·묵주(黙珠)·상본(像本) 등을 가지고 귀국하여 이벽·이가환·정약종 형제 등에게 영세를 주고 그들과 상의하여 명례동의 김범우(金範禹) 집을 신앙집회소로 정하고 정기적인 신앙의 모임을 가짐으로써 비로소 한국천주교회가 창설되었다. 그러나 이듬해인 정조 9년(1785)에 김범우의 집에서 종교집회를 가지던 중 형조의 관헌에게 적발된 을사추조적발사건(乙巳秋曹摘發事件)이 발생하자 한때 배교하였지만, 곧 교회로 돌아가 신자들에게 영세와 견진성사(堅振聖事)를 집전하는 등 가성직제도(假聖職制度)를 주도하였다. 정조 11년(1787)에 정약용과 반촌(伴村: 지금의 혜화동)에서 천주교 교리를 강술하는 등 교회활동을 영도하였다. 그러나 가성직제도가 교회법에 어긋난 행위임을 알고는 이 조직을 해산하고 성직자영입운동을 추진하였다.

정조 13년(1789)에 평택현감으로 등용되었을 때 마침 정조 14년(1790) 북경에 밀파되었던 윤유일(尹有一)이 돌아와 가성직제도와 조상제사를 금지한 북경 주교의 명을 전하자, 보유론적(補儒論的)인 이해에서 출발한 그의 신앙은 유교적 예속과 천주교회법의 상치라는 현실에 직면하게 되어 고민하던 끝에 다시금 교회를 떠나게 되었다. 그러나 정조 15년(1791)에 전라도 진산(珍山)에서 윤지충(尹持忠)·권상연(權尙然)의 폐제분주(廢祭焚主)로 인한 진산사건이 일어나자 권일신(權日身)과 함께 체포되어 향교에 배례하지 않았던 사실과 정조 11년(1787)의 반회사건(伴會事件)이 문제되어 투옥되었지만, 관직만을 삭탈당하고 곧 방면되었다.

정조 19년(1795)에 주문모(周文謨) 신부를 체포하려다 실패한 을묘실포사건(乙卯失捕事件)이 일어났을 때 성직자영입운동에 관계했던 혐의로 다시 체포되어 충청남도 예산으로 유배되었다가 얼마 뒤 풀려났다. 그러나 순조 원년(1801)에 신유박해로 이가환·정약종·홍낙민(洪樂民) 등과 함께 체포되어 4월 8일 서대문 밖 형장에서 대역죄로 참수되었다.

그의 가문은 4대에 걸쳐 순교자를 내었다. 즉, 고종 5년(1868)에 아들 신규(身逵)와 손자 재의(在誼)가 순교하고, 고종 8년(1871)에 증손인 연구(蓮龜)·균구(筠龜)가 제물포에서 순교하였다. 이승훈은 철종 7년(1856)에 아들 신규의 탄원으로 대역죄만은 신원되었다. 문집으로 『만천유고(蔓川遺稿)』를 남겼다.

제2절 평창이씨의 강릉 입향

　　평창이씨의 강릉입향조는 부(富)라고 한다. 그런데 평창이씨는 강릉의 속성(續姓) 가운데 하나이다. 속성은 '고적(古籍)'에는 없고 그 대신 '관(關)'에 처음 기재된 성씨를 지칭했다. '고적'은 고려 초 이래 전래해 오던 중앙 소장의 군현 성씨 관계 자료였고, '관'은 지방의 각 읍사(邑司)에 비치되어 있던 성씨 자료를 수합 정리하여 중앙에 보고한 문서였다고 본다. 즉 속성은 종전에 없던 성을 『세종실록지리지』 편찬 당시에 각 도에서 올린 '관'에 추가 등재된 성이었다.

　　속성은 고려후기 이래 북로남왜(北虜南倭)와 격심한 사회변동 및 거기에 따른 토성이족의 유망에서 군현과 각종 임내의 향리 자원이 부족하게 되자 이를 보충 내지 열읍간에 향리수를 조정한 결과로 형성되었다. 당시 읍사(邑司)를 구성하고 있던 향리는 군현의 행정실무를 담당하고 있을 뿐만 아니라 관내의 징세(徵稅)·조역(調役)에 있어서 필수불가결한 존재였다. 따라서 평창이씨는 부(富) 이전에 이미 강릉에 들어왔다고 할 수 있다.

평창이씨 헌무공파 가계도

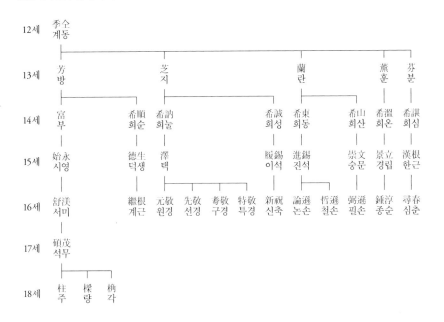

평창이씨의 동족마을은 평창군 평창읍 일원을 비롯하여 양양군, 양구군, 고성군, 평강군, 회양군 등이다. 평창이씨는 예전에 강릉시내를 중심으로 70~80호가 거주하였으나, 동족마을의 양상은 전하지 않는다.

제3절 평창이씨 족보간행

평창이씨 족보는 영조 16년(1740)에 창보(創譜)된 이후 2005년『을유보(乙酉譜)』에 이르기까지 9차에 걸쳐 편찬되었다. 그간 간행한 족보를 살펴보면 다음과 같다.

족보명	권수	발간 연대	비 고
庚申譜 (경신보)	1	영조 16년(1740)	李光溥(이광부) 편찬, 燒失(소실)
庚寅譜 (경인보)	3	영조 46년(1770)	〃
壬戌譜 (임술보)	2	순조 2년(1802)	李晚榮(이만영) 序(서)
癸卯譜 (계묘보)	5	헌종 9년(1843)	李鉉五(이현오) 序(서)
丁卯譜 (정묘보)	6	고종 4년(1867)	李義圭(이의규) 편찬, 洪儀永(홍의영) 序(서)
庚子譜 (경자보)	8	광무 4년(1900)	徐相雨(서상우) 序(서)
己未譜 (기미보)	19	1919년	李憲熙(이헌희) 편찬, 李鍾浣(이종완) 序(서)
甲子譜 (갑자보)	6	1984년	평창이씨 대동보편찬위원회
乙酉譜 (을유보)	8	2005년	평창이씨 대종회

　　평창이씨 강릉파보는 1915년에 편찬한 『을묘보』, 1964년에 편찬한 『갑진보』, 2005년에 편찬한 『을유보』가 있다.

정선전씨(旌善全氏)

제1절 정선전씨의 세계와 주요 인물

1. 정선전씨의 세계

정선전씨는 정선의 토성(土姓)이다. 정선군은 원래 고구려의 잉매현 (仍買縣)이었으나 통일신라 경덕왕 16년(757)에 정선현으로 개칭되면서 명주 (溟州)의 영현이 되었다. 고려 현종 9년(1018) 강릉의 속현으로 병합되었다가 뒤에 정선군으로 승격되어 조선 말까지 유지되었다. 정선의 별호는 도원(桃源)·주진(朱陳)·삼봉(三鳳)·침봉(沈鳳) 등이었다. 1895년 지방제도 개정에 의해 충주부 정선군, 1896년에 강원도 정선군이 되었다. 1906년 월경지(越境地) 정리로 강릉의 임계면·도암면과 평창의 지동면이 정선군에 편입되면서 면적이 크게 넓어졌다.

전씨는 『조선씨족통보』와 『증보문헌비고』에 193본까지 기록하고 있으나 현존하는 본관은 18본이다. 모든 전씨의 도시조는 백제 개국공신 전섭 (全聶)이다. 『전씨세보(全氏世譜)』에 따르면 고구려 주몽의 아들 온조(溫祚)가 10명의 신하를 이끌고 남천(南遷)하여 백제를 건국하였는데, 전섭도 그들 10 신(十臣)의 한 사람이었다고 한다.

정선전씨 세계도

시조	8세	9세	10세	11세	12세	13세	14세	15세	16세	17세	18세
聶 섭	愃 선	方春 방춘	敬智 경지	而敏 이민	瑛 환	億鈞 억균	天奇 천기	禹相 우상	以甲 이갑 / 義甲 의갑	輔仁 보인	彦 언

19세	20세	21세	22세	23세	24세	25세	26세	27세	28세	29세	30세
咸正 함정	寵 총	之淳 지순	諒 량	錫錄 석록	存傑 존걸	守龍 수룡	懿 의	公烈 공렬	淑方 숙방	英甫 영보	允藏 윤장 (石陵君派 석릉군파)
							興 여	大升 대승	佶 길 (僕射公派 복사공파)		(石陵君派 석릉군파)
						守松(判書公派) 수송(판서공파)					
		之信 지신	景 경	禎卿 정경	日長 일장	子公 자공	普門 보문	遇和 우화	賁 분	五倫 오륜	
		之壽 지수	影 영	猷迪 유적					(採薇軒公派 채미헌공파)		

31세	32세	33세	34세	35세	36세	37세	38세	39세	40세	41세	42세
于道 우도	成吉 성길	信 신	雱 방	振羽 진우	天柱 천주	滿春 만춘	井奎 정규	瑊 감	居康 거강	應祖 응조	龍 용 (臨河君派 임하군파)

8세 전선(全愃)은 신라 내물왕 때 백제에서 대광공주(大光公主)를 배종(陪從)하고 신라에 들어와 봉익대부(奉翊大夫)로 부지밀직사사(副知密直司事) 전법판서(典法判書) 등을 역임하고 정선군(旌善君)에 봉해졌다. 그리하여 후손들이 정선을 본관으로 삼아 세계를 이어 오면서 우리나라 모든 전씨의 연원을 이루었다. 그의 묘는 정선군 남면 낙동리에 있다.

15세 이갑(以甲)의 자는 자경(子經), 호는 도원(桃源)이다. 태조 10년(927) 견훤이 신라에 침입하여 경애왕을 살해할 때 왕건은 신라를 구원하기 위해 대구 부근의 공산전투에서 친히 기병 5천 명을 거느리고 출전하였으나 크게 패하여 후백제군에게 포위되는 위험한 상황에 처하였다. 이때 신숭겸

(申崇謙)이 왕건과 옷을 입을 입어 왕건이 목숨을 구한 일화가 있는데, 이러한 계책을 생각한 사람이 전이갑이라 한다. 그러나 이갑은 이 전쟁에서 동생 의갑(義甲)과 함께 싸우다가 순절했다. 이에 왕건은 이갑을 의경익대 광이보 효절헌양 정사공신(毅景翊戴匡怡輔效節獻襄定社功臣)으로 봉하였다. 태사 겸 상서좌복야(太師兼尙書左僕射)에 추증되었고, 정선군(旌善君)에 추봉(追封)되었다. 시호는 충렬(忠烈)이다.

16세 보인(輔仁)은 성종 8년(989)에 나주목(羅州牧) 경학박사(經學博士)로서 후학을 근실히 가르쳐 포상을 받았다. 현종 9년(1018)에 상서좌복야(尙書左僕射)가 되었고, 이듬해 우복야(右僕射)로 죽었다. 명경과(明經科) 출신으로 여러 번 학관(學官)에 임명되어 당시 사람들이 숙유(宿儒)라고 칭하였다.

17세 언(彦)은 충숙왕 11년(1324) 밀직부사가 된 뒤에 감천군(甘泉君)에 봉해졌다. 당시 심왕파(瀋王派)의 책동으로 충숙왕은 원나라에 불려가서 국왕인(國王印)을 빼앗기고 억류당하고 있었는데, 이 틈을 타서 유청신(柳淸臣)·오잠(吳潛) 등이 고려국 자체를 없애고, 성(省)을 설치하여 원나라의 일부로 만들 것을 원나라 중서성(中書省)에 청하였다. 이에 대해 고려측에서는 이제현(李齊賢)을 필두로 많은 사람들이 반대하여 결국 저지시켰는데, 이때 이 저지운동에 가담한 공으로 충숙왕 13년(1326) 1등공신에 올랐고, 이듬해 충숙왕이 일찍이 원나라에 억류당하고 있었을 때 보좌한 공으로 또다시 1등공신이 되었다. 충혜왕 원년(1331)에 찬성사에 임명되었다.

24세 존걸(存傑, ?~1193)은 명종 23년(1193)에 운문(雲門)의 김사미(金沙彌), 초전(草田)의 효심(孝心) 등이 난을 일으키자 대장군으로 장군 이지순(李至純)·이공정(李公靖)·김척후(金陟侯)·김경부(金慶夫)·노식(盧植) 등을 거느리고 이를 토벌하였다. 그러나 함께 출정한 이의민(李義旼)의 아들 이지순이 토벌보다는 신라를 부흥시키려는 야망을 가지고 오히려 김사미·효심 등과 내통함으로써 관군의 동정이 수시로 누설되어 여러 번 패전했다. 이에 이지순을 군법(軍法)으로 다스리면 그 아버지 이의민의 박해를 받을 것이며, 그대로 두자니 적이 더욱 성할 것이라 개탄하고 기양현(基陽縣, 안동)에 내려가 음독 자결했다.

정선전씨는 25세 수송(守松)을 파조(派祖)로 하는 판서공파(判書公派), 28세 길(佶)을 파조로 하는 복야공파(僕射公派), 29세 오륜(五倫)을 파조로 하는 채미헌공파(採薇軒公派), 30세 윤장(允臧)을 파조로 하는 석릉군파(石陵君派), 30세 영부(英富)을 파조로 하는 상호군파(上護軍派), 42세 용(龍)을 파조로 하는 임하군파(臨河君派, 일명 후석릉군파) 등 6파로 분파(分派)되었다.

2. 주요 인물

1) 전영보(全英甫)

고려 충렬왕 때 낭장(郎將)을 거쳐 대호군(大護軍)·밀직부사(密直府使)·대사헌(大司憲) 등을 역임하였으며, 충숙왕 11년(1324) 첨의평리(僉議評理)에 이르렀다. 충숙왕 13년(1326) 원(元)나라가 고려를 그들의 한 성(省)으로 만들려 하자 김이(金怡)·전언(全彦) 등과 함께 강력히 반대하여 이를 물리쳐 1등 공신(功臣)에 올랐고, 충숙왕 8년(1321)부터 충숙왕을 원(元)나라에서 시종했던 공으로 충숙왕 14년(1327)에 찬성사(贊成事)로서 1등 공신(功臣)이 되었다. 그 후 충숙왕 복위 8년(1339)에 삼사사(三司使), 충혜왕 2년(1341)에 순군만호(巡軍萬戶)에 이르렀다.

2) 전민준(全敏準)

오륜의 현손(玄孫)으로 종사랑(從仕郞) 참봉 벼슬을 했고 선조 25년 (1592) 임진왜란 당시 향임좌수로 있었다. 이때 왜군은 강릉에서 백복령(白伏嶺)을 넘어 정선지방으로 향해 노략질과 행패가 이루 말할 수 없었다. 왜군의 한 무리가 정선에 이르렀을 때, 민준은 정선군수 정은급(鄭恩及)에게 고하여 일시 피신하였다가 다시 도모하기를 강력히 권하여 현재 정선읍 귤암리(橘岩里)에 소재해 있는 나팔동굴(喇叭洞窟)에 관민을 피신시키고 홀로 마을을 지키다가 적을 만났다. 왜군은 온 마을 주민들이 피난했음을 알고 공에게 군수의 거처와 양곡창고의 소재를 강요하였으나, 공은 스스로 나서서 내가 지방관이라 자처하였다. 왜군들은 그러면 어서 양곡이 있는 곳을 말하라고 협박하였다. 이때 공은 한마디로 "우리 고을에는 한 톨의 양곡도 저장되어 있는 것이 없다. 설사 양곡이 저장되어 있다 하더라도 너희 왜놈들에게 줄 양곡은 한 톨도 없으니 썩 물러가라" 하고 호령하며 꾸짖었다. 화가 머리 끝까지 난 왜군은 갖은 악랄한 방법으로 공을 고문하였으나 끝내 대답치 않자, 왜군은 쇠사슬에 손바닥을 꿰고 한쪽 팔과 다리를 잘랐다. 공은 이에 굴하지 않고 왜군을 꾸짖으니 왜군은 공을 살해하였다. 왜군은 비록 공이 그들에게 끝까지 항거하였지만 그 충성에 감동하여 그의 시신 등에다 '조선충신(朝鮮忠臣)'이라 쓰고 나무를 깎아 세운 후 가버렸다.

3) 전형필(全鎣弼, 1906~1962)

오륜의 후손으로 문화재수집가이다. 자는 천뢰(天賚), 호는 간송(澗松)·지산(芝山)·취설재(翠雪齋)·옥정연재(玉井硏齋)이다. 서울 출생으로 1926년 휘문고보를 거쳐 1929년 일본 와세다대학 법학부를 졸업한 이후 일제강점기였던 당시 일본에 의해 문화재가 반출되는 것을 방지하고자 오세창·고희동·김돈희·안종원·김용진·이도영·이상범·노수현 등과 함께 미술

품과 문화재의 수집·보존을 위해 평생을 바쳤다. 특히 오세창의 고서화에 대한 감식안에 힘입어 1932년경 한남서림(翰南書林)을 인수하여 고서화와 골동품을 수집했다. 1934년 성북동에 북단장(北壇莊)을 개설하여 본격적으로 골동품과 문화재를 수집하였고, 1938년 한국 최초의 사립박물관인 보화각 (葆華閣)을 북단장 내에 개설하여 『훈민정음(訓民正音)』 원본을 비롯하여 수많은 고서적·고서화·석조물 등의 문화재를 수집·보존하는 데 힘썼다. 그가 수집한 문화재로는 김정희·정선·신윤복·심사정·김홍도·장승업 등의 회화작품과 서예 및 자기류·불상·석불·서적에 이르기까지 한국미술사연구에 귀중한 자료가 되고 있다. 1940년대에는 보성고등보통학교를 인수하여 육영사업에 힘썼고, 8·15해방 후 문화재보존위원으로 고적 보존에 주력했다. 1960년 김상기·김원룡·최순우·진홍섭·황수영 등과 함께 고고미술동인회를 결성하고 동인지 『고고미술(考古美術)』 발간에 참여했다. 1962년 대한민국문화훈장이 추서되었다. 보화각은 1966년 간송미술관(澗松美術館)으로 개칭되어 연구소에 부속되어 있다.[52]

제2절 동족마을의 형성과 공동체 모임

1. 정선전씨의 강릉 입향

정선전씨의 강릉 입향조는 채미헌공파 충효(忠孝)와 석릉군파 인권 (仁權)이라 한다. 그런데 정선전씨는 강릉의 속성(續姓) 가운데 하나이다. 속성은 '고적(古籍)'에는 없고 그 대신 '관(關)'에 처음 기재된 성씨를 지칭했다.

---

52 崔完秀, 1972 『澗松文華』1, 韓國民族美術研究所.

'고적'은 고려 초 이래 전래해 오던 중앙 소장의 군현 성씨 관계 자료였고, '관'은 지방의 각 읍사(邑司)에 비치되어 있던 성씨 자료를 수합 정리하여 중앙에 보고한 문서였다고 본다. 즉 속성은 종전에 없던 성을 『세종실록지리지』 편찬 당시에 각 도에서 올린 '관'에 추가 등재된 성이었다.

속성은 고려후기 이래 북로남왜(北虜南倭)와 격심한 사회변동 및 거기에 따른 토성이족의 유망에서 군현과 각종 임내의 향리 자원이 부족하게 되자 이를 보충 내지 열읍간에 향리수를 조정한 결과로 형성되었던 것이다. 당시 읍사(邑司)를 구성하고 있던 향리는 군현의 행정실무를 담당하고 있을 뿐만 아니라 관내의 징세(徵稅)·조역(調役)에 있어서 필수불가결한 존재였다. 따라서 정선전씨는 충효(忠孝)와 인권(仁權) 이전에 이미 강릉에 들어왔다고 할 수 있다.

1) 채미헌공파

채미헌공파의 파조는 섭(聶)의 29세손인 오륜(五倫, 1334~1425)이다. 그의 자는 중지(仲至)이고, 호는 채미헌(採微軒)이다. 공민왕 6년(1357)에 국자감 생원이 되고, 3년 후에 문과에서 장원급제하였다. 외직으로는 합천군수, 진주목사, 경상도 안렴사를 지냈고, 내직으로는 예문관 응교(藝文館應敎), 국자좨주(國子祭酒), 좌산기상시(左散騎常侍) 등을 지냈다. 공민왕 8년(1359) 홍건적이 침입하여 학교가 피폐해지자 공민왕은 성균관을 정비하는데, 오륜은 학관(學官)이 되고 정몽주는 박사(博士), 이색은 대사성(大司成)에 제수되어 정몽주와도 인연을 맺게 된다. 오륜은 이때부터 정몽주와 두터운 친분관계를 유지한 것으로 보인다. 36세 때인 공민왕 18년(1369) 삼남지방에 왜구가 쳐들어오자 공민왕은 오륜을 경상도안렴사로 파견하였다. 이때 정몽주가 작별시를 지어준 것으로 보아 사람의 친분관계를 침작할 수 있다.[53] 1392년에 고

---

53 "그대 어디로 가려는가? 멍에 씌운 말들 가을바람에 고개를 드는구나. 마음을 맑아 제사 일 대신할 만하고 풍요 채집하는 책임 무겁기도 하다. 합천의 강물은 쪽보다 푸르겠고, 진주의 산 빛은 단

려왕조가 망하고 조선왕조가 개창되자 두문동(杜門洞)에 은거하였다. 태조 이성계가 본향안치(本鄕安置)를 내리자 오륜은 김충한(金仲漢)·고천우(高天祐)·이수생(李遂生)·신안(申晏)·변귀수(邊貴壽)·김위(金瑋)와 함께 정선군 남면 낙동리 거칠현동(居七賢洞)으로 은거지를 옮겼다. 이들은 거칠현동의 앞산을 백이산(伯夷山)이라 이름짓고 지냈는데, 이는 주나라에 반대하여 수양산에 들어가 고사리를 캐먹다가 굶어죽은 형제 백이·숙제에서 따온 이름이다. 이들이 비통한 심정을 한시(漢詩)로 지어 율창하던 내용이 토착요에 붙여지면서 '정선아리랑'이 생성되었다고 한다. 오륜은 거칠현동에서 30년 가량 머물다가 말년에 경남 합천의 아들집으로 거처를 옮겼다. 합천은 그가 군수를 지냈던 곳이고, 그의 아들 맹겸(孟謙)이 군수를 지냈던 고을이기도 하다. 오륜의 묘는 합천군 봉산면 원촌리에 있었으나 합천다목적댐 건설로 수몰지에 포함되자, 후손들이 1986년에 정선군 남면 낙동리 서운산 문중묘역으로 이장하였다.

채미헌공파의 입향조는 33세 충효(1433~1492)이다. 그의 자는 성경(誠敬)으로 충순위(忠順衛)를 거쳐 통훈대부(通訓大夫)로 문천군수(文川郡守)를 지냈다. 충효의 입향동기는 처향이 강릉이었던 점이 크게 작용하였으리라 본다. 그의 배(配)는 강릉최씨이다.

34세 계현(繼賢, 1465~1524)은 통덕랑(通德郞)을 지냈다. 35세 순인(舜仁, 1491~1551)은 어려서부터 재조(才操)가 영리하였고 자라서 글읽기를 좋아하였다. 특히 문장을 잘 지었는데, 시률(詩律)은 사림에서 뛰어났다. 삼가 박수량과 어촌 심언광과 교류하였으며, 중종 14년(1519) 문과에 급제하여 중종 23년(1528) 사헌부 지평(司憲府持平)을 역임했다. 그 후 승문원 교리(承文院校

풍이 늦었겠구나. 전에도 수령으로 나가 덕정을 베풀더니, 이제 또 안렴사로 나가는구나[之子欲何適 秋涼驄馬驕 心淸代祀事 任重採風謠 陜水藍光嫩 晉山楓葉凋 朱輪舊遺愛 玉節又迢遞](『回隱先生文集』卷2, 「送全五倫掌令川按慶尙」).

理)로 있을 때 서장관(書狀官)에 제수되어 명(明)나라에 사신으로 다녀왔는데, 명나라 황제가 그의 사명(辭命)에 능란함을 아름답게 여겨 보로(寶爐)와 은전(銀錢)를 하사하였다. 풍천·정선·원주·청풍 등지에서 지방관을 지냈는데, 그 공덕을 인정받아 각 지방에 선정비가 세워졌다. 후에 춘추관기사관(春秋館記事官)·성균관사성(成均館司成)·군자감정(軍資監正)을 지냈다. 묘는 경포대 뒷골에 있다.

채미헌공파 강릉입향조 가계도

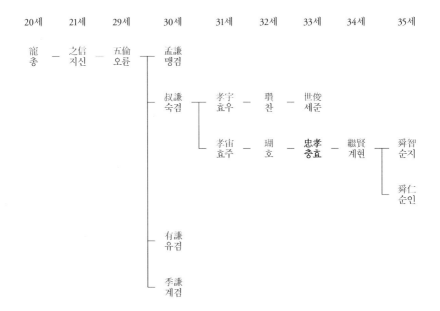

20세	21세	29세	30세	31세	32세	33세	34세	35세
寵寵 총	之信 지신	五倫 오륜	孟謙 맹겸					
			叔謙 숙겸	孝宇 효우	贊 찬	世俊 세준		
				孝宙 효주	瑚 호	**忠孝** **충효**	繼賢 계현	舜智 순지
								舜仁 순인
			有謙 유겸					
			季謙 계겸					

2) 석릉군파

석릉군파의 파조는 섭(聶)의 30세손인 윤장(允藏)이다. 충혜왕 복위 3년(1342)에 조적(曺頔)이 반역을 꾀하였을 때 상호군(上護軍)으로서 왕을 시종한 공으로 2등공신이 되었다. 이듬해 5월에 우상시(右常侍) 서해평양도순위사(西海平壤道巡尉使)를 거쳐 충목왕 때 동지밀직사사(同知密直司事), 교주도도순문사(交州道都巡問使), 첨의평리(僉議評理)를 역임하였다. 충정왕 원년(1349)에 원나라에 가는 강릉대군(江陵大君, 후일 공민왕)을 호종한 공으로 공민왕 즉위년(1351)에 첨의찬성사(僉議贊成事)에 임명과 함께 석릉군(石陵君)에 봉해졌다.

석릉군파 강릉입향조 가계도

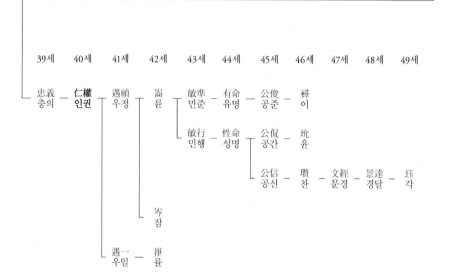

석릉군파의 강릉 입향조는 인권(仁權, ?~1441)이다. 그의 자는 이지(履之), 호는 성취옹(醒醉翁)이다. 공은 재예가 출중하고 문필(文筆)을 잘하여 일찍이 문과에 급제하여 이조정랑(吏曹正郞)에 이르렀다. 고려왕조가 멸망하고 조선왕조가 들어서자 공께서는 향리(鄕里)인 강릉으로 돌아와 경포 남록(南麓) 모안곡(慕顔谷)에 관심정(寬心亭)을 짓고 조석으로 개경을 향해 절하고 망국의 한을 달래며 불사이군(不事二君)의 절개를 지켰다. 중양가(重陽歌)를 지으니 원근에 전파되었고 스스로 시주(詩酒)를 좋아하여 음송(吟誦)함을 그치지 않았다. 강릉향교를 중건할 때는 전자(篆字)를 쓰는데 동참하였다. 묘는 경포 증봉(甑峰) 아래에 있었으나 실전(失傳)되었다.

　41세 우정(遇禎, ?~1445)의 자는 복여(福汝), 호는 정와(靜窩)이다. 태종 11년(1411) 생원(生員)이었던 공은 강릉향교가 연소되었을 때 강릉 유림 67명과 함께 향교중건을 위해 자신들이 서명한 공장(供狀)을 수령을 통해 조정에 올렸고, 향교중건 과정에서 위판(位板)의 감조인(監造人)으로 동참하였다.[54] 당시 공장에 서명한 사람은 생원(生員) 9명, 진사(進士) 1명, 유학(幼學) 58명이었다. 이들은 당시 강릉향교에서 수업받던 교생(校生) 내지는 이미 향교에서 수업을 받은 자들이었다.

　42세 류(崙, 1414~1476)의 자는 하원(河源), 호는 만퇴당(晩退堂)이다. 천성이 순후(淳厚)하며 어버이를 섬기고 아우를 사랑하는 의(義)를 사람들이 감히 감당할 수 없었다. 부모상을 당하여 3년을 눈물로 보내며 조석 상식(上食)과 전수(奠需) 등을 아랫사람의 손에 맡기지 않고 친히 하되 정성껏 갖추고 조금도 게으름이 없었다. 효행이 조정에 알려져 통훈대부(通訓大夫) 행구례현감(行求禮縣監)에 제수되었다. 관직에 임해서는 전혀 태만함이 없이 청

---

54 "監考 前奉訓郞 京市署令 安自和, 前宣務郞 歙谷縣令 金輕, 色戶長 崔泉, 記官 金尙, 木手 僧 德一, 白丁 彦連, 官奴 今音長, 石手百姓 良衣三, 燔瓦色戶長 崔棄, 瓦匠 寺奴 張信·僧 信松, 位板監造 生員 全遇禎·全遇一, 書篆戶長 全仲權, 供狀人 生員 郭居完·金務·崔行滋·金順生·崔忠義·朴中實·崔致雲·金子鞏·全遇禎…進士 魚仲卿"(『江陵鄕校誌』, 「鄕校重建跋」).

검(淸儉)하였고 도리로서 백성을 다스렸다. 벼슬살이 5년만에 돌아오게 되자 여러 백성들이 부모를 잃은 듯이 슬퍼하였다. 향인이 공경하지 않은 사람이 없었고 자손들을 훈계하는데 공의 효우(孝友)와 청검(淸儉)함을 법도로 삼았다. 공은 만년에 관심정에서 고을의 군자들과 더불어 날마다 만당(滿堂)하였고, 좋은 날을 택일하여 아름다운 모임을 갖게 되니, 당시 사람들이 말하기를 성대한 행사라 하였다. '관심정'이란 시(詩)에서 "좋은 계절 아름다운 경치에 온갖 꽃들이 만발하니 기로당(耆老堂) 앞에서 옛 회포를 이야기하네. 봄바람 속에 만취하여 아직도 끝낼 줄을 모르니 천세(千歲)를 비는 장수 술잔 또 한 잔을 권하네."[55]라고 하였다.

43세 민행(敏行, 1443~1501)의 호는 호은(湖隱), 자는 치성(致成)이다. 성종 5년(1474)에 정선훈도(旌善訓導)에 향천(鄕薦)되었으나 두어 달 만에 돌아와 다시는 직을 받지 않고 관심정에서 최치운, 김윤신과 서로 더불어 즐겼다. 배는 강릉최씨 부사 종경(宗敬)의 딸이다.

44세 성명(性命, 1462~1525)의 자는 호천(浩天), 호는 신암(愼庵)이다. 학식과 경사(經史)에 박식하여 성종 17년(1486)에 기자전 참봉(箕子殿參奉)을 제수받고 얼마 안 되어 희릉참봉(禧陵參奉)에 전직되고, 연산군 6년(1500)에 강원도 학관(江原道學官), 연산군 10년(1504)에 간성훈도(杆城訓導), 중종 19년(1524)에 동몽교관(童蒙敎官)을 역임했다. 배는 통덕랑 선원전 참봉을 지낸 안동권씨 송(悚)의 딸이다.

성명의 장자 공간(公侃, 1488~1552)의 호는 창봉(滄峰), 자는 숙평(叔平)이다. 중종 12년(1517) 별시문과 병과(丙科)로 급제하여 승정원 주서(注書)에 발탁되었다. 중종 26년(1531) 울진군수를 지냈으며, 개성판윤(開城判尹)·함흥판관(咸興判官)·강동현령(江東縣令)·평산부사(平山府使) 등을 지냈다.

---

55 "良辰美景百花開 耆老堂前話舊懷 爛醉春風猶未罷 壽盃千歲勸千盃"(「崔汝霖墓表」).

그 후 중종 29년(1534) 헌납(獻納), 사옹정(司饔正)을 거쳐 호조·형조·병조·이조정랑 등을 역임하였다. 배는 강릉김씨 세좌(世佐)의 딸이다. 성명의 차남 공신(公信)은 사마시에, 찬(贊)은 문과에, 문경(文經)·경달(景達)·전각(全珏)은 사마시에 각각 합격하여 5세가 계련(桂蓮)에 드니 사람들이 귀한 영예라고 칭송하였다.[56]

46세 전이(全彛)는 예종 즉위년(1468) 생원에 올랐고, 강릉지역 유학자들의 계회(契會)인 금란반월회원(金蘭半月會員)이었다.

2. 동족마을의 지역개관

정선전씨의 동족마을은 강릉시 대전동과 병산동에 소재하고 있다. 채미헌파는 대전동, 지변동, 초당동 일대에 세거하였고, 석릉군파는 병산동, 안현동, 저동, 여찬리에 일대에 세거하였다. 한때 강릉에는 채미헌공파가 100여 호, 석릉군파가 400여 호에 달하였다고 하나 현재는 병산동 일대에 30여 호가 거주하고 있다.

1) 강릉시 대전동

대전(大田)이라는 명칭은 마을에 큰밭이 있어 한밭이라고 한데서 유래되었다. 원래 강릉군 정동면에 속한 지역이었으나 1914년 행정구역 개편 때 조산리(助山里)를 합하여 대전리(大田里)라 했는데, 1955년에 강릉시에 편입되었다.

대전동의 한가운데에는 태장봉이 있고, 그 남쪽 낙맥에 울바위와 오

---

56 『동호승람』, 鄕評.

암정이 있다. 주요 지명으로는 한밭, 안재궁, 즈므 등이 있다.

　태장봉은 즈므 입구 왼쪽에 있는 높은 봉우리로, 옛날 이 봉우리 꼭대기에 왕자의 태(胎)를 묻었다고 전해진다. 마을 한가운데 있는 태장봉은 인위적으로 만든 것처럼 밋밋하게 생긴 조그마한 봉으로 봉 주위에 큰 소나무가 여러 그루가 있다. 태장봉 남쪽 낙맥 냇가에 울바위(우럭바위, 鳴岩)와 명암정(鳴岩亭)이 있다.

　울바우는 태장봉 남쪽 낙맥에 있는 바위로 현 즈므 채석장 일대 부근의 지명이다. 옛날 이 바위에서 사람의 울음소리가 났다고 하여 생긴 이름이기도 하고, 또 계곡으로 흐르는 물이 바위에 부딪치면서 요란한 소리를 내 마치 바우가 우는 것처럼 들린다.

　조산은 태장봉 안쪽에 있는 마을 전체를 말한다. 날밀에서 보면 이곳으로 해가 지는 마을이 되는데 "해가 지는 마을"이란 말이 줄어서 "저무는 마을→저무말→즈므"로 되었다는 설과, 이곳 출신의 인사가 쓴 『점상일기(店上日記)』란 책이 있는데 "점상→점위→저뮈→저무→즈므"로 되었다는 설이 있다.

2) 강릉시 병산동

　석릉군파는 강릉 입향 후 금산에서 5대에 걸쳐 살다가 그 후 문암정에 살다 병산동에 세거하게 되었다. 병산동은 마을 서쪽 학우리에서 뻗어온 산세가 북두칠성 가운데 맨 끝에 있는 별 모양인 북두자루처럼 생겨 자루뫼[柄山]라고도 한다. 병산동은 원래 강릉군 덕방면에 속한 지역으로 1914년에 자가곡면 하시동리를 합하여 병산리로 하고, 1920년에 성덕면에 편입되었다가 1955년 강릉시에 편입되면서 법정동이 되었다.

　병산동은 월대산에서 동쪽으로 내려온 줄기 끝에 있다. 병산동의 북쪽으로는 남대천이 흐르고, 남쪽으로는 섬석천이 흐른다. 병산동의 남쪽으로 흐르는 섬석천을 건너면 월호평동이 되고, 동쪽으로 흐르는 섬석천을 건너면 남항진동이 된다. 병산동에 있는 주요 지명으로는 자루미, 조강골, 괴봉산, 팔명산, 덕정봉이 있다.

3. 동제(洞祭)

1) 강릉시 대전동

대전동에는 즈므마을과 안고개에 서낭당이 있다. 즈므마을 서낭당은 대전동 9통 1반 산31번지, 안고개 서낭당은 대전동 9통 4반 산168번지에 위치한다. 즈므마을 서낭당의 당집은 없으며 수령이 오래된 노송 2그루가 서낭목이다. 안고개 서낭당도 당집은 없으며 서낭목 주위로 돌담을 쌓았다.

즈므마을의 제의는 성황제(城隍祭)라고 하며 성황지신(城隍之神)·토지지신(土地之神)·여역지신(癘疫之神)을 모신다. 제당은 즈므 마을회관 옆에 위치한다. 제의는 음력 10월 초정일에 지낸다. 제물은 유사(有司)가 준비하며, 각위(各位)마다 따로 진설(陳設)한다. 유교식으로 지내며 제의가 끝나면 소지(燒紙)한다.

안고개의 제의도 성황제라고 하며 성황지신·토지지신·여역지신을 모신다. 제당은 즈므마을 안고개 사이 숲에 위치한다. 서낭목 아래에 성황지신신위라는 위패를 세웠으며 제단은 3개이다. 제의는 음력 10월 초정일에 지낸다. 제물은 유사가 준비하며, 각위마다 따로 진설한다. 유교식으로 지내며 제의가 끝나면 소지한다.

2) 강릉시 병산동

병산동에는 수서낭과 암서낭 두 개의 서낭당이 있다. 수서낭당은 강릉시 병산동 47통 1반에, 암서낭당은 강릉시 병산동 47통 2반에 위치해 있다. 수서낭당의 당집은 없으며 서낭목 아래에 제단을 만들고 서낭목 주위에 벽돌로 담을 쌓았다. 암서낭당도 당집은 없으며 소나무 7그루가 서낭숲을 이루고 있다.

　　병산동 47통 1반의 제의는 성황제(城隍祭)라고 하며 성황지신(城隍之神)·토지지신(土地之神)·여역지신(癘疫之神)을 모신다. 제당은 마을 산기슭에 위치하며 수령이 오래된 소나무가 서낭목이다. 제의는 음력 정월 초순에 지낸다. 제물은 유사(有司)가 준비하며 합위(合位)로 진설한다. 유교식으로 지내며 제의가 끝나면 소지한다.

　　병산동 47통 2반의 제의도 성황제라고 하며 성황지신을 모신다. 제당은 병산초등학교 앞 논 가운데 위치한다. 제의는 음력 정월 초순에 지낸다. 반별 제물은 유사가 준비하여 유교식으로 지내며, 제의가 끝나면 소지한다.

제3절 문화유적(祠宇, 齋舍)

1. 모선재(慕先齋)

　　강릉시 대전동 56번지에 있는 모선재는 정선전씨 충효공파 종친회 소유로 1873년경 종중의 협의로 묘소관리와 종사(宗事) 협의를 위해 건립하였다. 이후 1929년경에 중수를 하였으며 운영은 종친회에서 하고 있다. 이 재사에서는 전충효(全忠孝), 전계현(全繼賢), 전순인(全舜仁)을 제향하고 있다. 제향일은 매년 음력 10월 15일이다.

홀기(笏記)

獻官及諸執事俱就位○諸執事詣盥洗位○盥手○帨手○設饌○祝而進獻官之左請行事●行降

헌관급제집사구취위○제집사예관세위○관수○세수○설찬○축이진헌관지좌청행사●행강

神禮○初獻官詣盥洗位○盥手○帨手○因詣墓前位○跪○三上香○俯伏○興○少退○再拜○

신례○초헌관예관세위○관수○세수○인예묘전위○궤○삼상향○부복○흥○소퇴○재배○

跪○奉爵○酹酒○俯伏○興○少退○再拜○因降復位○參神○獻官及在位者皆再拜●行初獻

궤○봉작○뇌주○부복○흥○소퇴○재배○인강복위○참신○헌관급재위자개재배●행초헌

禮○因詣墓位前○跪○酌酒○奉爵○奠爵○啓盖○正箸○俯伏○獻官及在位者皆俯伏○祝而

례○인예묘위전○궤○작주○봉작○전작○계개○정저○부복○헌관급재위자개부복○축이

進獻官之左跪○讀祝○興○再拜○因降復位○撤爵●行亞獻禮○盥洗位○盥手○帨手○因詣

진헌관지좌궤○독축○흥○재배○인강복위○철작●행아헌례○관세위○관수○세수○인예

墓位前○跪○酌酒○奉爵○奠爵○俯伏○興○少退○再拜○因降復位○撤爵●行終獻禮○詣

묘위전○궤○작주○봉작○전작○부복○흥○소퇴○재배○인강복위○철작●행종헌례○예

盥洗位○盥手○帨手○因詣墓位前○跪○酌酒○奉爵○奠爵○俯伏○少退○再拜○因降復位

관세위○관수○세수○인예묘위전○궤○작주○봉작○전작○부복○소퇴○재배○인강복위

○俯伏○獻官及在位者皆俯伏○興○合盖○撤箸○禮成祝而進獻官之左告禮成○辭神○獻官

○부복○헌관급재위자개부복○흥○합개○철저○예성축이진헌관지좌고예성○사신○헌관

及在位者皆再拜○祝而焚祝○撤饌○祝而奉盞盤○詣獻官之左跪●行飮福禮○以次以退

급재위자개재배○축이분축○철찬○축이봉잔반○예헌관지좌궤●행음복례○이차이퇴

축문(祝文)

干支某代孫 敢昭告于

간지 몇 대손○○가

顯先代祖考

몇 대조 할아버지와

顯先代祖妣之墓

몇 대조 할머니 묘소에 고하나이다.

氣序流易 雨露既濡 瞻掃封塋 不勝感慕 謹以淸酌脯醢 祗薦歲事 尙 饗

세월은 절기가 바뀌어서 어느덧 봄이 되어 비와 이슬이 내렸습니다. 묘역을 쓸고 봉분을 우러러보니 조상님을 사모하는 정을 이기지 못하겠습니다. 삼가 맑은 술과 포해로 공경히 세사를 올리니 흠향하소서.

2. 영모재(永慕齋)

강릉시 포남동 산 53번지에 있는 이 재실은 정선전씨 동몽교관(童蒙敎官) 전성명(全性命) 후손의 종중 소유로, 1932년 숭조와 묘소관리를 위해 현 경포여중 후문쪽에 창건하였다가 1957년 현 위치로 이건하였다. 전성명의 윗대 4대의 묘는 실전(失傳)되어 설단하였고, 이 재사에서는 전성명을 제향하고 있다. 제향일은 매년 음력 3월 15일이다.

홀기(笏記)

○獻官以下諸執事俱各就位○諸執事者詣盥洗位○盥手○帨手○各就位○設脯果陳饌○設香○헌관이하제집사구각취위○제집사자예관세위○관수○세수○각취위○설포과진찬○설향爐香盒○設降神盞盤○諸執事者詣墓前○再拜○各就位○謁者引初獻官點閱後復位○祝進初로향합○설강신잔반○제집사자예묘전○재배○각취위○알자인초헌관점열후복위○축진초獻官之左○有司謹具請行事●行降神禮○謁者引初獻官詣盥洗位○盥手○帨手○引詣墓前○헌관지좌○유사근구청행사●행강신례○알자인초헌관예관세위○관수○세수○인예묘전○跪○三上香○俯伏○興○再拜○跪○執尊者擧冪酌酒○酌酒灌于墓前○俯伏○興○小退○再궤○삼상향○부복○흥○재배○궤○집존자거멱작주○작주관우묘전○부복○흥○소퇴○재

拜〇平身〇引降復位〇叅神〇獻官以下皆再拜●行初獻禮〇初獻官詣墓前跪〇擧羃酌酒〇奉
배〇평신〇인강복위〇참신〇헌관이하개재배●행초헌례〇초헌관예묘전궤〇거멱작주〇봉
爵〇奠爵〇俯伏〇啓飯麵盖〇正箸〇獻官以下皆俯伏〇祝進獻官之左東向跪〇讀祝文〇獻官
작〇전작〇부복〇계반면개〇정저〇헌관이하개부복〇축진헌관지좌동향궤〇독축문〇헌관
以下皆興〇初獻官再拜〇平身〇引降復位〇撤爵●行亞獻禮〇亞獻官詣盥洗位〇盥手〇帨手
이하개흥〇초헌관재배〇평신〇인강복위〇철작●행아헌례〇아헌관예관세위〇관수〇세수
〇引詣墓前跪〇擧羃酌酒〇奉爵〇奠爵〇俯伏〇興〇小退〇再拜〇引降復位〇撤爵●行終獻
〇인예묘전궤〇거멱작주〇봉작〇전작〇부복〇흥〇소퇴〇재배〇인강복위〇철작●행종헌
禮〇終獻官詣盥洗位〇盥手〇帨手〇引詣墓前跪〇擧羃酌酒〇奉爵〇奠爵〇揷匙〇俯伏〇興
례〇종헌관예관세위〇관수〇세수〇인예묘전궤〇거멱작주〇봉작〇전작〇삽시〇부복〇흥
〇小退〇再拜〇引降復位〇●謁者引初獻官詣墓前跪〇擧羃酌酒〇奉爵〇奠爵〇添爵〇俯伏〇
〇소퇴〇재배〇인강복위〇알자인초헌관예묘전궤〇거멱작주〇봉작〇전작〇첨작〇부복〇
興〇小退〇再拜〇引降復位〇●撤羹〇獻茶〇點飯〇獻官以下肅俟小頃〇平身〇執事者合飯麵
흥〇소퇴〇재배〇인강복위〇●철갱〇헌다〇점반〇헌관이하숙사소경〇평신〇집사자합반면
盖〇撤匙箸〇祝進獻官之左〇告禮成〇辭神〇獻官以下皆再拜〇祝進焚祝文●行飮福禮〇執
개〇철시저〇축진헌관지좌〇고예성〇사신〇헌관이하개재배〇축진분축문●행음복례〇집
事者撤饌〇祝奉盞盤〇詣獻官之位〇祝以爵授獻官〇獻官受爵〇飮晬爵〇興〇平身以退〇諸
사자철찬〇축봉잔반〇예헌관지위〇축이작수헌관〇헌관수작〇음쵀작〇흥〇평신이퇴〇제
執事者詣墓前〇鞠躬再拜以退〇在位者以次退〇禮畢
집사자예묘전〇국궁재배이퇴〇재위자이차퇴〇예필

축문(祝文)

維歲次干支三月干支朔十五日干支 某某世孫某某 敢昭告于

유세차 간지 3월 간지 삭15일 간지에 모모 세손〇〇가

顯某某代祖考奉直郎童蒙教官府君

몇 대조 할아버지 봉직랑 동몽교관 부군과

顯某某代祖妣恭人安東權氏之墓

몇 대조 할머니 공인 안동권씨 묘소에 고하나이다.

氣序流易 雨露旣濡 瞻掃封塋 不勝感慕 謹以淸酌庶羞 祗薦歲事 尙 饗

세월은 절기가 바뀌어서 어느덧 봄이 되어 비와 이슬이 내렸습니다. 묘역을 쓸고 봉분을 우러러보니 조상님을 사모하는 정을 이기지 못하겠습니다. 삼가 맑은 술과 여러 가지 음식으로 공경히 세사를 올리니 흠향하소서.

제4절 정선전씨 족보

정선전씨 최초의 족보는 정조 19년(1795)에 『을묘보(乙卯譜)』를 시작으로 모두 8차에 걸쳐 간행되었다. 그간 간행된 대동보(大同譜)를 살펴보면 다음과 같다.

족보명	발간 연대	비 고
乙卯譜 (을묘보)	정조 19년(1795)	全達中(전달중) 주관, 8년간 收單(수단) 끝에 완성
己丑譜 (기축보)	순조 29년(1829)	全致善(전치선) 주관, 전국 각파 모두 參譜(참보)
庚申譜 (경신보)	철종 11년(1860)	全英鐸(전영탁) 주관
丙戌譜 (병술보)	고종 23년(1886)	全相順(전상순) 주관
乙巳譜 (을사보)	1905년	全洪奎(전홍규) 주관, 全洪奎(전홍규) 序(서)

족보명	발간 연대	비고
甲子譜 (갑자보)	1924년	全冕朝(전면조) 주관, 간행은 1929년, 12개 파를 18개 파로 增派(증파)
丙午譜 (병오보)	1966년	全漢彦(전한언)·全達鉉(전달현) 주관, 정선파 22파와 천안파 5파 合譜(합보)
庚午譜 (경오보)	1996년	11개 파 參譜(참보), 정선전씨 대동보 增修譜(증수보)

정선전씨 강릉파보로는 1987년에 간행된 『강릉낙향 이조정랑공 파보 병유고집(江陵落鄕吏曹正郎公派譜竝遺稿集)』(3권)이 있다.

창녕조씨(昌寧曺氏)

제1절 창녕조씨의 세계와 주요 인물

1. 창녕조씨의 세계

창녕조씨는 창녕의 토성(土姓)이다. 지금의 창녕군은 옛 창녕현(昌寧縣)과 영산현(靈山縣)이 합하여 이루어진 곳이다. 옛 창녕현 지역은 삼한시대의 불사국(不斯國)으로 비정되기도 한다. 삼국시대 초기에는 가야의 영역이었음을 이곳에 분포·출토되고 있는 가야의 고분과 유물들이 말해주고 있다. 신라의 세력확장에 따라 6세기 중엽인 진흥왕 16년(555)에 신라가 이곳을 점령하고 하주(下州)를 설치했다. 진흥왕 26년(565)에 하주를 폐지하고 비자화군(比自火郡) 또는 비사벌군(比斯伐郡)을 두었다. 영산현은 삼국시대에 서화현(西火縣)이었다. 신라의 삼국통일 후 경덕왕 16년(757)에 창녕지역은 화왕군(火王郡)으로 개칭되고 현효현(玄驍縣, 玄風)·유산현(幽山縣, 청도군 풍각면)·계성현(桂城縣, 창녕군 계성면)을 영현으로 관할했으며, 영산은 상약현(尙藥縣)으로 개칭되어 밀성군(密城郡, 밀양)의 영현이 되었다. 고려 초인 태조 23년(940)에 각각 창녕군과 영산현으로 이름이 바뀌었으며, 현종 9년(1018)에 2곳 모두 밀성군의 속현으로 병합되었다. 명종 2년(1172)에 창녕군, 원종 15년(1274)에 영산현에 감무(監務)가 파견됨으로써 독립했다. 조선 초의 군현제 개편으로 태종 13년(1413)에 창녕현과 영산현이 되어 조선시대 동안 유지되었다. 인조 9년~15년(1631~37)에 창녕현이 영산현에 합병되기도 했다. 창녕의 별호는 창산(昌山)·하성(夏城)이었다. 지방제도 개정으로 1895년에 대구부 창녕군이 되었으며, 1896년에 경상남도 창녕군이 되었다. 1914년 군면 폐합 때 영산군이 폐지되고 영산군의 일부가 창녕군에 편입됨으로써 면적이 크게 넓어졌다.

창녕조씨 세계도

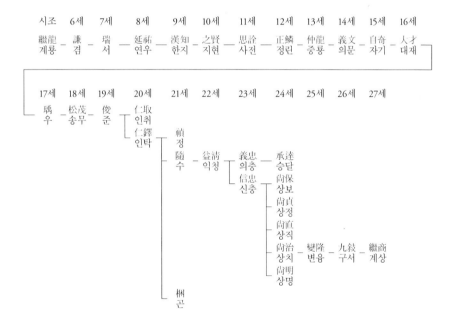

시조	6세	7세	8세	9세	10세	11세	12세	13세	14세	15세	16세
繼龍 계룡	謙 겸	瑞 서	延祐 연우	漢知 한지	之賢 지현	思詮 사전	正鱗 정린	仲龍 중룡	義文 의문	自奇 자기	人才 대재

17세	18세	19세	20세	21세	22세	23세	24세	25세	26세	27세
瑀 우	松茂 송무	俊 준	仁取 인취 / 仁鐸 인탁	禎 隨 수	益淸 익청	義忠 의충 / 信忠 신충	承達 승달			
							尙保 상보			
							尙貞 상정			
							尙直 상직			
							尙治 상치	變隆 변융	九叙 구서	繼商 계상
							尙明 상명			
				梱 곤						

　　창녕조씨의 시조는 신라 태사부마도위(太師駙馬都尉) 창성부원군(昌城府院君) 조계룡(曺繼龍)이다. 시조의 득성(得姓) 유래를 살펴보면 시조의 어머니는 한림원학사 이광옥(李光玉)의 딸인데, 어려서부터 속병을 앓았지만 백약이 효험이 없어 고생하고 있었다. 어느 날 한 도승(道僧)이 찾아와 창녕

화왕산(火旺山) 용지(龍池)에 가서 목욕재계하고 기도드리면 효험을 본다는 말을 듣고 찾아가 지성으로 기도를 드리는데 갑자기 안개가 자욱이 일어 대낮임에도 주위가 캄캄해지면서 물속으로 끌려들어가는 몽롱한 지경에 빠져들었다.

그 일이 있은 후 병이 신기하게 완치되고 태기가 있어 그 뒤 아들을 낳았는데 겨드랑이 밑에 '조(曺)'자가 쓰여 있어 모두들 기이하게 여겼다. 또한 꿈에 장부가 나타나 "나는 동해 용왕의 아들 옥결(玉玦)인데 그 아이의 아비이다. 그 아이를 잘 키우면 크게는 공후(公侯)가 될 것이요, 적어도 경상(卿相)은 틀림없을 것이다." 라고 하였다.

이 일을 전해들은 왕이 기이하게 여겨 아이를 직접 접견하고 보니 과연 풍모가 특이하고 겨드랑이 밑에 '조'자와 같은 무늬가 새겨져 있었다. 이에 성을 '조'라 사성(賜姓)하고, 이름을 용지에서 동해용왕의 정기를 이어 받았다고 하여 '계룡(繼龍)'이라 지어 주었다. 그 후 장성하여 신라 진평왕의 사위가 되고 창성부원군에 봉해졌다.

그리하여 후손들은 본관을 창녕으로 하여 세계(世系)를 이어왔으나 문헌의 실전으로 계룡의 후손 겸(謙)을 중시조로 하여 계대하고 있다. 이후 겸(謙)의 손자 연우(延祐)로부터 15세 자기(自奇)에 이르기까지 8대에 걸쳐 문하시랑평장사(門下侍郎平章事)를 지냈고, 다시 3대 뒤에 송무(松茂)·송군(松君)·송학(松鶴)의 3형제를 위시하여 6대에 걸쳐 소감(少監)을 배출하여 문중이 크게 일어났다. 특히 자기(自奇)는 고려 현종조에 거란과 여진족의 침입을 여러 차례 격퇴한 명장(名將)이었다.

22세 익청(益淸)은 충숙왕 때 중랑장(中郞將)이 되었고, 충혜왕 때 충숙왕·충혜왕 부자간의 불화를 극력 말렸으나 충혜왕 초에 대호군(大護軍)으로 간신의 무리 송팔랑(宋八郎)·홍장(洪莊) 등을 잡아 문초하다가 도리어 그들의 무고를 입어 충혜왕 2년(1332)에 제주안무사(濟州安撫使)로 좌천되었다.

충혜왕 복위 4년(1343)에 이운(李芸)·기철(奇轍) 등과 원나라에 있으면서 중서성(中書省)에 글을 올려, 충혜왕의 탐학무도함을 극언하고 고려를 원나라 영토의 일부로서 성(省)을 두어 백성들을 편안케 할 것을 청했다. 공민왕 즉위년(1351)에 찬성사(贊成事)가 되고 공민왕이 원나라에 있을 때 시종(侍從)한 공으로 공민왕 원년(1352)에 1등 공신이 되어 좌정승(左政丞)에 올라 하성부원군(夏城府院君)에 봉해지고, 순성직절동덕찬화공신(純誠直節同德贊化功臣)의 호를 받았다. 공민왕의 묘정(廟庭)에 배향(配享)되었으며, 시호는 양평(襄平)이다.

익청의 둘째아들인 23세 신충(信忠)은 우왕 9년(1383) 문과에 급제하여 희천군사(熙川郡事)를 역임하고 태조 5년(1396)에 하륜(河崙)의 천거로 강계도 좌익병마사에 임명되었으나 고려의 신하로 조선의 임금을 섬길 수가 없다 하여 벼슬에 나아가지 아니하고 영천군 창수면(오늘의 금호면)에 이거하여 살았다. 슬하에 상보(尙保), 상정(尙貞), 상직(尙直), 상치(尙治), 상명(尙明) 등 5형제를 두었는데, 그 자손이 경북 일원에 있다.

24세 상치(尙治)는 조선 초기의 문신으로 자는 자경(子景), 호는 단고(丹皋)·정재(靜齋)이다. 야은 길재 문하에서 수학을 하고 세종 원년(1419) 증광문과(增廣文科)에 장원급제하여 정언(正言)이 되고, 이어 집현전(集賢殿)에 들어가 수학했다. 세종·문종·단종조에 걸쳐 성삼문·박팽년 등과 함께 왕의 총애를 받았다. 단종 3년(1455) 집현전 부제학(集賢殿副提學)에 발탁되었고, 세조의 왕위찬탈 후 예조참판(禮曹參判)에 임명되었으나 벼슬을 하직하고 고향인 영천(永川)으로 은거하였다. 〈노산조부제학보인조상치지묘(魯山朝副提學逋人曹尙治之墓)〉라는 묘비를 미리 써놓고 세조의 신하가 아님을 스스로 밝혀 절의를 지켰다. 사후에 계룡산의 동학사와 영천의 창주서원에 배향되었다. 정조 15년(1791) 단종조 절의인으로 특별히 충정(忠貞)이라는 시호가 내려졌다.

25세 변륭(變隆)은 세종 26년(1444) 문과에 급제하여 봉렬대부(奉列大夫) 부지승문원사(副知承文院事)에 지냈으며, 26세 창성군 구서(九敍)는 사마 무과에 장원급제하여 중훈대부(中訓大夫) 영흥부판관(永興府判官)에 지냈다. 구서는 슬하에 계우(繼虞), 계하(繼夏), 계은(繼殷), 계상(繼商), 계주(繼周) 등 다섯 아들을 두었다.

27세 계상(繼商)은 연산군 원년(1495) 진사가 되고, 그해 증광문과에 병과로 급제하여 홍문관정자를 지내고 승진하여 연산군 8년(1502) 부교리에 올랐다. 그러나 연산군의 처족인 신승복(愼承福)의 경주부사 임명을 반대하다가 파직되었다. 1506년 박원종(朴元宗)·성희안(成希顔) 등이 중종반정을 도모하자, 여기에 가담하여 정국공신(靖國功臣) 2등에 책록되고 창녕군(昌寧君)에 봉해졌다. 그뒤 홍문관부제학으로 있으면서, 연산군이 죽자 각방당상(各房堂上)으로서『연산군일기』편찬에 참여하였다. 중종 3년(1508) 대사헌이 되고, 이어 성절사(聖節使)로 명나라에 다녀와서 충청도관찰사로 나갔다. 중종 5년(1510) 다시 대사헌이 되고 공조참판을 거쳐 이듬해 세번째로 대사헌이 되었다. 그뒤 동지중추부사·한성부좌윤을 거쳐 이조참판을 역임하였다. 이때 명나라에서 제주도 표류민을 쇄환하여 왔는데, 이 일로 진하사(進賀使)가 되어 명나라에 다녀왔다. 중종 9년(1514) 경상도관찰사가 되고 뒤에 예조·호조의 참판을 거쳐 공조판서에 올랐으나, 김안로(金安老)의 미움을 받아 파직되었다가 중종 32년(1537) 김안로가 제거된 뒤 다시 기용되어 우찬성에 이르렀다. 시호는 충정(忠貞)이다.

계상의 직계후손들 가운데 훌륭한 인물이 많이 배출되었다. 계상의 아들 광원(光遠)은 명종 때에 좌찬성(左贊成)을 역임했고, 증손 문수(文秀)는 시문(詩文)에 능할 뿐 아니라 글씨로도 당대에 이름을 날렸다.

2. 주요 인물

1) 조민수(曺敏修, ?~1390)

고려 말기의 무신으로 공민왕 10년(1361) 순주부사(順州府使)로 여러 장군들과 함께 홍건적의 침입을 물리치고 2등공신에 올랐다. 다음해 양광도 도순문사(楊廣道都巡問使)를 거쳐 전리판서(典理判書)·동지밀직사사(同知密直司事) 등을 역임하였다. 공민왕 17년(1368)에 명나라가 원나라 서울인 연경(燕京)을 포위하자 좌상시(左常侍)로서 의정주등처안무사(義靜州等處安撫使)가 되어 명나라의 위협에 대비하였으며, 충근보리공신(忠勤輔理功臣)의 호를 받았다. 우왕초에 경상도도순문사로 왜구를 물리쳤고, 지문하부사(知門下府事)·서북면도체찰사에 올랐다. 우왕 5년(1379)에 문하평리(門下評理), 우왕 9년(1383)에 문하시중(門下侍中)을 역임하고 창성부원군(昌城府院君)에 봉해졌다. 다음해 밀직부사로서 전라도조전원수(全羅道助戰元帥)를 겸임, 우왕 11년(1385)에 판문하부사(判門下府事)로서 사은사(謝恩使)가 되어 명나라에 다녀왔다. 우왕 14년(1388)에 요동정벌군의 좌군도통사(左軍都統使)로 출정하였다가 이성계(李成桂)와 함께 위화도에서 회군, 우왕을 폐하고 창왕을 세우는데 중요구실을 하여 충근양절선위동덕안사공신(忠勤亮節宣威同德安社功臣)에 양광전라경상서해교주도도통사(楊廣全羅慶尙西海交州道都統使)가 되었다. 창왕 원년(1389)에 이성계 일파의 전제개혁을 반대하다가 조준(趙浚) 등의 탄핵으로 창녕에 유배되었다. 이해 창왕의 생일에 특사로 풀려나왔으나, 다시 우왕의 혈통을 에워싼 논쟁으로 이성계일파에 대항하다가 서인(庶人)으로 강등, 다음해에 다시 창녕으로 유배되어 죽었다.

2) 조석문(曺錫文, 1413~1477)

조선 초기의 문신으로 자는 순보(順甫)이다. 세종 16년(1434) 알성문과에 을과로 급제, 정자에 이어 집현전부수찬·사간원정언 및 이조·형조·예조의 정랑을 역임하였다. 노모를 봉양하기 위하여 벼슬을 그만두고 장단에 물러가 있자 조정에서 그 재주를 애석히 여겨 지안산군사(知安山郡事)로 삼았다. 치적이 출중하였으므로 홍주목사에 특진되었으며, 또한 관찰사의 추천으로 그 치적이 조정에 알려지자 상호군·지형조사(知刑曹事)에 승진되고, 곧 동부승지에 임명되었다. 세조 원년(1455) 수양대군이 단종의 왕위를 수선(受禪)할 때 가담, 협력한 공으로 좌익공신(佐翼功臣) 3등이 되고 세조 3년(1457) 도승지에 임명되었다. 세조 5년(1459) 명나라에서 우리나라가 야인(野人)에게 관직을 수여한 일로 사신을 보내 책망하자, 이조참판으로서 주문사(奏問使)가 되어 명나라에 다녀왔다. 임무를 마치고 돌아온 뒤 호조참판에 임명, 창녕군(昌寧君)에 봉해지고, 뒤에 호조판서에 임명되었다. 세조 7년(1461) 호조판서로서 중외탁지사(中外度支事)를 총령(總領)하게 되고, 세조 12년(1466) 우찬성에 임명, 호조판서를 겸직하게 되었다. 호조판서를 겸직하게한 것은 오랫동안 그 직책에 근무하여 회계사무에 밝고 국가의 재정을 유족하게 하는 일에 힘썼기 때문이다. 세조 13년(1467) 이시애(李施愛)의 반란이 일어나자 병마부총사(兵馬副摠使)로서 출정하였으나 함흥에 주둔만 하고 전진하지 않아 여러 장수들의 불평이 많았다. 돌아오자 반란을 토평한 공으로써 적개공신(敵愾功臣) 1등에 책록되고 좌의정에 임명되었으며, 조금 뒤 영의정에 승진되었다. 이듬해 왕명으로 노사신(盧思愼)과 함께 『북정록(北征錄)』을 찬정하였다. 1468년 예종이 즉위한 뒤 남이(南怡)·강순(康純) 등의 옥사를 다스린 공으로써 익대공신(翊戴功臣) 3등에 책록되었으며, 성종 2년(1471) 성종의 즉위를 보좌한 공으로 좌리공신(佐理功臣) 1등에 책록되었다. 성종 7년(1476) 다시 좌의정에 임명되었으나 병으로 사면하고 창녕부원군(昌寧府院君)에 봉하여졌으며, 이듬해 영중추부사가 되었다. 시호는 충간(忠簡)이다.

3) 조위(曺偉, 1454~1503)

조선 초기의 문신으로 자는 태허(太虛), 호는 매계(梅溪)이다. 7세에 이미 시를 지을 정도로 재주가 뛰어나 족숙 석문(錫文)이 불러 가숙에 머물러 독서하도록 하였다. 성종 3년(1472) 생원·진사시에 입격하고, 성종 5년 식년문과에 병과로 급제하여 승문원정자·예문관검열을 역임하고 성종 때 실시한 사가독서(賜暇讀書)에 첫 번째로 뽑혔다. 그뒤 홍문관의 정자·저작·박사·수찬, 사헌부지평·시강원문학·홍문관교리·응교 등을 차례로 거친 뒤 어머니 봉양을 위하여 외직을 청하여 함양군수가 되었다. 그뒤 의정부검상·사헌부장령을 거쳐 동부승지가 되었다가 도승지에 이르고, 호조참판·충청도관찰사·동지중추부사를 역임하였다. 연산군 4년(1498)에 성절사(聖節使)로 명나라에 다녀오던 중 무오사화가 일어나 김종직(金宗直)의 시고(詩稿)를 수찬한 장본인이라 하여 오랫동안 의주에 유배되었다가 순천으로 옮겨진 뒤, 그곳에서 죽었다. 김종직과 친교가 두터웠고 초기 사림파의 대표적 인물이었다. 함양군수 때에는 조부(租賦)를 균등하게 하기 위하여『함양지도지(咸陽地圖志)』를 만든 것으로 전하는데, 이는 김종직이 선산부사로 있을 때『일선지도지(一善地圖志)』를 만든 것과 같은 일이다. 또, 유향소(留鄕所)의 폐단을 바로잡기 위하여 향사례(鄕射禮)·향음주례(鄕飮酒禮)를 실행하자고 건의하기도 하였다. 박식하고 문장이 위려(偉麗)하여 문하에 많은 문사가 배출되었다. 유배 중에도 저술을 계속,『매계총화』를 정리하다가 죽었다. 작품으로는〈조계문묘비(曺繼門墓碑)〉가 있고, 저서로는『매계집』이 있으며, 만분가(萬憤歌)라는 유배가사를 남겼다. 김산의 경렴사(景濂祠)에 제향되고, 시호는 문장(文莊)이다.

4) 조식(曺植, 1501~1572)

조선 중기의 학자로 자는 건중(楗仲, 健中), 호는 남명(南冥)이다. 연산군 7년(1501) 경상도 삼가현 토골[兎洞]에서 태어나서 어려서부터 학문연구에 열중하였으나 평생 과거에 응시하지 않았다. 중국의 대유학자인 주자(朱子)·정자(程子) 등의 초상화를 손수 그려 병풍으로 만들어 수시로 펴놓고 자신을 독려하였다. 중종 22년(1527) 아버지의 상을 당하여 3년간 시묘하였다. 중종 26년(1531) 생계가 어려워 어머니를 모시고 살림이 넉넉한 처가를 찾아가 김해의 탄동(炭洞)에다 산해정(山海亭)을 지어 제자교육에 힘썼다.

중종 34년(1539) 38세에 유일(遺逸)로서 헌릉참봉(獻陵參奉)에 임명되었으나 나아가지 않았으며, 중종 39년 관찰사가 만나기를 청하여도 거절하였다. 명종 4년(1549)에는 전생서주부(典牲署主簿)에 특진되었으나 나아가지 않고 집 근처에 계복당(鷄伏堂)과 뇌룡사(雷龍舍)를 지어 강학에 전념하였다. 그뒤 명종 7년(1552) 종부시주부로 다시 부름을 받았으나 나아가지 않았고, 명종 9년 벼슬길에 나아가라는 이황(李滉)의 권고도 거절하였다. 그뒤 명종 11년 단성현감, 명종 15년 조지서사지 등으로 부름을 여러 차례 받았지만 취임하지 않았다. 이와 같이 벼슬을 거절하고 은일로 학문에만 전념하였으나 그의 명성은 점점 높아만 갔다. 이에 많은 제자들이 모여들기 시작하여 명종 6년(1551)에 오건(吳健), 명종 11년(1556)에 하항(河沆), 명종 18년(1563)에 김우옹(金宇顒), 명종 20년(1565)에 최영경(崔永慶), 그 이듬해에 정구(鄭逑) 등이 찾아와 사사하였다. 명종 16년(1561)에 지리산의 덕천동(德川洞)으로 이거하여 산천재(山天齋)를 짓고 강학에 더욱 힘썼다. 명종 22년(1567) 5월에 왕이 불렀으나 나아가지 않다가 같은 해 8월에 상서원판관에 임명하여 두번씩이나 부르자 입조하였으나 왕을 만나 치란(治亂)에 관한 의견과 학문의 도리를 표하고 낙향하였다. 그 뒤에도 여러 차례 부름을 받았지만 나아가지 않았고, 오직 학문연구와 후진교육에만 힘썼다.

선조가 즉위한 이후 새로운 정치를 보필할 어진 인물을 구한다는 차원에서 여러 차례 징소되고, 선조 2년(1569)에는 정4품인 종친부전첨(宗親府

典籤)의 벼슬까지 내려졌으나 조정이 헛된 자리로만 대우함을 알고 늙고 병들었음을 구실로 끝내 응하지 않으면서, 때로는 당시의 폐단 10가지를 논하는 소를 올리되 민생구제가 급선무인데도 조정의 논의에 성리설만 무성할 뿐 실혜(實惠)가 없음을 경계하였다. 특히 68세 때인 선조 원년(1568)에 올린 「무진봉사(戊辰封事)」에서는 유명한 '서리망국론(胥史亡國論)'을 펴 서리의 작폐를 근절할 것을 강력히 주장하는 등 나라 정치에 대한 자신의 견해를 피력해 마지않았다.

선조 5년 72세로 세상을 떠나자 조정에서는 대사간에 추증하고 예관을 보내 치제(致祭)했다. 선조 9년 조식의 문도들이 덕천의 산천재 부근에 덕산서원(德山書院)을 세운 뒤 그의 고향인 삼가에도 회현서원(晦峴書院)을 세웠고 선조 11년에는 김해의 탄동에 신산서원(新山書院)을 세웠다. 광해군 때 대북세력이 집권하자 조식의 문인들은 스승에 대한 추존사업을 적극적으로 전개해 세 서원 모두 사액되었다. 또한 광해군 7년(1615) 영의정에 추증되었으며 문정(文貞)이라는 시호가 내려졌다. 저서로는 『남명집(南冥集)』·『남명학기유편(南冥學記類編)』·『파한잡기(破閑雜記)』 등이 있으며, 작품으로 〈남명가〉·〈권선지로가(勸善指路歌)〉가 있다.

제2절 동족마을의 형성과 공동체 모임

1. 창녕조씨의 강릉 입향

창녕조씨가 강릉지방에 입향한 갈래는 창성부원군의 26세 구서(九敘)의 3남 계은(繼殷)의 증손인 조학서(曺鶴瑞, 1567~?)를 입향조로 하는 계열과 26세 구서(九敘)의 4남 계상(繼商)의 증손인 조철(曺哲, 1554~1633)을 입향조로 하는 계열이 있다. 이들은 1592년 임진왜란 때 강릉에 피난왔다가 세거하게 되었다.

학서는 중형 기서(麒瑞)와 함께 강릉에 피난왔다가 전쟁이 끝난 후 기서는 귀경하고 학서는 지금의 옥천동에 정착하였고, 조철은 재종(再從) 하산군(夏山君) 조경인(曹景仁)과 함께 강릉 선교촌에 피난하였다가 전쟁이 끝난 후 하산군은 귀경하고 조철은 강릉 북평촌에 정착하였다. 강릉에 사는 창녕조씨의 대부분은 조철의 후손이다. 그의 자손들이 크게 번창하여 강릉의 대족(大族)이 되었다.

전생서 직장(典牲署直長)이었던 조철의 증조는 창녕부원군 계상(繼商)이고, 조는 예조참판 명원(明遠)이다. 부는 어모장군 행충좌위 부호군(行忠佐衛副護軍) 대승(大勝)이고, 모는 은진송씨(恩津宋氏)로 군수 송세훈(宋世勛)의 딸이다. 그의 부인은 참판 권화(權和)의 딸로서 외조는 신명화(申命和)이다.

조철은 슬하에 호인(好仁), 호의(好義), 호례(好禮), 호겸(好謙)을 두었다. 이 가운데 호의는 파주로 출계(出系)하였고, 호례는 후손이 없었다. 강릉 지방에 세거하였던 조철의 후손은 첫째 호인과 넷째 호겸의 후손이다. 호인의 후손들은 선교, 사화, 학산, 사월, 신리, 신석, 선전관, 주천, 삭녕파로 구분되며, 호겸의 후손들은 혜재파라 하였다. 호겸의 후손들은 난곡동을 중심으로 동족마을을 이루고 있다.

호인(好仁, 1578~1619)의 자는 성견(聖見)이고. 부인은 강릉최씨로 교수(敎授) 최인서(崔仁瑞)의 딸이다. 광해군 9년(1617) 사마시에 입격하였으나 2년 후에 죽었다. 그의 슬하에는 조수(曹璹), 조근(曹瑾), 조윤(曹玧), 조신(曹珹), 조언(曹琂) 5형제가 있었다.

창녕조씨 강릉 분파도

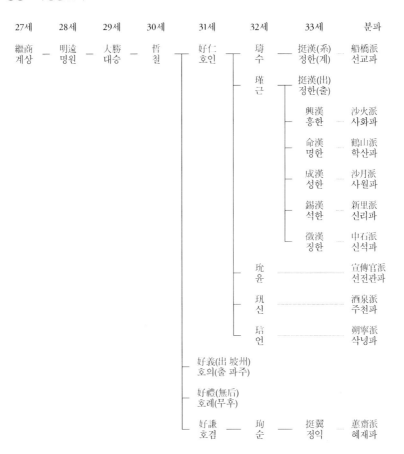

27세	28세	29세	30세	31세	32세	33세	분파
繼商 계상	明遠 명원	人勝 대승	哲 철	好仁 호인	壽 수	挺漢(系) 정한(계)	船橋派 선교파
					瑾 근	挺漢(出) 정한(출)	
						興漢 흥한	沙火派 사화파
						命漢 명한	鶴山派 학산파
						成漢 성한	沙月派 사월파
						錫漢 석한	新里派 신리파
						徵漢 징한	中石派 신석파
					玩 윤		宣傳官派 선전관파
					玭 신		酒泉派 주천파
					琂 언		朔寧派 삭녕파
				好義(出 坡州) 호의(출 파주)			
				好禮(無后) 호례(무후)			
				好謙 호겸	均 순	挺翼 정익	蕙齋派 혜재파

호인의 3자 조윤은 조철의 손자이고, 아버지는 진사 조호인(曺好仁)이다. 그의 자는 중온(仲溫), 호는 모정재(慕貞齋)이다. 경사(經史)와 병술(兵術)에 두루 능통하였다. 인조 5년(1627) 진사에 입격하였고 인조 7년(1629) 무과에 급제하였다. 병자호란(1636) 때 효력위선전관(效力尉宣傳官)으로서 인조를 남한산성으로 호위하였다. 그 공로를 인정받아 후에 자헌대부(資憲大夫) 형조판서(刑曹判書)에 추증되었다. 그의 애마인 비운(飛雲)에 관한 일화가 전

해지는데, 그 내용을 요약하면 다음과 같다. 적진을 정탐할 때 비운이 빨리 달려서 화살을 피해 다녔기에 그 공적으로 칭찬과 금을 하사받았다. 또한 강화도의 적세를 정탐하라는 명을 받고 적진에 들어갔다가 포로가 되어 순직하였는데, 하인인 충남(忠男)이 그의 시신을 거두어 놓고 울다가 비운에게 이르기를, "너는 어찌 적진 가운데 있겠느냐"라고 하니 비운은 적진을 탈출하여 강릉 본가로 돌아 왔다고 한다.

창녕조씨는 강릉에 입향한 후에 과거 합격자를 꾸준히 배출하였다. 우선 조철의 증손 조징한(曺徵漢)은 숙종 17년(1691) 문과에 급제하여 현감을 지냈다. 조철의 11손인 조대환(曺大煥)은 고종 29년(1892) 문과에 급제하여 통사랑 승문원정자(通仕郎承文院正字)와 승정원 주서(承政院注書)를 지냈다. 그리고 호인의 손자 정한(挺漢)은 숙종 원년(1674) 생원시에 입격하였고, 호인의 5세손인 윤영(允榮)은 정조 22년(1798) 생원시에 입격하였다. 호인의 8세손인 익승(翼承)은 헌종 원년(1835) 생원시에 입격하였고, 호겸의 8세손인 석삼(錫三)은 고종 25년(1888) 진사시에 입격하였다. 조철이 강릉지방에 입향한 이후 그의 후손들이 족세(族勢)를 지속적으로 유지할 수 있었던 것은 문과와 사마시 합격자를 계속 배출하였기에 가능하였다고 본다.

그리고 이들 입격자들의 통혼관계를 살펴보면 대체로 강릉지역에서 토착적인 기반을 확고히 갖춘 가문이었다. 조철의 아들 호인은 강릉최씨 교수(敎授) 인서(仁瑞)의 딸과 혼인하였고, 근(瑾)은 강릉박씨 판결사(判決事) 인순(仁淳)의 딸과 혼인하였으며, 신(玖)은 강릉최씨 군자봉사(軍資奉事) 운영(雲嶸)의 손녀와 혼인하였다.

1930년에 간행된 『생활상태조사』(강릉편)에 의하면, 창녕조씨 집성촌은 강릉시 유산동에 60호 300여 명이, 난곡동에 30호에 150여 명이, 주문진읍 교항리에 30호 150여 명이, 강동면 신석리에 30호 130여 명이, 구정면 학산리에 40호 180여 명이 조사 보고되었다. 현재까지도 강원도 강릉시 유

산동, 난곡동, 학산리는 창녕조씨들이 많이 거주하는 지역이다.

2. 파조별의 거주지

1) 종댁(船橋宅)

조정한(曺挺漢)의 후손들인 종댁은 창녕조씨 강릉종회의 제보에 의하면, 현재 강릉시에 44가구가 거주하고 있으며 운정동과 사천면 사기막리 등에 비교적 많이 거주하고 있다.

2) 사화댁(沙火宅)

조흥한(曺興漢)의 후손들인 사화댁은 현재 강릉시에 37가구가 거주하는 것으로 파악되며, 특히 사천면 노동리에 약 20가구가 거주하고 있다.

3) 학산댁(鶴山宅)

조명한(曺命漢)의 후손들인 학산댁은 현재 강릉시에 185가구가 거주하는 것으로 파악되며, 유산동에 약 50여 가구, 학산에 약 10여 가구가 거주하고 있다.

4) 사월댁(沙月宅)

조성한(曺成漢)의 후손들인 사월댁은 현재 강릉시에 12가구가 거주하고 있는 것으로 파악되었다. 사천면 노동리에 약 5, 6가구가 거주하고 있다.

5) 신리댁(新里宅)

조석한(曺錫漢)의 후손들인 신리댁은 현재 강릉시에 42가구가 거주하고 있는 것으로 파악되며, 주문진읍 교항리에 주로 거주하고 있다.

6) 신석댁(申石宅)

조징한(曺徵漢)의 후손들인 신석댁은 현재 강릉시에 46가구가 거주하고 있는 것으로 파악되며, 그중 신석동에 약 30가구 정도 거주하고 있다.

7) 선전관댁(宣傳官宅)

조윤(曺玧)의 후손들인 선전관댁은 현재 강릉시에 34가구가 거주하고 있는 것으로 파악되며, 그중 사천면 판교리에 약 10여 가구가 거주하고 있다.

8) 삭녕댁(朔寧宅)

조언(曺琂)의 후손들인 삭녕댁은 현재 강릉시에 27가구가 거주하고 있는 것으로 파악되며, 그중 사천면 방동리에 약 10여 가구가 거주하고 있다.

9) 혜재댁(蕙齋宅)

조정익(曺挺翼)의 후손들인 혜재댁은 현재 강릉시에 104가구가 거주하고 있는 것으로 파악되며, 그중 난곡동에 15가구가 거주하고 있다.

3. 공동체 모임

1) 조산리대동계(助山里大同契)

조산리대동계는 일명 '고봉고청제(高峰告淸祭)'라고도 불린다. 고청계는 그 명칭에서 시사하듯이 '고봉(高峰)'에 치제하는 풍속을 존속하기 위해 조직된 계이다. 고봉에 치제하는 '고청사(告淸祀)'가 언제부터 비롯되었는지는 분명치 않다. 고청사의 기원이 이른 시기까지 소급될 수 있는 것으로 추정되지만, 현전하는 문헌상의 기록으로는 『고봉고청계성책(高峰告淸契成冊)』에서 순조 22년(1822)으로 확인된다.

조산리의 대동계 즉 고청계는 운정·선교·난곡·혜재·증봉·면천·대전·두호미·조산 등 9개의 자연촌락을 대상으로 조직된 계이다. 여기에 행정편제상 경호리의 자연촌락 1개 동이 대동계에 참여하고 있다. 이것은 조산리와 같은 생활권이라는 점에서 이해되는 부분이다.

이와 같이 자연촌락 10개 동이 참여한 조산리 대동계는 그 자체로 고청사를 존속하기 위한 대동계의 운영단위가 되고 있다. 고청사를 봉행하기 위한 제수(祭需)와 조반(朝飯), 숙식의 재원이 각 동 단위로 분담되고 있고, 수합된 계재(契財)의 이식(利殖)이 또한 각 동 단위로 운영되고 있다. 대동계는 이러한 역할을 담당하는 각 동의 유사(有司)를 1명씩 택정하고 있다. 그리고 대동계의 계수(契首)는 촌장이 맡고 있었다.

고청사는 마을의 복과 안녕을 기원하는 신명(神明)에 대한 주민들의 사신(祀神) 행위이다. 또한 이를 통해 촌락공동체를 유지하고 운영하기 위한 촌락 구성원간의 일체감과 공동체의식을 고취하기 위한 것이다.

순조 22년에 대동계가 결성되면서 고청사의 준행을 표방하고 있는 것은 일차로 기왕의 고청사의 풍속을 계승하려는 목적을 갖는 것이지만, 아울러 고청사의 준행을 위협하는 사회적 조건들을 극복하기 위한 방법의 모색이었던 것으로 보인다. 순조 년간에 결성되었던 대동계가 다시 한 차례 단절되면서 고종 12년(1875)에 대동계가 중수되고 있는 것은 고청사를 준행하기 위한 조산리의 노력을 단적으로 보여주는 것이라 하겠다.

2) 혜재중동계(蕙齋中洞契)

혜재중동계를 밝혀주는 자료는 '혜재중동내계문부(蕙齋中洞內契文簿)', '토지대장', '중동계회문(中洞契回文)', '좌목(座目)', '혜재중동내계명부(蕙齋中洞內契名簿)' 등이 있다. 중동계의 결성시기와 관련하여 '혜재중동내계문부'에 병신년(1896)으로 나타나는 것으로 보아 단절되었던 중동계가 이때에 재창계(再創契)되었음을 볼 수 있다. 아마도 중동계의 창계 시기는 이보다 훨씬 이전으로 소급될 수 있을 것으로 보인다.

중동계는 주로 혼례용구의 준비와 그 운영을 목적으로 한 것으로 보인다. 이를 위해 중동계에서는 계원으로부터 계전(契錢)과 백미(白米)를 수합하고, 이를 자본으로 하여 난곡리와 안현리, 석교리에 동답(洞畓)을 마련하고 있었음이 '토지대장'과 '혜재중동내계명부'에서 확인된다.

중동계는 그 운영을 위한 임원조직으로 계수(契首)와 유사(有司)를 두고 있고, 이들 임원은 매년 추수가 끝나는 가을에 한차례 열렸던 계회에서 택정된다. 그리고 매년 계회시에는 계물(契物)과 계재(契財)가 인계되면서 근년까지 존속되고 있었다. 이는 현전하는 중동계의 문서 가운데 기미년(1979)의 회문(回文)이 전해지고 있는 것에서 살필 수 있다.

4. 동제(洞祭)

1) 서지마을

서지마을은 크게 윗마을과 아랫마을로 나누어진다. 서낭당의 위치는 윗마을과 아랫마을 중간에 위치하고 있다. 수령(樹齡)이 200여 년 된 나무가 신목(神木)이며, 그 앞에 당(堂)을 만들었다. 당은 벽돌로 지었고 지붕은 기와로 팔각형태이며 문은 동쪽을 향하고 있다.

당 안에는 성황지신(城隍之神), 토지지신(土地之神), 여역지신(癘疫之神)의 위패가 있다. 또한 제기(祭器), 시루, 촛대, 향로가 당 안에 있다. 제사일은 정월과 동짓날 초정(初丁)에 지내며, 마을내에 출산이나 상가집이 발생하였을 경우는 달을 넘겨 지내며 시간은 자정과 1시 사이다.

제물은 삼실과(三實果)와 삼탕(三湯), 청주와 포 그리고 시루 3개의 구멍을 막는데 3되 3홉씩 백설기를 만든다. 정월 고사는 생육(生肉)으로 소고기를 쓰고, 동짓날 제사는 소머리를 제물로 쓴다. 서지마을은 40여 가구가 있는데 서낭제사의 비용은 논 600평, 대지 200평, 구 동사무소 대지 200여 평 등에서 나오는 수익금으로 충당되며, 운정동 6개 마을 가운데 서낭제사 위토(位土)가 가장 넉넉한 마을이다.

동짓날 고사를 지낸 후 마을의 모든 가구가 참여하는 동네계를 함께 하여 전반적인 동네의 회의나 두레성격이 강한 품앗이 결정, 이듬해 서낭제사의 유사가 결정된다. 유사는 3명이며 한해의 서낭제와 동네계를 주관한다.

2) 행정마을

이 마을은 7번 국도를 따라가다가 한밭다리 가기 전 북동쪽에 위치한 마을로서 20여 가구가 살고 있는 작은 마을이다. 서낭당은 윗골과 아랫골 가운데의 한자락에 위치한다. 원래 당은 목조건물에다 함석지붕이었으나 1992년 강풍에 붕괴되어 1993년 봄에 슬라브 콘크리트로 개축하였다. 개축시 비용은 200여 만원이 소요되었으며, 역(役)은 행정마을 각 가구에서 부담하였다.

당 안에는 성황지신, 토지지신, 여역지신 3위의 위패와 시루, 제구 등이 보관되어 있다. 제사시기는 정월과 동짓달이며 초정(初丁) 12시와 1시 사이에 제사를 지낸다. 제물은 시루 3개의 백설기를 마련하고 소고기 생육 3접시, 삼실과, 삼탕, 그리고 주과를 쓴다. 제사비용은 제사를 위한 마을재산이 200여 만원이 있으나 서낭당 개축에 모두 소요하여 그 비용을 각출하였다 한다. 동짓달 제사 후 동네전체가 모여서 동네회의 후 비용계산을 한다.

3) 날밀마을

날밀은 30여 가구가 거주하는데 이 마을의 서낭당은 황산사(篁山祠) 오른쪽 한자락에 위치하고 있다. 당에는 200여 년 된 노송이 있었으나 베어지고 그 밑에 50여 년 된 소나무가 자라고 있으며 고목(枯木)이 한그루 서 있다. 그리고 석단을 쌓은 흔적이 보인다. 제단은 블록을 놓아 3개의 제단을 만들었고, 제사 당일 지름 5cm, 길이 50cm 정도의 위패를 나무로 깍아 그 나무에 각각 성황지신, 토지지신, 여역지신이라고 한지에 써 붙여 제사를 지낸다.

제사는 정월과 동짓달 날받이를 하는데 대체로 초정(初丁)이며, 시각은 12시에서 1시 사이에 지낸다. 제물로는 시루 3개의 구멍을 막고 한 시루에 3되 3홉의 양으로 백설기를 하여 쓴다. 그리고 소고기 생육 3접시, 삼실과, 삼탕 그리고 제주(祭酒)와 포를 쓴다. 이 마을은 과거에는 서낭답이 있었으나 이제는 이를 팔아서 200여 만원 정도가 은행에 예치되어 그 이자를 제사비용으로 사용한다. 이 마을의 서낭제는 시장보기에서부터 재물 장만까지 모든 절차가 철저하게 남성만이 참여하며, 유사는 두 사람이 맡는다.

4) 배다리마을

이 마을은 앞으로는 난곡천이 흐르고, 선교장을 중심으로 15가구 정도로 이루어져 있다. 서낭당은 마을 앞 들판에 위치하고 있다. 신목은 느티나무로 수령이 100여 년 정도인데 실과 한지로 만든 폐백을 걸어 놓고 제사를 지낸다. 신목이 있는 곳에서는 마을이 한눈에 바라보이며, 위패는 성황지신 만이 있다. 제사일은 정월 초정일 한번만 지낸다.

제물로는 시루 3개의 구멍을 막고 한 시루에 3되 3홉으로 백설기를 만든다. 그리고 새옹이라는 그릇에 새옹밥을 지어 메로 사용한다. 건어물 3

접시, 탕 3접시, 소고기 생육 3접시, 과일 그리고 청주를 제주로 사용하며 포를 쓴다. 제물과 제주를 장만할 때는 유사들이 한지를 입에 물고 정결하게 한다. 제사비용은 과거 쌀 한말씩 서낭제 비용으로 각 가구에서 내놓았던 것이 모여 이제는 100여 만원의 제사기금이 마련되었다고 한다.

제사 당일날 동네가 모여서 회의를 갖는 동네계가 있다. 여기에서 당해 제사비용을 산출하고 다음 유사를 정하여 시루, 새옹그릇, 제구 등을 넘겨주게 된다.

5) 해운정 마을

이 마을은 아랫동네(해운정이 있는 마을)와 윗동네(해운정 뒷마을)의 30여 가구가 서낭고사에 참여한다. 서낭당은 배다리와 해운정 사이의 작은 산 숲속에 위치하고 있다. 산에서 보면 뒷마을이 보이고 해운정이 보인다. 당은 블록을 쌓아 담을 치고 제단을 쌓았으며, 위패는 제사 당일 한지에 성황지신, 토지지신, 여역지신이라고 써서 붙이고 제사를 지낸다. 당 옆에는 작은 방을 하나 만들어서 그곳에 제구와 여러 가지 물건을 보관한다.

과거에는 정월과 동짓달 2회 제사를 지냈으나 현재에는 정월고사만 받든다고 한다. 시간은 자정에서 1시 사이이다. 서낭제의 제물로는 시루 3개, 메, 소고기 생육 3접시, 어물, 과일, 그리고 술과 포를 사용한다. 유사는 아랫마을과 뒷마을에서 각각 1명씩 선정한다. 해운정 마을의 서낭제 위토는 논이 400여 평이 있고, 해마다 2가마니 정도의 지경을 받는다. 또한 동네계에서 마련된 100여 만원의 현금도 있다. 동네계는 동짓달에 치루어지는데, 이때에 여러 가지 동네의 현안 문제에 대한 논의가 이루어진다.

6) 시리미 마을

이 마을은 시리미골과 사우골이 합쳐 형성된 30여 가구의 마을이다. 서낭당은 시리미골 입구의 200여 년 된 소나무가 신목이다. 그 밑에 보도 블럭으로 제단을 설치했다. 위패는 나무를 깎아서 한지에 성황지신, 토지지신, 여역지신의 위패를 써서 붙이고 제를 올린다. 원래 정월과 동짓달 초정에 두 번 제를 올렸으나 지금은 정월제사만 드린다.

제물로는 시루, 생육, 메, 과일, 그리고 술과 포를 쓰고, 남성들만이 모든 제의 과정에 참여한다. 또한 눈이나 비가 많이 오면 닭을 써서 망제(望祭)를 지낸다. 동네에 유고가 생기거나 유사가 부정을 하면 다음달 초정에 지내게 된다. 이 마을의 서낭위토는 즈므마을에 4마지기의 논이 있어 서낭제 비용으로 사용한다.

서낭제 유사는 3명으로 선정되며 제사는 정월제사를 지내고 그날 동네가 모두 모여서 도가집에서 점심을 함께 하고 서낭제사 비용의 산출과 유사선출, 각종 회의를 갖게 되는데 이 또한 서낭제를 중심으로 한 마을의 동네계 형식의 성격을 갖고 있다.

제3절 문화유적(祠宇, 齋舍)

1. 영향헌(永享軒)

강릉시 사천면 사기막리 운계동에 있는 이 재실은 창녕조씨의 강릉 입향조인 조철(曺哲)을 제향한 곳이다. 1700년대 중엽에 세장동 백궁(百弓)에 창건하였으나 1885년경에 현 위치로 이전하였다. 그 후 세월이 흐름에 따라 건물이 노후하여 2003년에 신축하였다. 건물은 정면 3칸의 맞배지붕 형식이다. 옥산 이우(李瑀)가 쓴 시판과 족손(族孫) 소운공(紹雲公)이 쓴 현액 영향헌(永享軒)이 걸려 있다. 제향일은 매년 음력 4월 8일이다.

홀기(笏記)

●獻官及諸執事俱就位○設饌○祝進獻官之左請行事○行降神禮○初獻官詣盥帨位○盥手○
●헌관급제집사구취위○설찬○축진헌관지좌청행사○행강신례○초헌관예관세위○관수○

帨手○因詣墳墓前○跪○三上香○俯伏○興○小退○再拜○跪○酹酒○俯伏○興○小退○再
세수○인예분묘전○궤○삼상향○부복○흥○소퇴○재배○궤○뇌주○부복○흥○소퇴○재

拜○因降復位○參神○獻官及在位者皆再拜●行初獻禮○因詣墳墓前○跪○執爵○覓爵○啓
배○인강복위○참신○헌관급재위자개재배●행초헌례○인예분묘전○궤○집작○전작○계

盖○正箸○俯伏○興○小退○跪○獻官及在位者皆俯伏○祝進獻官之左讀祝○興○獻官再拜
개○정저○부복○흥○소퇴○궤○헌관급재위자개부복○축진헌관지좌독축○흥○헌관재배

○因降復位○撤爵●行亞獻禮○詣盥帨位○盥手○帨手○因詣墳墓前○跪○執爵○覓爵○俯
○인강복위○철작●행아헌례○예관세위○관수○세수○인예분묘전○궤○집작○전작○부

伏○興○小退○再拜○因降復位○撤爵●行終獻禮○詣盥帨位○盥手○帨手○因詣墳墓前○
복○흥○소퇴○재배○인강복위○철작●행종헌례○예관세위○관수○세수○인예분묘전○

跪○執爵○覓爵○俯伏○興○小退○再拜○因降復位○俯伏○在位者皆俯伏○興○禮成○祝
궤○집작○전작○부복○흥○소퇴○재배○인강복위○부복○재위자개부복○흥○예성○축

進獻官之左告禮成○闔盖○撤箸○辭神○獻官及在位者皆再拜○祝焚祝○撤饌○以次退
진헌관지좌고예성○합개○철저○사신○헌관급재위자개재배○축분축○철찬○이차퇴

축문(祝文)

維歲次 某年某月某朔某日干支某代孫某 敢昭告于

유세차 모년 모월 모삭 모일 간지에 몇 대손 ○○가

顯某代祖考承議郎行典牲署直長府君

몇 대조 할아버지 승의랑 행전생서직장 부군과

顯某代祖妣宜人安東權氏

몇 대조 할머니 의인 안동권씨에게 고하나이다.

歲次漸遷 追遠彌逮 時惟孟夏 萬物茂暢 瞻掃封塋 不勝感慕 謹以淸酌脯醢 祗薦歲事 尙 饗

세차가 바뀌어도 조상님을 추모하나 미칠 수 없기만 합니다. 때는 5월로 만물이 무성한 데 묘역을 쓸고 봉분을 우러러보니 조상님을 사모하는 정을 이기지 못하겠습니다. 삼가 맑은 술과 포해로 공경히 세사를 올리니 흠향하소서.

2. 영신재(永愼齋)

이 재실은 창녕조씨 조호겸(曺好謙)을 모신 곳으로 혜재문중(蕙齋門中) 소유이다. 영신재란 "선조 추모를 영원히 참되게 한다."는 뜻에서 유래했다. 호겸은 조철의 4남 1녀 중 막내로서 만력 연간에 태어났으며, 원주변씨(原州邊氏)인 변수(邊洙)의 딸과 혼인하였다. 재실 정면에 '영신재(永愼齋)'란 현액이 걸려 있고, 그 안에 선조의 행적과 건립 내력을 적은 '영신재기(永愼齋記)' 현판이 있다. 조호겸의 묘는 원래 강릉시 교동 이라곡(伊羅谷) 서록(西麓)에 있었으나 교동택지개발로 인해 사천면 노동리로 이장하였다. 제향일은 매년 음력 3월 15일이다.

홀기(笏記)

●獻官及諸執事俱就位○設饌○祝進獻官之左請行事○行降神禮○初獻官詣盥帨位○盥手○
●헌관급제집사구취위○설찬○축진헌관지좌청행사○행강신례○초헌관예관세위○관수○
帨手○因詣床石前○跪○三上香○俯伏○興○小退○再拜○跪○酹酒○俯伏○興○小退○再
세수○인예상석전○궤○삼상향○부복○흥○소퇴○재배○궤○뇌주○부복○흥○소퇴○재
拜○因降復位○參神○獻官及在位者皆再拜●行初獻禮○因詣床石前○跪○酌酒○執爵○奠
배○인강복위○참신○헌관급재위자개재배●행초헌례○인예상석전○궤○작주○집작○전
爵○啓盖○正箸○俯伏○興○小退○跪○祝進獻官之左讀祝○興○再拜○因降復位○撤爵●

작○계개○정저○부복○흥○소퇴○궤○축진헌관지좌독축○흥○재배○인강복위○철작●

行亞獻禮○亞獻詣盥帨位○盥手○帨手·○因詣床石前○跪○酌酒○執爵○奠爵○俯伏○興○

행아헌례○아헌예관세위○관수○세수○인예상석전○궤○작주○집작○전작○부복○흥○

小退○再拜○因降復位○撤爵●行終獻禮○終獻詣盥帨位○盥手○帨手○因詣床石前○跪○

소퇴○재배○인강복위○철작●행종헌례○종헌예관세위○관수○세수○인예상석전○궤○

酌酒○執爵○奠爵○俯伏○興○小退○再拜○因降復位○俯伏○在位者皆俯伏○肅俟小頃興

작주○집작○전작○부복○흥○소퇴○재배○인강복위○부복○재위자개부복○숙사소경흥

○祝進獻官之左告禮成○闔盖○撤著○辭神○獻官及在位者皆再拜○祝焚祝○撤饌○在位者

○축진헌관지좌고예성○합개○철저○사신○헌관급재위자개재배○축분축○철찬○재위자

以次退

이차퇴

축문(祝文)

維歲次某年某月某朔某日干支某代孫某 敢昭告于

유세차 모년 모월 모삭 모일 간지에 몇 대손 ○○가

顯某代祖考某官府君

몇 대조 할아버지 모관 부군과

顯某代祖妣某封某氏

몇 대조 할머니 모봉 모씨에게 고하나이다.

世次漸遷 追遠靡逮 時惟季春 萬物(隨時)和生(又雨露旣濡 秋則霜露旣降) 瞻掃封塋 不勝感
慕 謹以淸酌脯醢(殷奠則改脯醢二字爲庶羞) 祇薦歲事 尙 饗

세차가 바뀌어서 조상님을 추모하매 미칠 길 없습니다. 때는 3월로 만물이 무성한 데[또는 어
느덧 봄이 되어 비와 이슬이 내렸습니다. 가을이면 어느덧 서리와 이슬이 내렸습니다] 묘역을
쓸고 봉분을 우러러보니 조상님을 사모하는 정을 이기지 못하겠습니다. 삼가 맑은 술과 포해
[큰 제사는 포해 2자를 庶羞로 고친다]로 공경히 세사를 올리니 흠향하소서.

제4절 창녕조씨 족보

창녕조씨 최초의 족보는 선조 9년(1606)에 간행된 『병오보(丙午譜)』이다. 이를 시작으로 그 후 간행된 대동보(大同譜)를 살펴보면 다음과 같다.

족보명	권수	발간 연대	비 고
丙午譜 (병오보)	2	선조 9년(1606)	曹倬(조탁) 발행
癸酉譜 (계유보)	6	숙종 19년(1693)	曹孝昌(조효창) 발행, 曹明德(조명덕) 序(서)
丁亥譜 (정해보)	10	영조 43년(1767)	曹霖(조림)·曹敏振(조민진) 발행, 曹命億(조명억) 序(서), 曹霖(조림) 跋(발)
甲戌譜 (갑술보)	21	순조 14년(1814)	曹錫興(조석어) 발행
辛亥譜 (신해보)	30	1911년	曹始永(조시영) 序(서), 일명 金山譜(금산보)
甲子譜 (갑자보)	28	1924년	曹秉洙(조병수) 발행, 일명 筵豊譜(연풍보)
丙子譜 (병자보)	15	1936년	曹世煥(조세환) 외 2인 발행

창녕조씨 강릉파보는 직장공 조철(曺哲)의 자손으로서 강릉에 살고 있는 자만으로 정묘년·임진년에 가승(家乘)을 만들었으나, 간행하지 못하다가 1928년에 간행한 것이 『무진보(戊辰譜)』이다. 그 뒤 60년이 지난 1988년에 『무진보』(3권)를 간행하였다.

영일정씨(迎日鄭氏)

제1절 영일정씨의 세계와 주요 인물

1. 영일정씨의 세계

영일(迎日)정씨는 영일의 토성(土姓)이다. 영일은 원래 신라의 근오우현(斤烏友縣)인데 경덕왕 16년(757)에 임정현(臨汀縣)으로 개칭, 의창군(義昌郡: 지금의 흥해)의 영현이 되었다. 고려 초인 태조 23년(940)에 오늘날의 이름인 영일현으로 이름을 고쳤다. 현종 9년(1018)에 경주의 속현이 되었다가 공양왕 2년(1390)에 감무(監務)를 둠으로써 독립했다. 조선 초에는 진(鎭)을 설치하고 병마사(兵馬使)가 지현사(知縣事)를 겸하게 했다. 세종대에 다시 병마첨절제사로 고쳤다가 후에 현감만을 파견했다. 영조 8년(1732)에 통양포(通洋浦) 아래에 포항창(浦項倉)을 설치해 함경도 진휼(賑恤)의 바탕으로 삼게 함으로써 함경도와 경상도를 연결하는 동해안 해로의 중심 역할을 했다. 1895년 지방제도 개정에 의해 동래부 관하 영일군이 되었다가, 1896년의 13도제 실시로 경상북도 소속이 되었다. 1914년 행정구역 개편 때 장기군·흥해군·청하군의 3개군이 폐지되어 영일군에 합병됨으로써 영일군의 면적이 크게 확장되었다.

정씨의 원류에 대하여는 『삼국사기』와 『삼국유사』에 기록이 전해지고 있다. 신라 6촌 가운데 취산(嘴山) 진지부(珍支部)의 촌장이었던 지백호(智伯虎)

가 유리왕 9년(서기 32년)에 유리왕으로부터 다른 5촌장들과 함께 성을 하사받을 때 본피부로 개칭되면서 정씨 성을 하사받았다고 한다. 본관을 '연일(延日)'로 한 것은 포은의 원조(遠祖)인 정의경(鄭宜卿)이 '연일'로 이거하여 호장(戶長)을 지내고 연일현백(延日縣伯)에 봉해졌기 때문이라 한다. 원래는 본관을 연일의 별칭인 '오천(烏川)'으로 쓰기도 했으나 현재는 '영일(迎日)'로 통일해 쓰고 있다.

영일정씨 지주사공파 분파도

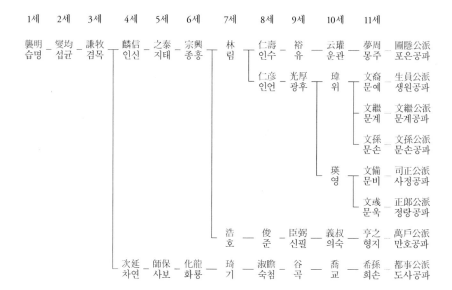

『영일정씨세보』(1981) 서(序)에 의하면 영일정씨가 영일에 세거한 것은 습명(襲明)대부터라 한다. 습명(?~1150)은 향공(鄕貢)으로 문과에 급제한 후 내시(內侍)에 들어갔고, 인종 24년(1146) 예부시랑이 되어 태자(후일 의종)에게 강서(講書)하였다. 공예왕후(恭睿王后)가 둘째 아들 대령후(大寧侯)를 태자로 세우려는 것을 저지하여 인종의 신임을 얻어 승선(承宣)에 올랐고, 의종 3년(1149) 한림학사를 거쳐 추밀원지주사(樞密院知奏事)를 지냈다. 이가 바로 지주사공파(知奏事公派)의 시조이다.

지주사공파(知奏事公派)는 습명을 시조로 하여 8개 파로 나누어진 다. 몽주의 후손이 포은공파(圃隱公派), 문예(文裔)의 후손이 생원공파(生員公派), 문계(文繼)의 후손이 문계공파(文繼公派), 문손(文孫)의 후손이 문손공파(文孫公派), 문비(文備)의 후손이 사정공파(司正公派), 문욱(文彧)의 후손이 정랑공파(正郎公派), 형지(亨之)의 후손이 만호공파(萬戶公派), 희손(希孫)의 후손이 도사공파(都事公派)이다.

9세 광후(光厚)와 10세 운관(云瓘)대를 전후하여 영천(永川)으로 옮겨 갔는데, 고천(古川) 운항리(愚巷里)에는 몽주(夢周)의 옛집이 있었다고 한다. 이러한 사실은 포은의 「제성역(諸城驛)」이란 시(詩)에서도 "영천(永川)과 오천(烏川)은 모두 나의 고향이다"라고 하여 그의 선조들이 그곳에 세거했음이 확인된다. 그리고 고려 말에 이르러 몽주의 순절(殉節)로 가문(家門)이 위기를 맞자 전공판서(典工判書)였던 인언(仁彦)이 그의 아들 광후(光厚)와 함께 영천 남전촌(南錢村)으로 은거하게 됨으로써 영천이 세거지가 되었던 것이다.

포은의 증조부 인수(仁壽)는 증봉익대부(贈奉翊大夫) 개성윤(開城尹) 상호군(上護軍)이었고, 조부 유(裕)는 증봉익대부(贈奉翊大夫) 밀직부사(密直副使) 상호군(上護軍)이었으며, 아버지 운관(云瓘)은 일성부원군(日城府院君)에 봉해졌는바, 모두가 산직(散職)인 동정직(同正職)과 검교직(檢校職)인 것으로 보아 그의 집안이 지방에 거주하는 한미한 사족이었음을 보여준다.

2. 주요 인물

1) 정몽주(鄭夢周, 1337~1392)

포은공파의 파조 정몽주는 영천군 우항리(愚巷里)에서 운관(云瓘)

의 맏아들로 태어났다. 그의 어머니 이씨(李氏)가 임신했을 때 난초꽃 화분을 안았다가 놀라 떨어뜨리는 꿈을 꾸고 깨어나 그를 낳았다고 하여 아명(兒名)을 '몽란(夢蘭)'이라 했다가, 그가 아홉 살 때 어머니가 용(龍)이 배나무 위에 올라가 웃고 있는 꿈을 꾸고 깜짝 놀라 깨어나 보니 몽란이 배나무 위에 올라가 용처럼 웃고 있었다 하여 다시 이름을 '몽룡(夢龍)'이라 고쳤다. 그 후 몽룡이 18세 되던 어느 날 아버지 운관이 꿈을 꾸는데 중국의 옛 현인 주공(周公)이 나타나 몽룡을 가리키며 "후세에까지 이름을 빛나게 할 아이이니 잘 키워라"하고 부탁하였다. 그리하여 다시 이름을 주공의 '주(周)'자를 따서 '몽주(夢周)'로 고쳤다고 한다.

정몽주는 공민왕 9년(1360) 김득배(金得培)가 지공거, 한방신(韓邦信)이 동지공거인 문과에 응시하여 삼장(三場)에서 연이어 첫자리를 차지해 제1인자로 뽑혔다. 공민왕 11년(1362)에 예문검열이 되었고, 공민왕 16년(1367) 성균관이 중영(重營)되면서 성균박사(成均博士)에 임명되었다. 우왕 원년(1375)에 우사의대부(右司議大夫)로 임명되었다가 성균대사성(成均大司成)으로 전임했다. 이어 여러 벼슬을 역임하고 우왕 10년(1384)에 정당문학(政堂文學)이 되었고, 이듬해에 동지공거가 되어 과거를 주관했다. 창왕 원년(1388)에 삼사좌사(三司左使)를 거쳐 예문관대제학에 임명되었다. 공양왕 원년(1389)에는 이성계와 함께 공양왕을 옹립하여 이듬해 익양군충의군(益陽郡忠義君)에 봉해지고 순충논도좌명공신(純忠論道佐命功臣) 호를 받았다. 그러나 공양왕 옹립에는 정도전·이성계 같은 역성혁명파와 뜻을 같이했지만, 고려왕조를 부정하고 새로운 왕조를 개창하는 데는 반대하여 이방원의 문객 조영규(趙英珪)에게 개성 선죽교에서 격살(擊殺)당했다.

정몽주는 재직 중 당시 풍속에 불교의 예법을 숭상하는 것을 비판하고 사(士)·서인(庶人)으로 하여금 『주자가례(朱子家禮)』에 의거해서 가묘(家廟)를 세우고 조상에 제사지내도록 했으며, 개경에 5부학당과 지방에 향교를 세워서 유학을 크게 일으켰다. 또한 지방관들의 비행(非行)을 시정하고 의창(義倉)을 세워 빈민을 구제하는 등 눈부신 업적을 쌓았고, 외교에도 뛰어난 수완을 보여 여러 차례 명(明)나라와 일본에 가서 국가의 우호관계를 다지는 데 공헌했다.

정몽주는 성리학에 조예가 깊어 당시 유종(儒宗)으로 추앙받던 이색(李穡)은 정몽주가 이치를 논평한 것은 모두 사리에 맞지 않는 것이 없다 하여 그를 '동방리학(東方理學)의 조(祖)'로 평가했다. 시문(詩文)에 능하여 시조 「단심가(丹心歌)」를 비롯하여 많은 한시(漢詩)가 전하며, 서화(書畵)에도 뛰어났다. 문집으로 『포은집』이 전한다.

정몽주의 충절을 평가하려는 움직임은 그가 선죽교에서 피살된 지 10년이 채 지나지 않은 조선 태종조에 비로소 나타난다. 권근은 태종 원년(1401)에 상서하여 전대(前代)에 절의가 있는 인물들을 포상하기를 청하였는데, 이때 그 대상으로 정몽주·길재·김약항을 거론하였다. 이에 태종은 정몽주에게 대광보국숭녹대부(大匡輔國崇祿大夫) 영의정부사(領議政府事) 수문전대제학(修文殿大提學) 감예문춘추관사(監藝文春秋館事) 익양부원군(益陽府院君)을 추증하였다. 그러나 태종대에는 국가적으로 포은을 추숭하는 사업은 이루어지지 않았다. 국가적인 추숭은 세종대를 기다려야했다.

세종은 동왕 13년(1431) 11월 경연에 나아가 설순에게 "시중 정몽주는 죽기까지 절개를 지키고 변하지 않았으니, 찬술한 『삼강행실도』 충신도(忠臣圖) 안에 얼굴을 그리고 칭송하는 글[贊]을 짓도록 하라"고 하였다. 『삼강행실도』는 주지하듯이 유교의 삼강윤리를 널리 보급할 목적에서 중국과 우리 역사에서 '군신유의(君臣有義)' '부자유친(父子有親)' '부부유별(夫婦有別)' 등의 윤리에 모범이 되는 사례들을 찾아 정리한 것이다. 『삼강행실도』 충신도에 '포은운명(圃隱隕命)'이라는 항목에 정몽주를 우리나라 대표적인 충신 가운데 한 사람으로 수록함으로써 후세인들이 길이 추앙하는 길이 비로소 열린 것이다.

중종 12년(1517)에는 태학생(太學生) 등의 상서(上書)로 문묘에 배향되었고, 또 개성의 숭양서원(崧陽書院) 등 13개의 서원에 제향되었다. 시호는 문충(文忠)이다.

2) 정보(鄭保)

조선전기의 문신으로 할아버지는 몽주(夢周)이며, 아버지는 이조참의 종성(宗城)이다. 학문이 뛰어나 세종의 총애를 받았다고 한다. 관직은 사헌부 감찰을 거쳐 예안현감을 마지막으로 관직에서 물러났다. 그 때문에 예안공(禮安公)으로 불리기도 한다.

정보는 세조 2년(1456) 6월에 단종복위운동이 일어났을 때, 직접적으로 참여하지는 않았지만 난언죄(亂言罪)로 연루되었다. 사건이 일어난 당시의 기록인 『세조실록』의 내용을 종합해 보면, 정보는 전(前) 예안현감으로 나오며, 매제 한명회의 고발로 의금부와 세조의 취조를 받은 것으로 나타난다. 그 이유는 성삼문 등이 죄가 없다고 적극적으로 두둔했기 때문이었다. 이에 대해 의금부에서는 참부대시(斬不待時)[57]에 처하고 가산(家産)을 적몰할 것을 건의하지만, 세조는 장 100대에 변읍(邊邑)의 종[奴]으로 영속(永屬)시키고 가산을 적몰하라는 결정을 내린다. 세조의 이러한 결정에 대해 의금부에서는 불충을 범한 정보의 형벌이 죄에 적당하지 않다고 주장하자, 세조는 "살릴 수 있는 것을 보고도 죽이는 것은 불가하다"고 했다. 이는 아마 정보가 충신의 자손임을 고려한 결정으로 보인다. 그리고 적몰된 그의 집은 전소윤(少尹) 윤사흔(尹士昕)에게 하사하도록 하였다.

---

[57] 사형은 춘분에서 추분까지 만물이 생장하는 시기를 피하여 집행하는 것이 상례이나, 중죄(重罪)는 이에 구애받지 않고 즉시 참형에 처하였다.

그러나 『단성지(丹城誌)』[58]에 전해지는 기록은 『세조실록』과 약간의 차이가 난다. 『단성지』의 내용은 크게 정보의 성품, 정보와 한명회 사이의 얽힌 일화, 세조의 처벌로 나눌 수 있다. 정보는 자유분방한 성품으로 성삼문과 박팽년과 절친한 사이였는데, 사육신의 옥사가 발생하였을 때 죄 없는 이들을 죽인다면 만고(萬古)의 죄인이 될 것이라고 한 말이 세조에게 보고되었다. 크게 진노한 세조가 정보를 친국(親鞫)하였는데, 그는 늙은 나이에 고문을 당하면서도 자신의 의지를 굽히지 않고 당당하게 항변하였다. 세조는 환형(轘刑)을 명하였으나 집행 직전에 정몽주의 손자라는 사실이 알려져 감형되어 영일(迎日)로 유배되었다. 그 뒤 단성(丹城)의 문태촌(文泰村)에 이배(移配)되었다가 그곳에서 생을 마감하였다. 정보는 숙종 25년(1699) 이유(李濡)의 상소로 신원(伸冤)되고 이조참의에 추증되었으며, 영조 8년(1732) 영월 팔현사(八賢祠)에 제향(祭享)되고 정조 15년(1791) 정몽주를 모신 용인 충렬서원(忠烈書院)에 배향되었다. 고종 42년(1905)에는 장례원 경 남정철의 청에 따라 정보에게 정2품 자헌대부(資憲大夫) 내부대신(內部大臣)에 추증되었다.

3) 정익용(鄭翼鎔)

포은 정몽주의 후손으로 타고난 천성이 순직하고 효성스러웠다. 어버이의 병환이 위독하자 손가락을 끊어 그 피를 입에 넣어드리자 회생하여 3일을 더 살았다. 상을 당하여 3년간 시묘살이를 하는 등 돌아가신 뒤에도 예를 다하여 모셨다. 사람들이 그의 아름다운 행실을 찬양하여 고을에서 표창을 하였다.

---

58 『단성지』는 인조 18년(1640) 이시분(李時馩, 1588~1663)이 편찬된 사찬읍지(私撰邑誌)이다. 여기에는 영일정씨 가계와 인물이 자세히 수록되어 있다.

4) 정환문(鄭煥文)

포은 정몽주의 후손으로 어려서부터 효성이 지극하였고 형제간에 우애가 깊었다. 나이 겨우 12살에 아버지가 병이 나자 의원이 와서 이르기를 "삼(蔘)을 얻어 치료를 하면 효과가 있을 것"이라 하였다. 환문은 그날 밤 목욕재계하고 향(香)을 사르고는 울면서 하늘에 빌었더니 그날 밤 꿈에 한 노인이 나타나 말하기를 "너의 집 뜰에 삼 한 뿌리가 있을 것이다"라 하였다. 꿈에서 깨어나 뜰에 가서 찾아보니 과연 삼이 있었다. 이것을 캐다 약을 달여 드리자 효과를 보았다. 그 후 집을 떠나 산방에서 글을 읽고 있을 때 마음이 놀랍고 땀이 주르르 흐르자 행장을 꾸려 가지고 집으로 돌아가려 하는데 아버지의 병환이 위중하다는 전갈을 받았다. 급히 집으로 돌아와 손가락을 찢어 그 피를 입에 넣어드리고 배설물을 맛보며 치료하였더니 효과를 보아 수일을 더 살았다. 동교(童敎)에 증직되었다.

5) 정역(鄭淢)

포은 정몽주의 후손으로 효행이 뛰어났다. 어버이의 병에 배설물을 맛보며 치료하였으며, 새벽에 물을 깃다 그릇에 고기가 들자 이것을 잡아다 드렸더니 병이 나았다. 사람들이 그의 효성에 감동한 탓이라고들 하였다. 예조에서 표창을 내렸고, 호역(戶役)을 면제시켜 주었다.

6) 정동기(鄭東基)

포은 정몽주의 후손으로 어버이의 병이 심하자 이름난 산천은 빼놓지 않고 찾아다니며 기도를 올리기를 다섯 달이나 하였다. 마침내 효험이 있어 천수를 누리다 세상을 떠났다. 어버이가 돌아가시자 죽만 먹었으며, 상복을 벗지 않고 바람이 부나 눈이 오나 거르지 않고 매일 성묘를 하였다. 집에 있을 때에는 새벽마다 사당에 배알하였으며, 늙어서도 조금도 게을리 하지 않았다. 감찰(監察)에 증직(贈職)되었다.

7) 정전(鄭栴)

포은 정몽주의 후손으로 성품이 효성스러워 어려서부터 맛있는 음식이 있으면 반드시 가져다 어버이에게 올렸다. 어버이가 병이 나자 밤낮으로 약을 지어 드렸으며, 이를 조금도 게을리 하지 않았다. 9살 때에 아버지가 돌아가시자 죽을 먹으며 시묘살이를 하였으며, 어머니가 돌아가셨을 때에도 아버지가 돌아가셨을 때와 같이 하였다. 이 사실을 관에서 듣고 동교(童敎)에 증직하였다.

제2절 동족마을의 형성과 공동체 모임

1. 영일정씨의 강릉 입향

현재 영동지역에 살고 있는 영일정씨는 정도(鄭渡)와 정보(鄭保)의 후손이다. 정도는 정몽주의 현손으로 단종 때 승의부위 사맹의 벼슬을 지냈는데, 단종복위운동이 일어났을 때 그의 재종조(再從祖)되는 정보(鄭保)가 이 사건에 연루되어 영일로 유배되는 것을 보고 화가 자기에게도 미칠 것을 우려하여 "나아가면 위태하니 물러나서 편안히 지냄과 같지 못하다" 하여 용인에서 울진에 와서 숨어 살게 되었다. 그 마을을 퇴일(退逸)이라 부르게 된 것은 여기에서 유래하였다. 정도가 울진지방으로 이주해 온 것은 그의 외가가 그곳에 있었기 때문이라 본다. 정도가 울진에 은둔생활이 얼마 동안 거주하였는지는 분명하지 않으나 후에 다시 삼척 쇄운리(현재의 동해시)로 이주하였다.

영일정씨 지주사공파 중계분파도(中系分派圖)

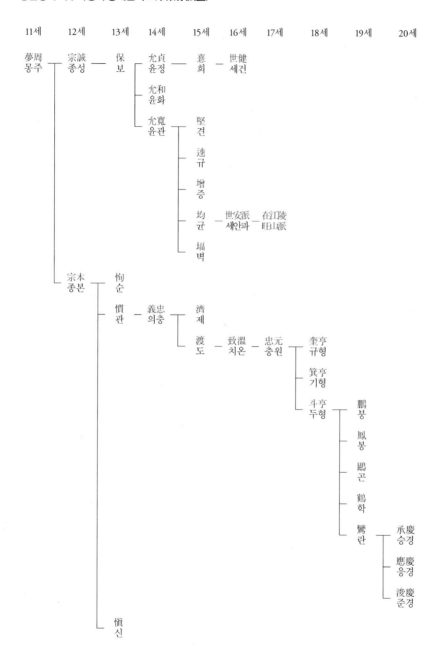

11세	12세	13세	14세	15세	16세	17세	18세	19세	20세
夢周 몽주	宗誠 종성	保 보	允貞 윤정	憙 희	世健 세건				
			允和 윤화						
			允寬 윤관	堅 견					
				達 규					
				增 증					
				均 균	世安派 세안파	在江陵 旺山派			
				壚 벽					
	宗本 종본	恂 순							
		慣 관	義忠 의충	濟 제					
			渡 도	致溫 치온	忠元 충원	奎亨 규형			
						箕亨 기형			
						斗亨 두형	鵬 붕		
							鳳 봉		
							鵾 곤		
							鶴 학		
							鸞 란	承慶 승경	
								應慶 응경	
								浚慶 준경	
		愼 신							

쇄운리로 이주한 도(渡)는 아들 5형제를 두었다. 이들 5형제 가운데 장자 치온(致溫)은 문과에 급제하여 경기도 도사(都事)를 역임하였고, 4자인 치겸(致謙)은 문과에 급제하여 정언(正言)에 올랐다. 17세손 충원(忠元)은 병석에 누워 어회(魚膾)를 찾으시는 아버지를 위해 엄동설한에 계곡에서 잉어를 구해 봉양하는 등 효행으로 정려(旌閭)를 받았다.

18세손인 두형(斗亨, 1507~1581)은 참봉 충원(忠元)의 아들로 자(字)는 천장(天章)이고, 호는 낙전당(樂全堂)이다. 중종 35년(1540) 생원(生員)에 입격하였고, 중종 35년(1544) 별시문과에 병과로 급제하여 평해·정선군수, 충청도 도사를 거쳐 이조정랑이 되었다. 그 뒤 대교·홍문관박사를 거쳐 예조좌랑이 되고, 사간원 사간을 지낸 뒤 승정원 승지가 되었다. 천성이 순후하여 남의 장단점을 말하지 않았고, 처사(處事)에 신밀(愼密)하여 실수가 없었다. 외직으로 나가 있을 때는 백성을 자식같이 사랑하여 선정을 베풀었다. 선조 2년(1569)에 연로(年老)한 어버이를 모시기 위해 강릉부사를 자처하여 부임하였다. 그러나 이듬해 부임 9개월만에 부친상을 당하자 관직을 사임하고 부친묘 옆에 움막을 짓고 3년 동안 정성을 다하여 시묘살이를 하던 중 추위와 비바람, 한기에도 불구하고 곡읍지애(哭泣之哀)하여 앓아눕게 되면서 같은 해에 별세하시니 향년 65세였다. 부사공의 묘는 동해시 외광천 거록치(巨麓峙) 간지원(艮之原)에 있다. 사후에 효행으로 정려가 내려졌다.

정두형은 슬하에 다섯 아들을 두었는데, 정붕(鄭鵬), 정봉(鄭鳳), 정학(鄭鶴) 3형제는 삼척에 정착하였고, 셋째 정곤(鄭鵾)은 옥계면, 다섯째 정란(鄭鸞)은 구정면 학산리에 세거하였다. 또 정두형의 백형(伯兄) 정규형(鄭奎亨)의 후손 정준방(鄭俊邦)이 학산에 이주하여 정착하였다. 지금부터 400여 년 전에 이주해 온 정란과 정준방의 자손이 번성하여 1930년 현재 호수 40호, 인구는 약 200여 명에 달하였다.

풍요로운 자연환경과 더불어 유서 깊은 전통문화가 살아 있는 학산은 '대관령국사성황신'으로 숭앙되는 범일국사의 탄생지이다. 학산에는 굴산사와 관련된 다수의 유형문화재가 마을에 남아 전하며, 소중한 문화유산인 '학산오독떼기'가 전승되고 있다.

정보의 슬하에는 윤정(允貞)·윤화(允和)·윤관(允寬) 3형제를 두었다. 차남인 윤화는 일찍이 단종 2년(1453) 증광시 문과에 급제하여 승문원에 신임 관원으로 부임하였으나, 면신례(免新禮) 때 선배들의 침학(侵虐)을 당해 병을 얻어 죽었다. 그래서 윤정과 윤관이 아버지를 모시고 유배지인 단성에서 살았다. 그러나 이들의 귀양살이는 오래지 않아 풀려난 듯하다. 정보가 세상을 떠나자 장남은 용인으로 돌아가 종가를 지켰으며, 막내아들인 윤관만 부친의 명을 받들어 유배지를 떠나지 못하고 혼자 단성(丹城)에 정착하게 되었다. 강릉시 왕산 일대에는 윤관(允寬)의 넷째 아들인 균(均)의 후손들이 세거(世居)하고 있다.

2. 동족마을의 지역개관

강릉지방에서는 옛부터 "살아서는 모산·학산이 좋고 죽어서는 성산이 좋다[生居矛鶴山 死居城山]"는 말이 전해질 정도로 학산은 사람이 살기좋은 곳이었다. 학산리에서는 서쪽으로 대관령을 비롯한 준령, 남쪽으로 칠성산(해발 953.6m), 남동쪽으로 망덕봉(해발 781.1m)의 수려한 산세를 바라보고 있다. 그리고 칠성산에서 발원한 물은 학마을 한가운데로 흘러 모산봉에서 수구(水口)를 형성하고 있다. 따라서 학산은 누가 보아도 강릉땅에서 첫째가는 명승길지(名勝吉地)라 할 수 있다.

예전에 학산에는 쾌나무가 많이 있어서 쾌꽃이 피면 온 마을을 하얗게 뒤덮었고, 봄이 되면 수천 마리의 학(鶴)이 날아와 낙낙장송에 내려앉

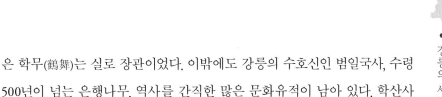

은 학무(鶴舞)는 실로 장관이었다. 이밖에도 강릉의 수호신인 범일국사, 수령 500년이 넘는 은행나무, 역사를 간직한 많은 문화유적이 남아 있다. 학산사람들은 이를 '학산팔경(鶴山八景)'이라 일컬었는데, 그것은 다음과 같다.

① 비상(飛翔)하는 천년 학은 학산의 기상(氣象).

② 온 동네 가득한 쾌꽃은 학산의 향기(香氣).

③ 1천년 은행나무 다섯그루는 학산의 역사(歷史).

④ 왕고개[王峴]와 장안성(長安城)은 역사의 땅.

⑤ 1천년 범일국사(梵日國師)는 강릉의 수호신(守護神).

⑥ 굴산사지(崛山寺址)와 석천우물[石泉井]은 문화의 유적(遺跡).

⑦ 풍년을 노래하는 학산 오독떼기는 우리나라의 대표 농요(農謠).

⑧ 집집마다 글읽는 소리는 선비마을의 상징.

　　학산리는 행정적으로 1,2,3리로 나뉘어져 있다. 1리는 양지·응달·버덩·둔지마을과 서지골, 2리는 새입·석천·뒷골·재궁·옥봉·새잇마을, 3리는 개척·광명·옥봉마을로 구성되어 있다.

　　학산에는 원래 골짜기가 유난히 많았다. 지금도 큰골을 비롯하여 도둑골, 진골, 아당골, 메깨골, 부모골, 서지골, 바랑골, 퇴찬이골, 저고리골, 어삼박골, 선래골, 재궁골, 뒷골, 문근이골, 답골, 시루전골 등이 전해지고 있다. 그리하여 이 마을 사람들은 '골마을'이라 부르다가, 언제부턴가 '굴산리'라 했다고 한다. 그 후 황씨(黃氏)와 고씨(高氏)가 들어와 살면서 마을뒷산에 우거진 노송에 학들이 서식해 마을의 자연경치가 절경을 이루게 되자 '학산리(鶴山里)'라 불러 현재에 이르고 있다.

　　학산리는 1896년 지방제도 개편 때 강릉군 구정면 학산리로 편입되고, 1911년 행정구역 개편 때 상·하구정면으로 분리되자 하구정면 학산리로 되었다가 1914년 행정구역 개편 때 구정면 학산리로 개편되었다. 1955년 강릉시와 명주군으로 분리되자 명주군 구정면 학산리로 되었고, 1995년 1월 시·군 통합에 따라 명주군이 강릉시에 통합됨으로써 강릉시 구정면 학산리로 되었다. 1996년 학산리는 1, 2, 3리로 분구되었으나 현재 다시 통합하려고 한다.

학산리는 전형적인 농촌마을이다. 학산에서 가장 중요한 생업은 농사이다. 학산리는 밭농사보다는 논농사가 주를 이루고 있다. 학산의 논 중에는 앞고래와 앞뜨루(앞들)가 가장 넓었고, 그 외에 문구니·조고리·뒷골·둔지 그리고 쉰뱀 같은 좁은 산골짜기에 작은 다락논이 있었다. 이 가운데 앞고래 논이 가장 기름졌다. 학산의 논에서 평균 100평에서 쌀 1가마 정도를 수확하였으나, '웅덩배미'라는 이름이 붙어있는 조주서댁 앞 논에서는 800평에서 10가마의 쌀을 수확했다. 그래서 학산사람들은 앞고래에 논을 하나 장만하는 것이 평생 소원이었다고 할 정도였다. 둔지평 논은 천수답으로 가뭄 때는 모심기부터 애를 태웠는데, 칠성암 저수지가 생긴 이후 사정이 좀 나아졌고, 그 후 오봉 저수지가 생겨서 가뭄걱정은 없어지게 되었다.

학산마을에서 보기 드문 넓은 평야는 개척대 평야이다. 학산리·어단리·금광리에 걸쳐 전개되는 금광평(金光坪)은 오랜 역사를 지닌 전통촌락과는 달리 20세기에 들어와서 완사면 상에 개간하여 새로이 형성된 촌락이다. 이 완사면은 어단리를 정점으로 하여 북쪽 방향으로 완만하게 기울어져 있는데, 대체로 100~30m의 고도를 나타내고, 길이와 폭이 각각 4km, 5km 정도에 이른다.

본 지역에는 해방전에 개척단이 투입되어 본격적인 임야의 개척이 이루어지면서 금광평 완사면과 주변의 구릉지의 접촉부인 학산천과 금광천변을 따라서 소집촌(小集村)을 형성하였다. 이렇게 촌락이 소류(小流)를 따라서 분포하고 있는 점은 이 지역의 관개용수 및 음료수의 구득문제와 관련된 것으로 보인다. 왜냐하면 이 지역은 대체로 지하수면이 깊고 자연유수가 적어 용수구득의 면에서 유리하였기 때문이다. 따라서 이러한 소류로부터 관개용수를 공급받을 수 있는 곡저지(谷低地)는 일찍부터 수전농업을 기반으로 하는 촌락의 입지로 선택되어 왔다. 학산천과 금광천의 연변 및 이에 이어지는 주변 구릉지의 소곡지는 대부분이 수전으로 이용되고 있었다.

학산 사람들은 부차적으로 밭농사도 지었는데, 밭에서는 감자, 콩(백대콩, 검정콩, 쥐눈콩, 강낭콩), 팥, 보리, 밀, 조, 수수, 옥수수, 깨(참깨, 들깨), 고추, 마늘, 무, 배추, 고구마 등을 심었으며, 소량이기는 하나 목화, 삼베, 메밀도 심기도 하였다. 그 후 담배농사도 지었으나 곧 그만두게 되었고 비닐하우스 농사는 근자의 와서의 일이다.

3. 동제(洞祭)

1) 학산리

학산리에는 학산1리와 학산2리에 각 한 곳씩 2개의 서낭당이 있다. 학산1리 서낭당은 학산1리 6반 310번지, 학산2리 서낭당은 학산2리 2반 627-2번지(재궁골)에 위치해 있다. 학산1리 서낭당의 당집은 없고 서낭숲을 중심으로 돌담을 쌓았다. 학산2리 서낭당도 당집은 없고 서낭목 숲 사이에 돌담을 쌓아 제의 공간을 마련했다.

학산1리의 제의는 고청제(告請祭)라고 하며 성황지신(城隍之神)·토지지신(土地之神)·여역지신(癘疫之神)을 모신다. 제당은 구정초등학교에서 모산(장현동) 쪽으로 성황교 쪽에 위치한다. 제의는 음력 정월 초정일에 지낸다. 학산1리 6개 반 주민들이 참여하여 제물은 유사(有司)가 준비하며, 각위(各位)마다 따로 진설(陳設)한다. 유교식으로 지내며 제의가 끝나면 소지(燒紙)하고, 제사 음식을 각 가정에 골고루 나누어 음복을 함께 한다. 제사 음식을 먹으면 일 년 내내 병치레를 하지 않는다고 한다.

학산2리의 제의는 성황제(城隍祭)라고 하며 성황지신·토지지신·여역지신을 모신다. 제당은 학산1리에서 학산2리 마을회관 못 미쳐 도로 우측 숲 속에 있다. 제의는 음력 정월 초삼일에 지낸다. 학산2리 4개 반이 참여하며 제물은 유사(有司)가 준비하여 합위(合位)로 진설한다. 제물은 삼실과, 제주, 어물, 편, 포이다. 유교식으로 지내며 제의가 끝나면 소지한다. 1999년부터 음력 4월 15일 대관령국사성황신을 강릉으로 모시고 올 때 이곳에 들러 굿 한 석을 받는다. 학산리 마을은 범일국사가 태어난 곳이기 때문이다. 범일국사는 사후에 대관령국사성황신이 되었다.

4. 민속놀이

1) 신령산(神靈山) 괴비 고사리꺾기

학산마을에는 지역성과 풍토성을 반영한 민속놀이로 학산리의 '신령산 괴비 고사리꺾기'가 현재까지 전승되고 있다. 이 놀이는 1986년 제4회와 1988년 제6회 강원도 민속예술경연대회에 참가하여 노력상을 수상한 바 있다. 학산리는 옛부터 마을 부근 산에서 산나물과 약초가 많이 생산되는 곳으로 유명하다. 괴비 고사리는 봄철에 채취하여 즐겨먹던 산나물인데, '괴비 고사리꺾기'는 초동(樵童)들이 무덤을 빙빙 돌면서 불렀던 동요이다. 삼척과 횡성군의 괴비노래는 부인들이 부른 민요인데 반해 학산의 '괴비 고사리꺾기'는 산에서 나무하던 초동들이 불렀다는 점이 특이하다. 현재 살아 계시는 노인들이 지금부터 70여 년 전에 소 먹이러 다닐 때 즐겨 불러온 이 문답 동요는 지금도 이 마을의 민속놀이로 전해지고 있다.

1941년 조선총독부에서 간행한 『조선의 향토오락』에도 수양산 괴비 고사리 꺾기라는 가사가 일부 보인다. 학산리 일대에서 전해지는 가사를 보면 "신령산 괴비 고사리 꺾으러 가세/ 이 고사리를 꺾어서 무엇을 하나/ 이 고사리를 꺾어서 우리 부모님께……."라 하여 꺾은 괴비 고사리로 부모님 봉양을 하겠다는 효도사상이 짙게 깔려 있음을 엿볼 수 있다.

2) 학산 봇물싸움놀이

학산마을에는 예로부터 천수답이 많아 가뭄이 계속되고 모심기가 늦어지면 먼저 마른 논에 모심기를 하는 건종(乾種)을 하였다. 이때에는 마을마다 두레를 형성하여 냇가에 보(洑)막기 작업을 하였다. 그러나 가뭄이 심하면 남녀노소 모두 나서서 파래(통파래, 함지파래)를 푸고 봇물을 조금이라도 더 끌어대려고 야단이었다. 이러는 가운데 서로 자기 논에 한 바가지 물이라도 더 대려고 밤샘하며 지켜야 하였고, 남의 물고에서 물을 훔치기도 하였다. 이런 와중에서 말다툼이 시작되고 욕설과 손찌검이 오가다 싸움이 벌어지고 점차 확대되어 두레간의 패싸움으로 발전하였다. 심할 경우에는 살상까지도 불러일으키는 경우도 있었으나, 보싸움으로 인한 살상은 법으로도 크게 다루지 않는 풍습이 있었다. 하지만 가뭄이 그치고 비가 내리기 시작하면 언제 다투었냐는 식으로 쌍방이 모두 몰려나와 얼싸안고 눈물을 흘리며 풍년을 기약하는 한마당 놀이가 펼쳐지고 온 마을이 화합의 잔치를 벌였다.

제3절 문화유적(祠宇, 齋舍)

1. 전충사(全忠祠)

강릉시 경포동(옛 저동) 경포대 인근에 있는 전충사는 영일정씨 포은공파 중종(宗中) 소유로 정몽주의 영정(影幀)을 봉안(奉安)한 사우(祠宇)이다. 이곳에 봉안한 영정은 1970년 경기도 용인의 충렬서원에 있는 진영(眞影)을 모사한 것이다.

1969년 4월 6일 박정희 대통령이 비서관 손석원(孫錫源)을 보내 전충사(全忠祠)라 쓴 현판을 사액(賜額)하고 봉안축문(奉安祝文)을 고하였다. 현재 재사는 유림과 후손들의 협의에 의하여 운영되고 있고, 재정은 영일정씨 강릉지구종친회에서 담당하고 있다.

현재의 전충사에는 솟을대문에 '상도문(尙道門)'이라는 현액이 게판되어 있고, 위패와 영정을 모신 전면 3칸 측면 2칸의 사우 전면에는 '전충사(全忠祠)' 현판이 게시되어 있다. 사우 전면의 4개 기둥에는 후손 연홍(然鴻)이 쓴 주련이 게시되어 있으며, 「포은영당봉안시문(圃隱影堂奉安時文)」·「추진위원록(推進委員錄)」·「축문홀기록(祝文笏記錄)」을 비롯하여 도기(到記)·분향록(焚香錄) 등이 소장되어 있다. 제향일은 매년 음력 4월 상정일(上丁日)이다.

홀기(笏記)

●贊引引獻官及學生俱就門外位○執禮贊引謁者先入階間再位○再拜○贊引引祝及諸執事入
● 찬인인헌관급학생구취문외위○집례찬인알자선입계간재위○재배○찬인인축급제집사입

就階間拜位○再拜○詣盥洗位○盥手·帨手○各就位○謁者引獻官及學生入就位○執事者洗
취계간배위○재배○예관세위○관수○세수○각취위○알자인헌관급학생입취위○집사자세

爵置於篚○謁者進○初獻官之左白有司謹具請行事○獻官及學生皆再拜●行奠幣禮○謁者引
작치어비○알자진○초헌관지좌백유사근구청행사○헌관급학생개재배●행전폐례○알자인

初獻官詣盥洗位○北向立○搢笏○盥手○帨手○執笏○引詣先生神位前○北向立○跪○搢笏
초헌관예관세위○북향립○진홀○관수○세수○집홀○인예선생신위전○북향립○궤○진홀

○奉香奉爐升○獻官三上香○奉香奉爐降復位○獻官俯伏○興○少退跪○獻幣奠幣升○獻幣
○봉향봉로승○헌관삼상향○봉향봉로강복위○헌관부복○흥○소퇴궤○헌폐전폐승○헌폐

○奠幣○執笏○俯伏○興○平身○謁者引獻官降復位●行初獻禮○謁者引初獻官詣尊所○西
○전폐○집홀○부복○흥○평신○알자인헌관강복위●행초헌례○알자인초헌관예준소○서

向立○奉爵奠爵가○司尊擧冪酌酒○奉爵以爵受酒○謁者引初獻官詣神位前○奉爵奠爵隨○
향립○봉작전작가○사준거멱작주○봉작이작수주○알자인초헌관예신위전○봉작전작수○

獻官北向立○跪○搢笏○奉爵詣獻官之右以爵授獻官○獻官執爵獻爵以爵授奠爵○奠爵自左
헌관북향립○궤○진홀○봉작예헌관지우이작수헌관○헌관집작헌작이작수전작○전작자좌

受之獻于神位前西端第一坫○獻官俯伏○興○平身○少退跪○祝進獻官之左東向跪○讀祝○
수지헌우신위전서단제일점○헌관부복○흥○평신○소퇴궤○축진헌관지좌동향궤○독축○

獻官執笏○俯伏○興○平身○謁者引獻官降復位●行亞獻禮○謁者引亞獻官詣盥洗位○北向
헌관집홀○부복○흥○평신○알자인헌관강복위●행아헌례○알자인아헌관예관세위○북향

立○搢笏○盥手○帨手○執笏○引詣尊所○西向立○奉爵奠爵가○司尊擧冪酌酒○奉爵以爵
립○진홀○관수○세수○집홀○인예준소○서향립○봉작전작승○사준거멱작주○봉작이작

受酒○謁者引亞獻官詣神位前○奉爵奠爵隨○獻官北向立○跪○搢笏○奉爵詣獻官之右以爵
수주○알자인아헌관예신위전○봉작전작수○헌관북향립○궤○진홀○봉작예헌관지우이작

授獻官○獻官執爵獻爵以爵授奠爵○奠爵自左受之獻于神位前西端第二坫○獻官執笏○俯伏
수헌관○헌관집작헌작이작수전작○전작자좌수지헌우신위전서단제이점○헌관집홀○부복

○興○平身○謁者引獻官降復位●行終獻禮○謁者引終獻官詣盥洗位○北向立○搢笏○盥手
○흥○평신○알자인헌관강복위●행종헌례○알자인종헌관예관세위○북향립○진홀○관수

○帨手○執笏○引詣尊所○西向立○奉爵奠爵가○司尊擧冪酌酒○奉爵以爵受酒○謁者引終
○세수○집홀○인예준소○서향립○봉작전작승○사준거멱작주○봉작이작수주○알자인종

獻官詣神位前○奉爵奠爵隨○獻官北向立○跪○搢笏○奉爵詣獻官之右以爵授獻官○獻官執
헌관예신위전○봉작전작수○헌관북향립○궤○진홀○봉작예헌관지우이작수헌관○헌관집

爵獻爵以爵授奠爵○奠爵自左受之獻于神位前西端第三坫○獻官執笏○俯伏○興○平身○謁
작헌작이작수전작○전작자좌수지헌우신위전서단제삼점○헌관집홀○부복○흥○평신○알

者引獻官降復位●行飮福禮○祝詣尊所酌福酒置于坫○特俎進減神位前胙肉○謁者引初獻官
자인헌관강복위●행음복례○축예준소작복주치우점○특조진감신위전조육○알자인초헌관

자인헌관강복위●행음복례○축예준소작복주치우점○특조진감신위전조육○알자인초헌관

詣飲福位○西向跪○搢笏○祝執爵詣獻官之左北向授獻官○獻官飮啐爵○祝受爵及于坫○取

예음복위○서향궤○진홀○축집작예헌관지좌북향수헌관○헌관음쵀작○축수작급우점○취

胙肉授獻官○獻官受胙以授祝○祝受胙降自東階出○獻官執笏○俯伏○興○平身○謁者引獻

조육수헌관○헌관수조이수축○축수조강자동계출○헌관집홀○부복○흥○평신○알자인헌

官降復位○獻官皆再拜○祝入撤邊豆各少移於故處○獻官及學生皆再拜○謁者引初獻官詣望

관강복위○헌관개재배○축입철변두각소이어고처○헌관급학생개재배○알자인초헌관예망

瘞位○北向立○祝以篚取祝板及幣降自西階置於坎○可瘞引降復位○謁者進初獻官之左白禮

예위○북향립○축이비취축판급폐강자서계치어감○가예인강복위○알자진초헌관지좌백예

畢○祝及諸執事俱就階間拜位○再拜○獻官及學生以次出○執禮贊引謁者俱就階間拜位再拜

필○축급제집사구취계간배위○재배○헌관급학생이차출○집례찬인알자구취계간배위재배

以出○撤饌闔門以退

이출○철찬합문이퇴

축문(祝文)

維歲次 幾于干支某月干支朔某日干支後學某 敢昭告于

유세차 모년 간지 모월 간지 삭모일 간지 후학 ○○가 고하나이다.

文忠公圃隱鄭先生 學闡天人 忠貫日月 特立獨行 高風峻節 砥柱頹波 木鐸偏邦 百代功澤 萬

古綱常 絃誦有地 仰止彌篤 道在是矣 不昧千秋 謹以潔牲粢盛 祗薦 尙 饗

문충공 포은 정선생의 학문은 천인을 밝혔고 그 충성 저 일월을 관통하였습니다. 뜻과 행실이

고결하여 시류에 휩싸이지 않아 풍도와 절조가 드높았습니다. 퇴락한 물결 속에 지주가 되어

목탁 소리를 변방에 울렸습니다. 백대의 공택과 변하지 않은 강상을 이 땅에서 글을 읽으니

우러름이 더욱 돈독합니다. 도가 여기에 있으니 천추에 어둡지 않습니다. 삼가 정결한 희생과

자성을 공경히 올리니 흠향하소서.

2. 충정사(忠正祠)

　　강릉시 구정면 제비리 154-1번지에 위치한 이 사우는 영일정씨종친
회와 강릉최씨대종회 소유로 정몽주(鄭夢周)와 최수성(崔壽峸)을 배향하고
있다. 충정(忠正)은 두 사람의 시호(諡號)에서 한자씩 따서 명명한 것이라 한
다. 이 사우는 원래 왕산리에 있었는데, 화동서원(華東書院)이라고도 한다.

　　이 사우는 1932년 후손 정기용(鄭起鏞)이 개성의 숭양서원(崧陽書院)
에 안치되어 있던 포은의 진영(眞影)을 모사해 온 것에서 비롯되었다. 왕산에
거주하던 포은의 후손들은 강릉시 왕산면 왕산리 큰골에 영당(影堂)을 건립
하고 포은의 영정을 봉안하고, 30여 년 동안 다례제(茶禮祭)를 봉행해 오다
가 이 지역이 산간 오지로 교통이 매우 불편하여 왕래가 어려워 유림과 후손
들과의 협의 하에 1970년 현 위치로 이건(移建)하였다. 큰골 영당에 봉안되었
던 영정은 현재 구정면 제비리 충정사에 안치되어 있다.

　　1971년에는 정몽주와 최수성의 후손들의 합의(合議)로 합사(合祀)하
였고, 1972년 박정희 대통령이 '충정사(忠正祠)'라 쓴 현판을 사액(賜額)하였
다. 1972년 사우(祠宇)를 증축하였으며, 1980년 향중 성금으로 화동서원묘정
비(華東書院廟庭碑)를 건립하였다. 운영은 영일정씨와 강릉최씨 양 문중의 재
정으로 충당한다. 매년 음력 8월 중정(中丁)에 향사(享祀)를 봉행한다.

축문(祝文)

維歲次云云 某官姓名 敢昭告于

유세차 운운 모관○○가

文忠公圃隱鄭先生 伏以

문충공 포은 정선생에게 감히 고하나이다.

忠貫日月 學究天人 吾道以賴 永世不忘 謹以牲體庶品 式陳明薦 尙 饗

충성은 해와 달을 뚫고 문장을 짓기로는 신과 같이 뛰어나고, 유학은 이에 힘입었음을 영원토록 잊지 못하겠습니다. 삼가 희생과 예주로 경건히 밝은 제사를 올리니 흠향하소서.

維歲次云云 某官姓名 敢昭告于

유세차 운운 모관○○가

文正公猿亭崔先生 伏以

문정공 원정 최선생에게 감히 고하나이다.

道德博文 正直服人 太陽呈露 以至成仁 謹以牲體庶品 式陳明薦 尙 饗

도덕이 있고 견문이 넓고 정직하여 감복시킴은 태양을 두른 것 같이 인을 이루었습니다. 삼가 희생과 예주로 경건히 밝은 제사를 올리니 흠향하소서.

제4절 영일정씨 족보

영일정씨 최초의 족보는 명종 8년(1553)에 경상도 병마절도사 정세필(鄭世弼)이 간행한 『계축보(癸丑譜)』이다. 흔히 『영일정씨 계축보(癸丑譜)』라 불린다. 편찬자 정세필은 정몽주(鄭夢周)의 5세손으로 자는 백훈(伯勳), 호는 임헌(林軒)이다. 정세필은 중종 29년(1534) 무과 급제 후 경상좌병영에서 오랫동안 무관으로 봉직하였고 말년에 경상좌도 병마절도사를 역임하였다.

현재 원본은 전하지 않고 정세필의 서문만 후대에 간행된 족보에 구보로 실려 있다. 범례 등이 전하지 않아 현재로서는 체제와 내용을 자세하게 알 수는 없다. 다만 "정습명·정몽주의 행록(行錄)과 열성조의 포숭(襃崇) 전교(傳敎)를 가첩(家牒)의 권수(卷首)에 첨부했다"는 서문의 기록에서 가첩의 형태로 간행되면서도 서문·부록은 물론 범례와 보도를 완비한 형태였음을 유추할 수 있다. 비록 원본이 전하지는 않지만 이 족보는 영일정씨족보의 초간본으로서 일문의 부흥을 대변하는 간행물이라는 점에서 의의가 크다.

정세필은 또한 사실상 첫 족보라 할 수 있는 선조 8년(1575)의 『을해보(乙亥譜)』도 편찬하였는데, 이 족보는 일명 『만력보(萬曆譜)』 혹은 『만력을해보(萬曆乙亥譜)』라고도 불린다. 그러나 『을해보』는 임진왜란 때 대부분 소실되고 겨우 한 두 권이 남아 있어서 훗날 수보하여 간행하였다.

인조 27년(1649)의 『기축보(己丑譜)』는 진주목사 정호인(鄭好仁)이 진주 보소(譜所)에서 간행한 것이다. 이는 임진왜란 때 불에 타버린 『만력을해보』를 바탕으로 만들었는데, 처음으로 영일정씨를 8파로 나누고 있어 『원파록(源派錄)』이라는 명칭이 붙었다. 이 족보의 서문에는 당시 오천이라는 곳에서 시조 정습명이 태어나고 그의 10세손이 되는 정몽주가 살았기 때문에 정문(鄭門)의 고향이 되었다는 것이다.

족보명	권수	발간 연대	비고
乙亥譜 (을해보)	2	선조 9년(1575)	鄭世弼(정세필)·鄭膺善(정응선), 경상좌병영(울산)에서 간행
己丑譜 (기축보)	8	인조 27년(1649)	鄭克後(정극후)·鄭好仁(정호인)·鄭楹(정영), 진주에서 간행
甲午譜 (갑오보)	7	영조 50년(1774)	鄭順濟(정순제)·鄭志翼(정지익), 영천 環丘書社(환구서사)에서 간행
乙丑譜 (을축보)	14	고종 2년(1865)	鄭文기(정문승)·鄭信在(정신재)·鄭元弼(정원필), 永川(영천) 環丘書社(환구서사)에서 간행
辛酉譜 (신유보)	6	1981년	鄭海永(정해영)·鄭昇利(정승화)

숙종 46년(1720)의 『경자보(庚子譜)』는 양명학자 정제두가 주관하였다. 이는 족보의 생명이라 할 수 있는 공정성에 아주 엄중한 잣대를 적용하였으며, 정제두가 직접 만든 범례는 이후 족보 편찬의 기본정신으로 삼았다. 하지만 이 족보는 간행되지 못했고 54년만인 영조 50년(1774)에 비로소 빛을 보

게 되었다. 이것이 바로『갑오보』이다. 이는『경자보』의 연장선에 있는 족보였다.

　　헌종 14년(1848)의『무신속보(戊申續譜)』는 영일정씨 최초의 속보이다. 여러 번의 중단과 우여곡절을 겪은 끝에 완성되었으나 내용이 문제가 되어 묶인 채로 사장되어 있다가 이것을 다시 바로잡아 편찬한 것이 고종 2년(1865)의『을축이정보(乙丑釐正譜)』이다. '이정'이란 말은 앞의 잘못된 족보를 바로 잡았다는 뜻을 지닌다. 이정보가 나오게 된 것은 적서(嫡庶)의 구분이 미흡하다는 점과 무후(無後)한 곳의 입적 그리고 무단 삽입 때문이었다. 실제로 이 족보에는 이러한 것이 발각되어 완전히 삭제해버린 부분이 많고, 거짓으로 입적한 경우에는 모두 없애 버렸다.

　　1981년의『신유보(辛酉譜)』는 형양공 28세손인 전 국회부의장 해영(海永)과 29세손인 전 육군참모총장 승화(昇和)가 썼다. 문충공파(1파), 송간공파(2~6파), 만호공파(7파), 도사공파(8파) 대동보를 만들었다.

　　영일정씨에서 최초로 파보를 만든 것은 고종 17년(1880)의『포은공파보(圃隱公派譜)』이다. 그 후 1913년과 1960년에『포은공파보』가 간행되었다.

초계정씨(草溪鄭氏)

제1절 초계정씨의 세계와 주요 인물

1. 초계정씨의 세계

초계(草溪)는 삼한시대에 초팔국(草八國)이었으나 신라의 세력 확장에 따라 파사왕 29년(108) 이곳에 초팔혜현(草八兮縣)이 설치되었다. 경덕왕 16년(757)에 팔계현(八谿縣)으로 고쳐서 강양군(江陽郡, 현 합천)의 영현이 되었다. 고려 초에 초계군으로 개칭되고 현종 9년(1018)에 합주(陝州, 합천)의 속현으로 병합되었다. 명종 2년(1172)에 감무를 둠으로써 독립했으며 충숙왕 3년(1316)에 초계군으로 승격하여 조선시대말까지 유지했다. 1895년에 지방제도 개정으로 진주부 초계군이 되었다가 이듬해 경상남도 초계군이 되었다. 그러나 1914년 행정구역 개편 때 초계군은 폐지되고 합천군 초계면이 되었다.

초계정씨 세계도

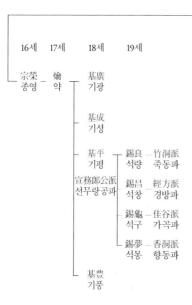

시조	2세	3세	4세	7세	8세	9세	10세	11세	12세	13세	14세	15세
倍傑	文	福卿	允耆	愼	儶	光繼	修	便	興	溫	允謙	淑
배걸	문	복경	윤기	신	선	광계	수	편	흥	온	윤검	숙

16세	17세	18세	19세
宗榮	爍	基廣	
종영	약	기광	
		基成	
		기성	
		基平	錫良 竹洞派
		기평	석량 죽동파
		宣務郞公派	錫昌 經方派
		선무랑공파	석창 경방파
			錫龜 佳谷派
			석구 가곡파
			錫夢 香洞派
			석몽 향동파
		基豊	
		기풍	

　　　　초계정씨의 시조(始祖)는 고려 초에 학자로 이름난 정배걸(鄭倍傑)이
다. 그는 초계 성산(城山) 출신으로 현종 8년(1017) 지공거(知貢擧) 곽원(郭元)
의 문하에서 장원으로 급제하여 정종 원년(1035) 좌습유 지제고(左拾遺知制
誥)를 거쳐 문종 원년(1047) 중추원부사(中樞院副使)로 지공거(知貢擧)가 되어
김정신(金鼎新) 등을 선발했고, 이후 관직이 예부상서중추사(禮部尙書中樞使)
에 이르렀다. 일찍이 사숙(私塾)을 열어 많은 제자들을 가르쳤는데, 그들을
홍문공도(弘文公徒, 혹은 熊川徒)라 칭하였다. 『고려사』에는 12공도 중에서 최
충의 문헌공도(文憲公徒)와 더불어 홍문공도가 가장 흥했다고 기록되어 있
다. 그가 별세한 뒤 문종 34년(1080)에 왕이 그의 공적을 기리기 위해 조서를

내리고, 홍문광학추성찬화공신 개부의동삼사 수태위 문하시중 상주국 광유후(弘文廣學推誠贊化功臣開府儀同三司守太尉門下侍中上柱國光儒侯)를 추증하였다. 시호는 홍문(弘文)이다.

2세 문(文, ?~1105)은 배걸의 유복자로 태어나 문종 때 국자감시(國子監試)에 급제하여 비서랑(秘書郎)이 되었고, 선종이 즉위하면서 직한림 겸 사문조교(直翰林兼四門助敎)에 발탁되었다. 이어 우습유(右拾遺)에 기용되었으나 대간에서 그의 외조가 처인부곡(處仁部曲) 출신이므로 간관이 됨은 마땅하지 않다고 하자 전중내급사 지제고(殿中內給使知制誥)로 고쳐 제수되었다가 지개성부사(知開城府事)를 거쳐 형부원외랑(刑部員外郎)이 되었다. 숙종 10년(1105)에 형부상서 정당문학 겸 태자빈객(刑部尙書政堂文學兼太子賓客)이 되었고, 그 해 예종이 즉위하자 검교사공 예부상서(檢校司空禮部尙書)가 더해졌다. 청렴·공정하여 형조를 10여년 맡았으나 일을 잘 처리하였고, 송나라에 사신으로 다녀오면서 받은 금백(金帛)을 그의 종자에게 나누어주고 그 나머지로는 모두 서적을 사가지고 왔다 한다. 일찍이 서경에 호종하여 기자(箕子)의 사당을 세우도록 청하기도 하였다. 사후에 특진 좌복야 참지정사(特進左僕射參知政事)에 추증되었다. 시호는 정간(貞簡)이다.

3세 복경(福卿, ?~1154)은 문(文)의 아들로 일찍이 음서(蔭敍)로 벼슬을 받았으나 예종 때 전시에 합격하여 정식으로 관직에 임명되었다. 인종이 즉위한 뒤 국학직학(國學直學)을 제수받았으며, 여러 번 자리를 옮겨 합문지후(閤門祗候)가 되었다. 의종 때는 호예부원외랑(戶禮部員外郎)·시군기소감(試軍器少監) 등을 지냈다. 재직 중에는 청검하다는 평을 들었으며, 공적인 일이 아니면 공경(公卿)의 문지방을 넘지 않았다. 당시 간의대부(諫議大夫)였던 김자의(金子儀)가 그의 덕행과 학문을 칭양하여 임금의 고문으로 천거한 바 있다.

4세 윤기(允耆)는 복경공(福卿公)의 독자로 태어나 고려조 문과에 급제하여 진현관(進賢館) 대제학(大提學)을 지냈다. 이로 인해 공의 후손을 대제학공파(大提學公派)라 일컫게 되었다. 그의 자손들은 경산, 초계, 진주, 관동지방에 주로 살고 있다.

8세 선(僐, 1251~1325)은 원종 14년(1273)에 문과에 장원으로 급제하여 전주사록(全州司錄)에 선임되었고, 충렬왕 때에 이부총랑(吏部摠郎), 병부총랑(兵部摠郎)을 거쳐 세 고을에서 수령을 지냈는데 모두 치적이 훌륭하다는 평가를 받았다. 그 뒤 우상시지내지(右常侍知內旨)가 되었는데, 정직하다는 평판이 높아 재초도감(齋醮都監)을 관장하게 하였다. 충렬왕 27년(1301)에는 국자감시(國子監試)를 주관하여 이봉룡(李鳳龍) 등 77명을 선발하였고, 이듬해 조간(趙簡) 등과 함께 국학박사에게 행하는 경서 시험을 주관하였다. 충렬왕 29년(1303)에는 오잠(吳潛)이 원나라에 대하여 충렬왕·충선왕 부자를 이간질하여 폐해를 끼치자 여러 사람들과 함께 원나라의 사자(使者)에게 상서하여 물리치기를 청하였다. 충숙왕 즉위년(1313)에 첨의평리(僉議評理)로 치사(致仕)하였다.

초계정씨는 대제학공파를 비롯하여 내급사공파(內給事公派), 천호장공파(千戶長公派), 박사공파(博士公派), 대사성공파(大司成公派)의 대파(大派)를 형성하고 있다. 대제학공파 가운데 선(僐)의 아들 광조(光祖, 9세)가 경산종파(慶山宗派)를, 둘째 광계(光繼)의 아들 보생(補生)과 영(英)이 초계(草溪)·진주파(晋州派)를, 셋째 수(修)가 관동파(關東派)를 형성하였다. 여기에서 관동파는 중파(中派)이며, 다시 종파(宗派), 산일공파(山逸公派), 선무랑공파(宣務郎公派), 경주공파(慶州公派), 별좌공파(別坐公派), 예천공파(醴泉公派), 송포공파(松浦公派), 주부공파(注簿公派), 진사공파(進士公派), 의주공파(義州公派), 홍의공파(弘儀公派)의 소파(小派)로 구별된다. 본격적인 소파의 형성은 16세 종영(宗榮)의 후손들로부터 기인된다.

10세 수(修, 1364~1450)는 초계정씨 강원도 입향조이다. 문하평리(門

下評理) 광계(光繼)공의 3자로 사재부령(司宰副令)을 지냈다. 그는 고려가 망하자 자손과 가솔을 이끌고 원주에 은거하였으므로 그의 후손들이 원주·횡성에 많이 살게 되었고, 영동지방 강릉·양양 등지에 퍼져 살게 되었다. 이로 인해 관동파(關東派)라고 일컫게 되었으며, 손세 번창하여 관동의 거족을 이루었다.

13세 온(溫, 1434~1508)은 세조대에 무과에 급제하여 훈련원(訓練院)에 들어갔고, 성종 연간에 이산현감(尼山縣監), 사헌부감찰(司憲府監察), 삼도해운판관(三道海運判官)을 역임하였는데 청백리로 명성이 뛰어났다. 외직(外職)에 있을 때는 민들이 우러러보았고 내직(內職)에 있을 때에는 소실(所失)하는 바가 없었다. 숙종 20년(1694)에 창건된 진주 소재 정강서원(鼎崗書院)에 배향되었다.

14세 윤겸(允謙, 1463~1536)은 성종 23년(1492) 무과에 급제하여 훈련원(訓練院)에 보직되고 이어 사헌부감찰, 군자시주부(軍資寺主簿), 사복시판관(司僕寺判官) 등을 역임하였다. 1506년 중종반정(中宗反正)에 참여한 공으로 3등공신인 병충분의정국공신(秉忠奮義靖國功臣)에 녹훈되고 군기시첨정(軍器寺僉正)에 발탁되었다. 이듬해 공신에게 특별히 품계를 주는 예에 따라 통정대부(通政大夫) 당상관(堂上官)에 오르고, 간성군수(杆城郡守)에 이어 4년 뒤 웅천부사(熊川府使)로 옮겨 삼포왜란(三浦倭亂) 이후의 민심수습과 복구에 힘썼다. 다시 충청도수군절도사를 거쳐 함경도 병마절도사로 임명되자 북청(北靑)에 성을 쌓아 여진의 침입에 대비하였고, 중종 13년(1518)에 첨지중추부사(僉知中樞府事)로 전보(轉補)되었다가 이듬해 가선(嘉善)으로 승진, 청계군(淸溪君)에 봉해지고 특별히 회령부사(會寧府使)에 제수되었다. 중종 17년(1522)에 전라도수군절도사로 기용됨에 병선과 무기를 수리하여 유사시에 대비하다가 명나라를 약탈하고 돌아가는 왜구를 격멸, 그 공로로 품계가 더해지고 조정으로부터는 궁시(弓矢)와 의대(衣帶)가, 그리고 명나라로부터도 백금이 하사되었다. 이어 훈련원도정(訓練院都正)이 되었다가 중종 20년(1525)에 성절사(聖節使)로 명나라에 다녀온 뒤 평안도병마사가 되고, 상호군(上護軍)을 거쳐 충청도병마사로 있을 때 무고로 인하여 횡성에 유배되었다. 그러나 곧 죄가 풀려 부총관에 서용되고, 동지중추부사(同知中樞府事)를 거쳐 삼척부사(三陟府使)가 되었다. 중종 31년(1536)에 생을 마감하니, 조정에서는 그를 병조판서에 추증하고 시호(諡號)를 장양(莊襄)이라고 했다. 사후에 왕명에 의해 부조묘(不祧廟)에 향사(享祀)되었으며 불천지위(不遷之位)로서 자자손손 대대로 장손에게 기제사(忌祭祀)를 지내라고 왕이 명하니, 그의 후손들이 지금도 매년 음력 6월 11일에 제사를 지내고 있다. 부조묘의 사당은 공근면 학담리 초당동에 있다.

15세 숙(淑)은 음사(蔭仕)로 당진현감을 역임하고 숭정대부 의정부좌찬성 겸판의금부사 초계군(崇政大夫議政府左贊成兼判義禁府事草溪君)에 증직되었다.

16세 종영(宗榮, 1513~1589)의 호는 항재(恒齋), 자는 인길(仁吉)이다.[59] 8세에 모친상을 당하였는데 슬퍼하고 그리워하기를 마치 어른처럼 하였다. 김안국(金安國)을 스승으로 섬겼는데, 이때는 기묘사화가 지난 지 얼마 되지 않아서 성리학(性理學)을 세상 사람들이 기피하였으나 공은 이를 깊이 탐구하였다고 한다. 중종 35년(1540)에 진사시에 입격하고, 동왕 38년(1543)에 식년문과에서 병과로 급제하여 예문관 검열(藝文館檢閱)을 거쳐 명종 즉위년(1545)에 봉교(奉敎)에 임명되었다. 마침 을사사화(乙巳史禍)가 일어났을 때 공은 3대신(大臣)의 죽음에 대해 사필(史筆)을 잡고서 동료와 함께 살해된 사실을 숨김없이 기록하였다. 당시 동참한 사관(史官)들은 화를 입었으나 공은 평소에 삼가고 조심하였기 때문에 화를 면하였다. 그러나 처

---

59 이에 대해서는 조동걸, 1972 『横城과 三一運動』, 三一운동 기념비건립 횡성군 협찬회, pp.51~58.

숙(妻叔)인 유관(柳灌)이 을사사화에서 첫 번째로 숙청되어 그 화가 유족들에게까지 미치었으나 공은 명종 원년(1546)에 외직인 평안도평사(平安道評事)로 나가는 데 그쳤다.

이듬해 호조정랑(戶曹正郞)에 제수되었다는 부름을 받았을 때, 주장(主將)이 공에게 일러 말하기를 "친히 조정에 나아가면 후임이 반드시 도착할 것이니 전별연(餞別宴)을 열고 싶다"고 하였다. 이에 공이 말하기를, "후임자가 아직 도착하지 않았는데, 어찌 사사로운 정으로 인해 국가의 법률을 폐기할 수 있겠는가" 하고는 곧 강변으로 순찰을 돌러가니 주장이 탄복하였다. 마침 이준경(李浚慶)이 평안도로부터 돌아와 공을 힘써 추천하여 사간원 헌납(司諫院獻納)에 제수되었다. 이에 부름을 받고 조정에 돌아와 평안도·황해도의 기근 상황에 대해 보고하여 구황 경차관을 파견토록 하였다.

명종 3년(1548)부터 명종 7년(1552)까지 홍문관 부수찬(副修撰), 교리(校理)을 거쳐 사헌부로 옮겨 지평(持平), 장령(掌令)을 역임했다. 이조좌랑 자리가 비어 있어 모두 공을 천거하였으나 윤원형(尹元衡)의 배척으로 끝내 제수 받지 못하고 다시 홍문관에 들어가 부교리(副校理)가 되었다가 곧 부응교(副應敎)가 되었다.

명종 8년(1553)에 부친상을 당했을 때는 임금이 특별히 제전(祭奠)에 소요되는 물품을 하사하였다. 공은 예법에 따라 시묘살이를 극진히 하여 3년상을 마칠 때까지 한 번도 집에 들르지 않았다. 3년상을 마친 명종 10년(1555)에 홍문관 교리(校理)에 제수되었고, 이어 사헌부 집의(執義), 홍문관 전한(典翰), 의정부 검상(檢詳), 사인(舍人), 홍문관 부응교(副應敎)을 거쳐 이듬해 직제학(直提學)에 이르렀다. 삼사(三司)[60]의 직은 전후로 옮겨서 제수되었는데 재임(再任)이 많았다.

---

60 홍문관, 사헌부, 사간원을 말함.

일찍이 조정에서는 국청(局廳)을 설치하여 사서(四書)의 구두(句讀)를 떼어서 정하였는데, 공이 그 도감(都監)의 도청(都廳)이 되었다. 이때에 이르러 그 일을 거듭해 맡아서 관장하다가 명종 12년(1557)에 드디어 일을 마치고 승정원 동부승지(同副承旨)에 제수되었고, 명종 13년(1558)에 좌부승지, 우승지를 거쳐 도승지(都承旨)에 이르렀다. 명종 14년(1559)에 헌부의 탄핵을 받아 도승지에서 물러나 대호군(大護軍)으로 있다가 여름에 호조 참의가 되었고, 이어 이조 참의로 옮겼다가 그 해 말에 다시 도승지가 되었다. 명종 15년(1560)에 가선대부 공조참판이 되었다가 얼마 후 강원도 관찰사로 나가 도민들을 안무(按撫)하였다. 임기를 마치고 돌아오자 가전승습(家傳承襲)으로 팔계군(八溪君)에 봉군(封君)되었다.

명종 16년(1561)에 한성부 좌윤(漢城府左尹)으로 있다가 이듬해 경상도관찰사로 부임해서 영의정 윤원형(尹元衡)에게 아부하여 부정행위를 자행하는 수령들을 응징하고, 문정왕후의 명을 받아 인종의 태봉(胎峯)이 있는 금표(禁標) 안의 나무 400여 그루를 벤 중들을 처단하였다. 이에 윤원형이 공을 관찰사직에서 체직할 것을 명하였으나, 삼사(三司)가 합세하여 간쟁하고 태학생(太學生)이 상소를 올려 그대로 유임되었다. 명종 18년(1563)에 평안도관찰사로 부임해서는 서북지방인이 무예를 좋아하고 문교(文敎)를 싫어하는 지방이라는 형세를 감안하여 평양에 서원(書院)과 서적포(書籍鋪)를 설립하여 학문의 진흥에 크게 기여하였다. 이때부터 이 지방에서 과거에 급제하는 자가 계속해서 이어졌다. 명종 20년(1565)에 임기가 만료되어 사간원 대사간으로 부름을 받고 미처 도착하지 못한 사이 이조참판으로 제수되었다.

공이 중앙요직을 연임하게 되는 것은 명종 20년에 문종왕후의 죽음과 동시에 윤원형이 실각하면서이다. 공과 윤원형은 인척관계였다. 공의 조부 윤겸에게는 서출의 딸 난정(蘭貞)이 있었는데, 난정은 측실(側室)의 딸이기에 윤원형의 측실이 되었다. 그러나 공은 윤원형과 인척관계에 있으면서도 멀리 하였고, 윤원형이 몇 번이고 손잡을 것을 청해왔으나 끝내 거절하였다. 그 때문에 윤원형 집권 20년 동안 심한 고초를 받았던 것이다. 이에 대해 사관(史官)은 "공과 난정이 숙질(叔姪) 사이인데도 윤원형에게 붙지 않았으므로 사람들이 훌륭하게 여겼다"고 하였다. 명종 21년(1566)에 한성부 판윤에 제수되었고, 이듬해 진향사(進香使)[61]로 명나라에 다녀왔다.

선조 2년(1569) 남쪽 지방에 대한 근심이 있었는데, 조정에서는 중신의 재목으로 문무를 겸한 공을 발탁하여 전라도관찰사 겸 순찰사로 삼았고, 임기를 마치자 선조 4년(1571)에 형조판서에 제수하였다. 이때부터 선조 12년(1579)에 이르는 동안 호조·공조에서 판서를 한 번씩, 병조·이조에서 판서를 두 번씩, 예조·형조에서 판서를 세 번씩 역임하고 우찬성(右贊成)에 이르는 등 중앙의 요직을 두루 역임하였다. 공은 동서분당(東西分黨) 때 어느 쪽에도 가담하지 않았다.

선조 15년(1582)에 향리로 돌아가고자 치사(致仕)를 청하였는데 허락받지 못하였다. 일찍이 지은 시(詩)에 이르기를, "육부를 두루 돌아다니다 이제 나이 많이 들었으니, 전원으로 물러나 지난날 허물을 반성하여 보리라[周流六部今成老 團合田園退省愆]" 하였다. 선조 22년(1589)에 마침내 고향인 원주에 돌아와 자연풍광을 즐기며 후학 지도에 힘쓰다 77세에 생을 마감하였다. 임금께서 몹시 슬퍼하며 조회를 거두고 제사에 부의(賻儀)를 보냈으며 관에서 상례(喪禮)를 돌봐주도록 명하였다. 횡성현의 북쪽 공근리(公根里) 자좌(子坐)의 언덕에 장사 지냈다. 저서로는 『항재집(恒齋集)』이 있다.

공은 자질과 성품이 명랑하고 공손하였으며 재주가 뛰어나고 도량이 넓어 엄숙함과 공경으로써 자신을 단속하고 예법(禮法)으로 집안을 다스렸다. 날마다 일찍 일어나서 바르게 앉아 책을 보았으며 입으로 급하게 소리

---

61 조선시대 대중국 관계에서 임시로 파견하던 비정규 사절 또는 그 사신. 중국에 국상이 났을 때 제문(祭文)과 제폐(祭幣)를 가지고 가 조의를 표하기 위해 임시로 파견하였다.

를 외치지 않았으며 행동거지에 게으른 기색이라곤 없었다. 나이가 70이 넘어서도 제사에 반드시 친히 제물을 올렸으며 여러 형제들과 자매들을 따뜻하게 돌봐주고 은혜와 의리로 두루 보살폈으며 재물을 나누어주었으니, 자신의 마음을 미루어 남의 마음을 헤아려 주었던 것이다.

당시 사론(士論)은 공에 대해 두 가지 평판을 하였는데, 기개가 곧아 누구에게도 의지하지 않는다는 것과 후배들과 서로 친하게 지내지 않는다는 것이었다. 처음 이조판서가 되었을 때 일이다. 탄핵(彈劾)을 받아 체차되었다가 얼마 지나지 않아 다시 제수되었을 때 낭관(郎官)이 와서 아뢰었는데 사사로운 의논으로 인물을 선발하거나 선발하지 않는 식의 태도였다. 이에 공이 웃으면서 말하기를, "공의 자리도 또한 공도(公道)에 입각해 헤아려서 정하였으니 장중(莊重)한 자리를 하필이면 사사로운 의논으로 정하겠는가." 하였다. 공의 정대함이 이와 같았다. 그러나 후배들은 공의 심사(心事)를 다 헤아리지 못하고 혹 사사로이 인물을 천거하거나 자기편으로 끌어들이는 일이 있었는데, 공도 역시 이런 일을 그냥 보아 넘기지 않았다.

공은 근본에 힘쓰는 학문을 하였으며 실제로 문장을 짓는 일은 숭상하지 않았다. 간혹 시를 짓기도 하였지만 성정(性情)에서 발로되지 않은 것이 없었다. 공은 일찍부터 훌륭한 스승인 김안국을 좇아 학문을 강마(講磨)하기를 오로지 한결 같이 하였다. 김안국은 조광조(趙光祖)·기준(奇遵) 등과 함께 김굉필(金宏弼)의 문인으로 도학에 통달하여 지치주의(至治主義) 사림파의 선도자가 되었다. 김안국의 스승인 김굉필의 학문은 '치인(治人)보다는 수기(修己)에 비중을 두었으나, 김안국은 그 자신을 소학동자(小學童子)로 자처하고 『주자가례』를 철저히 지키는 등 실천윤리나 치인에 치중했다. 공은 스승의 학문적 성향을 이어받아 일생 동안 경전의 가르침에 침잠(沈潛)하여 손에서 책을 놓은 적이 없었다. 공의 학행에 대해 동문수학한 유희춘(柳希春)은 "독서의 공효(功效)가 나이가 들수록 더욱 뚜렷하게 나타났다"고 평가했는데, 이는 어릴 적에 공과 더불어 같이 배웠기 때문에 그렇게 말했던 것이다. 조식(曺植)은 일찍이 공에게 증정한 시에서, "붉은 봉황이 높이 나니, 바람이 불기를 기다리지 않도다"라고 하였다. 이준경(李浚慶)은 "잘 단련된 금과 아름다운 옥[正金美玉]"에다 공을 비유하였으며, 노수신(盧守愼)은 "깨려야 깨기 어려운 쇠와 돌[鐵石肝腸]"로 비유하여 그의 높은 절개를 평가하였다.

공은 후손들에게 두 가지 유언(遺言)을 남겼다. 하나는 "고향을 떠나지 말라"는 것이었다. 이는 관직생활로 인해 외지로 떠돌아다니며 이미 8세 가까운 원주거주 조상들의 묘와 후손을 돌보는 데 소홀해질 것을 염려한 것이다. 다른 하나는 "시문(詩文)을 탐하지 말라"는 것이었다. 이는 유학자로서 시문을 즐기면 도학(道學)을 경솔히 하기 쉽다는 뜻이기도 하고, 당시 당쟁이 격화되던 현실과도 관련하여 후손들이 시를 지어 사화(士禍)에 휩쓸릴 것을 염려한 때문이었다고 전해진다.

공은 인조 16년(1638) 원주의 칠봉서원(七峰書院)에 배향되었고, 숙종 36년(1680) 정헌(靖憲)이라는 시호를 받았다. 영조 5년(1729) 후손들에 의해 창건된 별묘(別廟)에 그의 위패가 봉안되었다.

17세 약(爚, 1544~1616)은 선조 즉위년(1567)에 진사시에 입격하였고, 선조 3년(1570)에 서보조지서 별제(筮補造紙署別提)를 거쳐 선조 10년(1577)에 장례원 사평(掌隸院司評), 사복시 주부(司僕寺主簿)를, 선조 12년(1579)에 사헌부 감찰, 전생서 주부(典牲署主簿)를 역임하였고, 선조 14년(1581)에 개성도사(開城都事)를 이어 수원판관(水原判官), 김포현령(金浦縣令)을 역임하였다. 선조 25년(1592) 임진왜란 때 원주 영원산성(鴿原山城)으로 들어가 가족과 함께 사민(士民)을 인도하였다. 선조 26년(1593)에 고성군수(高城郡守), 선조 26년(1593)에 순안어사(巡按御使), 선조 31년(1598)에 사복시첨정(司僕寺簽正)을 거쳐 곧 이천부사(利川府使)에 올랐으나 그해 겨울에 병을 얻어 낙향하였다. 선조 35년(1602)에 영월군수(寧越郡守)로 나갔으나 병으로 인해 다시 낙향하였다. 선조 38년(1605)에 양주목사(楊州牧使)로 나갔으며, 숭정대부 좌찬성에 증직되고 청성군(淸城君)에 봉군되었다. 선조 40년(1607)에 부친 종영(宗榮)이 벼슬을 그만두자 함께 귀향하였다. 종영이 별세하자 묘 옆에서 3년 동안 여묘살이를 하였다. 약의 슬하에는 기광(基廣), 기성(基成), 기평(基平), 기풍(基豊)이 있었다. 장남 기광은 관동파(關東派) 종파(宗派)의 중시조로 일컬어질 만큼 횡성·원주 관내의 동족마을을 이룩하는데 주요한 역할을 하였다.

18세 기평(基平)은 청성군 약(爚)의 제3자로 성품이 어질고 남을 도와 베푸는 천성으로 적선하는 데 인색하지 아니하였다. 선조조에 선무랑(宣務郎)을 제수받았다. 그리하여 공의 후손을 선무랑공파(宣務郎公派)라 한다. 공의 배위 안동권씨의 친가가 양양이어서 양양에 살게 되었다. 광해군 7년(1615) 부친상을 당해 여묘살이 3년을 하였고, 인조 7년(1629) 47세에 세상을 떠났다. 묘소는 강릉시 성산면 어흘리에 있다.

27세 현덕(顯德)의 자는 백순(伯純), 호는 우전(雨田)이다. 선무랑공의 9대손이며, 금부도사 태방(泰邦)의 5대손이며, 증 참판 경화(景和)의 장자이다. 순조 10년(1810) 정월 2일 강릉 경방에서 태어났으며, 그후 횡성 공근 학담리 초원리에서 수학(修學)하였다. 철종 원년(1850) 증광문과(增廣文科)에 병과로 급제하여 철종 13년(1862) 부사과로 되었으며, 고종 초에 서장관(書狀官)으로 정사 서형순(徐衡淳)을 따라 청나라에 다녀왔다.

대원군이 집권하자 동래부사가 되어 일본과의 교섭을 담당하였다. 대원군의 뜻을 받들어 일본 메이지신정부(明治新政府)의 국교재개의 교섭을 서계문제(書契問題)를 이유로 끝내 거부하였다. 일본과의 암거래를 하는 무리를 엄중 단속하여 박승달(朴承達)을 외화 소지혐의로 참형에 처하였다. 그 뒤 이조참의가 되었다가 대원군이 실각하자 민씨척족정권에 의하여 파면되어 유배되었다. 고종 19년(1882) 임오군란이 일어나 대원군이 다시 집권하자 형조참판으로 기용되었으나 대원군이 물러남으로써 이에 다시 파면되어 원악도

(遠惡島)로 유배된 뒤 그 곳에서 사사(賜死)되니, 향년 74세였다. 그때 공이 남긴 「사약음독 직전 최후시(賜藥飮毒直前最後詩)」를 소개하면 다음과 같다.

왈이천지간남아(曰爾天地間男兒) 천지간 남자들이여

금세지아자기수(今世知我者其誰) 지금 세상에 나를 알아줄 자 누가 있으랴.

평수일천리낭적(萍水一千里浪跡) 부평초 물결 따라 삼천리 자취 어지럽고

금서사십연허사(琴書四十年虛思) 거문고와 책으로 보낸 40년도 모두가 헛것일세.

청운난력치비원(靑雲難力致悲願) 청운은 힘으로 이루기 어려워 바라지 않았거니와

백발유공도불비(白髮有功道不悲) 백발에 공이 있으니 슬퍼하지 않으리라.

경파환향몽묵좌(驚波還鄕夢黙坐) 고향 길 가던 꿈꾸다 놀라서 깨어 앉으니

월조월삼경남비(越鳥月三更南飛) 남쪽지방 새가 삼경에 남쪽으로 날아가네.

공은 용자청수(容姿淸秀)하고 기우(氣宇)가 영준(英俊)하며 문필은 당대를 압도하였다. 유고, 문집, 서예품 등이 있었으나, 수차례의 재난으로 산일(散逸)되어 현재 정간공(貞簡公) 신도비문, 양헌공(良獻公) 유허비, 음기 등 양간의 찬문(撰文)과 수십 편의 시문이 남아 있어 공의 면모의 일단을 엿볼 수 있다.

제2절 동족마을의 형성과 공동체 모임

1. 초계정씨의 강릉 입향

초계정씨의 강릉 입향조는 기평(基平, 1584~1629)이다. 초계정씨가 강릉에 오게 된 것은 임진왜란을 당하여 장자 기광이 14세 때 70여 명의 가

솔을 거느리고 강릉에 피난 와서 정착하면서였다. 그때 기평의 나이는 9세였다. 기평의 부인은 안동권씨 주부(注簿) 수경(守經)의 딸이다. 부인의 친정이 양양이어서 공이 양양에 살게 되었다. 기평이 선조대에 선무랑(宣務郎)에 제수되었기에 그 후손을 선무랑공파(宣務郎公派)라 일컫는다. 기평의 묘소는 강릉시 성산면 어흘리에 있는데, 이 묘소가 영동 제일의 명당이어서 후손이 번창하였다고 한다.

기평은 슬하에 4남을 두었는데, 장남 석량(錫良), 차남 석창(錫昌), 3남 석구(錫龜), 4남 석몽(錫夢)이다. 이 가운데 3남 석구(佳谷派)는 횡성으로 이주하였고, 장남은 양양군 현남면 죽리(댓골)와 강릉시 초당동에 살면서 죽동파(竹洞派)를, 차남은 남문동 경방과 주문진 장덕리에 살면서 경방파(經方派)를, 4남은 주문진 향호리와 현남면 전포매리에 살면서 향동파(香洞派)를 이루었다. 이리하여 현재 영동지방에는 초계정씨 3파의 자손이 살아가고 있다.

2. 동족마을의 지역개관

1) 죽리

일명 댓골이라고도 한다. 1945년 38선이 생기면서 행정구역 개편으로 강릉군과 명주군으로 나뉘었고, 1963년 1월 1일부터 양양군 현남면 죽리라 하였다. 마을명의 유래는 고려 말기에 향교 소재지로서 뒷산에 죽림이 울창하여 가을철에 사람이 대나무를 타고 올라가 감을 따먹을 정도로 대나무가 굵었다 하여 죽리라 부른다고 한다. 지금도 왕대나무가 양지마을의 여러 곳에서 많이 자라고 있다.

마을 입구에는 동화제봉이 있고, 서쪽에는 망월산(망령제)가 있다. 마을 서쪽에서 동쪽으로 흐르는 해송천을 가운데 두고 북쪽은 양지마을, 남

쪽은 음지마을의 2개 자연촌락으로 구성되어 있다. 북쪽으로는 북분리, 동쪽으로는 창리와 인구1리, 남쪽으로는 인구2리와 각각 경계를 이룬다.

죽리는 초계정씨 동족마을로 입향 연대는 1700년경이다. 1960년대 중반에는 60여 호 290여 명이 농사에 종사하고 알았으나, 산업화 이후 도시로 나가 지금은 28호 70여 명이 살고 있다.

2) 경방(經方)

경방은 현재 강릉 도립 의료원이 있는 일대로 예전에 강릉부사가 집무하던 동헌(東軒)인 칠사당에서 볼 때 서쪽에 있었기 때문에 생긴 마을이름이다. 경방 마을 뒤로는 증봉에서 내려온 성산주령 산줄기가 지나간다. 마을 앞으로는 남대천이 흐르고, 그 남쪽에는 내곡동의 넓은 들이 펼쳐진다.

3) 향호리

향호는 향개, 행호라 하였는데 1916년 행정구역의 폐합에 따라 향골, 괴냄이, 찬샘, 갯가, 괴말, 강정을 합하여 향호리라 했다. 향호1리는 찬샘, 갯가, 괴말, 강정 등 네 자연촌락으로 형성되었는데, 마을 뒤 북쪽에 바리봉이 있고, 마을 가운데에 호수가 있다. 전설에 의하면 향동(香洞)에 천년 묵은 향나무가 홍수에 떠내려가서 호수에 잠겨 침향(沈香)되었는데, 나라에 경사스런 일이 있으면 침향된 향나무가 호수에 떠서 빛이 비친다고 한다. 향나무를 땅에 묻는 것을 매향(埋香)이라 하는데, 불가(佛家)에 전해지는 바에 따르면 매향의 최적지는 계곡 물과 바닷물이 만나는 곳이었다. 그 향나무가 수백 년이 지나면 침향이 된다. 향호 2리는 향골, 괴냄이 두 자연촌락으로 형성되었는데, 마을 뒤 고적봉이 두 줄기 능선으로 갈려 북쪽으로는 양양군 현남면과 경계를 이루고 남동쪽으로는 장덕리와 경계를 이룬다.

향호리의 제일 안쪽에 있는 향동(향골)은 초계정씨의 집성촌이다.

1930년에 간행된 『생활실태조사』(강릉편)에 의하면, 향호리에는 초계정씨가 70가구 300여 명이 살았다고 한다. 그러나 1983년 마을위쪽에 농업용수개발사업으로 저수지가 생기면서 정씨들이 마을을 떠나 지금은 얼마 살지 않는다.

향동은 저수지 조성으로 마을이 수몰되기 전까지만 해도 한 할아버지 자손들로 동족마을로 이루어서 이웃이 전부 형님 댁, 아우님 댁, 아저씨(숙행) 댁, 조카님 댁 사이로 한집안 식구처럼 오순도순 화목하게 살았다. 농한기를 모르고 부지런하게 일하여 소득을 늘리고 자녀들 교육에 열정을 기울여 입신케 하는 등 마을이 활기를 넘치는 이 지방의 대표적인 동족마을로 소문난 동네였다.

3. 동제(洞祭)

1) 죽리

죽리(댓골)마을의 성황당은 마을 가운데 당집과 서낭목이 함께 있다. 서낭목은 400년된 소나무 3주는 최근 고사한 채 서 있으며, 소나무·소태나무·엄나무가 있다.

제의는 성황제(城隍祭)라 하여 성황지신(城隍之神), 토지지신(土地之神), 여역지신(癘疫之神)을 모신다. 제의는 매년 음력 정월과 10월에 마을제로 행해졌으나, 2009년부터는 매년 양력 12월 마을 총회 전날 행해진다. 제례음식은 신(神)별로 진설(陳設)한다. 유교식으로 초저녁에 지내며 제의가 끝나면 소지(燒紙)한다.

2) 경방(經方)

경방에는 강릉단오제의 주신인 대관령국사성황과 혼배한 정씨가 여

인의 생가 터가 있다. 전설에 의하면 정씨녀는 숙종 때 사람인 초계정씨 경방파 완주(完柱, 21세손)의 외동딸로 대원군 때 동래부사를 지낸 정현덕(鄭顯德)의 5대조 고모가 된다. 지금으로부터 약 300년 전에 정씨녀는 창원인 황수징(黃壽徵)과 혼례를 치른 후 시댁이 멀리 있어 알묘를 하지 못한 채 친정 경방(經方)에 머물고 있었다. 하루는 꿈에 대관령성황신이 나타나 내가 이 집에 장가를 오겠노라고 청했다. 그러나 정씨네에서는 사람이 아닌 성황신을 사위로는 삼을 수 없다고 그냥 돌려보냈다. 그런 후 어느 날 정씨녀가 남 치마를 입고 툇마루에 앉아 있는데 호랑이가 와서 업고 달아나 버리고 말았다. 정씨녀를 업고 간 호랑이는 대관령성황신이 보낸 사자로서 그 처녀를 모셔오라고 분부를 받고 왔던 것이다. 대관령 국사성황신은 그 정씨녀를 데려다가 자기의 처로 삼았던 것이다. 딸을 잃어버린 정씨네에서는 큰 난리가 났으며, 마을 사람의 말에 의해 호랑이가 물고 간 것을 알게 되었다. 가족들이 대관령 국사성황당을 찾아가 보니 이미 시신이 되어 있었다. 시신을 수습하여 친정어머니 산소 앞에 안장했는데, 지금도 정씨녀의 묘가 강릉교도소 서쪽 산 능선(맴소)에 있다. 정씨녀는 사후에 국사성황과 혼배를 하고 국사여성황으로 추앙되었다. 현재 여성황사는 옛 홍제1취수장 터에 신축하여 자리잡고 있는데, 이곳에는 국사여성황신의 화상과 위패 등이 모셔져 있다. 여기에 음력 4월 15일부터 5월 3일까지 대관령국사성황과 여성황을 함께 모신다.

3) 향호리

향호리에는 취향정마을, 향동마을에 각 한 곳씩 2개의 서낭당이 있다. 취향정마을은 향호1리에, 행동마을은 향호2리에 각각 위치해 있다.

취향정마을은 당집이 없고 서낭목은 소나무였으나 고사하였다. 행동마을은 향호2리 저수지 뒷산의 소나무 숲에서 가장 수령이 오래된 나무가 서낭목이다. 취향정마을의 제의는 고청제(告請祭)라고 하며 성황지신(城隍

之神)·토지지신(土地之神)·여역지신(癘疫之神)을 모신다. 제당은 향호 서쪽 야산 언덕 소나무 숲 속에 위치해 있다. 제의는 연 1회로 음력 정월 중 택일한다. 제물은 주·과·포 등 일반적인 제례 음식으로 합위(合位)하여 진설(陳設)한다. 유교식으로 지내며 제의가 끝나면 소지(燒紙)한다.

향동마을의 제의는 성황제(城隍祭)라고 하며 성황지신·토지지신·여역지신을 모신다. 서낭목은 향호2리 저수지 뒷산에 위치한다. 제의는 마을제로 행해지다가 근래에 와서는 각 가정마다 안택고사가 있을 때 개별적으로 치성을 올린다.

4. 민속놀이

1) 죽리

8월 한가위에 주민들은 마을 한가운데 성황당 옆 공터에 모여 며느리 편과 딸 편으로 나누어 줄다리기를 하였다. 이때 시아버지들은 며느리 편을 응원하고 시어머니들은 딸 편을 응원하였다. 이 놀이에서 패한 편은 승리한 편에게 풍성한 명절음식을 대접하였으며, 어린 아이들에게는 씨름대회를 열어 최고의 승자에게는 상으로 토끼를 주었다. 시대의 흐름에 따라 1960년대 후반부터 사라지고 말았다.

2) 향호리

향호리 향동(香洞)마을 주민들은 정월 대보름날 낮에 꽹과리, 징, 장고, 북 등을 울리며 집집마다 찾아다니면서 지신밟기를 하고, 보름달이 뜰 즈음이면 망월봉으로 올라간다. 망월봉은 마을 남쪽에 솟아 있는데, 그곳에서는 봉우리 앞이 확 트여 있어 주문진의 넓은 들과 바다를 한 눈에 내려다 볼 수 있다. 제단은 봉 꼭대기에다 차리는데 보름달이 떠오르면 달을 바라보며 절을 하는데, 한 해 동안의 일, 풍년, 온 가족의 건강을 빈다.

망월봉에서 달이 뜨는 것을 제일 먼저 보는 사람은 그 해에 운수대통한다고 하여 서로 먼저 보려고 한다. 달뜨는 모습이 제일 왼쪽인 향호 쪽에서 뜨면 마을에 가뭄이 들고, 가운데 쪽인 봉꾸미(주영초등학교 방향) 쪽에서 뜨면 풍년이 들고, 제일 오른쪽인 매맥이(강원도립대학 앞 일대) 쪽에서 뜨면 수해가 진다고 한다. 제례를 지낸 다음에는 농악대를 앞세우고 횃불을 들고 마을로 내려오는데, 횃불은 제일 먼저 달이 뜨는 것을 본 사람의 홰에 불을 붙이고 그 사람이 제일 앞장 서 마을로 내려온다. 마을로 내려와서는 향호천이 있는 웃다리로 간다. 웃다리에 와서는 횃불을 들고 풍물을 앞세우고 다리 밟기를 한 다음 아랫다리에 가서 다리밟기를 한다. 다리밟기를 끝내면 아랫다리 옆에 있는 논에 가서 횃불을 모아 태우고 달을 향해 두 번씩 절을 한다. 이렇게 다리밟기를 끝내고 차지 집에 와서 술을 마시며 즐겁게 논다. 예전에는 세배꾼들이 집집마다 다니며 어른들께 세배를 올리고 무병장수를 기원하였으나, 지금은 많은 이농으로 설 다음 날에 마을 사람들이 한곳에 모여 집단 세배인 도배를 지낸다.

제3절 문화유적(祠宇, 齋舍)

1. 성산재(城山齋)

강릉시 성산면 어흘리에 있는 이 재사는 초계정씨 18세손 기평(基平)을 모신 곳이다. 묘제봉행(墓祭奉行) 및 묘지(墓地) 보존관리를 위해 1848년에 건립하였는데, 건물구조는 목조와즙가(木造瓦葺家)이다. 제향일자는 매년 음력 3월 20일이다.

홀기(笏記)

●初獻官盥洗位○盥手○帨手○引詣墓位前○跪○三上香○再拜○降神○酹酒○再拜○因降

●초헌관관세위○관수○세수○인예묘위전○궤○삼상향○재배○강신○뇌주○재배○인강

復位●參神獻官及在位者皆再拜●行初獻禮○引詣墓位前○跪○奉爵○奠爵○啓盖○西柄正

복위●참신헌관급재위자개재배●행초헌례○인예묘위전○궤○봉작○전작○계개○서병정

筯○在跪○在位者皆俯伏○獻官興○小退○跪○祝而進讀祝○再拜○因降復位○皆興●行亞

저○재궤○재위자개부복○헌관흥○소퇴○궤○축이진독축○재배○인강복위○개흥●행아

獻禮○引詣盥洗位○盥手○帨手○引詣墓位前跪○奉爵○奠爵○興○再拜○因降復位●行三

헌례○인예관세위○관수○세수○인예묘위전궤○봉작○전작○흥○재배○인강복위●행삼

獻禮○引詣盥洗位○盥手○帨手○引詣墓位前○跪○奉爵○奠爵○興○再拜○因降復位●行

헌례○인예관세위○관수○세수○인예묘위전○궤○봉작○전작○흥○재배○인강복위●행

終獻禮○引詣盥洗位○盥手○帨手○引詣墓位前○跪○奉爵○奠爵○揷匙飯中○興○再拜○

종헌례○인예관세위○관수○세수○인예묘위전○궤○봉작○전작○삽시반중○흥○재배○

因降復位○肅俟共立○小俟○進茶撤羹○進水○點茶○闔盖下匙筯●辭神○獻官及在位者皆

인강복위○숙사공립○소사○진다철갱○진수○점다○합개하시저●사신○헌관급재위자개

再拜○祝進獻官之左○西向告禮成○焚祝○撤饌

재배○축진헌관지좌○서향고예성○분축○철찬

축문(祝文)

維歲次某年干支某月干支朔某日干支代孫某 敢昭告于

유세차 모년 간지 모월 간지 삭모일 간지 몇 대손 ○○가

顯代祖考宣務郎公府君

몇 대조 할아버지 선무랑공 부군과

顯代祖妣宜人安東權氏之墓

몇 대조 할머니 의인 안동권씨 묘소에 고하나이다.

氣序流易 雨露旣濡 瞻掃封塋 不勝感慕 謹以淸酌庶羞 祗薦歲事 尙 饗

세월은 절기가 바뀌어서 어느덧 봄이 되어 비와 이슬이 내렸습니다. 묘역을 쓸고 봉분을 우러러보니 조상님을 사모하는 정을 이기지 못하겠습니다. 삼가 맑은 술과 여러 가지 음식으로 공경히 세사를 올리니 흠향하소서.

제4절 초계정씨 족보

현전하는 초계정씨 족보 중 가장 먼저 편찬된 것은 조선 현종 때 (1660년 무렵) 간행된 『백운보(白雲譜)』이다. 백운보는 18세손 기달(基達, 1601~1665)이 제가소장(諸家所藏)의 가첩소록(家牒所錄)을 모아 세보(世譜) 1권을 펴낸 것이다. 그 후 숙종 6년(1680) 내급사(內給事) 충주파 종인(宗人) 21세손 세진(世鎭)이 『백운보』를 증보 수정하여 4권을 편집하다가 병으로 세상을 떠나자 22세손 생원 명옥(鳴玉)이 이를 완료하였으나, 출판 경비로 지연되던 중 23세손 대종손 홍좌(弘佐)와 22세손 이상(履祥)이 판각비를 내어 간행되었다. 이를 『계미보(癸未譜)』라 한다.

그 후 영조 40년(1764)에 영남종인 대희(大姬)가 『계미후보(癸未後譜)』라는 보첩을 간행하였으나, 오류가 너무 많아 이를 폐보(廢譜)시키고 각 파에서 이를 정정재간(訂正再刊)하기로 하고, 정조 2년(1778)에 24세손 동좌(棟佐)가 이를 담당하였으나 불행하게도 병으로 세상을 떠났다. 그의 아들 광리(光履)가 이를 이어받아 정조 4년(1780)에 완성하였는데, 이것이 『경자보(庚子譜)』이다. 순조 24년(1824)에 24세손 찬흠(燦欽)과 26세손 대종손 환유(煥猷)가 상의하여 수보에 착수하였으나 개정치 못하고 중단되었고, 각파 제종이 다시 결의하여 간행하였는데 이를 『갑신보(甲申譜)』라 한다. 고종 9년 (1872)에 27세손 주서(注書) 현영(顯英)과 학흠(學欽) 등이 발의하여 학로(學老), 학원(學元), 계선(繼善) 등이 수보 편찬하여 간행한 것이 『임신보(壬申譜)』이다. 1963년 대종손 용각(用珏)의 발의로 낙헌(樂憲) 등이 주간하여 간행한 『계묘보(癸卯譜)』가 있고, 1980년 대종회장 철구(喆九, 內給事公派)의 주관으로 발간한 『경신보(庚申譜)』가 있다.

족보명	권수	발간 연대	비 고
白雲譜 (백운보)	1	현종 때(1660년대)	18세손 白雲公(백운공) 基達(기달)이 諸家(제가)의 기록을 모아 편찬.
癸未譜 (계미보)	4	숙종 29년(1703)	21세손 世鎭(세진)이 백운보를 증보수정 편찬하다가 病卒(병졸), 유촉을 받은 22세손 生員(생원) 鳴玉(명옥)이 편찬 간행.
庚子譜 (경자보)	8	정조 4년(1780)	26세손 光履(광리)가 편집 간행
甲申譜 (갑신보)	10	순조 24년(1824)	24세손 燦欽(찬흠)과 26세손 대종손 煥猷(환유)가 상의하여 修譜(수보)에 착수하였으나 중단, 3년 뒤에 완성
壬申譜 (임신보)	25	고종 9년(1872)	27세손 注書(주서) 顯英(현영)과 學欽(학흠) 등이 발의하여 學老(학로), 學元(학원), 繼善(계선) 등이 수보 편찬하여 간행
癸卯譜 (계묘보)	4	1963년	대종손 用珏(용각)의 발의로 樂憲(락헌) 등이 주간하여 간행
庚申譜 (경신보)	6	1980년	대종회장 喆九(철구)가 주관하여 간행, 발행은 1982년

관동파 파보로는 1939년 관동파 종손 호준(鎬駿)과 경시(敬時) 등의 발의로 간행된 『기묘파보(己卯派譜)』(7권)와 1962년 종손 병하(秉夏)와 현조(顯肇) 등의 발의로 간행된 『임인파보(壬寅派譜)』(3권)가 있다.

강릉최씨(江陵崔氏) 충재공계

제1절 강릉최씨(충재공계)의 세계와 주요 인물

1. 강릉최씨(충재공계)의 세계

강릉최씨(江陵崔氏)는 본관을 같이 하면서도 상계(上系)를 달리 하는 3계통이 있다. 첫째는 고려 때 삼중대광(三重大匡)으로 경흥부원군(慶興府院君)에 봉해진 충무공(忠武公) 최필달(崔必達)을 시조로 하는 계통이고, 둘째는 고려 태조의 부마로 대경(大卿)에 올랐던 최흔봉(崔欣奉)을 시조로 하는 계통, 그리고 셋째는 고려 충숙왕의 부마로 판군기시사(判軍器寺事)를 지낸 최문한(崔文漢)을 시조로 하는 계통이다.

충재(忠齋) 최문한은 고려 제27대 충숙왕의 부마(駙馬)였다. 그러나 최문한에 대한 행적은 『고려사』나 『고려사절요』 같은 관찬사서류에서는 그 기록을 찾아볼 수 없고, 『강릉최씨세보』와 옛 강릉의 읍지인 『임영지』 등에 그 행적의 일부가 남아 있다.

『강릉최씨세보』의 「고려충숙왕부마충재공행적」에 의하면, 최문한은 기상이 웅위(雄偉)할 뿐만 아니라 도량이 크고 일처리가 명쾌하였다고 하며 3도(道)의 안렴사(按廉使)를 지내면서 많은 공적을 남겼다. 그가 영남의 안렴사로 갔을 때 어느 고을의 성황신이 매우 흉악하여 말을 타고 사당을 지나가는 자가 말에서 내리지 않으면 문득 말이나 사람을 죽게 한다는 말을 들고 일부러 말에서 내리지 않고 사당을 지나갔다. 과연 10리 남짓 갔을 때 타고 있던 말이 갑자기 죽자 그는 사당으로 되돌아와 성황신상을 부수고 사당에 불을 놓아 태워버렸다. 그 뒤 그 마을 사람들은 그의 형상을 만들어 제사를 지냈는데 매번 제사를 지내는 날이 되면 그의 얼굴이 문득 붉어지면서 사람들에게 말하기를, "모읍인(某邑人)들이 나에게 제사를 지낸다."라고 하였는데 나중에 확인하여 보니 과연 사실이었다는 것이다. 이는 그의 강직한 성품을 잘 보여주는 일화라고 하겠다.

최문한이 살았던 고려 말의 시대는 내부적으로는 권문세가와 신흥 사대부 사이의 대립이 격화되고 있었고, 밖으로는 왜구 및 홍건족의 침입과 원·명교체에 따른 대외관계의 변화가 일어나던 격변의 시대였다. 마침내 위화도회군을 계기로 반대파를 제거하고 우왕을 축출하여 정치적 실권을 장악한 이성계 일파는 사전개혁을 단행하여 신진관료층의 경제적 토대를 마련하고 끝내는 공양왕을 내쫓고 이성계를 추대하여 새 왕조를 개창함으로써 고려왕조는 멸망하고 말았다.

이러한 시대에 충숙왕의 부마였던 최문한과 같이 고려왕실과 관련이 있는 사람들은 박해를 받을 수밖에 없었다. '불사이군(不事二君)'의 충절이 남달랐던 최문한은 고려의 유신들과 함께 두문동(杜門洞: 경기도 개풍군 광덕면)에 은거하였다. 최문한의 행적에 의하면 그는 고려가 멸망하고 조선이 건국되자 끝까지 출사(出仕)하지 않고 충절을 지킨 고려의 유신 72인 중의 한 사람이었다고 한다. '두문불출(杜門不出)'이라는 말이 여기에서 비롯되었지만 현재 72인의 성명이 모두 전하지는 않는다. 『임영지』에는 최문한이 두문동에 은거하였다가 강화로 이주하고 다시 강릉으로 옮겨 살았다고 기록하고 있는데, 최문한이 시조가 되는 강릉최씨의 한 계통은 이렇게 해서 생겨났다.

강릉최씨(충재공계) 세계도

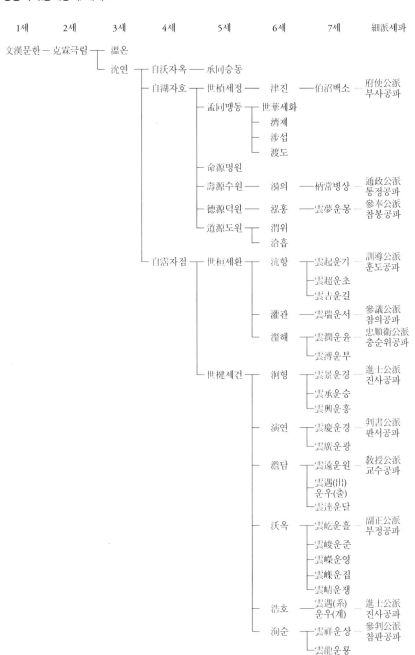

1세	2세	3세	4세	5세	6세	7세	細派세파
文漢문한	克霖극림	溫온					
		沈연	自沃자옥	承同승동			
			自湖자호	世楨세정	津진	伯沼백소	府使公派 부사공파
				孟同맹동	世華세화		
					濟제		
					涉섭		
					渡도		
				命源명원			
				壽源수원	渏의	柄常병상	通政公派 통정공파
				德源덕원	泓홍	雲夢운몽	參奉公派 참봉공파
				道源도원	渭위		
					洽흡		
			自霑자점	世桓세환	沉항	雲起운기	訓導公派 훈도공파
						雲超운초	
						雲吉운길	
					灌관	雲瑞운서	參議公派 참의공파
					瀣해	雲潤운윤	忠順衛公派 충순위공파
						雲溥운부	
				世楗세건	泂형	雲景운경	進士公派 진사공파
						雲承운승	
						雲興운흥	
					演연	雲慶운경	判書公派 판서공파
						雲廣운광	
					澹담	雲遠운원	敎授公派 교수공파
						雲遇(出) 운우(출)	
						雲達운달	
					沃옥	雲屹운흘	副正公派 부정공파
						雲峻운준	
						雲嶸운영	
						雲嶵운집	
						雲峥운쟁	
					浩호	雲遇(系) 운우(계)	進士公派 진사공파
					洵순	雲祥운상	參判公派 참판공파
						雲龍운룡	

공은 강릉으로 옮겨온 후에도 개경을 왕래하면서 고려의 부흥을 꾀하고, 고려에 충절을 바치는 사람들이 박해를 받지 않도록 애썼다. 공은 개경을 왕래할 때 항상 애지중지하는 준마(駿馬)를 타고 다녔다. 어느 날 개경에서 돌아와 못가에 있는 버드나무 가지에 말고삐를 매놓고 말을 씻겨 주고 있었는데, 갑자기 못 속에서 안개가 구름처럼 솟아올랐다. 그러자 그의 말이 크게 울면서 안개가 솟아오르는 못 가운데로 뛰어들어 운무(雲霧)를 타고 용(龍)으로 변하여 하늘로 올라가 버리는 것이었다. 말이 못 속으로 뛰어 들어가 용으로 변해 버렸다 하여 이 연못을 용지(龍池)라 부르게 되었다. 공은 자기가 타고 다니던 애마가 용으로 변하여 하늘로 올라가는 것을 보고 고려의 부흥이 불가능하다는 것을 깨닫게 되고 선덕공주와 함께 강릉에 정착하게 된다.

용지는 둘레가 수백 보에 이르는 큰 연못으로 주위에는 창포와 연꽃, 그리고 버드나무가 무성한 아름다운 연못이었다. 그 후 그곳 주민들이 연못을 메우고 논을 일궈 경작하던 것을 영조 30년(1754)에 강릉부사 이현중(李顯重)이 다시 못을 팠다. 1920년에는 후손들이 유적비와 기념각을 세우고 용지각(龍池閣)이라고 칭하였다. 그 뒤 퇴락한 것을 1956년에 후손들이 중수(重修)하고 못에는 석축을 쌓았으며, 1971년에 지방기념물 제3호로 지정되었다. 2009년 9월 도비와 시비로 중건(重建)하여 현 모습을 지니게 되었다.

2. 주요 인물

1) 최자호(崔自湖, 1418~1496)

최문한의 후손으로 직장(直長) 최연(崔沇)의 아들이다. 세종 31년(1449)에 의금부사 내수사 서제를 거쳐 이조판서를 지냈다.

2) 최자점(崔自霑, 1434~1508)

자는 자흡(子洽), 호는 괴헌(槐軒)이다. 최문한의 증손이며 직장(直長) 최연(崔沇)의 아들이다. 세조 11년(1465) 진사·생원 양시에 입격하고 성종 3년(1472) 문과에 올라 사간원 정언으로 있었으나 간신들의 비위에 거슬려 고성군수로 나갔다. 이때 감사로 있던 박원종(朴元宗)이 간신들이 사주를 받고 자점을 파직시키려고 사람을 시켜 그의 재산을 조사하였는데 서책 몇 권뿐이었다고 한다. 이에 감사가 탄복하고 그를 찾아가 사죄하였다. 공은 조선시대 강릉지역 유학자들의 계회(契會)인 금란반월회원(金蘭半月會員)이었다.

3) 최세건(崔世楗, 1484~1541)

군수 최자점의 둘째 아들이다. 이조판서를 지냈으며 강성군(江城君)에 봉해졌다. 슬하에 형(泂)·연(演)·담(澹)·옥(沃)·호(浩)·순(洵) 여섯 아들을 두었다.

4) 최연(崔演, 1503~1549)

최세건의 아들로 자는 연지(演之), 호는 간재(艮齋)이다. 중종 20년(1525) 진사로 식년문과에 급제하여 사가독서(賜暇讀書)를 받았고, 이어 홍문관제학을 거쳐 충청도어사·병조참지·승정원 우부승지를 역임하였다. 추성정난위사공신(推誠定難衛社功臣) 도승지를 거쳐 명종 원년(1546) 이후에는 도승지·이조참판·한성부윤·지중추부사·병조참판·한성부판윤·동지중추부사 겸 지의금부사 등을 지냈다. 명종 4년(1549) 동지사로 명나라에 다녀오던 중 평양에서 객사하였다. 시호는 문양(文襄)이다.

5) 최운우(崔雲遇, 1532~1605)

자는 시중(時中)이고, 호는 학구(鶴衢)·향호(香湖)이며 만년에 도경

(稻景)으로 세상에 칭해졌다. 도경이란 "덕을 실천하고 밝은 행실을 한다"[踏德景行]는 뜻이다. 부친은 강계교수(江界敎授)를 지낸 담(澹)이고, 모친은 진주강씨(晉州姜氏) 참봉 준지(俊智)의 딸이다. 숙부인 진사 호(浩)가 아들이 없어 그의 양자(養子)가 되었다.

　12세 때 김광진(金光軫)[62]에게 『대학(大學)』을 배웠으며, 21세 때인 명종 7년(1552)에 생원에 입격하였으나 문과에 급제하지는 못하였다. 공은 일찍부터 도를 구함이 있어 24살 때인 명종 9년(1554) 도산(陶山)에 있는 퇴계를 만나 옛 성인의 도의(道義)를 득문(得聞)하였고, 율곡과 우계와는 도의지교(道義之交)를 맺었다. 공의 학문은 실천궁행(實踐躬行)을 근본으로 하는 성리학에 심취해 있었다. 일찍이 뜻을 같이 하는 심경혼(沈景混) · 김자온(金子溫) · 최사결(崔士潔)과 함께 오대산과 금강산 등 여러 명산을 두루 유람할 때에도 궁리격물(窮理格物)의 공부를 다하지 아님이 없었다. 공은 특히 『심경(心經)』 읽기를 좋아하였다. 송시열은 공을 가리켜 "퇴계에게 도(道)를 묻고, 우계에게 덕(德)을 살펴보았으니, 노(魯)나라에 군자가 없으면 여기에서 취하리라."고 하였다. 공은 학행(學行)으로 10차례 천거되었으나, 관직에 나간 것은 선공감 감역(繕工監監役), 선릉참봉(宣陵參奉), 횡성현감(橫城縣監)이 전부이다.

　공은 풍속교화와 문풍진작에도 남다른 노력을 했다. 공께서는 일찍이 우리나라 영 · 호남에는 많은 서원이 있는데, 강릉에는 하나도 없는 것을 안타깝게 여겨, 명종 10년(1555)에 함헌(咸軒)과 함께 구산(丘山)에 오봉서원을 건립하여 공자(孔子)를 배향하고 후학들의 장수지지(藏修之地)로 삼았다. 선조 33년(1600)에 「연곡향약」을 시행할 때 공은 강릉부 전체를 관장하는 도약정(都約正)으로 향약 운영에서 주도적인 역할을 하였다. 인조 23년(1645)에

---

62 연산군 원년(1495)~?). 강릉 출신으로 형은 동지중추부사 광철(光轍)이다. 중종 21년(1526) 별시문과에 을과로 급제하여 집의(執義) · 전한(典翰) · 직제학(直提學)을 거쳐 병조참판, 호조참판을 역임하였다.

강릉 향현사에 배향되었다. 저서로는 『향호집』 2권 1책이 전해진다.

6) 최응천(崔應天, 1615~1671)

참판공 운상(雲祥)의 10세로 자는 호여(皥如), 호는 제촌(濟村). 인조 20년(1642)에 진사, 인조 24년(1646)에 문과에 합격하여 사인(舍人)을 거쳐 진주목사를 지냈다.

7) 최명대(崔鳴大, 1665~1742)

참판공 운상(雲祥)의 12세로 풍모가 뛰어나고 재주와 도량이 컸다. 사람을 대할 때 화기애애하여 위엄을 부리지 않아도 절로 엄숙하게 보였으며, 모두가 공경하며 따랐다.

8) 최광식(崔光植, 1854~1898)

한말의 유학자로 호는 우헌(愚軒)이다. 고종 27년(1890) 관상감정(觀象監正)에 임명되었으나 응하지 않고 노추산에 들어가 학문에 몰두하였다.

제2절 분파별 파조와 동족마을의 형성

1. 부사공파

부사공파의 파조는 최진(崔津)으로, 시조 최문한의 6세손이다. 조부는 이조판서 최자호(崔自湖), 부는 최세정(崔世楨)이다. 부사공파는 충북 충주에 많이 거주하였는데, 충주댐 수몰로 인해 현재에는 괴산으로 많이 이주하였다고 한다. 1994년에 편찬된 『강릉최씨세보(江陵崔氏世譜)』에 의하면 부사공파의 후손은 955명으로 파악된다.

2. 통정공파

통정공파의 파조는 최의(崔漪)이다. 조부는 이조판서를 지낸 최자호이고, 부는 최수원(崔壽源)이다. 통정공파는 현재 동해·삼척에 많이 거주하고 있으며, 『강릉최씨세보』에 의하면 통정공파의 후손은 439명으로 파악된다.

3. 참봉공파

참봉공파의 파조는 최홍(崔泓)이다. 조부는 이조판서 최자호이고, 부는 최덕원(崔德源)이다. 『강릉최씨세보』에 의하면, 참봉공파의 후손은 91명으로 파악된다.

4. 훈도공파

훈도공파의 파조는 최항(崔沆, 1501~?)으로 조부는 군수 최자점(崔自霑), 부는 생원 최세환(崔世桓)이며 모는 강화최씨인 최서지(崔瑞芷)의 딸이다. 중종조에 벼슬길에 나아가 중학훈도를 거쳐 정선군 훈도가 되었다. 얼마 후 벼슬을 버리고 고향으로 돌아와 부모를 봉양하며 일생을 경서와 의리를 강구하며 마쳤다. 현재 훈도공파의 후손들은 유산동 문암정(門岩亭)에 많이 거주하고 있으며, 『강릉최씨세보』에 의하면 그 후손은 1,185명으로 파악된다.

5. 참의공파

참의공파의 파조는 최관(崔灌)이다. 조부는 군수 최자점, 부는 생원 최세환이다. 『강릉최씨세보』에 의하면, 참의공파의 후손은 294명으로 파악된다.

6. 충순위공파

충순위공파의 파조는 최해(崔瀣)이다. 조부는 군수 최자점, 부는 생원 최세환이며 최항, 최관에 이어 막내아들이다. 생몰년과 행적(行蹟)은 실전하여 자세히 알 수 없다. 현재 충순위공파의 후손들은 임당동을 중심으로 많이 거주하고 있으며, 『강릉최씨세보』에 의하면 그 후손은 2,546명으로 파악된다.

7. 진사공파

진사공파의 파조는 최형(崔泂, 1502~1544)으로 최세건의 장남이다. 중종 20년(1525)에 진사시에 입격하였다. 진사공파는 후손이 없어 현재 다른 파에서 제사를 모신다고 한다.

8. 판서공파

판서공파의 파조는 최연(崔演, 1500~1549)이다. 조부는 최자점, 부는 최세건이다. 현재 판서공파의 후손들은 교항리와 유산동에 많이 거주하고 있으며,『강릉최씨세보』에 의하면 그 후손은 1,364명으로 파악된다.

9. 교수공파

교수공파의 파조는 최담(崔澹)이다. 조부는 최자점, 부는 최세건으로 여섯 아들 가운데 셋째이다. 현재 교수공파의 후손들은 양양에 많이 거주하고 있으며,『강릉최씨세보』에 의하면 그 후손은 264명으로 파악되었다.

10. 부정공파

부정공파의 파조는 최옥(崔沃, 1511~1572)이다. 조부는 최자점, 부는 최세건이다. 최옥은 승문원 편수관을 거쳐 사재감 부정(司宰監副正)을 지냈다. 현재 부정공파의 후손들은 주문진 장덕리에 많이 거주하고 있으며,『강릉최씨세보』에 의하면 그 후손은 1,445명으로 파악된다.

11. 진사공파

진사공파의 파조는 최호(崔浩)이다. 조부는 최자점, 부는 최세건이다. 현재 진사공파의 후손들은 주로 교항리와 향호리에 많이 거주하고 있으며,『강릉최씨세보』에 의하면 그 후손은 797명으로 파악된다.

12. 참판공파

　　참판공파의 파조는 최순(崔洵, 1519~1549)으로 최세건의 막내 아들이다. 명종 3년(1548) 둘째 형 한성판윤(漢城判尹) 최연(崔演)이 동지사(冬至使)로 명에 갈 때 종사관으로 함께 갔다가 돌아오는 길에 의주 객사에서 죽었다. 형조참판에 증직(贈職)되었다. 현재 참판공파의 후손들은 주로 장현동, 홍제동, 장덕리, 교항리, 행정리 등에 많이 거주하고 있는데, 강릉최씨세보』에 의하면 그 후손은 4,079명으로 가장 많다. 강릉최씨 충재공계의 각 분파별 상황을 정리하면 다음의 표와 같다.[63]

강릉최씨 충재공계의 분파별 파조 및 동족마을, 인구 현황

파별	파조	동족마을	인구 현황	비고
부사공파	최진	충주, 괴산	955	
통정공파	최의	동해, 삼척	439	
참봉공파	최홍	강남동	91	
훈도공파	최항	문암정	1,185	종가
참의공파	최관	송암	294	
충순위공파	최해	임당동	2,546	
진사공파	최형			
판서공파	최연	교항리, 유산동	1,364	
교수공파	최담	양양, 속초	264	양양
부정공파	최옥	장덕리, 연곡리	1,445	
진사공파	최호	향호리, 교항리	797	
참판공파	최순	장현동, 홍제동, 장덕리, 행정리, 교항리	4,079	

---

63 1994년 7월에 발행된 족보의 수단실적인원(修單實績人口)은 합계 13,459명으로 족보에 누락된 종인(宗人)을 조사 중이다.

제3절 문화유적(祠宇, 齋舍)

1. 유천재사(楡川齋舍)

강릉시 지변동에 위치한 유천재사는 시조 부마공(駙馬公) 최문한(崔文漢)과 2세 현령공(縣令公) 최극림(崔克霖)을 모신 사당이다. 이 사당은 선조의 제향과 묘소관리를 위해 1880년 5월에 건립되었다. 재정은 선조로부터 전래된 모든 재산을 기본으로 하여 운영하고 있다. 이 사당에는 현판, 기문, 상량문 등이 있으며, 교지(敎旨), 서간문(書簡文), 건립회문(建立回文), 문집, 족보, 홀기(笏記)는 대종회에서 보관하고 있다. 건물구조는 목조건물로 정면 5칸, 측면 3칸의 팔작기와지붕이다. 정면 3칸은 마루로 위패를 봉안하고 제사를 봉행하는 곳이며, 좌우에 있는 방 각각 1칸씩은 제수 준비와 참사자들의 휴식공간이다. 제향일은 매년 음력 10월 8일이다.

홀기(笏記)

●俱就位○獻官及諸執事詣盥洗位○盥手○帨手○進果○設饌○行降神禮○初獻官詣墓前

●구취위○헌관급제집사예관세위○관수○세수○진과○설찬○행강신례○초헌관예묘전

(設壇祭香案前)○跪○三上香○興○再拜○跪○酌酒○興○再拜○引降復位○獻官以下皆再

(설단제향안전)○궤○삼상향○흥○재배○궤○작주○흥○재배○인강복위○헌관이하개재

拜●行初獻禮○初獻官詣墓前○跪○執酌○奠酌○俯伏○興○小退立○啓蓋○正箸○獻官以

배●행초헌례○초헌관예묘전○궤○집작○전작○부복○흥○소퇴립○계개○정저○헌관이

下皆俯伏○祝跪初獻官之左讀祝○獻官以下皆興○初獻官再拜○引降復位○撤爵●行亞獻禮

하개부복○축궤초헌관지좌독축○헌관이하개흥○초헌관재배○인강복위○철작●행아헌례

○亞獻官詣墓前○跪○執酌○奠酌○俯伏○興○小退○再拜○引降復位○撤酌●行終獻禮

○아헌관예묘전○궤○집작○전작○부복○흥○소퇴○재배○인강복위○철작●행종헌례○

終獻官詣墓前○跪○執酌○奠酌○俯伏○興○小退○再拜○引降復位○獻官以下皆皆俯伏肅

종헌관예묘전○궤○집작○전작○부복○흥○소퇴○재배○인강복위○헌관이하개개부복숙

竣○獻官以下皆興○撤筋○合盖○獻官以下皆再拜○祝取祝板而焚之○撤酌○撤饌○在位者

준○헌관이하개흥○철저○합개○헌관이하개재배○축취축판이분지○철작○철찬○재위자

以次退

이차퇴

축문(祝文)

維歲次云云

유세차 운운

先祖考高麗國駙馬都尉府君

선조고 고려국 부마 도위부군과

先祖妣高麗國公主王氏 伏以

선조비 고려국 공주왕씨에게 고하나이다.

麗代儀賓 載世名德 肇祚于瀛 克蕃以赫 雲孫永裕 報祀無斁 謹以脯牲庶品 祇薦歲事 尙 饗

刑曹判書海左丁範祖 所製

고려의 부마로 대대로 명덕의 복이 임영에서 시작하여 극번이 빛내고 먼 후손 영유가 보답하는 제사를 폐함이 없었습니다. 삼가 맑은 포해와 여러 가지 음식으로 공경히 세사를 올리니 흠향하소서. 형조판서 해좌 정범조가 짓다.

2. 종암재사(鍾巖齋舍)

강릉시 홍제동 235번지에 위치한 이 재실은 승지공(承旨公) 최연(崔沇)과 교리공(校理公) 최자점(崔自霑)을 모신 곳이다. 선조 제향과 묘소관리를 위해 1909년 6월에 건립되었으나 1999년 산불로 소실된 것을 재건축하였다. 재정은 선조로부터 전래된 재산으로 충당한다. 재실 내에는 기문, 상량문, 시문, 종암재실중건기(鍾巖齋室重建記), 종암전사청창건기(鍾巖典祀廳刱建記) 등이 걸려 있다. 건물은 정면 5칸, 측면 2칸의 맞배지붕 형식이며, 건물 중앙은 마루로 위패를 모셨고 좌우측에 방을 두어 제사 참사자들이 유숙토록 하였다. 그리고 전면에 툇마루를 설치하였다. 제향일은 매년 음력 10월 10일이다.

홀기(笏記)

●俱就位○獻官及諸執事詣盥洗位○盥手○帨手○進果○設饌○行降神禮○初獻官詣墓前
●구취위○헌관급제집사예관세위○관수○세수○진과○설찬○행강신례○초헌관예묘전
(設壇祭香案前)○跪○三上香○興○再拜○跪○酌酒○興○再拜○引降復位○獻官以下皆再
(설단제향안전)○궤○삼상향○흥○재배○궤○작주○흥○재배○인강복위○헌관이하개재
拜●行初獻禮○初獻官詣墓前○跪○執酌○奠酌○俯伏○興○小退立○啓盖○正箸○獻官以
배●행초헌례○초헌관예묘전○궤○집작○전작○부복○흥○소퇴립○계개○정저○헌관이
下皆俯伏○祝跪初獻官之左讀祝○獻官以下皆興○初獻官再拜○引降復位○撤爵●行亞獻禮
하개부복○축궤초헌관지좌독축○헌관이하개흥○초헌관재배○인강복위○철작●행아헌례
○亞獻官詣墓前○跪○執酌○奠酌○俯伏○興○小退○再拜○引降復位○撤酌●行終獻禮○
○아헌관예묘전○궤○집작○전작○부복○흥○소퇴○재배○인강복위○철작●행종헌례○
終獻官詣墓前○跪○執酌○奠酌○俯伏○興○小退○再拜○引降復位○獻官以下皆俯伏肅竣
종헌관예묘전○궤○집작○전작○부복○흥○소퇴○재배○인강복위○헌관이하개부복숙준
○獻官以下皆興○撤筯○合盖○獻官以下皆再拜○祝取祝板而焚之○撤酌○撤饌○在位者以
○헌관이하개흥○철저○합개○헌관이하개재배○축취축판이분지○철작○철찬○재위자이
次退
차퇴

축문(祝文)

先祖考贈通政大夫承政院左承旨行務功郎司圃署司圃府君

선조고 증통정대부 승정원좌승지 행무공랑 사포서사포 부군과

先祖妣淑夫人全州崔氏 伏以

선조비 숙부인 전주최씨에게 고하나이다. 삼가

先祖考贈嘉善大夫吏曹參判兼同知經筵春秋館成均館事弘文提學行通訓大夫承文院校理府君

선조고 증가선대부 이조참판 겸 동지경연 춘추관 성균관사 홍문제학 행통훈대부 승문원교리

부군과

先祖妣貞夫人慶州崔氏 伏以

선조비 정부인 경주최씨에게 고하나이다.

業傳淸白 澤及後昆 玆感霜露 歲薦芬苾 屬今維冬 敢用虔告 尙 饗

청백함이 대대로 가업을 전승하여 은택이 후손에게 미쳤습니다. 서리와 이슬이 내리는 때에

해마다 제사 드립니다. 이제 겨울이 되었음을 감히 경건하게 고하니 흠향하소서.

3. 신리재사(新里齋舍)

강릉시 주문진읍 장덕리에 있는 이 재사는 문양공(文襄公) 최연(崔演)을 모신 곳이다. 이 재사는 판서공파 종중에서 관리 운영하고 있다. 건물 구조는 정면 4칸, 측면 2칸의 팔작기와지붕이며, 최근 새로 단장하여 석장(石墻)을 주위에 쳤다. 좌측 1칸은 온돌시설이 되어 있어 제수 준비와 참사자들이 유숙토록 하였고, 정면 3칸은 마루로 지어졌다. 제향일은 매년 음력 3월 20일에 제사를 봉행한다.

홀기(笏記)

●俱就位○獻官及諸執事詣盥洗位○盥手○帨手○設小果○進饌○行降神禮○設香爐香盒○

●구취위○헌관급제집사예관세위○관수○세수○설소과○진찬○행강신례○설향로향합○

初獻官詣墓前跪○焚香○興○少退○再拜○俯伏○擧冪酌酒○執酌○酌酒○興○少退○再拜

초헌관예묘전궤○분향○흥○소퇴○재배○부복○거멱작주○집작○작주○흥○소퇴○재배

○降復位○參神○在位者皆再拜●行初獻禮○初獻官詣墓前跪○酌酒○獻酌○奠酌○俯伏○

○강복위○참신○재위자개재배●행초헌례○초헌관예묘전궤○작주○헌작○전작○부복○

啓盖○正箸○興○少退○在位者皆俯伏○讀祝○祝而東向跪讀○興○少退○再拜○降復位○

계개○정저○흥○소퇴○재위자개부복○독축○축이동향궤독○흥○소퇴○재배○강복위○

撤酌●行亞獻禮○亞獻官詣墓前跪○酌酒○獻酌○奠酌○俯伏○興○小退再拜○降復位○撤

철작●행아헌례○아헌관예묘전궤○작주○헌작○전작○부복○흥○소퇴재배○강복위○철

酌●行終獻禮○終獻官詣墓前跪○酌酒○獻酌○奠酌○俯伏○興○小退○再拜○降復位○在

작●행종헌례○종헌관예묘전궤○작주○헌작○전작○부복○흥○소퇴○재배○강복위○재

位者皆俯伏○肅俟○興○撤箸○合盖○辭神○在位者皆再拜○撤饌○焚祝○祝取祝板而焚之

위자개부복○숙사○흥○철저○합개○사신○재위자개재배○철찬○분축○축취축판이분지

○以次退

○이차퇴

축문(祝文)

維歲次 某年某月朔某日干支十五代孫 備永 謹以淸酌脯醢 敢昭告于

유세차 모년 모월 삭모일간지 15대손 보영이 삼가 맑은 술과 포회로 공경히

先祖考資憲大夫刑曹判書漢城判尹兼知經筵春秋館成均館事弘文館提學藝文館提學五衛都

摠府都摠管東原君贈謚文襄府君

선조고 자헌대부 형조판서 한성판윤 겸 지경연춘추관 성균관사 홍문관제학 예문관제학 오위

도총부도총관 동원군 증시 문양 부군과

先祖妣貞夫人嘉山李氏 伏以

선조비 정부인 가산이씨에게 고하나이다.

序窮禮限 廟薦旣闋 深功膩澤 百世靡歝 撰用名節 式將芬苾 祀典肇定

孝享未忽 尙 饗

계절에 예는 한정되어 묘천을 끝내고 나니 깊은 공력과 은택은 백세토록 한이 없습니다. 명절에 제사를 드리려고 하여 비로소 사전을 정했습니다. 효성을 다하여 제사를 올리니 흠향하소서.

維歲次己卯三月戊戌朔二十日丁巳十六代孫 佃永

유세차 기묘 3월 무술삭 22일 정사에 16대손 보영이

謹以淸酌脯醢 祇薦歲事 于

삼가 맑은 술과 포해로 공경히 세사를

先祖考贈資憲大夫吏曹判書兼知義禁府事五衛都捴府都捴管行通訓大夫比安縣監晋州鎭管
兵馬節制都尉江城君府君

선조고 증자헌대부 이조판서 겸 지의금부사 오위도총부도총관 행통훈대부 비안현감 진주진관 병마절제도위 강성군 부군과

先祖妣貞夫人定平金氏 伏以

선조비 정부인 정평김씨에게 올립니다.

夙亡世遠 德惟淸白 香火久冷 雨露益愓 歲率一奠 敢薦菲薄 尙 饗

일찍 돌아가셔서 세상과 멀어졌으나 덕은 청백하였고, 향화가 오래도록 끊기어서 비와 이슬이 더욱 두렵습니다. 해마다 한번 조촐한 제수 올리니 흠향하소서.

4. 부정공재사(副正公齋舍)

강릉시 주문진읍 장덕리 재궁골에 있는 부정공 최옥(崔沃)을 모신 곳이다. 종중 재산으로 운영되는 이 재사는 부정공 종중에서 관리하고 있으며 제향일은 매년 양력 5월 5일이다.

홀기(笏記)

●俱就位○獻官及諸執事詣盥洗位○盥手○帨手○進果○設饌○行降神禮○初獻官詣墓前
●구취위○헌관급제집사예관세위○관수○세수○진과○설찬○행강신례○초헌관예묘전
(設壇祭香案前)○跪○三上香○興○再拜○跪○酌酒○興○再拜○引降復位○獻官以下皆再
(설단제향안전)○궤○삼상향○흥○재배○궤○작주○흥○재배○인강복위○헌관이하개재
拜●行初獻禮○初獻官詣墓前○跪○執酌○奠酌○俯伏○興○小退立○啓盖○正箸○獻官以
배●행초헌례○초헌관예묘전○궤○집작○전작○부복○흥○소퇴립○계개○정저○헌관이
下皆俯伏○祝跪初獻官之左讀祝○獻官以下皆興○初獻官再拜○引降復位○撤爵●行亞獻禮
하개부복○축궤초헌관지좌독축○헌관이하개흥○초헌관재배○인강복위○철작●행아헌례
○亞獻官詣墓前○跪○執酌○奠酌○俯伏○興○小退○再拜○引降復位○撤酌●行終獻禮
○아헌관예묘전○궤○집작○전작○부복○흥○소퇴○재배○인강복위○철작●행종헌례
○終獻官詣墓前○跪○執酌○奠酌○俯伏○興○小退○再拜○引降復位○獻官以下皆俯伏肅竢
종헌관예묘전○궤○집작○전작○부복○흥○소퇴○재배○인강복위○헌관이하개부복숙준
○獻官以下皆興○撤筋○合盖○獻官以下皆再拜○祝取祝板而焚之○撤酌○撤饌○在位者以
○헌관이하개흥○철저○합개○헌관이하개재배○축취축판이분지○철작○철찬○재위자이
次退
차퇴

축문(祝文)

　維歲次云云 某代孫 敢昭告于

　유세차 운운 몇 대손○○가

　先祖考通訓大夫司宰監副正府君

　선조고 통훈대부 사재감부정 부군과

　先祖妣淑人安東權氏之靈 伏以

　선조비 숙인 안동권씨의 영령께 고하나이다.

　桃盡澤斬 世代遷易 追遠感時 霜露益惕 節

　천조(遷祧)[64]의 은택이 다 끊어졌으나 세대가 바뀌어 조상님을 추모하는데 비와 이슬이 더욱

　걱정되는 계절입니다.

5. 모선재(慕先齋)

　　강릉시 홍제동 916번지에 있는 이 재실은 참판공(參判公) 최순(崔洵)을 제향한 곳이다. 참판공파 후손들에 의해 약 200여 년전에 건립한 것으로 전해진다. 이 재실은 성하(城下)에 있었다 하여 성하재사(城下齋舍)라고도 한다. 건물은 목조와가로 정면 4칸, 측면 2칸이며 약 15평 정도이다. 1945년 묘소 석물 설치 때 부인의 묘지석이 발견되었다. 재실 내에는 기문과 위패가 보관되어 있고, 제향일은 매년 음력 3월 3일이다.

홀기(笏記)

●俱就位○獻官及諸執事詣盥洗位○盥手○帨手○陳饌○行降神禮○初獻官詣墓前跪○三上

64　천주(遷主)를 안치하고 제사하는 사당(祠堂).

●구취위○헌관급제집사예관세위○관수○세수○진찬○행강신례○초헌관예묘전궤○삼상
香○興○再拜○跪○酌酒○執爵○酹酒○俯伏○興○少退○再拜○引降復位○參神在位皆再
향○흥○재배○궤○작주○집작○뇌주○부복○흥○소퇴○재배○인강복위○참신재위개재
拜●行初獻禮○初獻官詣墓前跪○酌酒○執爵○奠爵○啓盖○正箸○俯伏○興○小退○啓盖
배●행초헌례○초헌관예묘전궤○작주○집작○전작○계개○정저○부복○흥○소퇴○계개
○在位皆俯伏○祝○進初獻之左東向跪讀○在位皆興○初獻官再拜○引降復位○撤爵●行亞
○재위개부복○축○진초헌지좌동향궤독○재위개흥○초헌관재배○인강복위○철작●행아
獻禮○亞獻官詣墓前跪○酌酒○執爵○奠爵○俯伏○興○小退○再拜○引降復位○撤爵●行
헌례○아헌관예묘전궤○작주○집작○전작○부복○흥○소퇴○재배○인강복위○철작●행
終獻禮○終獻官詣墓前跪○酌酒○執爵○奠爵○俯伏○興○小退○再拜○引降復位○在位皆
종헌례○종헌관예묘전궤○작주○집작○전작○부복○흥○소퇴○재배○인강복위○재위개
皆俯伏肅俟○興○合盖○撤箸○辭神○在位皆再拜○祝○焚祝○撤饌○以次退
개부복숙사○흥○합개○철저○사신○재위개재배○축○분축○철찬○이차퇴

축문(祝文)

維歲次云云 幾代孫某 敢昭告于

유세차 운운 몇 대손 ○○가

先祖考忠順衛昭威將軍贈嘉善大夫刑曹參判府君

선조고 충순위 소위장군 증가선대부 형조참판 부군과

先祖妣貞夫人江陵咸氏 伏以

선조비 정부인 강릉함씨에게 고하나이다.

禮制有限 遺澤無極 玆將遠誠 省掃封域 謹以淸酌脯醢 祗薦歲事 尙 饗

예의 법도가 일정한 한계가 있으나 선조께서 끼친 은택은 그지없습니다. 이에 멀리 있는 저의 정성
으로 묘역을 쓸고 봉분을 우러러보며 삼가 맑은 술과 포해로 공경히 세사를 올리니 흠향하소서.

제4절 강릉최씨(충재공계) 족보

　　강릉최씨(충재공계) 최초의 족보는 효종 10년(1659)에 목사공 최응천 (崔應天)이 찬한 가첩(家牒)을 근간으로 하여 숙종 36년(1716)에 간행한 『병신 보』이다. 현재까지 발간된 『대동보』는 다음과 같다.

족보명	권수	발간 연대	비 고
丙申譜 (병신보)	1	숙종 36년(1716)	崔莘(최신) 序(서)
戊辰譜 (무진보)	2	영조 24년(1748)	崔日樞(최일추) 序(서)
丁巳譜 (정사보)	2	정조 21년(1797)	崔光彙(최광휘)·崔守光(최수광) 序(서)
辛卯譜 (신묘보)	3	순조 31년(1831)	崔好萬(최호만)·崔守衡(최수형) 序(서)
壬子譜 (임자보)	13	1912년	崔鳴河(최명하)·崔龍植(최용식)·崔範植(최범식) 序(서)
丁酉譜 (정유보)	6	1957년	崔燦翊(최찬익)·崔燦鼎(최찬정) 序(서)
戊午譜 (무오보)	4	1978년	崔大泳(최대영) 序(서)
甲戌譜 (갑술보)	3	1994년	崔命吉(최명길) 序(서)

강릉최씨(江陵崔氏) 충무공계

제1절 강릉최씨(충무공계)의 세계와 주요 인물

1. 강릉최씨(충무공계)의 세계

필달은 고려 태조의 창업을 도와 태조 원년(918)에 삼중대광 삼한벽상 찬화공신(三重大匡三韓壁上贊化功臣)에 책록되었고, 영첨의 좌정승(領僉議左政承)을 지낸 뒤 경흥부원군(慶興府院君)에 봉해졌다. 작위를 강릉의 옛 이름인 경흥으로 받았기 때문에 그의 후손들이 강릉을 본관(本貫)으로 삼았다. 사후에 충무공(忠武公) 시호를 받았다. 문무를 겸비한 학자로서 고려건국에 문교(文敎)와 도의(道義)의 선양에 크게 공헌하여 해동부자(海東夫子)라 일컬었다고 한다.

강릉최씨(충무공계) 세계도

시조	9세	10세	11세	12세	13세	14세	15세	16세	17세	18세	19세	20세	분파
必達 필달	敏富 민부	孝良 효량	希植 희식	孝良 효량	漢柱 한주	湫 추	文沃 문옥	龜年 구년	甲龍 갑용	湄 미	雨江 우강		郎將公派 낭장공파
							元亮 원량	安麟 안린	致雲 치운	進賢 진현	世蕃 세번	壽沂 수기	四姓奉祀 사성봉사
												壽源 수원	楊根派 양근파
												壽江 수강	庇仁公派 비인공파
												壽淵 수연	鶴山派 (학산파)
												壽潭 수담	龍淵洞派 용연동파
										應賢 응현	世昌 세창		杏亭派 행정파
											世貞 세정		安東派 안동파
											世忠 세충		睡軒公派 수헌공파
											世孝 세효		持平公派 지평공파
											世節 세절		梅窓公派 매창공파
											世德 세덕		春川派 춘천파
											世道 세도		黃州派 황주파
							安鳳 안봉	致雨 치우	仁庇 인비	佐賢 좌현	丞漢 승한		高城派 고성파
							安龜 안귀		忠義 충의	嗣宗 사종	哲命 철명		旌善派 정선파
							安龍 안룡		致祥 치상	宜浩 의진	子寬 자관		生員公派 생원공파
							安海 안해		致崇 치숭	石賢 석현	世成 세성		新里派 신리파
							四麟 사린		致九 치구	文孫 문손	泚江 지강		司正公派 사정공파
							滋消書 자소서	天濡 천유	繼孫 계손	尤賢 우현	世稱 세칭		泰安派 태안파
							愷 개	龍 용	庵 암	薛 설	世淸 세청		提學公派 제학공파
									店 점	楷 해	璋 장		忠州派 충주파
										命孫 명손	瑾 근		長湍派 장단파
											進 진		承旨公派 승지공파
											奐 환		冷井派 냉정파
									庇 비	宗浩 종호	至健 지건		義州派 의주파
									峻 준	好仁 호인	惟仁 유인		德源派 덕원파
							天啓 천계	贅浩 찬호	興敏 흥민	孟齡 맹령	俊敏 준민		綾州派 능주파
		希正 희정	柱 주	奉 봉	成鈺 성옥	鶴 학	修道 수도	漢 한	柱三 주삼	連文 연문			司諫公派 사간공파
		琯 관	柱元 계원	奉 봉									

2. 주요 인물

1) 최한주(崔漢柱, 생몰미상)

필달의 13세손으로 고려 충렬왕 때 대중대부(大中大夫, 종3품상 문관 품계)로 종정경(宗正卿)과 정당문학(政堂文學)을 지내고 명주군(溟州君)에 봉해졌다. 충렬왕 9년(1283)에 원(元)나라 세조(世祖)가 일본을 정벌할 때 공께서 종군(從軍)하였는데, 동해 바다에서 뜻밖에 회오리바람을 만나 쇠닻이 바다 밑 바위틈에 걸리는 통에 닻줄이 끊어지려 하자 수군(水軍)들이 당황했다. 그때 공이 향을 피우면서 하늘에 호소하기를 "이 한 몸을 희생하여 여러 목숨을 구하게 하여 주옵소서" 하였다. 그러고 나서 쇠망치와 정을 가지고 바다 속으로 들어가 그 닻을 빼내는데 성공했다. 그러나 몸을 솟구쳐 물 위로 올라와 보니 배는 어디로 갔는지 알 수 없었다. 그때 떠다니는 널빤지에 의지해 살아났다. 고향 사람들이 그 사실을 기록하여 「최한주기적비(崔漢柱紀績碑)」를 세웠는데, 지금도 울진에 있다.

2) 최치운(崔致雲, 1390~1440)

자는 백경(伯卿)이고, 호는 조은(釣隱)이다. 고려조 경흥부원군(慶興府院君) 충무공(忠武公) 필달(必達)의 후손으로 부친은 생원 안린(安麟)이고, 모친은 정선전씨 낭장(郎將) 인구(仁具)의 딸이다.

태종 8년(1408) 19세의 나이로 생원시(生員試)에 입격하였고, 23세 때에 유교보급의 중심역할을 하던 강릉향교가 전소되자 공장(供狀)을 올려 향교를 중수하도록 하였다. 최치운 등이 중건한 강릉향교는 유교적 교양을 갖춘 관리를 선발되는 과업교육(科業敎育)의 측면에서 큰 기여를 하였을 뿐 아니라 성리학적 이념에 입각하여 지방민을 교화시키는 교화기관으로서도 기능하였다.

태종 17년(1417) 식년문과에 급제, 관직에 나아가서는 주로 승문원 (承文院) 집현전(集賢殿) 등에서 근무하였다. 승문원은 중국과의 사대문서와 일본 여진과의 교린문서를 관장하였고, 중국에 보내는 외교문서에 쓰이는 이문(吏文)의 교육을 담당하였다. 최치운은 외교문서 관장의 적임자로 논의 될 정도로 중국 이문에도 정통하였다.

최치운은 집현전으로 옮기면서 수찬(정6품)에 임명되었다. 집현전은 문관 가운데서 재주와 행실이 있고 나이 젊은 사람을 택해서 이에 충원하여 오로지 경·사(經史)의 강론을 일삼고 임금의 자문에 대비하는 기관으로 설 치된 것이었고, 세종 자신의 말로도 "집현전은 오로지 경연을 위해 설치한 것"이라 하였다. 즉 집현전의 기능은 학문활동과 국왕의 자문에 대비하는 것이었다. 이 기능은 집현전이 혁파될 때까지 변동 없이 계승되었다. 특히 집 현전에서의 고제(古制)연구와 편찬사업은 세종대는 물론이고 조선 초기 유 교문화 융성의 원동력이 되었다.

집현전 관원은 전임관(專任官)과 겸관(兼官)을 막론하고 당대의 일류 학자가 임명되었다. 특히 부제학 이하의 관원이 결원되었을 경우에는 차하위 (次下位) 관원이 차례로 승진하는 차차천전(次次遷轉)에 의하여 충원하고 최 하위의 관원만을 신규로 제수했는데, 이 관원에는 집현전당상·이조당상·의 정부가 나이 어린 문사로서 재행이 뛰어난 인물을 의논하여 천망(薦望)하는 절차를 거처 제수했다. 최치운이 집현전 수찬에 임명될 수 있었던 것도 학문 적인 깊이가 있었기에 가능하였던 것이다. 이것은 현재 전해지고 있는 40여 편의 시(詩), 부(賦)·표(表)·사(詞)·제문(祭文)·기(記)·서(書) 등을 통해 알 수 있다.[65] 또한 최치운이 세상을 떠났을 때 성삼문(成三問)·신석조(辛碩祖)·하 위지(河緯地) 등 30여 명이 만시(輓詩)를 보내 애도하였는데, 이들과는 집현전

---

[65] 이에 대해서는 『임영세고(臨瀛世稿)』·『강릉최씨삼현유고(江陵崔氏三賢遺稿)』에 수록되어 있다.

에서 근무할 때 만났다.

　　세종 14년(1432) 11월 파저강의 오랑캐 임합라(林哈剌) 등이 여연(閭延)에 침입하여 조선 군민(軍民) 53명을 살해하고 77명의 농민과 우마(牛馬)를 노략해 가는 대사건이 발생하자, 이듬해 최치운은 평안도 도절제사 최윤덕(崔潤德)의 종사관(從事官)이 되어 야인정벌에 참전하였다. 이에 앞서 조선정부에서는 여연 사건의 중요성을 인식하여 평안도 도절제사 문귀(文貴)를 파직하고, 대신하여 최윤덕을 평안도 도절제사, 김효성(金孝誠)을 도진무(都鎭撫), 최응현을 경력으로 각각 임명하였다. 세종은 최윤덕·김효성·최치운 등을 인견(引見)하면서 말하기를, "지난 임인년(세종4년,1422) 사이에 우리 여연을 침노하였고, 그 뒤에 홀라온에게 쫓긴 바가 되어 그 소굴을 잃고는 그 가족을 이끌고 와서 강가에 살기를 애걸하기에, 나라에서 가엾이 여겨 우리 나라에 붙어 살 것을 허락하였다. 이들을 보호한 은혜가 적지 아니한데 지금 은덕을 저버리고 무고히 쳐들어와서 평민을 죽이고 잡아갔으니, 지극히 흉악한 죄는 베어 용서할 수 없다. 만약 정토(征討)하지 아니한다면 뒤에 뉘우치고 깨달음이 없어, 해마다 반드시 이와 같은 일이 있을 것이다." 라고 하며, 파저야인을 배은망덕(背恩忘德)한 무리로 여겨 응징하고자 하였다.

　　세종 15년(1433) 2월 15일 파저야인에 대한 정벌이 최종적으로 결정되자, 세종은 3월 17일 비밀리에 파저야인 정벌의 명령을 최윤덕에게 내렸다. 4월 10일 평안도 도절제사 최윤덕은 평안도 기병·보병 1만명과 황해도 군마(軍馬) 5천명을 강계부에 집결시켰다. 그리고 군사를 7개 부대로 나누어 각 부대별로 공격목표를 맡게 하였다. 4월 19일까지 9일 동안 동가강·혼하(渾河) 일대의 오랑캐 본거지를 유린하여 남녀 248명을 생포하고 183명을 참살하였으며, 소 110두 말 67필과 각궁(角弓)·환도(環刀) 등 무기류 다수를 노획하는 전과를 올렸다. 파저야인에 대한 대첩의 소식을 접한 세종은 전승보를 종묘에 고하고 근정전(勤政殿)에서 연회를 베풀어 정벌에 참여한 장수들을

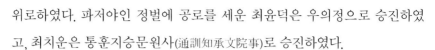

위로하였다. 파저야인 정벌에 공로를 세운 최윤덕은 우의정으로 승진하였고, 최치운은 통훈지승문원사(通訓知承文院事)로 승진하였다.

최치운은 모두 5차례나 명나라에 사신으로 다녀왔다.[66] 사신의 선임은 의정부·육조·대간에서 먼저 선발하여 천거하면 왕이 간택하여 임명하는 것이 원칙이었다. 사신은 대체로 청렴결백하고 명나라에 가서 능히 전대(專對)할 만한 능력이 있는 가선대부(종2품) 이상의 관원 중에서 문관이 선발되었다.

조선은 명나라에 정기적·비정기적으로 사절을 파견하였다. 매년 신년에는 하정사(賀正使), 황제 탄일에는 성절사(聖節使), 황태자의 생일에는 천추사(千秋使)를 정기적으로 파견하였고, 이 외에도 계품사(啓稟使)·사은사(謝恩使)·주청사(奏請使)·진하사(進賀使)·진위사(陳慰使)·변무사(辨誣使) 등의 명목으로 수시로 파견하였다.

정기적으로 파견되었던 하정사·성절사·천추사는 출발하기 3개월 앞서 선임하였기 때문에 사행을 준비하는 시간적 여유가 충분히 있었다. 그러나 비정기적으로 파견되었던 계품사 등은 으레 이전에 파견되었던 견명(遣明) 사절이 귀국한 후에 급박하게 결정되었다. 계품사는 명측에 어떤 사건을 보고하거나 해명할 일이 있을 때 파견하는 사절이었다. 가령 조선 국내의 대소사건·반란 등에 대한 보고 해명, 왕위계승에 대한 문제 해명, 만주 일대 야인의 동태, 일본에서의 중국인 송환에 관한 것 등을 보고하기 위한 사절이 모두 이에 속하였다. 계품사는 국가의 대체와 고금사변을 아는 자가 선발되었다. 최치운이 계품사로 파견되었던 것도 이에 정통하였기 때문이었다.

세종 21년(1439) 야인 범찰(凡察)과 동산(童山) 등이 이만주와 서로 약속하고 반란을 도모하자, 세종은 명나라에 통고하여 이들을 억제하도록 청하려고 대신들로부터 사자 몇 사람을 추천받았다. 원래 공은 거기에 들어있

---

66 "凡五赴京師"(『海東名臣錄』; 『韓國歷代人物傳集成』5에 수록).

지 않았으나 세종이 특별히 공조참판으로 승진시켜 파견하였다. 그로부터 2달 후에 최치운은 "범찰 등을 경성지방에 그대로 살게 하여 직업을 안정하도록 하라"는 명 황제의 칙서를 받들고 귀국하였다. 명나라에 파견되었던 사신이 귀국하면 국왕은 친히 잔치를 베풀어주었는데, 그 직무를 성공적으로 수행했을 경우에는 많은 토지와 노비를 하사하였다. 최치운은 안마(鞍馬) 1필과 토지 30결, 노비 30구를 하사받았다.

최치운은 『무원록(無寃錄)』을 주해하기도 하였다. 『무원록』은 원나라의 왕여(王與)가 1308년에 송나라의 『세원록(洗寃錄)』·『평원록(平寃錄)』, 그리고 원나라의 다양한 판례 등을 참조하여 살인 사건과 관련된 옥사에서 시시비비를 명백히 밝히기 위한 목적으로 편찬한 검시 지침서이다. 이 책에는 시간 경과에 따른 시체의 변화로부터 사인(死因)의 규명에 이르기까지 법의학적 감정을 필요로 하는 각종 사항과 검사 재료, 검안서식(檢案書式) 등이 수록되어 있다.

그러나 그 내용이 너무 어려웠을 뿐 아니라 조선과 다른 중국의 제도에 기초하였다는 점이 책의 활용에 장애가 되었다. 그리하여 국가에서는 이를 알기 쉽게 풀고 우리 실정에 맞도록 고치려는 지속적인 노력을 하였다. 이에 세종은 재위 20년(1438) 11월에 최치운 등에게 『무원록』의 조선판 간행과 주석작업을 하도록 명하였다. 최치운 등은 『무원록』에 주석을 달고 음훈을 병기하여 세종 22년(1440)에 마침내 『신주무원록』을 완성하였다. 세종은 이듬해 2월에 한성부에 명해 검시장식(檢屍狀式)을 따로 공포·간행하게 하였고, 다시 각도 관찰사로 하여금 그 간판을 모인(模印)하여 각 군현에 반포하게 했다. 세종 24년(1442)에는 모든 검시의 법을 『신주무원록』의 규정에 따르도록 하였고, 인명치사(人命致死)에 관한 사건이 있을 때는 그 사체가 있는 곳에서 검증을 행한 뒤에 검시장식에 따라 사체검안서(死體檢案書)를 만들어 재판하도록 하였다. 최치운이 주해한 『신주무원록』은 옥사(獄事)와 관련된 검시의 지침서 역할을 하였고, 『경국대전』 단계에 와서는 조선의 공식 법의학서로 규정되었다.

최치운은 이 외에도 당시 사대부들의 패륜을 지적하며 윤리를 살려야 한다고 하였다. 그 내용은 사대부가 대체(大體)를 돌아보지 않고 창기에 빠져서 본처를 소박하는 자가 간혹 있는데, 심한 경우에는 창기로 하여금 부엌에서 음식을 주장하게 하거나 혹은 창기가 먹던 음식을 본처에게 먹게 하니, 천하의 천인으로서 도리어 배필의 위에 있게 된다는 것이었다. 그는 사대부의 이러한 행위를 국가에서 비록 절절히 추핵(推劾)하나 이를 징계하지 않으므로, 유사(攸司)로 하여금 위 항목의 사람들을 조사하여 이름을 적어 이조(吏曹)에 이문(移文)하여 모두 파출하게 하고, 두 번 범했을 경우에는 영구히 서용하지 말 것을 건의하였다.

3) 최응현(崔應賢, 1428~1507)

자는 보신(寶臣)이고, 호는 수헌(睡軒)이다. 부친은 치운(致雲)이고, 모친은 강릉함씨 현령(縣令) 화(華)의 딸이다. 13세에 아버지가 세상을 떠나자 모든 예를 갖추고 3년상을 마쳐 향당(鄕黨)에서 효자로 칭찬받았다. 3년상을 마치고는 오로지 학문에만 힘써 세종 30년(1448) 생원·진사 양시(兩試)에 입격하였고, 단종 2년(1454) 식년문과에 병과로 급제하여 승문원 부정자(承文院副正字) 벼슬을 받았으나 노모를 봉양하기 위해 이를 사양하고 강릉훈도(江陵訓導)를 자청하였다. 그 후 저작(著作)·전적(典籍) 등에 임명되었으나 모두 사양하고 나아가지 않았다. 세조 9년(1463) 강원도사(江原都事)에 임명되었으나 어머니를 모시기 위해 걸군(乞郡)[67]하여 그 다음해에 고성군수

---

67 조선시대 문과에 합격한 선비가 부모 봉양을 위해 고향 마을의 수령으로 부임할 것을 청원하는 제도. 일반적으로 수령의 정실(情實)을 배제하고 공정한 임무 수행을 위해 수령의 고향인 본향이나 처의 고향 등에는 임명하지 않는 것이 관례였다.

에 부임하였고, 얼마 후에는 영월군수에 부임하여 어진 정사를 베풀었다. 그 후 사헌부 사성(司憲府司成)에 임명되었으나 어머니를 모시기 어렵다 하여 취임하지 않았다. 성종 11년(1480)에 모친상을 당하여 3년 여묘(廬墓)살이를 하는 동안 한번도 집에 내려오지 않았다. 3년상을 마치자 그의 효성을 기려 사헌부 집의(종3품) 벼슬을 내렸으나 이를 사양하고 고향으로 돌아왔다. 그 후 예빈시 정(禮賓寺正)을 거쳐 성종 15년(1484)에 승문원 참교(承文院參校), 성종 18년(1487)에 이조·호조참의, 이듬해에 충청도 관찰사, 성종 22년(1491)에 중추부 동지사(中樞府同知事), 연산군 원년(1495)에 대사헌, 연산군 5년(1499)에 성균관 동지사(成均館同知事), 연산군 8년(1502)에 한성부 좌윤과 형조·공조·병조 참판을 역임하였다.

조선시대 수령은 국왕이 직접 임명하는 전임(專任)의 지방 행정관으로서 일읍(一邑)의 사무를 전제(專制)하였다. 이에 국가는 수령에 대한 적절한 감독과 통제 및 규찰수단이 필요하였던 것이다. 그 기능행사의 일반적인 형태가 관찰사가 수령의 포폄등제를 정하는 것이었고, 수시로 행대(行臺)·경차관(敬差官) 등을 군현에 파견하여 수령의 불법을 적간하기도 하였다. 승문원 참교였던 최응현은 성종 14년(1483) 8월에 수령의 불법을 적발하는 임무를 띠고 안동에 파견되었고, 이듬해 12월에는 안성에 파견되었다. 최응현이 안성지방에 파견되어서는 안성군수 최옥순(崔玉筍)이 공물을 작자(作者)로 하여금 직납(直納)한 것을 적발하였다.

성종 15년(1484) 7월에는 개성부에서 오래도록 해결하지 못한 옥사사건을 명쾌하게 해결하였다. 앞서 개성부(開城府)에 사는 사비(私婢) 종지(終知)가 가산(家産)을 지아비 장지(張知)의 여동생 용금(龍今)의 집에 맡겨 두었는데, 마침 용금이 죽자 용금의 딸 봉금(奉今)의 아들 김영우(金永祐) 등이 종지의 재물을 모두 훔치고는 도둑맞았다고 속여 말하자, 종지가 개성부에 정소(呈訴)하였다. 이에 봉금 등은 말이 궁하자 도망하여 서울에 와서 송사가 부정하다고 상언(上言)하니, 경기 관찰사에게 옮겨서 추국하라고 명하였다. 그런데 추국이 끝나기 전에 봉금 등이 또 상언하니, 봉상시 정(奉常寺正) 김수손(金首孫)을 보내어 추국케 하였다. 그의 추국 또한 정당함을 잃었다고 하므로 사재감 부정(司宰監副正) 안호(安瑚)에게 추국케 하였다. 봉금이 또 상언하여 안호가 공정하지 않다고 책망하였으므로, 이번에는 성균관 사성(成均館司成) 최응현을 보내어 추국케 하였다. 최응현이 봉금의 옥사를 추국하여 그 실정을 소상하게 밝히자, 성종은 "최응현을 내가 장차 크게 쓰려고 하는데, 이제 포장(襃獎)하지 않을 수 없다"고 하며 말 1필을 하사하였다.

　　성종 19년(1488) 8월에는 삭녕인 불정(佛丁)이라는 자가 이손(李孫)을 타살(打殺)하였는데, 의금부에서는 초검(初檢)과 복검(覆檢)이 각각 다른데도 고살(故殺)로 논정(論定)하는 것은 애매한 점이 있다고 하자, 성종은 이를 대신(大臣) 및 승지(承旨)에게 의논하게 하였다. 그때 심회(沈澮)는 "이손이 죽은 뒤에 검시를 비록 분석해 시행하지는 못하였으나 불정이 타살한 행위를 명백히 문초해 받았으며, 또 맞은 지 9일 만에 죽었으니 타살한 것이 의심할 바 없다. 율에 의하여 논단하자" 하였고, 윤필상·홍응·노사신·이극배·윤호·손순효는 "이제 불정을 추고(推考)한 계본(啓本)을 보니 애매한 점이 많으므로 고살(故殺)로 논단하는 것은 온당하지 못하다." 하였다. 그러나 최응현 등은 "이손의 시체의 상처는 이미 검증에서 명확하지 않았으며, 또한 구타할 때의 증좌(證佐)도 없어 고살로 논단하는 것은 불가하다" 하여 마침내 사형을 감하게 하였다.

　　한편 최응현은 사치풍조의 만연으로 상·하의 분별이 문란해지는 것을 개정할 것을 주장하였다. 15세기말부터 16세기초에 이르러서는 부마(駙馬)·왕자(王子)를 비롯하여 부상대고(富商大賈)·이서층(吏胥層)에 이르기까지 혼인·상장·제택·복식·음식 등에서의 사치풍조가 만연하면서 사회적으로 큰 문제가 되었다. 공은 "부상대가들이 장송(葬送)할 때에 횃불[炬火]을 성대하게 베풀고는 참람하게 재상과 맞먹으려 하니, 장송하는 것이 비록 후한 데 따르는 것이 마땅하다고는 하나, 상하의 분별은 문란하게 할 수 없다."고 하면서 그 수를 참작해 정하되 제도를 지나치지 못하도록 하였다.

최응현의 활동 가운데 가장 적극적이고 강직한 성향을 잘 보여주는 것은 그가 사헌부의 장관인 대사헌이 되었을 때였다. 정현왕후의 족친인 윤탕로(尹湯老)가 성종의 국상(國喪)기간인 졸곡(卒哭)[68] 전에 기생과 동거한 사실이 드러났을 때, 대간과 홍문관은 이를 집요하게 탄핵하다가 구금되었다. 이때 최응현은 다른 조사(朝士)라 할지라도 졸곡을 마치기 전에 기생과 간음하면 죄를 용서할 수 없는데, 윤탕로는 왕비의 지친으로서 슬픔을 잊고 창가에 묵었으니 대간이 논쟁을 고집하는 것은 당연하다고 하였다. 3개월 이상 대간과 홍문관에 의해 제기된 논박은 윤탕로가 파직된 뒤에도 계속되어 직첩환수(職牒還收)와 경기에 부처(付處)된 뒤에야 일단락되었다.

이목(李穆)은 공의 충직(忠直)을 가리켜 "권신(權臣)의 면전에서 정치의 옳고 그름을 간할 때는 서릿발이 해를 뚫을 듯 엄격하여 아무도 그를 얕보지 못했고, 비록 왕의 노여움을 살 줄 알면서도 화복(禍福)을 가려서 마음을 움직이지 않았다."고 하였다.

4) 최수성(崔壽峸, 1487~1521)

자는 가진(可鎭)이고, 호는 원정(猿亭)·북해거사(北海居士)·경호산인(鏡湖散人)이다. 증조는 치운(致雲), 조부는 응현(應賢), 부친은 생원 세효(世孝)이고, 모친은 철원최씨 승지 철관(哲寬)의 딸이다.

공은 4~5세에 이미 문장을 지을 줄 알았고 10세에 이르러서는 문장이 대성하였다. 시를 지으면 운율(韻律)이 이백(李白)·두보(杜甫)에 못지않았

---

[68] 삼우제(三虞祭)를 지낸 뒤에 무시애곡(無時哀哭)을 끝내기 위해 지내는 제사를 말함. 졸곡은 삼우제를 지낸 뒤 3개월내 강일(剛日)에만 지냈다.

고, 글을 지으면 문체가 유종원(柳宗元)·한유(韓愈)에 못지않았으며, 필법에 있어서는 왕희지의 글씨에 견줄만 했고, 화법에 있어서는 고개지(顧愷之)의 묘수에 못지않았다고 한다. 이처럼 시문(詩文)·서화(書畵)·음률·수학 등에 모두 능하였기에 세상 사람들이 그를 '사절(四絶)'이라 불렀다. 기묘사림 가운데 한 사람인 김정(金淨)은 일찍이 최수성의 시를 사랑하여 영원히 이름을 남길 사람이라고 높이 평가하였다.

최수성은 조광조와 함께 김굉필(金宏弼)에게서 수학(受學)하였던 것으로 전해진다.[69] 조광조가 김굉필에게 수학하게 된 것은 어천찰방(魚川察訪)으로 부임하는 아버지를 따라갔다가 마침 김굉필이 무오사화에 연루되어 희천에 유배되어 있었기에 조우하게 되었지만, 최수성이 김굉필에게서 언제 어디에서 수학하였는지는 알 수 없다. 최수성이 김굉필과 학연을 맺게 된 것은 그의 조부 최응현이 김종직·김굉필과 교유관계를 맺고 있었기에 자연스럽게 연결되었다고 생각된다.

최수성의 동문인 조광조를 비롯한 기묘사림이 본격적으로 중앙정계에 진출해서 하나의 정치세력을 이루게 되는 것은 1515년(중종 10)경에 와서이다. 이는 당시 시대상황과 밀접한 관계가 있었다. 그것은 중종반정(中宗反正)을 주도하고 이후 정치를 주도했던 정국공신(靖國功臣) 세력의 핵심인물이었던 박원종·성희안·유순정 3대신(大臣)이 죽었고, 그 대신 정광필·안당 등 사림에 호의적이었던 비공신세력들이 정국을 주도하였다. 더구나 그동안 공신세력에게 주도권을 빼앗겼던 중종 자신이 이제는 주도권을 확보하려고 나서게 된다. 이때 중종은 정치적 입지를 강화하기 위해 자신의 지원세력으로서 사림을 본격적으로 기용하게 되었고, 이로써 사림이 중앙정계에 진출할 수 있었던 것이다. 이에 조광조가 그해 6월에 천거로 조지서 사지(造紙署

69 "公諱壽峸 字可鎭 號猿亭 江陵人 高節處士也 與趙光祖 共受業於寒暄先生 經明行修 且精數學"(『東儒師友錄』卷8, 行蹟).

司紙)에 임명되었고, 이후 김식, 박훈 등 사림의 핵심인물들이 정계에 진출하게 되었다.

그런데 이 천거제의 문제는 승진 속도가 빠르지 못하였고, 또한 청요직(淸要職)인 삼사(三司, 사간원·사헌부·홍문관)의 관직에도 임명되지 못하였다. 조선사회를 이끌어 갔던 핵심부서가 삼사였는데, 이 삼사에는 반드시 문과출신들만 임명되었다. 그러니 아무리 덕행이 있고 능력이 있다고 하더라도 과거를 통해 검증받지 못하면 임명되지 못했던 것이다. 따라서 천거제로 들어간 사람들은 제도적으로 권력의 핵심에 접근할 수 없었던 것이다. 이에 조광조는 추천에 의해 임명되었기 때문에 자기의 이상을 펼치는 데는 한계를 느끼게 된다. 그래서 그 해 가을에 알성시(謁聖試)를 보게 되었고, 합격이 되어 정식으로 관직에 진출하였다. 조광조는 과거에 합격하자마자 임명된 관직이 성균관 사서였고, 그 직후에 사간원 정언(正言)이 됨으로써 삼사에 들어갔다. 이런 식으로 조광조는 초고속 승진을 해서 3년만에 사헌부 대사헌의 지위에까지 올랐다. 그래서 그 주위에는 많은 사람이 삼사를 중심으로 한 요직에 포진하게 되었던 것이다.

조광조는 성리학적인 이상사회를 이루기 위한 일련의 개혁정치를 추진하였다. 그러나 그가 개혁을 강력하게 추진해 나갈수록 개혁을 추진할 인적 자원을 확충할 필요성을 느끼게 된다. 그 방안으로 제기된 것이 중종 13년(1518) 조광조가 주장한 새로운 인재등용법인 현량과(賢良科)였다. 현량과는 덕행과 재주를 지닌 학자를 추천에 의하여 등용하는 별시 형태로, 정식과거를 치러서 문관을 뽑는 것과 똑같은 것이었다. 다시 말해 이전에 문관들은 시험을 통해 선발되었지만 현량과는 학행과 덕행, 성리학적 소양 등으로 선발하는 것이었다.

당시 조광조는 최수성을 현량과에 천거하였다. 조광조가 최수성을 천거한 것은 김굉필과 성수침(成守琛)이 기묘명현 가운데 최수성을 최고로 인정한 것에서 알 수 있듯이 그가 학행과 덕행, 성리학적 소양 등을 갖추었기 때문이라 생각된다. 그러나 최수성은 어떠한 연유인지는 알 수 없지만 현량과에 응시하지 않았다. 그것은 아마 중종대 집권층의 사회적·도덕적인 모순 때문이 아닌가 생각된다. 즉 반정의 주역이랄 수 있는 중종대의 집권층이 연산군의 학정의 책임을 져야 할 당사자들임에도 불구하고 오히려 학정을 청산할 개혁세력인 것처럼 군림한 것과 밀접한 관계가 있었을 것이다.

조광조는 현량과를 통해 그 세력이 확대되자 반정공신(反正功臣)에 대한 대대적인 위훈삭제(僞勳削除)를 단행할 것을 강력히 주장하였다. 이 문제는 중종반정 직후부터 논란이 있어 왔는데, 중종 14년(1519) 11월에 와서 사림파는 76명의 공신이 위훈이었다 하여 그 삭제를 주장하여 격론의 과정을 거친 끝에 마침내 삭훈을 관철시켰다. 이러한 급진적인 개혁은 마침내 훈구파의 강한 반발을 불러일으켰고, 사림에 대한 중종의 견제심리까지 작용하게 하는 부작용을 낳아 위훈삭제 조치가 결정되고 3일만에 기묘사화가 일어났다.

훈구대신들은 이들에게 "서로 붕당(朋黨)을 맺어 자기를 따르는 자는 이끌어주고, 자기와 뜻을 달리하는 자는 배척한다"는 죄명을 적용하여 조광조·김정 등에 대해서는 사사(賜死)를, 그 외의 인물에게는 중형(重刑)을 가하자고 주장하였다. 그러나 정광필·이장곤 등 일부 보수적인 온건파 대신의 만류로 사사 대신 위리안치(圍籬安置)로 결정되었으나, 심정·남곤 등의 계속적인 가죄(加罪) 요청으로 결국 조광조는 사사되고, 김구·김정·김식은 절도안치(絶島安置), 윤자임·기준·박세희 등은 극변안치(極邊安置), 정광필·이장곤·김안국 등은 파직되었다. 이들 대부분은 조광조 등용 이후 정계에 등장하여 사림파의 상호인진(相互引進)에 의해 성장한 신진사류로서 대체로 조광조와 정치적 이해관계를 같이한 인물들이었다.

최수성은 기묘사화에 연루되지는 않았지만, 기묘사림에게 화가 미칠 것을 미리 예상하고 있었던 것으로 보인다. 그러한 사실은 다음의 자료를 통해서 알 수 있다.

노천(老泉, 김식)이 효직(孝直, 조광조)·원충(元冲, 김정)·대유(大柔, 김구)와 함께 모여서 이야기 하는데 공(최수성)이 별안간 밖에서 들어와 오랫동안 서서 인사도 않고 있다가 급히 노천을 불러, "나에게 술 한 잔 주오." 하였다. 술을 곧 주니, 단숨에 들이키고 나서 하는 말이 "내가 파선되는 배에 탔다가 거의 빠져 죽게 되어서 마음이 심히 떨리더니, 이제 술을 마시니 풀린다." 하고, 간다는 말도 없이 곧 가버렸다. 앉은 사람들이 괴이하게 여기니, 효직이 말하기를, "파선되는 배라는 것은 우리를 두고 한 말이다. 다만 자네들이 알아듣지 못한 것이네." 하였다(『대동야승』권3, 병진정사록).

최수성은 기묘사림을 "파선되는 배"에 비유하고 있다. 얼마 후 기묘사화가 발발하여 그의 동지들이 처형당하는 것을 보고 술과 시·서화, 음악 등을 일삼으며 명산을 유람하였다. 그는 가는 곳마다 소나무로 거문고를 만들어 타다가 끝나면 버리고 어느 한 곳에 머물러 살지 않았다고 한다.

기묘사화는 남곤(南袞)·심정(沈貞)·홍경주(洪景舟)가 주도하였으므로 이후 상당한 기간 동안 그들을 주축으로 한 훈구세력이 정국을 주도하게 되었다. 남곤·심정 등은 정권을 잡자, 이전에 조광조 일파를 두둔했다는 이유로 안처겸(安處謙)·문근(文瑾)·유인숙(柳仁淑) 등을 파직시켰다. 이에 안처겸은 이정숙(李正叔)·권전 등과 함께 심정·남곤 등이 사림을 해치고 왕의 총명을 흐리게 한다 하여 이를 제거하기로 모의하였다. 그러나 그때 그 자리에 참석하였던 안처겸의 친구 송사련(宋祀連)이 그의 처남 정상(鄭鏛)과 함께 남곤·심정에게 이러한 사실을 고변할 것을 모의한 후, 안처겸의 모상 때의 조객록(弔客錄)과 발인할 때의 역군부(役軍簿)를 가지고 이들이 무리를 이루어 반란을 꾀하려 한다고 고발하였다. 그 결과 안당·안처겸·안처근 3부자

를 비롯하여 최수성·권전·이정숙·이충건·조광좌·이약수·김필 등이 체포
되어 심문을 받은 다음 역적으로 몰려 처형되었다. 이 사건이 바로 중종 16
년(1521)에 일어난 '신사무옥(辛巳誣獄)'이다. 신사무옥은 중종 14년(1519) 조광
조 등의 사림세력이 몰락한 기묘사화의 여파로 일어났다.

　　최수성이 신사무옥에 연루된 것은 남곤과의 원한에서 비롯된 것으
로 보인다. 『임영지』에 의하면, 어느 날 수성이 노천(老泉) 김식(金湜)의 집에
들렀는데, 그때 마침 남곤이 찾아왔다. 공이 누워서 일어나지 않기에, 남곤
이 "저 사람이 누구냐"고 묻자, 노천은 "세상에 숨어사는 최원정이란 사람"
이라고 하였다. 남곤이 돌아가자 공이 큰 소리로 노천에게 말하기를, "그대는
어찌 남곤과 같은 간사한 사람들과 교유하는가!"라고 하였다고 한다. 『대동
야승』에는 다음과 같이 묘사되어 있다.

> 남곤이 일찍이 산수화 한 폭을 가지고 충암(冲菴, 金淨)에게 제시(題詩)를 써 달라고 부탁하였
> 다. 공(최수성)이 충암의 집을 방문하여 마침 이것을 보고, 드디어 그 위에다 쓰기를, "떨어지
> 는 해는 서산으로 내리고[落日下西山], 외로운 연기는 먼 수풀에서 일도다[孤煙生遠樹]. 복건
> (幅巾)을 쓴 3·4인이 있으니[幅巾三四人], 누가 망천(輞川)[70]의 주인인고[誰是輞川主]." 하였다.
> 남곤이 이것을 보고 원한을 품었다(『대동야승』권19, 해동잡록1 기묘록).

　　위의 기사에 의하면 남곤이 최수성에게 원한을 품은 것은 수성이
붙인 산수화의 제목 때문이었음을 알 수 있다. 이에 대해서는 『최원정화 풍
남태설(崔猿亭畵 諷南台說)』[71]에 더 자세히 나타난다. 그 내용을 요약 소개하

---

70 당나라 시인 왕유(王維)의 별장이 있던 명승지.

71 이 작품은 작자, 연대 미상의 고대소설이기는 하나, 작품의 말미에 원정이 놀던 정자와 그의 후손
들이 동네를 지키며 유풍을 지키고 있다는 말이 있는 것을 보면, 이 작품이 실화를 바탕으로 하고
있음을 짐작케 한다. 이에 대해서는 한국정신문화연구원, 『한국민족대백과사전』 22권, p.463 참조.

면 다음과 같다.

　　최원정은 학문은 뛰어났지만, 여러 차례 과거에 낙방하였다가 남행세마(南行洗馬)라는 미관말직(微官末職)을 얻는다. 그런데 성격이 강직하여 직언을 서슴지 않아 자주 세인들의 미움을 사게 되고, 그로 인해 승진의 기회가 막힌다. 그때 조정의 권력을 장악하고 있던 남재상(南宰相, 남곤을 말함)이 비리를 자행하였으나 아무도 그의 비리를 간하지 못하고 도리어 아부만 하였다. 그런데 유독 원정만은 그 위인(爲人)을 천하게 여기고, 그가 행하는 일을 분하게 여기면서 한결같이 상종하지 않았다. 그 때문에 남곤은 마음속으로 최수성에 대해 원한을 품어 왔고, 중상할 계획을 갖고 있었다.

　　이때 원정의 숙부(叔父)가 재주는 있었지만 지조 없이 남곤을 찾아다니면서 벼슬을 구한다. 원정은 매양 숙부에게 직간(直諫)하여 "군자와 군자와의 사귐은 두루 미치되 아첨하지 않으며, 소인과 소인의 사귐은 아첨만 하되 두루 미치지 못한다 했습니다. 지금 숙부께서는 군자의 두루 미침은 알지 못하고 오로지 소인들의 아첨만 숭상하니, 무섭고 두려워서 바로 보지 못하는 사람과 업신여기는 사람이 많습니다. 숙부는 마음속으로 부끄럽지도 않으십니까."라고 하자, 숙부는 이 말을 듣고 다시는 원정을 찾아오지 않았다. 그 후 원정이 시를 지어 풍자하였는데, 그 시에 "해지니 푸른 산이 멀어지고[日暮蒼山遠], 하늘이 서늘하니 물결이 저절로 일어나네[天寒水自波]. 외로운 배에는 의당 먼저 닥치리라[孤舟宜早迫], 풍랑은 밤이면 더욱 거세지는 법이니[風浪夜應多]"라고 하였다. 숙부가 이 시를 남곤에게 보이니, 남곤은 이 시에 대해 말하기를 "해지니 푸른 산이 멀어진다"는 것은 "세도가 땅에 떨어졌다"는 뜻이고, "하늘이 서늘하니 물결이 저절로 인다"는 것은 "임금은 약하고 신하는 강하다"는 뜻이며, "외로운 배에는 의당 먼저 닥친다"는 것은 "세상을 피해 은거해야 함"을 뜻하고, "풍랑은 밤이면 더욱 거세진다"는 것은 "조정에 장차 환란이 일어난다"는 뜻이라 하였다. 남곤은 그대의 가까운 친척이 아니라면 그를 사지(死地)에 몰아넣겠지만, 그대의 안면을 보아 잠시 용서한다고 하였다. 이후 남곤이 원정을 중상하는 마음이 전보다 더 하였다.

그러나 남곤은 최수성의 그림의 품격을 흠모하여 그의 숙부에게 부탁하여 8폭 짜리 그림을 얻는데, 그림마다 남곤을 풍자하고 비판하는 내용이 담겨 있었다. 원정이 완성한 그림의 1첩에는 '낙엽장추학'(落葉藏秋壑, 낙엽이 가을 골짜기에 쌓이다)이라는 제목을, 다른 1첩에는 '잔월조반산'(殘月照半山, 이지러진 달이 반산에 비치다)이라는 제목이 붙여져 있었다.

남곤은 "천금의 보물은 얻을 수 있지만, 8첩의 그림은 얻기 어렵다"고 이를 자랑하였으나, 한 무관은 그림은 천하의 명화이나 은연 중에 "대감을 나라를 잘못 이끄는 소인으로 비유하고 있다"고 하였다. 즉 '낙엽장추학'이란 말은 대감을 옛날 남송말에 나라를 잘못 이끈 소인(小人) 가사도(賈似道)에 비유한 말이고, '잔월조반산'이란 말은 왕안석에 비유한 말이라 하자, 남곤은 "그 일개 미관(微官)이 재상을 멸시하였다"며 원정을 죽이려고 하였던 것이다.

그 후 남곤은 송사련 사건의 추관(推官)이 되어 최수성을 추국하도록 청하여 드디어 죽였던 것이다. 최수성이 신사무옥에 연루된 것은 남곤과의 원한에서 비롯되었음을 알 수 있다. 신사무옥이 다른 사화처럼 정치적 목적이나 정치이념에서가 아니고 남곤·심정 등의 훈구파 세력들이 그들의 정적(政敵)인 사림계 인사들을 제거하기 위해 정치적 음모를 동원하였다는 점에서 더욱 그렇게 생각된다.

최수성은 중종 35년(1540)에 신원(伸寃)되어 문정(文正)이라는 시호를 받았고, 인종 즉위년(1545) 영의정에 추증되었다. 또 정조 21년(1797)에는 최수성이 살았던 충청도 보은 병산서원에 기묘명현인 병암(屛菴) 구수복(具壽福)과 상촌(桑村) 김자수(金自粹)와 함께 배향되는 등 그에 대한 평가가 높게 나타난다.

제2절 동족마을의 형성과 공동체 모임

　　1930년에 간행된 『생활상태조사』(강릉편)에 의하면, 강릉최씨(충무공계) 동족마을은 송정동, 초당동, 내곡동, 임당동, 홍제동, 연곡면 송림리 6개 마을에 형성되어 있었다고 한다. 당시 송정동에는 60여 호에 300여 명, 초당동에는 60여 호에 300여 명, 내곡동에는 30여 호에 150여 명, 강릉시 중심가(임당동 일대)에는 40여 호에 170여 명, 홍제동에는 30여 호에 120여 명, 연곡면 송림리에는 40여 호에 200여 명, 임당동에는 30여 호에 120여 명 정도가 동족마을을 형성하고 있었다.

　　그리고 2005년 7월 25일 강릉최씨 대종회를 방문 조사한 결과 초당동, 송정동, 포남동, 내곡동, 성산면 위촌리, 사천면 일대, 주문진 지역에 강릉최씨 충무공계 후손들의 동족마을이 형성되어 있다고 하였다. 그런데 최근 조사된 일부 지역의 경우 도시 확대와 택지 조성, 대단위 주거시설인 아파트가 형성됨으로써 동족마을의 실상은 많이 사라졌다고 할 수 있다. 그렇지만 초당동, 송정동, 포남동, 성산면 위촌리, 사천면, 주문진 지역의 경우 아직까지도 동족들이 많이 거주하는 지역이라 할 수 있다. 강릉최씨 충무공계는 주로 용연동파(龍淵洞派) 후손들이 동족마을을 형성하여 세거하였던 것으로 보인다.

1. 동족마을의 지역개관

1) 초당동·송정동·포남동

　　초당동은 경포도립공원 안에 포함된 지역으로 북쪽에는 관동팔경의 하나인 경포호, 동쪽에는 동해 바다와 면해 있다. 서쪽에 넓은 들이 펼쳐

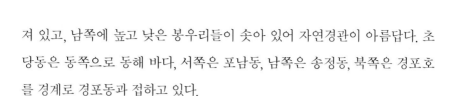

져 있고, 남쪽에 높고 낮은 봉우리들이 솟아 있어 자연경관이 아름답다. 초당동은 동쪽으로 동해 바다, 서쪽은 포남동, 남쪽은 송정동, 북쪽은 경포호를 경계로 경포동과 접하고 있다.

송정동은 송림과 바다가 한데 어우러져 잘 조화된 지역으로 강릉시의 동부지역에 위치하고 있다. 북·서·남쪽에 넓은 들이 펼쳐져 있고, 남쪽에는 남대천이 흐르고 있다. 동쪽에는 해안을 따라 모래톱과 울창한 소나무 숲이 이어져 있어 자연경관이 아름답다. 송정은 남대천 하구 북쪽에 넓은 들을 끼고 있는 마을로 크게 앞말과 넘말로 나뉜다. 마을 형국이 연꽃형국 또는 거미형국이라고 한다.

포남동은 경포 남쪽에 있는 마을이란 뜻에서 포남(浦南)이라고 하나, 옛 이름이 '보람이'로 포남은 보람이를 한자화한 음이다. 포남동은 원래 논이나 낮은 구릉지였으나 1980~1990년대에 강릉시의 도시화 과정에서 신시가지로 변화하였다. 동쪽으로는 송정동, 서쪽은 옥천동, 남쪽은 성덕동, 남대천, 북쪽은 교2동과 접해 있다.

강릉의 젖줄이라고 할 수 있는 남대천 하류의 북쪽 지역인 포남, 송정, 초당 지역은 강릉부의 읍치 지역과 불과 10여리 정도 밖에 떨어져 있지 않지만 넓은 평야지대가 펼쳐져 있다. 이들 마을은 교동 화부산에서 뻗어 내린 야트막한 산자락이 초당 송림까지 이어져 있으며, 산자락 뒤편으로는 경포호수가 있다. 경포호수 주변의 저습지는 농경지로 확보하는데 있어서 매우 유리한 입지 조건을 갖추고 있었으므로 이곳을 세거지로 삼았던 것으로 보인다.

초당동·송정동·포남동 지역을 세거지역으로 한 강릉최씨(충무공계)는 대체로 용연동파조 최수담(崔壽潭)의 후손들이다. 수담을 파조로 하는 용연동파의 분파 가계도를 살펴보면 다음과 같다.

강릉최씨(충무공계) 용연동파 분파 가계도

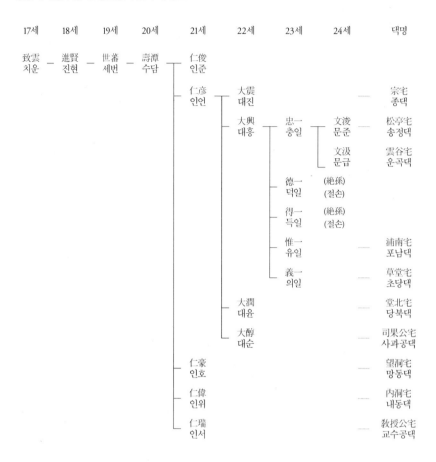

17세	18세	19세	20세	21세	22세	23세	24세	댁명
致震 치운	進賢 진현	世蕃 세번	壽潭 수담	仁俊 인준				
				仁彦 인언	大震 대진			宗宅 종댁
					大興 대흥	忠一 충일	文浚 문준	松亭宅 송정댁
							文汲 문급	雲谷宅 운곡댁
						德一 덕일	(絶係) (절손)	
						得一 득일	(絶係) (절손)	
						惟一 유일		浦南宅 포남댁
						義一 의일		草堂宅 초당댁
					大潤 대윤			堂北宅 당북댁
					大醇 대순			司果公宅 사과공댁
				仁豪 인호				望洞宅 망동댁
				仁偉 인위				內洞宅 내동댁
				仁瑞 인서				敎授公宅 교수공댁

　위의 가계도 택호에서 알 수 있듯이 용연동파 후손들은 주로 송정, 운곡, 포남, 초당 지역에 세거하였던 것으로 보인다. 또한 이들 지역에는 이들 가문의 선영과 재실이 자리 잡고 있기도 하다. 이들의 세거 시기는 정확히 알 수는 없지만 대체로 16·17세기를 거치는 시기일 것으로 추정된다. 그 까닭은 송정, 초당, 포남, 운곡 등지에 선영을 축조하는 시기와 연관성이 있을 것이라 여겨지기 때문이다.

각 지역에 세거하였던 인물들의 인적사항을 살펴보면, 송정댁 최충일(1587~1660)의 부 최대홍(1564~1638)은 동산(同山)에 작은 정자를 짓고 경서와 글짓기를 즐겨하였고, 묘소는 송북(松北) 정가동(井街洞)에 있다. 충일은 인조 원년(1623)에 정사원정공신에 봉해졌고, 임종 직전에 노비 수백구를 방면시켜 주었다. 가선대부 동지중추부사에 추증되었다. 묘소는 아버지 묘 좌측에 있다. 슬하에는 문준(文浚)과 문급(文汲) 두 아들을 두었다. 문준은 참의 김몽호의 딸과 혼인하였으며, 공조참의에 추증되었다. 문급은 정선 전자신(全自新)의 딸과 혼인하였으며 가선대부에 추증되었다.

2) 주문진 교항리

교항리는 다리 옆에 마을이 형성되어 '다리목집'이라 한데서 유래되었다. 주문진 교항리 일대에 강릉최씨(충무공계)들이 많이 거주하면서 신리파(新里派)가 형성되었다. 신리파는 원량의 넷째 아들 안룡의 후손들로 형성된 파이다. 신리파는 종댁(宗宅), 적성댁(積城宅), 연천댁(璉川宅), 상유천댁(上楡川宅)으로 구분된다. 종댁은 적손들에 의해 이어지고, 적성댁은 욱(煜), 응문(應文), 상(祥汀), 경창(經昌)의 후손들로 형성된 문중이다. 연천댁은 윤홍(允弘), 맹정(孟汀), 귀천(貴泉), 숙령(叔齡), 수운(秀雲)의 후손들로 형성된 문중이다. 적성댁은 욱(煜), 맹정(孟汀), 중정(仲汀), 영대(靈臺)의 후손들로 형성된 문중이다. 주문진 교항리 지역에는 종댁을 중심으로 세거하였다.

신리파의 가계도

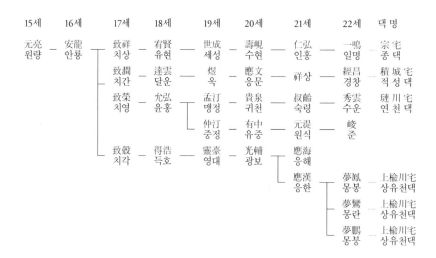

15세	16세	17세	18세	19세	20세	21세	22세	댁 명
元亮 원량	安龍 안룡	致祥 치상	有賢 유현	世成 세성	壽峴 수현	仁弘 인홍	一鳴 일명	宗宅 종 댁
		致澗 치간	達雲 달운	煜 욱	應文 응문	祥相 상	經昌 경창	積城宅 적성 댁
		致榮 치영	允弘 윤홍	孟汀 맹정	貴泉 귀천	叔齡 숙령	秀雲 수운	漣川宅 연천 댁
				仲汀 중정	有中 유중	元湜 원식	峻 준	
		致穀 치각	得浩 득호	靈豪 영대	光輔 광보	應海 응해		
						應漢 응한	夢鳳 몽봉	上楡川宅 상유천댁
							夢鸞 몽란	上楡川宅 상유천댁
							夢鵬 몽붕	上楡川宅 상유천댁

2. 동제(洞祭)

1) 초당동·송정동·포남동

초당동에는 안초당에 1개의 서낭당이 있다. 서낭당은 초당동 산209 번지에 위치해 있다. 초당동 서낭당은 서낭숲 속에 당집 없이 3개의 위패를 비석처럼 세우고 상석을 놓았다. 초당동의 제의는 성황제(城隍祭)라고 하며 성황지신(城隍之神)·토지지신(土地之神)·여역지신(癘疫之神)을 모신다. 제당 은 안초당 마을 앞산에 위치한다. 제의는 음력 정월 보름에 지낸다. 반별 유 사제로 제물을 준비하며 합위(合位)로 진설(陳設)한다. 유교식으로 지내며 제 의가 끝나면 소지(燒紙)한다.

송정동에는 앞마을과 넘마을에 각 한 곳씩 2개의 서낭당이 있다. 앞 마을 서낭당은 송정동 산104-1번지에 위치해 있고, 넘마을 서낭당은 송정동 240-3번지에 위치해 있다. 앞마을 서낭당의 당집은 없으며 서낭숲이 있고 주위에 벽돌담을 쌓았다. 넘마을 서낭당의 당집은 벽돌담 목조건물에 팔작 기와지붕을 얹었다. 앞마을의 제의는 성황제(城隍祭)라고 하며 성황지신(城隍之神)·토지지신(土地之神)을 모신다. 제당은 송정 앞마을(큰마을)의 늘봄공원 앞 삼거리에 위치한다. 제의는 음력 정월 초정일에 지낸다. 제물은 유사(有司)가 준비하며 각위(各位)마다 따로 진설(陳設)한다. 유교식으로 지내며 제의가 끝나면 소지(燒紙)한다. 넘마을의 제의도 성황제라고 하며 성황지신·토지지신을 모신다. 제당은 송정동 늘봄공원을 지나 한신아파트 가기 전 우측 밭 가운데 위치한다. 제의는 음력 동짓달 초정일에 지낸다. 제물은 유사가 준비하며 합위(合位)로 진설한다. 수탉을 반드시 제물로 올린다. 유교식으로 지내며 제의가 끝나면 소지한다.

2) 주문진 교항리

교항리에는 서낭당마을, 금룡동, 신리마을, 애골마을, 매맥이마을에 각 한 곳씩 5개의 서낭당이 있다. 서낭당마을의 서낭당은 교항1리에, 금룡동 서낭당은 교항2리에, 신리마을 서낭당은 교항5리에, 애골마을 서낭당은 교항7리에, 매맥이마을 서낭당은 교항8리에 각각 위치해 있다.

서낭당마을의 서낭당은 밭 가운데 소나무 7~8그루가 모여 있는 곳이다. 금룡동 서낭당은 당집은 없고 소나무 7그루가 서낭목이다. 서낭목 아래 시멘트로 제단을 만들었다. 신리마을 서낭당은 서낭목을 중심으로 콘크리트 담을 쌓아 제당을 만들었다. 애골마을 서낭당도 당집은 없으며 커다란 소나무가 서낭목이다. 매맥이마을 서낭당도 소나무 숲 가운데 가장 큰 소나무가 서낭목이다.

서낭당마을의 제의는 성황제(城隍祭)라고 하며 성황지신(城隍之神)·토지지신(土地之神)·여역지신(癘疫之神)을 모신다. 제당은 7번국도에서 삼교리 방향으로 우측 도로변 밭 가운데 위치한다. 제의는 음력 정월 초정일(初丁日)에 지낸다. 제물은 각위(各位)마다 따로 진설(陳設)하나 근래에 와서는 제의가 열리지 않는다.

금룡동의 제의는 금룡제라고 하며 성황지신·토지지신·여역지신을 모신다. 제당은 교항2리 마을회관 건너편에 위치한다. 제의는 음력 1월과 음력 12월에 연 2번 택일한다. 제물은 각위마다 따로 진설하며 일반 제례 음식과 동일하다. 유교식으로 지내며 제의가 끝나면 소지(燒紙)한다.

신리마을의 제의는 고청제(告請祭) 또는 성황제라고 한다. 제당은 읍민회관 옆 10여 그루의 소나무들 속에 위치한다. 원래 있던 서낭목이 고사(枯死)하여 소나무가 서낭목이 되었다. 그러나 근래에 와서는 제의가 열리지 않는다.

애골마을의 제의도 성황제라고 하며 성황지신·토지지신·여역지신을 모신다. 제당은 애골의 영덕수산 뒷산에 위치한다. 제의는 음력 정월 초정일에 지낸다. 제물은 익힌 음식으로 일반적인 제례 음식과 동일하다. 제차는 삼헌관을 정하여 유교식으로 행한다.

매맥이마을의 제의도 성황제라고 하며 성황지신·토지지신·여역지신을 모신다. 제당은 보리골 약수터 근처 산기슭 오성근 집 뒷산 소나무 숲에 위치한다. 제의는 음력 정월 중 택일하여 지낸다. 제물은 합위(合位)로 진설하며 일반적인 제례 음식과 동일하다. 유교식으로 지내며 제의가 끝나면 소지(燒紙)한다.

제3절 문화유적(祠宇, 齋舍)

1. 황산사(篁山祠)

강릉시 운정동 440-2번지에 있는 황산사는 강릉최씨 대종회 소유로 시조 필달(必達)을 모신 곳이다. 1936년에 후손인 명수(命洙), 사림 정채화(鄭采和) 등이 남문동에 건립한 이 사우는 1978년 11월 28일 강원도지방문화재 제58호로 지정되었다. 건립 당시에는 강릉시 남문동 179번지에 있었으나 주변에 주택 등의 건물이 들어섬에 따라 1982년 5월에 지금의 자리로 옮겨졌다. 종중 재산수입으로 운영되며, 제향일은 매년 음력 3월 중정일(仲丁日)이다.

홀기(笏記)

●謁者引獻官及諸執事諸生俱就門外位○執禮贊引入就拜位再拜○贊者謁者先就拜位○再拜
●알자인헌관급제집사제생구취문외위○집례찬인입취배위재배○찬자알자선취배위○재배
○贊引引諸生入就位○贊引引祝及諸執事入就位○祝及諸執事皆再拜○詣盥洗位○盥手○帨
○찬인인제생입취위○찬인인축급제집사입취위○축급제집사개재배○예관세위○관수○세
手○俱復位○贊引引獻官諸生入就位○獻官及諸生皆再拜○謁者進初獻官之左白有司謹具請
수○구복위○찬인인헌관제생입취위○헌관급제생개재배○알자진초헌관지좌백유사근구청
行事●行奠幣禮○謁者引初獻官詣盥洗位○北向立○搢笏○盥手○帨手○執笏○因詣神位前
행사●행진폐례○알자인초헌관예관세위○북향립○진홀○관수○세수○집홀○인예신위전
○北向立○跪○搢笏○奉香奉爐升○三上香○獻幣奠幣升○獻幣○奠幣○執笏○俯伏○興○
○북향립○궤○진홀○봉향봉로승○삼상향○헌폐전폐승○헌폐○전폐○집홀○부복○흥○
○北向立○跪○搢笏○奉香奉爐升○三上香○獻幣奠幣升○獻幣○奠幣○執笏○俯伏○興○
不身○因降復位●行初獻禮○謁者引初獻官詣尊所○西向立○酌酒○因詣神位前○北向立○
평신○인강복위●행초헌례○알자인초헌관예준소○서향립○작주○인예신위전○북향립○

跪○搢笏○奉爵奠爵升○奉爵○執爵○奠爵○執笏○俯伏○興○少退○北向跪○祝進獻官之
궤○진홀○봉작전작승○봉작○집작○전작○집홀○부복○흥○소퇴○북향궤○축진헌관지

左東向跪讀祝○俯伏○興○平身○因降復位●行亞獻禮○謁者引亞獻官詣盥洗位○北向立○
좌동향궤독축○부복○흥○평신○인강복위●행아헌례○알자인아헌관예관세위○북향립○

搢笏○盥手○帨手○執笏○因詣尊所○西向立○酌酒○因詣神位前○北向立○跪○搢笏○奉
진홀○관수○세수○집홀○인예준소○서향립○작주○인예신위전○북향립○궤○진홀○봉

爵奠爵升○奉爵○執爵○奠爵○執笏○俯伏○興○平身○因降復位●行終獻禮○謁者引終獻
작전작승○봉작○집작○전작○집홀○부복○흥○평신○인강복위●행종헌례○알자인종헌

官詣盥洗位○北向立○搢笏○盥手○帨手○執笏○因詣尊所○西向立○酌酒○因詣神位前○
관예관세위○북향립○진홀○관수○세수○집홀○인예준소○서향립○작주○인예신위전○

北向立○跪○搢笏○奉爵奠爵升○奉爵○執爵○奠爵○執笏○俯伏○興○平身○因降復位
북향립○궤○진홀○봉작○전작승○봉작○집작○전작○집홀○부복○흥○평신○인강복위

●行飮福禮○執事者詣尊所○酌福酒○祝持俎進減神位前胙肉○贊引引初獻官詣飮福位○西
●행음복례○집사자예준소○작복주○축지조진감신위전조육○찬인인초헌관예음복위○서

向跪○搢笏○執事者以爵授獻官○獻官受爵○飮嚌爵○還授執事者○祝以胙授獻官○獻官受
향궤○진홀○집사자이작수헌관○헌관수작○음쵀작○환수집사자○축이조수헌관○헌관수

胙○還授執事者○執事者受胙○復於尊所○執笏○俯伏○興○平身○因降復位○獻官皆再拜
조○환수집사자○집사자수조○복어준소○집홀○부복○흥○평신○인강복위○헌관개재배

○撤籩豆○祝入撤籩豆各少移於故處○降自東階出○獻官及諸生皆再拜○贊引引初獻官詣望
○철변두○축입철변두각소이어고처○강자동계출○헌관급제생개재배○찬인인초헌관예망

瘞位○北向立○祝以篚取祝板及幣降自西階置於坎○可瘞○獻官及執事者俱復位○謁者進初
예위○북향립○축이비취축판급폐강자서계치어감○가예○헌관급집사자구복위○알자진초

獻官之左白禮畢○祝及諸執事皆再拜○獻官及諸生以次出○執禮贊引皆再拜○贊者謁者皆再
헌관지좌백예필○축급제집사개재배○헌관급제생이차출○집례찬인개재배○찬자알자개재

拜而出○撤饌○闔門而退

배이출○철찬○합문이퇴

축문(祝文)

維歲次 某月干支 朔某日干支 後學某官姓名 敢昭告于

유세차 모월 간지 삭모일 간지 후학 모관 ○○가

高麗忠武公崔先生 伏以

고려 충무공 최선생에게 고하나이다.

功存扶植 澤被林葱 百代矜式 有光吾東 謹以牲幣庶品 式陳明薦 尙 饗

부식한 공로가 있어 은택이 산야에 미쳐 백대의 긍식으로 삼아 우리 동국에 빛나셨습니다.

삼가 생폐와 여러 제물로 경건히 밝은 제사를 올리니 흠향하소서.

2. 경모재(憬慕齋)

선영 인근의 강릉시 성산면 위촌리 551번지에 있는 이 재실은 강릉 최씨[충무공계] 최문옥(崔文沃), 최원량(崔元亮), 최안린(崔安麟), 최세번(崔世蕃), 최인언(崔仁彦) 등 5명을 모신 곳이다. 송북재실(松北齋室) 또는 송북전사청(松北奠祀廳)이라고도 한다. 재실은 정면 4칸, 측면 1칸 목조와가 건물로 지붕은 맞배지붕이다. 강릉최씨 재강(在江) 5파 중종 소유로 동 문중 재정으로 운영되고 있다.

문옥은 필달의 15세손이고 명주군(溟州君) 한주(漢柱)의 손자이다. 고려조에 낭장(郎將)을 역임하였다는 것 외에는 알 수 없다. 낭장공파의 파조가 된다. 그의 실묘(失墓)되어 1982년 9월 2일 후손들이 설단(設壇)을 설치하여 매년 음력 9월 15일에 제사를 봉행한다. 원량은 목옥의 동생으로 호는 동강(東崗)이다. 고려조에 생원·진사시에 입격하여 정선·영월 군수를 거쳐 삼사좌윤(三司左尹)을 역임하였고, 조선조에 이조참의(吏曹參議)에 증직되었으며 99세의 장수를 누렸다. 1965년 후손들이 설단을 설치한 후 매년 음력 9월 15일에 제사를 행한다. 안린은 동강의 장자로 호는 동헌(桐軒)이다. 고려 국자생원(國子生員)에 합격하였고 조선조에 가선대부 병조참판(嘉善大夫兵曹參判)에 증직되었다. 세번은 안린의 증손으로 세조 12년(1466)에 무과에 급제하여 지평(砥平)·함창현감(咸昌縣監)을 지냈으며, 통훈대부 통례원좌통례(通訓大夫通禮院左通禮)에 증직되었다. 인언은 세번의 손자로 통정대부 첨지중추부사(通政大夫僉知中樞府事)를 지냈으며 통례원 좌통례(通禮院左通禮)에 증직되었다.

홀기(笏記)

獻官及諸執事者俱就位○設饌○祝進獻官之左請行事●行降神禮○初獻詣盥帨位○盥手○帨
헌관급제집사자자구취위○설찬○축진헌관지좌청 행사●행강신례○초헌예관세위○관수○세
手○因詣墳墓前○跪○三上香○再拜○跪○酹酒○再拜○因降復位●參神○獻官及在位者皆
수○인예분묘전○궤○삼상향○재배○궤○뇌주○재배○인강복위●참신○헌관급재위자개
再拜●行初獻禮○因詣墳墓前○跪○獻爵○奠爵○啓盖○正箸○俯伏○興○少退○跪○讀祝
재배●행초헌례○인예분묘전○궤○헌작○전작○계개○정저○부복○흥○소퇴○궤○독축
○祝進獻官之左跪讀祝○興○再拜○因降復位○撤爵●行亞獻禮○因詣盥帨位○盥手○帨手
○축진헌관지좌궤독축○흥○재배○인강복위○철작●행아헌례○인예관세위○관수○세수
○因詣墳墓前○跪○獻爵○奠爵○俯伏○興○再拜○因降復位○撤爵●行終獻禮○因詣盥帨
○인예분묘전○궤○헌작○전작○부복○흥○재배○인강복위○철작●행종헌례○인예관세
位○盥手○帨手○因詣墳墓前○跪○獻爵○奠爵○俯伏○興○再拜○因降復位○俯伏○在位
위○관수○세수○인예분묘전○궤○헌작○전작○부복○흥○재배○인강복위○부복○재위
者皆俯伏○興○告禮成○祝進獻官之左告禮成○闔盖○撤箸●辭神○獻官及在位者皆再拜○
자개부복○흥○고예성○축진헌관지좌고예성○합개○철저●사신○헌관급재위자개 재배○

祝焚祝○撤饌

축분축○철찬

축문(祝文)

維歲次某年九月干支朔十五日干支 幾代孫某 敢昭告于

유세차 모년 9월 간지 삭15일 간지에 몇 대손 ○○가

顯先祖考某官府君

선조고 모관 부군과

顯先祖妣某人某氏

선조비 모인 모씨에게 감히 고하나이다.

氣序流易 霜露既降 瞻掃封塋 不勝感慕 謹以淸酌脯醢 祇薦歲事 尙 饗

세월은 절기가 바뀌어서 어느덧 찬 서리와 이슬이 내렸습니다. 묘역을 쓸고 봉분을 우러러보니 조상님을 사모하는 정을 이기지 못하겠습니다. 삼가 맑은 술과 포해로 공경히 세사를 올리니 흠향하소서.

3. 경모재(憬慕齋)

강릉시 성산면 위촌리에 있는 이 재실은 강릉최씨(충무공계) 용연동파 정가(井街) 종중 소유로 최대흥(崔大興)을 모신 곳이다. 최대흥(1564~1638)의 자는 자성(子性)이고 가선대부 동지중추부사(嘉善大夫同知中樞府事)에 증직되었다. 건물은 정면 3칸, 측면 2칸으로 맞배지붕양식이며, 전면 중앙에 위패를 모시고 좌우에는 방이 시설되어 있다. 재사 뒤편에 묘가 있는데 계단이 설치되어 있다.

홀기(笏記)

獻官及諸執事者俱就位○諸執事詣盥洗位○盥手○帨手○設饌○設香爐香盒○設降神盞○祝
헌관급제집사자구취위○제집사예관세위○관수○세수○설찬○설향로향합○설강신잔○축
進獻官之左請行事●行降神禮○初獻詣盥洗位○盥手○帨手○因詣墓位前○跪○三上香○俯
진헌관지좌청행사●행강신례○초헌예관세위○관수○세수○인예묘위전○궤○삼상향○부
伏○興○少退○再拜○跪○奉爵○酹酒○俯伏○興○少退○再拜○因降復位●參神○獻官及
복○흥○소퇴○재배○궤○봉작○뇌주○부복○흥○소퇴○재배○인강복위●참신○헌관급
在位者皆再拜●行初獻禮○因詣墓位前○跪○酌酒○奉爵○奠爵○俯伏○興○少退○再拜○
재위자개재배●행초헌례○인예묘위전○궤○작주○봉작○전작○부복○흥○소퇴○재배○
因降復位○撤爵●行亞獻禮○詣盥洗位○盥手○帨手○因詣墓位前○跪○酌酒○奉爵○奠爵
인강복위○철작●행아헌례○예관세위○관수○세수○인예묘위전○궤○작주○봉작○전작
○俯伏○興○少退○再拜○因降復位○撤爵●行終獻禮○詣盥洗位○盥手○帨手○因詣墓位
○부복○흥○소퇴○재배○인강복위○철작●행종헌례○예관세위○관수○세수○인예묘위
前○跪○酌酒○奉爵○奠爵○俯伏○興○少退○再拜○因降復位○俯伏○獻官及在位者皆俯
전○궤○작주○봉작○전작○부복○흥○소퇴○재배○인강복위○부복○헌관급재위자개부
伏○興○合盖○撤箸○祝進獻官之左告禮成●辭神○獻官及在位者皆再拜○祝○焚祝○撤饌
복○흥○합개○철저○축진헌관지좌고예성●사신○헌관급재위자개재배○축○분축○철찬
○祝○奉盞盤○詣獻官之位●行飮福禮○以次以退
○축○봉잔반○예헌관지위●행음복례○이차이퇴

4. 추모재(追慕齋)

　　　강릉시 사천면 사기막리 825번지에 있는 이 재실은 강릉최씨(충무공
계) 용연동파 종친회 소유로 강릉최씨 용연파조인 최수담(崔壽潭, 1499~1582)

을 모신 곳이다. 수담의 아버지는 통훈대부 지평현감을 지낸 세번(世蕃)이다. 수담은 어려서 학행을 갖추었기에 향중(鄕中)에서 명성이 자자하였으며, 박공달(朴公達)의 딸과 혼인하였다. 공조참의에 추증되었으며, 묘는 강릉시 사천면 용연동에 있다. 1981년 저수지로 수몰된 후 재실이 없어짐에 따라 신축하였고, 13년 후에 전청을 재건하여 현재에 이르고 있다. 건물구조는 목조와 가로 13평이다. 운영은 문중 재정으로 충당하며, 제향일은 매년 음력 4월 8일이다.

홀기(笏記)

獻官及諸執事者俱就位○諸執事詣盥洗位○盥手○帨手○設饌○設香爐香盒○設降神盞○祝
헌관급제집사자구취위○제집사예관세위○관수○세수○설찬○설향로향합○설강신잔○축
進獻官之左請行事●行降神禮○初獻詣盥洗位○盥手○帨手○因詣墓位前○跪○三上香○俯
진헌관지좌청행사● 행강신례○초헌예관세위○관수○세수○인예묘위전○궤○삼상향○부
伏○興○少退○再拜○跪○奉爵○酌酒○俯伏○興○少退○再拜○因降復位●參神○獻官及
복○흥○소퇴○재배○궤○봉작○뇌주○부복○흥○소퇴○재배○인강복위● 참신○헌관급
在位者皆再拜●行初獻禮○因詣墓位前○跪○酌酒○奉爵○奠爵○俯伏○興○少退○再拜○
재위자개재배● 행초헌례○인예묘위전○궤○작주○봉작○전작○부복○흥○소퇴○재배○
因降復位○撤爵●行亞獻禮○詣盥洗位○盥手○帨手○因詣墓位前○跪○酌酒○奉爵○奠爵○
인강복위○철작● 행아헌례○예관세위○관수○세수○인예묘위전○궤○작주○봉작○전작
○俯伏○興○少退○再拜○因降復位○撤爵●行終獻禮○詣盥洗位○盥手○帨手○因詣墓位
○부복○흥○소퇴○재배○인강복위○철작● 행종헌례○예관세위○관수○세수○인예묘위
前○跪○酌酒○奉爵○奠爵○俯伏○興○少退○再拜○因降復位○俯伏○獻官及在位者皆俯
전○궤○작주○봉작○전작○부복○흥○소퇴○재배○인강복위○부복○헌관급재위자개부
伏○興○合盖○撤箸○祝進獻官之左告禮成●辭神○獻官及在位者皆再拜○祝○焚祝○撤饌
복○흥○합개○철저○축진헌관지좌고예성● 사신○헌관급재위자개재배○축○분축○철찬

○祝○奉盞盤○詣獻官之位●行飮福禮○以次以退

○축○봉잔반○예헌관지위●행음복례○이차이퇴

축문(祝文)

維歲次干支四月干支朔第八日干支 幾世孫某 敢昭告于

유세차 간지 4월 간지 삭제8일 간지 몇 세손 ○○가

顯先祖考贈通政大夫工曹參議府君

선조고 증통정대부 공조참의 부군과

顯先祖妣 贈淑夫人江陵朴氏 伏以

선조비 증숙부인 강릉박씨에게 감히 고하나이다. 삼가

氣序流易 雨露旣濡 瞻掃封塋 不勝感慕 謹以淸酌脯醢 祇薦歲事 尙 饗

세월은 절기가 바뀌어서 어느덧 봄이 되어 비와 이슬이 내렸습니다. 묘역을 쓸고 봉분을 우러러보니 조상님을 사모하는 정을 이기지 못하겠습니다. 삼가 맑은 술과 포해로 공경히 세사를 올리니 흠향하소서.

5. 추감재(追感齋)

강릉시 포남 2동 389번지 운곡동에 있는 이 재실은 강릉최씨(충무공계) 용연동파 운곡상(雲谷上) 문중 소유로 최충일(崔忠一)의 부인 정부인(貞夫人) 횡성고씨(橫城高氏)와 아들 문급(文汲), 증손 중채(重采), 5대손 창혁(昌㷔)을 모신 곳이다. 고종 13년(1876) 6월에 건립되었으며, 건물의 면적은 8.33평이다. 양식은 와가로 제수 준비를 위한 방 1칸, 숙식을 위한 방 2칸으로 지어졌다. 운영은 종중 재산 수입으로 충당하며, 제향일은 매년 음력 10월 1일이다.

홀기(笏記)

獻官及諸執事者俱就位〇諸執事詣盥洗位〇盥手〇帨手〇設饌〇設香爐香盒〇設降神盞〇祝

헌관급제집사자구취위〇제집사예관세위〇관수〇세수〇설찬〇설향로향합〇설강신잔〇축

進獻官之左請行事●行降神禮〇初獻詣盥洗位〇盥手〇帨手〇因詣墓位前〇跪〇三上香〇俯

진헌관지좌청행사●행강신례〇초헌예관세위〇관수〇세수〇인예묘위전〇궤〇삼상향〇부

伏〇興〇少退〇再拜〇跪〇奉爵〇酹酒〇俯伏〇興〇少退〇再拜〇因降復位●參神〇獻官及

복〇흥〇소퇴〇재배〇궤〇봉작〇뇌주〇부복〇흥〇소퇴〇재배〇인강복위●참신〇헌관급

在位者皆再拜●行初獻禮〇因詣墓位前〇跪〇酌酒〇奉爵〇奠爵〇俯伏〇興〇少退〇再拜〇

재위자개재배●행초헌례〇인예묘위전〇궤〇작주〇봉작〇전작〇부복〇흥〇소퇴〇재배〇

因降復位〇撤爵●行亞獻禮〇詣盥洗位〇盥手〇帨手〇因詣墓位前〇跪〇酌酒〇奉爵〇奠爵

인강복위〇철작●행아헌례〇예관세위〇관수〇세수〇인예묘위전〇궤〇작주〇봉작〇전작

〇俯伏〇興〇少退〇再拜〇因降復位〇撤爵●行終獻禮〇詣盥洗位〇盥手〇帨手〇因詣墓位

〇부복〇흥〇소퇴〇재배〇인강복위〇철작●행종헌례〇예관세위〇관수〇세수〇인예묘위

前〇跪〇酌酒〇奉爵〇奠爵〇俯伏〇興〇少退〇再拜〇因降復位〇俯伏〇獻官及在位者皆俯

전〇궤〇작주〇봉작〇전작〇부복〇흥〇소퇴〇재배〇인강복위〇부복〇헌관급재위자개부

伏〇興〇合盖〇撤箸〇祝進獻官之左告禮成●辭神〇獻官及在位者皆再拜〇祝〇焚祝〇撤饌

복〇흥〇합개〇철저〇축진헌관지좌고예성●사신〇헌관급재위자개재배〇축〇분축〇철찬

〇祝〇奉盞盤〇詣獻官之位●行飮福禮〇以次以退

〇축〇봉잔반〇예헌관지위●행음복례〇이차이퇴

6. 영모재(永慕齋)

강릉시 포남2동 378번지 운곡동에 있는 이 재실은 강릉최씨(충무공계) 용연동파 운곡댁(雲谷宅) 문중 소유로 용연동파조 수담(壽潭)의 5세손인

두병(斗柄), 두병의 자 석태(錫泰), 손 응채(應采), 현손 억증(億增)을 모신 곳이다. 1942년 3월 9일에 입주하여 동년 11월에 상량하였다. 건물의 규모는 8.33평이며, 양식은 와가로 제수방 1칸, 유숙방 1칸으로 지어졌다. 운영은 종중재산 수입으로 관리하며, 제향일은 매년 음력 10월 10일이다.

홀기(笏記)

獻官及諸執事者俱就位○諸執事詣盥洗位○盥手○帨手○設饌○設香爐香盒○設降神爵○祝
헌관급제집사자구취위○제집사예관세위○관수○세수○설찬○설향로향합○설강신잔○축

進獻官之左請行事●行降神禮○初獻詣盥洗位○盥手○帨手○因詣墓位前○跪○三上香○俯
진헌관지좌청행사●행강신례○초헌예관세위○관수○세수○인예묘위전○궤○삼상향○부

伏○興○少退○再拜○跪○奉爵○酹酒○俯伏○興○少退○再拜○因降復位●參神○獻官及
복○흥○소퇴○재배○궤○봉작○뇌주○부복○흥·소퇴○재배○인강복위●참신○헌관급

在位者皆再拜●行初獻禮○因詣墓位前○跪○酌酒○奉爵○奠爵○俯伏○興○少退○再拜○
재위자개재배●행초헌례○인예묘위전○궤○작주○봉작○전작○부복○흥○소퇴○재배○

因降復位○撤爵●行亞獻禮○詣盥洗位○盥手○帨手○因詣墓位前○跪○酌酒○奉爵○奠爵○
인강복위○철작●행아헌례○예관세위○관수○세수○인예묘위전○궤○작주○봉작○전작

○俯伏○興○少退○再拜○因降復位○撤爵●行終獻禮○詣盥洗位○盥手○帨手○因詣墓位
○부복○흥○소퇴○재배○인강복위○철작●행종헌례○예관세위○관수○세수○인예묘위

○俯伏○興○少退○再拜○因降復位○俯伏○獻官及在位者皆俯
前○跪○酌酒○奉爵○奠爵○俯伏○興○少退○再拜○因降復位○부복○헌관급재위자개부

伏○興○合盖○撤箸○祝進獻官之左告禮成●辭神○獻官及在位者皆再拜○祝○焚祝○撤饌
전○궤○작주○봉작○전작○부복○흥○소퇴○재배○인강복위○부복○헌관급재위자개부

○祝○奉盞盤○詣獻官之位●行飮福禮○以次以退
복○흥○합개○철저○축진헌관지좌고예성●사신○헌관급재위자개재배○축○분축○철찬

○축○봉잔반○예헌관지위●행음복례○이차이퇴

7. 감모재(感慕齋)

강릉시 대전동[助山] 691번지에 있는 이 재실은 강릉최씨(충무공계) 조은공(釣隱公) 종중 소유로 최치운(崔致雲), 최진현(崔進賢), 최응현(崔應賢)을 모신 곳이다. 후손들이 제의를 받들기 위해 묘소 근처에 건립하였다. 건물구조는 전면 3칸 측면 2칸의 규모이며, 양쪽에 방을 1칸씩 꾸몄다. 가운데 1칸은 우물마루를 놓고 세살문 4쪽을 달아 제사청으로 꾸몄다. 제사청에는 이건기(移建記)와 중수기(重修記) 등 기문이 걸려 있다. 운영은 종중 재정으로 운영되며, 제향일자는 매년 음력 3월 15일이다.

홀기(笏記)

獻官及諸執事者俱就位○設饌○祝進獻官之左請行事●行降神禮○初獻詣盥洗位○盥手○帨
현관급제집사자구취위○설찬○축진헌관지좌청행사●행강신례○초헌예관세위○관수○세
手○因詣墳墓前○跪○三上香○再拜○跪○酹酒○再拜○因降復位●參神○獻官及在位者皆
수○인예분묘전○궤○삼상향○재배○궤○뇌주○재배○인강복위●참신○헌관급재위자개
再拜●行初獻禮○因詣墳墓前○跪○獻爵○奠爵○啓盖○正箸○俯伏○興○少退○跪○讀祝
재배●행초헌례○인예분묘전○궤○헌작○전작○게개○정저○부복○흥○소퇴○궤○독축
○祝進獻官之左跪讀祝○興○再拜○因降復位○撤爵●行亞獻禮○因詣盥洗位○盥手○帨手
○축진헌관지좌궤독축○흥○재배○인강복위○철작●행아헌례○인예관세위○관수○세수
○因詣墳墓前○跪○獻爵○奠爵○俯伏○興○再拜○因降復位○撤爵●行終獻禮○因詣盥洗
○인예분묘전○궤○헌작○전작○부복○흥○재배○인강복위○철작●행종헌례○인예관세
位○盥手○帨手○因詣墳墓前○跪○獻爵○奠爵○俯伏○興○再拜○因降復位○俯伏○在位
위○관수○세수○인예분묘전○궤○헌작○전작○부복○흥○재배○인강복위○부복○재위
者皆俯伏○興○告禮成○祝進獻官之左告禮成○闔盖○撤箸●辭神○獻官及在位者皆再拜○
자개부복○흥○고예성○축진헌관지좌고예성○합개○철저●사신○헌관급재위자개재배○

祝焚祝○撤饌

축분축○철찬

축문(祝文)

維歲次 某年三月干支朔十五日干支 代孫某 敢昭告于

유세차 모년 3월 간지 삭15일 간지 몇 대손○○가

顯先祖考某官府君

선조고 모관 부군과

顯先祖妣某人某氏 伏以

선조비 모인 모씨에게 감히 고하나이다.

氣序流易 雨露旣濡 瞻掃封塋 不勝感慕 謹以淸酌脯醢 祇薦歲事 尙 饗

세월은 절기가 바뀌어서 어느덧 봄이 되어 비와 이슬이 내렸습니다. 묘역을 쓸고 봉분을 우러러보니 조상님을 사모하는 정을 이기지 못하겠습니다. 삼가 맑은 술과 포해로 공경히 세사를 올리니 흠향하소서.

8. 충정사(忠正祠)

강릉시 구정면 제비리 154-1번지에 위치한 이 사우는 영일정씨종친회와 강릉최씨대종회 소유로 정몽주(鄭夢周)와 최수성(崔壽峸)을 배향하고 있다. 충정(忠正)은 두 사람의 시호(諡號)에서 한자씩 따서 명명한 것이라 한다. 이 사우는 원래 왕산리에 있었는데, 화동서원(華東書院)이라고도 한다.

이 사우는 1932년 후손 정기용(鄭起鎔)이 개성의 숭양서원(崧陽書院)에 안치되어 있던 포은의 진영(眞影)을 모사해 온 것에서 비롯되었다. 왕산에 거주하던 포은의 후손들은 강릉시 왕산면 왕산리 큰골에 영당(影堂)을 건립

하고 포은의 영정을 봉안하고, 30여 년 동안 다례제(茶禮祭)를 봉행해 오다
가 이 지역이 산간 오지로 교통이 매우 불편하여 왕래가 어려워 유림과 후손
들과의 협의 하에 1970년 현 위치로 이건(移建)하였다. 큰골 영당에 봉안되었
던 영정은 현재 구정면 제비리 충정사에 안치되어 있다.

　　　1971년에는 정몽주와 최수성의 후손들의 합의(合議)로 합사(合祀)하
였고, 1972년 박정희 대통령이 '충정사(忠正祠)'라 쓴 현판을 사액(賜額)하였
다. 1972년 사우(祠宇)를 증축하였으며, 1980년 향중 성금으로 화동서원묘정
비(華東書院廟庭碑)를 건립하였다. 운영은 영일정씨와 강릉최씨 양 문중의 재
정으로 충당한다. 매년 음력 8월 중정(中丁)에 향사(享祀)를 봉행한다.

축문(祝文)

維歲次云云 某官姓名 敢昭告于

유세차 운운 모관 ○○가

文忠公圃隱鄭先生 伏以

문충공 포은 정선생에게 감히 고하나이다.

忠貫日月 學究天人 吾道以賴 永世不忘 謹以牲體庶品 式陳明薦 尙 饗

충성은 해와 달을 뚫고 문장을 짓기로는 신과 같이 뛰어나고, 유학은 이에 힘입었음을 영원토
록 잊지 못하겠습니다. 삼가 희생과 예주로 경건히 밝은 제사를 올리니 흠향하소서.

維歲次云云 某官姓名 敢昭告于

유세차 운운 모관 ○○가

文正公猿亭崔先生 伏以

문정공 원정 최선생에게 감히 고하나이다.

道德博文 正直服人 太陽부露 以至成仁 謹以牲體庶品 式陳明薦 尙 饗

도덕이 있고 견문이 넓고 정직하여 감복시킴은 태양을 두른 것 같이 인을 이루었습니다. 삼가

희생과 예주로 경건히 밝은 제사를 올리니 흠향하소서.

제4절 강릉최씨(충무공계) 족보

강릉최씨(충무공계) 최초의 족보는 숙종 44년(1718)에 26세손 최정태(崔挺泰, 杏亭派 玉溪宅)가 삼척 중대사(中臺寺, 현 삼화사)에서 공부하던 중 절에 있는 석궤(石櫃)에서 20세손 최수성(崔壽峸)이 초록(抄錄)한 강릉최씨 세계(世系)와 최세번(崔世蕃)의『거로일기(居盧日記)』2책과 17세손 최치운(崔致雲)의 처 강릉함씨 비문을 발견하여 당해년에 발간한『원정궤장보(猿亭櫃藏譜)』를 근간으로 하여 편찬한 것이『무술보』이다. 현재까지 발간된『대동보』는 다음과 같다.

족보명	권수	발간 연대	비 고
戊戌譜 (무술보)	3	숙종 44년(1718)	書譜(서보), 崔夏宗(최하종) 序(서)
癸卯譜 (계묘보)	6	정조 7년(1783)	崔顯珌(최현필)·崔慶演(최경연)·崔寅赫(최인혁) 序(서), 崔逵漸(최규점) 跋(발)
戊午續譜 (무오속보)	1	정조 22년(1798)	
戊寅譜 (무인보)	18	고종 15년(1878)	崔志翼(최지익)·崔明集(최명집) 序(서), 崔遠集(최원집) 跋(발)
甲子譜 (갑자보)	20	1924년	趙同熙(조동희)·崔命桓(최명환)·崔鍾和(최종화) 序(서), 崔潤集(최윤집) 跋(발)
乙丑譜 (을축보)	20	1925년	崔命洙(최명수)·崔昌洵(최창순) 序(서), 崔泰集(최태집) 跋(발)
丁未譜 (정미보)	10	1967년	崔華集(최준집)·崔台圭(최태규)·崔燉恒(최돈항) 序(서), 崔燉浩(최돈호) 跋(발)
甲子譜 (갑자보)	8	1984년	崔鍾和(최종화) 序(서)

파보는 동성동본(同姓同本) 가운데 분파된 같은 파에 속한 동족의 가계를 기록한 것이다. 강릉최씨(충무공계) 파보로는 양근파 파보, 비인공파 파보, 학산파 파보, 용연동파 파보가 있다. 최필달의 19세손 최세번(崔世蕃)의 5명의 아들 가운데 최수원(崔壽源) 계열은 양근파이고, 최수강(崔壽江) 계열은 비인공파이고, 최수연(崔壽淵) 계열은 학산파이고, 최수담(崔壽潭) 계열은 용연동파이다.

　　용연동파 파보는 헌종 13년(1847)에 처음으로 간행된 『정미보(丁未譜)』가 있고, 고종 37년(1900)에 간행된 『경자보(庚子譜)』, 1959년에 간행된 『기해보(己亥譜)』, 1984년에 간행된 『갑자보(甲子譜)』, 1999년에 간행된 『기묘보(己卯譜)』가 있다.

강릉최씨(江陵崔氏) 대경공계

제1절 강릉최씨(대경공계)의 세계와 주요 인물

1. 강릉최씨(대경공계)의 세계

최씨는 우리나라에서 오랜 역사를 지닌 씨족의 하나로, 역사에서 숱한 명신·학자·문인을 배출한 명문거족이다. 최씨의 본관은 문헌에 대략 300여 본이 기록되어 있으나, 그중 시조가 분명히 밝혀져 있는 것은 40여 본에 불과하다. 주요한 본관은 경주·강릉·전주·동주(철원)·해주·삭녕·화순·강화·영천·탐진(耽津, 강진)·수원·영흥·수성(隋城)·우봉(牛峰, 金川)·충주 등이다.

최씨의 원조는 신라의 전신인 사노(斯盧) 6촌 중의 돌산(突山) 고허촌(高墟村)의 촌장 소벌도리(蘇伐都利)라고 한다. 『삼국유사』에 의하면 6부(部) 촌장들은 모두 천강인(天降人)처럼 기록되어 있다. 그리고 이 6촌에 6성(李·崔·孫·鄭·裵·薛)을 각각 사성(賜姓)한 것이 유리왕 9년(A.D.32)의 일로 기록되어 있다. 그러나 최씨의 실질적인 시조는 신라 말기의 대문장가인 최치원(崔致遠)이다. 오늘날 거의 모든 최씨의 관향(貫鄕) 분파는 최치원을 1세로 하는 경주최씨에 그 연원을 두고 있다.

강릉최씨(대경공계) 세계도

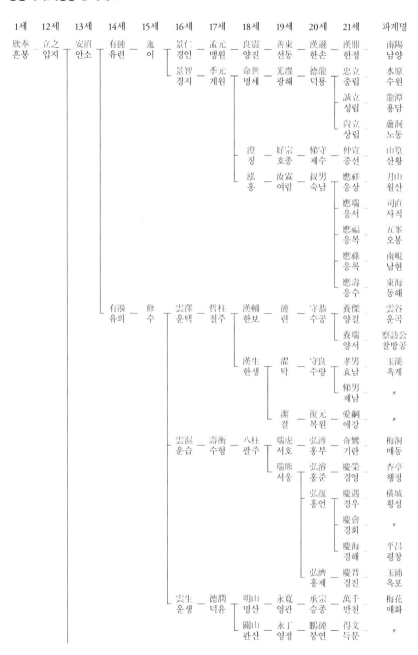

1세	12세	13세	14세	15세	16세	17세	18세	19세	20세	21세	파계명
欣奉 흔봉	立之 입지	安沼 안소	有漣 유련	進 이	景仁 경인	孟元 맹원	良震 양진	善東 선동	漢遜 한손	漢鼎 한정	南陽 남양
					景智 경지	季元 계원	命世 명세	光瀣 광해	德龍 덕룡	忠立 충립	水原 수원
										誠立 성립	龍潭 용담
										尙立 상립	蘆洞 노동
							澄 징	好宗 호종	悌守 제수	仲宣 중선	山堂 산황
							泓 홍	汝霖 여림	叔男 숙남	應祥 응상	月山 월산
										應瑞 응서	司直 사직
										應福 응복	五峯 오봉
										應祿 응록	南峴 남현
										應壽 응수	東海 동해
				有漪 유의	修 수	雲澤 운택	哲柱 철주	漢輔 한보	漣 련	守恭 수공	養傑 양걸	雲谷 운곡
										養瑞 양서	察訪公 찰방공
							漢生 한생	濯 탁	守良 수량	孝男 효남	玉溪 옥계
										悌男 제남	〃
								潔 결	復元 복원	愛綱 애강	〃
						雲濕 운습	壽衡 수형	八柱 팔주	瑞虎 서호	弘溥 홍부	奇鸞 기란	梅洞 매동
									瑞熊 서웅	弘濬 홍준	慶榮 경영	杏亭 행정
										弘澶 홍언	慶遇 경우	橫城 횡성
											慶會 경회	〃
											慶海 경해	平昌 평창
										弘濟 홍제	慶晋 경진	玉浦 옥포
						雲生 운생	德潤 덕윤	明山 명산	永寬 영관	承宗 승종	萬千 만천	梅花 매화
								關山 관산	永丁 영정	鵬漣 붕연	得文 득문	〃

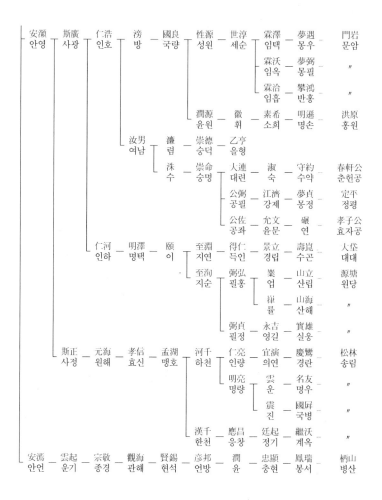

　　강릉최씨 대경공계(大卿公系)의 시조는 흔봉(欣奉)이고, 입향시조는 12세손인 충숙공(忠淑公) 최입지(崔立之)이다. 공은 진사(進士)로 문과(文科)에 급제한 후 충숙왕·충혜왕·충목왕을 섬겼고, 벼슬이 광정대부 문하시랑 평리상호군 평장사(匡靖大夫門下侍郎平理上護軍平章事)에 올랐으며 후에 충익사공신(忠翊社功臣)에 책훈(策勳)되어 강릉군(江陵郡)에 봉해졌다. 말년에 혼란한 정국을 뒤로 하고 모산(母山)에 은거하면서 산천을 소요하며 시를 읊으면서 지냈다.

　　강릉시 모산봉 기슭에 위치한 최입지가 살던 고택(古宅)은 3대에 걸처 평장사를 배출한 명당이다. 어느 날 공이 뒷들을 거닐다가 나뭇잎에 쓰여진 글귀를 발견하였는데, 거기에는 "모산의 형세는 다른 산과 달라서 때로 이 고장에서 영웅호걸이 많이 태어날 것이다. 오늘 최공의 집을 살펴보니 정맥(正脈)에 있으므로 후에 평장사가 몇 사람 더 나올 것이리라."라고 쓰여 있었다. 이 글처럼 입지의 맏아들 최안소(崔安沼)와 그의 손자 최유련(崔有漣)이 공민왕 때 문하시랑 평장사(門下侍郞平章事)에 올랐다. 3대에 걸쳐 평장사를 역임하였기 때문에 이 마을을 '평장동(平章洞)'이라 불렀고, 이들 최씨를 '평장최씨(平章崔氏)'라고 부르게 되었던 것이다. 최입지가 살던 고택은 지방유형문화재 81호(1985.1.17)로 지정되었고, 그곳에 평장동 비각(平章洞碑閣)이 세워져 있다. 최입지는 사후에도 명당에 묘를 잡았다 하여 풍수가들의 입에 자주 회자된다. 대관령 입구에 자리잡은 그의 묘소는 옥녀가 거문고를 타는 모습으로 옥녀탄금형(玉女彈琴形)이라고 부른다.

현재 강릉최씨(대경공계)의 분포상황을 보면 강릉을 중심으로 하여 남쪽으로는 삼척·울진·평해·영해·영덕·포항에 이르고, 북쪽으로는 양양·속초·고성·덕원·이원(利原)·정평(定平)·북청(北靑) 등으로 주로 동해안을 따라 분포되어 있고, 서쪽으로는 정선·평창·인제·양구·홍천·원주·영월·횡성·춘천·여주·수원 등지에도 약간씩 분포되어 있다.

강릉최씨(대경공계) 분파

분파	구분
崔逖(信景公派) 최이 (희경공파)	남양파(南陽派), 수원파(水原派), 용담파(龍潭派), 산황파(山篁派), 노동파(蘆洞派), 월산파(月山派), 사직파(史直派), 오봉파(五峰派), 남현파(南峴派), 계원파(桂原派), 동해파(東海派)
崔修 (大司諫公派) 최수(대사간공파)	운곡파(雲谷派), 찰방공파(察訪公派), 옥계파(玉溪派), 매동파(梅洞派), 행정파(杏亭派), 횡성파(橫城派), 평창파(平昌派), 옥포파(玉浦派), 매화파(梅花派)
安瀕 (芮城君公派) 안영(예성군공파)	문암파(門巖派), 홍원파(洪原派), 춘헌공파(春軒公派), 정평파(定平派), 효자공파(孝子公派), 대대파(大垈派), 원당파(源塘派), 송림파(松林派)
安馮 (典書公派) 안언 (전서공파)	병산파(柄山派)

2. 주요 인물

1) 최안소(崔安沼)

최입지(崔立之)의 장남으로 충숙왕 때 경상도존무사(慶尙道存撫使)에 임명되었고, 충목왕 3년(1347)에 통정대부 안동판관(安東判官)에 임명되었다. 벼슬이 삼중대광 문하시중 동중서평장사 예부사(三重大匡門下侍中同中書平章事禮部事)에 올라 강릉군(江陵君)에 봉해졌고, 공민왕 때에 순성보리공신(純誠輔理功臣)에 책봉되어 다시 부원군(府院君)에 봉해졌다.

공은 정사(政事)에 오직 청백(淸白)하고 백성을 사랑하여 생활을 넉넉하게 해 주었고 굶주림을 덜어 주었다. 영호(映湖) 나루에 나무를 심어 숲을 이루게 하고 이듬해에 교체되었다. 충정왕 때 음죽별감(陰竹別監)이 되었을 때 관직에 나가 근실하고 검소하여 부정하게 재물을 모은 자들의 재산을 거두어 가난한 사람들의 병을 고쳐 주기도 하였다. 녹사(錄事) 김용기(金龍起)가 음죽별감(陰竹別監)으로 있으면서 백성의 재산을 많이 빼앗고 국가 재산을 훔쳤던 일이 발각되어 헌사에서 신문을 받았는데, 김용기는 지평 최안소에게 말하기를 "옛날에 너는 음죽(陰竹)에 있을 때 백성의 재산을 빼앗기를 더욱 심하게 하였다. 어찌 도적이 도적을 심문하겠는가?"라고 하였다. 이에 왕은 김용기를 석방하라고 하였다. 이때 최안소는 "김용기는 나라의 좀도둑이니 지금 그를 석방하면 사람들에게 도적질하도록 장려하는 것으로 됩니다."라고 하며 듣지 않았다.

공민왕 10년(1361) 11월에 홍건적의 침입으로 왕과 공주가 태후(太后)를 모시고 남으로 피난할 때 최안소를 양광도순문사(楊廣道巡問使)에 임명하였다. 공민왕 23년(1374)에 사직하고자 청하였으나 왕이 이를 듣지 않고 이르기를 "최평장(崔平章)은 시종일관 청렴한 신하인데, 어찌하여 나를 등지고 은거하려 하는가?" 하며 특별히 허락하고 궤장(几杖)을 하사하였다. 시호는 문충(文忠)이다.

2) 최안영(崔安瀛)

입지의 차남으로 충숙왕 3년(1326)에 진사과에 입격하고 동왕 5년(1328)에 과거에 급제하여 정선군수를 지냈으며, 한림학사(翰林學士), 성균좨주(成均祭酒), 밀직제학(密直提學)을 거쳐 정헌대부(正憲大夫)로 전리(典吏)·예조(禮曹)·이조전서(吏曹典書)에 올랐다. 공민왕 10년(1361) 홍건적이 침입하였을 때 공민왕이 복주(福州, 지금의 안동)로 피난할 때 호종한 공로로 예성군(芮城君)에 봉해졌다. 안동, 순흥부사로 재직할 때 많은 치적을 남겨 청백리로 『고려사』에 기록되어 있다. 공민왕 23년(1374) 고향에 돌아와 쉴 때 목은 이색이 경로시(敬老詩)를 지어 이르기를 "아우가 공(公)보다 두 살 젊고 공의 백씨(伯氏)와 서로 비슷하여 그 정의(情宜)가 두터우니, 진실로 마음속으로 부러워하노라."고 하였다.

3) 최유련(崔有漣)

안소의 장남으로 충목왕 때 과거에 장원급제하여 공민왕 10년(1361) 11월에 양광도순문사(楊廣道巡問使)에 임명되었고, 공민왕 23년에는 충찬화보리공신(忠贊化輔理功臣)에 책록되어 정헌대부(正憲大夫) 참찬문하부사(參贊門下府事)를 거쳐 동삼사 문하시랑평장사 예부사(同三司門下侍郞平章事禮部事)에 올랐다. 조선 개국에 참여한 공훈(功勳)으로 숭록대부 영중추부사 강릉부원군(崇祿大夫領中樞府事江陵府院君)에 봉해졌고, 후일에 보국숭록대부 의정부 좌의정(輔國崇祿大夫議政府左議政)에 추증되었다. 유련은 슬하에 2남을 두었는데, 이(迤)와 지(遲)이다.

4) 최유의(崔有猗)

안소의 차남으로 문과에 급제하여 우왕 8년(1382) 봄에 경상도안렴사(慶尙道按廉使)로 갔다가 그해 겨울에 교체되어 집현전 대제학·전법판서(典法判書)·밀직부사(密直副使)로 있을 때 1392년 이성계가 공양왕을 원주로 내쫓고 얼마 안 되어 간성으로 옮겨 왕위를 물러나게 하고 군(君)으로 강봉하자, 충신은 '두 임금을 섬기지 않는다[不事二君]'고 뜻을 굳혀 삼척 수양산 아래로 은거하였다. 여러 번 병조판서로 임명하였으나 끝내 출사하지 않았다.

5) 최사광(崔斯廣)

안영의 장남으로 공민왕 원년(1352)에 문과에 급제하여 한림원(翰林院)을 거쳐 통례문지후(通禮門祗侯)로 옮겨 태상박사(太常博士)로 예의정랑(禮儀正郞)·예문응교(藝文應敎)·성균사예(成均司藝)를 지내고 우왕 때 전의사령(典儀司令)에 올랐다. 그 후 성균좨주(成均祭酒)에 올라 외직(外職)으로 나가기를 원하여 홍주목사(洪州牧使)로 부임하였고, 이어 사헌(司憲)에 올라 창왕을 의(義)로써 바로 잡아 시독(侍讀)에 올랐다. 태조 원년(1392)에 개국원종공신(開國原從功臣)에 책봉되고 판도판서(版圖判書)에 올랐다. 태조 5년(1396)에 병마사 대호군(兵馬使大護軍)이 되어 도통사(都統使) 김사형(金士衡)과 함께 대마도를 정벌하고 이듬해 정월에 개선하여 호조판서에 올랐다. 노년에 강릉에 돌아와 강과 호수를 소요하며 지내다가 정종 원년(1400)에 세상을 떠났다.

6) 최사정(崔斯正)

안영의 차남으로 목은 이색에게서 글을 배워 공양왕 2년(1390) 문과에 급제하여 한림학사(翰林學士)에 천거되어 국자감좨주(國子監祭酒)를 거쳐 북청부사(北靑府使)를 지냈다. 사간 김휴(金休)와 처사 최호(崔浩) 등과 함께 송악산(松嶽山) 서재(書齋)에서 강론하던 중 고려왕조의 국운(國運)이 다했다는 소문을 듣고 조복(朝服)을 찢어서 동문(東門)밖에 걸어놓고 서로 손을 잡고 통곡하였다. 치악산에 은거하던 원천석(元天錫)을 찾아가 주(周)나라의 예(禮)와 진(秦)나라의 부덕(不德)함을 강론하면서 세상을 피하여 은거하며 지냈다. 또 김인권(金仁權)·최문한(崔文漢)과 함께 경포호에 자주 모여서 시부(詩賦)를 즐기면서 소일하니, 세상 사람들이 강호의 호걸(豪傑)이라 하였다. 태종이 형조전서(刑曹典書)에 기용하였으나 출사하지 않았다. 그때의 심중(心中)을 노래하기를 "그때 장관으로 있을 때, 그 뜻 오히려 업신여겨 지노라. 차라리 창명수에 빠져 죽을지언정, 능히 내 마음 변치 않으리라[當年知有國 豈意轉凌侵 寧死滄溟水 不能貳我心]"라 하였다.

7) 최이(崔迤)

유련의 장남으로 자는 유명(惟明), 시호는 희경(僖景)이다. 고려 말 도평의사사 지인(都評議使司知印)으로 출신하여 규정 겸 지정선군사(糾正兼知旌善郡事)를 거쳐 교주도 안렴사(交州道按廉使), 사헌부 집의(司憲府執義)가 되었다. 1391년 삼사좌윤(三司左尹) 때 이방원(李芳遠, 후일 태종)과 친교를 맺어 1392년 판통례문사(判通禮門事)로 조선이 개국되자 중추원 우부승지(中樞院右副承旨)를 거쳐 좌승지, 의정부 찬성사, 호조판서 등을 지냈다. 세종 2년(1420) 경상도도관찰사 때 부하의 과실로 파직되었다가 1424년 명나라 태종 문황제(文皇帝)가 붕(崩)하매, 최이로 진향사(進香使)를 삼고 특별히 숭록(崇祿)의 품계를 가하여 판우군부사(判右軍府事)를 삼았으나 질병으로 졸하였다. 최이는 몸가짐이 겸허 공순하고 독서를 좋아하였으며, 종족(宗族)과 인친(姻親)간에 돈목(敦睦)하였다. 죽을 무렵에 여러 자질(子姪)들을 불러 놓고 말하기를, "우리 집이 본래 한 고을의 이속(吏屬)으로서 오늘에 이르게 된 것은 청렴 근신하고 항상 조심하였기 때문이다. 너희들은 힘쓸지어다." 하였다. 희경(僖景)이라 시호(諡號)하니, "조심하고 두려워하는 것을 희(僖)라 하고, 의(義)를 따라 구제하는 것을 경(景)"이라 이른다. 그의 아들이 넷이니, 경인(景仁)·경의(景義)·경례(景禮)·경지(景智)이다. 장남 경인은 태조 때 문과에 급제하여 경기관찰사에 올랐고, 세조 원년(1455) 12월에 좌익(佐翼) 3등공신에 책봉되었다. 차남 경의는 진사로 과거에 급제하여 사헌부와 사간원 사인(舍人)을 거쳐 이조참판에 올랐으며, 세조 원년 12월에 좌익 2공신에 책봉되었다.

8) 최인호(崔仁浩)

사광(斯廣)의 장남으로 이조좌랑, 간성군수, 부수찬(副修撰), 호조참의, 동부승지(同副承旨)를 거쳐 호조참판에 올랐다. 공은 가정(稼亭) 이곡(李穀)에게서 학문을 배웠고, 이곡의 아들 목은 이색(李穡)과 각별한 교의(交義)로 지냈다. 『목은집』에 실려 있는 시를 소개하면 다음과 같다.

최옹이여 그대의 연세가 높도다. 앞길은 먼데 날은 저물어만 가는구나. 3품 벼슬에 오르게 하고자 하나, 스스로 말도 없고 마음도 또한 같구나. 처자는 비록 굶주려도 뜻 있게 세상을 즐기고, 자식들은 군세게 장성하여 믿고 서로 찾으니, 조상의 음덕으로 의식이 자족하고, 마음 씀씀이 깊고 뜻 있으니 더욱 크게 융성하리라.[72]

9) 최인하(崔仁河)

사광(斯廣)의 차남으로 이천현감(伊川縣監)과 권농단련판관(勸農團鍊判官)을 지냈는데, 가난한 백성들의 구휼에 힘썼다. 그의 형 인호가 간성군수로 있을 때 찾아가 잠시 쉴 때 물 맑은 이 고장을 두루 구경하고 노닐다가 집

---

[72] "崔翁今老矣 途遠日將沈 直欲拜三品 自言無二心 妻飢猶女好 子壯懶相尋 蔭後仍求飽 知渠用意深"(『牧隱詩稿』 卷16, 戲崔仁浩).

과 농토를 장만하여 간성에서 여생을 보냈다. 그로 인해 그 자손들이 간성에서 세거(世居)하게 되어 대대(大垈)와 원당(源塘) 2파로 분파되었다.

10) 최수(崔修)

유의(有濰)의 아들로 세종 7년(1425) 6월에 고산현감(高山縣監)에 부임하였다가 그만두고 돌아와 세종 9년 문과에 급제하자 집현전 박사에 천거되어 부수찬 지제(副修撰知製)를 거쳐 지평(持平)으로 옮겼다. 성리학을 깊이 연구하고 도의(道義)를 강설하여 우정언(右正言)이 되어 의론이 정절하고 응대(應對)가 자상하고 민감하니 임금께서 "아무개는 간신(諫臣)의 기풍(氣風)"이라 하였다. 그 후 우정언, 정언에 올랐고 세종 19년에 왕명을 받들어 원수(元帥) 최윤덕(崔潤德)과 함께 야인(野人) 이만주(李滿住)를 토벌하고 개선하니, 왕이 모의관(毛衣冠)을 하사하였다. 문종 즉위년(1450)에 우헌납(右獻納), 문종 원년(1451)에 경기·강원·경상·전라 4도 순무사(巡撫使)로서 순찰하면서 밝은 정사를 많이 하였고, 다시 내직(內職)으로 돌아와 부응교(副應敎), 동부승지(同副承旨), 예조참의(禮曹參議)를 거쳐 단종 원년(1453)에 대사간(大司諫)에 올랐다. 그러나 그해 10월 황보인(皇甫仁)과 김종서(金宗瑞)가 피살되자 공은 삼척 맹방촌(孟芳村)에 은둔(隱遁)하여 소일하며 지은 시에 이르기를 "세정이 좋으냐고 그대 물으면[世情君休問], 지난날 감상하면 눈섭만 찡그리네[感舊翠眉嚬]. 위수에 낚시 드리우는 객이요[渭水垂竿客], 수양산에 고사리 캐는 사람일세[首陽採蕨人]"라고 읊었다. 단종에게서 왕위를 물려받은 세조가 대사헌에 기용하였으나 출사하지 않았다. 묘는 근덕면 심방동 건좌(乾坐)에 있다.

11) 최수(崔洙)

부친은 교수(敎授) 여남(汝南)이고, 모친은 정선전씨 생원 무(務)의 딸이다. 자는 도원(道源)이고, 호는 춘헌(春軒)이다. 세조 12년(1466) 왕이 병을 치료하기 위해 영동 일대를 순시할 때 오대산 어림대(御臨臺)에서 별시(別試)를 개최하면서 숭불문(崇佛門)과 벽불문(闢佛門) 두 개를 설치하고 무사(武士)로 하여금 벽불문을 지키게 하였다. 모두 숭불문을 통과하였는데, 최수가 벽불문을 통과하려 하자 문을 지키고 있던 무사가 철추로 치려 하였다. 이에 왕이 그의 기개에 감복하여 '의사(義士)'라고 칭하였다. 세조 14년(1468) 춘당대시(春塘臺試)에 을과로 급제, 성균관 박사가 되었다.

그 후 성종 초에 하늘에 변괴가 있어 어느 날 임금께서 그 까닭을 공에게 묻자, 공은 세조 2년(1456)에 죽은 사육신 원혼(怨魂)[73]들의 해골이 거리에 흩어져도 거두지 않고 영혼이 공중에 떠돌아 다녀도 제대로 거두어지지 않아 천변이 발생하였다고 하였다. 바라건대 강원도 감사(監司)에게 명령하여 해골을 거두어 다시 장사지내게 하고, 영월군수로 하여금 매년 제사를 지내게 한다면 화가 도리어 복이 될 것[轉禍爲福]이라 하였다. 또 상원사의 승려 학열(學悅)과 그의 제자들이 불사를 청탁해 민전(民田)을 침탈하고, 강릉 염양사(艶陽寺)의 중이 영남에서 면포(綿布)를 사다가 비싼 값으로 백성에게 강매(强賣)하는 식리(殖利)행위를 시정해 줄 것을 건의하였다. 그러나 그의 건의는 받아들여지지 않았다. 성종 3년(1472)에 진잠현감(鎭岑縣監)[74]으로 부임하였으나 병을 얻어 31세에 세상을 떠났다. 숙종 8년(1682) 강릉 향현사에 배향되었다.

12) 최여림(崔汝霖)

고조는 이(迤), 증조는 경지(景智), 조는 계원(季元), 부는 홍(泓)이다. 공의 본성은 순후(醇厚)하여 어려서부터 학문에 힘썼으며, 점점 자라면서 경

---

73 단종 복위운동으로 죽은 사육신 등의 혼을 말함.

74 현 대전광역시 유성구 일대에 해당됨.

사(經史)를 깊이 연구하여 성리학을 연구하는데 진력하였다. 일찍이 김종직(金宗直)에게서 배워서 학문을 더욱 깊이 연구하였고, 김굉필(金宏弼)과 정여창(鄭汝昌)과 함께 경서(經書)를 강론하고 묘리(妙理)를 얻지 못하면 돌아다니면서라도 터득하였으며, 괴산훈도(槐山訓導)에 천거되었으나 사양하고 경포(鏡浦) 호숫가에 은거(隱居)하며 전해들은 것을 강(講)해 밝히고 후진을 가르치는데 힘썼다.

세조 12년(1466)에는 '금란반월회'(金蘭半月會)를 조직하여 춘추(春秋)로 모여 자연과 더불어 지냈다. 회원은 최여림을 비롯하여 최옥연(崔玉淵), 심가보(沈家甫), 김이겸(金爾兼), 전장손(全長孫), 김지(金墀), 김대(金臺), 최자점(崔自霑), 박영정(朴永禎), 최렴(崔濂), 전이(全彛), 김진석(金晋錫), 박문화(朴文華), 최수(崔洙), 김윤신(金潤身), 박시문(朴始文) 등 모두 16인이었다. 금란반월회의 설립목적은 영원히 우의를 돈독히 하는 데 있었다.[75] 그래서 매년 꽃피는 계절과 단풍철이 되면 번번이 초대하여 함께 배를 타고 물길을 따라 오르내리면서 여유 있게 아무런 속박을 받지 않고 마음껏 즐겼다.

한편 세조가 왕위를 찬탈한 후 몸이 불편하여 오대산에서 수양(修養)할 때 만과(萬科)를 설행한다고 소식을 부사(府使) 김계형(金季衡)이 공에게 응시하라고 권하였으나, 공이 이르기를 "그대는 충신은 불사이군(不事二君)이란 말도 못 들었는가" 하고 두문불출하다가 내성(奈城, 영월)의 흉보(단종의 죽음)를 듣고는 서쪽을 바라보며 통곡하였고, 매번 기신일(忌辰日)을 만나면 번번이 고기를 먹지 않았다. 슬하에 1남 5녀를 두었는데, 아들은 숙남(叔男)이다.

---

75 이는 '맹약오장(盟約五章)'에 규정되어 있다. 첫째, 기쁜 일에는 축하해 주고 슬픈 일에는 조의를 표한다[吉凶慶弔]. 둘째, 좋은 날을 가려 경서를 강론하고 우의를 다진다[良辰講好]. 셋째, 잘못이 있는 사람에게는 마주 대해 꾸짖는다[過惡面責]. 넷째, 약속을 어기는 사람은 벌금에 처한다[伐令贖金]. 다섯째, 벌을 받고도 고치지 않는 사람은 회원의 자격을 박탈한다[故行削籍].

13) 최숙남(崔叔男)

여림의 아들로 어려서부터 학문에 힘써 중종 2년(1507)에 생원에 입격하고 이듬해에 성균관에 들어가서 경학(經學)을 깊이 연구하였다. 정여창(鄭汝昌)에게 도(道)를 물어 성리학을 깊이 연구하였다. 필법(筆法)이 묘예(妙藝)하여 「귀거래사(歸去來辭)」를 목판(木板)에 새겨 세상에 내어놓으니 정선생이 특히 칭찬하여 자랑하였다. 김정(金淨)과는 도의(道義)로 사귀었는데, 중종 11년(1516) 가을에 김정이 강릉에 왔을 때 함께 경포와 쌍한정을 거닐며 시를 읊고 술 마시며 함께 지냈다. 그 후 유자광(柳子光)이 무고(誣告)하여 유명인사를 참살케 하니 공이 분개하여 그로 인해 병이 되어 세상을 떠났다.

14) 최응록(崔應祿)

여림의 손자이고, 숙남의 넷째 아들이다. 어릴 때부터 재조(才操)가 뛰어나 아버지께 경사어구(經史語句)를 전해 들으면 명심하여 잊어버리지 않았으며, 성장해서는 율곡의 외할아버지인 신명화(申命和)를 스승으로 섬기어 학문에 분발하니 지식과 행실 가짐이 함께 진보하였다. 그는 효성이 지극하여 부모를 섬기기를 예(禮)로서 하며, 맛있는 음식으로 공양하고 조석(朝夕)으로 문안하는 일을 조금도 게을리 하지 않았다. 부모의 병환이 위독하였을 때는 분뇨까지 맛보았고, 아버지의 병환이 사경(死境)에 이르자 손가락을 잘라 그 피를 약에다 섞어 올려서 병이 나았다. 그 후 또 병환 중에 꿩고기가 먹고 싶다고 하니 울면서 하늘에 빌었더니, 겨울철인데도 꿩이 눈 덮인 뜰에 날아들어 정성껏 봉양하니, 세상 사람들이 하늘이 그의 효심(孝心)에 감동한 소치라 하였다. 부모상을 당해서는 여묘(廬墓)살이를 하면서 죽과 미음을 먹으며 상복을 벗지 않기를 3년 동안 한결같이 하였다. 이 사실을 나라에서 알고 중종 3년(1508)에 정려를 내렸다.

15) 최원규(崔元奎)

치환(致煥)의 손자로 천성이 효성스러웠으며, 세 살 때에 어머니가 병환으로 거의 죽게 되자 손가락을 깨물어 그 피를 넣어드리니 하룻밤을 지나 소생하였다. 그 후 아버지의 병간호에도 밤낮을 가리지 않고 약을 구하러 다녔는데 하루는 어두운 밤길에 모르고 호랑이 꼬리를 밟고 지나갔으나 호랑이에게 물리지 않았다. 아버지가 꿩고기를 먹고 싶어 하자 꿩이 저절로 날아 들어 왔다. 이는 모두 그의 효행이 탁월한 탓이라고 하였다. 고종 22년(1885)에 우승지 구석조(具奭祖)가 이 사실을 조정에 아뢰어 정문복호(旌門復戶)하였다.

16) 최항철(崔恒澈)

최수(崔洙)의 16세손으로 효성(孝誠)이 출천(出天)하였다. 어머니가 병이 나자 손가락을 끊어 그 피를 입에 넣어드려 회생시켰으며, 아버지가 뱀에 물렸을 때에는 뱀을 잡아 그 허리를 씹어 피를 뽑아 아버지의 입에 넣어드리자 즉시 나았다. 사림에서 효성이 지극하다고 시를 지어 칭찬하였다.

제2절 동족마을의 형성과 공동체 모임

1. 동족마을의 지역개관

1930년에 간행된 『생활실태조사』(강릉편)에 의하면, 강릉최씨는 성덕면 장현리에 40가구 200여 명이 살았다. 현재까지도 장현동 모산 일대는 동족마을의 양상이 보이고 있다.

강릉지방에서는 "옛부터 살아서는 모산·학산이 좋고 죽어서는 성산이 좋다"는 말이 전해질 정도로 모산은 산수가 뛰어난 곳이다. 한말에 장현리와 담산리를 상모산(上茅山)이라 했고, 유산리와 박월리를 하모산(下茅山)이라 했으나 1914년 행정구역 개편 때 장현리라 하였다. 모산은 1955년 강릉시에 편입되면서 박월리, 담산리와 함께 장현동이 되었다가 현재는 노암동, 유산동, 월호평동, 신석동, 운산동과 함께 강남동에 속해 있다.

2. 동제(洞祭)

장현동 서낭당은 장현동 238-5번지에 위치하고 있다. 장현동 서낭당에서 지내는 제의 명칭은 성황제이며, 신위는 성황지신, 토지지신, 여역지신을 모시고 있다. 제당의 형태는 당집은 없으며 서낭목 밑에 흙으로 제단을 쌓았다. 위패는 나무를 깎아 붓으로 신위를 써서 모시고 있으며, 서낭목은 고사(枯死) 상태여서 주위의 소나무가 이를 대신한다. 제의는 음력 정월 대보름에 지내며, 유사제로 제물을 준비한다. 유교식제의, 소지 순으로 진행하며, 담산동1, 2, 4동과 장현동 1, 2, 3, 4동이 함께 제사에 참여한다.

제3절 문화유적(祠宇, 齋舍)

1. 추원재(追遠齋)

강릉시 성산면 금산리에 있는 이 재사(齋舍)는 입지(立之)를 모신 곳이다. 우천 시 제향을 위해 건립하였는데, 건물구조는 평와가(平瓦家)로 된 2칸이고 대문이 2칸이다. 재사에는 기문(記文), 상량문(上樑文), 시문(詩文) 등이 보관되어 있다. 제향일자는 매년 음력 9월 9일이다.

홀기(笏記)

●諸執事詣墓所再拜 不唱行事 ○奉行塋域內外環繞 ○省掃三周 ○復位 ○再拜 ○獻官以下各就

●제집사예묘소재배 불창행사 ○봉행영역내외환요 ○성소삼주 ○복위 ○재배 ○헌관이하각취

位 ○諸執事詣盥洗位 ○盥手 ○帨手 ○陳饌 ○設香爐香盒 ○設降神盞盤 ●行降神禮 ○初獻詣盥洗

위 ○제집사예관세위 ○관수 ○세수 ○진찬 ○설향노향합 ○설강신잔반 ●행강신례 ○초헌예관세

位 ○盥手 ○帨手 ○因詣墓前跪 ○焚香三上 ○再拜 ○酌酒三傾至盡 ○再拜 ○因降復位 ○行參神禮

위 ○관수 ○세수 ○인예묘전궤 ○분향삼상 ○재배 ○작주삼경지진 ○재배 ○인강복위 ○행참신례

○獻官以下皆再拜 ●行初獻禮 ○初獻詣墓前跪 ○擧冪酌酒 ○覓爵 ○俯伏 ○興 ○少退立 ○啓飯盖

○헌관이하개재배 ●행초헌례 ○초헌예묘전궤 ○거멱작주 ○전작 ○부복 ○흥 ○소퇴립 ○계반개

○揷匙正筋 ○獻官以下皆俯伏 ○祝跪初獻官之左 ○讀祝 ○獻官以下皆興 ○初獻再拜 ○因降復位

○삽시정저 ○헌관이하개부복 ○축궤초헌관지좌 ○독축 ○헌관이하개흥 ○초헌재배 ○인강복위

○撤爵退酒 ●行亞獻禮 ○亞獻詣盥洗位 ○盥手 ○帨手 ○因詣墓前跪 ○擧冪酌酒 ○覓爵 ○俯伏

○철작퇴주 ●행아헌례 ○아헌예관세위 ○관수 ○세수 ○인예묘전궤 ○거멱작주 ○전작 ○부복

○興少退 ○再拜 ○因降復位 ○撤爵退酒 ●行終獻禮 ○終獻詣盥洗位 ○盥手 ○帨手 ○因詣墓前跪

○흥소퇴 ○재배 ○인강복위 ○철작퇴주 ●행종헌례 ○종헌예관세위 ○관수 ○세수 ○인예묘전궤

○擧冪酌酒 ○覓爵 ○俯伏 ○興 ○少退 ○再拜 ○因降復位 ●南侑食禮 ○有司一人詣墓前跪 ○酌酒

○거멱작주 ○전작 ○부복 ○흥 ○소퇴 ○재배 ○인강복위 ●남유식례 ○유사일인예묘전궤 ○작주

○覓爵 ○興 ○少退 ○再拜 ○獻官以下肅俟少傾 ○因降復位 ○皆興撤羹 ○進茶 ○點茶 ●行飲福禮

○전작 ○흥 ○소퇴 ○재배 ○헌관이하숙사소경 ○인강복위 ○개흥철갱 ○진다 ○점다 ●행음복례

○初獻詣飯福位 ○北向跪 ○祝撤爵詣初獻之右 ○初獻受爵 ○啐酒 ○返爵 ○祝撤脯詣初獻之左 ○初

○초헌예반복위 ○북향궤 ○축철작예초헌지우 ○초헌수작 ○쵀주 ○반작 ○축철포예초헌지좌 ○초

獻受脯 ○致告嘏辭 ○因降復位 ○下匙箸 ○合飯盖 ●行辭神禮 ○獻官以下皆再拜 ○焚祝 ○撤饌

헌수포 ○치고하사 ○인강복위 ○하시저 ○합반개 ●행사신례 ○헌관이하개재배 ○분축 ○철찬 ○

在位者以次退 出五禮儀 不唱行事

재위자이차퇴 출오례의 불창행사

축문(祝文)

維歲次干支 某月干支 朔初九日干支 後孫某(以最尊者爲主) 敢昭告于

유세차간지 모월간지 삭초9일 간지 후손○○(가장 높은 분을 위주로 한다)

先祖考 高麗推忠翊社功臣門下侍郞平章事江陵君忠淑公府君

선조고 고려 추충익사공신 문하시랑 평장사 강릉군 충숙공 부군과

先祖妣 溟州郡夫人 慶州崔氏之墓

선조비 명주군부인 경주최씨의 묘소에 고하나이다.

伏以 猗歟忠勳 肇錫東土 鍾德深厚 遺蔭百世 瞻掃封塋 不勝永慕 謹以淸酌庶羞 祗薦歲事
尙 饗

삼가 고하건대 거룩하신 충훈을 우리 동방에 내리시어 심후한 덕을 길러 백세에 음덕을 남
기셨습니다. 묘역을 쓸고 봉분을 우러러보니 조상님을 사모하는 정을 이기지 못하겠습니다.
삼가 맑은 술과 여러 가지 음식으로 공경히 세사를 올리니 흠향하소서.

2. 영사재(永思齋)

강릉시 장현동에 있는 이 재사(齋舍)는 판서공(判書公) 사광(斯廣)과
춘헌공(春軒公) 수(洙)를 모신 곳이다. 우천시 제향을 위해 철종 13년(1862)에 건
립하였다. 건물구조는 8칸의 평와가(平瓦家)이고, 재사에는 기문(記文), 상량문
(上樑文), 시문(詩文) 등이 보관되어 있다. 제향일자는 음력 10월 15일이다.

홀기(笏記)

●諸執事詣墓所再拜 不唱行事 ○奉行塋域內外環繞 ○省掃三周 ○復位 ○再拜 ○獻官以下各就

●제집사예묘소재배 불창행사 ○봉행영역내외환요 ○성소삼주 ○복위 ○재배 ○헌관이하각취

位 ○諸執事詣盥洗位 ○盥手 ○帨手 ○陳饌 ○設香爐香盒 ○設降神盞盤 ●行降神禮 ○初獻詣盥洗

위 ○제집사예관세위 ○관수 ○세수 ○진찬 ○설향노향합 ○설강신잔반 ●행강신례 ○초헌예관세

位 ○盥手 ○帨手 ○因詣墓前跪 ○焚香三上 ○再拜 ○酹酒三傾至盡 ○再拜 ○因降復位 ○行參神禮

위 ○관수 ○세수 ○인예묘전궤 ○분향삼상 ○재배 ○작주삼경지진 ○재배 ○인강복위 ○행참신례

○獻官以下皆再拜 ●行初獻禮 ○初獻詣墓前跪 ○擧羃酌酒 ○奠爵 ○俯伏 ○興 ○少退立 ○啓飯盖

○헌관이하개재배 ●행초헌례 ○초헌예묘전궤 ○거멱작주 ○전작 ○부복 ○흥 ○소퇴립 ○계반개

○揷匙正筯 ○獻官以下皆俯伏 ○祝跪初獻官之左 ○讀祝 ○獻官以下皆興 ○初獻再拜 ○因降復位

○삽시정저 ○헌관이하개부복 ○축궤초헌관지좌 ○독축 ○헌관이하개흥 ○초헌재배 ○인강복위

○撤爵退酒 ●行亞獻禮 ○亞獻詣盥洗位 ○盥手 ○帨手 ○因詣墓前跪 ○擧羃酌酒 ○奠爵 ○俯伏

○철작퇴주 ●행아헌례 ○아헌예관세위 ○관수 ○세수 ○인예묘전궤 ○거멱작주 ○전작 ○부복 ○

興少退 ○再拜 ○因降復位 ○撤爵退酒 ●行終獻禮 ○終獻詣盥洗位 ○盥手 ○帨手 ○因詣墓前跪 ○

흥소퇴 ○재배 ○인강복위 ○철작퇴주 ●행종헌례 ○종헌예관세위 ○관수 ○세수 ○인예묘전궤 ○

擧羃酌酒 ○奠爵 ○俯伏 ○興 ○少退 ○再拜 ○因降復位 ●南侑食禮 ○有司一人詣墓前跪 ○酌酒 ○

거멱작주 ○전작 ○부복 ○흥 ○소퇴 ○재배 ○인강복위 ●남유식례 ○유사일인예묘전궤 ○작주 ○

奠爵 ○興 ○少退 ○再拜 ○獻官以下肅俟少傾 ○因降福位 ○皆興撤羹 ○進茶 ○點茶 ●行飮福禮 ○

전작 ○흥 ○소퇴 ○재배 ○헌관이하숙사소경 ○인강복위 ○개흥철갱 ○진다 ○점다 ●행음복례 ○

初獻詣飯福位 ○北向跪 ○祝撤爵詣初獻之右 ○初獻受爵 ○啐酒 ○返爵 ○祝撤脯詣初獻之左 ○初

초헌예반복위 ○북향궤 ○축철작예초헌지우 ○초헌수작 ○쵀주 ○반작 ○축철포예초헌지좌 ○초

獻受脯 ○致告嘏辭 ○因降復位 ○下匙箸 ○合飯盖 ●行辭神禮 ○獻官以下皆再拜 ○焚祝 ○撤饌 ○

헌수포 ○치고하사 ○인강복위 ○하시저 ○합반개 ●행사신례 ○헌관이하개재배 ○분축 ○철찬 ○

在位者以次退 出五禮儀 不唱行事

재위자이차퇴 출오례의 불창행사

축문(祝文)

維歲次 ○○ 十月五日○○ ○代孫○○ 敢昭告于

유세차 ○○10월 5일 ○○대손 ○○가

顯○○代祖考正憲大夫戶曹典書芮城君府君

몇 대조 할아버지 정헌대부 호조전서 예성군부군과

顯○○代祖考正憲大夫戶曹判書府君

몇 대조 할아버지 정헌대부 호조판서 부군과

顯○○代祖妣貞夫人全州李氏

몇 대조 할머니 정부인 전주이씨

顯○○代祖考嘉善大夫戶曹參判府君

몇 대조 할아버지 가선대부 호조참판 부군

顯○○代祖妣貞夫人文化柳氏

몇 대조 할머니 정부인 문화유씨에게 고하나이다.

伏以 貞忠輔國 德蔭裕後 雲仍式蕃 羃非先休 霜露既降 瞻掃封塋 不勝感慕

謹以 淸酌庶羞 祇薦歲事 尙 饗

삼가 곧은 충심으로 나라를 보호하여 음덕으로 후세가 번성해졌고, 먼 후손의 번승은 선대의 아름다운 공이 아닌 것이 없습니다. 어느덧 찬 서리와 이슬이 내려 묘역을 쓸고 봉분을 우러러보니 조상님을 사모하는 정을 이기지 못하겠습니다. 삼가 맑은 술과 여러 가지 음식으로 공경히 세사를 올리니 흠향하소서.

제4절 고서 및 고문서

1. 최유련개국원종공신녹권(崔有漣開國原從功臣錄券)

이 문서는 태조 4년(1395) 윤9월에 공신도감에서 조선 건국에 공이 있는 최유련에게 발급한 녹권이다. 이 녹권은 경기도 여주에 거주하는 강릉 최씨 용담파(龍潭派)가 600여 년 동안 보관해 오다가 1998년 6월 29일자로 보물 제1282호로 지정되었다.[76]

이 녹권의 지질(紙質)은 저지(楮紙)이며, 보존상태는 원문의 훼손이 거의 없고 양호한 편이다. 규격은 세로 31cm×가로 635cm이며, 매장의 길이는 44.3cm~72.2cm(끝장 24cm)이다. 매장은 24행으로 16~18자씩 쓰여 있고, 매 행간은 2.8cm~3cm이다. 9개소에 6.7cm×6.5cm의 「이조지인(吏曹之印)」이 찍혀 있다.

이 녹권에는 사급자(賜給者)의 성명과 신분, 7회에 걸친 공신들의 공적 내용과 포상지시(襃賞指示) 및 처리 내용과 함께 녹권을 받은 105명의 공신명단과 포상내용, 녹권발급에 관여한 담당 관원의 직함(職銜)과 성명 및 서압(署押)에 이르는 내용이 모두 208항에 걸쳐 필서(筆書)되어 있다.

최유련이 녹권을 받을 때에는 105명이 공신녹권을 받았다. 공신에 책록된 사람들의 공로(功勞)사례를 유형별로 살펴보면, ① 흉악한 무리들이 결당(結黨)하여 변란이 어느 때 일어날지 예측할 수 없을 때 한두 명의 장상(將相)의 계책에 따라 그들의 죄를 성토해 그들의 계획을 막은 사람, ② 신씨(辛氏)가 왕위를 훔쳐서 정사가 어지러울 때 이성계의 안위에 마음을 써서 덕으로 백성을 깨우치고 훌륭한 정사를 하여 오늘에 이르도록 한 사람, ③ 이

---

76 박도식, 2005 「崔有漣原從功臣錄券의 硏究」『人文學硏究』9, 관동대학교 인문과학연구소 참조.

성계가 30년 동안 장수나 조정의 재상으로 활약하는 동안 온갖 고초를 겪으면서 위험을 막아주고 백성을 보호해 주어 쉽게 대업(大業)을 이루게 한 사람, ④ 즉위 초기에 미비하였던 왕실 제도를 전 왕조가 전성하던 시절의 제도를 참작하여 제 모습을 갖추게 한 사람, ⑤ 태조가 즉위할 때 일관(日官)으로 있으면서 두 마음을 품지 않고 천시(天時)를 점쳐서 대위(大位)에 오르도록 권유한 사람들로 구분된다. 최유련은 ①유형에 속한다.

최유련이 개국원종공신에 책록된 배경은 태조 2년(1393) 10월 9일에 도승지(都承旨) 안경공(安景恭)이 담당한 구전왕지(口傳王旨)에 의하면 "오랜 세월을 조정 안에서 부지런히 일하기도 하고 밖에서 분주히 힘쓰기도 하였으므로 내가 매우 훌륭하게 여기노라. 그런데 흉악한 무리들이 당을 결성하고 난을 꾀하여 변란이 어느 때 일어날지 예측할 수 없었는데, 한두 명의 장상(將相)의 계책에 따라 그들의 악행을 성토하기를 청하여 흉악한 무리들이 처벌을 받게 되었으니, 그들의 노고로 보나 공으로 보나 마땅히 상줄 만하다. 그 공신의 칭호와 포상의 은전을 유사(有司)가 거행하라."고 명한 사실에서 확인된다.

원종공신 당사자에게는 그들이 공신임을 증명하는 녹권(錄券)과 함께 토지와 노비를 상급(賞給)하였고, 비를 세워 그 공을 기록[立碑記功]하도록 하는 영광을 주었다. 최유련은 원종공신(原從功臣) 윤방경(尹邦慶)의 예에 따라 30결(結)과 노비 3구(口)를 하사받았다. 이 액수는 현재까지 확인된 개국원종공신녹권 중 최상액에 해당된다. 그리고 그들의 부모와 처에게는 봉작(封爵)하고, 자손에게는 음직(蔭職)을 주어 벼슬길에 오르도록 하였고, 후손에게는 사면(赦免)의 특전을 주었다.

「최유련 개국원종공신녹권」은 태조 4년(1395) 3월 7일에 각 녹권에 등재할 공신을 확정하고 우승지 익대개국공신 통정대부 경연참찬관 보문각 직학사 지제교 지호조사(右承旨翊戴開國功臣通政大夫經筵叅贊官寶文閣直學士

知製敎知戶曹事) 민여익(閔汝翼)이 왕지(王旨)를 받들어 발급한 것이다. 녹권의 끝부분에는 공신도감의 관여자들이 각기 자신의 직명단자(職名單子)란에 서압(署押)하여 녹권을 사급(賜給)한다는 내용이 있는데, 여기에는 공신도감 관여자 17명 가운데 16명이 서압하였다.

제5절 강릉최씨(대경공계) 족보

강릉최씨 대경공계 족보 중 가장 먼저 편찬된 것은 세종 23년(1441)에 죽사공(竹史公) 승해(升海)가 한권으로 편찬하여 여주 종파댁 상천가(尙天家)에 소장하여 오다가 임진왜란 때 화재를 당해 현존하지 않는다. 그 후 영조 15년(1739)에 와서 최윤길(崔欄吉)이 널리 자료를 조사, 수집하여 각 파의 분파를 명백하게 밝혀서 한 권으로 간행한 것이 이른바『기미보(己未譜)』이다. 그간 편집되거나 간행한 대동보(大同譜)를 살펴보면 다음과 같다.

족보명	권수	발간 연대	비 고
己未譜 (기미보)	1	영조 15년(1739)	崔欄吉(최윤길) 편찬
己酉譜 (기유보)	2	영조 47년(1771)	崔永吉(최영길)·贊億(찬억) 편찬, 필사본
丙寅譜 (병인보)	2	순조 6년(1806)	崔贊迪(최찬적)·贊格(찬격)·翼商(익상) 편찬, 최초의 활판
乙卯譜 (을묘보)	5	철종 6년(1855)	崔鍾禮(최종례)·弼殷(필은)·始華(시화) 편찬
壬午譜 (임오보)	7	고종 19년(1882)	崔炳鶴(최병학)·常極(상극)·周極(주극) 편찬
甲寅譜 (갑인보)	10	1914년	崔錫重(최석중)·炳雲(병운)·炳斗(병두) 편찬

족보명	권수	발간 연대	비 고
乙卯譜 (을묘보)	9	1939년	崔璿重(최선중)·晩熙(만희)·仁澈(인철) 편찬
癸卯譜 (계묘보)	3	1963년	崔鎭範(최진범)·晩熙(만희)·德澈(덕철) 편찬
戊辰譜 (무진보)	4	1988년	崔五澈(최오철)·德澈(덕철) 편찬, 천년 史記(사기)를 수록한『母山 墳史(모산분사)』편성
壬辰譜 (임진보)	6	2012년	대종회(족보편찬위원회), 대동보 5권, 종사록(宗史錄) 1권

동주최씨(東州崔氏)

제1절 동주(철원)최씨의 세계와 주요 인물

1. 동주(철원)최씨의 세계

동주(철원)최씨는 철원의 토성(土姓)이다. 동주(東州)는 철원(鐵原)의 옛 지명이다. 원래 고구려의 철원군(鐵原郡)인데 통일신라 경덕왕 때 철성군(鐵城郡)으로 고쳤다. 고려 개국 후 태조 2년(919)에 송악으로 천도하면서 동주로 개칭했으며, 성종 14년(995)에 단련사(團練使)를 두었다가 목종 8년(1005)에 이를 혁파하고 현종 9년(1018)에 지주사(知州事)를 두었다. 고종 41년(1254)에 현령관(縣令官)으로 직제를 내렸다가 뒤에 다시 승격시켜 목사(牧使)로 하였다. 충선왕 2년(1310)에 목(牧)을 두는 제도를 폐할 때 다시 철원으로 개칭하고 직제를 낮추어 철원부(鐵原府)로 하였다. 태종 13년(1413)에 도호부로 승격되었으며, 세종 16년(1434)에 강원도에 편입되었다.

동주최씨의 시조는 고려 개국공신인 최준옹(崔俊邕)이다. 기록에 의하면 그는 태조 왕건을 도운 삼한공신(三韓功臣)으로 태사삼중대광(太師三重大匡)의 지위에 올랐다고 전해진다. 그런데도 그 뒤 아들 은숙(殷叔)과 손자 원립(爰立)이 모두 봉어직(奉御職, 정6품)에 머물고 만 것을 보면 아직까지는 그렇게 뚜렷한 집안으로 성장하지는 못했던 것 같다. 처음 얼마동안은 이처럼 부진을 면치 못했으나, 그의 종손인 최석(崔奭, 初名은 崔錫)이 수상(首相)까지 지냄으로써 가문의 면모는 일신하게 되었다.[77]

동주최씨 세계도

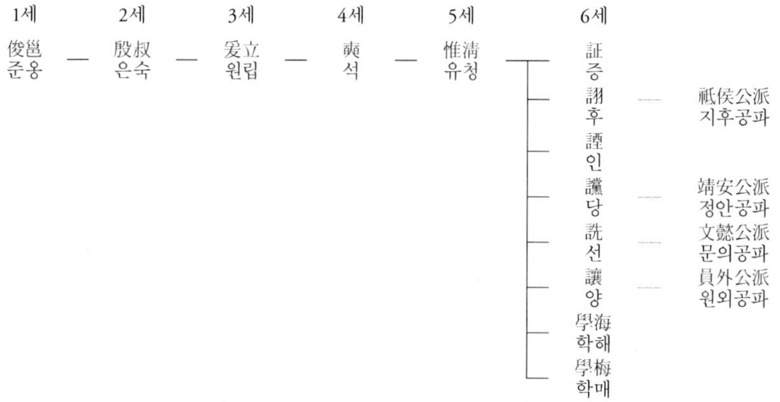
1세
俊邕
준옹
2세
殷叔
은숙
3세
爰立
원립
4세
奭
석
5세
惟清
유청
6세
証
증
詡
후
諲
인
讜
당
詵
선
讓
양
學海
학해
學梅
학매
祗侯公派
지후공파
靖安公派
정안공파
文懿公派
문의공파
員外公派
원외공파

최석은 문종 5년(1051) 4월의 과거에서 장원급제한 것을 계기로 좌습유(左拾遺)를 지내고, 문종 29년(1075)에 형부시랑으로 요나라에 가서 천안절(天安節)을 축하한 뒤 귀국하여 전중감 지어사대사(殿中監知御史臺事)가 되었다. 문종 31년(1077)에 좌간의대부(左諫議大夫)를 거쳐 문종 34년(1080)에 동지중추원사(同知中樞院事)로 병마사가 되어 정주지방의 여진족을 정벌하였다. 문종 36년(1082)에 이부시랑으로 지공거(知貢擧)를 겸임하였다. 이듬해에 중서시랑 동중서문하평장사(中書侍郎同中書門下平章事)를 거쳐 선종 3년(1086)에 문하시랑평장사(門下侍郎平章事)를, 이듬해 권판상서이부사(權判尙書吏部事)·수국사(修國史)를 역임하였다. 선종 5년(1088)에 판상서이부사(判尙書吏部事)로 지공거가 되어 동지공거(同知貢擧) 최사추(崔思諏)와 함께 을과

77 동주최씨에 대해서는 박용운, 2003 「고려시대 定安任氏·鐵原崔氏·孔巖許氏 家門 분석」 『高麗社會와 門閥貴族家門』, 경인문화사, pp.236~252 참조.

김부필(金富弼) 등을 시취(試取)하였다. 이어 수태보 문하시랑 동중서문하평장사 판이예부사(守太保門下侍郞同中書門下平章事判史禮部事)에 이르렀다. 더구나 그의 학식은 세 차례 지공거를 역임할 정도여서 최자(崔滋)도 그를 몇 안 되는 고려기 문장가의 한사람으로 손꼽고 있거니와, 경력을 검토해 보면 인품 면에서도 뛰어났던 것을 대략 짐작할 수 있다. 최석의 아들 최유청이 그의 아들들을 훈계하는 말 가운데 다음의 구절이 전해온다.

가문의 전통이 청백(淸白)하여 남은 물건이 없고

다만 경서(經書) 만권을 보존했을 뿐이다.

너희들은 장차 나누어서 부지런히 보고 읽어

입신하여 도(道)를 행함에 임금을 높이도록 하라.[78]

그의 집안은 상당히 이른 시기 이전부터 청백(淸白)한 독서인 가문의 전통을 이어온 것을 엿볼 수 있게 하는데, 아마 이같은 전통이 최석 때 와서 열매를 맺게 되었다고 생각된다.

그의 좌주(座主)는 이자연(李子淵)이었다. 널리 알려진 바와 같이 이자연은 문종(文宗)의 장인으로서 최고의 권좌에 앉아 경원이씨(慶源李氏)를 최대의 문벌로 성장시킨 장본이거니와, 좌주와 문생(門生)의 관계가 부자와 같았다는 당시의 정황을 감안할 때에 최석의 입신에는 또한 그의 도움이 충분히 예상된다. 평장사(平章事, 정2품) 김양감(金良鑑)과 참지정사(參知政事, 종2품) 최사훈(崔思訓)·박인량(朴寅亮)과 같은 쟁쟁한 인물들도 모두 그의 문하였다는 것을 보더라도, 이 같은 가능성은 더욱 커지게 마련인 것이다. 한 마디로 말해서 최석이 대성할 수 있었던 것은 위에서 살펴본 바와 같이 공신

---

78 "家傳淸白無餘物 只有經書萬卷存 恣汝分將勤讀閱 立身行道使君尊"(『補閑集』卷上, 崔學士公瀁條).

의 후예로서 쌓아온 가문의 배경 위에 본인의 뛰어난 학식과 인격, 그리고 그의 좌주 이자연의 후원 등이 결합된 데서 말미암은 결과라고 본다. 최석이 동주(東州, 현 철원)에 살았으므로 후손들이 본관을 동주로 하였다. 일명 철원최씨라고도 한다.

유청(惟淸, 1095~1174)은 최석이 나이 70에 얻은 아들이다. 7세에 아버지를 여의게 되는데, 10세가 되던 숙종 8년(1103)에 부음(父蔭)으로 벼슬길에 나갔다. 그러나 그는 학업에 큰 뜻을 두고 있었다. 그리하여 20세가 되던 예종 7년(1112)의 과거에서 급제를 하지만, 이후에도 학문에 몰두하여 선비들의 칭송이 높았다 하며 "경(經)·사(史)·자(子)·집(集)에 해통(該通)하지 않는 바가 없었다."라고도 전해진다. 이자겸의 발호로 실직(失職)했던 얼마간을 제외하면 벼슬길도 순조로워 의종 원년(1147)에 이미 재상(宰相)이 되었고, 다시 동왕 5년(1151)에 평장사(정2품)·판병부사(判兵部事)로 아상(亞相)의 지위에까지 올랐다. 그러나 그에게는 뜻하지 않은 불운이 기다리고 있었다. 즉 정서(鄭敍) 사건에 연좌되어 이후 10년간 지방관으로 지내다가 치사(致仕)하지 않으면 안 되었기 때문이다. 정서는 문하시중을 지낸 임원애(任元敱)의 사위로서 유청과는 처남 매부가 되는 사이였다. 그가 치사한 후 9년이 지난 의종 24년(1170)에 무신란이 발발하여 많은 문신들이 화를 당하지만, "제장(諸將)은 본디부터 유청의 덕망(德望)에 감복하고" 있었음으로 그 자신은 물론 기공친(期功親)에 이르는 모든 집안이 화를 면할 수 있었다. 나아가 그는 '숙덕(淑德)·구망(舊望)'으로써 명종에 의해 잠시나마 다시 평장사로 발탁되기도 하는데, 이같은 사실들은 무신정권하의 고려사회를 이해함에 있어 주목할 만한 가치가 있다고 생각된다.

그는 처음에 이환(李還)의 딸과 혼인하였으나 얼마 안 되어 세상을 떠나고 말아 다시 동래인 정항(鄭沆)의 딸을 아내로 맞았다. 이 중 후자는 지밀직원사(知密直院事, 종2품)를 지내는 사람으로 국구(國舅)인 임원애의 딸을 머느리로 삼았거니와, 유청은 바로 그의 사위가 되었던 것이다. 최유청은 슬하에 8남 1녀를 두었는데, 이 가운데 이씨 소생이 1남, 정씨 소생이 7남 1녀이다. 이들이 의종 말년부터 관계(官界)로 진출, 무신정권하에서 크게 출세를 하였다.

동주최씨는 최유청의 아들 대에서 4개 파로 분파되었다. 유청의 8남 가운데 후(詡)는 지후공파(祗候公派), 당(讜)은 정안공파(靖安公派), 선(詵)은 문의공파(文懿公派), 양(讓)은 원외공파(員外公派)를 이루었다. 후에 정안공파는 4소파로, 문의공파는 2소파로, 원외공파는 12소파로 분파되었다.

최정(崔証, ?~1200)의 처음 이름은 간(諫)으로 이씨 소생이다. 그는 의종 초년의 과거에 합격한 후 벼슬은 명종 16년(1186)에 예부상서(禮部尚書, 정3품)·동궁시독학사(東宮侍讀學士, 종4품)의 지위에까지 올랐다. 또 명종 18년(1188)에 시행한 과시(科試)에서는 동지공거(同知貢擧) 직을 맡기도 하였다. 그는 특히 정씨 소생의 두 동생과 함께 문학에 뛰어나 세인들이 '유종(儒宗)'으로 부를 정도였다고 전한다.

최후(崔詡)는 과거를 거쳐 합문지후(閤門祗候, 정7품)까지 지냈으며, 최인(崔諲)은 금오위녹사(金吾衛錄事, 정8품)를 제수받았다. 그러나 이들은 일찍이 세상을 떠났으므로 높은 지위에는 오르지 못하였다.

최당(崔讜, 1135~1211) 일문은 그와 그의 자녀·사위들이 대부분 고위직에 올라 동생 최선(崔詵)의 후손과 더불어 크게 번영을 누리는 계열이다. 그는 의종 연간에 과거를 급제한 이후 명종 원년(1171)에 우정언으로 승선 이준의(李俊儀)와 문극겸(文克謙)의 대성(臺省) 겸관을 사면(辭免)하게 하라는 상소를 올렸다가 전중내급사(殿中內給事)로 좌천되었다. 이어 이부원외랑(吏部員外郎)을 거쳐 명종 13년(1183)에 상서좌승(尚書左丞)으로 국자감시(國子監試)를 주관하여 오몽림(吳夢霖)·김우(金瑀) 등을 시취(試取)하였다. 명종 27년(1197)에 참지정사로 지공거가 되어 동지공거(同知貢擧)인 좌간의대부(左諫議

大夫) 민공규(閔公珪)와 함께 진사 방연보(房衍寶) 등 30인을 뽑았다. 신종 때에 중서시랑평장사(中書侍郎平章事)가 되고, 신종 2년(1199)에 수태위 문하시랑 동중서문하평장사(守太尉門下侍郎同中書門下平章事)로 치사(致仕)하였다.

최선(崔詵, ?~1209)은 학문과 정치 양면에 뛰어나 과거에 급제한 것은 물론 각각 한 차례씩 국자시 시관(國子試試官)과 동지공거(同知貢擧)에, 다시 두 차례 지공거를 역임하며 벼슬도 평장사(정2품)·판이부사(判吏部事)로 수상(首相)의 지위에 올라 신종·희종조에 걸쳐 가장 유력한 인물 중의 한사람이 되었다. 최선 일문은 출중한 인물들을 많이 배출하여 철원최씨 집안 중에서도 최대의 번영을 누린 계열이다. 명종 8년(1178)에 공부낭중으로 흥화도찰방사(興化道察訪使)를 겸임하였고, 명종 10년(1180)에 우사간으로 명종의 아우인 원경국사(元敬國師) 충희(冲曦)가 궁중에서 궁녀들과 음란한 행위를 한다고 탄핵하였다가 파면되었다. 명종 16년(1186)에 판장작감(判將作監)이 되어 대사성 황보 탁(皇甫倬), 좌산기상시(左散騎常侍) 이지명(李知命)과 함께 양공준(梁公俊) 등 22인과 명경(明經) 5인을 시취(試取)하였다. 명종 22년(1192)에 판비서성사(判秘書省事)로서 이부상서 정국검(鄭國儉) 등과 함께『속자치통감(續資治通鑑)』을 교정하고 이어『태평어람(太平御覽)』을 교정하여 간행하였다. 명종 24년(1194)에 동지공거(同知貢擧)로 지공거인 추밀원사 최유가(崔瑜賈)와 함께 진사(進士)를 취하고 김군수(金君綬) 등 31인에게 급제를 사(賜)하게 하였다. 신종 즉위년(1197)에 지추밀원사를 거쳐 참지정사(參知政事)를 역임하고, 신종 3년(1200)에 수태부 문하시랑 동중서문하평장사 판이부사(守太傅門下侍郎同中書門下平章事判吏部事)에 특진되고 이듬해 개부의동삼사 상주국(開府儀同三司上柱國)이 되었다. 신종 5년(1202)에 식목도감사(式目都監事)로 활동하였으며, 신종 7년(1204)에 당시의 집정자였던 최충헌(崔忠獻)과 함께 신종의 선위(禪位)를 의논하였다. 희종 5년(1209)에 문하시랑평장사로 죽었다. 희종의 묘정에 배향되었으며, 시호는 문의(文懿)이다.

최양(崔讓) 계열은 처음에 그리 활발한 진출을 하지 못하였다. 최양 자신부터가 잡직서령(雜織署令, 정8품)에 머물렀고, 족보에 보이는 그의 아들 정소(貞紹)와 사위 곽린(郭麟, 청주곽씨)도 그리 뚜렷한 존재는 못되었던 것 같다. 최정소의 경우 다른 사료에는 전혀 보이지 않고, 곽린도 공역서령(供譯 署令, 정7품)으로 서장관(書狀官)의 임무를 띠고 일본에 건너갔다가 불귀의 객이 되고 말았던 것이다. 그러나 손자인 최옹(崔雍)에 이르러서는 새로운 발 돋움을 하게 되었다. 즉 그는 과거를 거쳐 충렬왕이 태손(太孫)으로 있을 때 에는 사부(師傅)로 활약하며 벼슬도 부지밀직사사(副知密直司事)·문한학사 (文翰學士)에까지 이르렀다. 최옹은 슬하에 2남 1녀를 두고 있었다. 장남 원중 (元中)은 과거에 급제한 후 상서(尙書, 정3품)까지 지냈으며, 차남 원직(元直)은 사헌규정(司憲糾正, 종6품)을 역임하거니와, 족보에 의하여 전자는 행주인(幸 州人) 기홍영(奇洪穎)의 딸을, 후자는 봉산지씨(鳳山智氏)를 아내를 맞은 사실 도 알 수가 있다. 아울러 『파평윤씨족보』에는 이 집안의 윤승휴(尹承休)가 최 옹의 사위였다고 전하고 있는데, 이는 현재 달리 확인하기 어렵다. 최유청의 아들 중 학해(學海)와 학매(學梅)는 승려로 출가하였다.

2. 주요 인물

1) 최영(崔瑩, 1316~1388)

고려 말기의 명장으로 16세에 아버지 원직(元直)이 임종에 앞서 "황 금 보기를 돌같이 하라[見金如石]"는 유언을 하니, 최영은 그의 생애를 청빈 으로 일관하였다. 양광도도순문사(楊廣道都巡問使)의 휘하에서 여러 차례 왜구를 토벌하여 그 공으로 우달치(于達赤, 司門人)가 되었으며, 공민왕 원년 (1352)에 조일신(趙日新)의 난을 평정한 공으로 호군(護軍)이 되었다. 공민왕 3

년(1354)에 대호군(大護軍) 때 원(元)나라의 요청으로 중국에서 장사성(張士誠)의 난군을 토벌하고 귀국, 서북면병마부사(西北面兵馬副使)가 되어 원나라에 속했던 압록강 서쪽의 8참(站)을 수복했다. 공민왕 7년(1358)에 양광·전라도 왜적체복사(楊廣全羅道倭賊體覆使) 때 오예포(吾乂浦)에 침입한 왜선 400여 척을 격파했으며 공민왕 8년(1359)에 4만의 홍건적(紅巾賊)이 서경(西京: 平壤)을 함락하자 이듬해 서북면병마사(西北面兵馬使) 이방실(李芳實) 등과 함께 이를 물리치고 좌산기상시(左散騎常侍) 등을 지냈다. 공민왕 10년(1361)에 홍건적이 창궐, 개경(開京)까지 점령하자 안우(安祐)·이방실 등과 함께 이를 격퇴, 훈(勳) 1등에 도형벽상공신(圖形壁上功臣)에 책록되고 전리판서(典理判書)에 올랐다. 공민왕 12년(1363)에 흥왕사(興王寺)의 변이 일어나자 이를 진압, 진충분의좌명공신(盡忠奮義佐命功臣) 1등이 되고 찬성사(贊成事)에 이르렀다. 공민왕 13년(1364) 원나라에 있던 최유(崔濡)가 덕흥군(德興君)을 왕으로 추대, 군사 1만으로 쳐들어오자 서북면도순위사(西北面都巡慰使)로서 의주(義州)에서 섬멸했으며, 이어 박백야(朴伯也)가 연주(延州)에 침입하자 부하 장수를 시켜 격퇴했다. 공민왕 14년(1365) 강화(江華)에서 왜구와 싸우던 중, 신돈(辛旽)의 모함으로 계림윤(鷄林尹)에 좌천되고 훈작(勳爵)도 삭탈당하고 유배되었다가 공민왕 20년 신돈이 처형되자 복직, 문하찬성사(門下贊成事) 등을 지냈다. 공민왕 23년(1374)에 제주(濟州)의 이른바 호목(胡牧)의 난에는 양광·전라·경상도 도통사로 난을 평정, 판삼사사(判三司事)에 올랐다. 우왕 2년(1376)에 왜구가 삼남지방을 휩쓸고 원수(元帥) 박원계(朴元桂)가 참패당하자, 최영이 홍산(鴻山)에서 적을 대파, 철원부원군(鐵原府院君)에 봉해졌다. 우왕 3년(1377)에 서강(西江)에, 이듬해에 승천부(昇天府)에 쳐들어온 왜구를 이성계 등과 섬멸, 안사공신(安社公臣)의 호를 받았으며, 우왕 6년(1380)에 해도도통사(海道都統使)로서 왜구 때문에 서울을 철원(鐵原)으로 옮기려던 계획을 철회시켰다. 우왕 7년(1381)에 영삼사사(領三司事) 등을 지내고 벼슬을 사퇴했다가 창왕 원년(1388)에 수문하시중(守門下侍中)이 되었는데, 이 때 명나라가 철령위(鐵嶺衛)를 설치, 북변 일대를 요동(遼東)에 귀속시키려 하자 요동정벌을 계획, 8도도통사(八道都統使)가 되어 정벌군을 이끌고 출정했으나, 이성계 등의 위화도회군(威化島回軍)으로 요동정벌이 좌절되었다. 이성계군이 개성에 난입하자 이를 맞아 싸우다가 체포되어 고봉(高峰, 현 고양) 등지에 유배되었다가 개경에서 참형(斬刑)되었다. 그 후 이성계가 새 왕조를 세우고 나서 6년 만에 무민(武愍)이라는 시호를 내려 넋을 위로하였다.

2) 최남선(崔南善, 1890~1957)

자는 공륙(公六), 호는 육당(六堂)이다. 고종 32년(1895)부터 글방에 다니기 시작하였으며, 1902년 경성학당(京城學堂)에 입학하였고, 1904년 10월 황실유학생으로 뽑혀 일본에 건너가 동경부립제일중학교(東京府立第一中學校)에 입학하였으나 석 달 만에 자퇴하고 귀국하였다. 1906년 3월 사비생(私費生)으로 다시 일본에 건너가 와세다대학(早稻田大學) 고등사범부 지리역사과에 입학하였으나, 같은 해 6월 이 학교에서 개최된 모의국회에서 경술국치 문제를 의제로 내걸자 격분한 일군의 한국인 유학생들과 함께 이 학교를 자퇴하고 귀국하였다.

1907년 18세의 나이로 출판기관인 신문관(新文館)을 창설하고 민중을 계몽, 교도하는 내용의 책을 출판하기 시작하였다. 1908년 근대화의 역군인 소년을 개화, 계몽하여 민족사에 새 국면을 타개하려는 의도로 종합잡지 『소년(少年)』을 창간하고, 창간호에 「해에게서 소년에게」를 실어 한국 근대시사에서 최초로 신체시를 선보였으며, 이후 1919년 3·1만세운동 때는 독립선언문을 작성하였다.

그러나 3·1운동으로 구금 투옥되고 나서 석방된 뒤 계속 일제의 감시·규제를 받아 친일의 길을 걸었다. 그리하여 식민지정책 수행과정에서 생긴 한국사 연구기구인 조선사편수회 편수위원이 되었고, 이어 만주 괴뢰국의 건국대학에서 교편을 잡았으며, 뿐만 아니라 일제 말기에는 침략전쟁을 미화하고 학병권유 연사로 활동하게 되었다. 그리하여 해방 후에는 민족정기를 강조하는 사람들에 의하여 비난과 공격의 과녁이 되었다. 죽은 뒤 1958년 만년에 기거한 서울 우이동 소원(素園)에 기념비가 세워졌고, 1975년 15권에 달하는 방대한 양의 전집이 간행되었다.

제2절 동족마을의 형성과 공동체 모임

1. 동주(철원)최씨의 강릉 입향

동주최씨 강릉 입향조는 강원도사(江原都事)를 지낸 판윤공파(判尹公派)의 중시조인 도(渡)의 넷째 아들인 함(涵)이다. 함은 최영의 4세손이다. 최영은 널리 알려진 바와 같이 고려 말에 국가의 운명을 건 여러 싸움에서 빛나는 전공(戰功)을 세운 명장으로서 뿐만 아니라 수상(首相) 등 여러 요직을 맡으면서 오랫동안 집권하거니와, 종국에는 요동정벌의 강행이 실패로 돌아가 이성계파에 몰려 죽임을 당하였다. 그의 청렴결백에 대한 이야기는 우리들이 다 아는 바이지만, 확실히 그는 당시에 독보적 존재였다. 그는 강경한 성격의 소유자였으며, 또 국가의 이익을 위해서는 전후좌우를 가리지 않는 사람이었다. 그의 행적을 살펴보면 청렴·검소한 생활과 강경 일변도의 일 처리, 국익을 위해서는 원(元)나라에도 서슴지 않고 대항했던 사실들을 잘 알 수가 있다. 최영은 문화유씨(文化柳氏) 집안의 딸과 혼인하여 그 사이에 아들 담(潭)을 두었다. 최담은 슬하에 5형제를 두었는데, 귀덕(貴德), 주(澍), 도(渡), 식(湜), 언(彦)이다.

동주최씨 판윤공파 가계도

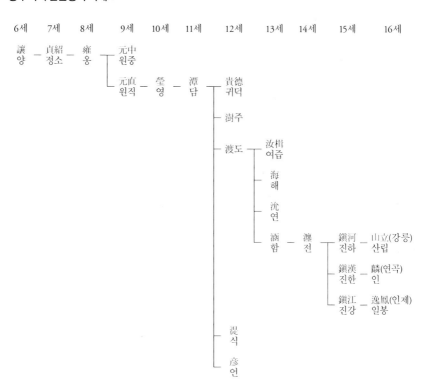

6세	7세	8세	9세	10세	11세	12세	13세	14세	15세	16세
讓 양	貞紹 정소	雍 옹	元中 원중							
			元直 원직	瑩 영	潭 담	貴德 귀덕				
						澍 주				
						渡 도	汝楫 여즙			
							海 해			
							沈 연			
							涵 함	瀍 전	鎭河 진하	山立(강릉) 산립
									鎭漢 진한	麟(연곡) 인
									鎭江 진강	逸鳳(인제) 일봉
						湜 식				
						彦 언				

　　동주최씨 강릉 입향조인 함의 배(配)는 집현전 교리를 역임한 곽거완(郭居完)의 딸이다. 함의 입향동기는 처향이 강릉이었던 점이 크게 작용하였으리라 본다. 함의 아들은 전(瀍)인데, 그의 배(配)는 강릉최씨 의진(宜溍)의 딸이다. 전(瀍)의 슬하에는 진하(鎭河)·진한(鎭漢)·진강(鎭江) 3남을 두었다. 진하의 아들 산립(山立)은 병산동에, 진한의 아들 인(麟)은 연곡에, 진강의 아들 일봉(逸鳳)은 인제에 각각 자리 잡았다. 산립의 배는 강릉김씨 군자감정(軍資監正) 부문(富文)의 딸이고, 인(麟)의 배는 강릉최씨 곤(崑)의 딸이다. 동주최씨의 동족마을은 강릉시 병산동 일대이다. 모산에는 산립의 증손 경승(景崇) 대부터 거주하였다.

동주최씨 함(涵)의 가계도

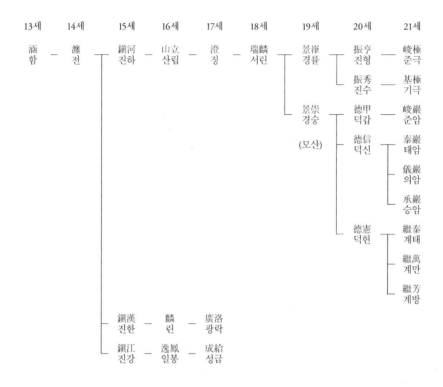

2. 동족마을의 지역개관

1) 강릉시 병산동

명칭 유래는 마을의 생김새가 북두칠성의 자루 끝 형상이어서 자루미를 한자로 쓴 병산동(柄山洞)이라고 한다. 병산동은 원래 강릉군 덕방면에 속한 지역으로 1914년에 자가곡면 하시동리를 합하여 병산리로 하고, 1920년에 성덕면에 편입되었다가 1955년 강릉시에 편입되면서 법정동이 되었다. 동주최씨는 1950년대에는 100호 이상이 거주하였으나 현재는 20호 정도가 거주하고 있다.

3. 동제(洞祭)

1) 병산동 서낭당

병산동에는 숫서낭과 암서낭 두 개의 서낭당이 있다. 숫서낭당은 강릉시 병산동 47통 1반 산32번지, 암서낭당은 강릉시 병산동 47통 2반에 위치해 있다. 숫서낭당의 당집은 없으며 서낭목 아래에 제단을 만들고 서낭목 주위에 벽돌로 담을 쌓았으며, 암서낭당도 당집은 없으며 소나무 7그루가 서낭숲을 이루고 있다.

숫서낭당의 제의는 성황제(城隍祭)라고 하며 성황지신(城隍之神)·토지지신(土地之神)·여역지신(癘疫之神)을 모신다. 제당은 마을 산기슭에 위치하며 수령이 오래된 소나무가 서낭목이다. 제의는 음력 정월 초순에 지낸다. 제물은 유사(有司)가 준비하며 합위(合位)로 진설한다. 유교식으로 지내며 제의가 끝나면 소지(燒紙)한다. 암서낭당의 제의도 성황제라고 하며 성황지신을 모신다. 제당은 병산초등학교 앞 논 가운데 위치한다. 제의는 음력 정월 초순에 지낸다. 반별 제물은 유사(有司)가 준비하여 유교식으로 지내며, 제의가 끝나면 소지(燒紙)한다.

제3절 문화유적(祠宇, 齋舍)

1. 덕봉사(德峯祠)

고려 말에 8도 도통사를 지낸 최영(崔瑩) 장군을 모신 사당으로 동주최씨 영동종회(嶺東宗會) 소유로 되어 있다. 포남교를 지나 강릉공항 방향인 구 두산동사무소로 가기 전 좌측도로변인 강릉시 병산동 산 26-1에 위치해 있다. 사당 명칭은 두산동 덕정봉(德亭峯) 서쪽 기슭에 위치하였기 때문에 덕봉사라고 하였다. 1956년 최영윤(崔榮倫)의 발의로 영동지방에 거주하는 후손들이 일심 단결하여 2년간에 걸친 대역사 끝에 1958년 준공하였다. 전북 익산군 두천영당(豆泉影堂)의 영(影)을 모사(模寫)하여 그해 8월 10일에 봉안(奉安)하였다. 이후 사당의 미흡함이 적지 않게 드러나자 1983년 후손들이 보완중수(補完重修)하여 현재에 이르고 있다. 향중(鄕中)에서 매년 음력 3월 8일에 다례(茶禮)를 봉행(奉行)한다. 그리고 전국 각지에 영정(影幀)이 다수가 있으므로 해서 새로운 영정으로 통일하여 1991년 10월 5일 문화부장관 제47호로 승인을 받아 현재 봉안하고 있다.

사당 건물은 겹처마 맞배지붕에 전면 3칸, 측면 2칸의 익공양식으로 높이가 360cm이며, 둘레는 돌담을 쌓아 둘렀다. 사당 안에는 「덕봉사기(德峯祠記)」를 비롯하여 「덕봉사상량문(德峯祠上樑文)」, 「덕봉사중수기(德峯祠重修記)」 등이 게판(揭板)되어 있다. 사당 입구에는 두개의 안내석과 안내문 그리고 덕봉사비가 나란히 서있다.

홀기(笏記)

●贊引引獻官及諸執事諸生俱就門外位○執禮贊引謁者先就階間拜位○再拜○贊引引祝及諸
●찬인인헌관급제집사제생구취문외위○집례찬인알자선취계간배위○재배○찬인인축급제

執事入就階間拜位○再拜○詣盥洗位○盥手○帨手○各就位○謁者引獻官及諸生入就位○謁
집사입취계간배위○재배○예관세위○관수○세수○각취위○알자인헌관급제생입취위○알

者進初獻官之左白有司謹具請行事○獻官及諸生皆再拜●行奠幣禮○謁者引初獻官詣盥洗位
자진초헌관지좌백유사근구청행사○헌관급제생개재배●행전폐례○알자인초헌관예관세위

○搢笏○盥手○帨手○執笏○因詣神位前○北向立○跪○搢笏○奉香奉爐升○三上香○奉香
○진홀○관수○세수○집홀○인예신위전○북향립○궤○진홀○봉향봉로승○삼상향○봉향

奉爐降復位○獻幣奠幣升○執幣○獻幣○奠幣○執笏○俯伏○興○平身○因降復位●行初獻
봉로강복위○헌폐전폐승○집폐○헌폐○전폐○집홀○부복○흥○평신○인강복위●行初獻

봉로강복위○헌폐전폐승○집폐○헌폐○전폐○집홀○부복○흥○평신○인강복위●행초헌

禮○謁者引初獻官詣尊所○西向立○司尊升○擧冪酌酒○因詣神位前○北向立○跪○搢笏

례○알자인초헌관예준소○서향립○사준승○거멱작주○인예신위전○북향립○궤○진홀

奉爵奠爵升○執爵○獻爵○奠爵○奉爵奠爵降復位○執笏○俯伏○興○平身○少退○跪○祝

봉작전작승○집작○헌작○전작○봉작전작강복위○집홀○부복○흥○평신○소퇴○궤○축

進初獻官之左東向跪讀祝○俯伏○興○平身○因降復位●行亞獻禮○謁者引亞獻官詣盥洗位

진초헌관지좌동향궤독축○부복○흥○평신○인강복위●행아헌례○알자인아헌관예관세위

○搢笏○盥手○帨手○執笏○因詣尊所○西向立○司尊擧冪酌酒○因詣神位前○北向立○跪

○진홀○관수○세수○집홀○인예준소○서향립○사준거멱작주○인예신위전○북향립○궤

○搢笏○奉爵奠爵升○執爵○獻爵○奠爵○執笏○俯伏○興○平身○因降復位●行終獻禮○

○진홀○봉작전작승○집작○헌작○전작○집홀○부복○흥○평신○인강복위●행종헌례○

謁者引終獻官詣盥洗位○搢笏○盥手○帨手○執笏○因詣尊所○西向立○司尊擧冪酌酒○因

알자인종헌관예관세위○진홀○관수○세수○집홀○인예준소○서향립○사준거멱작주○인

詣神位前○北向立○跪○搢笏○奉爵奠爵升○執爵○獻爵○奠爵○俯伏○興○平身○因降復

예신위전○북향립○궤○진홀○봉작전작승○집작○헌작○전작○부복○흥○평신○인강복

位●追尊歌齊唱●行飮福禮○執事者詣尊所○酌福酒○祝持俎及刀進減神位前胙肉○西階出

위●추존가제창●행음복례○집사자예준소○작복주○축지조급도진감신위전조육○서계출

置尊所○謁者引初獻官詣飮福位○西向跪○搢笏○祝進初獻官之左北向跪○以爵授獻官○獻

치준소○알자인초헌관예음복위○서향궤○진홀○축진초헌관지좌북향궤○이작수헌관○헌

官受爵○飮啐爵○還授執事者○執事者受爵○復於坫○祝以胙授獻官○獻官受胙○還受執事

관수작○음쵀작○환수집사자○집사자수작○복어점○축이조수헌관○헌관수조○환수집사

者○執事者受胙○執事者復於尊所○執笏○俯伏○興○平身○因降復位○獻官皆再拜●撤籩

자○집사자수조○집사자복어준소○집홀○부복○흥○평신○인강복위○헌관개재배●철변

○祝入撤籩豆各少移於故處○降自西階出○獻官及諸生皆再拜●行望燎禮○謁者引初獻官詣

○축입철변두각소이어고처○강자서계출○헌관급제생개재배●행망요례○알자인초헌관예

皇燎位○北向立○祝以篚取祝及幣降自西階置於坎○可燎○因降復位○謁者進初獻官之左白

망요위○북향립○축이비취축급폐강자서계치어감○가료○인강복위○알자진초헌관지좌백

禮畢○祝及諸執事俱就階間拜位○再拜○獻官及諸生以次出○執禮贊引謁者俱就階間拜位○

예필○축급제집사구취계간배위○재배○헌관급제생이차출○집례찬인알자구취계간배위○

再拜以次出○撤饌闔門而退

재배이차출○철찬합문이퇴

축문(祝文)

維歲次某年某月干支某日干支幼學某○○ 敢昭告于

유세차 모년 모월 간지 모일 간지에 유학 ○○가

高麗忠臣武愍公崔先生

고려충신 무민공 최선생에게 고하나이다.

盡忠奮義 佐命宣威 德冠八埏 繪傳千載 多士景慕 春季斯亨 謹以邊豆 式陳明薦 尙 饗

충성을 다하고 대의에 힘써 좌명으로 위의를 떨쳐 덕은 온 나라에서 으뜸이어서 그림으로 천

년 동안 전해져 많이 선비들이 경모하였습니다. 춘계에 이곳에서 삼가 제물로 경건히 밝은 제

사를 올리니 흠향하소서.

제4절 관련 자료

1. 최유청처정씨묘지명(崔惟清妻鄭氏墓誌銘)

동래군부인(東萊郡夫人, 1104~1170) 정씨(鄭氏)는 예부상서(禮部尙書)
를 지낸 문안공(文安公) 정항(鄭沆)의 장녀로, 수사공 상서좌복야(守司空 尙
書左僕射)를 지낸 최유청(崔惟清)의 계실(繼室)이 되었다. 자식으로 7남 1녀가

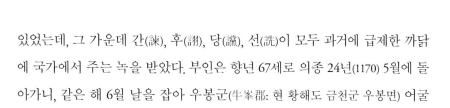

있었는데, 그 가운데 간(諫), 후(詡), 당(讜), 선(詵)이 모두 과거에 급제한 까닭에 국가에서 주는 녹을 받았다. 부인은 향년 67세로 의종 24년(1170) 5월에 돌아가니, 같은 해 6월 날을 잡아 우봉군(牛峯郡: 현 황해도 금천군 우봉면) 어굴촌(於屈村)에 장례지냈다. 묘지는 강하(江夏) 황문장(黃文莊)이 지었다.

해석

동래군부인 정씨는 예부상서 지추밀원사 한림학사승지 지제고(禮部尚書 知樞密院事 翰林學士 承旨 知制誥)인 문안공(文安公) 항(沆)의 장녀이고, 수사공 상서좌복야(守司空 尚書左僕射)로 벼슬에서 물러나 은퇴한 최유청(崔惟淸)의 계실(繼室)이며, 이름이 널리 알려진 후(詡)·당(讜)·선(詵)의 어머니이다. 부인이 재상의 집안에 태어나 풍요롭게 자란 것은 ○ 귀한 아버지 때문이고, 재상의 아내가 되어 종족(宗族)을 빛나게 한 것은 귀한 남편 때문이었으며, 여러 아들이 과거에 급제하여 녹을 지급받게 된 것은 귀한 아들들 때문이었다.

(부인은) 타고난 자질이 얌전하고 착하여 훌륭한 가르침을 몸소 실천하고, 여자의 도리를 익혀 부지런하고 검소하였다. 집안 살림을 잘 꾸려 제사는 공경으로 받들고, 친척은 ○로써 대하며, 자식은 자애로이 기르고, 일하는 사람들은 은혜로이 부렸으니, 부인의 덕이 갖추어졌다 할 만하다. 상국(相國, 崔惟淸)이 만 권의 서적을 모아 놓고 검토와 열람에 전념하고 집안 살림에 정신을 쓰지 않을 수 있었던 것도 부인이 능히 집안일을 처리하였기 때문이고, 여러 아들들이 학문에 힘써 각기 입신양명(立身揚名)하여 마침내 조정에 들어가 좋은 벼슬을 하게 된 것도 부인이 항상 잘 가르쳤기 때문이었다. 상국이 한창 이름이 알려질 때에는 여러 아들들이 어리고 한창 자랄 때로서, 집안에 손님이 가득하고 벼슬아치들이 자리를 메웠으나 부인은 모두 맛 깔진 음식을 정성껏 만들어 아침저녁으로 대접하니, 무릇 이 집의 대문을 한 번이라도 밟아 본 사람은 누구나 먼저 부인의 훌륭함을 칭찬하였다.

부인에게는 자식으로 7남 1녀가 있다. 장남 후(詡)는 춘주사 시합문지후(春州使 試閤門祗候)이고, 차남 인(諲)은 금오위녹사(金吾衛錄事)였으나 불행히 먼저 죽었으며, 3남 당(讜)은 천우위녹사 후군병마녹사(千牛衛錄事 後軍兵馬錄事)가 되었으며, 4남 종강(宗綱)은 천태종(天台宗)의 과거에 급제하여 청원사(淸源寺) 주지(住持)로 있으며, 5남 선(詵)은 국학학유(國學學諭)이다. 간(諫), 후(諿), 당(讜), 선(詵)이 모두 과거에 급제하였으나, 선이 더욱 재주가 뛰어나 세상에 이름이 났다. 6남 양(讓)은 남원부판관(南原府判官)이고, 7남 회옥(懷玉)은 유가종(瑜伽宗)에 의탁하였는데 대선(大禪)에 급제하였다. 딸은 즉 막내로서 예빈주부동정(禮賓主簿同正) 박돈문(朴敦文)에게 시집갔다. 간(諫)은 전 부인 이씨(李氏)의 소생으로 지금 신호위장사 겸 ○대상부녹사(神虎衛長史 兼○大常府錄事)로 있다. 부인은 자신의 친자식처럼 길렀으며, 간도 어려서부터 자애로이 자랐기 때문에 친어머니처럼 섬겨, 지금 소복을 입고 슬퍼하는 것이 ○ 등에 비해 모자람이 없다.

부인은 향년 67세로 경인년(의종 24, 1170) 5월 8일에 돌아가셨다. 같은 해 6월 23일로 날을 잡아 우봉군(牛峯郡) 어굴촌(於屈村)에 장례지내기로 정하고, 여러 아들들이 나에게 묘지(墓誌)를 부탁하였다. 나는 일찍이 상국(相國)으로부터 ○장(○丈)의 가르침을 받았고 또 여러 아들들과 친하며, 선이 또 나에게 배웠기 때문에 부인의 미덕을 매우 자세하게 들을 수 있었다. 그 대략을 묘석(墓石)에 적어 영원히 남기고자 한다.

강하(江夏) 황문장(黃文莊)이 짓다.

원문

東萊郡夫人鄭氏禮部尙書知樞密院事翰林學士承旨知制誥文安公諱沆之○女也守司空尙書○僕射致仕崔惟淸之繼室也聞人諿讜詵之母也夫人生在相門以豊長○從父貴也配爲台室以華宗族從夫貴也多男登第以食廩給從子貴也天資淑性躬踐芳規服女工而克勤修家政而能辦承祭祀以敬交親戚以○撫子息以慈御僮僕以恩夫人之德備也相國聚書萬卷以專討閱不問産業以夫人能主中饋也諸子務學各自立楊逢接朝廷麛之好爵以夫人棠善敎誨也相國方盛時諸子顒然方壯○客塡委簪珮滿席而夫人皆以珍羞精饌口夕供宴踞門牆者先稱夫人之資夫人有子男七人女一人長曰諿春州使試閤門祗候次曰諫金吾衛錄事不幸先亡次曰讜千牛衛錄事後軍兵馬錄事次曰宗○中天台選住淸源寺次曰詵國學學諭諫諿讜詵皆中第而詵尤以才鳴於時次曰讓南原府判官次曰懷玉投瑜伽宗中大選女卽最季也適礼○主簿同正朴敎文諫先夫人李氏出也今爲神虎

衛長史○大堂府錄事夫人撫養如己子諫所幼承慈育故奉事如其母今服素冠毀戚與○等不卜夫

人享年六十七以庚寅歲五月八日龜卜其年六月二十三日將以藏骸于牛峯郡於屈村諸子屬余以誌

余嘗受相國○丈之訓且與諸子○而說又學於余由是聞夫人之美甚熟略書之于墓石以垂不朽江

夏黃文莊○

제5절 동주최씨 족보간행

    동주최씨 가문에서 그간 편집되거나 간행한 대동보(大同譜)를 살펴
보면 다음과 같다.

    동주최씨 최초의 족보는 영조 25년(1749)에 간행한 『기사보(己巳譜)』
이다. 이를 효시로 하여 영조 43년(1767)에 『정해보』, 순조 19년(1819)에 『기묘
보(己卯譜)』, 철종 14년(1863)에 『계해보(癸亥譜)』, 1924년에 『갑자보(甲子譜)』,
1981년에 『경신보(庚申譜)』 등의 보첩(譜牒)이 간행되었다.

    판윤공파의 강릉파보는 1964년에 간행한 『을사보(乙巳譜)』와 1996년
에 간행한 병자보(丙子譜)』가 있다.

강릉의 세거성씨

강릉함씨(江陵咸氏)

제1절 강릉함씨의 세계와 주요 인물

1. 강릉함씨의 세계

　　함씨의 선계에 대해서는 두 가지 설이 전해지고 있다. 하나는 한(漢)나라 병부상서 평장사(兵部尙書平章事)가 신라에 왔다가 뿌리를 내렸다는 것이고, 다른 하나는 토착세력으로서 마한(馬韓) 지방의 부족장 가계에서 출발했다는 것이다. 현재는 전설·유적 등으로 보아 토착세력에서 기원했다는 설이 더 설득력 있는 것으로 받아들여지고 있다. 그것은 경기도 양평의 용문산 계곡에 시조 함혁(咸赫)의 출생 전설이 서린 함왕혈(咸王穴)이 있고, 그가 자라서 쌓았다고 하는 함왕성(咸王城)의 윤곽이 이곳에 남아 있기 때문이다. 그래서 함씨의 후손들은 이곳에 유허비(遺墟碑)를 세워 가문의 발생지임을 선언했다.

　　함왕성이 위치한 곳은 옛 양근군 지역에 속한다. 양근은 삼국시대 초기에 백제의 영역이었다가 고구려의 남하로 고구려의 관할하에 속하면서 양근현(楊根縣)이라 하였는데, 일명 항양현(恒陽縣)이라고도 하였다. 신라가 삼국을 통일한 후 경덕왕 16년(757)에 빈양현(濱陽縣)으로 개칭하면서 기천군(沂川郡: 여주)의 영현(領縣)이 되었다. 고려 초인 태조 23년(940)에 양근으로 고쳤으며, 현종 9년(1018)에는 광주(廣州)의 속현으로 병합되었다가 명종 5년(1175)에 감무(監務)를 둠으로써 독립했다. 고종 44년(1257)에 다시 영화(永化)로 개칭한 후 원종 10년(1269)에 익화현(益和縣)으로, 공민왕 5년(1356) 익화군(益和郡)으로 승격되었다가 다시 양근으로 개칭되었다. 조선 세조 12년(1466)에 양근군이 되어 조선시대 동안 유지되었다. 지방제도 개정에 의해 1895년에 춘천부 양근군, 1896년에 경기도 양근군이 되었다가 1908년에 지평군과 통합되면서 양평군으로 이름이 바뀌었다.

함왕성은 양평지역에서 가장 높은 용문산(해발 1,157m)을 중심으로 이루어진 산악지대에 위치하고 있다. 성의 전체둘레는 둘레 2,042m이고, 면적은 130,015㎡로 양평군 관내 산성 중 가장 규모가 크다. 함왕성은 일명 양근성(楊根城)·함공성(咸公城)이라고도 한다.

① 고종 40년(1253) 기유에 몽고병이 양근성(楊根城)을 포위하니 방호별감 윤춘(尹椿)이 무리를 거느리고 나아가서 항복하였다(『고려사』권24, 고종세가)

② 충렬왕 17년(1291) 춘정월 기미에 합단(哈丹)이 철령을 넘어 교주도에 난입하여 양근성(楊根城)을 함락하였다(『고려사』권24, 충렬왕세가)

③ 함공성(咸公城)은 군(郡) 동쪽 30리 지점에 있다. 돌로 쌓았는데 주위가 2만 9천 58척이다. 고려 때에 고을 사람들이 몽고(蒙古) 군사를 여기에서 피하였다(『신증동국여지승람』권8, 경기 楊根郡 권8, 경기 양근군 고적조)

위의 기록으로 보건대 함공성은 적어도 몽고침략 이전에 축조되어 있었던 것으로 이해된다. 함왕성에 대한 기록은 이외에도『동국여지지』·『대동지지』·『경기지』·『양근군읍지』등이 있다. 이를 표로 나타내면 다음과 같다.

함왕성 관련 문헌상의 명칭·위치·규모

구분	문헌자료(편찬시기)	명칭	위치	규모
1	『新增東國輿地勝覽』(신증동국여지승람) 양근군 고적조	함공성	在郡東(재군동) 30里	29,058尺(척)
2	『東國輿地志(동국여지지)』 양근군 고적조	함공성	在郡東(재군동) 30里	29,058尺(척)
3	『輿地圖書(여지도서)』 양근군 고적조	함공성	在郡東(재군동) 30里	29,058尺(척)
4	『京畿誌(경기지)』 양근군읍지	함공성	在郡北(재군북) 15里	29,058尺(척)
5	『大東地誌(대동지지)』 양근군 城池條(성지조)	함공성	在咸公(재함공) 峴上(정상)	29,058尺(척)
6	『楊根郡邑誌(양근군읍지)』 城堞條(성첩조)	함공성	在郡北(재군북) 15里	29,058尺(척)
7	『朝鮮寶物古蹟調査資料(조선보물고적조사자료)』	함공성	白雲峰(백운봉) 北方(북방)	900間(간)

함공성(咸公城)에 대한 대부분의 문헌자료는 『신증동국여지승람』의 내용을 거의 답습하고 있으나, 『경기지』·『대동지지』 등에는 다소 다르게 기록되어 있다. 즉 『신증동국여지승람』·『동국여지지』·『여지도서』에는 "군 동쪽 30리 지점에 있다[在郡東三十里]"라고 기록되어 있고, 『경기지』·『대동지지』 등에는 "군 북쪽 15리 지점에 있다[在郡北十五里]"라고 기록되어 있다. 그것은 영조 23년(1747)에 양근군의 치소(治所)가 갈산(葛山)으로 이전하였기 때문에 성의 위치와 거리가 다르게 기록되었던 것이다. 그래서 『경기지』와 『대동지지』에는 현재의 옥천면 일대가 '고읍(古邑)'이라 기록되어 있다. 이들 성(城)은 각각 별개의 것이 아니라 치소가 이동하면서 방향과 거리의 환산이 달라지게 되었던 것이라 하겠다. 따라서 양근군의 치소는 원래 옥천면 일대에 있다가 영조 23년에 현재의 양평읍으로 옮긴 것이라 하겠다.

함씨의 본관은 문헌상에 64본이 전하고 있으나, 양근(楊根)·강릉(江陵) 외의 것은 세거지명에 불과하며 모두 함왕(咸王)을 시조로 하는 한 뿌리이다. 그러나 고려 초 함규(咸規) 이전까지의 세계가 실전되어 그 계통을 명확히 알 수 없어 강릉함씨의 중시조는 함규로 하고 있다.

강릉함씨 세계도

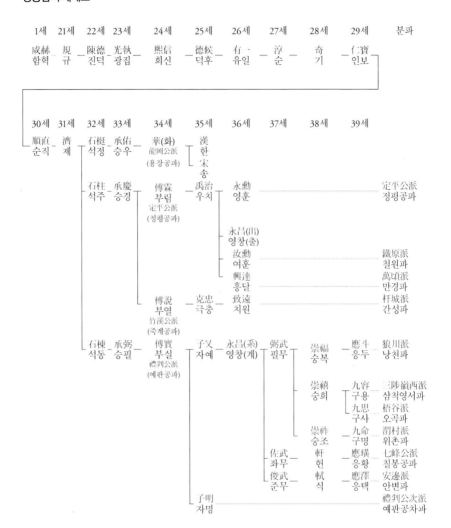

함규는 나말여초 광주(廣州)지방의 강력한 호족세력으로 태조 왕건
에게 귀부하였을 때, 왕건이 규에게 왕씨 성을 하사하고 대광(大匡)[79]이라는

---

79 문무관에게 수여된 관계 중 최고의 관계. 936년에 후삼국을 통일한 뒤 관계를 재정비할 때 16등급
중 제3위에 해당되었으며 품계는 종1품이었다.

관계를 주었다. 대광은 '크게 나라 일을 바로잡을 만한 위치'라는 뜻으로 풀이할 수 있는데, 대광은 살아있는 인물에게 주었던 관계 중 최고위였다. 왕규는 후삼국 통일에 결정적인 역할을 담당해 익찬개국공신(翊贊開國功臣)에 책록되었으며, 광평시랑평장사(廣平侍郎平章事)를 역임하였다.

그 후 왕규는 자신의 두 딸을 태조 왕건의 15, 16번째 부인인 대광주원부인과 소광주원부인으로, 또 한 딸을 혜종에게 출가시켜 2대에 걸친 국구(國舅)가 된다. 그리고 염상(廉相)·박수문(朴守文)과 함께 태조의 임종을 곁에서 지킨 세 재신 중의 한 사람으로서, 태조가 죽자 그 유명(遺命)을 내외에 선포하는 중책을 맡기도 하였다.

이처럼 태조 때에는 태조의 두터운 신임을 받았으나, 혜종이 즉위한 뒤에는 소광주원부인이 낳은 외손자 광주원군을 왕위에 앉히려고 몇 차례 혜종을 죽이고자 하였다. 한번은 왕규가 직접 밤에 심복들을 거느리고 신덕전(神德殿)으로 쳐들어갔으나, 혜종이 최지몽(崔知夢)의 건의에 따라 이미 침소를 중광전(重光殿)으로 옮긴 뒤여서 실패하였다. 이때 혜종은 왕규의 소행인 줄 알면서도 그 일파의 세력이 강했으므로 문책하거나 응징하지 못하고 자신의 신변보호에만 급급했으며, 혜종을 지원하던 박술희도 어쩔 수 없었다. 그해 왕의 병이 위독해지자 이복동생인 요(堯, 후일 定宗)가 서경(西京)의 왕식렴(王式廉)의 군사를 불러들여 왕위를 차지하였다. 왕규는 갑곶(지금 강화도)에서 생을 마감했다. 왕규의 묘는 용문산 유학동에 있다고 전해오나 이를 찾을 길이 없어 현재는 경기도 양평군 도곡리 496-3번지에 숭모비(崇慕碑)가 건립되고 단(壇)이 설치되어 있다.

함씨의 강릉본관이 등장하는 것은 왕규(함규)의 11세손인 함제(咸濟)가 명주(溟州, 지금의 강릉)로 이주하면서부터이다. 강릉으로 이관(移貫)하자 남은 함씨들은 전대로 양근(楊根)을 본관으로 구별해 썼으나, 두 집안이 함씨대종회를 결성해서 1983년 강릉·양근함씨 대동보(大同譜) 편찬위원회를 구성하여 1987년 초에 『대동보(大同譜)』를 펴내는 등의 활동으로 결속을 다지고 있다.

2. 주요 인물

1) 함유일(咸有一, 1106~1185)

규(規)의 6세손으로 자(字)는 형천(亨天), 시호(諡號)는 양경(良敬)이다. 일찍이 부모를 여의고 15세에 서울에 올라가 아버지의 친구인 재상(宰相) 이준양(李俊陽)의 집에 묵다가 인종 4년(1126) 이자겸(李資謙)의 난 때 이부기관(吏部記官)으로서 준양을 따라 대궐을 지킨 공으로 선군기사관(選軍記事官)이 되었으며, 인종 13년(1135) 묘청의 난 때는 하급 관리로 종군하여 공을 세워 서경유수녹사(西京留守錄事)가 되었다. 인종 때 보성군수(寶城郡守)로 나갔을 때 청렴하고 부지런해서 잘 다스린다는 소문이 있었다. 의종(毅宗) 때 다시 내시에 들어가 교로도감(橋路都監)을 관장하면서 무당을 교외로 추방하고 음사(淫祠)를 불지르는 등 미신 타파에 힘썼다. 감찰어사(監察御使)·황주 판관(黃州判官)·삭방도 감창사(朔方道監倉使) 등을 거쳐 명종 원년(1171)에 다시 내시에 불려 들어가 곧 병부 낭중(兵部郎中)이 되고, 상서좌승(尙書左丞,종3품)으로 있을 때 양온령동정(良醞令同正,정8품) 노약순(盧若純)이 도적 망이(亡伊)에게 반란 권유의 편지를 보낸 사건에 관련되어 내시의 적(籍)이 삭제되었다. 명종 9년(1179)에 공부상서(工部尙書)로 치사(致仕)했다. 그는 일생 동안 베옷만을 입고 질그릇을 쓰며 청빈하게 살았다. 그의 아내가 일찍이 말하기를, "공이 생존한 때에 여러 아이들의 산업과 기지를 좀 마련하려 하는데, 어째서 생각을 하지 않습니까." 하였다. 대답하기를, "나는 외롭게 누구의 원조도 없이 부지런하고 검소하며, 천명을 기다릴 뿐이다. 어찌 가난한 것을 근심하고 슬퍼하랴."[80] 하였다.

2) 함순(咸淳)

유일(有一)의 아들로 자는 자진(子眞), 호는 시은(市隱)이다. 문장이 뛰어나고 절행(節行)이 있었다. 최충(崔冲)이 설립한 문헌공도(文憲公徒) 출신으로 인종 원년(1123) 문과에 급제하여 양양과 남방 어느 고을의 지방관을 역임하였고, 최충헌(崔忠獻) 집권시에는 사직(司直)이라는 한직에 머물렀던 것 같다. 명종 원년(1171)에 이인로(李仁老)·오세재(吳世材)·임춘(林椿)·조통(趙通)·황보 항(皇甫抗)·이담지(李湛之) 등 명유(名儒)들과 교유하였으며, 진(晉)나라의 죽림칠현(竹林七賢)을 본떠 강좌칠현(江左七賢)을 조직하여 강릉을 비롯한 오대산 등지의 명승지를 소요(逍遙)하였다. 우리나라의 청담풍은 이로부터 비롯되었다.

3) 함제(咸濟)

고려 충렬왕 때 문과(文科)에 급제하고 봉상시(奉常寺) 지제교(知製敎)를 지냈다. 관향(貫鄕)을 양근(陽根)에서 강릉(江陵)으로 이관(移貫)하였다.

4) 함정(咸挺)

고려후기의 문신으로 자(字)는 석정(石挺)이다. 함제의 아들로 승봉랑 전법좌랑(承奉郎典法佐郎)·대광 판밀직사사(大匡判密直司事)를 역임하였다.

5) 함화(咸華)

부(父)는 중정대부(中正大夫) 삼사좌윤(三司左尹, 종3품)을 지낸 승우

---

80 『신증동국여지승람』제8권, 경기 양근군 인물조.

(承祐)이고, 모(母)는 예의판서(禮儀判書)를 지낸 강릉최씨(평장파) 예성군(芮城君) 최안영(崔安瀯)의 딸이다. 함화는 공민왕 7년(1358) 강릉 사저(私邸)에서 태어났으며, 관직은 풍저창승(豊儲倉丞)을 거쳐 개성참군(開城參軍)을 역임하였다. 용강현령(龍岡縣令)으로 있을 때 선정(善政)의 명성이 으뜸이어서 초수(超授)하여 통훈(通訓)에 제수되었으나 벼슬을 마다하고 강릉으로 낙향하여 생활하다 태종 10년(1410) 3월 10일에 병환으로 53세에 세상을 떠났다. 공은 통훈대부(通訓大夫) 지의주사(知義州事)를 지낸 연안(延安) 어(於)씨 세린(世麟)의 딸과 혼인하여 2남 3녀를 두었다. 장남 한(漢)은 문과에 급제한 후 감찰(監察)·정언(正言)·헌납(獻納)·지제교(知製敎)·부승지(副承旨)·호조참판을 역임하였고, 차남 송(宋)은 생원 출신으로 세자좌세마(世子左洗馬)를 역임하였다. 그의 장녀는 가선대부 이조참판 최치운과 결혼하였다. 화(華)의 묘소는 강릉시 교동 계자원에 안장되어 있었으나 지역개발로 인해 함영문(咸泳文)·최명규(崔明圭)의 주선으로 2008년 10월 2일(음)에 강릉시 대전동 산122번지 연안어씨 합덕부인(合德夫人)묘에 합장하였다. 이 사업은 강릉함씨 오곡댁 함영하(咸泳河)가 주관하여 이장 및 비문을 수정·보완하였고, 현재의 묘역을 단장(丹粧)하였다.

6) 정경부인 함씨(貞敬夫人咸氏, 1392~1481)

용강공(龍剛公) 함화(咸華)의 딸이다. 함씨[81]는 21세 되던 해에 강릉 최씨 치운(致雲)과 혼인하여 슬하에 2남 3녀를 두었다. 치운은 필달의 17세손으로 태종 8년(1408) 19세 때 생원시에 입격하였고, 태종 17년(1417) 27세 때 문과에 급제한 후 승정원 정자(承政院正字)를 시작으로 저작(著作), 박사(博士), 부교리(副敎理), 집현전 수찬(修撰), 전농시 주부(典農寺主簿), 교리, 공

---

81 부녀자의 호칭 중에서 '씨'는 조선전기 양반들 사이에서 자기와 동등하거나 위인 사람에게 붙였다.

조·예조·이조 참판, 예문관 제학 등을 거쳐 세자의 학문을 가르치는 우빈객(右賓客)을 역임하였다. 세종 15년(1433)에 평안도 도절제사 최윤덕(崔閏德)의 종사관(從事官)으로서 야인 이만주(李滿住)를 토벌하는데 공을 세웠고, 공조참판 때 계품사(計稟使)가 되어 모두 5차례에 걸쳐 명나라에 사신으로 왕래하며 외교적 공적을 쌓았다. 최치운이 향년 51세로 별세하니 세종은 부음을 듣고 예관을 보내 조문하고 후한 부의(賻儀)를 하사하였고, 세자(뒷날 문종)는 장구(葬具)를 갖추어 하사하였다. 함씨는 최치운이 중년에 세상을 떠나는 바람에 함씨는 40여 년 동안 곧은 절개를 지켰으며, 시(詩)와 예(禮)로써 자손들을 교육하여 그들 모두가 장성해서 입지(立志)하였다. 함씨가 세상을 떠났을 때 그의 아들 응현은 무덤 옆에 움막을 짓고 3년 여묘살이를 하는 동안 한 번도 집에 내려오지 않았다. 함씨는 세종 25년(1443)에 정부인(貞夫人)에 봉해졌고, 성종 8년(1477)에 정경부인(貞敬夫人)에 봉해졌다.

7) 함부림(咸傅霖, 1360~1410)

고려 말 조선 초 문신. 보문각 제학(寶文閣提學)을 지낸 승경(承慶)의 아들로 자는 윤물(潤物), 호는 난계(蘭溪)이다. 우왕 11년(1385) 문과(文科)에 급제하고, 이후 예문검열(藝文檢閱)·좌정언(左正言) 등을 거쳐 공양왕 즉위년(1389)에 우헌납(右獻納)이 되었으나 탄핵을 받고 지춘주사(知春州事)로 좌천되었다가 뒤에 형조정랑(刑曹正郎)에 올랐다. 당시 중방(重房)의 무신들이 문신을 멸시하자 이에 항거하다가 파직당하였다. 1392년에 병조정랑 겸 도평의사사 경력사도사(兵曹正郎兼都評議司使經歷司都事)로 복직했다. 이해 태조 이성계를 도와 조선의 개국에 공을 세워 개국공신 3등에 책록되었고, 예조의랑(禮曹議郎)에 이어 좌산기상시(左散騎常侍)로서 상서소윤(尙瑞少尹)을 겸했고 명성군(溟城君)에 봉해졌다. 태종 3년(1403)에 참지의정부사(參知議政府事)

가 되어 동원군(東原君)으로 개봉되었으며, 병으로 사직하였다가 다시 복직되어 경기·충청·경상·전라·황해도 도관찰출척사(都觀察黜陟使)와 동북면 도순문찰리사(都巡問察理使)를 역임했다. 그는 시문으로 이름이 났으며, 경북 영천(永川)에 있는 조양각(朝陽閣) 현판은 그의 글씨다. 뒤에 영의정으로 추증됐다. 시호는 정평(定平)이다.

8) 함부열(咸傅說)

함부림의 아우로 여말에 예부상서·홍문관박사 등을 지냈으나 조선 왕조에는 동참을 거부, '불사이군(不事二君)'의 충절을 지켰다. 함부열은 새 왕조가 들어선 뒤 공양왕이 원주(原州)로 추방당하자 은밀히 뒤따라가 2년 간 모시다 왕이 다시 유배될 때 간성(杆城)으로 가 여생을 보냈다.

9) 함부실(咸傅實)

홍문관 교리(弘文館校理)를 지낸 도원군(桃源君) 승필(承弼)의 아들로 고려 말에 정조 호장(正租戶長)·한원 천호(漢原千戶)를 지냈다. 고려시대 호장은 지방의 최고 지배계층으로 과거에 응시할 수 있었고, 지방군인 주현 일품군(州縣一品軍)의 지휘관이 되었다. 이들 호장은 소수 가문에서 대대로 세습되었고, 중앙관료의 공급원이기도 했다. 상경종사(上京從仕)한 중앙관료와 지방의 명문가는 호장가문에서 나왔으며, 조선 초기의 사대부 가문도 조상은 거의가 호장이었다. 부실은 조선 초에 자헌대부(資憲大夫) 예조판서(禮曹判書)에 증직되었다. 묘소는 강릉시 홍제동 산288번지에 있는데, 강릉함씨 예판공파 낭천·오곡·위촌 및 칠봉공파 후손들이 영모재(永慕齋)를 중건하여 관리하고 있다.

10) 함우치(咸禹治, 1408~1479)

조선 초기의 문신으로 자는 문명(文命)이고, 호는 송담(松潭)이고 시호는 평양(平壤)이다. 부림(傅霖)의 아들이며 음보(蔭補)로 사헌부감찰(司憲府監察)이 되었다. 이후 군기시부정(軍器寺副正), 고부군수(古阜郡守)·나주목사(羅州牧使)를, 단종 원년(1453)에는 판사복시사(判司僕寺事)·첨지중추원사(僉知中樞院事)·동부승지(同副承旨)를 지냈다. 세조 3년(1457)에는 공주목사·경상도관찰사를 역임했다. 청렴결백하여 명관찰사란 칭송을 들었다. 그가 경상도관찰사로 재직할 때, 선비 형제가 재산상속을 하는데 가마솥의 대소(大小)를 가지고 다투어 송사(訟事)에까지 이르자 공이 판결하기를 가마솥을 부수어 그 조각을 공평하게 나누라고 명령하였다. 이에 선비형제는 공의 뜻을 알고 화해하였으며 공평하게 재산을 상속받았다. 세조 5년(1459)에는 대사헌·중추원부사(中樞院府事)를 지내고 이해 정조사(正朝使)로 명나라에 다녀 온 후 세조 12년(1466)에 경상도·충청도관찰사·개성부유수를 지냈다. 이후 형조참판으로 동원군(東原君)에 습봉(襲封)되었으며 이어 지의금부사(知義禁府事)·함흥부윤(咸興府尹)을 거쳐 세조 14년(1468)에 판의금부사(判義禁府事)가 되었다. 성종 2년(1471)에 형조판서로 좌리공신(佐理功臣) 4등이 되고 좌참찬(左參贊)을 거쳐 성종 10년(1479)에 봉조하(奉朝賀)가 되었다.

11) 함헌(咸軒, 1508~?)

조선 중기의 문신으로 자는 가중(可中), 호는 칠봉(七峯)이다. 중종 29년(1534) 알성문과(謁聖文科)에 병과로 급제하여 간성군수가 되었다. 명종 7년(1552) 예빈시정(禮賓寺正)으로 있을 때 동지사(冬至使)의 서장관(書狀官)이 되어 명나라 서울인 북경(北京)에 다녀왔으며, 이듬해 이천부사가 되었다. 명종 17년(1562) 삼척부사를 지냈으며, 재임 중 관기를 확립하고 부민(府民)을 구

흉하여 치적을 남겼다. 만년에는 오봉서원의 건립에 주도적인 역할을 하였으며, 오도자(吳道子)가 그린 공자의 진영을 오봉서원에 봉안하고 후진을 양성하였다. 그의 문집으로 『칠봉문집(七峰文集)』이 전해진다.

12) 함응수(咸應秀, 1561~1627)

조선 중기의 무신으로 자는 사미(士美)이다. 선조 25년(1592) 무과(武科)에 급제, 이 해 임진왜란이 일어나자 왕을 의주(義州)에 호종(扈從)했고 돌아와 수문장(守門將)이 되었다. 광해군 10년(1618) 명나라가 요동(遼東) 정벌의 원군(援軍)을 요청하자 8도 도교련관(八道都敎鍊官)이 되고, 인조 5년(1627) 정묘호란이 일어나자 안주성(安州城)의 동영장(東營將)으로 적과 항전, 방어사(防禦使) 김준(金俊)이 그의 연로(年老)함을 보고 피신하기를 종용했으나 이를 거절하고 용전하다가 몸에 30여 군데의 상처를 입고 전사했다. 호조좌랑(戶曹佐郎)에 추증(追贈), 고향에 정문(旌門)이 세워졌다.

13) 함세휘(咸世輝)

화원 함제건(咸悌健)의 아들이며, 김구성(金九成)의 사위이다. 조선후기의 화가로 사과(司果)와 도화서 별제(圖畵署別提)를 지냈다. 숙종 44년(1718) 『경종선의후 가례의궤도(景宗宣懿后嘉禮儀軌圖)』 제작에 참여하였고, 이듬해 통신사행의 수행 화원으로 일본에 다녀왔다. 영조 9년(1733) 박동보(朴東普)·양기성(梁箕星)과 함께 영조어진(英祖御眞) 도사(圖寫)에 참여하였으며, 영조 20년(1744) 이성린(李聖麟) 등과 함께 『장조헌경후 가례의궤도(莊祖獻敬后嘉禮儀軌圖)』를 제작하였다. 『고화비고(古畵備考)』에 의하면 그가 일본에 갔을 때 그렸던 「부용봉도(芙蓉峰圖)」가 19세기까지 일본 땅에 유전되었다고 하나 지금은 전해지지 않는다. 현재 일본의 실경을 그린 「부사산도(富士山圖)」와 절파풍(浙派風)이 담긴 「고사책장도(高士策杖圖)」가 유작으로 전한다.

14) 함태영(咸台永, 1873~1964)

독립운동가·정치가·종교인, 함북 무산(茂山) 출신으로 대한제국 때 법관양성소를 나와 한성재판소 검사가 되어 광무 2년(1898) 독립협회 사건 때 이상재(李商在) 등을 무죄 선고하고 석방했다가 파면당했다. 그 후 대심원(大審院)·복심법원(覆審法院)의 판사를 역임하였고, 일제강점 후 기독교에 입교하여 장로(長老)로서 3.1운동 때 민족 대표 33인의 막후에서 힘쓰다 주동인물로 검거되어 3년간 복역했다. 출옥 후 평양신학교를 졸업하고 목사가 되어 종교 활동에 힘썼고, 해방 후 1949년 제2대 심계원장(審計院長), 1951년 한국신학대학장을 지냈다. 1952년에는 발췌개헌에 성공한 이승만 대통령과 함께 제3대 부통령에 당선되어 1956년 임기만료 때까지 재임하였다. 1962년 건국훈장 독립장이 수여되었으며, 장례는 국민장으로 거행되었다.

15) 함석헌(咸錫憲, 1901~1989)

기독교 문필가·민중운동가. 평안북도 용천 출신으로 당숙 일형(一亨)이 세운 삼천재(三遷齋)에서 한학을 수학하다가 1914년 덕일학교(德一學校)를 졸업하였다. 1916년 양시공립보통학교(楊市公立普通學校)를 졸업하고, 그 해 평양고등보통학교에 진학하였다. 그러나 1919년 3·1운동이 일어나자 이에 가담, 학업을 중단하였다가 1921년 정주(定州)의 오산학교(五山學校)에 입학하였다. 그때 안창호(安昌浩)·이승훈(李昇薰)·조만식(曺晩植)으로부터 민족주의사상의 영향을 받았다. 1923년 오산학교를 졸업한 뒤에 일본으로 건너가 1924년 동경고등사범학교 문과 1부에 입학, 1928년 졸업하였다. 재학 중에 일본인 무교회주의자 우치무라(內村鑑三)의 성서연구에 깊이 영향을 받고 김교신(金敎臣)·송두용(宋斗用)·정상훈(鄭相勳) 등과 함께 무교회주의신앙클럽을 결성하였다.

1927년 동인지 『성서조선(聖書朝鮮)』 창간에 참여하여 글을 발표하기 시작하였다. 1928년 4월 귀국하여 모교인 오산학교의 교사로 부임하였다가 1938년 3월 사임하였다. 1940년 송산(松山)에서 김혁(金赫)이 운영하는 송산학원을 경영하다가 계우회사건(鷄友會事件)에 연루되어 대동경찰서에서 1년간 구류생활을 하기도 하였다. 1942년 『성서조선』 필화사건에 연루되어 다시 1년간을 서대문경찰서에서 미결수로 복역하였다. 1947년 3월 월남하여 YMCA에서 성서강해를 계속하였다.

1956년부터 『사상계』에 자신의 글을 발표하면서 정치적·사회적 문제들을 기탄없이 비판하였다. 1962년 미국무성 초청으로 방미하였을 때 퀘이커교(Quaker敎)와의 친밀관계를 굳혔다. 주요저서로는 『성서적 입장에서 본 조선역사』(1948), 『인간혁명』(1961), 『역사와 민족』(1964), 『뜻으로 본 한국역사』(1967), 『통일의 길』(1984) 등이 있다.

16) 함영수(咸泳秀, 1926~1984)

강릉 출신으로 강릉농고와 서울대학교 농대를 졸업하였다. 이후 미국네브라스카 주립대학 석사를 마치고 귀국하여 서울대에서 농학박사를 취득하였다. 그 후 농업진흥청 시험국장, 작물시험장 등 국내 농업연구에 헌신하여 신품종개발에 기여하였다. 1959년 한국벼 신품종육종연구에 착수하여 수원 362~365호의 개발에 성공하여 생산량의 증대에 기여하였다. 이밖에도 옥수수 신품종인 황옥을 연구하였다. 한국육종학회, 한국잡초학회 회장를 역임하였으며, 1971년 금탑산업훈장, 1977년 홍조근정훈장(紅條勤政勳章)을 받았다.

제2절 동족마을의 형성과 공동체 모임

1. 동족마을의 지역개관

함씨는 강릉의 토성(土姓) 가운데 하나이다. 강릉함씨는 용강공파, 정평공파, 죽계공파, 예판공파, 칠봉공파로 대별한다. 강릉지방에서 집성촌을 형성하여 온 예판공(禮判公)의 후손들은 낭천(狼川), 오곡(梧谷), 위촌(渭村)으로 구분한다. 이들의 주요 세거지는 강릉시 성하(城下, 강릉영동대학 앞), 강릉시 죽일(竹日, 유천동·홍제동 일대로 현재 한국토지주택공사의 보금자리주택단지지구에 편입), 성산면 위촌리, 강동면 임곡리, 구정면 산북리, 주문진읍 장덕리이다.

1) 성하촌(城下村)

성하촌은 홍제동과 성산면 금산리 사이에 있는 마을로, 명주성(溟洲城) 아래에 있어 생긴 마을이다. 성하촌에서 동쪽으로 가면 맴소와 공제가 되고, 서쪽 버당으로 가면 개실이 되고, 남쪽으로 가면 남대천이 되고, 북쪽으로 가면 명주성이 된다.

현재 강릉함씨 예판공 함부실(咸傅實)의 묘소와 영모재(永慕齋)가 있어 예판공파의 종댁인 낭천댁이 동쪽 마을을 형성하여 600여 년을 지켜오고 있다. 마을 앞산은 장도산(長刀山)인데, 칼과 칼집의 형상으로 되어 있다하여 지금도 이를 보존하기 위해 개발 및 주변 산림훼손을 못하게 하고 있다.

강릉함씨 낭천파 가계도

34세	35세	36세	37세	38세	39세	40세	41세	42세	43세	44세	45세
傅實 부실	子乂 자예	永昌 영창	弼武 필무	崇福 숭복	應斗 응두	漢 한	承立 승립	尙哲 상철	繼一 계일	昌老 창로	德基 덕기
									孝一 효일	昌協 창협	泰潤 태윤
											致潤 치윤
										昌俊 창준	泰義 태의
										昌國 창국	春龍 춘룡
										昌文 창문	夏龍 하룡
											淵龍 연룡
									悌一 제일	昌賢 창현	泰仁 태인
											泰亨 태형
											泰良 태량
										昌聖 창성	泰吉 태길
									粹一 수일	世顯 세현	德晟 덕성

2) 죽일(竹谷, 梧谷, 竹梧)

죽일에는 강릉함씨 오곡파(梧谷派)가 주로 세거하였다. 죽일은 땅재봉 동쪽 난맥에 있는 마을로 홍제동, 교동, 유천동 경계지역이다. 죽일은 중국 진(晋)나라 때 죽림칠현(竹林七賢)이 놀던 곳과 비슷하고, 또 대나무와 오동나무가 많이 자라 붙여진 이름이라고 한다.

죽일은 본래 강릉군 정동면 지역으로 1914년 죽오리(竹梧里)와 병합되어 유천리(楡川里)라 하다가 1955년 9월 1일에 강릉시에 편입되면서 유천동(楡川洞)이라 하였다. 유천은 크게 상유천(윗느릅내)과 하유천(아랫느릅내)으로 나누는데 상유천은 땅재봉을 중심으로 서쪽 마을이고, 하유천은

북동쪽 마을이 된다. 마을 가운데로는 성산면 위촌리 골아우에서 발원한
물이 흘러가 지변 저수지에서 앞내를 형성하여 경포쪽으로 빠지는데 마을
로 흐르는 냇가에 느릅나무가 많이 있어 '느릅내'라 한다. 마을 동쪽에는
교동, 서쪽은 성산면 송암리, 위촌리, 남쪽은 홍제, 교동, 북쪽은 죽헌동과
접해 있다.

강릉함씨 오곡파 가계도

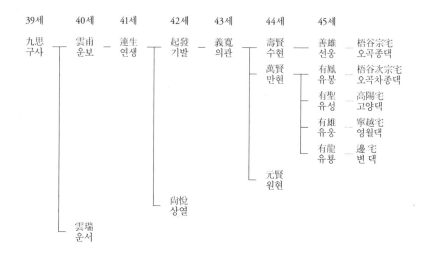

마을 한 가운데에는 땅재봉이 있는데, 땅재봉은 느릅내 마을 한가
운데 있는 제일 높은 봉으로 강릉의 사주산(四柱山)의 하나이다. 회암영당의
당산(堂山)이라 하여 당산봉(堂山峰)이라 하는데, 옛날 이 봉우리 꼭대기에
당을 지어놓고 당제사를 지냈다고 전해진다. 땅재봉 남서쪽 난맥에는 회암
영당(晦庵影堂)이 있고, 봉 동쪽 죽일에는 모덕사(慕德祠)가 있었다.
　강릉함씨 예판공파 오곡종중의 600여 년 세장동(世藏洞)이던 집성
촌과 유천동 215-20번지 선산(先山)에 있던 3세 설단(設壇), 연생(連生) 등의
선조를 비롯한 오문중 120여 기의 묘소, 대지 6필지, 전답(田畓), 숭선재(崇

先齋), 효자각(孝子閣) 등 전 재산이 2006년 대한주택공사의 국민임대주택 단지 예정지구로 편입되자, 강릉함씨 오곡종친회에서는 성산면 위촌리 51번 지 외 1필지를 매입하여 2008년 11월에 봉안묘, 숭선재, 묘선당을 새로 조성 하였다.

3) 성산면 위촌리

강릉함씨 위촌파의 파조는 숭조(崇祖)이다. 그의 슬하에는 용(鏞)과 탁(鐸) 두 형제를 두었는데, 이 가운데 탁의 아들인 천수(天壽)·천기(天紀)의 후손들이 성산면 위촌리에, 천계(天啓)의 후손들이 강동면 임곡리에 세거하 고 있다.

위촌리는 성산면에 속해 있다. 성산면은 예전에 강릉군 지역으로 보현산성이 있어 성산이라 하였다. 성산면의 관할 구역은 조선후기 때 건 금, 위촌, 구산, 송암, 관음, 서원, 제민원 7개리였는데, 1914년에 송암, 위촌, 구산, 금산, 오봉, 관음, 어흘, 보광등 8개리로 개편되었고, 1983년 2월 15일 '읍면 행정구역 조정'에 따라 구정면 산북리가 편입되어 현재는 9개리로 되 어 있다.

성산면의 경계는 동쪽으로 구정면과 강릉시내, 서쪽으로 평창군 도암면, 남쪽으로 왕산면, 북쪽으로 사천면과 접해 있다. 마을 서쪽에는 대 관령의 험준한 산이 남북으로 뻗어 영서와 경계를 이루고 거기에서 동쪽 으로 뻗어내린 산줄기가 골을 이루고 마을을 이루고 있다. 강릉 향언(鄕言) 에 "생거모·학산 사거성산[生居矛鶴山 死居城山]"이라는 말이 있는데, 대 관령에서 동북쪽으로 뻗어내린 성산주령의 보광리, 송암리, 위촌리에는 옛 부터 명당자리가 많아 명주군왕릉을 비롯한 많은 문중의 묘가 있다. 그래 서 성산주령에 묘자리가 있느냐 없느냐에 따라 그 집안 가문의 세를 가늠 했던 것이다.

위촌리(渭村里)는 1914년 골아우[鯨岩洞], 새잇말, 송두골, 항생골[恒生洞], 지암골[芝岩洞]을 합한 마을이다. 이 마을은 고려 때 강릉함씨, 강릉김씨, 강릉최씨들이 들어와 살면서부터 열렸다. 위촌리의 속명이 우출(牛出)인 것은 마을 제일 안쪽 골아우에 있는 와우형(臥牛型)의 묘자리에서 소가 나왔다고 하여 생긴 이름이다. 그러다가 300여 년전 풍기군수(豊基郡守)를 지낸 김세록(金世祿)의 호를 따서 위천(渭川)이라 하다가 그 후 '천(川)'자 대신 '촌(村)'자를 썼다. 위천은 외숙인 이정(李霆, 1541~1622)에게서 그림을 배웠는데, 특히 대나무를 잘 그렸다고 한다.

마을 동쪽은 경포동(유천동)과 홍제동, 서쪽은 보광리와 사천면 사기막리, 남쪽은 관음리와 금산리, 북쪽은 송암리와 접해 있다. 마을 서쪽 뒤 사실이재와 멍애재가 높이 솟아있고, 마을 한가운데로는 골아우에서 발원한 물이 흘러 유천동, 죽헌동으로 흘러 경포호로 빠지는 앞내[前天]의 상류인 연계가 흐른다. 내를 중심으로 남쪽이 1리, 북쪽이 2리가 된다.

4) 강동면 임곡리

강동면 임곡리는 1914년 대수원, 밤나무쟁이, 큰골, 절골, 재궁골, 재밀, 갈버뎅이를 합한 마을이다. 임곡리는 숲이 많아 숲실이라고 하였으나 오늘날에는 임곡(林谷)이라 한다. 숲실은 바늘과 실의 형국이라 하는데, 옛날 도선(道詵)이 이곳에서 잠을 자다가 깨어 얼핏 주위를 둘러보고 마침 지나가는 사람이 있어 그에게 이곳의 지명을 물으니 숲실이라 하자, 도선은 숲실에는 실에 해당하는 골이 있을 것이라 생각하고 이곳을 선침형이라 했다. 즉 바늘을 매달아 놓은 형국으로 이곳에는 천리행룡(千里行龍)·만리안대(萬里案臺)의 명당이 있다. 이 마을은 함씨, 주씨, 조씨, 방씨가 개척하였다. 임곡리에는 구명(九命)의 손자인 천계(天啓)의 후손들이 세거하였다.

강릉함씨 위촌파 분파도

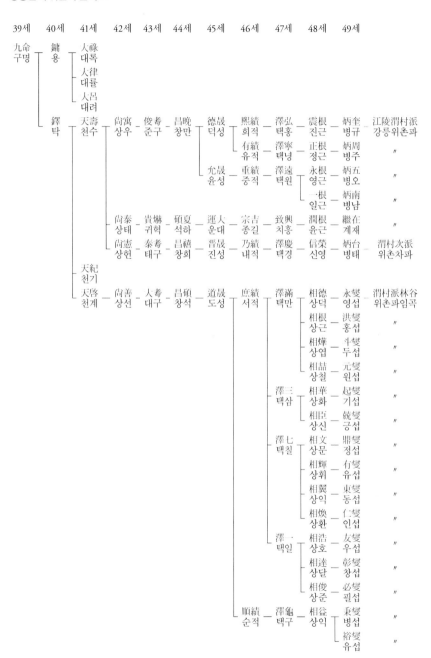

39세	40세	41세	42세	43세	44세	45세	46세	47세	48세	49세	
九命 구명	鏞 용	人祿 대록									
		人律 대률									
		人呂 대려									
	鐸 탁	天壽 천수	尙寓 상우	俊耉 준구	昌晚 창만	德晟 덕성	熙績 희적	澤弘 택홍	震根 진근	炳奎 병규	江陵渭村派 강릉위촌파
							有績 유적	澤寧 택녕	正根 정근	炳周 병주	〃
						允晟 윤성	重績 중적	澤遠 택원	永根 영근	炳五 병오	〃
									一根 일근	炳南 병남	〃
			尙泰 상태	貴爀 귀혁	碩夏 석하	運人 운대	宗古 종길	致興 치흥	潤根 윤근	繼在 계재	〃
			尙憲 상헌	泰耉 태구	昌禧 창희	晉晟 진성	乃績 내적	澤慶 택경	信榮 신영	炳台 병태	渭村次派 위촌차파
		天紀 천기									
		天啓 천계	尙善 상선	人耉 대구	昌碩 창석	道晟 도성	庶績 서적	澤滿 택만	相德 상덕	永燮 영섭	渭村派林谷 위촌파임곡
									相根 상근	洪燮 홍섭	〃
									相燁 상엽	斗燮 두섭	〃
									相喆 상철	元燮 원섭	〃
								澤三 택삼	相華 상화	起燮 기섭	〃
									相臣 상신	兢燮 긍섭	〃
								澤七 택칠	相文 상문	鼎燮 정섭	〃
									相輝 상휘	有燮 유섭	〃
									相翼 상익	東燮 동섭	〃
									相煥 상환	仁燮 인섭	〃
								澤一 택일	相浩 상호	友燮 우섭	〃
									相達 상달	彰燮 창섭	〃
									相俊 상준	必燮 필섭	〃
							順績 순적	澤龜 택구	相益 상익	秉燮 병섭	〃
										裕燮 유섭	〃

5) 주문진읍 장덕리

장덕리에는 칠봉공 함헌(咸軒)의 증손자인 상록(尚祿)의 후손들이 주로 세거하였다. 장덕리는 골짜기가 깊어 큰골, 장데기, 장덕이, 장덕동이라 하다가 1914년 행정구역 개편에 따라 노루메기, 서낭뎅이, 산근네, 원뎅이, 재궁들을 합하여 장덕리라 했다. 마을 가운데로 신리천이 흐르고 신리천을 중심으로 남쪽과 북쪽에 마을이 형성되어 있다.

장덕1리 산369의 1번지에는 솟대가 있는데, 이는 양양에서 과거보러 가는 사람들이 이 마을을 지날 때 정숙하게 지나가는 신성한 마을이라 하여 솟대를 세웠다고 한다. 솟대는 신성지역 표시로 마을에서는 양반촌이라는 것을 나타냈다고 한다.

2. 동제(洞祭)

1) 죽일(竹谷, 梧谷, 竹梧)

유천동에는 2개의 서낭당이 있다. 유천동 1통(윗느릅내)와 유천동 2통2반 산201(아랫느릅내)에 각각 하나씩 있다.

윗느릅내의 서낭당에서 지내는 제의 명칭은 성황제이며, 신위는 성황지신, 여역지신, 토지지신을 모시고 있다. 제당은 성산면 위촌리와 유천동 경계지역인 땅재봉에서 서쪽으로 떨어진 낙맥에 위치한 윗느릅내 마을에 있다. 느릅내란 냇가에 느릅나무가 많다는 의미에서 유래한다. 서낭당은 바위가 중심이 되며 당집은 없다. 흔히 이곳을 일러 용바위(개좆바위)동산이라 한다. 음력 10월 초정일에 제의를 지내며, 제물은 유사제로 준비하고 각위마다 진설한다.

강릉함씨 칠봉공파 분파도

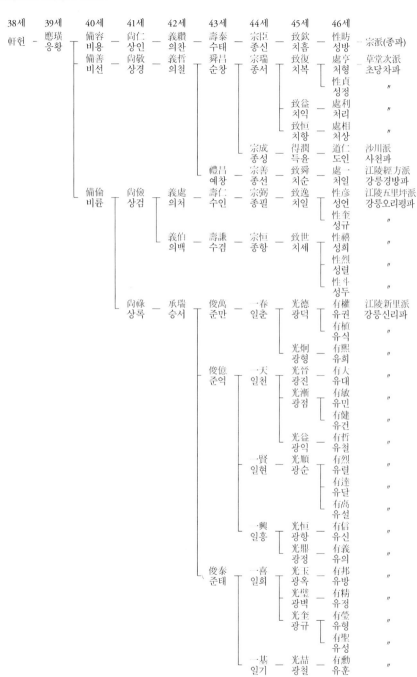

38세	39세	40세	41세	42세	43세	44세	45세	46세	
軒헌	應璜응황	備容비용備善비선	尙仁상인尙敬상경	義纘의찬義哲의철	壽泰수태舜昌순창	宗臣종신宗瑞종서	致欽치흠致復치복	性防성방處亨처형	宗派(종파)
								性貞성정處利처리	草堂次派초당차파
						致益치익	處相처상	〃
						致恒치항		
					宗成종성宗善종선	得潤득윤致舜치순	道仁도인處一처일	沙川派사천파江陵經方派강릉경방파
		備倫비륜	尙儉상검	義處의처	禮昌예창壽仁수인	宗弼종필	致逸치일	性彦성언性奎성규	江陵五里坪派강릉오리평파〃
			義伯의백	壽謙수겸	宗恒종항	致世치세	性禧성희性烈성렬性斗성두	〃〃
		尙祿상록	承瑞승서	俊萬준만	一春일춘	光德광덕	有權유권有植유식	江陵新里派강릉신리파
						光炯광형	有熙유희	〃
				俊億준억	一天일천	光晉광진光漸광점	有大유대有敏유민	〃
							有健유건	
						光益광익光順광순	有哲유철有烈유렬	〃
					一賢일현		有達유달有尙유상	〃
					一興일흥	光恒광항光鼎광정	有信유신有義유의	〃
				俊泰준태	一喜일희	光玉광옥光壁광벽光奎광규	有邦유방有精유정有瑩유형有聖유성	〃〃
					一基일기	光喆광철	有勳유훈	

아랫느릅내의 서낭당에서 지내는 제의 명칭은 성황제이며, 신위는 성황지신, 여역지신, 토지지신을 모시고 있다. 제당의 형태는 유천동 시내버스 종점에서 근처에 위치하며 벽돌건물에 기와를 얹은 당집이 있다. 음력 11월 초정일 제의를 지내며, 유사제로 제물을 준비하고 각위마다 진설한다. 유교식제의와 소지의 순으로 진행된다.

한편 강릉 유천동과 홍제동에서는 보름에 풍악을 치며 집집마다 정지나 마당, 우물에서 지신을 밟아주면 주인이 쌀 한 말을 떠놓고 실, 돈을 놓고 농사가 잘되게 해달라고 축원을 한다.

2) 성산면 위촌리

위촌리에는 위촌1리에 1곳, 위촌2리에 2곳으로 모두 세 개의 서낭당이 있다. 위촌1리 서낭당은 위촌1리 1반, 위촌2리 서낭당은 위촌2리 3반과 위촌2리 4반에 각각 위치해 있다.

위촌1리 1반 서낭당은 소나무 숲 속에 흙으로 담을 쌓고 제단을 만들었다. 위촌2리 3반 서낭당은 블록으로 쌓고 함석지붕을 얹었다. 위촌2리 4반 서낭당의 당집은 벽돌로 쌓고 함석지붕을 얹었다.

위촌1리 1반의 제의는 성황제(城隍祭)라고 하며 성황지신(城隍之神)·토지지신(土地之神)·여역지신(癘疫之神)을 모신다. 제당은 삼박골 입구 김진후 씨 댁 뒷산에 위치한다. 위패는 제를 올릴 때마다 나무를 깎아 만든다. 제의는 음력 정월 대보름과 10월 중 택일하여 한 번만 지낸다. 제물은 유사(有司)가 준비하며 각위(各位)마다 따로 진설(陳設)한다. 육고기는 생으로 올린다. 유교식으로 지내며 제의가 끝나면 소지(燒紙)한다.

위촌2리 3반의 제의도 성황제라고 하며 성황지신·토지지신·여역지신을 모신다. 제당은 마을 하천 산 속에 위치한 바위 사이에 있다. 제의는 음력 4월 초정일에 지낸다. 제물은 유사가 준비하며 각위마다 따로 진설한다.

유교식으로 지내며 제의가 끝나면 소지한다.

위촌2리 4반의 제의는 고청제(告請祭)라고 하며 산신지신(山神之神)·토지지신·여역지신을 모신다. 제당은 위촌리 방앗간에서 금산리로 나가는 길 좌측 개울가에 위치한다. 제의는 음력 10월에 지낸다. 제물은 유사가 준비하며 각위마다 따로 진설한다. 육고기는 생으로 올린다. 유교식으로 지내며 제의가 끝나면 소지한다.

3) 강동면 임곡리

임곡리에는 대수원, 노루목, 한천동, 절골, 큰골마을에 각 한 곳씩 5개의 서낭당이 있다. 대수원 서낭당은 임곡1리 1반 663번지, 노루목 서낭당은 임곡1리 3반 258-3번지, 한천동 서낭당은 임곡1리 304번지, 절골 서낭당은 임곡2리 산263번지, 큰골 서낭당은 임곡리 산298번지에 각각 위치해 있다.

대수원 서낭당의 당집은 목조건물에 기와를 얹었으며 당집 주위에 벽돌담을 쌓았다. 노루목 서낭당의 당집은 서낭목 숲 속에 돌담을 쌓고 목조건물에 슬레이트 지붕을 얹었다. 한천동 서낭당의 당집은 시멘트벽돌로 짓고 함석지붕을 얹었다. 절골 서낭당의 당집은 벽돌건물에 함석지붕을 얹었다. 큰골 서낭당의 당집은 벽돌건물에 함석지붕을 얹었다.

대수원의 제의는 성황제(城隍祭)라고 하며 성황지신(城隍之神)·토지지신(土地之神)·여역지신(癘疫之神)을 모신다. 제당은 강릉레미콘 위쪽 도로변 우측에 위치한다. 제의는 매년 봄, 가을로 연 2회 지낸다. 과거에는 정월 초정일, 5월 단오, 9월 9일에 세 차례 지냈다. 제물은 유사(有司)가 준비하며, 1반 주민만이 참여하여 합위(合位)로 진설(陳設)한다. 유교식으로 지내며 제의가 끝나면 소지(燒紙)한다.

노루목의 제의도 성황제라고 하며 신위도 성황지신·토지지신·여역지신을 모신다. 제당은 임곡1리 도로변 산기슭에 위치한다. 이 성황은 500여 년 전부터 있었다고 한다. 제의는 매년 봄에 날을 받아 지내며, 과거에는 정월 초정일, 5월 단오, 9월 9일에 세 차례 지냈다. 제물은 유사가 준비하며 2, 3반 주민만이 참여한다. 유교식으로 지내며 제의가 끝나면 소지한다.

한천동 제의도 성황제라고 하며 성황지신을 모신다. 제당은 임곡초등학교 근처 재궁골에 있으며 제의는 매년 봄에 택일한다. 제물은 유사가 준비하고 유교식으로 지내며 제의가 끝나면 소지한다.

절골 서낭당도 성황제라고 하며 성황지신·토지지신·여역지신을 모신다. 제당은 절골 입구에 위치한다. 제의는 매년 봄에 택일한다. 제물은 유사가 준비하며 각위(各位)마다 따로 진설(陳設)한다. 유교식으로 지내며 제의가 끝나면 소지한다.

큰골 서낭당도 성황제라고 하며 성황지신·토지지신·여역지신을 모신다. 제당은 큰골의 평지 서낭숲 속에 위치한다. 제의는 매년 봄에 택일한다. 제물은 유사가 준비하며 각위마다 따로 진설한다. 유교식으로 지내며 제의가 끝나면 소지한다.

4) 주문진읍 장덕리

장덕리에는 장덕1리와 장덕2리에 각 한 곳씩 2개의 서낭당이 있다. 장덕1리의 서낭제는 전승이 단절되었으나 장덕2리의 서낭제는 전승되고 있다. 장덕1리 서낭당은 장덕1리, 장덕2리 서낭당은 장덕2리 8반(재궁동)에 각각 위치해 있다.

장덕1리 서낭당은 당집이 없고 서낭목만 한 그루 있다. 장덕2리 서낭당은 벽돌로 담을 쌓고 제단을 만들었다. 장덕1리의 제당은 장덕1리 마을회관 앞 200m 지점인 도로변에 위치한다. 장덕1리에서는 20여 년 전부터 제의를 행하지 않는다.

장덕2리 서낭당의 제의는 성황제(城隍祭)라고 하며 성황지신(城隍之神)을 모신다. 제당은 장덕리 은행나무 거리에서 좌측 다리를 건너 과수원 옆에 위치한다. 소나무 7그루가 서낭목으로 보호되고 있다. 제의는 음력 12월 그믐날에 유교식으로 지내며 제의가 끝나면 소지(燒紙)한다. 제차는 마을 어른들을 중심으로 이루어진다.

3. 위촌리의 결사체

1) 대동계(大同契)

위촌리에는 각종 사회조직으로 특히 계문화가 성행하였다. 위촌리의 계 중에서 가장 대표적인 것은 대동계(大同契)이다. 대동계는 지금부터 약 450여 년 전 율곡 선생이 만든 서원향약(1571)과 해주향약(1577)에 힘입어 김세록, 함상헌, 이수근 등이 뜻을 같이하여 주민들의 덕화, 상호협조, 위계질서를 유지하기 위해 규약을 만들었고, 광무 3년(1899)에 규약을 중수하여 오늘날까지 주민들의 규범으로 지켜오고 있다.

대동계는 마을의 중요한 행사와 이장 선출, 마을에 큰 공사를 할 때에 관여하였다. 행실이 바르지 못한 마을 사람을 타이르고, 타일러도 말을 듣지 않으면 관가에 고발하였다. 계원 가운데 행실이 바르지 못하고 계원을 모략하여 반목을 심화시키면 임시총회를 열어 제명시키기도 한다.

대동계에는 4대 덕목이 있다. 덕업은 서로 권할 것[德業相勸], 과실은 서로 경계할 것[過失相規], 예의 바른 풍속으로 서로 사귈 것[禮俗相交], 근심스럽고 어려울 때 서로 도울 것[患亂相恤] 등 네 가지이다.

대동계의 회원은 위촌리에 거주하는 직계 자손으로 구성하고, 회비는 연 5천원이다. 계수는 계원 가운데 가장 연장인 사람이 맡았고, 총무와 유사는 총회에서 선출한다. 예전에는 지체가 높은 사람으로 한정했다. 계수의 임기는 종신이다. 계수로 추대되면 빠른 시일 내에 존숭례를 치르는데 비용은 계에서 쟁반(쇠고기 10근)을 준비하고, 나머지 비용은 자식들이 댄다.

2) 혼인계(婚姻契)

혼인계(관대계)는 집안끼리 자녀들의 혼례 때 드는 비용을 충당하기 위해 조직했는데, 신랑 신부의 혼례복인 관복, 행사 때 쓰는 차일, 휘장, 가마 등을 빌려준다. 강릉함씨와 강릉최씨 등의 문중에서 혼인계를 조직했으나 지금은 다만 친목을 다지기 위해 1년에 한 번씩 모인다.

3) 상장계(喪葬契)

장례를 대비하기 위한 계이다. 상여를 관리하는 곳집을 운영하고, 상여, 제기 등을 공동으로 운영한다. 계원이 아닌 사람에게는 상여를 빌려주고 사용료를 받아 곳집을 수리하거나 보수하는 데 충당한다.

위촌리에는 이태기 씨가 계수로 있는 계(약 140여 년 전부터 모임)와 함대식 씨가 계수로 있는 상장계가 있는데, 지금은 유명무실하여 다만 연말에 한 번씩 만나 친목을 다진다. 이 외에도 마을 사람들 가운데 글을 잘 하는 사람들끼리 모여 만든 글계(영주음사)의 회원들이 만나서 시를 짓고 읊으며 즐기고, 나이가 같은 사람들끼리 친목을 위해 만든 동갑계도 있다.

4) 도배례(都拜禮)

위촌리의 독특한 전통풍습으로는 '도배례(都拜禮)'라는 것이 있다. 도배례는 정월 초이튿날 계원들이 마을의 제일 어른인 촌장을 모시고 촌장의 집에서 집단으로 올리는 세배를 말한다. 마을 사람들이 한자리에 모여 촌장께 세배를 드리면 촌장은 마을 사람들에게 덕담을 나누고, 세찬을 나눠 먹는다. 이때의 비용은 마을계인 대동계에서 부담한다.

예전에는 도배례에 계원들만 참여하였으나 지금은 계원이 아니어도 마을 사람이나 마을 출신이면 누구나 참여할 수 있다. 도배례가 끝나면 지난 한해 마을의 대소사를 보고하고, 새로운 한 해의 대소사를 협의하며 결의한다. 도배는 아랫사람들이 웃어른을 섬기는 장유유서로써 마을의 위계질서를 유지하고자 하는 의미가 있다.

촌장은 계원 중 전임자가 사망하면 '존숭례'를 거쳐 추대를 한다. 계원은 직계존속 '승계'와 타 계원 추천의 '신입'으로 나뉘는데 '승계'에도 맏아들이 잇는 '승입'과 차남 손자가 잇는 '추입'이 있어 오랫동안 계승된다.

제3절 문화유적(祠宇, 齋舍)

1. 오봉서원(五峰書院)과 칠봉사(七峰祠)

오봉서원은 강원도에서 최초로 세워진 서원이다. 그 건립에 주도적인 역할을 한 인물은 칠봉 함헌(1508~?)이다. 오봉서원은 함헌이 병으로 인해 이천부사(伊川府使)를 사임한 후 강릉교수(江陵敎授)로 재임하고 있을 때, 강릉 유생 최운우(崔雲遇)·최운원(崔雲遠) 등과 함께 발의하여 강원도관찰사 윤인서(尹仁恕), 강릉부사 홍춘년(洪春年) 등의 적극적인 협조를 얻어 명종 11년(1556)에 건립하게 되었다.

집성사(集成祠) 중앙에는 공자의 영정(影幀)과 신위(神位)를, 왼쪽에는 주자의 신위를, 오른쪽에는 송시열의 신위를 각각 봉안하고 있다. 처음에는 공자만 배향하였으나 정조 6년(1782)에는 주자를, 순조 6년(1806)에는 송시열을 배향하였다. 특히 강릉과 직접적인 연고가 없는 송시열을 추배하는 과정에서 찬·반 양론이 있었지만, 삼척심씨·죽헌권씨·금산김씨·영월신씨·강릉함씨·강릉박씨 등이 주축을 이루는 노론계열의 추대에 의해 추배되었다.

　『증보문헌비고』 서원조에 의하면, 전국 327개의 서원 가운데 공자를 배향하고 있는 곳은 강릉의 오봉서원, 함흥의 문회서원(文會書院), 단천의 복천서원(福川書院) 뿐이다. 서원에 공자의 배향이 희귀한 이유는 향교에서 공자를 배향하고 있었기 때문이다. 따라서 서원에는 특별히 공자를 배향할 계기가 있지 않으면 주향하지 않는 것이 당시의 현실이었다. 오봉서원에서 공자를 배향했던 이유는 다음과 같다. 하나는 서원이 건립된 위치가 강릉시 성산면 구산리(邱山里)의 지명이 공자가 태어난 구산(丘山)과 같았고, 다른 하나는 이 서원의 건립에 공이 큰 칠봉 함헌이 서장관으로 중국에 다녀오던 길에 당(唐)나라의 오도자(吳道子)가 그린 공자의 화상(畵像)이 보관되어 있었기 때문이다.

　오봉서원의 건립 당시에는 퇴계 이황과 밀접한 관계를 맺고 있었다. 이러한 사실은 서원 설립시 주도적인 역할을 한 함헌이 퇴계와 성균관에서 함께 공부한 인연으로 서원이 완공된 후 서원도(書院圖)와 서원 설립의 전말을 적은 편지를 보내어 서원기(書院記)를 써 달라고 부탁하였을 때 서원을 찬양하는 시를 써 보내온 것이라든지,[82] 서원을 창건할 때에 발의했던 최운우가 퇴계문인이라는 것에서도 확인된다. 그러나 17세기 이후에 들어와서는 노론의 영향권 아래에 놓이게 된다. 『여지도서』에 의하면 소론의 영수인 윤증(尹拯)의 현판이 있었다고 하였고, 「오봉서원실기」에 의하면 강릉부사의 당색에 의해 퇴계나 윤증의 시편들이 게시되거나 떼임을 반복하였다고 한다. 또한 순조 6년(1806)에는 소론이 주축이 되어 세운 '기적비(紀蹟碑)'가 있었는데, 철종 7년(1856)에 노론이 다시 '묘정비(廟庭碑)'를 세운 사실을 감안할 때 오봉서원의 운영은 정치적 당색과 관계가 깊었음을 알 수 있다.

82　퇴계가 오봉서원을 찬미한 내용은 다음과 같다. "예전부터 강릉은 인재의 소굴이라[人材淵藪古臨瀛], 시냇물이 조촐한 구산에다 학교를 열었네[闢學邱山澗石淸], 성인 나신 천년에 이름이 근사하니[降聖千年名已近], 영께 비는 오늘날 가르침이 장차 밝으리다[乞靈今日敎將明]".

서원의 경제적 기반은 서원전(書院田), 노비, 현물, 서적 등이었다. 사액서원의 경우에는 국가로부터 서적·노비·토지를 지급받았고, 면세·면역의 특권까지 누렸으므로 관학인 향교를 학문에서뿐만 아니라 세력과 권위 면에서도 능가하였다. 오봉서원은 사액서원은 아니었지만, 공자의 진상을 모셨다고 하여 사액서원에 준하는 대우를 받았다. 또한 지방관들은 서원유생들의 공궤(供饋) 과정에 소용되는 일용 잡물과 어획물, 그리고 식염을 공급하였다.

오봉서원은 고종 8년(1871) 서원훼철령으로 훼철되었다가 1902년 오봉서원에 설단(設壇)을 설치하고 매년 음력 9월 상정일(上丁日)에 다례를 행하였다. 1914년에는 집성사(集成祠)를 중건하였으며, 1928년에는 집성사를 우측 담장 옆에 강당을 건립하였다. 이 외에 철종 7년(1856) 조두순이 찬하고 이종우가 글을 쓴 묘정비, 순조 6년(1806) 이만수가 찬하고 조윤대가 쓴 기적비 등이 남아 있다. 서원 앞뜰에는 구묘정비(舊廟庭碑)가 세워져 있다.

함헌의 위패를 모신 칠봉사(七峰祠)는 숙종 원년(1675)에 강릉지역 유림들이 오봉서원 건립에 공을 기리기 위해 건립한 것이다. 정조 원년(1777) 산사태로 허물어졌던 것을 정조 8년(1784) 임금의 윤허를 얻어 관의 보조로 중건되었으나, 고종 5년(1868) 서원철폐령에 따라 훼철되었으나 1928년 강릉지역 유림에 의해 중건되었다. 사당은 와가 맞배지붕으로 정면 1칸, 측면 2칸이다. 사당 정면에 칠봉사 현액이 걸려 있다. 현재 제사는 매년 음력 9월 초정(初丁)에 유림에서 서원 다례와 함께 향사하고 있다.

홀기(笏記)

●謁引獻官及諸執事諸生俱就門外位○執禮謁先就拜位○再拜○謁引祝及諸執事入就拜位○

●알인헌관급제집사제생구취문외위○집례알선취배위○재배○알인축급제집사입취배위○

祝及諸執事皆再拜○詣盥洗位○盥手○洗手○皆復位○謁者引獻官及諸生入就位○謁者進獻

축급제집사개재배○예관세위○관수○세수○개복위○알자인헌관급 제생입취위○알자진헌

官之左謹其請行事○獻官以下在位者皆再拜○謁者引初獻官詣盥洗位○北向立○搢笏○盥手
관지좌근구청행사○헌관이하재위자개재배○알자인초헌관예관세위○북향립○진홀○관수
○帨手○執笏○詣七峯咸先生神位前○北向立○跪○搢笏○奉香奉爐陞○三上香○獻幣奠幣
○세수○집홀○예칠봉함선생신위전○북향립○궤○진홀○봉향봉로승○삼상향○헌폐전폐
陞○獻幣○奠幣○執笏○俯伏○興○平身○因降復位●行初獻禮○謁者引初獻官詣尊所○西
승○헌폐○전폐○집홀○부복○흥○평신○인강복위●행초헌례○알자인초헌관예준소○서
向立○獻爵奠爵陞○司尊擧羃酌酒○因詣神位前○北向立○跪○搢笏○執爵○獻爵○奠爵○
향립○헌작전작승○사준거멱작주○인예신위전○북향립○궤○진홀○집작○헌작○전작○
執笏○俯伏○興○少退○北向跪○祝詣初獻官之左東向跪讀祝○俯伏○興○平身○因降復位
집홀○부복○흥○소퇴○북향궤○축예초헌관지좌동향궤독축○부복○흥○평신○인강복위
●行亞獻禮○謁者引亞獻官詣盥洗位○北向立○搢笏○盥手○帨手○執笏○因詣尊所○西向
●행아헌례○알자인아헌관예관세위○북향립○진홀○관수○세수○집홀○인예준소○서향
立○獻爵奠爵陞○司尊擧羃酌酒○因詣神位前○北向立○跪○搢笏○執爵○獻爵○奠爵○執
립○헌작전작승○사준거멱작주○인예신위전○북향립○궤○진홀○집작○헌작○전작○집
笏○俯伏○興○平身○因降復位●行終獻禮○謁者引終獻官詣盥洗位○北向立○搢笏○盥手
홀○부복○흥○평신○인강복위●행종헌례○알자인종헌관예관세위○북향립○진홀○관수
○洗手○執笏○因詣奠所○西向立○司奠擧羃酌酒○因詣神位前○北向立○跪○搢笏○執爵
○세수○집홀○인예전소○서향립○사전거멱작주○인예신위전○북향립○궤○진홀○집작
○獻爵○奠爵○執笏○俯伏○興○平身○因降復位●行飮福禮○大祝詣尊所○酌福酒○祝進
○헌작○전작○집홀○부복○흥○평신○인강복위●행음복례○대축예준소○작복주○축진
減神位前胙肉○降自東階出○謁者引初獻官詣飮福位○西向立○跪○搢笏○祝進初獻官之左
감신위전조육○강자동계출○알자인초헌관예음복위○서향립○궤○진홀○축진초헌관지좌
北向跪○以爵授獻官○獻官受爵○飮啐爵○還授大祝○祝以胙授獻官○獻官受胙○還授大祝
북향궤○이작수헌관○헌관수작○음쵀작○환수대축○축이조수헌관○헌관수조○환수대축
○大祝受胙復於尊所○執笏○俯伏○興○平身○因降復位○獻官皆再拜○撤邊豆○祝入撤邊
○대축수조복어준소○집홀○부복○흥○평신○인강복위○헌관개재배○철변두○축입철변

○대축수조복어준소○집홀○부복○흥○평신○인강복위○헌관개재배○철변두○축입철변
豆各少移於故處○降自東階出○再拜○●行望燎禮○謁者引初獻官詣望燎位○北向立○祝以
두각소이어고처○강자동계출○재배○●행망요례○알자인초헌관예망요위○북향립○축이
篚取祝板及幣降自西階置於坎○可燎○謁者引初獻官因降復位○謁者進初獻官之左白禮畢○
비취축판급폐강자서계치어감○가료○알자인초헌관인강복위○알자진초헌관지좌백예필○
祝官及諸生以次出○祝及諸執事俱復拜位○再拜而出○執禮贊引就拜位再拜而出○就拜位再
축관급제생이차출○축급제집사구복배위○재배이출○집례찬인취배위재배이출○취배위재
拜而出○執事者撤禮饌闔門而出
배이출○집사자철례찬합문이출

축문(祝文)

維歲次云云

유세차 운운

七峰咸先生

칠봉 함선생에게 고하나이다.

伏以 經始聖廟 啓佑後學 功存士林 永祀無斁 謹以洞酌 式陳菲薦 尙饗

삼가 고하건대 성묘를 경영하여 후학들을 계도하고 도와주어 사림에 남긴 공로는 영원토록
제사지내도 어긋남이 없습니다. 삼가 맑은 술과 제수를 진설하여 올리니 흠향하소서.

2. 영모재(永慕齋)

강릉시 홍제동 928번지 위치한 강릉함씨 예판공파(禮判公派) 재실
(齋室)은 1661년 경에 4칸으로 건립하였다고 하나, 재실이 좁고 퇴락하여
1968년 10월에 함동호(咸東鎬)가 설두하여 뒤쪽으로 조금 옮겨 현 위치에다

정면 4칸, 측면 2칸 규모로 신축하였다. 1995년 10월 함종극(咸鍾極), 함기숙(咸基琡)이 설두하여 원형대로 중수하고 없던 문간(門間)을 새로 건립하였다. 재실 정면에는 영모재 현액이 걸려 있고 기둥에는 주련(柱聯)이 걸려 있다. 재실 내부에는 영모재중건기(永慕齋重建記)와 영모재중신상량문(永慕齋重新上樑文), 묘소정화재각수선성금록(墓所淨化齋閣修繕誠金錄) 등과 시조로부터 각파조묘소(各派祖墓所), 설단(設壇), 재실(齋室), 사당(祠堂), 효자각(孝子閣) 등 사진 25매가 걸려 있다. 제향일은 매년 음력 9월 25일이다.

홀기(笏記)

●獻官及諸執事俱就位○諸執事者詣盥洗位○盥手○帨手○執事者掃床石○設蔬果○進饌○

●헌관급제집사구취위○제집사자예관세위○관수○세수○집사자소상석○설소과○진찬○

設香爐香盒○設降神盞盤○獻官點閱○祝進獻官之左謹具請行事●行降神禮○初獻官詣盥洗

설향로향합○설강신잔반○헌관점열○축진헌관지좌근구청행사●행강신례○초헌관예관세

位○盥手○帨手○因詣香案前○跪○三上香○俯伏○興○小退○再拜○跪○酌酒○奉爵○酌

위○관수○세수○인예향안전○궤○삼상향○부복○흥○소퇴○재배○궤○작주○봉작○작

酒○俯伏○興○再拜○因降復位○獻官及在位者皆再拜●行初獻禮○初獻官因詣香案前○跪

주○부복○흥○재배○인강복위○헌관급재위자개재배●행초헌례○초헌관인예향안전○궤

○酌酒○奉爵○奠爵○俯伏○興○少退○啓盖○正箸○獻官及在位者皆俯伏○祝進初獻之左

○작주○봉작○전작○부복○흥○소퇴○계개○정저○헌관급재위자개부복○축진초헌지좌

跪讀祝○獻官以下皆興○初獻官再拜○因降復位○撤爵●行亞獻禮○亞獻官詣盥洗位○盥手

궤독축○헌관이하개흥○초헌관재배○인강복위○철작●행아헌례○아헌관예관세위○관수

○帨手○因詣香案前○跪○酌酒○奉爵○奠爵○俯伏○興○小退○再拜○因降復位○撤爵●

○세수○인예향안전○궤○작주○봉작○전작○부복○흥○소퇴○재배○인강복위○철작●

行終獻官禮○獻官詣盥洗位○盥手○帨手○因詣香案前○跪○酌酒○奉爵○奠爵○俯伏○興

행종헌관례○헌관예관세위○관수○세수○인예향안전○궤○작주○봉작○전작○부복○흥

○小退○再拜○因降復位○獻官以下皆俯伏肅俟少頃○興○合盖○撤箸○祝進獻官之左告禮

○소퇴○재배○인강복위○헌관이하개부복숙사소경○흥○합개○철저○축진헌관지좌고예

成○辭神禮○獻官及在位者皆再拜○祝焚祝文○執事者撤饌○祝奉盞盤詣獻官之位○行飮福

성○사신례○헌관급재위자개재배○축분축문○집사자철찬○축봉잔반예헌관지위○행음복

禮○禮畢以次而退

례○예필이차이퇴

축문(祝文)

維歲次某年某月朔日某辰世孫 敢昭告于

유세차 모년 모월 삭일 모신에 세손 ○○가

顯祖考○○○府君

조고○○○ 부군과

顯祖妣○○○之墓

조비○○○ 묘소에 고하나이다.

今以草木 歸根之時(春則草木發芽之時) 追惟報本 禮不敢忘 瞻掃封塋 不勝感慕 謹以淸酌脯

醯 祇薦歲事 尙 饗

이제 초목의 기운이 뿌리로 돌아가는 계절[봄에는 초목이 싹틀 때]을 맞이하여 근본에 보답하

는 예를 감히 잊을 수 없어 묘역을 쓸고 봉분을 우러러보니 조상님을 사모하는 정을 이기지 못

하겠습니다. 삼가 맑은 술과 포해로 공경히 세사를 올리니 흠향하소서.

3. 경모재(敬慕齋)

강릉시 성산면 산북리 152번지에 있는 강릉함씨 칠봉댁(七峰宅) 재

실(齋室)은 1700년경에 건립하였다고 전한다. 1965년 9월에 뒤쪽으로 옮겨 현

위치에 신축하였으며, 1990년 10월에 중수하였고, 2012년 9월 함영호와 함대호가 담장을 새로 조성하고 주차장 일대를 포장하고 재실을 대중수하였다. 재실 정면에는 경모재 현액과 기둥에는 주련이 게판되어 있고, 내부에는 경모재사기(敬慕齋舍記), 경모재이건기(敬慕齋移建記), 칠봉선생구조사림서(七峰先生求助士林書)가 게판되어 있다. 제향일은 매년 음력 9월 20일이다.

홀기(笏記)

●獻官及諸執事各就位○祝詣初獻官之左白有司○謹具請行事祝引初獻官詣盥洗位○盥手○

●헌관급제집사각취위○축예초헌관지좌백유사○근구청행사축인초헌관예관세위○관수○

帨手○執事者掃床石○設蔬果○進饌○祝引初獻官詣墳墓前○北向跪○奉香奉爐陞○三上香

세수○집사자소상석○설소과○진찬○축인초헌관예분묘전○북향궤○봉향봉로승○삼상향

○俯伏○興○再拜○平身○俯伏○奉爵奠爵陞○擧冪酌酒○奉爵跪授爵於獻官○獻爵於酌酒

○부복○흥○재배○평신○부복○봉작전작승○거멱작주○봉작궤수작어헌관○헌작어작주

○俯伏○興○再拜○因降復位○獻官及在位者參神皆再拜●祝引初獻官詣墳墓前○北向跪○

○부복○흥○재배○인강복위○헌관급재위자참신개재배●축인초헌관예분묘전○북향궤○

擧冪酌酒○奉爵跪授爵於獻官○獻爵於籩豆之間○俯伏○啓盖○正筋○興○少退○俯伏○在

거멱작주○봉작궤수작어헌관○헌작어변두지간○부복○계개○정저○흥○소퇴○부복○재

位者皆俯伏○祝就初獻官之左北向跪讀祝○俯伏○興○再拜○因降復位○撤爵●祝引亞獻官

위자개부복○축취초헌관지좌북향궤독축○부복○흥○재배○인강복위○철작●축인아헌관

詣墳墓前○北向跪○擧冪酌酒○奉爵跪授爵於獻官○獻爵於籩豆之間○俯伏○興○再拜○因

예분묘전○북향궤○거멱작주○봉작궤수작어헌관○헌작어변두지간○부복○흥○재배○인

降復位○撤爵●祝引終獻官詣墳墓前○北向跪○擧冪酌酒○奉爵跪授爵於獻官○獻爵於籩豆

강복위○철작●축인종헌관예분묘전○북향궤○거멱작주○봉작궤수작어헌관○헌작어변두

之間○俯伏○興○再拜○因降復位○獻官及在位皆俯伏○興○合盖○下筋○焚祝○祝就初獻

之間○부복○흥○재배○인강복위○헌관급재위개부복○흥○합개○하저○분축○축취초헌

官之左○告禮成獻官及在位者辭神皆再拜○撤饌○禮畢以次退

관지좌○고예성헌관급재위자사신개재배○철찬○예필이차퇴

축문(祝文)

顯幾代祖考通訓大夫行禮賓寺正兼春秋館編修官府君

몇 대조 할아버지 통훈대부 행예빈시정 겸 춘추관편수관 부군과

顯幾代祖妣淑人江陵朴氏

몇 대조 할머니 숙인 강릉박씨

顯幾代祖妣淑人杆城李氏

몇 대조 할머니 숙인 간성이씨에게 고하나이다.

儀形旣遠 風韻猶昨 斯文淂力 于後永錫 霜露交戌 春秋代易 撫舊追遠 感慕曷極 謹以淸酌 脯

醢 式陳明薦 尙 饗

위의 있는 모습은 이미 멀어졌건만 사문에서 득력[83]하여 후세에까지 길이 복을 내립니다. 서리와 이슬이 내려 봄가을이 갈음하는 때에 선조를 추모하며 제사를 올리니, 사모하는 마음 끝이 없습니다. 삼가 맑은 술과 포해로 경건히 밝은 제사를 올리니 흠향하소서.

4. 숭선재(崇先齋)

강릉시 유천동 177번지에 있는 숭선재는 강릉함씨 오곡댁(梧谷宅) 재실(齋室)로 1910년경에 건립하였으나 노후하여 1961년 10월에 다시 신축하여 사용하다가 1995년 함종환(咸鍾桓)·함기숙(咸基俶) 등이 설두하여 중수하였다. 재실 정면에는 숭선재 현판과 기둥에는 주련(柱聯)이, 내부에는 숭선재창

---

83 숙달하거나 깊이 깨달아서 확고한 힘을 얻는 것을 말함.

건기(崇先齋創建記)가 게판되어 있다. 강릉함씨 오곡댁에서 매년 음력 9월 21일 시제 때 전청으로 사용하다 2006년 강릉함씨 오곡종파 세장동(世藏洞) 일대가 한국토지주택공사의 보금자리주택조성지구에 편입됨에 따라 현 오곡종친회 대표이사 함영하(咸泳河)가 조성계획을 수립하여 추진위원회를 구성하고, 인근인 강릉시 성산면 위촌리 51번지에 숭선재를 비롯하여 봉안묘(奉安墓)·묘선당(廟先堂)·세천비(世阡碑) 및 종친회사무실을 건립하고 2008년 11월 16일 준공하여 새로운 터전을 마련하였다. 그리고 성섭(聖燮)의 효자각(孝子閣)은 담제봉 동남쪽에다 대한주택공사에서 건립하였다.

홀기(笏記)

●獻官及諸執事俱就位○諸執事者詣盥洗位○盥手○帨手○執事者掃床石○設蔬果○進饌○

●헌관급제집사구취위○제집사자예관세위○관수○세수○집사자소상석○설소과○진찬○

○設香爐香盒○設降神盞盤○獻官點閱○祝進獻官之左謹具請行事●行降神禮○初獻官詣盥

○설향로향합○설강신잔반○헌관점열○축진헌관지좌근구청행사●행강신례○초헌관예관

洗位○盥手○帨手○因詣香案前○跪○三上香○俯伏○興○再拜○跪○酌酒○奉爵○奠爵○

세위○관수○세수○인예향안전○궤○삼상향○부복○흥○재배○궤○뇌주○봉작○전작○

俯伏○興○再拜○因降復位○獻官及在位者皆再拜●行初獻禮○初獻官因詣香案前○跪○酌

부복○흥○재배○인강복위○헌관급재위자개재배●행초헌례○초헌관인예향안전○궤○작

酒○奉爵○奠爵○俯伏○興○小退○啓盖○正箸○獻官及在位者皆俯伏○祝進初獻之左跪讀

주○봉작○진작○부복○흥○소퇴○계개○정저○헌관급재위자개부복○축진초헌지좌궤독

祝○獻官以下皆興○初獻官再拜○因降復位○撤爵●行亞獻禮○亞獻官詣盥洗位○盥手○帨

축○헌관이하개흥○초헌관재배○인강복위○철작●행아헌례○아헌관예관세위○관수○세

手○因詣香案前○跪○酌酒○奉爵○奠爵○俯伏○興○小退○再拜○因降復位○撤爵●行終

수○인예향안전○궤○작주○봉작○전작○부복○흥○소퇴○재배○인강복위○철작●행종

獻官禮○獻官詣盥洗位○盥手○帨手○因詣香案前○跪○酌酒○奉爵○奠爵○俯伏○興○小

헌관례○헌관예관세위○관수○세수○인예향안전○궤○작주○봉 작○전작○부복○흥○소退○再拜○因降復位○獻官以下皆俯伏肅俟少頃○興○合蓋○撤箸○祝進獻官之左告禮成○

퇴○재배○인강복위○헌관이하개부복숙사소경○흥○합개○철저○축진헌관지좌고예성○

行辭神禮○獻官及在位者皆再拜○祝焚祝文○執事者撤饌○祝奉盞盤詣獻官之位●行飮福禮

행사신례○헌관급재위자개재배○축분축문○집사자철찬○축봉잔반예헌관지위●행음복례

○禮畢以次而退

○예필이차이퇴

축문(祝文)

維歲次某年某月朔日某辰世孫 敢昭告于

유세차 모년 모월 삭일 모신에 세손 ○○가

顯祖考○○○府君

조고○○○ 부군과

顯祖妣○○○之墓

조비○○○ 묘소에 고하나이다.

凡節之廢 已援諱辰 永定吉日 履玆霜露 歲遷一祭 不勝感慕 謹以淸酌脯醢 祇薦歲事 尙 饗

예의범절을 폐하고 돌아가는 날을 늦추고 당겨서 길한 날을 정하여 서리가 내릴 때 일 년에

한 번 시제를 지내오니 사모하는 마음을 이기지 못하겠습니다. 삼가 맑은 술과 포해로 공경히

세사를 올리니 흠향하소서.

제4절 강릉함씨 족보

강릉함씨 최초의 족보는 영조 40년(1764)에 단권으로 간행한 『갑신보(甲申譜)』이다. 그 이전에 강릉함씨의 족보가 편찬되었다고 하나 누차에 걸

친 병화로 소실되어 현재는 전해지지 않는다. 그간 강릉함씨 가문에서 간행한 족보를 살펴보면 다음과 같다.

족보명	권수	발간년도	비고
甲申譜 (갑신보)	1	영조 40년(1764)	咸致德(함치덕) 주관
丙辰譜 (병진보)	5	정조 20년(1796)	咸致(함치)復 주관, 金載瓚(김재찬) 序(서)
丙午譜 (병오보)	2	헌종 12년(1846)	咸澤著(함택저)·咸澤慶(함택경) 주관, 城下洞(성하동) 永慕齋(영모재)에 譜廳(보청) 설치
己卯譜 (기묘보)	12	고종 16년(1879)	咸有榮(함유영) 주관, 李晩榮(이만영) 序(서), 世序(세서)와 派系(파계)를 명확히 기록
己酉譜 (기유보)	7	융희 3년(1909)	咸炳七(함병칠)·咸炳昇(함병승)·咸基永(함기영) 주관
丙辰譜 (병진보)	2	1916년	咸熙昌(함희창) 주관, 金元鳴(김원명) 序(서)
丙子譜 (병자보)	15	1936년	咸炳球(함병구) 주관, 咸規(함규)를 1세로 함.
甲子譜 (갑자보)	7	1984년	咸澤泳(함택영) 주관, 강릉·양근함씨 대동보 발간
己丑譜 (기축보)	7	2009년	咸泰浩(함태호) 주관, 咸赫(함혁)을 1세로 함.

파보로는 강릉함씨 오곡파에서 1970년과 2001년에 간행한 『강릉함씨오곡파보(江陵咸氏梧谷派譜)』가 있고, 강릉함씨 위촌파에서 1991년과 2004년에 간행한 『강릉함씨위촌파보(江陵咸氏渭村派譜)』가 있다.

양천허씨(陽川許氏)

제1절 양천허씨의 세계와 주요 인물

1. 양천허씨의 세계

양천(陽川) 허씨는 양천의 토성(土姓)이다. 양천은 본래 고구려의 제차파의현(齊次巴衣縣)이었는데, 신라 경덕왕 때 공암(孔巖)으로 고치어 율진군(栗津郡, 지금의 과천)의 영현(領縣)으로 삼았다. 고려 현종 9년(1018)에 수주(樹州, 지금의 부평)에 속하였고, 충선왕 2년(1310)에 비로소 양천현이 되어 현령을 두었다. 조선시대에 들어와서도 그대로 따랐으며, 고종 32년(1895)에 양천군이 되어 인천부의 관할이 되었다가 다음 해에 경기도에 속하였다. 그 뒤 1914년 행정구역 개편 때 김포군에 편입되어 양동면과 양서면이 되었다. 1963년 2개면이 서울특별시로 편입되고, 1977년에 강서구가 신설되면서 강서구에 편입되었다가 1988년에 강서구에서 양천구가 분리, 신설되어 지금에 이르고 있다. 양천은 현재 가양동 지역으로 추정된다.

양천허씨 세계도

1세	2세	3세	4세	5세	6세	7세	8세	9세	10세	11세	12세	13세
宣文	玄	元	正	載	純	利涉	京	逐	琪	冠	伯	絅
선문	현	원	정	재	순	이섭	경	수	공	관	백	경

14세	15세	16세	17세	18세	19세	20세	21세
錦	惜	扉	蓀	琮宗			
금	기	비	손	종			
				琛침			
		櫙	菖	聘	瀚	曄	妹(韓氏所生) 매(한씨소생)
		추	창	담	한	엽	妹 〃 매
							筬 〃 성
							篈(金氏所生) 봉(김씨소생)
							蘭雪軒 〃 난설헌
							筠 〃 균

　　양천허씨의 시조는 공암지방의 호족이었던 허선문(許宣文)이다. 그는 공암현(孔巖縣)에 세거하면서 농사를 많이 지었는데, 왕건이 견훤군을 정벌하기 위해 남쪽으로 향하던 중 군량미가 떨어져 위기에 처했을 때 왕건을 도와 후삼국통일에 지대한 공을 세우게 되었다. 이에 왕건은 선문을 공암촌주로 봉하고 공암현을 식읍(食邑)으로 하사하였다. 이로 말미암아 본관을 공암허씨로 하였고, 후에 공암이 양천으로 개칭됨에 따라 양천허씨로 불려지게 되었다.[84]

　　2세 허현(許玄)은 갑과(甲科)에 급제하여 공문박사(攻文博士)가 되지

---

[84] 양천허씨에 대해서는 박용운, 2003 앞의 책, pp.252~267 참조.

만 따로 공적이 있어 공신(功臣)이 되었다고 한 사실로 미루어 볼 때 상당한 지위에 올랐을 것으로 예상된다.

3세 허원(許元)은 목종 원년(998) 을과(乙科)에 급제하여 좌습유(左拾遺, 종6품)·시어사(侍御史, 종5품)를 거쳐 내사사인(內史舍人, 종4품), 지제고(知制誥, 정4품)에 이른다. 추측컨대 그의 처는 8대 임금인 현종의 손녀였던 것 같다. 허공(許珙) 묘지에 그의 아버지 허수(許遂)는 현종의 아들 왕충(王冲)의 제6대 외손이라고 했는데, 허수로부터 6대를 거슬러 올라가면 허원이 이에 해당된다. 대수(代數)의 계산에 약간의 착오가 있을 가능성은 있지만 아무튼 이는 왕실과 양천허씨와의 혼인관계라는 점에서 극히 주목된다고 하겠다. 허원의 아들 허정(許正) 또한 고려전기 명문(名門)의 하나인 강릉김씨 집안의 딸을 아내로 맞은 바 있지만, 그는 불행하게도 일찍이 세상을 떠나 벼슬은 대창승(大倉丞, 종8품)에 그치고 말았다.

5세 허재(許載)는 어려서 아버지를 여의었으므로 외고조의 문음(門蔭)을 입어 이속(吏屬)으로 출발하였다. 그러나 예종조에 있었던 여진과의 전쟁에서 큰 공로를 세워 승진을 거듭하여 간다. 예종 4년(1109)에 9성(城) 싸움에서 중군녹사(中軍錄事)로 병마부사(兵馬副使) 이관진(李冠珍) 등과 함께 길주성(吉州城)을 여러 달 동안 고수(固守)하며 중성(重城)을 쌓아 여진족을 물리쳐 감찰어사(監察御史)에 발탁되고, 같은 해 행영병마판관(行營兵馬判官)이 되어 김의원(金義元) 등과 함께 길주성 밖에서 여진족 30명을 물리치고 잡단(雜端)에 올랐다. 예종 12년(1117)에 차상서병부시랑(借尙書兵部侍郞)으로 동북면 병마부사(東北面兵馬副使)가 된 것을 비롯하여 예종 17년(1122)까지 전후 3차례에 걸쳐 동북면·서북면의 병마사로 오랫동안 변경의 수비관으로 있으면서 여진의 정세를 잘 파악, 변경 수비의 방책을 왕에게 올려 채택되었다. 인종 초에 이자겸(李資謙)·척준경(拓俊京)이 정권을 잡자 동지추밀원사(同知樞密院事, 종2품), 지문하성사(知門下省事, 종2품), 참지정사(參知政事)를

거쳐 뒤에 중서시랑 동중서문하평장사(中書侍郎同中書門下平章事, 정2품)에
이르지만, 얼마 안 되어 이자겸의 실각과 함께 그도 좌천당하는 운명을 면치
못하였다.

6세 허순(許純)은 인종·의종 연간에 방어판관(防禦判官)·제위보부
사(濟危寶副使)를 거쳐 시형부시랑(試刑部侍郎, 정4품)의 지위에까지 올랐다.

7세 허이섭(許利涉)은 하위직이나마 전구서승(典廐署丞, 종8품)을 지
내거니와, 대체로 그의 말년이 무신난 발발기에 해당될 것으로 추측된다. 그
의 아버지 허순이나 장인 정지원(鄭知源)의 활동기가 의종 초년이므로 이같
은 추측은 사실일 가능성이 크다. 그의 벼슬이 하위직에 그치고 만 것은 아
마 무신난으로 인해 비롯된 결과가 아닌가 생각된다.

이와 같이 양천허씨 집안은 무신난 이전에 이미 문반귀족가문으로
서 뚜렷한 위치를 점하고 있었다는 사실을 알게 된다. 재상의 지위에 오른 자
가 2명에 달하고 조졸(早卒)한 허정을 제외하면 5품 이상으로 계속 가세(家
世)를 이어왔다. 혼인의 대상도 왕실 내지 당대의 명문인 강릉김씨·경원이씨
등이었다.

허이섭의 아들 허경(許京)과 손 허수(許遂)는 무신난 이후에 모두 고
위직에 오른다. 명종·신종조에 주로 활동한 허경은 예빈소경(禮賓少卿, 종4
품)·지제고를 지내며, 허수는 원종 원년(1260)에 국자시 시관(國子試試官)을
거쳐 후에 밀직부사(密直副使, 정3품)·한림학사승지(翰林學士承旨, 정3품)의 지
위에까지 오른다.

양천허씨 집안이 최대 문벌의 하나로 등장하는 것은 허공(許珙) 때
와서이다. 그는 재상의 아들로서 비록 처음에는 문음으로 사도(仕途)를 걷지
만 "문학과 이무(吏務)의 재간(才幹)은 능히 미칠 자가 없었다."라고 한 평에
서 알 수 있듯이 대단한 능력의 소유자였다. 그는 고종 45년(1258) 문과(文科)
에 급제하여 승선(承宣) 유경(柳璥)의 추천으로 내시(內侍)에 소속하여 정사

점필원(政事點筆員)이 되고, 국학박사(國學博士)를 거쳐 원종 초에 합문지후(閤門祗候)가 되었다. 이후 착실히 승진하여 원종 말년에는 재상의 지위에 오르며, 충렬왕 12년(1286)에 찬성사(贊成事, 정2품)·판전리사사(判典理司事), 그 이듬해에 첨의중찬(僉議中贊, 종1품)으로 수상의 자리에 앉아 졸거(卒去)하는 동왕 17년(1291)까지 집권한다. 학문적 능력도 그간에 한 번의 동지공거(同知貢擧)에다 두 차례나 지공거를 맡은 사실로 충분히 짐작된다. 전기(傳記)에 보면 그는 "성격이 공검(恭儉)하여 산업(産業)을 일삼지 않았으며, 비록 달관(達官)에 이른 뒤에도 음식은 일기(一器)에 지나지 않았고 옷도 포천(蒲薦)을 입었다"고 한 것으로 미루어 또한 청검(淸儉)한 사람이었다고 생각된다. 그는 이처럼 자질이 뛰어났을 뿐 아니라 또한 파평윤씨 극민(克敏)과 철원최씨 징(澄)을 장인으로 모시고 있었다. 전자는 정당문학(政堂文學, 종2품), 그리고 후자는 추밀부사(樞密副使, 정3품)를 지낸 사람이다. 이들은 당시에 최대 문벌의 지위를 누리고 있던 가문의 인물들이었다. 허공이 크게 성공하는 것은 본래부터 귀족적 전통을 지녀온 재상가의 자제로서 파평윤씨나 철원최씨와 같은 당시의 명족(名族)과 혼인으로 얽힌 문벌적 배경을 얻은 위에 본인의 '능문능리(能文能吏)'가 합체되어 이룩된 결과라고 생각된다. 그가 큰 지위에 오른 때는 100여 년간 계속되어 오던 무신정권이 종말을 고하고 왕정복고가 이루어진 시기로써 그같은 정세가 아마 그에게 유리한 위치를 마련해 주었을 가능성도 물론 많다. 그는 사후에 충렬묘정(忠烈廟廷)에 배향되었다.

허공은 슬하에 5남 4녀를 두었다. 즉 윤씨부인과의 사이에 정(程)·숭(嵩, 초명은 評)·관(冠) 세 아들과 두 딸, 그리고 최씨부인과의 사이에 총(寵)·부(富) 두 아들과 두 딸이 있었다. 이 가운데 허균의 직계는 허공의 셋째 아들인 허관이었다. 그는 6품직인 낭장에 임명된 지 4년이 지나도록 이를 마다하고 과거를 준비하야 마침내 충렬왕 28년(1302)에 병과의 수석으로 급제하자, 왕이 평소에 그 이름을 듣고 발[簾] 앞까지 불러서 서각띠[犀帶]를 하사하였다. 어떠한 연유에서인지 본인의 관직은 호부산랑(戶部散郎, 정6품)에 머물지만, 그는 당시 문벌가의 자제로 수상까지 지내는 여산 송씨 분(玢)의 사위로서, 허백(許伯)·허선(許僐)·허교(許僑) 세 아들과 그 자손들이 대부분 큰 지위에 올라 가장 번영을 누리는 계열이 되었다.

12세 허백(許伯)은 충목왕 즉위년(1344)에 판전민도감사(判田民都監事)가 되고, 이어서 동지밀직사사(同知密直司事)로 이제현(李齊賢)과 함께 서연(書筵)에서 시독(侍讀)했으며, 같은 해 밀직사사(密直司使)에 올랐다. 충목왕 3년(1347)에 지공거, 충정왕 원년(1349)에 찬성사, 공민왕 5년(1356)에 중서시랑 동평장사(中書侍郎同平章事)가 되어 양천군(陽川君)에 봉해지거니와, 그간에 또 지공거를 역임한 사실로 미루어보면 아마 이전에 과거에도 급제했던 것으로 보인다.

13세 허경(許綱)은 사예(司藝)·산원직(散員職) 등을 거쳐 지신사(知申事, 정3품)의 지위에 올랐으며, 14세 허금(許錦)은 과거에 급제한 이후 예의정랑(禮儀正郎)·좌상시(左常侍)·전리판서(典理判書, 정3품) 등 요직을 지낸다.

15세 허기(許愭)는 우왕 6년(1380)인 16세에 국자감시에 합격하고 우왕 9년(1383)인 19세에 생원시에 합격 성균생원이 되었다. 일찍이 정몽주, 원천석, 김자수, 신덕린 등 명유를 쫓아 배웠다. 조선조에 출사하여 벼슬이 광주목사(廣州牧使)에 이르렀다.

조선왕조에 들어와 양천허씨는 훈구집안이었으나 그 주맥은 허종(許琮)·허침(許琛) 형제로 이어진 계열이었다. 허종(1434~1494)은 세조 3년(1457) 별시문과에 3등으로 급제하여 직장(直長)·지제교(知製敎) 등을 거쳐 세조 12년(1466)에 함길도병마절도사가 되었고, 이듬해에 이시애의 난을 평정하는 데 공헌하여 적개공신(敵愾功臣) 1등에 책록되고 양천군(陽川君)에 봉해졌다. 성종 2년(1471)에 순성좌리공신(純誠佐理功臣) 4등에 책록되고, 호조판서·이조판서·병조판서를 역임하였다. 성종 20년(1489)에 보국숭록대부로 승진되고 양천부원군(陽川府院君)에 봉해졌으며, 성종 23년(1492)에 우의정에 올랐다. 그리고 허침(1444~1505)은 세조 8년(1462) 진사시에 입격하고 성종 6년(1475) 참봉으로 친시문과에 을과로 급제하여 지평·병조정랑·지제교(知製敎) 등을 거쳐 홍문관 직제학 겸 예문관응교, 호조·이조참판을 역임하였다. 연산군 8년(1502)에 경기도관찰사·이조판서가 되고, 연산군 10년(1504)에 우의정이 되었다.

　　허균의 직계조상들은 이 계열과는 달리 크게 현달하지는 못하였다. 허균의 5대조 추(樞)는 충무위 호군(忠武衛護軍)에, 고조 창(菖)은 성균관 전적(成均館典籍)에, 증조 담(聃)은 금화사 별제(禁火司別提)에, 조부 한(瀚)은 군자감 부봉사(副奉事)에 그쳤다. 허균 가문이 현달하는 것은 아버지 허엽(許曄)에 이르러서이다.

2. 주요 인물

1) 허엽(許曄, 1517~1580)

　　자는 태휘(太輝)이고, 호는 초당(草堂), 시호는 문간(文簡)이다. 서경덕의 문인으로 중종 35년(1540) 진사시에 입격하고, 명종 원년(1546) 식년문과에 갑과로 급제하여 명종 6년(1551)에 홍문관 부교리를 거쳐 명종 8년(1553)에 사가독서(賜暇讀書)한 뒤 사헌부 장령을 지냈다. 명종 14년(1559)에 시강원 필선(侍講院弼善)을 지내고 이듬해 성균관 대사성에 올랐으며, 명종 17년(1562)에 참찬관이 되어 경연에 참석하여 조광조의 신원(伸寃)을 청하고 구수담의 무죄를 논한 사건으로 파직되었다. 이듬해 삼척부사로 복직되었다가 과격한 언사로 인해 다시 파직되었고, 선조 원년(1568)에 다시 기용되어 진하부사(進賀副使)로 명나라에 다녀와 대사간에 올랐다. 그 후 부제학을 거쳐 경상도

관찰사에 임명되었으나 병으로 사직하고 돌아오는 길에 상주의 객관(客館)에서 생을 마감하였다.

허엽은 사림파 학자의 전통을 계승한 대표적인 인물이었다. 그는 과거에 급제해 사간원 정언으로 임명되자 경연에 나아가 경향(京鄕)을 통해 사습(士習)을 바로 잡자고 주장하는 기개를 보였다. 또한 기묘사화 이후『소학(小學)』과『근사록(近思錄)』이 금기시되던 때에 나식(羅湜)에게서 이를 배운 것이라든지, 을사사화의 주모자였던 윤원형을 적극 탄핵한 것은 사림파 학자의 위상을 잘 보여준다.

허엽은 박순과 함께 화담 서경덕(1489~1546)의 제자 중 으뜸으로 꼽히고 있었다. 허엽은 가장 오랫동안 서경덕의 문하에 있었으며, 스승의 학설을 지켜나가는데 힘을 기울였다. 서경덕이 병이 위독해졌을 때 허엽에게「원리기(原理氣)」를 비롯한 6편을 말로 전했는데, 허엽은 이것을 기술하여 후세에 전했다. 또한 서경덕의 학문이 장재에게서 나왔다는 율곡의 지적에 대해 허엽은 "소옹(邵雍)·장재(張載)·정자(程子)·주자(朱子)를 겸비한 인물"이라고 적극 해명하였고, 서경덕의 우의정 추증과 문묘종사를 청할 때에도 적극적으로 나섰다.

화담 학풍의 특징은 자득(自得)을 통한 실천의 강조와 학문의 절충성, 개방성으로 요약된다. 그의 이러한 학풍은 허균의 가문에도 널리 계승되었다. 허엽은 원래 문사(文詞)에 능했으나 화담에게 수학하면서 이를 버리고 도학(道學)에 잠심하였다. 허엽은 평소에 남과 더불어 쟁론할 때에도 언사와 기색이 화평을 잃지 않아서 사람들이 모두 수양이 있다고 칭찬하였으며, 어진이를 존경하고 선비들과 사귀는 것이 지성에서 나왔으므로 학자들이 초당선생(草堂先生)이라 일컬었다.

허엽은 화담과 같은 입장을 취하면서 배운 것이 많더라도 실천이 따르지 못하는 것은 자득과 견문(見聞)의 차이라고 주장하였다. 허엽은 정주

(程朱)가 세상에 나온 이래 학문이 밝아지지 않음이 없지만, 사람들의 뜻을 세움이 한당(漢唐) 시대보다 도리어 못한 경우가 있는 것은 그 학문이 단지 견문지지(見聞之志)에 그쳤기 때문이라고 하였다. 『주역』을 중시한 화담의 학풍은 허엽에게도 계승되었다.[85] 허엽은 양명학에 대해서도 상당한 관심을 가졌던 것으로 보인다. 서경덕의 문하에서 양명학에 경도된 학자로는 남언경(南彦經)과 홍인우(洪仁祐)를 꼽을 수 있는데, 허엽은 특히 홍인우와 두터운 친분을 유지했으며 그 친분은 후대까지 이어졌다. 허성은 홍인우의 『치재유고(恥齋遺稿)』의 서문을 써 주었는데, 그 서문에서 허엽과 홍인우의 교분을 '지동도합(志同道合)'으로 압축하여 표현하기도 하였다.[86] 그리고 허엽은 삼당시인(三唐詩人)의 한 사람인 손곡(蓀谷) 이달(李達)이 서자였기 때문에 세상에 쓰이지 못할 때 그를 받아들이는 개방적인 입장이었다.

허균은 「성옹식소록(惺翁識小錄)」에서 선친인 허엽과 서경덕의 인간적, 학문적 인연을 기술하였다. 이 글에서 허균은 서경덕뿐만 아니라 한호(韓濩), 차씨(車氏)의 부자형제(차식·차천로·차운로), 황진이 등 개성을 대표하는 인물들에 대해 자세한 기록을 남기고 있다. 허균은 "화담의 이학(理學)은 국조에 첫째이고, 석봉(石峰)의 필법은 해내외(海內外)에 이름을 떨쳤으며, 근일에는 차씨의 부자형제가 또한 문명(文名)이 있다. 진랑(眞娘, 황진이)도 또한 여자 중에서 빼어났다"고 하여 개성 지역에 빼어난 인물이 많았음을 칭송하였다. 허엽은 한호와 시를 주고받았으며, 그의 아들 허봉, 허균 또한 한호와 친분이 있었다. 이는 허균이 부친의 스승인 서경덕의 학문적 기반이 되는 개성에 대해 깊은 관심을 가진 것으로 이해된다.

---

85 허엽이 젊었을 때 李芬를 찾아가 『주역』을 배웠다는 기록은 이를 뒷받침해 준다(『燃藜室記述』卷9, 『宗朝古事本末 仁宗朝名臣 李芬·李雀』).

86 서경덕은 "近來에 進步한 사람은 홍인우 1명 뿐"이라면서 그의 학문적 성취를 칭찬하였다(『恥齋遺稿』卷2, 「日錄抄」).

허엽은 동인과 서인의 대립 시 초기 동인을 주도했다. 허엽이 동인의 영수가 될 수 있었던 것은 허봉이 이조낭관으로 동인의 핵심인물이었던 것과 깊은 연관을 맺고 있다. 허엽은 동서분당의 단서를 제공한 김효원과 심의겸에 대해 김효원의 입장을 지지하고 심의겸과 연결된 서인을 비판하였다. 즉 허엽은 심의겸을 외척의 권간(權奸)으로 인식하고 서인이 이들에 의지하여 큰 자리를 얻었음을 비판하고, 김효원이 외척을 물리쳐 억누르기 때문에 그를 지지한다는 입장을 표명하였다.

허엽은 말년에 경상도관찰사로 있으면서 교화(敎化)를 급선무로 여겨 김정국(金正國)이 지은 『경민편(警民編)』의 「보군상(補君上)」 한 조목을 수천 본(本)을 인쇄하여 여리(閭里)에 반포하고, 또 군읍(郡邑)으로 하여금 「삼강오륜행실도(三綱五倫行實圖)」를 인쇄하게 하는 등 구습(舊習) 타파하는데 크게 기여하였다. 청백리(淸白吏)에 녹선(錄選)되고, 개성의 화곡서원(花谷書院)에 제향되었다. 저서로는 『초당집(草堂集)』과 『전언왕행록(前言往行錄)』 등이 있다.

허엽은 슬하에 3남 3녀를 두었다. 허엽은 청주한씨 숙창(淑昌)의 딸과 결혼하여 박순원(朴舜元)과 우성전(禹性傳)에게 시집간 두 딸과 장남 성(筬)을 낳았고, 한씨와 사별한 후 강릉김씨 광철(光轍)[87]의 딸과 결혼하여 봉(篈)·난설헌(蘭雪軒)·균(筠)을 낳았다. 특히 김씨 소생의 3남매는 뛰어난 문학적 재능으로 큰 명성을 얻었다. 그리하여 실록의 사평(史評)에 "(허엽의) 세 아들인 성·봉·균과 사위인 우성전·김성립(金誠立)은 모두 문사로 조정에 올라 논의하여 서로의 수준을 높였기 때문에 세상에서 '허씨가 당파의 가문

---

87 허균의 모는 김광철(1493~1550)의 둘째딸이었다. 허균의 외조부인 김광철은 중종 2년(1507)에 생원이 되었고, 중종 8년(1513) 별시문과에 병과로 급제하였다. 중종 25년(1530)에 군자감 첨정이 되고 이듬해 장령이 되었으며, 중종 28년(1533)에 판교·동부승지·좌부승지를 거쳐 이듬해 우승지·형조참의를 역임하였다. 중종 38년(1543)에 한성부 우윤이 되고 인종 원년(1545)에 종부시 제조, 명종 3년(1548)에 전라도관찰사를 역임하였다.

중에 가장 치성하다'고 일컬었다"[88]고 기록될 정도였다.

2) 허성(許筬, 1548~1612)

자는 공언(功彦)이고, 호는 악록(岳麓)·산전(山前)이다. 허엽의 아들이며, 허봉·허균의 형이고, 허난설헌의 오빠이다. 미암 유희춘의 문인으로 선조 원년(1568)에 생원이 되고, 선조 16년(1583) 별시 문과에 병과로 급제하였다. 선조 23년(1590)에 전적(典籍)으로 통신사의 서장관(書狀官)이 되어 황윤길(黃允吉), 부사 김성일(金誠一)과 함께 일본에 다녀왔다. 이때 통신사인 황윤길은 일본의 침략 의도를 지적했으나 부사인 김성일은 침략 우려가 없다고 진술하자, 김성일과 같은 동인(東人)인데도 그 의견에 반대하고 침략가능성이 있음을 직고(直告)했다. 선조 25년(1592) 임진왜란이 일어나자 이조좌랑으로 강원도 소모어사(召募御史)를 자청하여 군병모집에 진력하였다. 이어 정언·헌납·이조좌랑·응교·사인·집의를 거쳐 선조 27년(1594) 이조참의로 승진되었으며, 선조 28년(1595) 대사성·대사간·부제학을 역임하였다. 이어 이조참판을 지내고 전라도안찰사로 나갔다가 예조와 병조판서에 제수되었으며, 그뒤 이조판서에까지 이르렀다. 1607년 선조 임금이 죽을 때에 어린 영창대군의 보필을 부탁받은 이른바 '유교칠신'(遺敎七臣, 혹은 顧命七臣) 중의 한 사람이 되었다. 선조조에 학문과 덕망으로 사림의 촉망을 받았으며, 성리학에 조예가 깊었고 글씨에도 뛰어났다. 저서로는 『악록집(岳麓集)』이 있다.

3) 허봉(許篈, 1551~1588)

자는 미숙(美叔)이고, 호는 하곡(荷谷)이다. 유희춘의 문인으로 선조 원년(1568) 생원시에 입격하고, 선조 5년(1572) 문과에 병과로 급제하여 승문원

---

88 『선조수정실록』권14, 13년 2월 신미조.

부정자(副正字)로 관직을 시작하였다. 이듬해 예문관에 천거되어 검열(檢閱)이 되었고, 사가독서(賜暇讀書)에 선발되었다. 선조 7년(1574)에 성절사 박희립의 서장관으로 명나라에 다녀온 후에 유성룡의 천거를 받아 이조좌랑이 되면서 정치권의 핵심인물로 부상하게 된다. 선조 17년(1584)에 병조판서 이이(李珥)의 직무상 과실을 들어 탄핵하였다가 갑산에 유배되었고, 2년 뒤에 풀려났으나 정치에 뜻을 버리고 방랑생활을 하다 38세의 나이로 생을 마감하였다.

허봉은 부친인 허엽을 통해 서경덕이 강조한 자득(自得)에 대해 이해가 깊었으며, 서경덕–허엽–허봉으로 이어지는 도통(道統)을 상정하기도 하였다. 허봉은 허엽, 유희춘, 이황에게서 공부를 하여 주자학에 정통하였고, 후학들의 지도에도 관심을 기울였던 것으로 보인다. 주자학에 크게 경도되어 있었던 것은 그가 서장관을 자청하여 명나라에 들어가 양명학자들과 논쟁을 벌인 데서도 찾을 수 있다. 그러나 허봉은 1586년 유배에서 풀려난 후 불교와 도교사상에 접근해 있었다.[89] 신분관에서도 서얼허통과 천인들의 신분변동이 가능하다는 개방적인 입장이었다. 허봉이 『해동야언(海東野言)』에서 어숙권(魚叔權)·조신(曺伸) 등 서자(庶子) 출신을 서술한 것도 이들에 대한 포용성을 보여준 것이라 볼 수 있다.[90]

4) 허난설헌(許蘭雪軒, 1563~1589)

본명은 초희(楚姬), 자는 경번(景樊)으로 강릉시 초당동에서 태어났다고 전해진다. 일찍이 허씨가문과 친교가 있었던 이달(李達)에게 시를 배워

---

89 유배에서 풀려난 허봉은 放浪山水하는 생활을 하면서 西山을 비롯하여 山寺를 찾아 많은 승려들과 교유시를 남기고 있으며, 그의 시귀들을 보면 '仙母'·'仙人'·'巫山仙子'·'君仙'·'紫陽之仙' 등의 용어를 다수 사용한 것이라든지 '我爲神仙'·'荷谷道人' 등으로 자신을 지칭하는 구절들은 도교적 영향을 받고 있음을 보여준다(崔異敦, 1994 「海東野言에 보이는 許篈의 當代史 인식」 『韓國文化』15, p.241).

90 『大東野乘』卷9, 海東野言.

천재적인 시재(詩才)를 발휘하여 조선시대 최고의 여류시인으로 평가받고 있다. 15세 무렵 안동김씨 성립(誠立)과 혼인하였으나 결혼생활이 순탄하지 못했다고 한다. 게다가 어린 자녀의 사망과 잇따른 친정집의 화액(禍厄)이 겹침에 따라 그 고뇌를 시작(詩作)으로 달랬다. 허균은 『학산초담』에서 "누님의 시문은 모두 천성에서 나온 것들이다. 시어(詩語)가 모두 맑고 깨끗하여 음식을 익혀 먹는 속인으로는 미칠 수 없다"고 하였다. 그의 작품 일부를 동생 허균이 선조 39년(1606) 명나라 사신 주지번(朱之蕃)이 왔을 때 원접사 유근(柳根)의 종사관이 되어 그와 접촉을 하면서 난설헌의 시집을 주었는데, 주지번은 난설헌의 시에 감탄하여 본국으로 가져가 중국의 역대 시문을 모은 책에 난설헌의 시를 수록하였던 것이다. 그 후 중국에서는 난설헌의 시풍을 따르는 여자 시인들이 많이 생겨났다고 한다. 숙종 37년(1711)에는 분다이야 지로(文台屋次郎)에 의해 일본에서도 간행되어 애송되었다. 묘는 경기도 광주군 초월면 지월리 경수마을 뒷산 안동김씨 선영(先塋)에 있는데, 경기도 지방문화 지정기념물 제90호이다.

5) 허균(許筠, 1569~1618)

자는 단보(端甫), 호는 교산(蛟山)·학산(鶴山)·성소(惺所)·백월거사(白月居士)로 강릉부 사천 외가(애일당)에서 태어났다.[91] 허균의 외조부 김광철이 지은 애일당은 동쪽으로 대해(大海)와 북쪽으로 오대산·청학산·보현산이 바라보이는 언덕 위에 있었다. 애일당 뒤에 있는 산등성이는 이무기가 기어가듯 꾸불꾸불한 모양을 이루고 있다고 해서 예로부터 교산(蛟山)이라고 불려왔다. 허균이 자신의 호를 교산이라고 한 것도 그의 출생지와 관련하여

---

91 허균의 출생지에 대해서는 이외에도 강릉시 초당동과 서울 건천동에서 태어났다는 설이 있다. 이에 대한 연구사적 정리는 김풍기, 2001 「허균의 강원도 인식과 민속문화론」 『博物館誌』 8, 강원대학교 중앙박물관, pp.115~116 참조.

지은 것이라 생각된다.

　　허균은 선조 22년(1589) 생원시에 입격하고, 선조 27년(1594) 정시문과(庭試文科)에 을과로 급제한 후 세자시강원 설서(說書)를 거쳐 선조 30년(1597) 문과중시(文科重試)에서 장원하였다. 이듬해 병조좌랑을 거쳐 선조 32년(1599)에 황해도도사(黃海道都事)가 되었는데, 서울의 기생을 끌어들여 별실에 숨기고 즐겼다는 탄핵을 받아 6개월 만에 파직되었다. 선조 34년(1601)에 형조정랑, 선조 35년(1602)에 성균관 사예(司藝)·사복시정(司僕寺正)이 되었으며, 선조 37년(1604)에 수안군수로 부임하였다가 불교를 믿는다는 탄핵을 받아 또다시 벼슬길에서 물러났다. 선조 39년(1606)에 유근의 종사관이 되어 명나라 사신 주지번을 영접하면서 탁월한 명문장으로 이름을 떨쳤다. 이듬해 삼척부사가 되었으나 여기서도 3개월이 못 되어 불상을 모시고 염불과 참선을 한다는 탄핵을 받아 파직되었다. 광해군 원년(1609)에 명나라 책봉사가 왔을 때 이상의(李尙毅)의 종사관이 되었고, 이어 형조참의가 되었다. 광해군 2년(1610)에 별시(殿試)의 대독관(對讀官)이 되어 조카와 사위를 합격시켰다는 혐의로 탄핵받아 이듬해 전라도 함열로 유배되었고, 배소에서 풀려나 잠시 서울에 있다가 부안으로 내려갔다. 광해군 5년(1613) 계축옥사 때 평소 친교가 있던 서자 출신의 서양갑(徐羊甲)·심우영(沈友英)이 처형당하자 신변의 안전을 도모하기 위해 당시 권신이던 이이첨(李爾瞻)의 대북(大北)에 참여하였다. 광해군 6년(1614)에 천추사(千秋使)가 되어 명나라에 다녀왔고, 이듬해에 다시 동지(冬至) 겸 진주부사(陳奏副使)가 되어 명나라에 다녀왔다. 광해군 9년(1617)에 폐모론(廢母論)을 주장하는 등 대북파의 일원으로 왕의 신임을 얻어 좌참찬이 되었다. 그러나 폐모를 반대하던 영의정 기자헌(奇自獻)과 사이가 벌어지고 기자헌이 길주로 유배가게 되자, 그의 아들 기준격(奇俊格)이 아버지를 구하기 위해 허균의 죄상을 폭로하는 상소를 올렸고, 허균도 상소를 올려 변명하였다. 1618년 8월 남대문에 격문을 붙인 사건이 일어

낳을 때, 허균의 심복 현응민(玄應旻)이 붙었다는 것이 탄로나 허균과 기준격을 대질 심문시킨 끝에 역모를 하였다 하여 그의 동료들과 함께 저자거리에서 능지처참을 당하였다.[92]

허균은 선조대에서 광해군대에 걸쳐 활약한 문장가·사상가·개혁가였다. 허균은 5세 때부터 글을 배우기 시작하여 9세 때 시를 지을 줄 알았고, 12세 때 아버지를 잃고 시공부에 더욱 전념하였다. 시는 삼당시인(三唐詩人)의 한 사람인 이달(李達)에게서 배웠다.[93] 이달은 허균에게 시의 묘체를 깨닫게 해주었을 뿐 아니라 인생관과 문학관에도 많은 영향을 주었다. 허균은 유성룡의 문하에 출입하였으나 특별한 사승 관계 속에서 공부했다기보다는 오히려 아버지 허엽과 두 형 허성·허봉으로부터 받은 학문적 정치적 영향이 그의 생각을 키움에 크게 작용한 것으로 보인다.

허균의 학문 형성에 직접적인 영향을 준 인물로는 그의 형 허성과 허봉이었다. 특히 그의 작은 형 허봉은 형이라기보다는 아버지 혹은 스승과 같은 역할을 했던 것으로 보인다.

유교집안에서 태어나 유학을 공부한 허균은 학문의 기본을 유학에 두고 있었다. 그러나 허균의 사상에서는 도교사상에 경도된 측면이 특히 두드러진다. 허균은 주로 그 양생법과 신선사상에 깊은 관심을 보였다. 허균이 부친인 허엽과 서경덕의 만남을 기록한 일화에서는 서경덕이 6일을 먹지 않고도 얼굴빛에 굶주린 기색이 없었다는 내용이 기록되어 있는데,[94] 이것은 도가 양생법을 한 결과로 보인다. 허균은 도교를 긍정적으로 이해했

---

92 허균에 대한 서술은 『實錄』과 이이화, 1991 『허균의 생각』, 여강출판사를 참조하였다.

93 李膽의 후손인 이달은 崔慶昌·白光勳과 함께 조선 중기 三唐詩人의 한 사람으로 꼽힐 만큼 시재가 뛰어났지만, 庶子라는 신분상의 제약 때문에 자신의 높은 뜻을 펼치지 못하고 있었다. 또한 형식적인 예법에 구속되는 것을 싫어하여 세상의 거스림을 받았다. 그의 생애는 허균이 쓴 「蓀谷山人傳」에 언급되어 있다(『惺所覆瓿藁』卷8, 文部5 「蓀谷山人傳」).

94 『燃藜室記述』卷9, 中宗朝故事本末 中宗朝遺逸.

을 뿐만 아니라 단학양생술(丹學養生術)에 심취하여 그의 문집 중에는 「임노인양생설(任老人養生說)」, 「남궁선생전(南宮先生傳)」 등 불로장생의 사례들을 논한 글이 많으며 신선류(神仙類)의 책들을 광범하게 인용하고 있다. 특히 그의 저술 중 『한정록(閒情錄)』은 양생과 은둔사상이 기본적인 것으로 이러한 경향은 붕당의 형성 과정에서 나타난 정치적 혼란 속에서 사류(士類)들의 처신 방향과 관련되어 있는 것으로 이해된다.[95] 또한 허균은 좌파계인 이탁오의 글을 읽고 왕양명과 함께 그의 저술 『한정록』에서 소개하였다. 그래서 한때 그의 제자였던 이식(李植)은 허균을 양명학과 기미가 통한다고 하였다.

　　허균이 불교에 눈뜨기 시작한 것은 그의 형 허봉을 통해 사명당을 만나면서부터다. 허균은 불경을 직접 외우거나 불교의 복장으로 생활하고 불교적인 의례를 자주 행하였으며, 심지어는 집에 불단을 설치하여 절하고 염불하면서 '불제자(佛弟子)'라고 자칭했다고 한다. 당연히 유가의 법도에 걸맞지 않은 행동이라고 비판받고 배척받기 마련이었는데, 수안군수와 삼척부사 시절에 탄핵을 받아 파직된 것은 이런 이유 때문이었다.

　　허균은 선진(先秦) 제자학(諸子學)에 대해서도 깊이 천착하였다. 특히 법가학(法家學) 곧 관중(管仲)이나 상앙(商鞅), 혹은 한비(韓非)의 사상과 문장을 매우 긍정했으며, 이들의 사유를 기반으로 부국강병(富國強兵)을 이룰 것을 적극 주장하기도 했다. 허균이 특히 주목한 것은 관중·상앙과 같은 인물을 얻어 부국강병을 이루면 좋겠다는 강한 열망을 지니고 있었다.

　　요컨대 허균은 성리학에만 얽매어 있던 당시 선비사회에서 보면 이단시할 만큼 다양한 사상의 이해를 가졌을 뿐 아니라 편협한 자기만의 시각에서 벗어나 핍박받는 하층민의 입장에서 정치관과 학문관을 피력해 나간 인물이기도 하였다. 그의 사상에서는 도교사상에 경도된 측면이 특히 두드

---

95 『惺所覆瓿藁』卷24, 說部2 「惺翁識小錄」中. 신병주, 2000 『남명학파와 화담학파 연구』, 일지사. pp.250~251.

러지고 양명학, 불교 등에 대해서 포용적인 입장이 나타나 화담의 학풍과 유사한 면모를 보인다. 그의 부친인 허엽과 형 허봉을 통해 화담의 학풍을 계승한 허균이 『홍길동전』의 저술에서 서얼이 차대 받는 현실을 지적하고 서얼의 능력이 우수함을 강조한 것은 이러한 분위기의 한 반영이라 볼 수 있다.

6) 허규(許奎)

허엽의 현손으로 진사(進士) 출신이다. 젊어서 시를 잘 지어 당대에 이름을 떨쳤다. 울진을 지나다가 태수인 서파(西坡) 오공(吳公)의 비위를 건드리자 시를 써서 주었다. 그 시에 이르기를 "함벽정(涵碧亭) 앞에서 채찍으로 말을 몰고 가는데, 행인들이 한결같이 태수가 어질다네. 절벽이라 높다랗게 축대를 쌓고, 솔바람 생황소리 안개 속에 들려오네. 어찌 무엄하게 태수 비위를 건드리랴, 괜스레 돌아가는 길 늦어질까 두렵구려. 화음(華陰)에는 청연(靑蓮)을 공양하는 습속이 없는데, 누가 알랴 문장을 만고에 전할는지."라고 하였다.

제2절 동족마을의 형성과 공동체 모임

1. 양천허씨의 강릉 입향

양천허씨의 강릉 입향조는 허엽이다. 허엽은 명종 8년(1553) 장령으로 있을 때 종가(宗家)가 불에 타자 이를 다시 짓기 위해 황해도 만호(萬戶)에게 재목을 수송해 오도록 한 것이 문제가 되어 파면되었는데,[96] 그때 처가가

---

96 이에 대해 실록의 史評에는 "李戡은 허엽이 이조 좌랑이 되었을 때에 자기를 천거해 주지 않은 것에 대해서 원망을 품었다. 그때 마침 허엽의 宗家가 불에 타서 다시 집을 짓게 되었는데, 이감은 의심스러운 흔적을 찾아내 허엽을 몰아붙였다."고 하였다(『명종실록』권15, 8년 9월 신유조).

있는 강릉으로 내려왔다. 강릉에는 허성의 후손들이 세거하였는데, 허성의 손자인 허돈이 승지공파(承旨公派)의 파조이다.

허돈(1625~1703)의 자는 자후(子厚)로 숙종 2년(1676) 문과 병과에 급제하였으나, 벼슬에 나가지 않고 세상을 등지고 낙향하여 후학을 지도하였다. 전배위는 강릉김씨 현감 지안(志顔)의 딸이고, 후배위는 풍천 임씨(任氏)이다. 묘는 강릉시 초당 앞산 곤좌(坤坐)에 있다. 허곤(許坤, 1754)의 자는 사중(士重)으로 벼슬은 가선대부 한성좌윤(漢城左尹)을 지냈다. 배위는 강릉김씨와 광주노씨이다. 묘는 주문진읍 주문리에 있다. 양천허씨 집성촌은 강릉시 초당동과 연곡면 송림리, 사천면 판교리, 주문진읍 장덕리 등이다.

2. 동족마을의 지역개관

1) 강릉시 초당동

허엽은 처가가 있는 강릉으로 내려온 후 현 강릉시 초당동에 기거하였는데, 마을이 번성하자 그의 호를 붙여 '초당(草堂)'이라 칭하게 되었다고 전한다. 혹자는 조선 선조 때 공조참의를 지낸 유동양(柳東陽)이 이곳에 초당을 짓고 후진을 가르쳤다 하여 붙여진 이름이라고도 한다. 이와 같이 초당의 명칭 유래는 여러 가지로 전하고 있으나 일반인들이 가장 널리 받아들이는 유래는 초당 허엽과 허균, 허난설헌 등 허씨 집안과 관련된 것이다. 초당동에는 양천허씨가 10여 호가 살았다고 한다.

2) 사천면 판교리

판교리의 옛 이름은 너다리이다. 너다리는 판교리 마을 앞으로 조그마한 내가 흘렀는데 사람들이 그 내를 그냥 건널 수가 없어서 냇가에 널빤지를 올려놓고 다리를 만들어 건넜다고 하여 생긴 이름이다. 사천면 면소재지에 있는 주막거리에서 사천천을 건너면 오른쪽으로 넓은 들이 나오는데 이곳이 판교리이다. 판교리는 판교1리와 판교2리로 구성되어 있는데, 북쪽으로 연곡면 동덕리와 송림리, 서쪽으로 석교리, 남쪽으로 사천진리와 미노리, 동쪽으로 동해바다에 접해 있다. 판교리의 이설당에서 동쪽 바닷가 쪽으로 가면 애일당 터가 나오는데, 애일당 터는 중종 때 문신인 김광철의 옛 집터를 말한다. 판교리 일대에는 양천허씨가 40여 호가 살았다고 한다.

3) 주문진읍 장덕리

장덕리는 마을에 긴 언덕[長德]이 있다는 뜻에서 생긴 이름으로 장데기, 장덕이, 장덕동 등으로 불리었다. 긴 언덕 주변으로 마을이 형성되었다. 원래 강릉군 신리면 지역이었으나 1916년에 행정구역 폐합에 따라 노루메기(老洞), 서낭뎅이, 산근네, 원뎅이, 재궁들을 합쳐 법정리로 되었다. 장덕리는 주문진 시내로 흐르는 신리천을 중심으로 남북에 걸쳐 있는데, 동쪽은 교항리, 서쪽은 삼교리, 남쪽은 연곡면 행정리, 북쪽은 향호리와 접해 있다. 장덕리에는 양천허씨가 50여 호가 살았다고 한다.

3. 동제(洞祭)

1) 강릉시 초당동

초당동에는 안초당에 1개의 서낭당이 있다. 서낭당은 초당동 산209번지에 위치해 있다. 초당동 서낭당은 서낭숲 속에 당집 없이 3개의 위패를 비석처럼 세우고 상석을 놓았다. 초당동의 제의는 성황제(城隍祭)라고 하며 성황지신(城隍之神)·토지지신(土地之神)·여역지신(癘疫之神)을 모신다. 제당은 안초당 마을 앞산에 위치한다. 제의는 음력 정월 보름에 지낸다. 반별 유사제로 제물을 준비하며 합위(合位)로 진설(陳設)한다. 유교식으로 지내며 제의가 끝나면 소지(燒紙)한다.

2) 주문진읍 장덕리

장덕리에는 장덕1리와 장덕2리에 각 한 곳씩 2개의 서낭당이 있다. 장덕1리의 서낭제는 전승이 단절되었으나 장덕2리의 서낭제는 전승되고 있다. 장덕1리 서낭당은 장덕1리, 장덕2리 서낭당은 장덕2리 8반(재궁동)에 각각 위치해 있다. 장덕1리 서낭당은 당집이 없고 서낭목만 한 그루 있다. 장덕2리 서낭당은 벽돌로 담을 쌓고 제단을 만들었다.

장덕1리의 제당은 장덕1리 마을회관 앞 200m 지점인 도로변에 위치한다. 장덕1리에서는 20여 년 전부터 제의를 행하지 않는다. 장덕2리 서낭당의 제의는 성황제(城隍祭)라고 하며 성황지신(城隍之神)을 모신다. 제당은 장덕리 은행나무 거리에서 좌측 다리를 건너 과수원 옆에 위치한다. 소나무 7그루가 서낭목으로 보호되고 있다. 제의는 음력 12월 그믐날에 유교식으로 지내며 제의가 끝나면 소지한다. 제차는 마을 어른들을 중심으로 이루어진다.

제3절 양천허씨 족보

양천허씨 최초의 족보는 허목(許穆)의 8대조인 전리판서(典理判書) 허금(許錦, 1340~1388)에 의해 경기지역에 산거한 일족들의 족도(族圖)가 만들어지게 되었다. 이른 시기에 이루어진 「허씨족도(許氏族圖)」는 현전하지 않지만 이 시기의 족도나 가계기록이 그 가문의 명족의식(名族意識)을 반영한다고 볼 때 고려 이래로 계속되어 온 허씨가의 족세(族勢)가 단적으로 드러나는 일이라 하겠다. 이후 허씨가의 가계기록은 허종(許琮)~허엽(許曄)과 김안국(金安國)에 의해 증수 편찬되었는데, 그것이 바로 중종 24년(1529)에 간행한 『기축보(己丑譜)』이다. 그 후 현종 12년(1671)에 『신해보(辛亥譜)』, 영조 18년(1529)에 『임술보(壬戌譜)』가 간행되었으나 이들 족보는 현재 전해지지 않는다. 양천허씨 가문에서 그간 간행한 대동보를 살펴보면 다음과 같다.

족보명	권수	발간 연대	비 고
己丑譜 (기축보)		중종 24년(1529)	許洽(허흡)·許沆(허항), 金安國(안국) 序(서)
辛亥譜 (신해보)		현종 12년(1671)	許穆(허목) 序(서)
壬戌譜 (임술보)		영조 18년(1742)	許集(허집) 序(서)
庚午譜 (경오보)	6	영조 26년(1750)	許采(허채) 序(서)
戊辰譜 (무진보)	11	순조 8년(1808)	許述祖(허술조) 序(서)
壬子譜 (임자보)	2	철종 3년(1852)	許傳(허전) 序(서)
辛亥譜 (신해보)	18	1911년	許迎(허영) 序(서)
戊辰譜 (무진보)	26	1928년	許璡(허진) 序(서)
己亥譜 (기해보)	21	1959년	허혁 序(서)
四貫譜 (사관보)	10	1980년	양천·태인·하양·김해허씨, 許鋐(허횡) 序(서)

강릉파보로는 양천허씨승지공파 종회에서 1937년에 간행한 『양천허씨파보』(2권)과 1991년에 간행한 『양천허씨 승지공파보』(1권)가 있다.

남양홍씨(南陽洪氏)

제1절 남양홍씨의 세계와 주요 인물

1. 남양홍씨의 세계

　　남양(南陽) 홍씨는 남양의 토성(土姓)이다. 남양은 지금의 경기도 수원과 화성군 일원을 포함한 지역의 옛 지명이다. 고구려 때는 당항군(唐項郡)이었으나 신라 경덕왕 때 당은군(唐恩郡)으로 고치고, 쌍부(雙阜)·정송(貞松)·안양(安陽) 등을 영현(領縣)으로 관할했다. 태조 23년(940)에 당성군으로 고쳤다가 현종 9년(1018)에 수주(水州: 수원)의 속현이 되었으며, 후에는 인주(仁州: 인천)의 속현이 되었다. 명종 2년(1172)에 감무(監務)를 둠으로써 독립했다. 충렬왕 16년(1290)에 익주(益州)로, 후에 강령도호부(江寧都護府)로, 다시 익주목(益州牧)으로 계속 승격되었다가 충선왕 2년(1310)에 남양부로 강등되었다. 조선 초의 군현제 개편으로 태종 13년(1413)에 남양도호부가 되었다가 잠시 현으로 강등되기도 했다. 정조 16년(1792)에 수원진을 남양으로 옮겨 설치했다. 별호는 영제(寧堤)·과포(戈浦)였다. 지방제도 개정으로 1895년에 인천부 남양군, 1896년에 경기도 남양군이 되었다. 1906년 월경지 정리에 따라 수원의 두입지(斗入地)인 팔탄·분향·장안·초장·압정·오정 등 6개면이 남양군에 이관되었으나, 1914년 행정구역 개편 때 남양군이 폐지되어 수원군에 병합되었다. 1931년 수원면이 수원읍으로 승격되고, 1949년 수원군을 분할하여 수원시로 승격시키고 수원군을 화성군으로 개칭하였다.

남양홍씨는 당나라 태종이 고구려에 파견한 8명의 학사(學士) 중의 한 사람인 홍천하(洪天河)의 후손으로 전한다. 남양홍씨는 전혀 계통을 달리하는 두 파가 있는데, 이른바 '당홍(唐洪)'과 '토홍(土洪)'이 그것이다. 당홍은 고려 개국공신으로 삼중대광(三重大匡), 태사(太師)를 지낸 은열(殷悅)을 시조로 하고 있고, 토홍은 그보다 300여 년 뒤의 인물인 선행(先幸)을 시조로 하고 있다.

남양홍씨 세계도

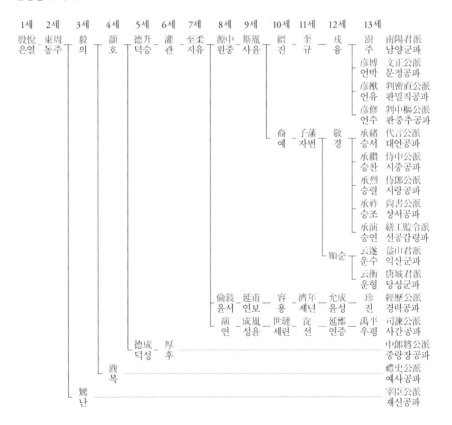

은열은 고려 태조 때 토성을 분정받은 후 공신호를 받았는데도 재지 토성으로 머물렀다. 그 후 은열의 5세손인 덕위(德威)와 덕성(德成)은 문종대에 각기 병부상서(兵部尙書)와 공부상서(工部尙書)를 역임하였다.

6세손인 홍관(洪灌, ?~1126)은 문과에 급제하고 직사관(直史館)을 지낸 뒤에 예종 6년(1111)에 국자사업 어사잡단(國子司業御史雜端)으로 동북면 병마사(東北面兵馬使)가 되었다. 어사중승(御史中丞)·예부상서(禮部尙書)를 거쳐 예종 8년(1113)에 형부시랑(刑部侍郎) 김의원(金義元)과 함께 사신으로 요나라에 다녀왔다. 이듬해 문덕전 학사(文德殿學士), 예종 10년(1115)에 청연각 학사(淸燕閣學士)가 되었으며, 인종 때 수사공·상서 좌복야(守司空尙書左僕射)에 이르렀다. 인종 4년(1126) 이자겸의 난 때 인종을 호위하다가 척준경의 난군에게 살해되었다. 공은 김생(金生)의 필법을 본받은 명필로 알려졌다. 앞서 숙종 7년(1102)에 숙종의 명으로 집상전(集祥殿) 전문(殿門)의 액(額)을 썼고, 회경전(會慶殿) 병풍(屛風)에 『서경(書經)』의 무일편(無逸篇)을 썼다. 『해동역사(海東繹史)』에 의하면 보문각(寶文閣)·청연각(淸燕閣)의 글씨를 썼고, 보전화루(寶殿畵樓)의 병풍과 편액도 그의 필적이라 했다. 예종의 명으로 삼한(三韓) 이래의 사적(事跡)을 찬집(撰集)에서 『편년통재속편(編年通載續編)』을 완성했고, 당대의 학자 김부일(金富佾)·박승중(朴昇中)과 함께 음양이서(陰陽二書)를 논변(論辯)했다. 추성보국공신·삼중대광·개부의동삼사·문하시랑동중서문하 평장사·판예부사·상주국에 추증(追贈)되었고, 시호는 충평(忠平)이다.

남양홍씨 가문이 중앙정계에서 두각을 나타내고 세력이 번성하게 된 시기는 고려후기, 특히 원간섭기에 이르러서이다. 그중에서도 홍사윤(洪斯胤), 홍선(洪詵), 홍빈(洪彬) 가문이 번영을 누렸다. 홍사윤 가계는 수상을 비롯한 고급관인과 왕비를 배출하면서 가문이 번성하였다.

11세손 홍규(洪奎, ?~1316)의 초명은 문계(文系)이다. 원종 11년(1270)에 임유무(林維茂)를 제거하고 무신정권을 붕괴시키는데 크게 기여하였다. 이어 세자를 따라 원나라에 가서 원제(元帝)의 명으로 고려 본국의 1품직에 올라 좌부승선(左副承宣)이 되었으나 국정이 문란하므로 사직하였고, 다시 추밀원 부사(樞密院副使)에 승진되었으나 사퇴했다. 충렬왕 14년(1288)에 그의 장녀 가 원(元) 황제의 헌납 대상으로 선정되었을 때 이를 기피한 죄로 인해 정치 적으로 타격을 받았다. 이 사건을 겪은 지 2년 후에 그의 셋째딸이 충숙왕비 명덕태후(明德太后)가 되면서 지위를 확고히 하게 된다. 특히 명덕태후는 충 혜왕·공민왕의 어머니가 됨으로써 남양홍씨는 원간섭기에 최고의 외척가 문이 되었다. 충렬왕 23년(1297)에 판삼사사 수사도 영경령궁사(判三司事守司 徒領景靈宮事)가 되었다. 충선왕 때 익산군(益山君)에 봉해지고 추성진력정안 공신(推誠陳力定安功臣)으로 남양부원군(南陽府院君)에 봉해졌으며, 상의첨 의도감사(商議僉議都監事)에 이르러 죽었다. 시호는 광정(匡定)이다.

홍규 계열은 홍융(洪戎)-홍주(洪澍)·홍언박(洪彦博) 대에 이르러 가 세가 가장 번성하였다. 홍융(?~1342)은 충혜왕의 장인으로서 충숙왕 2년 (1315) 삼사사(三司使)가 되었다. 홍융의 장남인 홍주 가계의 경우 손자 홍중 선(洪仲宣)이 충혜왕대에 문과에 급제하여 내부시 부령(內府寺副令)을 거쳐 공민왕대에 한성부윤, 우왕대에 개성부판사·정당문학과 문하찬성사를 역 임하였다. 특히 그는 우왕의 권력강화에 도움을 주었던 주요 인물이었다. 홍 융의 차남인 홍언박은 충숙왕 17년(1330) 문과에 급제하였고, 홍자번과 홍규 에 이어 수상직인 문하시중을 역임하면서 가세를 이어나갔다. 무엇보다 홍 언박은 공민왕의 개혁정치와 왕권강화에 힘을 실어준 가장 큰 정치세력이었 다. 안동도호부사를 역임한 홍융의 셋째 아들인 홍언유(洪彦猷)도 공민왕을 호종한 공로로 1등공신이 되었다. 남양홍씨는 고려후기에만 4명의 수상을 배출하였다. 여러 대에 걸쳐 고급관인을 배출해 온 남양홍씨는 고려후기에 문벌로서의 위치를 확고히 하게 된다.

남양홍씨 가문은 조선건국 과정에서 일어난 일련의 정치적 사건으로 인해 홍규 계열인 주(澍)-홍(興)·징(徵) 가계와 언박-사진(師晉)·사우(師禹) 가계, 그리고 홍자번 계열인 경(敬)·순(順) 가계는 세족으로서의 위치를 상실할 정도의 커다란 타격을 입었다. 반면에 선(詵) 계열은 더욱 번성한다. 이성계를 도와 조선건국에 앞장 선 길민(吉旼)은 개국공신 2등에 책록되고 좌부승지와 상의중추원사(商議中樞院事)에 이른다. 이후 이 가계는 여방(汝方, 이조판서)-원용(元用, 호조참판)-도상(道常, 공조참판)으로 이어지면서 가세를 성장시켰다.

남양홍씨는 홍은열의 손자대에서 1파, 증손대에서 다시 1파, 6세손에서 1파가 갈리고, 13세에서 또 13파가 갈려 남양군파(南陽君派), 문정공파(文正公派), 판밀직공파(判密直公派), 판중추공파(判中樞公派), 대언공파(代言公派), 시중공파(侍中公派), 시랑공파(侍郎公派), 상서공파(尙書公派), 선공감령공파(繕工監令公派), 익산군파(益山君派), 당성군파(唐城君派), 경력공파(經歷公派), 사간공파(司諫公派), 중랑장공파(中郎將公派), 예사공파(禮史公派), 재신공파(宰臣公派) 등 모두 16파가 있다.

2. 주요 인물

1) 홍진(洪縉, ?~1266)

고려 원종 때의 재상. 출사(出仕) 경위는 확실하지 않으나, 고종 45년(1258)과 원종 7년(1266) 두 차례에 걸쳐 지공거(知貢擧)를 역임한 것으로 보아 문과에 급제하여 벼슬길에 오른 것으로 추측된다. 고종 37년(1250)에는 중서사인(中書舍人)으로 있으면서 몽고에 사신으로 다녀왔으며, 고종 45년(1258)에는 간의대부(諫議大夫)를 지냈다. 이후 원종 4년(1263)에 상서좌복야(尙書左僕

射)로 승진하였고, 원종 7년(1266)에 병부상서(兵部尙書)가 되었다. 이해 11월에 추밀원부사(樞密院副使)로서 죽었다.

2) 홍선(洪詵, ?~1318)

충렬왕 18년(1292) 장군(將軍)으로서 사신으로 원나라에 가서 공물(貢物)을 바쳤으며, 이듬해에도 대장군(大將軍)으로서 원나라에 파견되어 인삼(人蔘)을 바쳤다. 충렬왕 24년(1298) 3월에 우부승지(右副承旨)가 되고, 6월에 승지방(承旨房)이 설립되자 장석(張碩)·전승(全昇)과 함께 승지가 되었으며, 7월에 밀직사지신사 병조판서 지전조사(密直司知申事兵曹判書知銓曹事), 9월에 삼사좌사(三司左使)가 되었다. 충렬왕 25년(1299)에 일시 파면되었다가 다음해 밀직부사(密直副使)로 발탁되었다. 충렬왕 29년(1303)에 평리(評理)·판도판서(版圖判書), 충렬왕 33년(1307)에 상호군 권수참리(上護軍權授參理)가 되었다. 다음해 11월에 간신과 내시들이 충선왕을 죽이려는 음모를 막아 공신이 되었으며, 충선왕 2년(1310)에 삼사우사가 되었다. 충선왕 3년(1311)에 찬성사(贊成事)로서 하정사(賀正使)가 되어 원나라에 갔으며, 이듬해에도 사은사(謝恩使)로서 원나라에 가 행성(行省)을 두지 않기로 결정한 것을 사례하고 돌아왔다. 충숙왕 즉위년(1313) 12월 강녕군(江寧君)에 봉해졌다. 시호는 관정(寬靖)이다.

3) 홍빈(洪彬)

선조(先祖)가 원나라 연경(燕京)에 살며 대대로 내정(內庭)에 숙위(宿衛)한 공으로 대도로 패주동지(大都路覇州同知)가 된 뒤에 송강부 판관 도수감 경력·대상예의원 경력을 지냈다. 충숙왕이 무고를 입고 폐위(廢位)되어 원나라에 억류되자 이를 변호했으며, 충숙왕이 복위되자 그의 공을 인정한 왕이 원나라에 정동성 이문소(征東省理問所)의 벼슬을 내릴 것을 주청했고, 도첨의 찬성사 판군부사(都僉議贊成事判軍簿事)에 올랐다. 충숙왕 8년(1339)

충숙왕이 죽자 유명(遺命)에 의하여 권정동성사(權征東省事)가 되었다. 이해 조적(曺頔)의 난 때 성관(省官)과 함께 조적의 강요로 충혜궁(忠惠宮)을 습격 했으며, 조적이 패사(敗死)하자 다른 사람은 모두 순군(巡軍)에 잡혔으나 그는 용서되었다. 충혜왕 복위 2년(1341) 조적 일당의 호소로 충혜왕이 원나라에 압송되자 함께 잡혀가 왕을 위해 변호, 이듬해 왕이 귀국하게 되자 그 공으로 1등공신이 되어 당성군(唐城君)에 봉해지고 이어 행성 낭중(行省郎中)에 올랐다. 충목왕 때 원나라에 가서 흥국로 총관(興國路摠管)이 되고, 돌아와서 공민왕 2년(1353) 우정승(右政丞)에 승진되었으며, 추성익대동덕협의보리 공신(推誠翊戴同德協義輔理功臣)의 호를 받고 당성부원군(唐城府院君)으로 진봉(進封)되었다. 그뒤 홍언박(洪彦博)·이공수(李公遂)와 함께 정방제조(政房提調)로 있다가 사직하고 66세에 죽었다. 시호는 강경(康敬)이다.

4) 홍징(洪徵, ?~1388)

고려후기의 무신으로 권신 염흥방(廉興邦)의 매부이다. 우왕 3년 (1377) 신주·문화·안악·봉주 등지에 침입한 왜구와 싸우던 양백익(梁伯益)·나세(羅世)·심덕부(沈德符) 등이 전세가 불리하여 원군을 요청하자, 당시 밀직부사(密直副使)로서 이성계(李成桂)·임견미(林堅味)·변안렬(邊安烈) 등과 함께 조전원수(助戰元帥)가 되어 출전하여 왜적을 방어했다. 뒤에 당산군(唐山君)에 봉해졌으며, 우왕 10년(1384)에 북변(北邊)이 시끄러워지자 정몽주(鄭夢周) 등과 함께 동북면(東北面)에 파견되어 사태를 조사하는 한편, 이듬해까지 지밀직(知密直)으로서 누차 동북면 부원수(東北面副元帥)로 활약했다. 우왕 13년(1387)에 판밀직(判密直)으로서 문하평리상의(門下評理商議) 우인렬(禹仁烈)과 함께 한양부(漢陽府)에 파견되어 중흥산성(重興山城)의 형세(形勢)를 시찰하였으나, 이듬해 처남 염흥방이 사형당할 때 연좌되어 함께 사형되었다.

5) 홍흥(洪興, 1424~1501)

조선 초기의 문신으로 자는 사결(士潔), 한성 부윤(漢城府尹) 심(深)의 아들로 세종 25년(1443) 사마시(司馬試)에 입격하고 음보(蔭補)로 성종 10년(1479) 지평(持平)을 지낸 뒤 장령(掌令)·우승지(右承旨)·좌승지(左承旨)를 거쳐 성종 21년(1490)에 충청도 관찰사가 되었다. 성종 25년(1494)에 개성부 유수(開城府留守)로 부임하자 그의 명망을 흠모하던 개성 사람들로부터 크게 환영을 받았으며, 연산군 2년(1496)에 강원도 관찰사·호조 참판(戶曹參判)을 거쳐 이듬해 대사헌·한성부 좌윤(漢城府左尹)을 지냈다. 호조 참판(戶曹參判)을 거쳐 한성부 우윤(漢城府右尹)으로 죽었다. 성품이 정직하여 자기의 소신을 굽히지 않았고, 글씨에 뛰어났다. 인물과 풍채가 잘나서 성종이 늘 그를 사신으로 명나라에 보내어 우리나라의 인물을 자랑했다.

제2절 동족마을의 형성과 공동체 모임

1. 남양홍씨의 강릉 입향

남양홍씨의 영동지방 입향조는 남양군파 내 교수공파의 파시조인 홍준(洪濬)이다. 홍준은 이색의 문인으로 과거에 급제하여 중랑장(中郎將)을 거쳐 춘주(春州) 유학교수관을 지냈는데, 우왕 14년(1388) 이성계의 위화도회군으로 정변이 일어났을 때 벼슬을 그만두고 삼척 근덕 맹방으로 피신하여 살았다.[97] 남양홍씨 교수공과 후손들은 '맹방 홍씨'라고 부를 만큼 맹방은

---

97 「삼척의 인물」, 『三陟郡誌』, 1985, 삼척군. 삼척시 근덕면 맹방 언봉리에 있는 교수당(教授堂)은 홍준의 거소(居所)이며 그의 스승인 목은(牧隱)이 증시(贈詩)한 시판(詩板)이 소장되어 있다. 교수당은 지방유형문화재 61호로 지정되어 있다.

그들의 세거지로서의 위상을 확립하고 있다.

강릉 입향조 애도(愛道) 가계도

13세	14세	15세	16세	17세	18세	19세	20세	21세	22세	23세	24세
澍 주	恩 은	濬 준	愛造 애조								
			愛智 애지								
			愛道 애도	壽 수	老仙 노선	任遜 임손	忠陽 충양	仁國 인국	承益 승익	富天 부천	應世 응세
								仁業 인업	永淑 영숙	命祿 명록	處緯 처위
											處弼 처필
									永穆 영목	命祐 명우	處輔 처보
								仁善 인선	永煥 영환	命大 명대	處東 처동

　　맹방에 정착한 교수공 홍준에게는 슬하에 애조(愛造), 애지(愛智), 애도(愛道)가 있었다. 장남인 애조의 후손들은 맹방을 중심으로 삼척·동해·울진 일대로 이주하였고, 둘째 아들인 애지의 후손들은 삼척 도계·안동으로 이주하였으며, 셋째 아들인 애도의 후손들은 강릉으로 이주하였다. 남양홍씨 집성촌은 강릉시 성산면 산북리·구산리 일대이다.

2. 동족마을의 지역개관

1) 성산면 산북리·구산리

강릉시 성산면 산북리에는 수(壽)의 후손들이 세거하고 있다. 성산면 산북2리(버덩말, 坪村)에서 배골로 들어가면 '남양홍씨 세장동 영모재 입구(南陽洪氏世藏洞永慕齋入口)'라고 바위에 새겨져 있고, 1969년에 건립한 영모재가 있다. 산북리 배골 일대와 그 주위는 다른 곳보다 넓은 들이 있어 '버덩말(坪村)'으로 불린다. 남대천과 주위의 계곡에서 흘러나오는 풍부한 수원은 농경지를 발달시켜 세거지로 적당하다. 성산면 산북리 중송전(中松田)에는 1921년에 건립한 수(壽) 이하 7위(位)를 봉사(奉祀)하는 재사(齋舍)가 있다. 애도의 묘는 실전(失傳)되고 그의 아들 수(壽)의 묘는 강릉시 성산면 악암산(嶽岩山) 밑 어흘리 교곡(橋谷, 다릿골)에 있으며, 인국(21세), 승익(22세), 부천(23세), 응세(24세) 묘는 성산면 산북리 중송전에 있다. 이로 보아 애도의 후손들이 성산면 산북리 일대에 세거하고 있음을 알 수 있다.

구산리는 옛부터 강릉으로 통하는 관문이었으며, 과거에는 대창도에 딸린 구산역이 있었다. 중국 노나라 때 공자의 어머니가 이구산(尼丘山)에 가서 치성을 드리고 공자를 낳아 공자의 이름이 구인데, 이곳이 공자의 어머니가 치성을 드린 이구산과 비슷하게 생겨 이구산이라 했다. 그 후 '니(尼)'자를 떼어 내고 그냥 구산(丘山)이라 하다가 성현의 이름은 함부로 쓰지 않고, 부르지도 않는다고 하여 '구(丘)'자와 음이 같은 '구(邱)'자를 써서 구산(邱山)이라 했다.

해방 이후 남양홍씨 교수공파의 후손들이 구산리와 산북 2리 배골 일대에 약 50가구가 있었으나, 현재는 배골에 4가구만 남아 있고, 성산면 소재지와 강릉시내로 분산되었다. 그리고 문중계는 중년부 20여 가구, 청년부 20여 가구가 참여한다.

3. 동제(洞祭)

1) 성산면 산북리·구산리

성산면 산북리에는 1리에 1곳, 2리에 2곳으로 모두 세 곳에 서낭당이 있다. 산북1리 서낭당은 산북1리 175-3번지, 산북2리 서낭당은 산북2리 3반(자포동)과 산북2리 4반에 각각 위치해 있다.

산북1리 서낭당의 당집은 없으며 서낭목 주위에 돌담을 쌓아 제단을 만들었다. 산북2리 3반 서낭당의 당집은 벽돌건물에 함석지붕을 얹었다. 산북2리 4반 서낭당은 고목과 자연 암석으로 이루어진 자연 제당이며 위패는 돌로 깎아 세워 놓았다.

산북1리의 제의는 고청제(告請祭)라고 하며 성황지신(城隍之神)·토지지신(土地之神)·여역지신(癘疫之神)을 모신다. 제당은 산북1리 마을창고 아래쪽에 있다. 제의는 음력 정월 초정일에 지내며 도가를 지정하여 제물을 준비한다. 각위(各位)마다 따로 진설(陳設)하며 육고기는 생(生)으로 올린다. 유교식으로 지내며 제의가 끝나면 소지(燒紙)한다. 제의는 산북1리 5개 반 주민이 공동으로 참여한다.

산북2리 3반의 제의는 성황제(城隍祭) 또는 고청제라고 하며 산신지신(山神之神)·토지지신·목신지신(木神之神)을 모신다. 제당은 산북2리 최기원 효자각을 지나 구정리로 가다가 우측 도로변 산기슭에 있다. 당집이 오래된 고목숲 속에 있으며 제의는 음력 정월 초정일에 지낸다. 제물은 유사(有司)가 준비하며 각위마다 따로 진설한다. 육고기는 생(生)으로 올린다. 유교식으로 지내며 제의가 끝나면 소지한다. 제의는 산북2리 1·2·3반 주민이 공동으로 참여한다.

산북2리 4반의 제의는 성황제라고 하며 성황지신·토지지신·여역지신을 모신다. 제당은 산북2리 4반 홍순봉 씨 댁 뒷산 기슭에 있다. 제의는 음력 정월 초정일에 지낸다. 도가를 지정하여 제물을 준비하며 합위로 진설한다. 유교식으로 지내며 제의가 끝나면 소지한다.

성산면 구산리에는 1개의 서낭당이 있다. 구산리 서낭당은 구산리 556번지에 위치해 있다. 구산리 서낭당의 당집은 10여 년 전에 새로 건립되었으며 그 주위로 돌담이 있다.

구산리의 제의는 성황제(城隍祭)라고 하며 성황지신(城隍之神)·토지지신(土地之神)·여역지신(癘疫之神)·영산지신(靈山之神)을 모신다. 제당은 구산휴게소 앞 논 가운데 위치하는데 구산리 서낭당은 300여 년 전부터 있었다고 한다. 당집 주위에는 큰 나무들이 숲을 이루고 있다. 제의는 음력 4월 보름과 음력 10월 초정일에 지낸다. 제물은 유사(有司)가 준비하며 각위(各位)마다 따로 진설(陳設)한다. 유교식으로 지내며 제의가 끝나면 소지(燒紙)한다. 구산리 서낭당은 대관령 국사성황님의 아들성황으로 알려져 있다. 4월 15일 국사성황님 행차 때에 이곳에 들러 특별히 주민들의 정성을 받는다.

4. 결사체 모임

1) 미타계(彌陀契)

미타계는 강릉시 성산면 보광리에 소재하는 보현사 신도회의 향도계이다. 보현사는 나말여초 선종 9산문의 하나인 사굴산문의 선승 범일의 수제자인 개청이 창시한 사찰이다. 미타계의 원래 명칭은 미타존불도였다. 미타존불도는 나말여초에 강릉지역의 선종불교의 신도회로서 결성되었으나 1681년(숙종 7)을 전후한 시기에 보현사의 신도회를 다시 결성하면서 미타계로 불렀다. 당시 미타계 중수를 주도한 사람은 전순장 최동린, 안일호장 최익동, 공사원 홍춘관, 장무 김덕주, 공사원 최륜 등으로 파악된다. 이들

은 직임으로 보아 향리세력의 상층부를 구성하였던 호장들이었던 것으로 보인다.[98]

미타계와 관련하여 『미타계좌목(彌陀契座目)』, 『미타계원사조열록(彌陀契員四祖列錄)』, 『미타계선안(彌陀契僊案)』의 3책이 필사본으로 오늘날 남아 있다. 이 가운데 특히 『미타계좌목』은 이 계의 변천과 계원 등을 파악할 수 있게 해 준다. 『미타계좌목』은 숙종 7년(1681)부터 헌종 13년(1847)까지 몇 시기에 걸친 서문과 계원 명단이 다음과 같이 기록되어 있다.

① 康熙二十年(강희이십년) 辛酉序文(신유서문) / 숙종 7년(1681); 지은이 미상

② 乙亥四月日改書人公事員全曼謹寫(을해사월일개서인공사원전만근사)

③ 萬曆紀元後己亥七月下澣臨瀛後人(만력기원후기해칠월하한임영후인) 前巡將(전순장) 崔東嶙 序(최동린서) 臨瀛後人(임영후인) 崔翊東書(최익동서) / 숙종 45년(1719)

④ 嘉慶二十四年己卯七月初七日入錄(가경이십사년기묘칠월초칠일입록) / 순조 19년(1819)

⑤ 道光八年戊子六月初六日入錄(도광팔년무자육월초육일입록) / 순조 28년(1828)

⑥ 道光二十七年丁未五月十一日入錄(도광이십칠년정미오월십일일입록) / 헌종 13년(1847)

여기서 ②번은 간지만 있고, 연호가 없어 정확한 기록 시기를 파악할 수 없다. 그런데 ②번 〈을해좌목(乙亥座目)〉에 실린 홍씨 명단 가운데 홍춘관(洪春寬)이 있다. 홍춘관은 ①번 〈신유좌목(辛酉座目)〉에서 보현사의 화재로 미타계 문건이 소실되자, 강릉부사에 보관되어 있던 또 다른 문건을 찾아 미타계를 다시 복원하고 기록하는데 앞장섰던 인물로 나온다. 또한 ②번 〈을해좌목〉에는 ③번 〈기해좌목〉의 서문을 쓰는데 앞장섰던 최동린, 최익동이 이미 나오고, 이들 뒤에 나오는 홍씨들인 홍원태(洪元泰), 홍원득(洪元得),

---

98 홍영호, 2004 「남양홍씨 교수공파의 세거지 정착, 분화와 성장」 『박물관지』 10, 강원대학교 중앙박물관 참조.

홍철해(洪哲海)는 ③번에, 홍춘광(洪春光)은 ④번에 나온다. 즉 ③번 〈기해좌목〉의 홍원태, 홍원득, 홍철해는 ②번 〈을해좌목〉의 중간 부분에 등장하며, ④번 〈기해좌목〉에 나오는 홍춘광, 이도춘(李道春), 이한산(李閑山), 김해성(金海城) 등은 ②번 〈을해좌목〉의 가장 마지막 뒷부분에 나오고 있다. 그렇다면 〈을해좌목〉은 ①번을 만들 당시의 인물인 홍춘관도 나오고, ③번을 만든 최동린, 최익동도 나오며, ③번과 ④번에 나오는 인물들도 좌목의 뒷부분에 순서대로 나오므로 ④번의 작성 시기까지의 계원명단이 순서대로 추록(追錄)되어 있다. 그렇다면 〈을해좌목〉에 기록된 인물들 중 숙종 45년(1719)에 〈기해좌목〉을 작성한 최동린, 최익동보다 앞에 기록된 인물들은 적어도 최동린, 최익동 활동 당시거나 그 이전의 미타계원들이었다고 판단된다.

이와 관련하여 『미타계좌목』에 수록된 계원 명단 가운데 홍씨들을 살펴보면, 이 계의 최초의 활동 시기 또는 작성연대를 추정할 수 있다. 『미타계좌목』에 나오는 홍씨들 명단은 다음과 같다.

② 乙亥座目

洪林孫(홍림손), 洪氏仁兮(홍씨인혜), 洪萬斤(홍만근), 洪春金(홍춘금), 洪良禹(홍량우), 洪把松(홍파송), 洪慶發(홍경발), 洪允承(홍윤승), 洪彦恭(홍언공), 洪春陽(홍춘양), 洪順奧(홍순오), 洪承京(홍승경), 洪直(홍직), 洪吉元(홍길원), 洪仁國(홍인국), 洪仁鶴(홍인학), 洪承福(홍승복), 洪景福(홍경복), 洪得忠(홍득충), 洪善業(홍선업), 洪有仁(홍유인), 洪得良(홍득량), 洪仲賢(홍중현), 洪吉男(홍길남), 洪貴尙(홍귀상), 洪홍○宗(홍○종), 洪承益(홍승익), 洪○雲(홍○운), 洪上龍(홍사룡), 洪召史順礼(홍소사순례), 洪天成(홍천성), 洪仲海(홍중해), 洪守說(홍수열), 洪尙立(홍상립), 洪召史礼分(홍소사례분), 洪汝伯(홍여백), 洪禹逸(홍우일), 洪富天(홍부천), 洪治信(홍치신), 洪汝漢(홍여한), 洪氏元進(홍씨원진), 洪次龍(홍차룡), 洪禹漢(홍우한), 洪萬鶴(홍만학), 洪富正(홍부정), 洪應世(홍응세), 洪春寬(홍춘관), 洪大運(홍대운), 洪京奉(홍경봉) / 崔東麟(최동린), 崔翊東(최익동) / 洪元泰(홍원태), 洪元得(홍원득), 洪哲海(홍철해). 洪春光(홍춘광)(전체 750명의 계원이 등재)

③ 萬曆紀元後己亥七月下澣臨瀛後人(만력기원후기해칠월하한임영후인) 前巡將(전순장) 崔東嶙 序(최동린서) 臨瀛後人(임영후인) 崔翊東書(최익동서) / 숙종 45년(1719)

洪元泰(홍원태), 洪元得(홍원득), 洪哲海(홍철해), 洪春光(홍춘광)(전체 89명의 계원이 등재)

④ 嘉慶二十四年己卯七月初七日入錄(가경이십사년기묘칠월초칠일입록) / 순조 19년(1819)

洪東貴(홍동귀), 洪泰佑(홍태우)(有司)(유사), 洪春光(홍춘광), 洪雲漢(홍운한)(公員)(공원), 洪文龜 (홍문귀), 洪泰乭(홍태돌)(전체 26명의 계원이 등재)

⑤ 道光八年戊子六月初六日入錄(도광팔년무자육월초육일입록) / 순조 28년(1828)

洪漢得(홍한득), 洪文龜(홍문귀)(公員)(공원)(전체 30명의 계원이 등재)

⑥ 道光二十七年丁未五月十一日入錄(도광이십칠년정미오월십일일입록) / 헌종 13년(1847)

洪允梢(홍윤즙), 洪日守(홍일수), 洪元宗(홍원종), 洪日喆(홍일철)(전체 42명의 계원이 등재)

　　〈을해좌목〉에는 홍춘관이 기록되어 있다. 〈을해좌목〉의 계원 명단이 추록되었다면 홍춘관보다 앞에 나오는 홍씨들은 ①번 〈신유서문(辛酉序文)(1681)과 동시기이거나 이전의 계원 명단일 것이다. 이와 같은 점에 주목하여 볼 때 〈을해좌목〉에는 교수공파 강릉파 세계도에 나오는 인물이 차례대로 들어있음을 발견할 수 있다. 즉 세계도와 비교하면 인국(仁國)-승익(承益)-부천(富天)-응세(應世)의 4대에 걸쳐 순서대로 기록되어 있다. 그리고 영모재 비문(永慕齋碑文)에 나와 있는 인국의 동생인 인학(仁鶴), 인업(仁業)도 〈을해좌목〉에 기록되어 있다. 또한 족보상에서 홍춘관은 응세의 아들이다. 즉 인국부터 춘관까지 5대가 계속 입록되는 것으로 보아 〈을해좌목〉은 최초의 작성 이후 계속적으로 추록하였음을 입증해준다. 또한 이는 홍씨가 이 일대에 세거하고 있음을 말해준다.

　　그리고 애도의 형인 애조의 5세손 홍견(洪堅)이 임진왜란 때 활동하였음으로 애도의 5세손 인국 역시 이 시기를 전후하여 생존하였을 것이다. 그렇다면, 〈을해좌목〉을 최초로 기록한 시점이 임진왜란을 전후한 시기까지 올라갈 가능성이 충분히 있다. 게다가 〈을해좌목〉의 앞부분에는 함헌(咸軒) 과 홍임손(洪林孫)이 나온다. 그런데 홍임손이 『종무요람(宗務要覽)』 세계도 에 나오는 홍임손(洪任遜)이 동일인이고, 함헌이 명종 11년(1556)에 강원도 최 초의 서원인 오봉서원의 건립을 주도한 인물과 동일인이라면 미타계의 결성 과 계원 기록은 임진왜란 이전부터 작성되었다고 할 수 있다. 실제 함헌은 성 산면 건금리에서 태어났다. 그의 묘는 남양홍씨 세거지인 성산면 산북리 칠 봉산에 있으며, 응짓말에는 함헌의 재실인 경모재(敬慕齋)가 있다.

　　『미타계좌목』의 계안(契案) 명단을 보면 남녀·반상(班常)·승속(僧 俗)이 함께 등재되어 있다. 각 계안의 명단 중에는 홍씨가 상당수가 있다. 이 가운데 직임을 맡고 있거나 신분을 확인할 수 있는 자들도 있는데, 홍씨들만 보면 다음과 같다.

① 康熙二十年(강희이십년) 辛酉序文(신유서문) / 숙종 7년(1681) 公事員(공사원) 洪春寬(홍춘관)

④ 嘉慶二十四年己卯七月初七日入錄(가경이십사년기묘칠월초칠일입록) / 순조 19년(1819) 洪泰佑 (홍태우)(有司)(유사), 洪雲漢(홍운한)(公員)(공원)

⑤ 道光八年戊子六月初六日入錄(도광팔년무자육월초육일입록) / 순조 28년(1828) 洪文龜(홍문귀) (公員)(공원)

　　그리고 『미타계선안』(순조 2년, 1908)에는 공원(公員)으로 남양후인(南 陽後人) 홍규섭(洪圭燮)이 나오며, 『미타계원사조열록(彌陀契員四祖列錄)』(순 조 2년, 1908)에는 참봉 홍문귀(洪文龜), 통례원인의(通禮院引儀) 홍병경(洪秉景) 등 양반신분이 확인된다. 특히 ①의 홍춘관이 공사원(公事員)을 맡고 있는데, 공사원의 신분은 남원 둔덕방(屯德坊) 향약과 관련된 〈삼계계원(三溪契員)〉 에서 인조 4년(1626)의 완의(完議)를 보면 좌상(座上, 契長)-공사원(公事員)-유 사(有司) 순서를 보이고 있다. 이 삼계동계(三溪洞契)가 상하합계(上下合契)임을 고려하더라도 양반의 신분에 속하는 것으로 보인다. 또한 충남 연기지방에서 발견된 〈구향안(舊鄉案)〉에 실려 있는 〈입법(초)〉(1681)와 별책으로 되어 있는 〈일향입법(一鄉立法)〉(1652)의 자료는 17세기 중반 연기지방의 향촌권력 구조가 향집강층(鄉執綱層)과 향임층(鄉任層)의 2중구조로 운영되었음을 보여주고 있다. 그런데 향집강층인 향장(鄉長)-공사원(公事員)-유사(有司)가 향임층인 좌수(座首)-별감(別監)을 천망하게 되어 있다. 즉 공사원의 위상은 향집강층에 속하고, 향장의 아래이며, 유사의 상위인 것으로 보아 사족 신분으로 볼 수 있다. 이에 따르면 성산면 산북리에 세거하는 남양홍씨들의 위상은 이미 재지사족화 되었다고 볼 수 있을 것이다.

제3절 문화유적(祠宇, 齋舍)

1. 영모재(永慕齋)

이 재사는 남양홍씨 시조 은열(殷悅)의 21세손인 생원공(生員公) 인국(仁國), 인업(仁業), 인선(仁善) 등 3위를 제향하고 있다. 건립시기는 인조 26년(1648) 9월이고, 재정은 후손들의 성금으로 충당하고 있다. 건물은 시멘트로 기단을 쌓았으며, 정면 3칸, 측면 2칸의 팔작기와지붕으로 중앙의 방에 위패를 봉안하였고, 좌우에는 제수준비와 참사자들이 유숙할 수 있는 방으로 짜여져 있다. 주위는 돌담을 둘렀으며 정문은 맞배지붕 형식으로 1칸이다.

홀기(笏記)

●獻官及執事者詣墓所再拜○獻官以下各盛服詣墓前○立定○諸執事詣盥帨位○盥手○帨手

●헌관급집사자예묘소재배○헌관이하각성복예묘전○입정○제집사예관세위○관수○세수

○陳饌○有司進獻官以左○謹具請行事●行降神禮○初獻官諸盥帨位○盥手○帨手○詣墓前
○진찬○유사진헌관이좌○근구청행사●행강신례○초헌관재관세위○관수○세수○예묘전

跪○焚香(三上)○俯伏○興○少退再拜○引詣茅沙前跪○執事者斟酒于盞○跪進于獻官之右○
궤○분향(삼상)○부복○흥○소퇴재배○인예모사전궤○집사자짐주우잔○궤진우헌관지우

○獻官受之○灌于茅沙上三傾至盡○俯伏興○少退○再拜○引降復位○獻官以下皆再拜○參
○헌관수지○관우모사상삼경지진○부복흥○소퇴○재배○인강복위○헌관이하개재배○참

神●行初獻禮○初獻官○詣墓前跪○執事者斟酒于盞○跪進于獻官之右○獻官受之○癸酒少
신●행초헌례○초헌관○예묘전궤○집사자짐주우잔○궤진우헌관지우○헌관수지○계주소

傾○奠爵○俯伏興○少退立○執事者正筯○獻官以下皆跪○祝進獻官之左○東向跪○讀祝○
경○전작○부복흥○소퇴입○집사자정저○헌관이하개궤○축진헌관지좌○동향궤○독축○

讀畢○獻官以下皆興○獻官再拜○引降復位○執事者退爵●行亞獻禮○亞獻官詣盥帨位○盥
독필○헌관이하개흥○헌관재배○인강복위○집사자퇴작●행아헌례○아헌관예관세위○관

手○帨手詣墓前跪○執事者斟酒于盞○跪進于獻官之右○獻官受之○祭酒○奠爵○俯伏興○
수○세수예묘전궤○집사자짐주우잔○궤진우헌관지우○헌관수지○제주○전작○부복흥○

少退立○獻官再拜○引降復位○執事者退爵●行終獻禮○終獻官詣盥帨位○盥手○帨手○詣
소퇴립○헌관재배○인강복위○집사자퇴작●행종헌례○종헌관예관세위○관수○세수○예

墓前跪○執事者斟酒于盞○跪進于獻官之于○獻官受之○癸酒○奠爵○俯伏興○少退立○獻
묘전궤○집사자짐주우잔○궤진우헌관지우○헌관수지○계주○전작○부복흥○소퇴입○헌

官再拜○引降復位○在位者皆俯伏○在位者皆興○少遲●行飮福禮○初獻官詣飮福位○北向
관재배○인강복위○재위자개부복○재위자개흥○소지●행음복례○초헌관예음복위○북향

跪○祝奉酒盞○跪進于獻官之右○獻官受之○祭酒(沙傾於地)○啐酒○獻官置酒于席前○赴
궤○축봉주잔○궤진우헌관지우○헌관수지○제주(사경어지)○쵀주○헌관치주우석진○부

伏興○再拜跪○取酒啐飮○執事者受盞○獻官俯伏興立松束階上○西向○祝立於西階上○東
복흥○재배궤○취주쵀음○집사자수잔○헌관부복흥입송동계상○서향○축입어서계상○동

向告利成○祝引降復位○執事者下筯○祝及諸執事俱復拜位○立定○獻官以下皆再拜○辭神
향告利成○축인강복위○집사자하저○축급제집사구복배위○입정○헌관이하개재배○辭神

향고리성○축인강복위○집사자하저○축급제집사구복배위○입정○헌관이하개재배○사신
○祝焚祝文○執事者徹饌以次退

○축분축문○집사자철찬이차퇴

축문(祝文)

齋舍望祭祝

재사 망제축

維歲次年干支某月干支某日干支十一代孫○○敢昭告于

유세차 모년 간지 모월 간지 모일 간지 11대손 ○○가

顯十一代祖考嘉善大夫同知中樞府事府君

11대조 할아버지 가선대부 동지중추부사 부군과

顯十一代祖妣貞夫人江陵金氏

11대조 할머니 정부인 강릉김씨에게 고하나이다.

氣序流易 時維孟冬 世代緬遠 從其儀禮 今爲望祀 不勝感慕 謹以淸酌庶羞 祇薦歲事 尙 饗

세월은 절기가 바뀌어서 때는 10월입니다. 세대는 아득하나 그 의례에 따라 제사를 드리니 조상님을 사모하는 정을 이기지 못하겠습니다. 삼가 맑은 술과 여러 가지 음식으로 공경히 세사를 올리니 흠향하소서.

2. 홍인국비(洪仁國碑)

홍인국은 남양홍씨 시조 홍은열의 21세손으로 생원이었다. 홍인국의 아버지는 홍충양이고 어머니는 강릉김씨이다. 부인도 강릉김씨이다. 후손 홍재민(洪在珉) 등이 홍인국의 가계와 행적을 정리하여 세웠다. 건립시기는 병자년 윤3월로 되어 있으나 정확한 연도는 알 수 없다. 강릉시 성산면 산

북리 중송전(中松田)에 있다.

비문(碑文)

公諱仁國南陽人麗朝太師公殷悅之三重大匡諡忠平公諱灌十五代祖三司左使南陽君諱澍八代
祖春川儒學教授諱溶六代祖贈禮曹諱壽高祖也 考諱忠陽妣江陵金氏有三子曰仁國仁鶴仁業仁
善公其長也生年月日未詳墓在山北里中松田子坐配江陵金仝之墓右合窆艮坐子承益孫富天同
榀其孫雲仍煩不悉其摸其人染焉
十世孫 司果 在旼 謹誌 丙子閏三月 日 立

제4절 남양홍씨 족보

　　남양홍씨 최초의 족보는 단종 2년(1454)에 홍일동(洪逸童)이 편찬하
였으나, 그 원본은 전해지지 않고 홍일동의 서문만 후대에 간행된 족보에 구
서(舊序)로 남아 있다. 이 서문에 따르면, 홍일동은 세종 23년(1441) 종형 홍지
(洪智)가 제공한 남양홍씨파계지도(南陽洪氏派系之圖)와 가장(家藏) 구보를
바탕으로 족보를 완성하고 역시 '남양홍씨파계지도'라 명명하였다. 이미 명
칭에서 알 수 있듯이 이것은 족보이기보다는 족도(族圖)라 할 수 있으며, 그
가 참고한 홍지의 남양홍씨파계지도 역시 2폭의 족도였다고 한다.

　　이 족도는 당시까지만 해도 세계가 분명하지 않았던 시조의 8세손
홍사윤 이후의 계대를 여러 문헌을 통해 고증해 냈다는데 의의가 있으며, 이
후에 간행된 모든 남양홍씨 족보의 상대 세계도 여기에 준해 작성되었다. 편
찬자 홍일동은 시조 홍열(洪悅)의 15세손으로 자는 일휴(日休), 호는 마천(麻
川)이다. 그 후 간행한 대동보(大同譜)를 살펴보면 다음과 같다.

족보명	권수	발간 연대	비 고
丙申譜 (병신보)	4	숙종 42년(1716)	奉事公(봉사공) 敍夏(서하)와 靜窩公(정와공) 禹寧(우영)이 嶺南 監營(영남감영)에서 발간
乙未譜 (을미보)	14	영조 51년(1775)	南陽君派(남양군파) 正言公(정언공) 柱翼(주익)과 澹窩公(담와공) 啓禧(계희)가 편찬
甲午譜 (갑오보)	20	순조 34년(1834)	五行相生法(오행상생법)에 따라 金木水火土(목수화토) 순으로 行列字(항렬자) 제정
丙子譜 (병자보)	17	고종 13년(1876)	南陽君派(남양군파) 大譜(대보)만 수록
庚申譜 (경신보)	59	1920년	종래 庶子(서자)·庶女(서녀)를 명기하던 관습 폐지
戊戌譜 (무술보)	15	1958년	禮史公派(예사공파)가 合譜(합보)
南陽大譜 (남양대보)	8	1974년	발간은 1977년, 일명 丁巳譜(정사보)라 함

이 외에 2003년 남양홍씨 남양군파 대종중회에서 『남양홍씨 남양
군파 세보(南陽洪氏南陽君派世譜)』(14권)를 간행하였다.

평해황씨(平海黃氏)

제1절 평해황씨의 세계와 주요 인물

1. 평해황씨의 세계

평해황씨는 평해의 토성(土姓)이다. 평해는 경상북도 울진군 평해읍·온정면·기성면·후포면에 있던 옛 고을로 삼국시대 고구려의 근을어현(斤乙於縣)이었는데 경덕왕 16년(757)에 평해현으로 개칭되어 유린군(有隣郡, 영해)의 영현(領縣)이 되었다. 현종 9년(1018)에 예주(禮州, 영해)의 속현(屬縣)으로 병합되었다가 명종 2년(1172)에 감무를 둠으로써 독립했다. 충렬왕 때 군으로 승격되어 조선시대에도 평해군을 유지했다. 평해의 별호는 기성(箕城)이다. 지방제도 개정으로 1895년에 강릉부 평해군이 되었으며, 1896년에 강원도 평해군에 소속되었다. 1914년 군면 폐합으로 평해군이 폐지되고 울진군에 합병되었다. 강원도의 남쪽 끝에 있어 경상도와 경계를 이루고 있던 이곳은 1963년에 강원도에서 경상북도로 편입되었다. 1980년에 평해면이 읍으로 승격되었다.

평해황씨의 시조는 중국 후한의 유신(儒臣)으로 서기 28년(신라 유리왕 5) 구대림(丘大林)과 함께 사신으로 교지국(베트남)에 가던 길에 풍랑을 만나 안이진에 표착하여 그 곳에 정착 세거한 황락(黃洛)이다. 황락의 후손에서 갑고(甲古), 을고(乙古), 병고(丙古)의 3형제가 있어 각각 기성군, 장수군, 창원백에 봉해져서 본관을 각각 평해, 장수, 창원 황씨로 하였다고 한다.

한편 갑고의 아들로 전하는 온인(溫仁)이 고려조에서 금오위대장군(金吾衛大將軍), 태자검교(太子檢校)를 지냈고 평해에 세거하였으므로 후손들은 황온인을 1세조로 계대하면서 본관을 평해로 삼아 세계(世系)를 이어오고 있다.

평해황씨 세계도

시조	2세	3세	4세	5세	6세	7세	8세	9세	10세	11세	12세	13세
溫仁 온인	佑精 우정	裕中 유중	璡 진									
			瑞 서									
			瑭 용	太白 태백	祐 우	天祿 천록	希碩 희석	象 상	繼祖 계조	自中 자중	謙 겸	世達 세달

2세 우정(佑精)은 고려 때 군기소윤(軍器少尹)을 지냈으며, 3세 유중(裕中)은 문하시중(門下侍中)을 역임하였다. 4세 용(瑭)은 숭록대부 삼중대광보국(崇祿大夫三重大匡輔國)에 이르렀다. 5세 태백(太白)은 자헌대부(資憲大夫) 형조 전서(刑曹典書)를 지냈다.

8세 희석(黃希碩, ?~1394)은 고려 말 조선 초의 무신으로 아버지는 판서 천록(天祿)이다. 본래 출가했다가 우왕 때에 판전농시사(判典農寺事)를 역임하였다. 우왕 7년(1381) 왜구가 명량향(鳴梁鄉)에 침입하는 등 전라도가 소란해지자 체찰사(體察使)로 파견되어 민심을 수습하였다. 뒤에 단주상만호(端州上萬戶)에 임명되어, 우왕 9년(1383) 7월 요심(遼瀋)의 적이 단주에 침입하자 단주상만호 육려(陸麗), 청주천호(靑州千戶) 이두란(李豆蘭) 등과 연합해 해양(海陽) 등지까지 추격해 격퇴하였다. 우왕 14년(1388) 요동 원정군이 발진하게 되자, 청주상만호로서 예하군사를 이끌고 우군도통사 이성계(李成桂)의 휘하에 들어갔다. 이성계가 회군을 단행해 반정에 성공하자 동지밀직사사(同知密直司事)에 승진되었다. 공양왕 원년(1389) 회군공신에 책봉되었다.

공양왕 4년(1392) 3월에는 이성계가 낙마해 위기에 몰렸을 때 병사들을 이끌고 이성계를 보호하였다. 또한, 그해 정몽주(鄭夢周)가 격살당하자, 사태수습책으로 정몽주 일파를 탄핵하는 임무를 수행하였다. 이어 구성로(具成老) 등과 더불어 제군사부(諸軍事府) 군관 200여 명의 연서를 받아 정몽주 일파에게 죄줄 것을 청하였다. 따라서 공양왕의 폐위와 조선 건국의 중요한 명분을 세운 공로를 이루었다.

태조 원년(1392) 8월 조선개국공신 44인이 확정되고, 원종공신(原從功臣) 28인이 책봉될 때 원종공신이 되었다. 그러나 한 달 뒤에 태조의 특지(特旨)에 의해 개국공신 2등에 책록되어 상의중추원사(商議中樞院事)로서 의흥친군위도진무(義興親軍衛都鎭撫)를 겸하였다. 태조 3년(1394) 지중추원사(知中樞院事)로서 죽었다. 질병에 시달린다는 소식을 듣고 태조는 국의(國醫)를 보내어 치료해 주었다. 그리고 죽은 뒤에는 특별히 이화(李和)를 보내어 예장과 부의를 후하게 하였다. 문하시랑찬성사(門下侍郎贊成事)로 추증되었고, 시호는 양무(襄武)이다.

13세 세달(世達)은 충의위 과의교위(忠義衛果毅校尉) 황겸(黃謙)의 아들로 성품이 인자하고 문무를 겸하였으며, 만경현감과 오위도총부 경력(五衛都摠府經歷)을 지냈다.

2. 주요 인물

1) 황준량(黃俊良, 1517~1563)

조선 중기의 문신으로 자는 중거(仲擧), 호는 금계(錦溪)이다. 이황(李滉)의 문인이다. 어려서부터 재주가 뛰어나 신동으로 불렸고, 문명(文名)이 자자하였다. 중종 32년(1537) 생원시에 입격하였고, 중종 35년(1540) 식년문과에 을과로 급제하였다. 그 뒤 권지성균관학유(權知成均館學諭)로 임명되고, 이어 성주훈도로 차출되었다. 중종 37년(1542) 성균관학유가 되고, 이듬해 학록(學錄)으로 승진되었으며, 양현고봉사를 겸하였다. 중종 39년(1544) 성균관 학정(學正), 명종 2년(1547) 박사(博士)에 이어 전적(典籍)에 올랐다. 명종 3년(1548) 공조좌랑에 재직 중 상을 당해 3년간 시묘한 뒤 명종 5년(1550) 전적에 복직되었다. 이어 호조좌랑으로 전직되어 춘추관 기사관을 겸했으며,『중종실록』·『인종실록』편찬에 참여하였다. 그 해 다시 병조좌랑으로 전직되었고, 불교를 배척하는 소를 올렸다. 명종 6년(1551) 경상도감군어사(慶尙道監軍御史)로 임명되고, 이어 지평에 제수되었다.

그러나 앞서 청탁을 했다가 거절당한 바 있는 언관의 모함이 있자, 외직을 자청해 신녕현감으로 부임했다가 명종 11년(1556) 병으로 사직하였다. 이듬해 단양군수를 지내고, 명종 15년(1560) 성주목사에 임명되어 4년을 재임하였다. 그러다가 명종 18년(1563) 봄에 병으로 사직하고 돌아오는 도중 예천에서 졸하였다.

신녕현감으로 있을 때에는 기민을 잘 진휼(賑恤)해 소생하게 하였다. 또한 전임관(前任官)의 부채를 절약과 긴축으로 보충하고 부채문권(負債文券)은 태워버린 일도 있었다. 학교와 교육진흥에도 힘을 기울여 문묘(文廟)를 수축하고 백학서원(白鶴書院)을 창설하는 등 많은 치적을 남겼다. 단양군수로 부임했을 때는 경내의 피폐상을 상소해 20여 종의 공물을 10년간 감하는 특

은(特恩)을 받기도 하였다. 벽지에 있던 향교를 군내에 옮겨 세우고, 이 지방의 출신으로서 학행이 뛰어난 인물들을 문묘 서편에 따로 사우(祠宇)를 마련해 제사하는 등 많은 치적을 남겼다. 성주목사로 나아가서는 영봉서원(迎鳳書院)의 증수, 문묘의 중수, 그리고 공곡서당(孔谷書堂)·녹봉정사(鹿峰精舍) 등의 건립을 추진하였다. 그리고 이 지방의 학자 오건(吳健)을 교관(敎官)으로 삼는 등 교육진흥에 힘써 학자를 많이 배출하였다.

풍기의 우곡서원(遇谷書院), 신녕의 백학서원(白鶴書院)에 제향되었다. 저서로는 『금계집(錦溪集)』이 있다.

2) 황여일(黃汝一, 1556~1622)

조선 중기의 문신으로 자는 회원(會元), 호는 해월헌(海月軒)·매월헌(梅月軒)이다. 선조 9년(1576)에 사마시를 거쳐 선조 18년(1585) 개종계별시문과(改宗系別試文科)에 을과로 급제한 후 여러 청환직을 거쳤다. 1592년 임진왜란 때 권율의 휘하에서 종사관으로 공을 세워 2등공신이 되었으며, 선조 27년(1594) 형조정랑을 지냈다. 선조 31년(1598) 진주사의 서장관으로 종계변무의 서장을 가지고 명나라에 다녀왔다. 선조 34년(1601)에 예천군수, 1606년(선조 39)에 전적, 광해군 3년(1611)에 길주목사, 광해군 9년(1617)에 동래진 병마첨절제사를 지냈다. 저서로는 『조천록(朝天錄)』과 『해월집(海月集)』이 있고, 평해의 명계서원(明溪書院)에 제향되었다.

3) 황중윤(黃中允, 1577~?)

조선 중기의 문신으로 자는 도선(道先), 동명(東溟)이다. 증조는 황련(黃璉)이고, 조는 황응징(黃應澄)이며, 부는 공조참의 황여일(黃汝一)이고, 모는 박황(朴愰)의 딸이다.

생원으로 광해군 4년(1612) 증광문과에 갑과로 급제하여 정언·헌납·낭청·사서 등의 관직을 지냈다. 광해군 8년(1616) 신경희(申景禧)의 옥사에 연루되어 추고당하였으나, 광해군 10년(1618) 다시 사서에 기용되었다. 이 해 명나라에서 요동 순무를 위해 병마 7천을 요청해 왔고, 조정에서 징병에 관한 의논이 있을 때 징병에 반대하는 의견을 개진하였다. 이어 병조좌랑에 올랐으나 입직하다가 교대를 기다리지 않고 나간 것이 문제가 되어 체직되었으며, 이듬해 사헌부지평에 임명되어 무과시험시 관원들이 뇌물을 받은 것을 고발하였다. 광해군 12년(1620) 주문사(奏聞使)로 임명되어 표문(表文)을 가지고 연경에 다녀온 뒤, 동부승지·우부승지·좌부승지를 거쳐 승지에 올라 왕의 측근에서 업무를 수행하였다.

인조 원년(1623) 인조반정으로 정권이 교체되자 이이첨(李爾瞻)의 복심이 되어 광해군의 뜻에 영합하였고, 중국과의 외교를 단절하고 오랑캐와의 통호를 주장하였다는 죄목으로 양사의 탄핵을 받아 변방에 위리안치되었다. 이어 이듬해 내지로 양이(量移)되었고, 인조 11년(1633) 유배에서 풀려나 시골로 돌아갔다. 정조 4년(1780) 식년시 병과로 급제하여 지평(持平)을 지냈고, 이어 사헌부 장령, 직강을 거쳐 경상도사와 찰방을 지냈다.

4) 황학(黃澤, 1758~1804)

조선 후기의 유학자으로 자는 학중(學中)이고, 호는 만취동(晩翠洞)이다. 후암(厚庵) 권렴(權濂)의 문하에서 성리학(性理學)을 수학하였고, 김종덕(金鍾德)의 문하에서 『대학(大學)』과 『논어(論語)』 등을 수학하였다. 학문과 사변(思辨)에 힘썼으며, 말과 행동을 신중히 하였다. 문집으로 『만취동일고(晩翠洞逸稿)』가 있다.

5) 황내정(黃乃正, 1743~1799)

자는 가상(可常), 호는 담은(淡隱). 첨지중추부사 황학의 아들이다. 정조 4년(1780) 식년시 병과로 급제하여 지평(持平)을 지냈고, 이어 사헌부 장령, 직강을 거쳐 경상도사와 찰방을 지냈다.

제2절 동족마을의 형성과 공동체 모임

1. 평해황씨의 강릉 입향

평해황씨의 강릉 입향조는 황정(黃珽)·황전(黃瑑), 황탁(黃琢)이다. 이들은 어모장군 행 오위도총부 경력(禦侮將軍行五衛都摠府經歷) 황세달(黃世達)의 아들이다. 경력공 세달은 부인 경주이씨와 계비 함양여씨 사이에 6명의 아들을 두었다. 공의 후손이 강릉으로 낙향하는 과정을 살펴보면, 임진왜란 때 공의 6남 중 3형제(琦, 璲, 璉)는 가묘(家廟)를 모시고 강화도로 이주하였고, 나머지 3형제(珽, 瑑, 琢)는 계비 함양여씨를 모시고 강릉으로 이주하게 되면서부터 세거하게 되었다.

평해황씨 강릉입향조 가계도

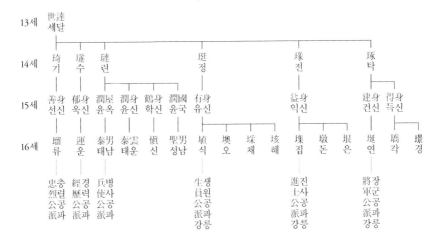

강릉으로 온 3형제 중 황정(黃珽)은 연화봉 아래에 자리 잡아 연봉파(蓮峰派)를 이루었고, 황전(黃瑑)은 모산에 자리 잡아 모산파(母山派)를 이루었다. 그리고 황탁(黃琢)은 학산에 거주하여 학산파(鶴山派)를 이루었다.

평해황씨의 동족마을은 황탁이 학산에 자리 잡으면서부터 형성되었다. 학산에 세거하는 대표적 성씨 가운데 평해황씨가 제일 먼저 입거하였고, 이어 정씨와 조씨 순으로 입거하였다. 평해황씨 대종회 황근우 전(前)회장의 제보에 의하면, 1970년대까지 학산과 병산에는 평해황씨가 각각 30여 가구가 거주하였으나, 현재는 대부분 시내로 이주하고 학산과 병산에 각각 10여 가구가 거주하고 있다고 한다.

제3절 문화유적(祠宇, 齋舍)

1. 감모재(感慕齋)

강릉시 구정면 학산리 699번지에 자리 잡은 이 재실은 어모장군 행 오위도총부 경력부군(禦侮將軍行五衛都總府經歷府君) 황세달(黃世達)을 모신 곳이다. 이 재실은 평해황씨 경력공 종중 소유로 현재 종중 재정으로 운영 관리하고 있다. 건립시기는 인조 26년(1648) 9월이고, 2002년 태풍 루사 때 유실된 것을 다시 중수하였다. 제향일자는 매년 9월 15일이다. 재실은 정면 3칸의 맞배기와지붕으로 되어 있고, 주위는 벽돌담으로 둘려져 있다. 재실 내에는 기문, 상량문, 시문, 위패, 영정 등이 보관되어 있고, 담 밖에는 비석이 세워져 있으며, 비석 옆에는 석함(石函)이 놓여져 있다. 이 석함과 관련된 구전이 기록되어 전해지고 있다. 공의 묘는 원래 동두천시에 있었는데 강릉 학산으로 이장하여 현재에 이르고 있다.

홀기(笏記)

●獻官及諸執事俱就位○設饌○祝進獻官之左請行事○行降神禮○詣盥洗位○盥手○帨手○
●헌관급제집사구취위○설찬○축진헌관지좌청행사○행강신례○예관세위○관수○세수○
引詣香案前○跪○三上香○俯伏○興○小退○再拜○跪○酹酒○俯伏○興○小退○再拜○因
인예향안전○궤○삼상향○부복○흥○소퇴○재배○궤○뇌주○부복○흥○소퇴○재배○인
降復位○參神○獻官及在位者皆再拜●行初獻禮○因詣墳墓前○跪○執爵○奠爵○啓盖○正
강복위○참신○헌관급재위자개재배●행초헌례○인예분묘전○궤○집작○전작○계개○정
箸○俯伏○興○小退○跪○祝進獻官之左讀祝○興○再拜○因降復位○撤爵●行亞獻禮○詣
저○부복○흥○소퇴○궤○축진헌관지좌독축○흥○재배○인강복위○철작●행아헌례○예
盥帨位○盥手○因詣墳墓前○跪○執爵○俯伏○興○小退○再拜○因降復位○撤爵●行終獻
관세위○관수○인예분묘전○궤○집작○부복○흥○소퇴○재배○인강복위○철작●행종헌
禮○詣盥帨位○盥手○帨手○因詣墳墓前○跪○執爵○俯伏○興○小退○再拜○因降復位○
례○예관세위○관수○세수○인예분묘전○궤○집작○부복○흥○소퇴○재배○인강복위○
俯伏○在位者皆俯伏○興○祝進床石前○北向立○噫歆三○禮成○祝進獻官之左告禮成○闔
부복○재위자개부복○흥○축진상석전○북향입○희음삼○예성○축진헌관지좌고예성○합
盖○撤箸○辭神○獻官及在位者皆再拜○祝焚祝○撤饌
개○철저○사신○헌관급재위자개재배○축분축○철찬

축문(祝文)

維歲次某年九月某朔十五日干支某代孫某 敢昭告于
유세차 모년 9월 모삭 15일 간지에 몇 대손 ○○가
顯某代祖考禦侮將軍行五衛都摠府經歷府君
몇 대조 할아버지 어모장군 행오위도총부 경력 부군과
顯某代祖妣淑人慶州李氏
몇 대조 할머니 숙인 경주이씨

顯某代祖妣淑人咸陽呂氏

몇 대조 할머니 숙인 함양여씨에게 고하나이다.

氣序流易 霜露旣降 瞻掃封塋 不勝感慕 謹以淸酌庶羞 祇薦歲事 尙 饗

세월은 절기가 바뀌어서 어느덧 서리와 이슬이 내렸습니다. 묘역을 쓸고 봉분을 우러러보니 조상님을 사모하는 정을 이기지 못하겠습니다. 삼가 맑은 술과 여러 가지 음식으로 공경히 세사를 올리니 흠향하소서.

2. 평해황씨 경력공 휘 세달 묘소 석함(石函) 출토 구전기

조선 개국공신 양무공(襄武公) 휘(諱) 희석(希碩)의 손 사직공(司直公) 휘 계조(繼祖)는 조선 초기에 동두천에 낙향 세거하여 한때는 4천 여 호의 황씨 대촌을 형성하였으나, 선조 25년(1592) 임진왜란 발발 이후 사직공의 증손 경력공 휘 세달의 6형제 중 백중(伯仲) 삼형제는 가묘(家廟)를 모시고 강화도로 피난하고 삼곤계(三昆季)는 모부인 함양여씨를 모시고 대관령을 넘어 강릉으로 피난하였다.

휘 정(珽)은 강릉부 남쪽 연화봉(蓮花峰) 아래에, 휘 전(琠)은 모산(茅山)에, 그리고 휘 탁(琢)은 학산(鶴山)에 각각 정착하니 학산을 대표하는 황·정·조·조씨(黃鄭曺趙氏) 각성의 입촌의 시발이 되었다. 그 후 모친상을 만나 선고 경력공의 묘를 양주(楊州) 이계면 황매리로부터 이장하여 합봉(合封)하고자 학산 묘가곡 좌청룡 우백호 중앙건좌원(中央乾坐原)에 천광(穿壙)하는 중 덮개가 있는 석함이 출토되어 조심조심 석개(石蓋)를 여는 순간, 한쌍의 백구(白鳩)가 함에서 나와 비상하여 서기(瑞氣)가 찬란함과 동시에 백로(白鷺)로 승화하고, 석함에는 모종의 문서와 마기(馬驥) 한 구가 있었다.

이것이 신의 조업(肇業)인지 선조의 유품인지 해득치 못하고 가보로 보관하던 중 화재로 소실되고 다만 석함만 현지 묘역 경내에 보존되어 있어 참배인들의 심심치 않은 화재가 되고 있는

데 후일 현명한 자손들의 연구자료가 될지도 몰라서 선조님들의 구전대로 기록 전달한다.

1995년 구전자료 제공자

평해황씨 경력공 13세손 황청원(黃淸源)

제4절 평해황씨 족보

평해황씨 최초의 족보는 숙종 31년(1705)에 간행한 『을유양무공파보 (乙酉襄武公派譜)』이다. 이 서문에 따르면, 황여일(黃汝一)은 그의 숙부 응청 (應淸)이 평일에 수거한 것을 토대로 작성하였다고 한다. 그 후 평해황씨 가 문에서 그간 간행한 대동보(大同譜)를 살펴보면 다음과 같다.

족보명	권수	발간 연대	비 고
庚寅譜 (경인보)	2	영조 46년(1770)	黃鎰(황일)·黃潤德(황윤덕) 편찬, 豊基(풍기)에서 간행
辛卯譜 (신묘보)	6	순조 31년(1831)	黃燾(황도) 편찬, 長湍(장단)에서 간행
庚戌譜 (경술보)	3	철종 원년(1850)	黃憲周(황헌주) 편찬, 豊基(풍기)에서 간행
庚辰譜 (경진보)	9	고종 17년(1881)	黃範麟(황범린)·黃宇鎭(황우진) 편찬, 豊基(풍기)에서 간행
壬寅譜 (임인보)	10	광무 6년(1901)	黃仁燮(황인섭)·黃喆柱(황철주) 편찬, 豊基(풍기)에서 간행
甲戌譜 (갑술보)	15	1934년	黃中坤(황중곤)·黃萬英(황만영) 편찬, 平海(평해)에서 간행
丙辰譜 (병진보)	17	1976년	黃英宗(황영종)·黃麟模(황린모) 편찬, 平海(평해)에서 간행

현재까지 강릉에 거주하는 평해황씨에 의해 간행된 파보는 없다.

참고문헌

1. 자료

각 문중 대동보 및 파보.

『삼국사기』, 『고려사』, 『조선왕조실록』, 『고종실록』.

『신증동국여지승람』, 『증수 임영지』, 『임영지』(舊誌), 『동호승람』, 『단성지』, 『삼척군지』(1985).

『江原道史』(1995), 『강릉시사』(1996).

『補閑集』, 『牧隱詩稿』, 『圃隱先生文集』, 『臨瀛世稿』, 『漁村集』, 『惺所覆瓿藁』, 『東儒師友錄』,

『耻齋遺稿』, 『韓國歷代人物傳集成』5.

『江陵鄕校誌』, 「임영족회첩(臨瀛族會帖)」, 『永嘉言行錄』.

『燃藜室記述』, 『大東野乘』.

『朝鮮總督府施行年報』(1914), 『施政二十五年史』.

『生活狀態調査』(강릉편), 민속원 영인본.

朴道植, 2003 『江陵의 歷史人物資料集』(상·하), 강릉문화원.

朴道植, 2004 『江陵의 12鄕賢 資料集』, 강릉문화원.

최기순, 『玉泉의 脈』.

한국정신문화연구원, 『한국민족대백과사전』22권.

2. 저서 및 논문

김경남, 2004 『강릉지역 서낭당 연구』, 보고사.

김기설, 2009 『강릉고을 땅이름 유래』, 강릉문화원.

김수태, 1981 「고려 본관제의 성립」 『진단학보』52.

김수태, 1999 「고려 초기 본관연구」 『한국중세사연구』8.

김정배, 1988 「고구려와 신라의 영역문제-순흥지역의 고고학자료와 관련하여-」 『한국사연구』61·62.

김풍기, 2001 「허균의 강원도 인식과 민속문화론」 『博物館誌』8, 강원대학교 중앙박물관.

盧然洙, 2001 「朝鮮前期 江陵大都護府使 業務 研究」 『江原文化史研究』6.

朴道植, 2005 『강릉의 역사와 문화』, 눈빛한소리.

박도식, 2005 「崔有漣原從功臣錄券의 研究」 『人文學研究』9, 관동대학교 인문과학연구소.

박용운, 2003 「고려시대 定安任氏·鐵原崔氏·孔巖許氏 家門 분석」 『高麗社會와 門閥貴族家門』, 경인
　　　문화사.

박용운, 2005 「安東權氏의 사례를 통해 본 高麗社會의 一斷面」 『歷史敎育』94.

朴宗基, 1990 「高麗의 收取體制와 部曲制」 『高麗時代 部曲制研究』, 서울대출판부.

방용안, 1986 「悉直國에 대한 고찰」 『江原史學』3.

변태섭, 1968 「高麗前期의 外官制」 『한국사연구』2, 한국사연구회.

서병국, 1981 「신당서 발해전 소재 니하의 재검토」 『동국사학』15·16.

서영일, 2003 「斯盧國의 悉直國 倂合과 東海 海上權의 掌握」 『新羅文化』21.

송준호, 1990 「한국의 씨족제에 있어서의 본관 및 시조의 문제」『조선전기 사회사연구』.

신병주, 2000 『남명학파와 화담학파 연구』, 일지사.

심현용, 2009 「고고자료로 본 신라의 강릉지역 진출과 루트」『大丘史學』94.

오영교, 2004 『강원의 동족마을』, 집문당.

오영교, 2008 「강원감영의 역사성과 변동에 대한 연구」『지방사와 지방문화』11권 2호.

왕현종, 1996 「甲午改革期 官制改革과 官僚制度의 變化」『國史館論叢』68.

유영익, 1990 『갑오경장연구』, 일조각.

李明植, 2002 「5세기 新羅의 對高句麗關係」『大丘史學』69.

이수건, 1978 「고려전기 토성연구」『대구사학』14.

李樹健, 1984 『韓國中世社會史研究』, 일조각.

李樹健, 1989 『朝鮮時代 地方行政史』, 민음사.

이수건, 2003 『한국의 성씨와 족보』, 서울대출판부.

李純根, 1981 「新羅時代 姓氏取得과 그 의미」『韓國史論』6, 서울대 국사학과.

이우성, 1975 「남북국시대와 최치원」『창작과 비평』10-4, 창작과 비평사.

이이화, 1991 『허균의 생각』, 여강출판사.

이정호, 2005 「高麗後期 安東權氏 가문의 經濟的 기반」『韓國史學報』19.

李鍾書, 1997 「羅末麗初 姓氏 사용의 擴大와 그 背景」『韓國史論』37.

이진한, 2006 「『成化安東權氏世譜』에 기재된 고려후기의 官職」 『韓國史學報』22.

李泰鎭, 1986 『韓國社會史研究』, 지식산업사.

李泰鎭, 2002 『의술과 인구 그리고 농업기술―조선 유교국가의 경제발전 모델―』, 태학사.

李漢祥, 2003 「동해안지역의 5~6세기대 신라분묘 확산양상」 『영남고고학』32.

임호민, 1998 『江陵祠宇資料集』, 강릉문화원.

전덕재, 1990 「4~6세기 농업생산력의 발달과 사회변동」 『역사와 현실』4, 한국역사연구회.

鄭雲龍, 1989 「5世紀 高句麗 勢力圈의 南限」 『史叢』35.

조동걸, 1972 『橫城과 三一운동』, 三一운동 기념비건립 횡성군 협찬회.

조이옥, 1999 「신라와 발해의 국경문제」 『백산학보』52.

차장섭, 1997 「朝鮮時代 族譜의 編纂과 意義―江陵金氏 族譜를 중심으로―」 『朝鮮時代史學報』2.

채웅석, 1986 「고려전기 사회구조와 본관제」 『고려사의 제문제』.

崔完秀, 1972 『澗松文華』1, 韓國民族美術研究所.

崔異敦, 1994 「海東野言에 보이는 許篈의 當代史 인식」 『韓國文化』15.

홍영호, 2004 「남양홍씨 교수공파의 세거지 정착, 분화와 성장」 『박물관지』10, 강원대학교 중앙박물관.

저자약력

朴道植

· 경희대학교 대학원 사학과 졸업(문학박사).

· 강릉문화원부설 평생교육원 전통연희학과 교수.

· 저서: 『조선전기 공납제 연구』, 『동해시 사료집』, 『강릉시 실록자료집』, 『강릉의 역사인물자료집』, 『강릉의 12향현 자료집』 외 다수.

· 공저: 『강원도사』, 『강릉시사』, 『태백시사』, 『동해시사』, 『이천시지』, 『한국고전 용어사전』, 『朝鮮初期 古文書 吏讀文 譯註』 외 다수.

· 논문: 「조선전기 공납제의 내용과 그 성격」, 「16세기 國家財政과 貢納制 운영」, 「조선전기 貢物 防納의 변천」, 「崔有漣原從功臣錄券의 硏究」, 「〈북관대첩비〉에 보이는 함경도 의병의 활약상」, 「〈栗谷先生男妹分財記〉의 연구」, 「1541년에 작성된 「李氏分財記」 연구」, 「율곡 이이의 공납제 개혁안 연구」, 「강릉의 명칭 유래」 외 다수.